소크라테스 이전 철학자들의
단편 선집

대우고전총서
Daewoo Classical Library
012

소크라테스 이전 철학자들의 단편 선집

The Fragments of Presocratic Philosophers

김인곤, 강철웅, 김재홍, 김주일, 양호영,
이기백, 이정호, 주은영 옮김

아카넷

책을 내놓게 된 계기부터 이야기하자면 10년 남짓 이전으로 거슬러 올라간다. 당시 희랍(헬라스)철학을 전공하는 몇몇 연구자들이 매주 한 차례씩 모여 아리스토텔레스의 『형이상학』을 강독했는데 강독을 거듭할수록 초기 희랍철학에 대한 이해가 필요하다는 것을 절감하게 되었다. 그러나 우리나라에 서양철학이 소개된 지 수십 년이 지났음에도 불구하고 그 기초가 되는 초기 희랍철학의 연구 성과는 아주 미미한 수준이었고, 연구의 전거가 되는 초기 철학자들의 단편에 대한 소개도 거의 없는 상태였다. 그런데 때마침 한국철학사상연구회에 소장 연구자들 중심으로 서양고대철학 분과가 마련되어 초기 희랍철학을 첫 연구과제로 정하게 되고 역자들이 이 분과 모임의 주축이 되면서 초기 철학자들의 단편에 대한 강독을 좀더 체계적으로 실행에 옮길 수 있게 되었다.

이 책의 기본 텍스트이자 우리가 소크라테스 이전 철학의 강독과 연구를 위해 사용한 원전은 딜스가 편집하고 크란츠가 보완한 『소크라테스 이전 사람들의 단편들(*Die Fragmente der Vorso-kratiker*. DK로 약칭)』이다. 이 책은 잘 알려져 있다시피 수많은 고대 문헌들에 흩어져 있는 100명 이상의 초기 희랍 사상가들의 단편들을 거의 망라해서 수록한 문헌학적 고전이며, 초기 희랍철학 연구의 표준적인 텍스트로서 그 독보적 위상이 확립되어 있는 책이다. 그런데 이 책은 매우 방대한 분량을 담고 있는데다가, 내용에 대한 상당한 배경지식을 필요로 하기 때문에, 우리는 우선 비교적 최근에 나온 '표준적' 연구서이면서 주요 초기 희랍철학자들의 단편들에 대해 충실한 해설과 주석을 달아놓은 커크-레이븐-스코필드의 『소크라테스 이전 철학자들』(KRS로 약칭)을 가지고 거기에 선별되어 있는 단편들을 중심으로 강독하면서 초기 철학사상의 흐름을 조망해 보는 데서 시작하기로 했다.

연구의 시작단계에서부터 원전에 충실한 강의 자료를 마련하는 것이 우리 정규 강독의 주요 목적 가운데 하나였기에 독해와 병행하여 단편들을 일일이 번역해 두었다. 그러다가 강독과 연구가 진전되면서 연구자들 모두 자연스럽게 우리 학계와 독자들에게 하루라도 빨리 단편들을 소개하는 것이 필요하다는 것을 느끼게 되었고, 이후 한국학술협의회의 연구번역 지원사업(1998년)

의 혜택을 받게 되면서 본격적인 번역작업에 착수할 수 있었다. 그러나 난해한 고전 희랍어로 쓰인 단편들을 온전히 이해하고 번역해 내는 일 자체가 쉽지 않았을 뿐만 아니라, 개별 연구자들의 사정상 집중적인 공동작업의 여건 또한 여의치 않아 작업기간이 예상보다 길어졌다. 그런데 마침 2000년 3월 전문적인 서양고전 원전강독 및 연구 지원기구로서 정암학당(鼎巖學堂)이 출범하고 우리 역자들이 학당의 연구자로 참여하게 되면서 후속 작업은 정암학당 고전학연구실(실장 김인곤)에서 이루어졌다.

2002년 5월에는 그간의 연구결과를 정리하고 점검한다는 취지에서 한국철학사상연구회 주최로 역자들이 참여하는 심포지움을 가졌는데, 이는 우리나라에서 소크라테스 이전 철학을 단일 주제로 삼아 열린 최초의 학술발표회였다. 이러한 과정을 거쳐 마침내 강독에 착수한 지 근 8년 만에 이 책을 출간하기에 이른 것이다.

처음에 탈레스의 단편부터 강독을 시작했지만 출판을 염두에 준 번역작업을 본격화하면서부터는 기본 텍스트가 되는 DK의 구성에 맞추어 초기 우주발생론의 연원이 되는 신화적 내용의 단편들('희랍철학의 여명기')을 포함시켰다. 이 단편들을 선별하는 데는 KRS와 카펠레(W. Capelle)의 책(1935)을 참고했다. 탈레스에서 데모크리토스에 이르는 주요 철학자들의 단편들 가운데서도 KRS에 빠진 부분들을 보충했는데, 간접단편(A-단편)은 내용에 따라 선별하였으나 직접단편(B-단편)은 중요하다고 판단하여 모두 번역에 포함시켰다. 선별된 단편들 가운데는 DK에 나오지는 않지만 연구자들이 이후의 연구성과를 반영하기 위해 보충한 것들도 있고(이런 단편들에는 DK번호가 붙어 있지 않다), DK에 나오더라도 인용의 범위가 확장되거나 축소된 경우도 있다.

번역작업은 시종 공동으로 수행되었다. 연구자들은 전체 단편들을 고루 나누어 맡아 초벌 번역을 하였고, 매주 한 차례 강독 모임에서 독해와 함께 초벌 번역을 윤독하면서 수정하고 다듬었다. 그런 다음 연구자들 각자의 관심을 감안하여 철학자별로 분담한 후, 각자가 해당 철학자의 단편들을 정리하고 번역을 다시 다듬으면서 주석을 붙였다. 이렇게 해서 모인 전체 원고를 마무리하는 기간 동안에는 김인곤, 김주일, 이정호 등이 별도로 정례적인 검토모임을 가졌는데, 개별 역자들이 자기 분담 부분 검토모임에 참여하는 방식으로 진행하여 전체 결과물을 처음부터 다시 윤독하며 퇴고하는 과정을 두어 차례 거쳤다. 마지막으로 철학자별로 단편들의 내용을 개관하는 해제도 각 분담자의 몫으로 이루어졌다. 연구자별 분담 사항은 다음과 같다.

희랍철학의 여명기(김재홍), 탈레스-아낙시만드로스-아낙시메네스-아낙사고라스(김인곤), 크세노파네스-제논-멜리소스(김주일), 헤라클레이토스(양호영), 파르메니데스(강철웅), 엠페도클레스(주은영), 피타고라스-필롤라오스와 기원전 5세기의 피타고라스주의자들(이기백), 레우키포스와 데모크리토스(이정호, 김인곤), 〔'희랍철학의 여명기'에는 초벌 번역에 참여하고 초고를 정리해 준 김출곤의 노력도 있었음을 밝혀둔다.〕

수정과 윤문을 거듭하며 여러 차례 검토를 거쳤지만 번역 작업이 언제나 그렇듯이 아주 만족스러울 수는 없다. 그나마 여러 사람의 생각들이 어울려 씨름한 결과이기에 오역의 가능성을 많이 줄일 수 있었다고 믿는다. 수많은 출전들의 라틴어, 희랍어 명칭을 찾아서 일일이 번역하는 수고도 공동 작업이기에 가능했다. 어려운 점도 있었다. 의견이 나뉘어 진전을 보지 못한 경우가 한두 번이 아니었으며, 용어 선택, 문장의 뉘앙스, 기호 사용 등 내용과 형식면에서 통일을 기하기가 쉽지 않았다. 번역어 하나, 문장 한 줄의 해석을 놓고 격론을 벌이다가 강독을 끝내기도 했던 경험들이 단편들 곳곳에 배어 있다. 가시적인 결과물로 환원될 수 없는 그런 경험들이 우리 연구자들에게는 더 큰 소득이었다고 믿는다.

특히 인문학의 위기가 운위되는 시기에 결코 쉽지만은 않았던 이런 장기간의 공동작업 경험은 우리 모두에게 고전 연구자로서의 자부심을 가져다 주기에 충분한 것이었다. 그러나 번역의 완결성은 축적된 연구의 역량과 깊이에 비례하는 것이며, 그런 의미에서 앞으로도 우리의 연구와 작업은 더욱 발전적인 모습으로 이어져가야 할 것이다. 다만 우리들은 이 결과물을 탐구과정의 한 매듭이라 여기고 우리 자신은 물론 장차 다른 연구자들이 딛고 갈 발판이 되기를 희망하는 마음으로 책을 내놓는다.

흔히 소크라테스, 플라톤, 아리스토텔레스로 대표되는 고대 희랍철학은 서양의 학문은 물론 인류 지성사의 기초를 이루고 특히 소크라테스 이전 철학은 그 뿌리가 된다는 점에서 소크라테스 이전 철학 단편들이 갖는 중요성은 재삼 강조해도 모자라지 않는다. 그런 점에서 보면 세계적인 선진 문화입국을 내세우면서도 이제껏 우리에게 소크라테스 이전 철학자들의 단편집은 물론 플라톤, 아리스토텔레스의 우리말 전집 하나 없다는 것은 부끄러운 일이 아닐 수 없다. 아무쪼록 이 공동탐구의 결과물이 아직 일천한 우리 희랍철학 연구사에 촉매제가 될 뿐만 아니라, 서양고대철학 원전 번역의 토양을 기름지게 하는 밑거름이 되었으면 한다. 특히 이 책의 출판을 계기로 정암학당 설립 이래 수행해온 플라톤 대화편의 번역 작업도 더욱 박차를 가하게 되리라 믿는다.

출판을 위한 번역작업을 시작할 수 있도록 지원해 준 한국학술협의회에 먼저 감사의 뜻을 전한다. 연구번역 팀을 꾸릴 수 있도록 도와주셨고 초고와 완성된 원고를 읽어주신 동국대 양문흠 교수님, 그리고 강독과 번역 작업 기간 내내 관심과 조언을 아끼지 않으셨던 서울대 김남두 교수님과 이태수 교수님, 그리고 학당 운영위원이신 건국대 기종석 교수님께 감사드리며, 손수 번역하신 헤라클레이토스 단편들을 참고하라고 내주면서 관심을 가져주셨고 플라톤 번역의 선구자 역할을 감당하고 계시는 박종현 선생님께도 감사드린다.

해외 유학중인 역자 주은영을 대신하여 해당 원고의 마무리와 교정 작업을 기꺼이 맡아준 정준영 박사와, 역자의 일원으로서 색인 작업과 출판사를 오가며 최종 마무리 일을 하느라 애쓴 김주일 박사의 노고에 고마움을 표하며, 인내심을 가지고 원고를 기다려준 정연재 팀장을 비롯한 아카넷 편집부에도 감사의 뜻을 전하고 싶다. 한편 책을 펴내면서 죄송스러운 부분도 있다. 사실 이 책은 우리나라 초기 희랍철학 연구의 선구이셨고 한국철학사상연구회 이사장이자 현재 변산 공동체에서 농부로 사시는 윤구병 선생님의 회갑(2003년 2월)에 맞추어 내려고 했던 것인데 우리의 게으름으로 늦어졌기 때문이다. 이 자리를 빌어 늘 청년다운 선생님의 건강과 행운을 기원드린다.

끝으로 책을 출간하기까지 공동 작업을 계속할 수 있도록 물심양면으로 뒷받침해 준 정암학당(학당장 이정호)에 깊은 감사를 드린다. 정암학당이 없었더라면 우리 작업은 아마 제대로 마무리될 수 없었을 것이다. 역자들이 학당 후원으로 초기 철학자들의 고향인 옛 희랍의 유적지들을 돌아보며 감회에 젖었던 일, 초벌 원고를 검토하기 위해 강원도 횡성 학당에서 열흘간 합숙하면서 얼굴을 붉혀가며 열띤 토론을 벌이던 일은 오래도록 기억에 남을 것이다.

2005년 5월

정암학당 고전학연구실에서

역자 일동

차례

해제

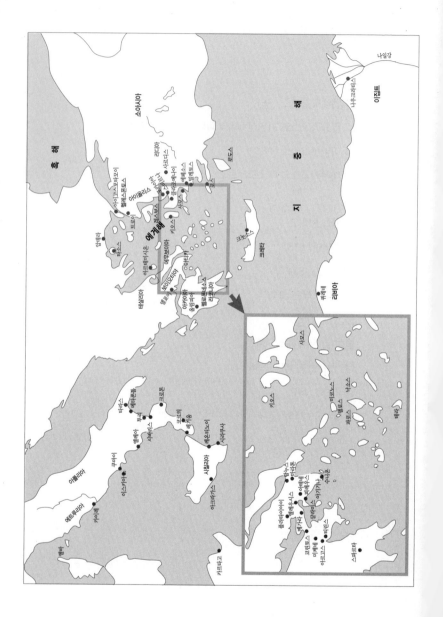

1. 이 번역의 희랍어와 라틴어 대본으로는 헤르만 딜스가 1903년 초판을
   내고 나중에 발터 크란츠가 보충 편찬해서 나온 『소크라테스 이전 사
   람들의 단편들(*Die Fragmente der Vorsokratiker*)』(이후 DK로 약칭)
   의 17판(1974년), 커크와 레이븐, 스코필드의 『소크라테스 이전 철학
   자들(*The Presocratic Philosophers*)』(이후 KRS로 약칭)의 2판(1983
   년), 만스펠트의 『소크라테스 이전 사람들(*Die Vorsokratiker*)』(1983
   년)을 사용했다.
2. 텍스트는 DK를 기본으로 채택했으나, 이후 나온 텍스트 비평들을 참
   고하여 DK보다 더 나은 경우에는 따로 채택해서 사용했다.
3. ( )는 단어인 경우는 원어와 한자를 밝히기 위해 도입하였고, 문장이
   나 구의 경우는 원문에 사용된 그대로 살렸다.
4. 〔 〕는 원문에 없지만 문맥상 생략되었다고 보았거나 이해를 위해 필
   요하다고 판단해서 번역자가 삽입한 문구를 표시하기 위해, 또는 지시
   대상을 밝히기 위해서 사용했다.
5. 〈 〉는 원문 편집자들이 원문의 탈자나 누락된 문장을 보충하기 위해
   사용한 기호로서 번역에서도 같은 뜻으로 사용했다.
6. ††와 ***는 각기 원문의 철자나 문구가 훼손된 경우를 표시하는 기호다.
   이 경우 각주로 밝히거나 본문에 '원문 훼손'이라고 표기하기도 했다.
7. … 는 본문 중 생략된 부분을 표시하는 기호다.
8. 희랍어의 라틴 문자화는 일반적인 관례를 따랐으며, 학자에 따라 달리
   표기하는 희랍 문자 χ는 ch로, υ는 y로 통일했다. 밑에 쓴 요타(i-sub-
   script)는 장음 표시된 모음 옆에 i를 붙여쓰는 일반화된 방식을 따라
   표기했다. 예를 들면 희랍어 철자로는 η를 ⲉi로 표기했다.
9. 희랍어의 우리말 표기는 기왕에 우리에게 널리 알려진 경우가 아니면,
   희랍어 원 발음에 가까운 표기를 선택했다. 예를 들면 Pythagoras는

17

원음대로라면 퓌타고라스가, Aigyptos는 아이귑토스가 맞지만, 우리에게 익숙한 대로 피타고라스와 이집트로 했다.

10. 주석에서 연도를 표기하면서 두 해를 겹쳐 표기한 경우가 있는데(예: 기원전 487/8), 이것은 당시 희랍의 역법이 요즘의 7월 중순에서 8월 중순에 해당하는 달을 새해 첫 달로 잡아 한 해의 출발로 삼았으므로 희랍의 해가 바뀌는 언저리에 있는 달이 전년에 속하는지 후년에 속하는지가 확실치 않기 때문이다.

11. 각 단편의 출전 저자 옆의 괄호에 넣은 기호는 DK에 나오는 단편 번호다. 본 번역서가 DK의 완역도 아니고 DK에 있는 원문들만을 번역한 것도 아니지만, DK의 번호는 이 분야 원전 인용에 보편적으로 사용하는 표준인 까닭에 넣어주었다. 예를 들어 DK21B38은 'DK의 21장에 나오는 직접 전승 38번째 단편'이라는 뜻이다. 그 밖에 A는 간접 전승으로서 해당 철학자나 학파에 대한 이후 학자들의 설명이나 해석, 평가 등을 담은 글들에서 뽑아낸 단편을 의미하며, C는 DK가 진위가 의심스럽다고 분류한 단편을 가리킨다.

12. 기본적으로 DK의 분류 번호로 직접 단편과 간접 단편으로 단편들을 분류하기는 했으나, 직접 인용 역시 후대 학술지 저자나 철학자들의 글에 인용 형태로 전해지는 것이라서 직접 인용의 앞뒤에는 인용의 맥락을 밝히기 위해 전승자의 글을 덧붙여 인용 번역한 경우가 많다. 따라서 혼란을 피하기 위해 소크라테스 이전 철학자의 직접 인용과 전승자의 글은 글자체를 달리 했다.

13. 각주에서 자주 인용되는 몇 가지 연구서나 번역서는 약호로 표기했다.
   - DK : *Die Fragmente der Vorsokratiker*
   - HGP : *History of Greek Philosophy*
   - KRS : *The Presocratic Philosophers*
   - OCD : *Oxford Classical Dictionary*

14. 이 책의 정오표는 www.jungam.or.kr(정암학당 홈페이지)의 공개자료실에 공개한다.

소크라테스 이전 철학자 단편들의 출전 개관[1]

A. 직접 단편

오늘날 우리는 소크라테스 이전 사상가들의 원 저작을 직접 접할 수는 없다. 그것들은 이미 오래전에 완전히 사라져버렸고, 우리에게 전해지는 원문들은 모두 후대의 저자들이 여러 작품들 속에서 부분적으로 인용한 단편들뿐이다. 그나마 인용문으로 보존된 단편들도 기원전 4세기 플라톤에서부터 6세기 심플리키오스, 그리고 드물기는 해도 체체스와 같은 후기 비잔틴 시대의 저자들에 이르기까지 십수 세기 이상의 간격을 두고 이루어진 것들이다. 게다가 인용이 행해진 연대가 자료의 정확성을 보장해 주는

----

1) 이 출전에 대한 개관은 KRS의 글(1982. 1~7쪽)을 부분적으로 윤문하여 옮긴 것이다.

믿을 만한 기준이 되는 것도 아니다.

시기적으로 가장 근접해 있었던 플라톤은 원문 인용이 느슨하기로 유명하다. 그는 인용과 자신의 부연 설명을 종종 뒤섞어 놓았다. 그리고 선배 사상가들에 대한 그의 태도는 객관적이기보다는 익살스럽고 풍자적이다. 아리스토텔레스는 플라톤과 마찬가지로 직접 인용을 거의 제공하지 않는다. 그의 주요 가치는 초기 사상가들의 사상을 자신의 관점에서 개괄, 비판하는 자로서이다. 그런가 하면 아카데미아의 마지막 시기에 활동한 신플라톤주의자 심플리키오스는 소크라테스 이전 사상가들로부터 천년 이상 떨어진 시대에 살았지만 길고 정확한 인용문을 남겼다. 특히 파르메니데스, 엠페도클레스, 아낙사고라스 그리고 아폴로니아의 디오게네스의 단편들이 상당부분 보존될 수 있었던 것은 그의 인용에 힘입은 바 크다. 그는 아리스토텔레스의 『자연학』과 『천체에 관하여』에 대한 주석을 붙이면서 초기 사상가들에 대한 아리스토텔레스의 견해를 설명할 때, 사상가들의 말을 직접 인용할 필요를 느꼈던 것이다. 경우에 따라서 그는 필요 이상의 긴 인용을 하는데, 그 이유는 특정한 고대의 저작이 매우 희소해졌기 때문이다. 플라톤과 아리스토텔레스, 그리고 심플리키오스 외에 발췌된 직접 인용들을 담고 있는 출전 및 저자들은 다음과 같다.

(1) 플루타르코스

2세기 아카데미아의 철학자이자 전기 작가. 윤리, 종교, 정치, 문학 등 광범위한 주제를 다룬 그의 논문들은 일괄해서 『모랄리아』로 알려져 있다. 여기서 그는 초기 사상가들의 말을 수백 차례에 걸쳐 인용한다.

(2) 섹스투스 엠피리쿠스

1세기 말-2세기 초의 회의주의 철학자이자 자연학자. 그가 초기 사상들에 관심을 갖게 된 것은 주로 그 사상들이 갖고 있는 모순을 드러내기 위해서였다. 하지만 그는 이 과정에서 인식과 감각에 관한 자신의 주장을 뒷받침하기 위해 초기 사상가들의 구절들을 많이 인용했다.

(3) 알렉산드리아의 클레멘스

그는 2세기 후반-3세기 초반에 살았던 교리문답 학파의 수장으로서 기독교로 개종했음에도 불구하고 모든 종류의 희랍 문헌에 지속적인 관심을 갖고 있었다. 상당수 그의 저작은 유실되었고, 몇몇 저작만 거의 완전하게 남아 있는데, 그 중 『기독교를 권유함』과 8권으로 된 『학설집』에서 그는 폭넓은 지식과 뛰어난 기억력에 의지하여 희랍의 시인과 철학자들의 말을 자주 인용한다.

(4) 히폴뤼토스

3세기 로마의 신학자. 9권으로 된 그의 『모든 이교적 학설들에 대한 논박』에서 그는 기독교의 이단 학설들이 이교도 철학의 재생이라고 공격했다. 예를 들면 히폴뤼토스는 노에투스의 이단 학설을 헤라클레이토스의 대립자들의 일치 이론을 되살린 것이라고 보고, 17개나 되는 헤라클레이토스의 단편들을 인용하여 이 주장을 입증하고자 했다. 이런 노력이 없었다면 헤라클레이토스의 단편들 가운데 상당수가 우리에게 알려지지 않았을 것이다.

(5) 스토바이오스

4세기 말-5세기 초의 문헌 선집자. 그는 아들의 교육을 위해 희랍문학 전 영역에서 교육적인 발췌문들을 『선집』에 모아놓았다. 여기에는 특히 윤리적인 격언들이 많이 포함되어 있다. 소크라테스 이전 철학자들의 단편들(특히 데모크리토스의 단편들) 상당수가 다소 잡다한 형태이긴 하지만, 스토바이오스의 『선집』 덕분에 보존될 수 있었다. 스토바이오스의 인용문들의 주요 출전은 알렉산드리아 시대에 널리 배포되었던 편람이나 요약본들이다.

이상의 주요 출전들에 덧붙여 소크라테스 이전 철학자들의 직접 인용들은 다음의 저자들에서 산발적으로 발견된다. 에피쿠로스 학파의 필로데모스. 마르쿠스 아우렐리우스와 같은 스토아주의자들. 튀로스의 막시무스와 같은 절충주의자들. 클레멘스나 히폴뤼토스와는 다른 기독교 저자들(이를테면 오리게네스). 아에티오스로부터는 가끔씩(아에티오스에서 직접 인용은 드물다).

전문직 저자들로는 의사 갈레노스, 지리학자 스트라본, 음식과 음료에 관한 문헌선집자 아테나이오스가 있으며, 신플라톤주의 저자들로는 누메니오스, 플로티노스, 포르퓌리오스, 이암블리코스, 그리고 프로클로스가 있다.

직접 인용의 출전들과 관련해서 유의해야 할 점은 직접 인용의 저자가 원본을 직접 참고했다고 전제할 필요가 없다는 것이다. 여러 종류의 요약본과 문헌선집, 그리고 개설서들이 일찍이 히피아스 당시(기원전 5세기)에 알려져 있었고, 알렉산드리아의 창건 이후 3세기 동안 대량으로 만들어졌으며, 전문적이며 지루한 원작들의 적절한 대용작으로 간주되었기 때문이다.

B. 간접 단편

(1) 플라톤은 소크라테스 이전 철학자들에 대한 가장 초기의 주석가이다(비록 에우리피데스와 아리스토파네스에 인용문들이 이따금씩 있기는 하지만). 그러나 그의 주석들은 대부분 임시적인 것들이며, 그의 많은 인용이 그렇듯이 풍자나 오락의 분위기가 진하다. 그래서 헤라클레이토스와 파르메니데스, 그리고 엠페도클레스에 대한 그의 인용들은 냉정하고 객관적이며 역사적인 판단들이라기보다는 가볍고 부수적인 의견이며, 그런 점에서 일면적이거나 과장된 견해들이다. 그렇다 하더라도 플라톤은 우리에게 말해줄 가치가 있는 것을 많이 가지고 있다. 이를테면『파이돈』

96 이하의 구절은 기원전 5세기의 자연학적 견해와 관련된 유용한 조망을 제공한다.

(2) 아리스토텔레스는 철학의 선배들에 대해 플라톤보다 더욱 진지하게 관심을 기울였다. 그의 논문들 중 일부(특히 『형이상학』 A권)는 선배 사상가들의 학설에 대한 개괄로 시작한다. 그러나 그의 판단은 종종 자신의 이론 체계에 경도된 나머지 왜곡된다. 그는 자신의 자연학 이론(특히 원인들에 관한 이론)에서 밝힌 것이 최종 진리라고 생각하고, 이전 철학들은 그 목표로 나아가는 불완전한 과정으로 보았다. 물론 그의 논의에는 날카롭고 가치 있는 비판들도 많으며 사실적인 정보도 풍부하다.

(3) 테오프라스토스. 에우데모스가 신학, 천문학, 수학의 역사를, 그리고 메논이 의학의 역사를 쓰고자 했던 것처럼, 테오프라스토스는 탈레스로부터 플라톤에 이르는 철학사를 쓰고자 했다. 그의 저작들에 대한 디오게네스 라에르티오스의 목록에 따르면, 테오프라스토스는 16권(또는 18권)의 『자연에 대한 학설들』(또는 『자연학자들의 학설들』)을 저술했다. 이 대 저작 가운데 마지막 권으로 여겨지는 『감각에 관하여(De Sensu)』만이 상당부분 현존한다. 제1권 『질료적 원리들에 관하여』에서 나온 중요한 발췌들은 심플리키오스의 『아리스토텔레스의 「자연학」 주석』에 보존되었다(이 발췌들의 일부는 심플리키오스가 소요학파의 주석가 아프로디시아스 출신 알렉산드로스의 유실된 주석들로부터

취한 것이다). 이 제1권에서 테오프라스토스는 사상가들을 대충 연대순으로 다루면서 그들의 출신 도시와 부친의 이름, 그리고 때로는 연대나 상호 관계를 덧붙인다. 나머지 책들에서의 순서는 주요 논리적인 구분 내에서만 연대기적이었다. 테오프라스토스는 개괄적인 철학사에 덧붙여 아낙시메네스, 엠페도클레스, 아낙사고라스, 아르켈라오스, 그리고 데모크리토스에 대한 개별 저술도 집필했다. 이것들은 불행히도 소실되었다. 아마도 테오프라스토스는 이들 사상가의 원본 자료들을 참고하려고 상당히 애썼던 것 같다. 하지만 그들에 대한 테오프라스토스의 판단은 새롭고 객관적이기보다는 아리스토텔레스를 그대로 따른다.

(4) 학설지의 전승

① 일반적인 형식

테오프라스토스의 대 저작은 고대에 소크라테스 이전 철학의 모범적인 전거가 되었으며, 이후 대부분의 '학설들(doxai, areskonta 또는 placita)'의 모음집(학설집)들의 출처였다. 이들 학설집은 여러 가지 형식을 취한다.

ⓐ 테오프라스토스가 정리한 것과 가까운 복제본들에서는 각각의 주요 논제가 장별로 따로 고찰되며, 각 장 내에서 상이한 사상가들이 순서대로 다루어졌다. 이것은 아에티오스와 그가 참고한 『학설집 구판(*Vetusta Placita*)』의 방법이다.

ⓑ 전기(傳記)체 학설지의 저자들은 각 철학자의 학설들을 모두

취급하며 해당 철학자의 상세한 일대기도 포함했다. 이 일대기의 상당부분은 스뮈르나의 헤르미포스, 로데스의 히에로뉘모스 그리고 퀴지코스의 네안테스 같은 헬레니즘의 전기 작가와 역사가들의 열정적인 상상력에서 나온 것이다. 디오게네스 라에르티오스의 전기체 잡록(『유명한 철학자들의 생애와 사상』)이 이런 형식의 대표적인 저작이다.

ⓒ 학설집의 또 다른 유형은 학파의 후계자들(diadoxai) 또는 철학의 계보에 따라 서술하는 방식이다. 이 형식의 원조는 소요학파인 알렉산드리아의 소티온으로, 그는 기원전 200년경에 철학자들을 학파에 따라 정리하고 그들의 사상을 조망하는 개설서를 집필했다. 그는 사상가들을 스승과 제자의 계보로 연결했고, 덧붙여서 이오니아학파와 이탈리아학파를 명확히 구별해 놓았다. 교부들의 많은 학설 개요서(특히 에우세비오스, 이레나이우스, 아르노비우스, 테오도레투스 그리고 성 아우구스티누스의 것들)는 계보형식의 저자들이 쓴 짧은 보고서들에 의존했다.

ⓓ 알렉산드리아의 연대기 작가 아폴로도로스는 기원전 2세기 중반에 철학자들의 연대와 학설들을 운문으로 서술했다. 초기 철학자의 연대와 관련된 현존하는 대부분의 정보는 아폴로도로스에서 나온 것이다(디오게네스 라에르티오스도 이 자료에 의존했다). 아폴로도로스의 연대기는 부분적으로는 소티온의 서술방식(학파와 스승에 따른 구분)을 따르고, 부분적으로는 에라토스테

네스(기원전 275~194년)의 연대기 방식을 따른다. 퀴레네의 에라토스테네스는 연대기의 원조로서 정치적 사건들뿐 아니라 예술가와 철학자, 그리고 저술가들의 연대를 알아보기 쉽게 배정했다. 아폴로도로스는 에라토스테네스가 빠뜨린 부분을 채워넣었는데, 그 원칙이 매우 임의적이었다. 출생 또는 사망 연대가 명확하지 않은 철학자의 경우, 그의 생애 가운데 어떤 큰 사건이 일어난 날짜가 알려져 있다면 그것을 그 사람의 전성기(akmē)로 보고, 그때의 나이를 일률적으로 40세로 간주했다(예컨대 탈레스가 일식을 예언한 해를 그의 나이 40세 때라고 하는 것). 그런 사건이 없는 경우는 그 인물의 생존 시기와 가장 가깝다고 생각되는 주요 사건의 연대(기원전 546/5년의 사르디스의 함락이나, 444/3년의 투리오이의 건립 등)를 전성기와 일치시켰다. 게다가 제자로 생각되는 사람들의 나이를 언제나 스승보다 40세 젊게 잡았다.

② 아에티오스와 『더 오래 된 학설집〔학설집 구판〕(*Vetusta Placita*)』

딜스는 자신의 『희랍 학설집 저자들(*Doxographi Graeci*, 1879)』에서 테오프라스토스의 저술의 전승 과정을 밝히고 되도록 그것을 복원하려는 시도를 했다. 그의 연구에 따르면 유실된 테오프라스토스의 원본 저술(기원전 4세기 말), 또는 그 직후에 만들어진 2권의 요약본을 참고해서 만들어진 학설집이 헬레니즘기의 어느 시기에 나왔다. 포세이도니오스를 따르는 사람들(기원전 1

세기 스토아학파)이 만든 것으로 추정되는 이 학설집에 딜스는 'Vetusta Placita'라는 이름을 붙였다. 여기에는 스토아, 에피쿠로스, 그리고 소요학파의 학설들이 보강되었고, 테오프라스토스에 나온 내용 가운데 상당 부분이 스토아적으로 재구성되었다. 이 『학설집 구판』은 후기 에피쿠로스주의자들, 키케로, 바로, 아이네시데무스에 의해 사용되었다고 전해진다. 또한 신퓌론주의자 섹스투스 엠피리쿠스(2세기 후반), 의사 소라누스(1세기), 교부 테르툴리아누스(2세기), 그리고 여러 다른 저자들의 주요 출전이기도 하다. 『학설집 구판』 역시 유실되었고, 1세기경 이것의 요약판인 부분적으로 개정된 『학설 모음집(Placita)』이 나왔다. 이 학설집의 저자는 '아에티오스'라는 이름 외에 달리 알려진 바가 없다('아에티오스'라는 이름은 테오도레토스의 인용을 통해 알려졌다). 아에티오스의 학설집 역시 유실되었고, 현재 남아 있는 것은 두 명의 저작자가 이 학설집에서 독자적으로 발췌, 인용하여 만든 요약집이다. 하나는 저자가 플루타르코스라고 말해지기는 하나 사실은 거짓인(위-플루타르코스) 5권으로 된 주제 중심의 학설집(『자연에 관한 학설들의 요약집』)이고(갈레노스의 것으로 간주되는 철학사의 대부분이 이 학설집에서 발췌, 요약한 것이다), 다른 하나는 스토바이오스(5세기)의 문헌선집 제1권 『자연학 선집(Eclogae physicae)』이다. 현재 우리가 아에티오스의 『학설 모음집』이라고 부르는 것은 딜스가 이 두 발췌 요약집에서 부분적으로 복원해 재구성한 것이다. 딜스는 아에티오스의 『학설 모음집』에 나오는 초기 철학자들에 대한 정보가 비록 전달 과정에서 변조되고 수정되었더라도 테오프라스토스의 원본 저술에서 나온 것으로 본다. 더 나아가 그 이후의 학설 문헌들도 대부분 정보의 발원지인 테오프라스토스로 거슬러 올라간다는 것이 딜스의 생각이다. 그 가운데 중요한 학설문헌 출전들은 다음과 같다.

③ 그 밖에 중요한 학설문헌 출전들

ⓐ 히폴뤼토스. 그의 『모든 이교적 학설들에 대한 논박』의 첫 권은 주요 철학자들 개개인에 대한 설명을 포함하는 전기체 학설지이다. 탈레스, 피타고라스, 엠페도클레스, 헤라클레이토스, 엘레아학파, 그리고 원자론자들에 관한 절(節)들은 시시한 전기체 개요서에서 나온 것이며 가치가 적다. 반면에 아낙시만드로스, 아낙시메네스, 아낙사고라스, 아르켈라오스, 크세노파네스에 관한 절들은 좀더 충실하고 상당히 가치 있는 전기체 출전에서 나온 것들로 많은 점에서 아에티오스에 비해 더 자세하고 정확하다.

ⓑ 위-플루타르코스. 그의 『학설집(*Stromateis*)』(아에티오스의 학설집에서 나온 발췌 요약집과는 구별해야 한다)의 단편들은 에우세비오스의 『복음의 준비(*Praeparatio Evangelica*)』에 인용되어 보존되었다. 이 단편들은 히폴뤼토스의 두번째 사상가들 그룹(아낙시만드로스, 아낙시메네스 등)의 그것과 유사한 출전에서 나온 것이며, 두번째 그룹과 다른 점은 단편들 대부분이 테오프

라스토스의 『자연에 대한 학설들』의 제일 앞 권들에서 따온 것이어서 질료적 원리, 우주발생론, 천체들을 다루고 있다는 점이다. 이들 단편은 표현이 장황하고 과시적인 해석을 담고 있어서 신뢰감이 떨어지기는 하나 다른 문헌에는 나오지 않는 중요한 내용들을 일부 보존하고 있다.

ⓒ 디오게네스 라에르티오스. 많은 전거들로부터 추려낸 전기체 서술들, 아폴로도로스에서 나온 연대기적 자료들, 그리고 디오게네스 자신이 집필한 경구들과는 별도로, 각 사상가들의 학설들이 두 가지 학설지의 특징으로 서술되어 있다. 하나는 디오게네스가 '개괄적 서술(kephalaidōdēs)'이라 명명한 것으로 히폴뤼토스가 첫번째 사상가들 그룹에 대해 사용한 것과 같은 별로 가치 없는 전기체 출전에서 나온 것이고, 다른 하나는 '상세한 서술(epi merous)'이라 명명한 것으로 히폴뤼토스가 두번째 사상가들 그룹에 대해서 사용했던 것과 같은 더욱 충실하고 신뢰할 만한 개요서에서 나온 것이다.

학설지의 전승에서 염두에 두어야 할 것은 테오프라스토스의 전승 계열과는 무관한 많은 저자가 초기 철학자들에 대한 전문적인 연구에 몰두했다는 사실이다. 예컨대 기원전 4세기 아카데미 학파 사람 폰토스의 헤라클레이데스는 헤라클레이토스에 대한 4권의 책을 썼고, 스토아학파의 클레안테스도 그랬다. 그런가 하면 아리스토텔레스의 제자 아리스톡세노스는 피타고라스의 것을 포함하는 전기들을 썼다. 따라서 플루타르코스나 클레멘스와 같은 후기 절충주의 출전들에서 볼 수 있는 독자적인 비-테오프라스토스적 판단들의 가능성은 열어두어야 한다. 비록 우리가 인정할 수 있는 그런 판단들 대부분이 아리스토텔레스나 스토아, 에피쿠로스, 또는 회의주의의 영향을 받은 흔적을 보인다고 할지라도 말이다. 테오프라스토스는 정보의 주요 출처로 남아 있다. 그의 작업은 학설지 저자들을 통해서, 심플리키오스의 인용들을 통해서, 그리고 현존하는 『감각에 관하여』를 통해서 우리에게 알려졌다. 우리는 이 저작들로부터 테오프라스토스가 아리스토텔레스의 영향을 강하게 받았다는 사실을 분명히 알 수 있다. 아리스토텔레스는 앞서 말했듯이 엄격한 역사적 객관성을 목표로 삼지 않았으며, 테오프라스토스도 그랬을 것이다. 테오프라스토스의 사유체계는 다른 이전 시대의 동기들을 이해하는 데 기대하는 만큼 성공적이지 않았다. 그의 더 심한 결점은 일단 일반적인 설명의 전형(典型)을 추출해 내면(특히 우주론과 관련해서) 증거가 충분하지 않은 경우에도 그것을 무모하게 적용하는 경향이 있다는 것이다. 따라서 아리스토텔레스나 테오프라스토스의 해석 노선이 정확하게 재구성될 수 있다고 하더라도, 그것이 해당 철학자 자신과 직접 관련이 있고 그에게서 나왔다는 것이 충분히 입증된 단편들을 통해서 확인될 경우에만, 소크라테스 이전 사상가들에 대한 우리의 이해는 완전한 신뢰성을 확보할 수 있을 것이다.

소크라테스 이전 철학자들의 단편

01 희랍철학의 여명기

1.1 오르페우스

I. 오르페우스 전설에 관한 옛 증언들

1. 아이스퀼로스(DK1A3)

   그대는 오르페우스와 정반대의 혀를 가지고 있구나.

   그 자[오르페우스]는 목소리로 모든 것을 기쁨으로 이끌었지

   만[1] … (『아가멤논』 1629)

2. 에우리피데스(DK1A6)

   만일 나에게 오르페우스의 혀와 가락이 있어서

   데메테르의 딸[2]이나 그녀의 남편을

. . . .

1) 아이기스토스가 한 말의 일부이다.

노래로 호려 그대를 하데스에서 데려올 수 있다면

〔하데스로〕 내려가련만.[3] (『알케스티스』 357)

3. 플라톤(DK1A14)

그들〔신들〕은 오이아그로스의 아들 오르페우스를 빈손으로 하데스에서 내보냈지요. 그들은 그가 찾으러 왔던 그의 아내의 환영(幻影)만을 보여주었을 뿐, 그녀 자신을 내놓지는 않았지요. 이건 그가 키타라 연주자였던 만큼 유약한 사람이어서 알케스티스처럼 사랑을 위해 과감히 죽지는 못하고, 살아서 하데스로 들어가려는 계략을 썼기 때문이지요. 바로 이 때문에 신들은 그에게 벌을 내렸으며, 여인들에 의해 죽음을 맞이하게 했지요.

(『향연』 179d)

4. 에우리피데스(DK1A7)

나는 시가(詩歌)를 두루 통달하고

이 세상 넘어 높이 고양되어

많은 가르침을 접하기도 했지만,

아낭케〔필연〕[4]보다 더 위력적인 것은 아무 것도

• • • • • • • • • • • • •

2) 제우스와 데메테르 사이에서 태어난 페르세포네. 그녀는 하데스에게 납치되어 그의 아내가 된다.

3) 아드메토스가 자신을 위해서 죽은 아내 알케스티스에게 하는 말이다.

발견하지 못했으니,

오르페우스의 노래가 가득 적혀 있는

트라케 서판의 비책5)도,

또한 포이보스[아폴론]가 숱한 고통을 겪는

가사자(可死者)들6)을 진정시키기 위해 약초를 썰어서

아스클레피오스의 후예들7)에게 준 영약들도 [아낭케만] 못하

다네.(『알케스티스』 962)

5. 에우리피데스(DK1A10)

발설해서는 안 될 비의(秘儀)의 횃불 행렬을

당신이 죽인 이 [무사의 아들인 레소스의] 주검과

사촌지간인 오르페우스가 가르쳤습니다.

그대의 공경 받는 시민이자, 최고의 경지에까지 다다랐던

유일한 사람 무사이오스 또한,

· · · · · · · · · · · · · · · ·

4) 운명의 여신.

5) 문자적 의미로는 '치료약(pharmakon)'이다. 오르페우스는 종교적 비
의(秘儀)의 창시자일 뿐만 아니라, 영약을 다루는 철학서 및 종교서
들의 기록자로 간주된다.

6) 죽지 않는 자인 신들과 달리, 죽을 수밖에 없는 '인간'을 가리키는 말
이다.

7) 아스클레피오스(의술의 신) 신전의 사제들과 의술을 행하는 의사들을
말한다.

포이보스와 그와 혈육인 저희들[8]이 가르쳤습니다.[9]

(『레소스』 943)

6. 이소크라테스(DK1A14b)

그런데 [시인들은] 어느 누구도 적들에 대해 감히 하지 못할 그런 말들을 신들에게 서슴없이 해댔다. 그들은 신들을 도둑질도 하고 간음도 하고 인간에게 종살이를 했다고 힐난했을 뿐만 아니라, 자식을 삼키는 일, 아비를 거세하는 일, 어미를 결박하는 일, 그리고 다른 수많은 패륜행위를 두고서 신들이 저질렀다고 꾸며댔다. 그것에 합당한 벌을 시인들이 받지는 않았지만, 아무런 징벌을 받지 않은 채 모면한 것은 아니며, 어떤 이들[호메로스, 헤시오도스]은 …, 한편 그러한 말들에 특히 집착한 오르페우스는 갈기갈기 찢겨 생을 마감했다.(『부시리스』 XI. 38)

---

8) 무사들.
9) 레소스의 어머니인 무사가 아테네에게 하는 말.

7. 아리스토파네스(DK1A12)

처음에 카오스와 뉙스, 칠흑의 에레보스와 드넓은 타르타로스
는 있었으나, 게(Ge)와 아에르, 우라노스는 없었네.
그런데 에레보스의 가없는 품속에서
검은 날개의 뉙스가 맨 처음으로 무정란을 낳아
계절이 순환하면서 그것에서 금빛 두 날개로 등이 눈부신,
그리움을 일으키는 에로스가 나왔으니, 그는 질풍의 회오리 같
았네.
그는 드넓은 타르타로스에서 날개 달린 어두운 카오스와 교합
(交合)하여 우리 종족10)을 부화시키고 처음으로 빛으로 내보
냈네.
에로스가 모든 것을 교합시키기 전까지는 불사자들11)의 종족
도 있지 않았네.
한쪽이 다른 쪽과 교합해 우라노스, 오케아노스,
또 게와 모든 복된 신들의 불멸하는 종족이 탄생했네.
(『새』693 〔새들의 합창12)〕)

• • • • • • • • • • • • • • • •
10) 새들.
11) 신들을 일컫는다.
12) 헤시오도스의 『신들의 탄생』 116행 아래와 비교하라.

8. 아리스토텔레스(DK1B9)

그렇지만, 만일 세계가 뉘스로부터 생겨났다는 신화론자들이 말하는 대로라면, 또는 "모든 사물들은 함께 있었다"[13]고 하는 자연 철학자들의 주장대로라면, 뉘스로부터 따라나온다.

(『형이상학』 L 6. 1071b26~28)

9. 아리스토텔레스(DK1B9)

왕 노릇하고 다스리는 것은 가령, 뉘스와 우라노스, 또는 카오스나 오케아노스 등과 같은 최초의 것이 아니라, 제우스라고 이야기하는 한에서 옛 시인들도 마찬가지이다.[14] (『형이상학』 N4. 1091b4)

10. 플라톤(DK1B2)

또한 호메로스가 '신들을 낳은 자 오케아노스와 그들의 어머니 테튀스'[15]라고 말했던 것처럼, 헤시오도스도 그렇게 말했다[16]고 나는 생각하네. 그리고 오르페우스도 어딘가에서 이렇게 말하지.

• • • • • • • • • • • • • •

13) DK59B1.
14) 원리(아르케)를 하나로 상정하는 철학자들의 입장과 마찬가지라는 뜻.
15) 『일리아스』 XIV. 201, 302.
16) 『신들의 탄생』 337.

유려하게 흐르는 오케아노스가 처음으로 결혼을 시작했도다.

어머니가 같은 누이 테튀스를 아내로 맞아들여.

(『크라튈로스』 402b~c)

11. 플라톤(DK1B8)

그런데 다른 신들(daimonōn)에 관련해서 그 탄생을 말하거나 안다는 것이 우리에게는 힘에 부친 일이어서, 앞서 말했던 사람들의 말을 우리는 믿어야만 합니다. 그들[17]은 스스로 말하듯이 신들의 자손이어서 어쩌면 자신들의 조상을 분명히 알고 있는 사람들일 테죠. … 그렇다고 하면 우리는 그들의 말에 따라 이 신들과 관련된 탄생이 이렇다고 하고, 또 그렇게 말하도록 하죠.

게와 우라노스의 자식들로는 오케아노스와 테튀스가 태어났으며, 다시 이들의 자식들로는 포르퀴스, 크로노스(Kronos), 레아, 그리고 이들과 같은 대의 모든 이들이 태어났습니다. 그리고 크로노스와 레아에게서 제우스와 헤라가, 그리고 우리가 알기로는 이들과 형제자매지간으로 불리는 모든 신들이, 다시 이들의 후예인 다른 신들이 태어났습니다. (『티마이오스』 40d)

---
17) 오르페우스 교도들.

12. 다마스키오스(DK1B12)

소요학파 사람 에우데모스가 오르페우스의 것이라고 서술한 신론(神論)은 모든 가지적(可知的)인 것(to noēton)[18]에 대해 침묵했다 … 그러나 그는 뉙스(밤)를 시초로 삼았고, 이것으로부터 호메로스도—비록 계보를 연속적으로 만들지는 않았지만—시초를 설정한다. 사실상 에우데모스가 〔호메로스는〕 오케아노스와 테튀스로부터 시작한다고 말할 때[19] 우리는 받아들여서는 안 된다. … 더 나아가, 전해지는 이러한 『오르페우스 음유시』에는 가지적인 것과 관련한 다음과 같은 신론이 있다. 철학자들 역시 이 신론을 자세히 해석하여, 전체의 유일한 근원 자리에는 크로노스(Chronos)[20]를 놓는 한편, 두 근원 자리에는 에테르와 카오스를, 존재자 일반의 자리에는 〔세계〕 알을 상정했으며, 이 셋(trias)을 〔신 탄생의〕 첫번째 것으로 삼았다. 두번째 것에는 수정되어 신을 잉태하는 알이나 빛나는 외투, 또는 구름이 속한다고 한다. — 이러한 것들에게서 파네스(Phanēs)[21]가 튀어나오기 때문이다. —

• • • • • • • • • • • • • •

18) '현상'에 대비되는 말이다.

19) 『일리아스』 XIV. 302. "신들을 낳은 자 오케아노스와 어머니 테튀스를."

20) '시간'을 구체화한 신. 단 여기서 Chronos(시간을 구체화한 신)와 Kronos를 주의해서 구별해야 한다.

21) 헤시오도스의 우주 발생론에는 에로스에 해당하는 것이다.

왜냐하면 그들은 중간의 것에 대해서는 때에 따라서 다르게 생각하기 때문이다 … 세번째 것으로는 정신으로서 메티스(Mētis)를, 능력으로서 에리케파이오스(Ērikepaios)를, 아버지로서 바로 이 파네스를 … 이와 같은 것이 통상적인 오르페우스교 신론이다.[22] (『원리들에 관하여』 124)

13. 다마스키오스(DK1B13)

히에로뉘모스와 헬라니코스[23] ─ 동일 인물이 아니라고 할 경우 ─ 가 전해주는 신론([오르페우스교 신론])은 이렇다. 그에 따르면 애초에 물과 질료가 있었으며, 이 질료가 굳어져 땅이 형성되었고, 물과 땅 이 두 가지를 먼저 근원으로 놓았다. … 두 근원 다음에 이것들 ─ 내가 말하는 것은 물과 땅이다 ─ 에서 세번째 근원이 생성되었는데, 황소와 사자의 머리를 하고 가운데에는 신

....

22)

크로노스(시간) ──< 에테르 / 카오스 >── 알 [또는 빛나는 옷, 또는 구름] → 파네스 [~ 메티스, 에리케파이오스]

히에로뉘모스에 따라 일반적으로 정리해 보면, 신들은 여섯 세대로 이루어지는데, 1. 크로노스(Chronos)와 에테르, 카오스, 2. 파네스(헤시오도스적으로는 에로스)와 뉙스, 3. 우라노스와 가이아, 4. 크로노스(Kronos)와 레아, 5. 제우스와 페르세포네, 6. 디오니소스(자그레아스) 등이다.

23) 히에로뉘모스 또는 헬라니코스는 알렉산더 대왕 사후의 헬레니즘 시대 이후의 인물이라고도 하나 분명하지는 않다.

의 얼굴을 하고 어깨에는 날개를 단 뱀이었다고 한다. 또 같은 것이 늙지 않는 크로노스(Chronos)나 헤라클레스라고도 불린다고 한다. 그런데 그와 함께 있는 것은 아낭케〔필연〕인데, 이것은 본성(physis)상 아드라스테이아[24]와 같은 것이고 비물체적인 것으로서, 온 우주에 뻗어 있어서 그 경계에까지 닿아 있다고 한다. 내 생각에는, 모든 것을 낳는 원인으로 내세우기 위해 자웅일체로 상상한 점만 제외하고는 아낭케가 실체(ousia)에 상응하는 세번째 근원이라 불린다. … 이 크로노스, 즉 뱀이 자손 셋을 낳았다. 그들의 말로는, 습한 에테르와 한정 없는 카오스, 그리고 이것들에 덧붙여 셋째로 안개 자욱한 에레보스를 … 그리고 나아가 크로노스가 이것들 안에 〔세계〕 알을 낳았다. … 이것들에 더하여 세번째로 어깨에는 금빛 날개를 단 비물체적인[25] 신을 낳았는데, 옆구리는 황소의 머리들을 가졌으며, 그 머리에는 온갖 짐승 모양을 닮은 무시무시한 뱀을 가졌다. … 그리고 이 신론은 프로토고노스[26]를 칭송하고, 그를 모든 것과 온 우주를 질서 짓는 자로서 제우스라 부른다. 이 때문에 그는 판(Pan)[27]이라고도 불린다.[28] (『원리들에 관하여』 123)

• • • • • • • • • • • • • • • •

24) 문자적 의미는 '빠져나갈 수 없는 것'을 뜻한다.
25) asōmaton 대신에 disōmaton(두 몸을 가진)으로도 읽는다.
26) 문자적 의미로는 '처음 탄생한' 신을 뜻한다.
27) 이 말은 '온', '전체'를 뜻한다.

14. 아테나고라스(DK1B13)

오르페우스는 그들〔신들〕의 이름을 최초로 창안하였으며, 또 그들의 생성을 자세히 설명하고 각각의 신들이 행한 모든 일을 말했다. 그리고 사람들은 오르페우스가 가장 참되게 신에 대해 이야기한다고 믿었다. 호메로스도 역시 여러 가지 면에서, 특히 신들에 관해서 오르페우스를 따랐다. 그래서 그도 신들은 물에서 처음 생성되었다고 이해하여 '모든 신들의 원천인 오케아노스'[29] 라고 말했다. 사실상 그에 따르면 물이 모든 것의 근원이며, 그 물에서 진흙이 나오고, 이 둘에서 뱀이 태어났는데, 사자의 머리를 하고, 그것들[30] 중간은 신의 얼굴을 한 동물이었으며, 그 이름은 헤라클레스나 크로노스였기 때문이다. 이 헤라클레스가 어마어마하게 큰 알을 낳았다. 이 알은 그것을 낳은 자의 힘에 의해 가득 채워졌고 마찰 때문에 두 부분으로 쪼개졌다. 그리하여 알의 정수리 부위는 우라노스가 되었으며, 아래 부위는 게(Gē)가 되었

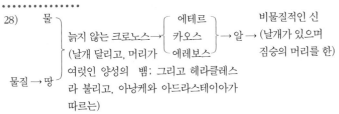

28)

29) 『일리아스』 XIV. 246
30) 사자 머리와 황소 머리.

다. 그리고 또한 두 몸을 가진(disōmatos) 신 같은 것도 나왔다. 우라노스는 게와 교합하여 여신들로는 클로토, 라케시스, 아트로 포스를 낳았으며, 남신들로는 헤카통케이르(Hekatoncheir)[31]족 인 코토스, 귀게스, 브리아레오스, 그리고 외눈박이 거인족 (Kyklopes)인 브론테스, 스테로페스, 아르게스를 낳았다. 우라노 스는 자신이 자식들에 의해서 권좌에서 쫓겨날 것이라는 이야기 를 들었기 때문에 그들을 결박해서 타르타로스에 내던졌다. 이 때문에 게(Gē)는 노여워하여 티탄들(Titenēs)을 낳았다.

> 우라노스의 자식들을 숭고한 가이아가 낳았으니,
> 저들을 별칭(別稱)으로 티테네스(Titenēs)라 부름은
> 별무리 가득한 장대한 우라노스를 저들이 응징했음이라
> (tinesthai).(『기독교도들을 위한 탄원』 18. 20)

15. 위-데모스테네스(DK1B14)
우리에게 더없이 성스러운 입교 의식을 알려준 오르페우스는, 추상같고 존엄한 디케 여신이 제우스의 옥좌(玉座) 곁에 앉아서 인간의 모든 일을 굽어 살핀다고 말한다.
(『아리스토게이톤 반박』 I. 11)

....
31) '백 개의 팔을 가진'이란 뜻.

16. 「파로스 섬 대리석 비문」(DK1B15)

〈오이아그로스와 칼리오페의〉 아들 〈오르페우스〉가[32] 자신의 시, 즉 '코레[33]의 납치', '데메테르의 추적', 그리고 '데메테르가 손수 기른 씨'에 관한 시를 내놓았다.[34]

(야코비 『헬라스 역사가들의 단편들』 239 A14, II 995)

17. 플라톤(DK1B6)

옛 말도 그랬다시피,[35] 실로 신[제우스]은 존재하는 모든 것의 처음과 끝과 가운데를 가지고 있어서, 본성에 따라 돌면서 똑바로 나아가 목표를 이룹니다. 그리고 신성한 법을 팽개친 자들을 응징하는 디케 여신이 그의 뒤를 늘 수행합니다.[36] (『법률』 IV. 715e)

18. 위-아리스토텔레스(DK1B6)

제우스는 머리요, 제우스는 가운데라, 제우스로부터 만물이 이루어

----

32) 〈 〉는 후에 복원한 부분임.
33) 페르세포네.
34) 이어지는 텍스트는 파손되어 그 의미가 불분명함.
35) 오르페우스의 교설을 뜻함.
36) DK1B14, 『파이드로스』 248c-d, 『국가』 620e-622b, 그리고 12B1, 22B23과 28, 28B1과 B8 참고.

졌다.(『우주에 관하여』7)

III. 고대 오르페우스교 영혼론

19. 플라톤(DK1B3)

실제로 어떤 이들은 혼이 현세의 몸(sōma) 속에 묻혀 있다고 해서 그것을 혼의 무덤(sēma)이라고 말하네. 그리고 또 혼은 표시하고자 하는 모든 것을 몸에 의하여 표시하므로(sēmainein), 이 점에서는 몸이 '표지(sēma)'라고 올바르게 불려지는 것이네. 그렇지만, 내가 보기에는 오르페우스 무리들이 이 이름(sōma)을 붙였다는 것이 가장 그럴듯한 것 같은데, 그것은 다음과 같은 이유 때문일세. 혼은 벌받을 일에 대해 벌을 받되, 보존되도록(sōzesthai), 감옥과도 같은 이 덮개[몸]를 갖게 된 것 같네. 그러므로 이름 그대로 몸(sōma)은 혼이 빚을 갚기까지 혼의 보호소(sōma)이며, 그래서 한 글자도 바꿀 필요가 없었던 것이네.[37)]

••••••••••••••

37) sēma(표지, 무덤의 표지 즉 묘비, 무덤)와 semainein(표시하다), 그리고 sōzein(구제하다, 보존하다)과 sōma(육체, 보관, 감금, 보호)에 관련된 언어적 의미를 이용한 일종의 '말장난' 하는 것으로 이해된다. 여기서 sōma의 sao-(sō-)는 '구제하다 또는 보존하다'라는 의미를 가진다.

(『크라튈로스』 400b-c)

20. 알렉산드리아의 클레멘스(DK44B14)

  필롤라오스의 어구를 기억할 만한 가치가 있다. 그 피타고라스
주의자는 다음과 같이 말한다.

  "신에 대해 말한 옛 사람들과 예언자들도, 혼은 어떤 응보로 인해
… 무덤 속에 묻히듯 이것〔몸〕 속에 묻혀 있다고 증언한다."
  (『학설집』 III. 17)

21. 플라톤(DK1B4)

  그런가 하면 무사이오스와 그의 아들[38]은 신들로부터 올바른
사람들에게 주어지는 좋은 것들로 저들〔호메로스와 헤시오도스〕
보다도 더 참신한 것들을 들고 있습니다. 이들의 이야기 속에서,
이들은 올바른 사람들을 하데스로 이끌어 침상에 기대어 앉힌 다
음, 경건한 자들의 향연을 마련해 주어, 머리에 화환을 씌우고, 이
후로 온 세월을 술에 취한 채 지내게 한답니다. 이는 이들이 영원
히 술 취함을 덕(aretē)에 대한 가장 멋진 상으로 생각해서죠. 또
어떤 사람들은 신들이 건네주는 상을 이들보다도 한층 더 확대하

• • • • • • • • • • • • • •
38) 에우몰포스(Eumolpos). 엘레우시스 비교의 창시자로 알려졌지만 분
  명하지는 않다.

고 있습니다. 경건하며 서약에 충실한 자에게는 자자손손과 씨족을 뒤에 남기게 되는 것으로 말하고 있으니까요. 바로 이런 식으로 그리고 이와 유사한 다른 식으로, 그들은 올바름을 찬양합니다. 반면에 경건하지 못하며 올바르지 못한 자들은 하데스에서 진창 같은 곳에 파묻히게 하며, 물을 체로 길어 나르게 강요합니다. 더구나 이들이 아직 살아 있는 동안에도 악평을 받도록 이끌어서는….(『국가』 II. 363c)

22. 플라톤(DK1B5)

그들은 또한 셀레네(Selēnē) 여신과 무사(Mousa) 여신들의 후예들이라 말해지는 무사이오스와 오르페우스의 요란스러운 (homadon)[39] 책들을 제시합니다. 그 책들에 따라서, 그들은 '희생제물과 즐거운 놀이를 통해서 부정한 행위들에 대한 면죄와 정화의식(katharmoi)이 산 자들을 위한 것일 뿐만 아니라, 또한 죽은 자들을 위한 것'이라고 개인들뿐만 아니라 나라들에 대해서도 설득하면서 제의를 행하고 있습니다. 그들은 바로 그것을 입교 의식(teletai)이라 부르며, 그 의식이 저승의 나쁜 일들로부터 우리를 벗어나게 해주지만, 희생제의를 올리지 않는 자들에게는 무시무

••••••••••••

39) 문자 그대로의 의미는 '시끄러운 소리'를 의미한다. 여기서는 경멸적인 의미로 사용되었다.

시한 일들이 기다리고 있다고 합니다.(『국가』 II. 364e)

23. 「페텔리아에서 출토된 황금판의 비문」(DK1B17)

> 그대는 하데스의 집 왼편에 있는 샘[40]을,
>
> 샘 곁에 서 있는 하얀 삼(杉)나무를 발견하리라.
>
> 그 샘에 가까이 다가가지 말라.
>
> 그대는 다른 샘[41]도 발견하리니, 그 차가운 물은
>
> 므네모쉬네 호수로부터 흘러나오는 것이요,
>
> 파수꾼들이 그 앞에 있노라.
>
> 말하라, "나는 게(Gê)와 별무리 가득한 우라노스의 아들이나,
>
> 하늘에 속하는 종족이라. 이것을 그대들도 명심하시오.
>
> 나는 목마름으로 메말라 죽어가고 있소이다. 그러니 어서 주시오,
>
> 므네모쉬네 호수에서 흘러나오는 차가운 물을."
>
> 그러면 그들이 그대에게 신성한 샘에서 마실 물을 주리니
>
> 이후 그대는 다른 영웅들과 함께 왕 노릇 하리라.

· · · · · · · · · · · · · ·

40) '망각의 샘'을 말한다. 이 샘물을 마시면 혼이 모든 것을 망각해서 윤
회한다고 한다.

41) 이 샘은 므네모쉬네(기억)의 샘이라고 할 수 있다. 이 물을 마시면 혼
이 과거의 신적인 삶에 대한 기억을 되찾아 자신의 기원을 알고, 디
오니소스와 동화한다고 여겨졌다.

24. 「투리오이에서 출토된 황금판의 비문」(DK1B18)

[죽은 자의 혼이 하는 말] 나는 정결한 곳에서 나왔습니다. 지하의 정결한 여왕[42]이시여,

에우클레스여, 에우불레우스[43]여, 그리고 다른 불멸하는 신들이시여.

실로 나 또한 당신들 지복(至福)의 종족임을 자랑스러워하건만,[44]

모이라[운명] 여신과 다른 불멸하는 신들께서 나를 짓누르셨으며

***[45] 별에서 떨어진 벼락[46]을.

그러나 이제 비통하고도 고통스러운 순환[의 고리]에서 벗어나

동경해 마지않는 화관[47]에 빠른 걸음으로 발을 들여놓고

지하의 여왕 데스포이나의 품에 안기었나이다.[48]

그리고는 동경해 마지않는 화관에서 잰걸음으로 빠져나왔나이다.

· · · · · · · · · · · · · ·

42) 페르세포네를 가리킨다.

43) 이것들은 오르페우스교의 신들 이름으로서, 단일한 신성의 여러 이름인 것으로 보인다.

44) 이 말은 '기원하건만'으로도 번역될 수 있다.

45) 이후에 이어지는 말은 훼손되어 그 의미가 분명하지 않다.

46) 디오니소스를 삼킨 티탄족을 제우스가 번개로 태워 죽였을 때부터 인간의 혼은 신적인 삶에서 떨어져 나와 윤회의 삶을 살게 되었다.

47) 딜스에 따르면, stephanos는 파르메니데스에게서는 stephanē(천상의 영역)이다.

48) 혼이 하데스로 내려가는 것을 의미한다.

〔여신의 대답〕 "지복한 이여, 축복받은 이여, 그대는 가사자(可死者)가 아니라 신이 되리라."

나 어린 산양이 되어 젖 속으로 떨어졌나이다.[49]

25. 「투리오이에서 출토된 황금판의 비문」(DK1B19)

나는 정결한 곳에서 나와서 정결하나이다, 지하의 여왕이시여,

에우클레스여, 에우불레우스여, 그리고 다른 신들과 신령들이시여.

실로 나 또한 당신들 지복의 종족임을 자랑스러워하건만

나는 정의롭지 못한 행실 때문에 죄 값을 치르고

모이라 여신께서 나를 짓누르셨거나(?) ***[50] 번쩍이는 벼락으로.

그런데 지금 나는 탄원자로서 고결하신 페르세포네이아께로 왔나이다,

나를 깨끗하고 성스런 이들의 터전으로 자비롭게 이끌어 주십사 하고.

26. 에우리피데스(DK1A8)[51]

〔테세우스가 히폴뤼토스에게 하는 말〕

....

49) 이 말은 오르페우스 교도로서의 서약이다. '어린 산양'은 갓 입교한 젊은 바코스 교도를 가리키고, '젖'은 포도주를 상징한다.
50) 사본이 파손되어 이후에 이어지는 말의 의미를 제대로 새길 수 없다.
51) 25, 26은 아주 엄격한 육식금지를 특징으로 하는 옛 오르페우스교 금욕생활을 보여주는 증거들이다. 이러한 생활 방식은 특히 영혼의 방황에 관한 영혼론과 관련이 있다.

그래 이제 너는 우쭐대며 '혼이 없는 음식(apsychou boras)'[52]을 먹을거리라고 팔아먹거라.

오르페우스를 주(主)로 모시고

연기와도 같은 허다한 책 나부랭이들[53]을 받들면서 미쳐 날뛰거라.[54] (『히폴뤼토스』 952 이하)

27. 아리스토파네스(DK1A11)

오르페우스는 비의(秘儀)와 살생금지를 가르쳤고,

무사이오스는 병의 치유와 신탁을 우리에게 가르쳤습니다.

(『개구리』 1032)

- - - - - - - - - - - - - - -
52) 문자 그대로는 '혼이 없는 음식'을 말하는데, '채식거리', '푸성귀', '남새' 따위를 가리키는 말로 쓰였다.
53) 오르페우스의 주술서를 가리킨다.
54) "바코스 신도나 되라"고 비아냥거리는 태도를 나타내는 말이다.

1.2 무사이오스

28. 디오게네스 라에르티오스(DK2A4)

무사이오스는 아테네 출신이며, 리노스[1]는 테바이 출신이다. 사람들의 말에 따르면, [무사이오스는] 에우몰포스의 아들이며, 「신들의 탄생(Theogonia)」과 「구[球(Sphaira)]」를 맨 처음으로 시작(詩作)했으며, 모든 것은 하나에서 생겨나서 다시 이 하나로 해소된다고 주장했다. (『유명한 철학자들의 생애와 사상』 I. 3)

29. 파우사니아스(DK2B10)

무사이오스의 시는 트립톨레모스가 오케아노스와 게의 아들이라고 노래하고 — 진정 이것도 무사이오스의 시라고 한다면 — 있

．．．．．．．．．．．．．
1) 아폴론의 아들. 음악과 관련되어 전해지는 신비적 인물이다.

다.(『희랍 안내기』 I. 14. 3)

30. 파우사니아스(DK2B11)

헬라스인들 사이에 「에우몰피아」라는 이름의 시가 있는데, 그들은 그 서사시를 안티오페모스의 아들 무사이오스에게로 돌린다. 그 시에는, 〔델포이〕 신탁은 포세이돈과 게(Gē)가 공동으로 주는 것인데, 게는 몸소 신탁을 내리지만 포세이돈에게는 신탁을 거드는 자로서 퓌르콘이 있다고 적혀 있다. 그 시의 내용은 다음과 같다.

이윽고 크토니에²⁾의 음성이 분별 있는 말씀을 했고,

그와 함께 명성이 자자한 엔노시가이오스(Ennosigaios)³⁾의 시종 퓌르콘이. (『희랍 안내기』 X. 5. 6)

31. 필로데모스(DK2B12)

사람들은 제우스가 헤파이스토스에 의하여 머리가 둘로 쪼개졌다고 말하지만, 에우몰포스나 그 이야기를 읊은 시인에 따르면 팔라마온⁴⁾에 의한 것이라고 한다.(『경건에 관하여』 I. 31)

• • • • • • • • • • • • • •

2) 게를 가리킨다.

3) 문자적 의미로는 '땅을 흔드는 자'이다. 즉 포세이돈을 가리킨다.

32. 「외곽주석」(DK2B12)

무사이오스의 시에는, 제우스가 아테네를 낳을 때 팔라마온이 제우스의 머리를 가격(加擊)했다고 한다.

(핀다로스 『올림피아 송가』에 대한 외곽주석 VII. 66)

33. 필로데모스(DK2B14)

어떤 시에서는 모든 것이 뉙스와 타르타로스로부터 나왔다고 하고, 어떤 시에서는 하데스와 에테르에서 나왔다고 한다. 그러나 『티탄과의 전쟁(*Titanomachia*)』을 쓴 자는 에테르에서 나왔다고 하며, 반면에 아쿠실라오스[5]는 최초의 카오스에서 다른 것들이 나왔다고 말한다. 그런데 무사이오스의 것으로 돌려지는 시에는 타르타로스와 뉙스가 맨 처음이라고 씌어 있다.

(『경건에 관하여』 I. 31)

34. 「외곽주석」(DK2B15)

무사이오스의 것으로 돌려지는 시에서는 무사 여신들의 출생을 두 가지로 설명한다. 더 늙은 무사 여신들은 크로노스 시대에 태어났고, 더 젊은 무사 여신들은 제우스와 므네모쉬네에게서 태어났다고 한다.(로도스의 아폴로니오스에 대한 외곽주석 III. 1)

• • • • • • • • • • • • • •

4) 헤파이스토스의 별칭으로 생각된다.
5) DK8B1.

35. 「외곽주석」(DK2B16)

무사이오스는 설명하기를, 제우스는 아스테리아를 사랑한 나
머지 [그녀와] 몸을 섞었으며, 몸을 섞고 난 뒤 페르세우스에게
그녀를 주었으며, 그녀는 그[제우스]에게 헤카테를 낳아주었다고
한다.(로도스의 아폴로니오스에 대한 외곽주석 III. 1035)

36. 테오프라스토스(DK2B19)

사람들이 말하기를, 헤시오도스와 무사이오스에 따르면 트리
폴리온[6]은 온갖 좋은 일들에 유익한 것이어서, 사람들이 밤에 천
막까지 치고서 그것을 캔다고 한다.

(『식물지』 IX. 19. 2)

37 파우사니아스(DK2B22)

아테네인들은 아이고스 포타모이에서 자신들의 패배[7]가 정당
하게 이루어지지 않았다고 입을 모은다. 왜냐하면 지휘관들이 재
물로 인해 배반했기 때문이라는 것이다. 즉 튀데우스와 아데이만

....

6) 국화과의 갯개미취(*Aster Tripolium*)라는 식물을 말한다. 이 대목에
앞서 테오프라스토스는 액막이로서의 어떤 식물의 사용을 거부하는
말을 한 바 있다. 바로 이러한 맥락에서 트리폴리온이 언급되고 있다.
7) 기원전 405년, 아테네와 스파르타 간의 펠로폰네소스 전쟁 중에 발생
한 전투.

토스가 뤼산드로스에게서 뇌물을 받은 그 당사자들이라는 것이
다. 그 주장의 증거로 그들은 시뷜레의 신탁을 든다. … 그리고 별
도의 증거로 무사이오스의 신탁을 상기시킨다.

진정 아테네인들에게 거센 폭우가 엄습하리니
지도자들의 악함 탓이라. 하지만 뭔가 위안이 있으리라.
그들은 능히 나라를 몰락시킬 터이나, 그 죄값을 치르고 말 것이라.
(『희랍 안내기』 X. 9. 11)

1.3 에피메니데스[1]

38. 바울(DK3B1)

크레타인들 중 한 사람인 그들 자신의 예언가[2]가 〔그들에 대해서〕 말하기를, 크레타인들은 언제나 거짓말쟁이며, 악한 야수이고, 게걸스럽게 먹어대는 게으름뱅이니라.

(『디도서』 I. 12)

39. 아일리아누스(DK3B2)

그렇지만 실제로 사람들은 네메아의 사자도 달(셀레네)에서 떨

· · · · · · · · · · · · · · · ·

1) 분명하지는 않지만, 기원전 6세기 말과 5세기 초반에 활동했던 크레타 (파이스토스나 크놋소스) 출신의 예언자. 페리안드로스 대신에 희랍의 7현인 중 한 사람으로 거론되기도 한다.
2) 에피메니데스를 가리킨다.

어진 것이라고 말한다. 그래서 에피메니데스의 시에도 읊어지기를,

실로 나[3] 역시 아리따운 머리카락을 지닌 셀레네 여신의 자손이라,

그 여신은 두려움에 덜덜 떨며 무시무시한 짐승 사자를 뒤흔들어

떨쳐내었도다.

네메아[4] 땅에서 고결한 헤라의 사주를 받아 그놈의 목을 조르고,

⟨힘센 헤라클레스의 신적인 힘이 그를 제압했네.⟩[5]

(『동물들의 본성에 관하여』 XII. 7)

40. 다마스키오스(DK3B5)

그런데, 에피메니데스는 최초의 두 근원으로 아에르와 뉙스를
놓았으며 …, 이것들에서 타르타로스가 생겨났다고 하는데, 내
생각에는 [타르타로스는] 두 근원이 섞여진 일종의 혼합된 세번
째 근원이다. 이들[두 근원]에서 두 티탄(Titan)(지성에 의해 알
려진 중간의 것을 정점과 경계 양쪽으로 '뻗쳐 있기(diateinei)'
때문에 그렇게[티탄이라] 부른다)이 나오고, 이들이 서로 몸을

• • • • • • • • • • • • • •

3) 이 저자가 에피메니데스와 무사이오스를 혼동하지 않았다면, 무사이
   오스를 가리키는 것으로 보여진다.
4) 제우스를 기리는 범희랍적 성지로 헤라클레스가 사자와 싸웠다는 전
   설상의 장면이 그려지는 지역이다. '네메아 축제와 경기'가 벌어지는
   아르골리다 북서부에 위치한 비옥한 고산지대 계곡이다.
5) 헤시오도스의 『신들의 탄생』 332행을 근거로 한 딜스의 보충이다.

섞어 알이 생겼으며 …, 그 알에서 또다시 다른 종족이 나왔다고
한다.(『원리들에 관하여』 124 I 320, 〔에우데모스의 단편 117〕)

41. 파우사니아스(DK3B6)

크레타 사람인 에피메니데스 역시 시에 쓰기를, 스튁스는 오케
아노스의 딸이지만, 그녀는 팔라스와 결혼한 것이 아니라, 페이
라스가 누구인지는 몰라도 여하튼 페이라스로부터 에키드나를
낳았다고 했다.(『희랍 안내기』 VIII. 18. 2)

42. 필로데모스(DK3B8)

『프로메테우스』에서의 아이스퀼로스,[6] 아쿠실라오스,[7] 에피
메니데스 그리고 다른 많은 이들은 튀폰이 제우스의 권좌를 친
적이 있다고 한다. 그런데 에피메니데스에 따르면, 제우스가 잠
든 사이 튀폰이 왕궁으로 올라가 출입문을 제압하고 궁 안으로
진입했다고 하는데, 도우려 달려온 제우스는 왕궁이 장악된 것을
보고는 〔그를〕 번개로 죽였다고 한다.[8] (『경건에 관하여』 61b1)

---

6) 『프로메테우스』 351행 아래.
7) DK9B7.
8) 원문의 대부분이 파손되어 딜스의 복원으로 재구성된 것임.

43. 플루타르코스(DK3B10)

가장 위대한 것은, 그[에피메니데스]가 일종의 속죄 의식과 정화 의식, 신전 건립을 통해 제사를 올리면서, 그 도시9)를 정화시켜 정의를 따르며 더욱 잘 화합하는 도시로 세웠다는 점이다. 그런데 그는 무니키아10)를 보고서 오랜 시간 동안 면밀하게 살핀 후 주위 사람들에게, 인간이 장래 일에 대해서 얼마나 알지 못하는지를 다음과 같이 말했다고 한다.

"행여 이 지역이 얼마나 이 도시에 고통을 가져다 줄 것이라는 사실을 미리 알기라도 했다면, 아테네인들은 그네들의 치아(齒牙)로 [그 터전을] 먹어치웠을 텐데."(『솔론의 생애』1)

44. 「외곽주석」(DK3B14)

에피메니데스는 그[엔뒤미온]가 신들과 함께 지내는 동안에 헤라를 사랑하게 되었고, 이 때문에 제우스가 분노해서 그에게 영영 잠들라는 처벌을 내렸다고 한다.

(로도스의 아폴로니오스에 대한 외곽주석 IV. 57)

• • • • • • • • • • • • • •

9) 아테네.
10) 피레우스 항구 북동쪽 야트막한 구릉 지역으로 여러 역사적 사건이 벌어진 전략적 요충지였다.

45. 「외곽주석」(DK3B16)

  에피메니데스는, 판과 아르카스가 제우스와 칼리스토스의 쌍둥이 자식으로 태어났다고 말한다.(에우리피데스의 『레소스』에 대한 외곽주석 36)

46. 「외곽주석」(DK3B19)

  에피메니데스는 에우메니데스들(Eumenidai)[11]이 크로노스의 딸들이라고 말한다.

  그로부터 태어났구나, 황금빛 아리따운 머릿결의 아프로디테도,

  불사의 모이라 여신들도, 여러 가지 다양한 선물을 주는 에리뉘에스들도.(소포클레스의 『콜로노스의 오이디푸스』에 대한 외곽주석 42)

47. 아라토스(DK3B22)

  정말 이게 사실이라면,

  저들[퀴노수라, 헬리케][12]은 위대한 제우스의 뜻으로 크레타에서

• • • • • • • • • • • • • • • •

11) 문자적으로 '친절한 것들'을 의미하는데, 에리뉘에스들(복수의 여신들)을 가리킨다. '친절한'이라는 이름으로 불리는 것은 복수의 여신들에게 발림말을 해서 그들의 혹독한 저주와 분노를 피하려는 의도에서 그렇게 불린다.

우라노스〔천상〕로 올라간 것이네, 그〔제우스〕가 어렸을 적에

이다 산 가까이 딕탐논[13] 꽃향기가 은은한

동굴에서 그를 누이고 길렀으며, 한 해 동안

딕테 산의 쿠레테스(Kourētes)들이 크로노스를 속일 적 일이 사실

이라면.(『천체 현상』 30 이하)

48. 「외곽주석」(DK3B23)

  용자리(Drakōn)[14]에 대한 크레타의 다음과 같은 전설이 있다. 한번은 크로노스가 다가왔을 때, 제우스는 경계하여 자신은 뱀 (drakōn)으로 변신하고, 유모들은 곰으로 변신시켜 자신의 아버지〔크로노스〕를 속였다. 그리고 그는 왕권을 손아귀에 넣은 후에 자신과 유모들에게 벌어졌던 일을 큰곰자리 영역에다 새겨넣었다.(아라토스의 『천체 현상』에 대한 외곽주석 46)

• • • • • • • • • • • • • •

12) 크레타 섬의 이다 산에 사는 님프들이다. 전설에 따르면 이들이 어린 제우스를 양육했다고 한다.

13) 크레타 섬의 딕테 산에 자생하는 야생식물.

14) 헬라스어 drakōn는 '뱀' 또는 '용'으로 번역이 가능하다. 그러나 천문학에서는 큰곰자리 가까이에 있는 별자리 drakōn을 '용자리'로, serpens를 '뱀자리'로 번역한다.

1.4 헤시오도스

49. 아테나이오스(DK4B1)

　헤시오도스에게로 돌려지는 시 『천문학(Astronomia)』[1]을 썼던 사람도 그것들을 늘 펠레이아데스[2]라고 말하고 있다.

　가사자들은 그것들을 펠레이아데스라고 부른다.

　(『현인들의 만찬』 XI. 491 CD)

· · · · · · · · · · · · · · · ·
1) 이 시는 아마도 기원전 6세기에 쓰인 것 같다.
2) 아트라스와 프레요네 사이에서 태어난 7명의 딸로 제우스에 의하여 별에 옮겨짐. 칠요성(북두칠성), 묘성(昴星)을 가리킨다. 이십팔수(二十八宿)의 열여덟번째 별자리의 별들. 황소자리의 플레이아데스 성단에서 가장 밝은 6-7개의 별로, 주성(主星)은 황소자리의 이타성이다.

50. 아테나이오스(DK4B2)

　겨울철의 펠레이아데스는 사라진다.(『현인들의 만찬』 XI. 491 CD)

51. 아테나이오스(DK4B3)

　그때 펠레이아데스가 자취를 감춘다.(『현인들의 만찬』 XI. 491 CD)

52. 플리니우스(DK4B4)

　헤시오도스(역시 그의 이름이 붙여진 『천문학』도 남아 있기 때문에)에 따르면, 베르길리아이〔펠레이아데스〕가 동틀 녘에 지는 것은 추분이 끝날 때라고 하지만, 탈레스는 추분이 지난 25일째라고 한다.(『박물지』 XVIII. 213)

53. 「외곽주석」(DK4B5)

　헤시오도스는 그것들〔휘아데스〕[3]에 관해서 다음과 같이 말한다.

　카리스들[4]과 닮은 님프들,

　파이쉴레와 코로니스, 멋진 화관의 클레에이아,

　갈망을 불러일으키는 파이오와 하늘거리는 겉옷(peplos)을 두른 에우도레,

....

3) 황소자리에 있는 다섯 개의 별을 가리킨다.
4) 은총의 여신들.

땅에 사는 인간 종족들은 그들을 '휘아데스'[5]라 부른다네.

(아라토스의 『천체 현상』에 대한 외곽주석 172)

54. 헤시오도스

진실로 맨 처음 카오스[6]가 생겼네, 그 다음으로

넓은 가슴의 가이아, 곧 모든 것들의 영원하고 굳건한 터전이

생겼으며,[7]

또 안개 짙은 타르타로스가 생겼으니, 넓은 길이 난 땅[가이

아][8]의 구석에 있도다.

또한 에로스, 불멸하는 신들 가운데 가장 아름다운 신이 생겼

<hr />

5) 이 성좌의 출현은 비(雨)의 징조로 받아들여졌다.

6) 이 말은 '벌어지다', '열리다'를 뜻하는 chainein, chaskein과 그 어원을 같이 한다. 이 말의 어근(cha-)은 '하품, 벌어진 틈새'를 의미한다. 그러니 이 말은 어떤 것이 열리거나 벌어져 생겨난 '빈틈' 내지 '빈터'를 가리킨다. 나아가 이 말은 나중에 '하늘과 땅 사이의 틈'을 뜻하게 되었다. 그러나 하늘과 땅이 생기기 이전에 카오스가 있었으니, 그냥 '끝없이 열려 있는 빈터'로 이해하는 편이 나을 것이다.

7) 118행, 즉 '눈 덮힌 올림포스 산정을 차지하고 있는 불사자들'은 맥락상 이곳에 적합하지 않다. 이 행이 앞 구절의 '모든 것들'을 꾸민다는 것도 이상하다. 중세의 사본에는 나타나고 있으나, 플라톤(『향연』 178b)을 비롯한 여러 저작에서 삭제되어 있다.

8) 헤시오도스의 우주론에서 땅(가이아)은 오케아노스에 둘러싸인 원반형의 평평한 것이다. 이것에 의해 모든 동식물을 포함한 바다까지도 지탱된다고 한다.

는데,

〔이 신은〕 사지를 풀어지게 하고, 모든 신들과 모든 인간들의
생각과 사려 깊은 뜻을 그들의 가슴 속에서 굴복시킨다.
카오스에서 에레보스〔어둠〕와 검은 뉙스(밤)가 생겼다.
다시 뉙스에서 에테르〔빛〕[9]와 헤메라〔낮〕가 생겨났는데,
이들은 뉙스가 사랑에 빠져 에레보스와 몸을 섞어서 낳았다.

진실로 가이아는 맨 처음으로 자신과 동등한,
별이 가득한 우라노스〔하늘〕를 낳았으니, 이는 어디서나 자신
을 감싸서,
지복의 신들에게는 영원히 굳건한 터전이 될 수 있게 하기 위
함이라.
또 그녀〔가이아〕는 긴 우레아〔오로스들〕[10]를 낳았으니, 이것들
은 신들,
주름진 〔계곡의〕 산들[11]에서 지내는 님프들의 우아한 보금자
리이다.
그녀〔가이아〕는 또한 굽이치는 불모의 바다인
폰토스를 환희의 사랑 없이[12] 낳았다. 그 다음에, 〔가이아는〕

••••••••••••••••
9) 밝은 상층의 대기.
10) 크고 긴 산.
11) 골짜기가 연속되고 수목이 우거진 산의 이미지를 가지는 말이다.

우라노스와 잠자리를 같이 해서 자식들을 낳았으니, 깊은 소용
돌이를 가진 오케아노스와

코이오스와 크레이오스와 휘페리온과 이아페토스와

테이아와 레이아와 테미스와 므네모쉬네와

황금관을 쓴 포이베와 사랑을 부추기는 테튀스라.

이들에 뒤이어 무장을 하고 꾀가 많은 크로노스를 낳았으니,

그는 자식들 가운데 가장 무서운 자라. 그는 원기 왕성한 아비
를 미워했다.(『신들의 탄생』 116 이하)

55. 헤시오도스

〔제우스는 티탄들에게 번개를 던진다〕

모든 땅과 오케아노스의 지류들과

불모의 강이 끓어올랐다. 뜨거운 증기가 그들, 땅에서 태어난
티탄들을

빙 둘러쌌다. 말로 다할 수 없는 불길이 신성한 에테르에

이르렀고, 천둥 번개의 번쩍이는 섬광이 강한 자들의

두 눈마저도 멀게 했다.

놀라운 열기가 카오스를 휩쌌다. 직접 눈으로 보는 것과

. . . .

12) '사랑 없이'란 누구와도 몸을 섞지 않고 혼자 낳았다는 것을 의미한
다. 나중에 우라노스와 동침해서 낳은 오케아노스로부터 크로노스에
이르는 열 두 자식들은 티탄(Titēnes)이라고 불린다.

귀로 소리를 듣는 것이 마치 가이아와 드넓은 우라노스가
위에서 다가서는 것처럼 보였다.
그토록 커다란 소리가 밑에서 일어났기 때문이다.
(『신들의 탄생』 695 이하)

1.5 페레퀴데스

| 생애와 저작

56. 『수다』(DK7A2)

그가 쓴 모든 것은 이것이다. 『일곱 개의 은밀한 곳(*Hepta-mychos*)』이거나, 『신들의 결합(*Theokrasia*)』이거나, 『신들의 탄생(*Theogonia*)』이다. 그런데 이것은 열 권(?)[1]의 책으로 된 신론(theologia)으로 신들의 탄생과 계보를 담고 있다.[2]

• • • • • • • • • • • • • •

1) 딜스의 주석에 따르면, 열 권이라 한 것은 후세 사람이 쉬로스 출신이 아닌 '아테네 출신의 페레퀴데스'가 쓴 것을 잘못 옮겨놓은 것이라 한다.
2) 페레퀴데스는 BC 7세기나 6세기 중반에 활동한 인물로 알려져 있으며, 최초로 산문으로 글을 썼다고 한다.

57. 디오게네스 라에르티오스(DK7A1)

쉬로스 사람이며 바뷔스의 아들인 페레퀴데스는, 알렉산드로스가 자신의 저작 『계보』에서 말하고 있는 바에 따르면, 피타코스에게서 배웠다고 한다. 테오폼포스는 이 사람이 자연과 신들에 관해서 책을 쓴 최초의 사람이었다고 말하고 있다.

(『유명한 철학자들의 생애와 사상』 I. 116)

58. 디오게네스 라에르티오스

키오스 출신의 이온[3]은 그[페레퀴데스]에 관해서 다음과 같이 말한다.

이 사람은 이만큼이나 남자다운 용기와 겸손함에서 뛰어나서,
지금은 죽었지만, 그의 영혼은 즐거운 삶을 누리네.
만일 피타고라스가 진정으로 모든 사람들의 생각[운명]을 알고,
그것을 잘 알아차릴 수 있는 지자였더라면.
(『유명한 철학자들의 생애와 사상』 I. 120)

59. 『수다』(DK7A2)

피타고라스가 그[페레퀴데스]에게서 배웠다고 하지만, 그는 어

---

3) 비극 작가.

느 누구로부터도 가르침을 받지 않았고, 그 자신은 페니키아인들의 비책(秘冊)을 손에 넣은 다음에야 스스로 훈련했다는 이야기가 있다. 어떤 사람들은 그가 산문으로 책을 내놓았던 최초의 사람이라고 보고한다.

60. 디오게네스 라에르티오스(DK7A1)

또한 〔그가 만든〕 해 좌표 시계(heliotropion)[4]도 쉬로스 섬에 보존되어 있다.(『유명한 철학자들의 생애와 사상』 I. 119)

Ⅱ 우주 발생론

61. 아리스토텔레스(DK7A7)

왜냐하면 그들〔신학자들〕 가운데 모든 것들을 신화적으로 말하지 않는다는 점에서 〔자연학자이면서 시인이라는 두 측면이〕 섞여 있는 어떤 사람들, 이를테면 페레퀴데스와 다른 몇몇 사람〔시인〕들은 첫번째 산출자〔제우스〕를 최고의 것으로 놓았고, 또한 마고스들[5]도 그랬기 때문이다 ….

(『형이상학』 N4. 1091b8 이하)

· · · · · · · · · · · · · · ·
4) 동지와 하지를 알려주기도 하는 일종의 해시계.

62. 다마스키오스(DK7A8)

쉬로스 사람 페레퀴데스에 따르면, 자스[제우스]와 크로노스 그리고 크토니아[6] 이 셋은 첫번째 근원들로서 언제나 있으며 … 그런데 크로노스는 자신의[7] 씨앗(gonos)에서 불과 바람[숨결]과 물을 만들어 냈으며[8] …, 이것들은 다섯 개의 은밀한 곳들(pente mychoi)[9]에 나누어져, 이것들로부터 '다섯 은밀한 곳' (Pente-

• • • • • • • • • • • • • •

5) 마고스들은 메데이아(페르시아)의 여섯 지족 가운데 하나로 조로아스터교의 세습적 사제 계급의 지자(知者)들이다. '조로아스트레스 (Zoroastres)'는 문자 그대로 옮기면 '별을 숭배하는 자' 란 의미를 가진다(디오게네스 라에르티오스, 『유명한 철학자들의 생애와 사상』 I. 8). 그러나 혹자는 zarath는 '늙은' 이란 의미이고, ustra는 '낙타' 를 의미한다고 보는 학자도 있다. 마고스들에 대해서는 디오게네스 라에르티오스 I 1-8 항목을 참고.

6) 크토니에의 다른 이름이다.

7) 전해지는 heautou 대신에 autou로 읽는 케른(Kern)의 견해가 맞다면, '그(자스)의'로 옮겨야 한다. 그러나 세계의 부분들을 만들어 내는 최초의 산출자는 제우스이다. 그러나 크로노스는 우주발생론적 요소가 아닌, 신들의 탄생적 요소라는 측면을 고려하면 전해오는 사본을 보존하는 편이 더 나을 수 있겠다.

8) 초기 스토아적 생리학에 비추어 보아, 크로노스의 씨앗의 세 가지 예기치 않은 산물인 불, 공기, 물 들은 씨앗 자체가 지닌 내재적인 본질적 요소로 보려는 후세의 사유가 개입된 것으로 보인다. 애초에 은밀한 처소에 있었던 것은 크로노스의 씨앗으로 생각된다.

9) '은밀한 곳' 은 '골짜기', '동굴', '움푹 패인 곳' 을 뜻하지만, 단순히 패인 것을 의미하기보다는 좀더 정교하게 되어 있는 어떤 은밀한 곳을 가리킨다.

mychos)[10]이라고 불리는 신들의 여러 다른 종족이 생겨났는데, 이것들은 아마도 '다섯 세계'(pentekosmos)와 같은 것을 의미하는 것 같다.(『원리들에 관하여』 124b [i 321 R.[11]])

63. 디오게네스 라에르티오스(DK7B1)

쉬로스 출신의 사람이 쓴 책이 남아 있는데, 그 시작은 다음과 같다. 자스와 크로노스와 크토니에는 언제나 있었다. 그러나 크토니에가 '게(gē)'이라는 이름을 얻게 된 것은 자스가 그녀에게 선물로 게(땅)를 주었기 때문이다.[12] (『유명한 철학자들의 생애와 사

• • • • • • • • • • • • • • •

10) 이 이름이 무엇을 의미하는지는 분명치 않다. 곰페르츠에 따르면, 다섯 세계(世界)란 태양, 별, 달, 공기, 바다를 가리키는 것 같고, 여기에 양 끝점이 부가되면 일곱 세계(世界)가 된다. 그러나 혹자는 10세기 후반 비잔틴 시대에 만들어진 고대 문헌의 주석(『수다』 또는 『수이다스』)에 나타나는 '일곱 세계'란, 이미 존재하는 신성들인 자스와 크토니에에다가 크로노스와 관련된 다섯 개의 은밀한 처소가 부가됨으로써 얻어진 것으로 본다. 또 자스와 크토니에도 지역적인 것으로 은밀한 처소라는 함의를 갖고 있다는 것이다. 한편, 이 일곱 세계를 크토니에의 부분으로 볼 수도 있는데, 바빌로니아적 사후 세계는 일곱 개의 영역으로 나뉘어 있다고 한다.

11) 에우데모스 「단편」 117에 따름.

12) 아낙시만드로스와 동시대인이었던 페레퀴데스는 주요한 신성의 전통적인 모습을 유지하면서도, 그럼에도 그 신성들의 이름을 어원적인 단어의 기능을 통해 자연적 힘으로서의 그것들의 속성을 암시하고 강조하는 역할을 다할 수 있도록 변형시켰다. Kronos는 Chronos(시간)가 되었고, Rhea는 유전(流轉)과 흐름의 개념을 불러

64. 아킬레우스 타티오스(DK7B1a)

밀레토스 사람인 탈레스와 쉬로스 사람인 페레퀴데스는 우주

• • • • • • • • • • • • • •

일으키는 Rhē가 되었다. Zeus는 아마도 군주권의 강력함을 암시하기 위하여 Zas라고 불렸다. 그러나 신화는 우주의 왕권을 향한 투쟁과 관련된 주제를 중심으로 지속적으로 전개되었다. 전해내려 오는 단편을 통해 우리가 말할 수 있는 바는, 페레퀴데스가 오피온(Ophiōn : 뱀)에 대한 크로노스의 투쟁 및 그들 두 군대 간의 충돌, 크로노스에게 하늘을 지배하도록 남겨둔 채 그 정복자가 대양으로 떨어지는 것에 대한 설명을 하고 있다는 점이다. 페레퀴데스의 보고는 다음과 같이 이어진다. 그런 다음, 제우스가 공격해 오고, 제우스가 힘을 쟁취한 데 이어서 에로스의 중매와 도움으로 크토니에와 제우스의 성스러운 결합이 이루어졌다. 지하 세계의 여신과 통치자인 제우스의 hieros gamos(성스런 결혼)와 더불어 가시적 세계가 출현했다. 그리고 맨 처음으로 결혼 제의의 모델이 아나칼륍테리아(anakaryptēria : 신부가 처음으로 자신이 쓴 베일을 벗는 것), 또는 '(정체를) 폭로하는' 것으로 확립되었다. 이 결혼에 따라 음침한 크토니에는 변형되었다. 그녀는 바다의 윤곽과 지평선을 드러낸 채, 제우스가 그녀를 위해 짜고, 수를 놓았던 베일로 가려졌다. 그녀의 새로운 특권(geras)에 대한 징표로서 제우스가 그녀에게 준 선물을 받아들임으로써 지하 세계의 어두운 여신은 가시적 세계의 '게(대지의 여신)'가 되었다. 그런 다음 제우스는 여러 다양한 신성들에게 그들의 모이라 또는 코스모스의 '몫'을 할당했다. 그는 무질서와 휘브리스의 힘들을 바람과 폭풍이 관장하고 있는 타르타로스로 보내버렸다(DK7B2, 7B4, 7B5 참고).

의 근원을 물이라고 상정했다. 페레퀴데스는 바로 그것을 카오스 라고도 부르는데, 아마도 이 말은 다음과 같이 읊고 있는 헤시오 도스로부터 뽑아온 것 같다. "참으로 최초에 카오스가 생겨났다." (『신들의 탄생』 116행). (『아라토스의 「천체 현상」 입문』 3 31. 28)

65. 프로부스(DK7A9)

페레퀴데스도 여기에[13) 동의하는데, 하지만 그는 다른 요소들을 받아들인다. 그는 젠(Zēn)[14)과 크토니에와 크로노스(Kronos)[15)를 들어〔그것들 각각은〕불과 땅과 시간을 가리키며, 에테르[16)는 지배하는 쪽이고, 땅은 지배받는 쪽이며, 시간은 부분들이 전체로서 다스려지는 곳이라고 말한다.

(『베르길리우스의 「목가」 주석』 VI. 31)

66. 헤르메이아스(DK7A9)

페레퀴데스는 근원들을 젠과 크토니에, 그리고 크로노스라고 규정한다. 자스는 에테르이고,[17) 크토니에는 땅이며, 크로노스는 시간이다. 에테르는 작용을 가하는 쪽이고, 땅은 작용을 받는 쪽

•••••••••••••••
13) 세계의 근원을 아직 분리되지 않은 요소로 보는 것에 대해.
14) 자스의 또 다른 이름으로 생명의 근원을 의미한다.
15) 그러나 페레퀴데스에게는 Kronos가 아니라 Chronos이다.
16) 스토아적 의미가 비로소 나타나고 있다.
17) 페레퀴데스 DK7B4를 보라.

이며, 시간은 생겨나는 것들이 들어 있는 곳이다.

(『이교도 철학자들에 대한 조소』12)

67. 뤼도스(DK7A9)

페레퀴데스에 따르면, 그 자신[제우스]이 해이다.

(『달들에 관하여』 IV. 3)

68. 튀로스의 막시무스(DK7A11)

그러나 또한 쉬로스 사람[페레퀴데스]의 시를 음미해 보라. 즉 젠과 크토니에를, 그들 사이에 있는 에로스를, 그리고 오피오네오스의 탄생과 신들의 전쟁[18]을, 또한 나무와 길고 헐거운 겉옷 (peplos)에 관한 이야기를.(『철학강론』 X. p. 174)

69. 알렉산드리아의 클레멘스(DK7B2)

그들은 날개 달린 떡갈나무[19]와 거기에 걸린 수놓은 겉옷

• • • • • • • • • • • • • •

18) DK7B4. 앞의 각주 12 참고.

19) 딜스에 따르면, 이것은 제전 행렬에서 아테나 여신의 peplos(겉옷) 을 실어가는 것에 나타나 있는, 날개를 쫙 편 요동치는 대지의 '돛대' 이미지이다. 땅이 나무의 그루터기와 같은 모양을 하고 있다는 것은 아낙시만드로스의 원통형의 '땅'의 모습과 어떤 연관성이 있어 보이기도 한다. 땅이 공간 속에서 자유롭게 떠돌아다니기 때문에 날개를 가지고 있다는 생각이 들 수도 있다. 그러나 곰페르츠(H. Gomperz)

(pharos)[20])이 무엇을 의미하는지, 다시 말해서 페레퀴데스가 캄(Cham)[21])의 예언에서 착상을 얻은 후, 우화적으로 신들에 관해 이야기한 모든 것들이 무엇을 의미하는지를 알기 위해서 …

(『학설집』 VI. 53 〔II. 459, 4〕)

70. 작자미상(DK7B2)

1란 : 그들은 그〔자스〕를[22]) 위해 집들을 많이 그리고 크게 짓는다. 그들이 이 모든 것들, 즉 가구들과 머슴과 하녀, 그리고 그 밖의 필요한 모든 것들을 다 마련했을 때, 그러니까 모든 것들이 갖추어졌을 때, 그들은 혼례식을 거행한다. 혼례식 셋째 날이 되었을 때, 자스는 크고 아름다운 겉옷(pharos)을 만들어 거기에다 게와 오게노

· · · · · · · · · · · · · · · ·

는 떡갈나무는 제우스가 겉옷을 짠 베틀의 프레임을 나타낸다고 보고 있다. 그렇다면 '날개 달린'은 단순히 '실감개'를 의미한다. 커크(KRS) 등은 떡갈나무는 땅이 단단하게 고정된 토대를 나타내고, 그 그루터기와 가지들은 땅을 지탱해 주는 것들로 본다. 겨울철의 가지들은 여름과 반대로 큰 뿌리 등으로 나무들을 지탱해 주는 것으로 보인다. 결국 제우스는 옷을 짜고, 거기에다가 땅과 바다를 장식하고, 땅의 표면을 형성하기 위해서 떡갈나무의 넓게 퍼진 가지에다가 그것을 널어놓는다는 것이다.

20) 파로스는 머리에서부터 몸을 감싸는 장옷 형태의 헐거운 긴 겉옷이다. 이것은 제우스가 크토니에를 위해 짜서 선물한 것이다.
21) 노아(Noah)의 아들 함(Ham)을 가리킨다(구약성서 『모세경』 제1권 제9장 18행 아래).
22) 딜스의 보충을 받아들였다.

스〔대양〕를, 그리고 오게노스의 넓은 방들을 수놓고 …[23]

2란 : 〔그리고 자스가 크토니에에게 말한다.〕 "실로 나는 그대와의 혼례식이 있기를 바라기에[24] 이것으로〔pharos〕 그대를 명예롭게 하노라. 그대는 나의 환영의 인사를 받고 나의 아내가 되어주오." 이것이 최초로 '아나칼륍테리아(anakalyptēria)[25] 였다고 말한다. 여기서 그 관습이 신들과 인간들에게 생겼다. 그녀는 그에게서 겉옷을 받으며 그에게 대답한다 …

(『희랍 파피루스 모음집』)

71. 프로클로스(DK7B3)

페레퀴데스가 말한 바에 따르면, 제우스는 〔세계를〕 창조하려 할 때 에로스로 변했다. 왜냐하면 그는 세계(kosmos)를 대립자들로부터 구성할 때, 일치(homologia)와 우애(philia)로 이끌어 갔으며, 또 동일함의 씨와 우주를 관통하는 통합의 씨를 모든 것들에 심어놓았기 때문이라는 것이다.

(『플라톤의 「티마이오스」 주석』 32c)

• • • • • • • • • • • • • •
23) 이하의 구절은 파손되었다.
24) 딜스의 보충을 받아들였다.
25) 신부의 베일을 벗기는 의식.

72. 오리게네스(DK7B4)

〔켈소스에 따르면〕페레퀴데스는 헤라클레이토스보다 훨씬 이전에 살았던 사람으로 군대와 군대가 서로 전투대형으로 대치하고 있는 이야기를 꾸미면서, 한편의 지휘관을 크로노스로, 다른 편의 지휘관을 오피오네오스로 설정하고, 그들 서로간의 도전과 우열 다툼을 설명한다. 그들 간에 협약이 맺어져서, 양쪽 군대중 어느 쪽이든 오게노스[26]로 떨어지는 쪽이 패배자가 되고, 그들을 밀어내어 승리하는 쪽이 하늘을 차지하도록 되어 있다. 그〔켈소스〕에 따르면, 신들과 싸웠다고 전해지는 티탄들과 기가스〔거인 족〕들에 관한 불가사의한 일들이나, 튀폰[27]과 호로스와 오시리스에 관한 이집트인들의 그것들도 이와 같은 취지에서라는 것이다.(『켈소스에 대한 반박』 VI. 42 〔ii 111, 13 k.〕)

73. 뷔블로스의 필론(DK7B4)

페레퀴데스도 페니키아인들에게서 실마리를 얻어서, 그가 오피오네오스라고 부른 신과 오피오네오스의 아들들(Ophionidai)에 관한 신론을 썼다.(에우세비오스의 『복음의 준비』에 인용됨 I. 10. 50)

• • • • • • • • • • • • • •

26) 오케아노스의 옛 이름.
27) 이집트의 신.

74. 테르툴리아누스(DK7B4)

페레퀴데스는 사투르누스[Saturnus : 크로노스]가 어떤 신보다도 앞서 화관을 받았다고 했고, 디오도로스는 티탄이 정복당한 후에 유피테르[제우스]가 그 영예를 받았다고 말한다.

(『병사의 화관에 관하여』 7)

75. 오리게네스(DK7B5)

호메로스의 이 서사시[28]는 다음과 같은 말을 하고자 하는 것이라고 페레퀴데스가 말했다고 한다. 저 영역[지상] 아래에 타르타로스의 영역(moira)이 있다. 보레아스[북풍]의 딸들인 하르퓌이아[회오리바람][29]들과 튀엘라[돌풍]가 그 곳을 지킨다. 제우스는 신들 가운데 누구든 방자함으로 치달을 때는 거기다 던져버린다.

『(『켈소스에 대한 반박』 VI. 42 [ii 112, 20 k.])

76. 플루타르코스(DK7B13a)

만약 아테나[여신]가 음식을 받지 않는 아킬레우스에게 신들의 음료(nektar)와 음식(ambrosia)을 방울방울 흘려 넣어주었던 것처럼, 아테나라 불리며 실제로 그러한 달[셀레네]이 [달에 있는]

• • • • • • • • • • • • • •

28) 호메로스 『일리아스』 I. 590 아래 및 XV. 18 아래.

  이 말은 켈소스가 전하는 페레퀴데스의 호메로스에 관한 주석이다.

29) 이 말은 문자적로는 '납치하는 자(Harpyia)'를 의미한다.

사람들에게 하루하루 신들의 음식을 보내서 그들을—옛 사람 페레퀴데스가 신들이 〔넥타르와 암브로시아를〕 먹었다고 생각하는 것처럼—먹여 길렀다고 우리가 단언코 말하려 하지 않는다면 ….
(『달의 표면에 보이는 얼굴에 관하여』 24p. 938b)

Ⅲ. 혼에 관하여

77. 『수다』(DK7A2)

그가 맨 처음으로 혼의 윤회에 관한 교설을 소개했다.

78. 키케로(DK7A5)

따라서 나로서는 장구한 세대 동안에 다른 사람들도 〔그런 말을 했을 것으로〕 믿는다. 그러나 기록이 보여주는 한에서는 쉬로스 사람 페레퀴데스가 처음으로 사람의 혼이 영원하다고 말했다. 그는 필시 아주 옛날 사람이다. 왜냐하면 나의 씨족[30]이 통치하던 시대에 살았으므로.(『투스쿨룸 논쟁집』 I. 16. 38)

· · · · · · · · · · · · · · · ·
30) 여기서 키케로는 익살스럽게 세르비우스 툴리우스〔Servius Tullius (BC 578-538)〕를 툴리아(Tullia) 씨족의 원조상으로 받아들인다.

79. 포르퓌리오스(DK7B6)

쉬로스 사람 페레퀴데스는 은밀한 곳과 우묵한 곳과 동굴과 문과 대문을 언급하며, 이 말들을 통해 혼의 태어남과 죽음을 넌지시 말하며….(『님프들의 동굴에 관하여』 31)

1.6 테아게네스[1]

80. 「외곽주석」(DK8A2)

   일반적으로 신들에 관한 설명(logos)은 쓸모없는 이야기를 피하고, 이와 마찬가지로 부적합한 이야기도 피한다. 이 사람[포르퓌리오스?]은 신들에 관한 이야기들이 적합하지 않다고 주장한다. 그런데 이러한 비난에 대해서 어떤 이들은, 가령 신들이 서로 대립하는 경우에서와 같이 모든 것은 원소들의 본성을 대신해서 우의적(寓意的 : allēgoria)으로 말해졌다고 생각하면서, 표현방식

• • • • • • • • • • • • • •
1) 레기온 출신으로 기원전 529-522경에 절정기를 맞이했던 문법가이자 호메로스 시구를 평가한 비평가. 그의 어떤 저작도 남아 있지 않지만, 호메로스의 시구에 대해서 우의적인 해석 방법을 적용한 학자로 알려져 있다. 그는 호메로스의 신들의 싸움에 대한 설명을 자연적 요소 간의 싸움에 대한 우화(寓話)로 취급했다고 전한다.

(lexis)을 근거로 해결했다. 아닌 게 아니라 그들은 마른 것이 젖은 것과, 뜨거운 것이 차가운 것과, 가벼운 것이 무거운 것과 싸운 다고 말한다. 게다가 물은 불을 끌 수 있는 것이고, 불은 물을 마르게 할 수 있는 것이라 한다. 그런데 마찬가지로 우주를 구성하는 이 모든 원소들에도 대립하는 것이 존재하고, 부분적으로는 소멸을 한 번은 받아들이지만 전체는 영원히 남아 있다. 그[호메로스]는 불을 아폴론과 헬리오스와 헤파이스토스로, 물을 포세이돈과 스카만드로스로, 달을 아르테미스로, 공기를 헤라 등으로 구별해 부르며 싸움을 구성한다. 마찬가지 방식으로 경우에 따라서 [마음의] 상태(diathesis)들에도 신의 이름을 붙이기도 하는데, 분별(phronēsis)에는 아테네를, 무분별에는 아레스를, 욕망에는 아프로디테를, 이성(logos)에는 헤르메스를, 그리고 이와 비슷한 것들에도 신의 이름을 붙인다. 이 옹호 방식은 매우 오래된 것으로서 맨 처음 호메로스에 대해 저술한 레기온의 테아게네스로부터 유래했는데, 표현방식을 근거로 이렇게 한 것이다.(『일리아스』 XX. 67 [포르퓌리오스 I. 240])

1.7 아쿠실라오스

81. 다마스키오스(DK9B1)

　내가 보기에 아쿠실라오스는 최초의 근원을 전적으로 알 수 없
다고 생각해서 카오스로 상정한 것 같다. 그는 이 하나의 근원
다음에 두 근원, 즉 에레보스[어둠]를 남성적인 근원으로 또 뉙
스[밤]를 여성적인 근원으로 … 이 둘이 교합해서 에테르와 에
로스와 메티스가 태어났다고 말한다 … 에우데모스의 보고에
따르면, 그는 그들 말고도 같은 신들에게서 또한 수많은 다른
신을 이끌어낸다.(『원리들에 관하여』124)

82. 「외곽주석」(DK9B3)

　그[테오크리토스]는 에로스가 누구의 아들이라고 말해야 할지
의문스러워 한다. 헤시오도스에 따르면[1] 에로스는 카오스와

게의 아들이며, 시모니데스에 따르면[2] 아레스와 아프로디테의 아들이고, 아쿠실라오스에 의하면 뉙스와 에테르의 아들이다. (테오크리토스의 arg. XIII)

83. 필로데모스(DK9B5)

호메로스는 오네이로스[꿈]들이 신들의 전령이라고 말할 뿐만 아니라, 헤르메스와 이리스도 제우스의 전령이라고 말한다.[3] 한 편, 어떤 이들은 이리스가 헤라의 전령이기도 하다고 말하는가 하면, 아쿠실라오스는 심지어 모든 신들의 전령이라고 말한다. 아테네 사람 페레퀴데스는 헤르메스 또한 모든 신들의 전령이라 고 말한다. 그리고 아쿠실라오스는 하르퓌이아들이 사과[4]들을 지킨다고 하며, 에피메니데스도 그렇다고 말한다. 또 이 점은 헤 스페리스[5]에게도 마찬가지이다.(『경건에 관하여』 92, 12)

● ● ● ● ● ● ● ● ● ● ● ● ● ●

1) 헤시오도스, 『신들의 탄생』 120행.
2) 단편 43 D.
3) 『일리아스』 II 26행, 786행.
4) 그리스 신화에 등장하는 황금 사과는 공통적인 신화적 과일이다. 헤라 의 결혼식에 가이아에게서 받은 선물도 황금의 사과이다(『신들의 탄 생』 215행 아래). 하르퓌이아들은 헤스페리데스[저녁별(헤스페로스 : Hesperos)의 딸들]와 같은 신들로서 황금 사과나무를 지키는 수호 자들이다.
5) 이 신의 복수형이 헤스페리데스(저녁별의 딸들)이다.

84. 필로데모스(DK9B6)

헤시오도스[6]와 아쿠실라오스는 불멸하는 개(犬) 케르베로스
와 다른 괴이한 것들을 에키드나와 튀폰의 자손이라고 말한다.
또한 헤시오도스에 따르면,[7] 프로메테우스의 간을 먹은 독수·
리 역시 에키드나와 튀폰의 자손이라고 한다.

(『경건에 관하여』 42. 12)

85. 필로데모스(DK9B9a)

아쿠실라오스는, 우라노스가 헤카톤케이르[8]들이 행여 [자신
을] 압도할까 두려워하여 타르타로스에 던져넣었다고 한다. 그
는 그들이 그러한 만큼의 불의를 저질렀다는 것을 알았기 때문
이다. (『경건에 관하여』 60. 16)

86. 필로데모스(DK9B9c)

아쿠실라오스는 헤라클레스가 불에 타 죽었다고 말한다.

(『경건에 관하여』 34c)

---

6) 『신들의 탄생』 306행 아래.
7) 『신들의 탄생』 523행.
8) 백 개의 팔을 가진 거대한 괴물.

87. 필로데모스(DK9B10)

안드론은 『계보(系譜)(*Syngenikoi*)』에서 제우스의 명령으로 아폴론이 아드메토스에게 종살이했다고 말한다. 그러나 헤시오도스와 아쿠실라오스는 제우스가 아폴론을 타르타로스에 던져 넣으려 했지만, 레토의 간청으로 사람에게 종살이했다고 한다.(『경건에 관하여』63. 1)

88. 아폴로도로스(DK9B11)

제우스와 니오베—제우스가 몸을 섞은 첫번째 가사자(可死者) 아내—에게서 그의 아들 아르고스가 태어났다. 그러나 아쿠실라오스가 말하다시피 펠라스고스도 〔그들에게서〕 태어났다. 이 이름으로부터 펠로폰네소스에 거주하는 사람들이 '펠라스고이' [9]라고 불려지게 되었다.(『희랍 신화』II. 2)

89. 아폴로도로스(DK9B13)

아쿠실라오스는 그〔아르고스〕를 '땅에서 태어난 자' 라고 말한다.(『희랍 신화』II. 6)

. . . .

9) 고대 희랍 펠로폰네소스 반도에 거주했다는 신화상의 원주민.

90. 아폴로도로스(DK9B14)

그들〔프로이티레스의 딸들인 뤼시페, 이피노에, 이피아낫사〕은 장성했을 때 미쳐버렸다. 헤시오도스에 따르면,[10] 디오뉘소스의 비의(秘儀)를 수용하지 않았기 때문이다. 하지만 아쿠실라오스에 따르면, 헤라의 신상(神像)을 업신여겼기 때문이다. (『희랍 신화』 II. 26)

91. 아폴로도로스(DK9B15)

그〔티륀스의 왕 에우뤼스테우스〕는 일곱번째 과업으로서 크레타의 황소를 데려오라고 〔헤라클레스에게〕 명했다. 아쿠실라오스는 그 황소가 에우로페를 바다 건너 제우스에게 데려간 소라고 한다.(『희랍 신화』 II. 94)

92. 아폴로도로스(DK9B16)

아우토노에와 아리스타이오스에게서 아들 악타이온이 태어났다. 그는 키론의 손에서 길러지면서 사냥꾼(kynegos)으로 교육되었다. 그 후에 그는 키타이론 산에서 자신의 개들에 의해 뜯어 먹혔다. 그런데 아쿠실라오스의 말에 따르면, 그가 그와 같이 생을 마감한 것은 세멜레에게 구혼하여 제우스의 분노를

⋯⋯⋯⋯⋯⋯
10) 「단편」 27.

샀기 때문이다.(『희랍 신화』 III. 30)

93. 알렉산드리아의 클레멘스(DK9B20)

아쿠실라오스는 포로네오스[11]가 첫번째 인간으로 태어났다고
말한다.(『학설집』 I. 102)

94. 율리우스 아프리카누스(DK9B20)

아쿠실라오스의 보고에 따르면, 그[오귀고스]의 시대에 아티카
에 최초의 대홍수가 일어났는데, 포로네우스가 아르고스인들을
다스리던 때였다.

(에우세비오스의 『복음의 준비』 X. 10. 7에 인용됨)

95. 디뒤모스(DK9B21)

오케아노스는 자신의 누이 테튀스와 결혼했다. 이들에게서 삼
천 개의 강이 태어났다. 그 강들 중에서 아켈로오스가 가장 오
래 된 강이고 특히 존경받았다.

(마크로비우스의 『사투르날리아』에 인용됨. V. 18. 9)

••••••••••••••
11) 아르고스 전설에 따르면, 펠로폰네소스 전 지역의 왕 포로네우스는
이나코스와 멜리아의 아들로서 아피스와 제우스의 첫번째 가사자 연
인인 니오베의 아버지이다. 아르고스 사람들은 그를 불의 발견자로
믿었다.

96. 「외곽주석」(DK9B27)

아쿠실라오스는 스퀼라[12]가 포르퀴스와 헤카테의 딸이라고 한다.(로도스의 아폴로니오스에 대한 외곽주석 IV. 828)

97. 「외곽주석」(DK9B28)

아쿠실라오스는 제3권에서[13] 말하기를, 우라노스의 생식기가 잘려나갈 때 액이 방울져 땅으로 떨어졌으며, 그것들에서 파이아코이들이 태어났다고 한다.

(로도스의 아폴로니오스에 대한 외곽주석 IV. 992)

98. 「외곽주석」(DK9B29)

대부분의 사람은 그 가죽에 대해 그것이 금빛이었다고 이야기한다. 그런데 아쿠실라오스는 『계보에 관하여』에서 그것은 바다에서 자줏빛으로 물들었다고 말한다.

(로도스의 아폴로니오스에 대한 외곽주석 IV. 1146)

••••••••••••••••

12) 바닷가 절벽에 위치한 동굴에 숨어 사는 12개의 발과 6개의 머리를 가진 기괴한 요괴로 바다를 항해하는 자들을 납치한다고 한다.
13) 그의 저서 『계보에 관하여』를 가리킨다. 그 저작이 세 부분으로 나누어진 것은 알렉산드리아 시대에 와서야 비로소 이루어졌다.

99. 「외곽주석」 HQ(DK9B33)

그의 시대에 대홍수를 겪었던 데우칼리온은 프로메테우스의 아들인데, 그의 어머니는 많은 사람들에 따르면 클뤼메네이고, 헤시오도스에 따르면 프로노에이며, 또 아쿠실라오스에 따르면 오케아노스의 딸이자 프로메테우스의 [아내인] 헤시오네였다.(『오뒷세이아』 X. 2)

100. 「외곽주석」 HV(DK9B35)

아테네인의 왕 에렉테우스에게는 오레이튀이아라는 이름의 딸이 있었는데 아주 빼어나게 아름다웠다. 어느 날 아테네의 왕은 딸을 단장시킨 후, 폴리아스[14] 아테네에게 희생 제물을 바치도록 아크로폴리스로 가는 행렬에 '바구니를 운반하는 처녀'[15]로서 보냈다. 북풍(北風)의 신 보레아스는 그녀를 사랑한 나머지 [제의 행렬을] 지켜보는 이들과 그 처녀를 지키는 이들 몰래 그녀를 납치해 갔다. 그리고 트라케로 데려가 자기 아내로 삼았다. 그녀에게서 그의 아이들인 제테스와 칼라이스가 태어났는데, 그 아이들은 용맹이 탁월하여 반신(半神)들과 함께 [황금의] 양털을 가져오기 위해 아르고스 배를 타고 콜키스

· · · · · · · · · · · · ·

14) 아테네의 수호 여신.
15) 아테네 제전 행렬에서 바구니를 운반하는 처녀들(Kanēphroi)을 가리킨다.

를 향해 항해했다. 이 이야기는 아쿠실라오스에게서 나온다.(『오뒷세이아』에 대한 외곽주석 XIV. 533)

101. 「외곽주석」(DK9B37)

아쿠실라오스는 튀폰의 피로부터 이빨로 무는 모든 것들(panta ta daknonta)이 태어났다고 말한다.[16]

(니칸드로스의 『해독제』에 대한 외곽주석 11)

102. 「외곽주석」(DK9B38)

데우칼리온과 퓌라에 관한 일은 익히 알려져 있다. 아쿠실라오스는 그들이 뒤로 돌을 던져서 인간들을 만들었다는 것도 증언한다.[17]

•••••••••••••••

16) DK9B6을 참고하라.
17) 데우칼리온(Deukaliōn)은 프로메테우스의 아들로 그의 아내 퓌라와 함께 대홍수에서 살아남아 인류의 조상이 되었다. 제우스가 홍수로 인간을 멸망시키려 하자, 아버지 프로메테우스의 말에 따라 나무로 큰 상자를 만들어 생활 필수품을 실었다. 그의 아내 퓌라와 함께 구일 구야(九日九夜)를 홍수에 떠밀려 다니다가 파르나소스 산에 다다랐고, 이곳에서 제우스 신에게 구원에 감사하는 제사를 지냈다. 거기서 그들은 '자신들 어머니의 뼈'를 뒤로 던지라는 신탁을 들었다. 데우칼리온은 그 신탁을 올바르게 해석해 대지에서 주운 돌을 뒤로 내던졌고, 그 돌(laas)들로부터 남녀의 새로운 인간(laos)들이 생겨났다.

(핀다로스의 「올림피아 송가」에 대한 외곽주석 IX. 70a)

103. 「파피루스」(DK9B40a)

포세이돈은 엘라토스의 딸 카이네와 몸을 섞었다. 그리고 나서
(그녀는 그로부터도 어떤 다른 자로부터도 아이를 낳고 싶은
마음이 없었기 때문에) 포세이돈은 그녀를 당시 사람들 가운데
가장 센 힘을 지닌, 결코 상처를 받지 않는 남자로 만들어주었
다. 그래서 어떤 자가 쇠나 청동으로 그를 찔러 상처를 내려 할
때에도, 오히려 그자가 완전히 제압당하곤 했다. 그리고 이 사
람[18]은 라피테스 족의 왕이 되었고, 켄타우로스들과 전쟁을 벌
이곤 했다. 그 뒤, 창을 광장(agora)에 세워두고 신으로 여기라
고 명했다. 그런데 이 일은 신들에게 용납되지 않았고, 또 제우
스는 그가 이런 짓들을 하는 것을 보고서 두려워하여 켄타우로
스들을 부추겼다. 그들은 그를 내리쳐 똑바로 땅에 박아버렸
고, 그 위에 묘비[19]삼아 바위를 얹어놓았다. 그리고 그는 죽었
다.(옥쉬린쿠스 파피루스 1611 단편 1. 38-85)

• • • • • • • • • • • • • •

18) 엘라토스 딸이 남성으로 바뀌어 카이네우스(Kaineus)가 된 자를 가
리킨다.
19) 표지(sēma).

1.8 7현인의 잠언들

104. 플라톤(DK10A2)

그들에 속하는 이들로는 밀레토스의 탈레스, 뮈틸레네의 피타코스, 프리에네의 비아스, 우리나라(아테네)의 솔론, 린도스의 클레오불로스, 케나이의 뮈손이 있고, 그리고 그들 중에는 일곱번째로 일컬어지는 라케다이모니아의 킬론도 있었습니다. 이들 모두는 라케다이모니아 교육(paideia)의 추종자들이며, 애호가들이자 문하생들이었습니다. 따라서 그들의 지혜가 이런 식의 것임을, 말하자면 그들 각자가 말했던 간결하고 유념할 만한 잠언이었음을 알 수 있을 겁니다. 그들은 함께 델포이에 있는 신전으로 가서, 사람들에게서 늘 되풀이해서 읊조려지는 "너 자신을 알라"나 "무엇이든 지나치지 말라"는 잠언을 거기에 새김으로써, 자신들 지혜의 결실을 델포이 신전의 아폴론에게 바쳤습니다. 도대체

제가 무엇 때문에 이걸 말하겠습니까? 이 방식이, 즉 라케다이모니아식의 간결한 어법이야말로 지혜를 사랑하는 옛 사람들의 방식이었기 때문이지요. 게다가 피타코스의 "고귀해지기는 어렵다"라는 이 말도 지자(智者)들 사이에서 칭송을 받으며 사람들의 입에서 입으로 회자되었기 때문이지요.(『프로타고라스』 343a)

105. 플라톤(DK10A2)

저로서는 바로 그것, 즉 '자신을 아는 것'이 절제(sōphrosynē)라고 얼추 말하지요. 또 나도 그러한 잠언을 델포이 신전에 헌정한 분과 같은 생각입니다. "너 자신을 알라"와 "절제하라"는 것은 —그 잠언이 의미하는 바나, 또 내가 주장하는 것처럼—사실 같은 말이긴 하지만, 아마도 어떤 이는 다르다고 생각할 수도 있겠지요. 저로서는 '무엇이든 지나치지 말라', '보증, 그 곁에 재앙'과 같은 후대의 잠언을 헌정한 이들도 그렇게 생각하는 것으로 여겨집니다. 왜냐하면 그들도 '너 자신을 알라'라는 잠언을 하나의 충고라고 생각할 뿐, 신전에 들어서는 자들을 위한 신의 인사라고는 생각하지 않았으니까요. 그래서 그들 역시 아주 유익한 조언들을 [신에게] 바치려고 그러한 잠언들을 새겨 바쳤던 것이지요.(『카르미데스』 164d)

106. 스토바이오스(DK10A3)

(1) 린도스 사람 에우아고라스의 아들 클레오불로스의 말

① 적도(metron)가 최선이다.

② 아버지를 공경할 것.

③ 신체와 혼을 잘 유지할 것.

④ 즐겨 듣는 자가 되고 말을 많이 하는 자가 되지 말 것.

⑤ 무지보다는 박식을.

⑥ 불길한 말 듣기를 삼갈 것.

⑦ 덕과는 친하고, 악과는 남이 되라.

⑧ 불의를 미워하고 경건을 지킬 것.

⑨ 시민들에게 최선의 것을 충고할 것.

⑩ 쾌락을 이겨낼 것.

⑪ 아무 일도 폭력으로 하지 말 것.

⑫ 자식을 가르칠 것.

⑬ 운에 기원할 것.

⑭ 적의를 풀 것.

⑮ 민중의 적을 적대자로 생각할 것.

⑯ 다른 사람의 면전에서는 마누라와 싸우지도 말고 또한 지나 친 애정표시도 하지 말라(mē phiophroneisthai).[1] ―전자

는 어리석음을, 후자는 광기(狂氣)를 내보이는 것일 수 있을 테니까.

⑰ 술을 마시고 종들을 꾸짖지 말 것. 꾸짖으면 술 취해서 그런 것으로 보이리라.

⑱ 같은 신분의 사람과 결혼할 것. 더 나은 신분의 사람과 결혼하면 주인을 얻는 것이지 가족을 얻는 것은 아닐 테니까.

⑲ 남을 비웃는 자들에게 맞장구치지 말 것. 비웃음을 받은 사람에게서 미움을 불러일으키고 말 테니까.

⑳ 부유하다고 으쓱대지 말고, 가난하다고 비굴해지지 말라.

(2) 아테네 사람 엑사케스티데스의 아들 솔론의 말

① 무엇이든 지나치지 말라.

② 심판하는 사람이 되지 말라. 심판을 하면 심판받는 사람과는 적이 될 것이다.

③ 고통을 낳는 쾌락은 피할 것.

④ 서약보다 더 믿음직한 성품의 고귀함을 지켜라.

⑤ 말은 침묵으로 봉인하고, 침묵은 알맞은 때로(kairōi) 봉인

• • • • • • • • • • • • • •

1) 디오게네스 라에르티오스에 따랐다. DK판에 따르면 '마누라에게 지나치게 잘난 척하지 말라(mēde agan phronein)'이고, Valckenaer에 따르면 '지나치게 자상하지 말라(mēd'agan aganophronein)'이다.

하라.

⑥ 거짓을 말하지 말고 진실을 말하라.

⑦ 가치 있는 것들에 전념하라.

⑧ 부모보다 더 올바르게 말하지 말라.

⑨ 성급하게 친구로 삼지 말라. 일단 친구로 삼은 자라면 성급하게 물리치지 말라.

⑩ 다스림을 받을 줄 안다면 다스릴 줄도 안다.

⑪ 다른 사람에게 올바른 결산(euthyna)[2]을 요구하려면 자신도 책임을 명백히 하라.

⑫ 가장 즐거운 것이 아니라 가장 좋은 것을 시민들에게 충고하라.

⑬ 너무 무모하게 굴지 말라.

⑭ 나쁜 사람들과 사귀지 말라.

⑮ 신들에게 복종하라.

⑯ 친구들을 존중하라.

⑰ 보지 않은 것은 무엇이든 말하지 말라.

⑱ 알고서 침묵하라.

⑲ 너의 가솔(家率)들에게 너그러워라.

⑳ 보이는 것들로(phanerois) 보이지 않는 것들을 가늠하라.

• • • • • • • • • • • • • •
2) 아테네에서의 행정감사 제도상 용어.

(3) 스파르타 사람 다마케토스의 아들 킬론의 말

① 너 자신을 알라.

② 〔술을〕 마시면서 많은 말을 지껄이지 말라. 실수를 저지르고
  말테니까.

③ 자유민들에게 공갈치지 말라. 옳은 짓이 아니니까.

④ 이웃에 대하여 욕하지 말라. 욕한다면 네가 고통받게 될 얘
  기들을 듣게 될 것이다.

⑤ 친구들에게 좋은 일이 있을 때는 천천히 찾아가고 불행에
  빠졌을 때는 빨리 찾아가라.

⑥ 혼례는 간소하게 치러라.

⑦ 죽은 자를 축복하라.

⑧ 노인을 공경하라.

⑨ 다른 사람의 일에 간섭하는 사람을 증오하라.

⑩ 부끄러운 이득보다는 차라리 손해를 택하라. 손해는 한번의
  괴로움이지만, 부끄러운 이득은 늘 괴로운 것일 테니까.

⑪ 〔다른 사람의〕 불행에 대해서 비웃지 말라.

⑫ 험한 일을 당했을 때야말로 너 자신을 평정하게 유지하라.
  사람들이 너를 두려워하기보다는 부끄러움을 느끼도록.

⑬ 자신의 집을 다스려라.

⑭ 너의 혀가 생각보다 앞서 달리게 하지 말라.

⑮ 분노를 억제하라.

⑯ 불가능한 것들을 욕구하지 말라.

⑰ 길에서 앞서 가려고 서둘러 대지 말라.

⑱ [말하면서] 손짓거리를 해대지 말 것. 그것은 미쳤다는 표시일 테니까.

⑲ 법에 복종하라.

⑳ 해를 당했을 때는 화해하고 모욕을 당했을 때는 복수하라.

(4) 밀레토스 사람 엑사뮈에스의 아들 탈레스의 말

① 보증, 그 곁에 재앙.

② 곁에 있을 때나 떨어져 있을 때나 친구들을 기억하라.

③ 겉모습에 멋부리지 말고, 행함에서 멋있는 자가 되라.

④ 나쁜 방식으로 부자가 되지 말라.

⑤ 너와 신뢰를 나눈 자들을 위해, 비난의 말이 네게 퍼부어지지 않도록 하라.

⑥ 부모에게 아첨하는 일은 망설이지 말라.

⑦ 아버지의 나쁜 점은 받아들이지 말라.

⑧ 부모에게 드린 만큼의 효도를 늙었을 때에 자식들로부터 받으리라.

⑨ 자신을 알기란 어렵다.

⑩ 바라는 일이 이루어지는 것이 가장 즐겁다.

⑪ 할 일이 없는 것은 괴롭다.

⑫ 무절제는 해롭다.

⑬ 배우지 못함(apaideusia)은 무거운 짐이다.

⑭ 더 훌륭한 것을 가르치고 배워라.

⑮ 게으른 자가 되지 말라. 부자가 된다 하더라도 게으르지 말라.

⑯ 집안의 안 좋은 일은 감춰라.

⑰ 동정을 받기보다는 부러움을 사라.

⑱ 적도를 지켜라.

⑲ 모두를 믿지는 말라.

⑳ 너 자신을 다스려 돋보이게 하라.

(5) 레스보스 사람 휘라스의 아들 피타코스의 말

① 때(kairos)를 알라.

② 장차 하려는 일을 말하지 말라. 일이 안되면 비웃음을 받을 테니까.

③ 알맞은 것을 사용하라.

④ 이웃에게서 분노를 느끼는 일을 스스로는 하지 말라.

⑤ 불운한 자를 비난하지 말라. 그들에게는 신들의 벌이 내린

것일 테니까.

⑥ 맡아놓은 것을 되돌려 주라.

⑦ 이웃이 좀 무시하더라도 참아라.

⑧ 친구를 헐뜯지 말고 적을 칭찬하지 말라. 그리하는 것은 가장 이치에 맞지 않으니까.

⑨ 장래 일을 아는 것은 두렵고, 이루어진 일을 아는 것은 안심이 된다.

⑩ 땅은 믿을 만한 것, 바다는 믿을 만하지 못한 것.

⑪ 이득은 물리지 않는다.

⑫ 자기 자신의 것을 가져라.

⑬ 경건, 교양, 절제, 분별, 진실, 신뢰, 경험, 솜씨, 동료애, 돌봄, 제가(齊家), 기술 등에 마음을 써라.

(6) 프리에네 사람 테우타미데스의 아들 비아스의 말

① 대부분의 사람들(多衆)은 나쁘다.

② 비아스는 "거울을 들여다 볼 때 만일 아름답게 비치거든 행함도 아름다워야만 하며, 만일 추하게 비치거든 타고난 (physeōs) 결함을 지극히 훌륭함(kalokagathia)으로 시정해야 한다"고 말했다.

③ 천천히 착수하라. 일단 시작한 일에는 뚝심을 가져라.

④ 실수하지 않도록, 성급하게 말하는 것을 증오하라. 후회가 뒤따라올 테니까.

⑤ 착해 빠지지도 말고 못돼먹지도 말라.

⑥ 무분별을 받아들이지 말라.

⑦ 분별을 사랑하라.

⑧ 신들에 대해서는 있는 그대로 말하라.

⑨ 하고 있는 일에 마음을 써라.

⑩ 많이 들어라.

⑪ 때에 맞게 이야기하라.

⑫ 설령 빈곤하더라도, 큰 이득이 되지 않는 한 부자들을 비난하지 말라.

⑬ 그럴 만한 가치가 없는 사람을 부유하다고 해서 칭찬하지 말라.

⑭ 폭력을 사용해서가 아니라 설득으로 사로잡아라.

⑮ 네가 무슨 선한 일을 행하거든 신의 탓으로 돌리고 자신의 탓으로 돌리지 말라.

⑯ 젊은 때에는 좋은 행실을 갖추고, 노년에는 지혜를 갖춰라.

⑰ 일로는 기억될 만한 것을 얻을지니, 알맞은 때(適期)로는 신중함을, 성격으로는 고상함을, 노고로는 자제심을, 두려움으로는 경건을, 재물로는 우애를, 말로는 설득을, 침묵으로는 조신(操身)함을, 앎으로는 정의를, 과감함으로는 용기를,

행동으로는 권력을, 평판으로는 권위를 얻어라.

(7) 코린토스 사람 큅셀로스 아들 페리안드로스[3]의 말

① 연습이 모든 것이다.

② 평정은 아름다운 것이다.

③ 성급함은 위험하다.

④ 이득은 부끄러운 것이다.

⑤ ***[4] 비난은 본성을 향해 있다.

⑥ 민주정이 참주정보다 더 낫다.

⑦ 쾌락은 사멸하지만, 덕(aretē)은 불멸한다.

⑧ 행운이 있을 때에는 적도를 지키고, 불운이 있을 때에는 사려(phronimos)가 있어야 한다.

⑨ 검소하게 살다가 죽는 편이 욕심을 부리면서 생을 이어가는 것보다 더 낫다.

⑩ 너 자신을 부모에게 합당한 자식이 되도록 하라.

• • • • • • • • • • • • • • • • •

3) 아리스토텔레스는 『정치학』 1304a32에서 페리안드로스를 언급하지만, 7현인 중 한 사람으로서 말하지는 않는다. 반면, 플라톤은 7현인을 열거하는 대목인 『프로타고라스』 343a에서 7현인 중 한 사람으로 올려놓고 있지 않다. 디오게네스 라에르티오스는 7현인에 속하는 사람으로 언급하고 있다(『유명한 철학자들의 생애와 사상』 I. 99항목).

4) 원문 파손.

⑪ 살아서는 칭찬을 받고, 죽어서는 축복을 받아라.

⑫ 친구들에게는 〔그들이〕 행운이 있을 때나 불운이 있을 때나 〔늘〕 한결 같은 자가 되도록 하라.

⑬ 네가 자진해서 약속한 것은 무엇이든지 지켜라. 약속을 어기는 것은 나쁘기 때문이다.

⑭ 비밀은 발설하지 말라.

⑮ 금방이라도 친구가 될 심산으로 야단쳐라.

⑯ 법은 옛 것을 사용하고, 음식은 신선한 것을 사용하라.

⑰ 잘못을 범한 자들을 징계할 뿐만 아니라, 바야흐로 범하려고 하는 자들도 막아라.

⑱ 불행할 때에는 적들이 기뻐하지 않도록 몸을 숨겨라.

(『선집』 3권 1. 172)

기원전 6-5세기 철학자들의 단편

02 THALES
탈레스

I. 출생과 저술

(1) 출생

1. 디오게네스 라에르티오스(DK11A1)

헤로도토스와 두리스, 그리고 데모크리토스가 말하는 바에 따르면, 탈레스는 아버지 엑사뮈에스와 어머니 클레오불리네 사이에서 태어났는데, 이들은 텔리데스의 후손으로서 페니키아인[1]

• • • • • • • • • • • •

1) 탈레스의 페니키아인 조상들은 아마도 보이오티아에서 온 카드모스인으로서 순수 혈통의 셈족(고대 페니키아인, 바빌로니아인, 앗시리아인)은 아니었을 것이다. 그의 아버지 엑사뮈에스는 카리아인의 이름을 가졌던 것 같다. 헤로도토스는 가장 순수한 이오니아 가계들조차

이며, 카드모스[2])와 아게노르의 후손들 가운데 최고 명문가 출신이었다.(그런가 하면 플라톤[3])도 말했듯이 〈그는 일곱 현인(賢人) 가운데 한 사람이었다〉, 팔레론[4]) 사람 데메트리오스가『최고행정관들의 인명록』에서 말하는 바로는, 다마시에스가 아테네의 최고행정관으로 있을 때[5]) 현인(sophos)으로 불린 최초의 인물이며, 그 사람[다마시에스] 시대에 일곱 사람이 현인 칭호를 받았다.)[6]) 그[아게노르]가 밀레토스에서 시민으로 등록된 것은 페니키아에서 쫓겨난 네일레오스와 그 곳에 함께 왔을 때였다. 그러나 대부분의 사람이 말하는 바에 따르면, 그[탈레스]는 토박이 밀레토스 사람이며 명문가 출신이었다.

(『유명한 철학자들의 생애와 사상』 I. 22)

2. 헤로도토스(DK11A4)

오르코메노스 출신의 뮈니아인들은 그들[식민지의 이오니아인들]과 뒤섞였으며, 카드모스인들도…(『역사』 I. 146)

● ● ● ● ● ● ● ● ● ● ● ● ● ●

카리아 여인들과 결혼함으로써 뒤섞였다고 말한다.(본문 2)

2) 티투스(페니키아의 항구도시)의 왕인 아게노르의 아들이자 에우로파의 오빠로서 보이오티아에서 테베를 건립한 자이다.

3)『프로타고라스』 343a 참조.

4) 아테네의 서쪽 항구.

5) 기원전 582~585.

6) 딜스는 ( )을 디오게네스 라에르티오스가 삽입한 것으로 본다. 〈 〉는 딜스가 보충한 부분으로 ( )의 원문에는 빠져 있다.

3. 디오게네스 라에르티오스(DK11A1)

아폴로도로스는 『연대기』에서 다음과 같이 말한다. 그[탈레스]
는 35번째 올림피아기(紀)의 첫해[7]에 태어났다. (38) 그는 78세(또
는 소시크라테스의 말에 따르면 90세)에 죽었다. 그는 크로이소스
시대에 살다가 58번째 올림피아기[8] 동안에 죽었는데, 그[크로이소
스]에게 강줄기를 옆으로 돌려서 다리 없이 할뤼스[강]를 건너게
해주겠다고 공언했다.(『유명한 철학자들의 생애와 사상』I. 37)

(2) 저술

4. 심플리키오스(DK11B1)[9]

탈레스는 자연에 관한 탐구를 헬라스 사람들에게 알게 해준 최

••••••••••••
7) 기원전 640년. 그러나 탈레스가 58번째 올림피아기에 죽었다면 적어
   도 92세까지는 살아야 하는데 78세에 죽었다는 말과 맞지 않는다.
   KRS는 에타(ε : 5)와 테타(θ : 9)의 혼동이 흔히 일어난다는 점에 착안
   해서 출생년도를 39번째 올림피아기(기원전 624년)로 고쳐 읽는다.
   이렇게 수정하면 아폴로도로스의 도식적인 연대 결정 방식과도 잘 들
   어맞는다. 즉 탈레스가 죽은 해는 사르디스 함락 년도(546/5)에, 그의
   전성기는 그가 예언했다고 하는 일식의 년도에, 그리고 그의 출생은
   일식 년도보다 40년 앞선 년도에 맞추어진다(KRS, 76쪽 주1 참조). 탈
   레스가 예언했다고 하는 일식 년도는 오늘날의 계산에 따르면 48번째
   올림피아기의 세번째 해인 기원전 585년 5월 28일이다.
8) 기원전 548/7~545/4.
9) 탈레스는 우리가 직접인용을 접할 수 없는 몇 안 되는 초기 철학자 가

초의 사람으로 전해진다. 그 이전에도 많은 사람이 〔그런 일에 관여했〕지만, 테오프라스토스도[10] 그렇게 생각했듯이, 그는 저들을 훨씬 능가한 나머지 자신보다 앞선 모든 사람들을 무색하게 할 정도였다. 그러나 그는 『항해용 천문 안내서(*Nautikēs astrologia*)』라고 일컬어지는 것 외에는 아무 것도 글로 남기지 않았다고 한다.(『아리스토텔레스의 「자연학」 주석』 23. 29)

5. 플루타르코스(DK11B1)

오르페우스, 헤시오도스, 파르메니데스[11], 크세노파네스[12], 엠페도클레스[13], 그리고 탈레스가 그랬던 것처럼, 이전에는 철학자들이 교설(dogmata)이나 이론(logoi)을 시로 발표했다. … 아리스타르코스, 티모카리스, 아리스튈로스, 히파르코스 학파들은 산문으로 글을 썼지만 천문학의 가치를 더 떨어뜨리지는 않았다. 그 이전에는 〔천문학에서도〕 에우독소스와 헤시오도스와 탈레스가 —적어도 탈레스가 그의 것으로 돌려지는 천문학 책을 썼다는 것이 사실이라면— 운문으로 글을 썼다.

운데 한 사람이다. 여기서의 인용은 그의 저술 제목만을 언급하는 부분이다.
10) 『자연에 관한 학설들』 단편 1 (딜스 『희랍의 학설지 저자들』 475쪽)
11) DK 18A15 참조.
12) DK 21A18 참조.
13) DK 31A25 참조.

(『퓌티아의 신탁의 쇠퇴에 관하여』 18. 402e)

6. 디오게네스 라에르티오스(DK11A1)

그런데 어떤 사람들에 따르면, 그는 책이라고는 전혀 남기지 않았다. 그의 것으로 돌려지는 『항해용 천문 안내서』는 사모스 사람 포코스의 것이라고 말해지기 때문이다. 칼리마코스는 그를 작은 곰 별자리의 발견자로 알고서 『이암보스』에서 다음과 같이 말한다. …[14] (『유명한 철학자들의 생애와 사상』 I. 23)

7. 디오게네스 라에르티오스(DK11B4)

그리고 어떤 사람들에 따르면, 그(탈레스)는 『지점(至點)[15]에 관하여』와 『분점(分點)[16]에 관하여』라는 두 권의 책만 썼고, 그 밖에 다른 것(천체 현상)들에 대해서는 알 수가 없다고 생각했다. (『유명한 철학자들의 생애와 사상』 I. 23)

8. 『수다』[17] (DK11A2)

그는 『천체 현상에 관하여』, 『분점에 관하여』 그리고 다른 많은

. . . .
14) 아래 본문 14로 이어짐.
15) 동지와 하지.
16) 춘분과 추분.
17) 사전의 이름. 수이다스(suidas)라고도 한다. 이 말은 요새(要塞) 또

것들에 관하여 서사시체로 글을 썼다.('탈레스' 항목)

II. 행적과 사상

(1) 정치와 기술

9. 헤로도토스(DK11A4)[18]

이오니아가 멸망하기 전에 본래 페니키아 혈통인 밀레토스 사람 탈레스가 제안한 〔견해는〕 유용했다. 그는 이오니아 사람들에게 단일 평의회의소(bouleutērion)를 가지되, 그것은 테오스에 있어야 하며(테오스는 이오니아의 중간에 있었기 때문에), 다른 도시국가들은 대등하게 〔자치적으로〕 운영되면서 〔연방국가의〕 행정구역들(dēmoi)인 것처럼 간주되어야 한다고 충고했다.

• • • • • • • • • • • • • • •

는 견고한 장소라는 뜻의 라틴어에서 차용한 것이다. 이 책은 단순한 낱말 목록이 아니라, 역사와 문학 백과사전으로서 10세기 말경에 편찬되었다. 호메로스, 소포클레스, 아리스토파네스의 원전〔주석과 함께〕, 그리고 『경구시 모음집』을 참고했다. 그 외 이 저작은 저자나 주석가들의 저술의 복사본이 아니라, 이것들로부터 후대 사람들이 만든 요약본이나 발췌본들을 기초로 삼고 있다. 역사가들은 콘스탄틴 포르피로게니투스의 발췌록에서 인용되며, 전기는 주로 밀레토스의 헤쉬키오스에서 나왔다.

18) 헤로도토스의 언급들은 탈레스에 관한 증언 중 가장 오래 된 것이다.

(『역사』I. 170)

10. 헤로도토스(DK11A6)

나는 크로이소스가 할뤼스 강에 왔을 때 즉시 〔놓여〕 있는 다리 위로 군대를 데리고 건넜다고 주장한다. 그러나 대다수 헬라스인의 말에 따르면, 밀레토스 사람 탈레스가 그〔크로이소스〕의 군대를 건너게 해 주었다. 자신의 군대가 그 강을 어떻게 건너야 할지 몰라서 크로이소스가 난감해하자(왜냐하면 다리가 당시에는 아직 놓여 있지 않았기 때문에), 그 군영에 함께 있던 탈레스가 그를 위해 군영의 왼편으로 흐르는 강을 오른 편으로도 흐르게 했는데, 그 방법은 다음과 같았다. 그는 군영의 위쪽에서 시작하여 깊은 수로를 초승달 모양으로 파서, 〔강이〕 그 지점〔위쪽〕에서 수로를 따라 예전의 강줄기로부터 옆으로 벗어나, 진치고 있는 군영의 뒤로 돌아가도록, 그래서 다시 군대의 한편〔아래쪽〕을 지나 예전의 강으로 흘러들어가도록 했다〔고 한다〕. 그래서 마침내 〔두 갈래로〕 나뉘자마자 강은 양쪽에서 건널 수 있게 되었다.

(『역사』I. 75)

(2) 천문학

11. 헤로도토스(DK11A5)

서로 대등하게 전쟁[19]을 해온 지 6년째 되는 해에 교전이 발발하여 전투가 벌어지고 있을 때, 갑자기 낮이 밤으로 바뀌는 일이 그들[메디아인들과 뤼디아인들]에게 일어났다. 밀레토스 사람 탈레스는 이 해[20]를 [일식의]시기(houros)로 잡고서[21] 이오니아사

• • • • • • • • • • • • • •

19) 뤼디아의 왕 알리야테스(기원전 610~570년에 통치)와 메디아의 왕 퀴약사레스(기원전 625~585년에 통치) 사이에 있었던 전쟁.

20) 기원전 585년 5월 28일.

21) 헤로도토스가 일식 시기를 한 해를 기준으로 보고하고 있는 것으로 볼 때, 탈레스는 당시 그리스 천문학의 수준에서 일식의 진행 과정에 관한 어떤 식견도 가질 수 없었고, 단지 일식 현상에 대해서 경험적으로 계산된 개연적인 주기표만을 취할 수 있었음을 알 수 있다. 이 주기표는 칼데아의 사로스-체계에서 차용되었을 것으로 생각되는데, 당시 칼데아의 사로스-체계(태양-달-지구가 같은 위치에 있게 되는 주기를 계산한 표)는 개략적인 예측만을 줄 수 있었다. 바빌로니아인 사제들은 종교적인 목적에서 기원전 721년 이후로 일식을 관찰했으며, 기원전 6세기에 이르러서는 지점(至點)의 주기를 확정했을 것으로 보인다. 아마도 그 주기 내의 어떤 지점에서 일식이 일어났을 것이다. 탈레스의 일식 예언은 이들 바빌로니아의 기록을 접할 수 있었기 때문에 가능했을 것이다. 우리는 많은 그리스 지식인들이 이 시기에 사르디스를 방문했으며 이오니아와의 관계가 특별히 가까웠다는 것을 알고 있다("…모든 지식인(sophistai)은 헬라스에서 풍요의 절정기였던 사르디스로 왔으며 … 특히 아테네 사람 솔론이 그랬다"(헤로도토스 『역사』 I. 29))(KRS 1982, 82-3쪽)

람들에게 낮의 이러한 변화[일식]가 있을 거라고 예언했는데, 바로 그 해에 그런 변화가 일어난 것이다.(『역사』I. 74)

12. 디오게네스 라에르티오스(DK11A1)

어떤 이들에 따르면, 그[탈레스]는 처음으로 천문학을 연구했으며 일식(日蝕)들과 지점(至點)을 예언한 것으로 생각된다. 에우데모스도 자신의 『천문학에 관한 탐구』에서 그렇게 말하고 있다. 그 때문에 크세노파네스[22]와 헤로도토스[23]는 탈레스를 경이롭게 여긴다. 헤라클레이토스[24]와 데모크리토스도 그에 대해서 증언하고 있다.[25] (『유명한 철학자들의 생애와 사상』I. 23)

13. 데르퀼리데스(DK11A17)

에우데모스는 『천문학』에서 다음과 같이 이야기한다. "오이노피데스가 처음으로 황도의 경사각[26]과 대년(tov megalou eniantou)의 순환을 알아냈으며, 탈레스는 태양의 식(蝕)과 지점(至點)의 주기가 언제나 한결같지 않다는 사실[27]을 알아냈다." (스뮈르나의

- - - - - - - - - - - - -

22) 크세노파네스의 단편(본문 24) 참조.
23) 헤로도토스 『역사』I. 79 참조.
24) 헤라클레이토스의 단편(본문 132) 참조.
25) 데모크리토스 (68B115a) 참조.
26) 사본은 황도의 '둥근 띠'(diazōsis)로 되어 있으나 딜스가 '경사각'(loxōsis)으로 고쳐 읽었다.

테온의 『플라톤을 읽는데 필요한 수학적인 사항들에 대한 설명』
에서 인용됨)

14. 칼리마코스[28] (DK11A3a)

그[29]는 항해하여 밀레토스로 갔네. 승리는
탈레스의 것이었으니까. 그[탈레스]는 모든 점에서
판단이 현명했으며, 특히 북두칠성의 작은 별들[작은 곰자리]을
관측했다고 하는데, 페니키아인들은 그것을
항해의 길잡이로 삼고 있다네.(『이암보스』 단편 94)

15. 「외곽주석」(DK11B2)

탈레스는 그들[휘아데스[30]]이 둘이라고, 즉 하나는 북쪽의 것

•••••••••••••
27) 춘분과 추분, 동지와 하지로 나뉘는 사계절 길이의 근소한 차이를 뜻
　　하는 것이라고 생각된다.
28) 퀴레네(북아프리카의 고대 그리스 식민도시) 출신으로 이아소스 출
　　신 헤르모크라테스의 제자. 어렸을 때 알렉산드리아로 이주해 주변
　　도시인 엘레우시스에서 선생이 되었고, 후에 알렉산드리아 도서관에
　　취직해서 120권 분량의 분류목록을 만들었다. 매우 독창적이고 세련
　　된 시인이자 많은 양의 저술을 남겼다. 칼리마코스의 원문은 파피루
　　스에 보존되어 있지만 그 훼손 정도가 심해서 상당부분이 추측에 따
　　라 복원되었다.
29) 아르카디아 사람 바튀클레스의 아들 튀리온. 그는 아버지로부터 물
　　려받은 우승배를 가장 현명한 사람에게 넘겨주어야 할 임무를 갖고
　　있었다.

이고, 다른 하나는 남쪽의 것이라고 말했다.

(아라토스의 『천체 현상』)

16. 플라톤(DK11A9)

… 테오도로스, 그것은 [사람들이] 탈레스에 대해서 이야기 하는 것과 같은 겁니다. 그가 천체연구를 하느라 위를 쳐다보다가 우물에 빠졌는데, 트라케 출신의 재치 있고 예쁜 어떤 하녀가 그는 하늘에 있는 것들을 알려고 애썼지만 자기 뒤에, 그것도 바로 발 곁에 있는 것들을 못 본다며 놀렸다는 것입니다….[31]

(『테아이테토스』 174a)

17. 아리스토텔레스(DK11A10)

이 모든 방법은 돈 버는 기술을 가치 있게 여기는 사람들에게 유용하다. 이를테면 밀레토스 사람 탈레스의 방법이 그렇다. 이 것은 돈벌이를 위한 책략의 일종이지만, 그것의 지혜(sophia) 때문에 [사람들은] 저 사람[탈레스]의 것으로 돌린다. 그러나 그 것은 일반적으로 [알려진] 종류의 것[책략]이다. 마치 철학은 아

<hr>

30) 제우스에 의해서 별이 된 아틀라스의 딸들. 황소자리의 별들로서 이 름이 뜻하는 바('비를 내리는 자들')와 같이 비가 많은 계절에(에우 독소스에 따르면, 11월17일에서 4월12사이에) 나타나는 별자리이다.
31) 플라톤은 이 얘기에 대해 우리가 알고 있는 가장 오래 된 출처이다.

무 쓸모도 없다는 듯 [사람들이] 그를 가난 때문에 비난하자, 그는 천체연구로부터 올리브의 풍작이 있을 것임을 알아내고는, 아직 겨울이었는데도 약간의 자금을 모아서 그것을 밀레토스와 키오스에 있는 모든 올리브 짜는 기계의 보증금으로 지불했는데, 아무도 관심을 가지지 않았기 때문에 값싸게 임대 받았다고 한다. 적절한 시기가 왔을 때, 많은 것[올리브 짜는 기계]이 동시에 그리고 갑자기 필요하게 되자, 그는 그것들을 자신이 바라는 조건으로 임대해 주어서 큰 돈을 모았고, 그래서 철학자들이 마음만 먹으면 쉽게 부자가 될 수 있지만, 그것이 그들의 진지한 관심사가 아니라는 점을 보여주었다고 한다.

(『정치학』 I. 11. 1259a6)

(3) 수학

18. 디오게네스 라에르티오스(DK11A1)

히에로뉘모스[32]는 그[탈레스]가 [우리의 그림자가] 우리 자신과 같은 길이일 때를 면밀히 관찰하여 그림자에 의해 피라미드를

· · · · · · · · · · · · · · · ·

32) 기원전 290~230년경 안티고노스 고나타스의 보호 아래 아테네에서 살았던 철학자이자 문학사가. 소요학파에서 훈련을 받았고 소요학파가 리콘의 지도 아래 쇠퇴해가고 있을 무렵, 그 곳을 떠나서 절충학파를 창시했다.

측정했다고 말한다.(『유명한 철학자들의 생애와 사상』I. 27)

19. 프로클로스(DK11A20)

에우데모스는 『기하학의 역사』에서 이 정리(thōrema)[33]를 탈레스의 것으로 돌린다. 왜냐하면 그는 그〔탈레스〕가 바다에 있는 배들의 〔해변으로부터〕 떨어진 거리를 〔사람들에게〕 알려줄 때 사용했다는 그 방법[34]은 이 정리를 반드시 사용해야 한다고 말했기 때문이다.(『유클리드의 「원리들」 1권 주석』 352. 14)

20. 프로클로스(DK11A20)

옛 사람 탈레스에게 다른 많은 것의 발견에 대해, 그리고 특히 다음 정리의 발견에 대해 감사해야 한다. 처음으로 그가 모든 등변 〔삼각형〕의 밑변에 접한 각들은 등각이라는 정리를 확립하고서 〔그것을〕 말했는데, 〔여기서〕 그는 같은 각들(homoias)을 더 옛날식으로 '등각들(isas)'로 불렀다고 하니까 말이다.

(『유클리드의 「원리들」 1권 주석』 250. 20)

. . . .

33) "한 변과 인접각이 같은 삼각형들은 동일하다."
34) 에우데모스가 말하는 방법은 이렇다. 해변 상의 두 지점(A, B)에서 해변과 배 사이의 두 각(a, b)을 측정한다. 해변 상의 두 지점(A, B)을 밑변으로 하고 측정된 두 각을 양 끝 각으로 하는 삼각형을 그린다. 꼭지점(C)에서 밑변 AB까지 거리는 밑변 AB에서 배까지 거리와 같다(맥키란 1994, 26쪽).

21. 프로클로스(DK11A20)

그들은 원이 지름에 따라서 양분된다는 사실을 처음으로 저 탈레스가 증명했다[35]고 말한다.

(『유클리드의 「원리들」 1권 주석』 157. 10)

(4) 이집트 방문

22. 프로클로스(DK11A11)

탈레스가 이집트에 가서 이 학문(theoria)〔기하학〕을 최초로 헬라스로 가져왔으며,[36] …

(『유클리드의 「원리들」 1권 주석』 65. 3)

23. 헤로도토스

내가 보기에 기하학은 거기서〔나일강 범람 후에 토지를 다시 측량한 데서〕 발견되어 헬라스로 들어온 것 같다.(『역사』 II. 109)

24. 아에티오스(DK11A11)

탈레스는 … 이집트에서 철학을 하다가 늙어서 밀레토스로 돌

---

35) 이 말의 출처는 에우데모스이다.
36) 가장 앞선 그리스 기하학자로 알려진 탈레스를 측량의 본고장 이집트와 연관짓는 데는 아래 두 단편이 단서가 된다.

아왔다.[37] (『학설 모음집』 I. 3. 1)

25. 헤로도토스(DK11A16)

이것들〔나일 강의 범람 원인에 대한 두 가지 설명〕 가운데 다른 하나는 이러하다. 에테시아 바람[38]이 〔강을〕 범람하게 하는 원인인데, 바람이 나일강을 바다로 흐르지 못하도록 방해하기 때문이라는 것. (『역사』 II. 20)

26. 아에티오스(DK11A16)

〔탈레스는〕 에테시아 바람이 나일 강의 수량을 상승시키는 까닭은 그것이 이집트 쪽으로 정면으로 불어갈 때, 〔바람을 따라 강을〕 마주보고 밀려가는 바다가 부풀어 올라 강의 유출이 저지당하기 때문이라고 생각한다. (『학설 모음집』 IV. 1. 1)

• • • • • • • • • • • • •

37) 탈레스가 이집트에서 상당한 기간을 보냈음을 암시는 증언이지만 설득력은 없다. 그러나 그가 이집트를 방문했을 가능성은 충분히 있으며, 따라서 그의 몇 가지 업적이 거기에 근거를 두고 있을 가능성도 상당히 높다. 밀레토스와 나우크라티스(기원전 7세기경 나일 강 삼각주에 건립된 밀레토스의 식민도시)의 관계가 매우 가까워서 특출한 시민이나 장사꾼은 얼마든지 방문할 수 있었다.

38) 여름철 북서에서 불어오는 이집트 몬순의 계절풍. 시리우스별이 뜰 때부터 40일 동안 에게 해에 부는 북풍.

(5) 우주론

27. 아리스토텔레스(DK11A12)

최초의 철학자들 대부분은 질료적 근원들이 모든 것의 유일한 근원이라고 생각했다. 실로 존재하는 모든 것이 그것으로(ex hou) 이루어지며, 그것에서 최초로 생겨났다가 소멸되어 마침내 그것으로(eis hō) 〔되돌아가는데〕, 그것의 상태(pathē)는 변하지만 실체(ousia)는 영속하므로, 그것을 그들은 원소(stoicheion)이자 근원(archē)이라고 주장한다. 그렇기 때문에 그들은 어떤 것도 생겨나지도 소멸하지도 않는다고 믿는다. 이런 본연의 것(physis)은 언제나 보존된다고 생각하기 때문이다. … 왜냐하면 다른 모든 것이 그것에서 생겨나는 바의 그 본연의 어떤 것이, 하나든 하나 이상이든—이것은 보존되므로—, 언제나 있어야 하기 때문이다. 그러나 그와 같은 근원의 수효와 종류에 대해서 모든 사람이 같은 말을 하지는 않는다. 탈레스는 그런 철학의 창시자로서 〔근원을〕 물이라고 말하는데(그 때문에 그는 땅이 물 위에 있다는 견해를 내세웠다), 아마도 모든 것의 자양분이 축축하다는 것과, 열 자체가 물에서 생긴다는 것, 그리고 이것에 의해 〔모든 것이〕 생존한다는 것(모든 것이 그것에서 생겨나는 바의 그것이 모든 것의 근원이다)을 보고서 이런 생각을 가졌을 것이다. 바로 이런 이유뿐 아니라, 모든 씨앗은 축축한 본성(physis hygra)을 갖는다는 이유 때문에 그런 생각을 가졌던 것 같다.[39] 물은 축축한 것들에 대해서 그런 본성의 근원이다.(『형이상학』A 3. 983b6)

28. 아리스토텔레스(DK31A4)

좀더 미숙한 사상가들 가운데 어떤 이들은, 히폰과 마찬가지로, 그것[근원]을 물이라고 단언했다. 그들은 모든 것들의 씨앗이 축축하다는 이유에서 그런 생각을 갖게 되었던 것 같다. 그들은 씨앗[정액]은 피가 아니라는 근거에서 혼(psychē)을 피라고 주장하는 사람들을 논박했으니까 말이다.

(『혼에 관하여』I. 2. 405b1)

29. 헤라클레이토스 호메리코스[40]

습한 본성은 각각의 사물로 쉽게 변형되기 때문에, 다양한 형태로 바뀌는 데 익숙하다. 그것의 일부분이 증발해서 공기가 되며, 그 공기에서 나온 가장 미세한 것[가장 가벼운 것]이 에테르로서 빛을 내며 타오른다. 그리고 물은 서로 붙어서 진흙으로 변

• • • • • • • • • • • • • •

39) 탈레스가 물을 근원으로 본 이유에 관한 아리스토텔레스의 이 같은 추측이 사모스 출신(또는 레기움이나 메타폰툼 출신) 히폰에게서 나 왔을 것으로 추정되기도 한다. 아래 (분문 28)를 참조.
40) AD 1세기의 문법학자.

해 땅으로 굳어진다. 그 때문에 탈레스가 물을 네 가지 원소 중에서 마치 가장 중요한 원인이 되는 원소인 양 단언했던 것이다.(『호메로스의 비유』 22)

30. 아리스토텔레스(DK11A14)

한편, 다른 사람들은 [땅이] 물 위에 놓여 있다고 말한다.[41] 실로 이것은 우리가 전해받은 가장 오래 된 설명으로서, 밀레토스 사람 탈레스가 그런 주장을 했다고 그들은 말한다. 즉 땅은 통나무나 그런 종류의 어떤 것처럼 (이것들 가운데 어떤 것도 본래 공기 위에 머물러 있도록 되어 있지는 않고, 물 위에 머물러 있도록 되어 있으니까), 떠 있음으로 인해서(dia to plōtēn einai) 머물러 있다는 것이다. 마치 같은 설명이 땅에는 적용되면서 땅을 떠받치는 물에는 적용되지 않기라도 하듯이 말이다.

(『천체에 관하여』 II. 13. 294a28)

• • • • • • • • • • • • • • •

41) 땅이 물위에 떠 있다는 탈레스의 생각은 근동의 신화적 우주론의 영향을 받았을 것으로 보인다. 땅이 물위에 떠 있다는 생각이 당시 바빌로니아와 이집트의 여러 지역에 폭넓게 퍼져 있었음을 알려주는 자료는 풍부하다. 그에 비해서 그리스의 증거는 탈레스의 것 외에는 없다(KRS, 1982. 92-3쪽 참조).

31. 세네카(DK11A15)

탈레스의 생각은 적절하지 않다. 실로 그는 땅의 원반(terrarum orbem)이 물로 떠받쳐진다고 말했으며, 배처럼 떠다니며 그것이 흔들린다고 할 때는 물의 움직임에 따라 요동하는 것이라고 말했다.(『자연에 관한 연구』 III. 14)

(6) 신들과 혼

32. 아리스토텔레스(DK11A22)

어떤 이들은 그것[혼]이 우주 안에 섞여 있다고도 말하는데, 아마도 그 때문에 탈레스 역시 모든 것은 신들로 충만하다[42]고 생각했던 것 같다.(『혼에 관하여』 I. 5. 411a7)

· · · · · · · · · · · · · · ·

42) 출처를 밝히지 않은 같은 인용이 플라톤의 『법률』 X 899b에도 나온다. "모든 별들과 달에 관해서, 그리고 연, 월들과 계절들에 관해서 동일한 이 설명 외에 다른 어떤 설명을 우리가 하겠는가? [하나의] 혼(psychē) 또는 [하나 이상의] 혼들이 이것들의 원인이며, 모든 탁월함에서 뛰어나다는 점이 분명해졌기 때문에, 그것들이 살아 있는 것으로 물체들 속에 들어 있으면서 전체 하늘을 규제하든, 아니면 다른 어떤 방식으로 그렇게 하든지 간에, 우리는 그것[혼]들이 신이라고 말하게 될 것이라는 설명 말이네. 누구든 이 설명에 동의하면서도 모든 것이 신으로 충만하지 않다는 생각을 고수하는 사람이 있을까?"

33. 아에티오스(DK11A23)

탈레스는 신은 세계(kosmos)의 지성(nous)이며, 우주(to pan)는 살아 있는 동시에 신령(daimōn)으로 충만한데, 그것을 움직이게 하는 신적인 힘은 원소로서의 습기를 꿰뚫고 나아간다고 말했다.[43] (『학설 모음집』 I. 7. 2)

34. 아리스토텔레스(DK11A22)

그들이 기억하는 바에 따르면, 탈레스도 혼을 [다른 것을] 움직이게 하는 어떤 것으로 생각했던 것 같다. 그는 그 돌[자석]이 철을 움직이게 한다는 근거로 그것이 혼을 가지고 있다고 말했기 때문이다.(『혼에 관하여』 I. 2. 405a 19)

35. 디오게네스 라에르티오스(DK11A1)

아리스토텔레스[44]와 히피아스는 그[탈레스]가 혼이 없는 것[무생물]들에게도 혼을 부여했는데, 마그네시아 돌[자석]과 호박(琥珀)에서 그 증거를 얻었다고 말한다.

(『유명한 철학자들의 생애와 사상』 I. 24)

• • • • • • • • • • • • • •

43) 출처는 아리스토텔레스이나 스토아적으로 재해석된 조금은 왜곡된 형태의 증언이다.
44) 『혼에 관하여』 405a19 참조.

03 ANAXIMANDROS
아낙시만드로스

I. 생애와 저술

1. 디오게네스 라에르티오스(DK12A1)

(1) 아낙시만드로스는 프락시아데스의 아들로서 밀레토스 사람이다. … 그는 그노몬[1])을 처음으로 고안했다. 뿐만 아니라, 파보리노스가 『박물지(博物誌)』에서 말하는 바에 따르면, 라케다이몬에 있는 해시계[2]) 위에 그것[그노몬]을 세워서 지점(至點)과 분

- - - - - - - - - - - - - - -

1) 삼각자 또는 직각 막대로서, 이것의 그림자가 해의 방향과 고도를 지시해 준다. 아낙시만드로스가 그노몬을 고안했다는 말은 잘못된 것이다. 수다(본문 2)의 증거 외에 헤로도토스의 증언을 보더라도 그렇다. "헬라스 사람들은 천구[반원천정 모양의 해시계]와 그노몬, 그리고 하루를 12부분으로 나누는 법을 바빌로니아 사람들에게서 배웠다."(헤로도토스 『역사』 II. 109)

점(分點)을 표시했으며, 시간을 알려주는 계기(hōroskopeia)도 만들었다. (2) 그는 땅과 바다의 경계도 처음으로 그렸다. 뿐만 아니라 천구(天球)를 만들기도 했다. 그는 자신의 학설에 대해 개괄적인 해설을 해 놓았는데, 아마 아테네 사람 아폴로도로스도 그것을 접했던 것 같다. 그는 『연대기』에서 그가 58번째 올림피아기의 두번째 해[3]에 64살이었으며, 얼마 지나지 않아 죽었다고 말한다(그의 전성기는 대략 폴리크라테스가 사모스의 군주로 있는 기간이었다).(『유명한 철학자들의 생애와 사상』 II. 2)

2. 『수다』(DK12A2)

프락시아데스의 아들이며 밀레토스 사람인 아낙시만드로스는 철학자로서 탈레스의 혈족이며 제자이자 후계자였다.[4] 그는 처

----

2) skiothēron(또는 skiothērēs)은 해시계를 뜻하는 말이지만 여기서는 라케다이몬 내에 그노몬이 세워진 특정 장소를 일컫는 것으로 봐야 할 것 같다. 'Horoskopeia'와 'Horologreia'(본문 1)는 그노몬이 세워진 지면에 눈금이 매겨져 있어서 그노몬의 그림자가 그 위에 표시될 때 그림자의 방향에 따라 낮의 시간을 알 수 있고, 그림자의 길이에 따라서는 계절을 알 수 있었음을 암시한다(여름에는 해의 남중고도가 가장 높으므로 그림자가 가장 짧고, 겨울에는 반대로 가장 길다(KRS 1982. 103쪽)).

3) 기원전 547/6년

4) 테오프라스토스는 아낙시만드로스를 탈레스의 후계자이며 제자로 불렀고, 이후의 학설지의 전승은 그를 탈레스의 일가, 동료, 친지, 동료 시민으로 불렀다. 대부분의 경우에 이런 진술은 단지 전자가 후자와

음으로 분점(分點)과 지점(至點), 그리고 해시계(hōrologeia)를 발견했으며, 땅이〔우주의〕정 가운데 놓여 있다는 것을 알아냈다. 그는 그노몬을 도입했으며, 기하학의 요점을 한눈에 알게 해 주었다. 그는 『자연에 관하여』, 『땅의 회전』 그리고 『붙박이 별에 관하여』를 썼으며, 『천구』와 다른 몇 가지 책들을 썼다.(「아낙시만드로스」항목)

3. 테미스티오스(DK12A7)

그〔아낙시만드로스〕는 우리가 알고 있는 헬라스 사람들 중 자연에 대해 쓴 글을 대담하게 발표한 최초의 인물이다.

(『연설집』 36. 317쪽)

4. 아가테메로스(DK12A6)

밀레토스 사람인 아낙시만드로스는 탈레스의 제자로서 사람들이 살고 있는 지역을 서판에 그리려는 시도를 감행한 최초 인물이다. 이 사람 다음에 밀레토스 사람으로서 여행을 많이 한 헤카타이

• • • • • • • • • • • • • • •

같은 도시 출신이며, 후자보다 좀더 젊다는 것을 고지해 주는 정도로 생각해야 한다. 초기 철학자들을 학파로 분류하고 이들 학파에 속한 스승과 제자로 정리한 것은 테오프라스토스였으며, 이것을 기원전 200년 소티온이 『후계자들』이란 저서에서 체계적으로 적용했다. 아폴로도로스는 소티온의 책을 사용했으며, 스승과 제자의 나이 차이를 보통 40세로 놓았다.(KRS, 1982, 101~102쪽)

오스는 경탄을 자아낼 만큼 그것을 정확하게 그렸다.

(『지리지』I. 1)

5. 스트라본(DK12A6)

호메로스 이후에 〔지도를 그린〕 최초의 두 사람은 탈레스의 친지이자 동료 시민인 아낙시만드로스와 밀레토스 사람 헤카타이오스라고 에라토스테네스는 말한다. 그러니까 전자〔아낙시만드로스〕는 처음으로 지도(geōgraphikos pinax)를 내놓았고, 헤카타이오스는 자신의 다른 저술에서 저 사람〔아낙시만드로스〕의 것으로 믿어지는 그림을 남겼다는 것이다.[5] (『지리지』I. 7)

• • • • • • • • • • • • • •

5) 이러한 초창기의 지도가 어떠했는지를 암시해 주는 헤로도토스의 언급이 있다. "나는 많은 사람이 지금까지 땅의 지도를 그렸지만 어느 누구도 이치에 맞게 그것을 설명하지 못했다는 사실을 알고 웃었다. 그들은 오케아노스 강을 마치 콤파스로 그린 것처럼 둥근 땅을 감싸 흐르는 것으로 그렸고, 아시아를 유럽과 똑같게 해 놓았다." (『역사』IV. 36)

(1) 무한정한 것과 대립자들

6. 심플리키오스(DK12A9, B1)

그것[근원]은 하나이고 운동하며 무한정하다고 말하는 사람들 가운데, 프락시아데스의 아들이며 밀레토스 사람으로서 탈레스의 후계자요 제자인 아낙시만드로스는 무한정한 것(apeiron)을 있는 것들의 근원이자 원소(stoicheion)라고 말하면서[6] 이것[무한정한 것]을 근원에 대한 이름으로 처음 도입했다. 그는 이렇게 말한다. "그것[근원]은 물도 아니고, 원소라고 불리는 것들 중에서 다른 어떤 것도 아니며, [물이나 원소들과는]다른 무한정한 어떤 본연의 것(tis physis apeiros)이다. 그것에서 모든 하늘(ouranoi)과 그것[하늘]들 속의 세계들(kosmoi)이 생겨난다. 그리고 그것들[원소]로부터 있는 것들의 생성이 있게 되고, [다시] 이것들에로 [있는 것들의] 소멸도 필연(chreōn)에 따라 있게 된다. 왜냐하면 그것들은 [자신들의] 불의(adikia)에 대한 벌(dikē)과 배상(tisis)을 시간의 질서(taxis)에 따라 서로에게 지불하기 때문이다[7]"라고. 이처럼 그는

....
6) 딜스에 따르면, '원소'라는 말은 심플리키오스가 덧붙인 것이며, "무한정한 것이 있는 것들의 근원이다"라는 것만 아낙시만드로스의 말로 본다.

좀더 시적인 용어로 그것들을 말한다. 이 사람은 네 가지 원소[8] 간 상호 변화(metabolē)를 주목하고서 이들 중 어떤 하나를 기체 (基體)로 삼는 것은 적절하지 않다고 여기고, 이것들 외에 다른 어떤 것을 [기체로 삼는 것이 적절하다고 보았음이] 분명하다. 이 사람은 생성을 원소의 질적 변화로 설명하지 않고, 영원한 운동 으로 인한 대립자들의 분리되어 나옴(apokrinomenōn)으로 설명 한다. 그렇기 때문에 아리스토텔레스는 이 사람을 아낙사고라스 학파 사람들과 같은 부류에 놓았다.

　(『아리스토텔레스의「자연학」주석』24. 13)

7. 히폴뤼토스(DK12A11, B2)

　아낙시만드로스는 프락시아데스의 아들로서 밀레토스 사람이 다. 이 사람은 "있는 것들의 근원은 무한정한 것[이라 일컫는] 본 연의 어떤 것이다. 이것에서 하늘들과 그것[하늘]들 속의 세계 (kosmos)가 생겨난다"고 말했다. 이것은 영원하고, 늙지 않으며,[9] 또한 모든 세계를 둘러싼다(periechein)[고 그는 말했다]. 또 그 는 생성(genesis)과 있음(ousia), 그리고 소멸(phthora)이 한정

••••••••••••••

7) "그것들로부터(ex hōn) ～ 지불하기 때문이다"는 심플리키오스가 확 인해 주고 있는 단편 B1에 해당한다.
8) 네 가지 원소의 이름은 엠페도클레스에 와서야 비로소 확정된다.
9) 단편 B2.

되어 있기라도 하듯 시간에 대해서 말한다. 이 사람은 무한정한 것을 있는 것들의 근원이자 원소라고 말하면서 근원이라는 이름을 처음으로 사용했다. 또 여기에 덧붙여 운동(kinēsis)은 영원하며, 이 운동 속에서 하늘들이 생긴다고 했다.

(『모든 이교적 학설들에 대한 논박』I. 6. 1)

8. 위-플루타르코스(DK12A10)

… 탈레스의 동료였던 아낙시만드로스는 무한정한 것이 모든 것의 생성과 소멸의 전체 원인을 지니는데, 이것〔무한정한 것〕에서 하늘들과 무수한 모든 세계들 일반이 분리되어 나온다(apoke-krinesthai)고 말한다. 또 그는 그것들을〔무수한 세계들〕이 모두 되풀이되기 때문에 소멸과 그 훨씬 이전의 생성이 무한한 세대로부터 일어난다고 단언했다.(『학설집』2)

9. 아에티오스(DK12A14)

아낙시만드로스는 프락시아데스의 아들이며 밀레토스 사람으로서 무한정한 것이 있는 것들의 근원이라고 말한다. 왜냐하면 이것에서 모든 것이 생겨나서 〔다시〕이것으로 모든 것이 소멸되기 때문이다. 그렇기 때문에 무수한 세계는 생겨날(gennasthai) 뿐 아니라, 소멸해 생겨난 그것으로 다시 〔되돌아간다는〕 것이다. 그것이 무한정한 이유는 숨어 있는(hyphistamenē) 생성이 전혀 남아 있지 않도록 하기 위한 것이라고 그는 말한다.

(『학설 모음집』 3. 3)

10. 디오게네스 라에르티오스(DK12A1)

아낙시만드로스는 프락시아데스의 아들로서 밀레토스 사람이다. 이 사람은 근원과 원소를 무한정한 것이라고 말했고, 공기나 물, 또는 다른 어떤 것으로 규정하지 않았다. 그리고 부분들은 변화를 겪지만 전체는 변화를 겪지 않는다고 했다.

(『유명한 철학자들의 생애와 사상』 II. 1)

11. 아리스토텔레스(DK12A16)

그러나 무한정한 물체(sōma)는 결코 하나이거나 단순한 것일 리가 없다. 어떤 사람들이 말하는 것처럼 그것이 원소들과는 별개의 것으로서 이것으로부터 그들이 이것들[원소들]을 산출해 내는 그런 것이든, 아니면 그냥 단순히 [무한정한 물체]든 간에 말이다. 실제로 이것[원소들과는 별개의 것]을 무한정한 것으로 놓는 한편, 다른 것들이 공기나 물의 무한정함으로 인해 소멸되지 않도록 공기나 물을 무한정한 것으로 놓지 않는 사람들이 있다. 왜냐하면 공기는 차갑지만 물은 습하고 불은 뜨거운 것처럼, 그것들[원소들]은 서로간 상반되기 때문이다. 만약 그것들 중 하나가 무한정하다면, 다른 것들은 모두 이미 소멸되었을 것이다. 그러나 무한정한 것은 〔원소들과는〕다른 것이며, 그것으로부터 이 것〔원소〕들이 생겨난다고 그들은 말한다.

(『자연학』III. 4. 204b22)

12. 아리스토텔레스(DK12A15)

실로 모든 것이 근원이거나 아니면 근원에서 나왔고, 무한정한 것의 근원은 없다. 〔무한정한 것의 근원이 있다면〕 그것이 무한정한 것의 한계(peras)가 될 테니까. 게다가 그것〔무한정한 것〕은 일종의 근원이기 때문에 생겨나지도 소멸하지도 않는다. 왜냐하면 생겨난 것은 끝을 가질 수밖에 없고, 모든 소멸에도 끝이 있기 때문이다. 그렇기 때문에 우리가 말한 것처럼 이것〔근원〕의 근원은 없다. 오히려 그것이 다른 것들의 〔근원〕이며, 모든 것을 포함하고(periechein) 모든 것을 조종하는 것(kybernan)으로 생각된다. 무한정한 것 이외의 다른 원인들(aitiai), 예컨대 지성 (nous)[10]이나 사랑(philia)[11]과 같은 것들을 설정하지 않는 모든 사람이 주장하는 것처럼 말이다. 또한 이것은 신적인 것(theion) 으로 여겨진다. 왜냐하면 이것은, 아낙시만드로스와 대부분의 자연철학자가 주장하듯이, 사멸하지 않고(athanaton) 파괴되지 않기

----

10) 아낙사고라스.
11) 엠페도클레스.

(anōlethron)[12) 때문이다.(『자연학』 III. 4. 203b6)

13. 아리스토텔레스(DK12A15)

무한정한 어떤 것이 있다는 믿음은 무엇보다도 5가지 근거를 바탕으로 탐구자들에게 주어졌을 것이다. ① 시간으로부터 (왜냐하면 이것은 무한하니까). ② 그리고 크기의 분할로부터 (왜냐하면 수학자들도 무한을 사용하니까). ③ 만약 생겨나는 것의 원천이 무한하다면, 오로지 그럴 경우에만 생성과 소멸이 그치지 않을 것이라는 점에서. ④ 게다가 한정되어 있는 것은 언제나 어떤 것과 관련해서 한정되는데, 그래서 만약 어떤 것이 다른 어떤 것과 관련해서 언제나 한정될 수밖에 없다면, 한계(peras)는 결코 있을 수가 없다는 점에서. ⑤ 한편, 모든 사람에게 공통된 난제를 안겨주는 것으로 무엇보다도 가장 유력한 것은 다음과 같은 것이다. 사고 속에서는 끝이 나지 않기 때문에 수도, 수적인 크기도, 하늘 바깥도, 무한하다고 생각된다. (『자연학』 III. 4. 203b18)

14. 아리스토텔레스(DK12A16)

자연철학자들의 말에 따르면 두 가지 설명 방식이 있다. 기체로서의 물체를, 그것이 셋 중에 어떤 것이든, 아니면 불보다는 더

- - - - - - - - - - - - - -
12) 단편 B3.

촘촘하고 공기보다는 더 성긴 다른 어떤 것이든, 하나로 보는 사람들은 촘촘함(pyknotēs)과 성김(manotēs)에 따라서 〔그 하나를〕 여럿으로 만들어 다른 것들을 산출해 낸다. … 다른 사람들은, 아낙시만드로스가 말하는 것처럼, 대립자들(enantiotētes)이 하나 속에 있다가 거기서 분리되어 나온다(ekkrinesthai)고 말한다. 엠페도클레스와 아낙사고라스처럼 하나와 여럿이 있다고 주장하는 사람들도 마찬가지인데, 이들 역시 섞인 것(migma)으로부터 다른 것들을 분리해 내기 때문이다.(『자연학』 I. 4. 187a12)

15. 심플리키오스(DK12A9)

그런데 대립되는 것들은 뜨거운 것(thermon), 차가운 것(psychron), 메마른 것(xēron), 축축한 것(hygron) 등등이다.

(『아리스토텔레스의 「자연학」 주석』 150. 24)

(2) 우주의 형성

16. 위-플루타르코스(DK12A10)

그(아낙시만드로스)의 말에 따르면, 이 세계(kosmos)의 생성 과정에서 뜨거운 것과 차가운 것의 산출자(to gonimon)가 영원한 것으로부터 분리되며, 이것에서 나온 구형의 불꽃같은 것이, 마치 껍질(phloion)이 나무를 감싸고 자라나듯 땅 주위의 공기

〔짙은 안개〕를 감싸고 자란다. 이것〔구형의 불꽃〕이 부서져서 〔부서진 조각들이〕 일종의 폐쇄된 둥근 것〔원통모양의 바퀴〕들로 됨으로써 해와 달, 그리고 별들이 있게 되었다.(『학설집』 2)

17. 히폴뤼토스(DK12A11)

(4) 별들은 불의 바퀴로서 우주에 있는 불로부터 분리되어 공기〔짙은 안개〕로 감싸여서 생긴다. 또 〔불의 바퀴에는〕 날숨을 위한 관 모양의 통로 같은 것들이 있어서 그것〔통로〕들을 통해서 별들이 〔우리에게〕 드러나 보인다. 그렇기 때문에 날숨들이 차단될 때는 식(蝕)들이 생긴다. (5) 달은 통로들이 차단되고 개방됨에 따라서 어떤 때는 차오르는 것으로 보이고, 어떤 때는 기울어가는 것으로 보인다. 또 해의 바퀴는 〈지구의 그것보다는〉 27배 더 크고 달의 〈그것보다는 18배 더 크다〉. 그리고 해는 가장 위에 있고, 〈달이 그 다음이며〉, 떠돌지 않는〈별〔항성〕들과 떠도는〉 별〔행성〕들의 바퀴들은 가장 아래에 있다.[13]

(『모든 이교적 학설들에 대한 반박』 I. 6)

18. 아에티오스(DK12A18)

아낙시만드로스, 키오스 사람 메트로도로스, 그리고 크라테스

----

13) 〈 〉는 딜스의 보충.

는 해가 모든 것보다 가장 위에 놓여 있고, 그 다음에 달이, 이것들 밑에는 붙박이별들과 떠돌이별들이 놓여 있다〔고 말한다〕.

(『학설 모음집』 II. 15. 6)

19. 아에티오스(DK12A21, B4)

아낙시만드로스〔의 말에 따르면, 해는〕 지구보다 28배 큰 원으로서 바퀴(trochos)와 흡사하며, 〔원통처럼〕 속이 비어 있는 〔바퀴의〕 테두리는 불로 가득 차 있는데, 〔테두리의〕어떤 부분에 있는 작은 입구를 통해 마치 풀무의 취관[14]을 통해서〔바람을 불어내는 것〕처럼, 불을 내보인다. 이것 역시 해이다.

(『학설 모음집』 II. 20. 1)

20. 아에티오스(DK12A21)

아낙시만드로스는 해는 지구와 〔크기가〕같지만, 〔해의〕 바퀴는 지구보다 27배 큰데, 그것〔바퀴〕바깥으로 숨구멍(ekpnoē)이 나 있고, 그것〔바퀴〕에 의해서 〔해가〕 둥글게 움직인다〔고 말한다〕.(『학설 모음집』 II. 21. 1)

• • • • • • • • • • • • • •
14) 단편 B4('풀무의 취관' 이 바로 단편 B4).

21. 아에티오스(DK12A18)

아낙시만드로스는 〔별들은〕 바퀴들과 구들에 의해 움직이는데, 그것〔바퀴와 구〕들 위에 〔별들이〕 제각기 자리잡고 있다〔고 말한다〕.(『학설 모음집』 II. 16. 5)

22. 히폴뤼토스(DK12A11)

(3) 땅〔지구〕는 어떤 것에 의해서도 떠받쳐지지 않은 채 공중에 떠 있으며, 모든 것들로부터 같은 거리만큼 떨어져 있기 때문에 머물러 있다. 그것의 모양은 구부러지고(gyros)[15] 둥글며, 돌기둥과 거의 비슷하다. 〔그것의〕 표면 바닥 한편은 우리가 발붙이고 있고, 다른 편은 〔우리와〕 마주보고 있다.

(『모든 이교적 학설들에 대한 논박』 I. 6. 3)

23. 아리스토텔레스(DK12A26)

옛 사람들 가운데 아낙시만드로스처럼, 그것〔지구〕은 균형으로 인해 머물러 있다고 말하는 이들이 있다. 왜냐하면 가운데에 자리잡고 있어서 극단들과 균등한 관계에 있는 것은 위나 아래로나 〔좌 우〕 어느 한 쪽으로 움직이는 것은 적절하지 않고, 반대쪽들로 동시에 움직일 수도 없어서 머물러 있어야만 하기 때문이

15) 갈고리나 어깨의 구부러진 모양처럼. 전통적인 견해에 따르면 '귀로스'는 땅의 둥근 구역을 가리킨다.

다.(『천체에 관하여』 II. 13. 295b10)

24. 위-플루타르코스(DK12A10)

지구는 모양이 원통형이며, [원통의] 높이는 폭[원의 지름]의 3분의 1 정도 된다고 그는 말한다.(『학설집』 2)

25. 아에티오스(DK12A25, B5)

아낙시만드로스는 땅[지구]이 돌기둥과 닮았다[고 말한다]. 표면 바닥의 ***[16]) (『학설 모음집』 III. 10. 1)

(3) 기상현상

26. 알렉산드로스(DK12A27)

그들 가운데 어떤 이들은 다음과 같이 주장한다. 바다는 원시 습기의 잔류물이다. 땅 주변 지역은 습했는데, 이후에 이 습기의 일부가 태양에 의해 증발되었다. 그리고 이로부터 바람(pneumata)이 생기고 해와 달의 회전도 생겼다. 이들 증기와 증발물들 때문에 저것들[해와 달]이, 자신들에게 이것[증발]의 공급이 생기는 곳 둘레로 향해감으로써, 회전을 만들어내기 때문이다. 다른

• • • • • • • • • • • • • •
16) 원문 훼손.

한편 땅의 우묵한 지역에 남겨진 습기의 다른 일부가 바다이다. 그렇기 때문에 바다는 태양에 의해 매번 말라들면서 더욱 작아져, 결국 언젠가는 마른 땅이 될 것이다. 테오프라스토스가 이야기하듯이[17], 아낙시만드로스와 디오게네스가 이런 견해를 가졌다.(『아리스토텔레스의 「기상학」주석』67. 3)

27. 히폴뤼토스(DK12A11)

(7) 바람은 공기의 가장 미세한 증기들이 분리될 때, 그리고 그것들이 움직이면서 함께 모일 때 생긴다. 비는 태양에 의해 땅으로부터 위로 올려지는 증기에서 생긴다. 번개는 바람이 떨어지면서 구름을 쪼갤 때 생긴다.

(『모든 이교적 학설들에 대한 논박』I. 6. 7)

28. 아에티오스(DK12A23)

천둥, 번개, 벼락, 돌풍 그리고 태풍에 관하여. 아낙시만드로스는 이들 모든 것이 바람에서 나온다〔고 말한다〕. 왜냐하면 〔바람이〕 짙은 구름으로 에워싸여 압축되었다가 미세함과 가벼움으로 인해 〔에워싼 구름을 비집고〕 터져 나올 때, 그 터짐이 요란한 소리를 만들어 내는 한편, 터진 곳은 구름의 검음과 대비되어 번쩍

---

17)『자연에 관한 학설들』단편 23.(딜스,『희랍의 학설지 저자들』494쪽)

임의 분출을 만들어내기 때문이다.(『학설 모음집』III. 3. 1)

(4) 생물과 인간의 기원

29. 아에티오스(DK12A30)

아낙시만드로스[의 말에 따르면] 습한 것에서 최초의 생물이 가시투성이의 껍질(phloios)에 둘러싸여 태어났다. 나이가 들어가면서 더 마른 곳으로 나왔으며, 껍질이 찢겨 벗겨지자 짧은 기간 동안 다음 단계의 삶을 살았다.(『학설 모음집』V. 19. 4)

30. 히폴뤼토스(DK12A11)

(6)생물들은 태양에 의해 증발되는 〈습한 것에서〉 생긴다. 사람은 태초에 다른 생물, 즉 물고기와 아주 비슷했다.

(『모든 이교적 학설들에 대한 논박』I. 6. 6)

31. 플루타르코스(DK12A30)

옛 헬렌의 후손들도, 시리아 사람들처럼, 사람이 축축한 것에서 생겼다고 믿기 때문에, 조상 대대로 포세이돈에게 제물을 바친다. 그 때문에 그들은 물고기를 함께 자란 동족처럼 숭배한다. [그런 점에서] 그들은 아낙시만드로스보다 더 합리적으로 탐구한다(philosophountes). 왜냐하면 [아낙시만드로스는] 그 물고기와 사람들이 같은 것[부모]들 속에서 [태어난 것이] 아니라, 처음에 사람들은 마치 상어들처럼 물고기들 안에서 태어나 길러졌고, 충분히 자활할 수 있게 되자 그때 밖으로 나와 땅으로 갔다고 주장하기 때문이다.(『향연』 VIII. 8 4. 730e)

32. 위-플루타르코스(DK12A10)

나아가서 그는 사람은 처음에 다른 종류의 동물들에서 태어났다고 말한다. 그렇게 말하는 근거는 다른 동물들은 금방 스스로 삶을 꾸려가지만 사람만이 오랫동안 양육을 필요로 한다는 것, 그래서 인간이 애초에 그런 상태였다면 결코 살아남지 못했을 것이라는 점이다.(『학설집』 2)

33. 켄소리누스(DK12A30)

밀레토스 사람 아낙시만드로스는 물고기들 또는 물고기와 아주 닮은 동물들이 데워진 물과 땅에서 생겨났다고 생각한다. 이들 안에서 사람들이 자라났고 태아는 성년이 될 때까지 그 안에 갇혀 있다가, 그 다음에 마침내 이들[의 몸]이 터지자 이미 스스로 먹고살 수 있는 남자들과 여자들이 [거기서] 나왔다는 것이다.
(『탄생일에 관하여』 4. 7)

04 ANAXIMENES
아낙시메네스

I. 생애

1. 디오게네스 라에르티오스(DK13A1)

에우뤼스트라토스의 아들 아낙시메네스는 밀레토스 사람으로서 아낙시만드로스의 제자였다. 그런데 어떤 사람들은 그가 파르메니데스의 제자이기도 했다[1]고 말한다. 이 사람은 근원(根源)을 공기라고, 그리고 무한정한 것이라고 말했다.

또 별들은 땅〔지구〕 아래로가 아니라, 땅〔지구〕 주위로 움직인다고 했다. 그는 단순하고 간결한 이오니아문체(lexis)를 사용했

---

1) 딜스는 "어떤 사람들은 그가 파르메니데스의 제자이기도 했다"를 잘못된 증언으로 본다.

다. 아폴로도로스의 말에 따르면, 그는 사르디스[2]의 함락에 즈음하여 전성기였으며(gegenētai),[3] 63번째 올림피아기[4]에 죽었다.

(『유명한 철학자들의 생애와 사상』 II. 3)

•••••••••••••

2) 뤼디아의 주요 도시. 헤르모스 계곡에 요새화된 언덕 아래 자리잡고 있고, 에페소스, 스미르나, 페르가몬, 소아시아 내부로 통하는 도로들의 교차점 근처에 있다. 특히 크로이소스가 통치할 당시에 뤼디아 왕국의 수도였고, 나중에 페르시아 관할구의 거점이었던 만큼 헬레니즘 시대 이전에는 소아시아의 정치적 중심지였다.

3) 필사본에는 '63번째 올림피아기'와 '사르디스의 함락에 즈음하여'의 위치가 뒤바뀌어 있는데, 딜스가 본문처럼 고쳐 읽었다. 만약 사르디스의 함락이 기원전 498년이었다면, 그리고 'gegenētai'가 '전성기'라기 보다는 '태어남'을 뜻한다면 필사본이 옳을 수 있다. 그렇게 되면 아낙시메네스는 30세 정도에 죽었다고 봐야 한다. 그러나 아폴로도로스는 테오프라스토스가 아낙시메네스와 아낙시만드로스(테오프라스토스에 따르면 그는 기원전 528년에 죽었다)를 연관짓는 것을 무시했거나, 또는 사르디스의 함락을 두 가지 다른 연도로 사용했을 것 같지 않다(그는 분명히 546/5의 것을 사용했다). 더욱이 히폴뤼토스는 아낙시메네스가 546/5 인근에 활약했음을 뒷받침하고 있다(KRS. 1982. 143쪽 주 1).

4) 기원전 528-525년

II. 사상

(1) 근원으로서의 공기

2. 아에티오스(DK13B2)

에우뤼스트라토스의 아들이자 밀레토스 사람인 아낙시메네스는 공기를 있는 것들의 근원이라고 주장했다. 왜냐하면 이것에서 모든 것들이 생겨나서 다시 그것으로 분해되기 때문이다. 공기인 우리의 혼(psychē)이 우리들을 결속해 주는(synkratei)[5] 것처럼, 바람(pneuma)과 공기는 세계(kosmos) 전체를 또한 감싸고 있다(periechein)[6]고 그는 말한다.[7] (공기와 바람이 [여기서] 같은 뜻으로 언급된다).(『학설 모음집』I. 3. 4)

• • • • • • • • • • • • • •

5) 'synkratei'는 소크라테스 이전의 문헌들 중 여기서 단 한 번 나온다.

6) 아낙시만드로스의 단편(본문 7, 12)에서 'periechein' 참조.

7) 탈레스의 언급(DK11A22)을 제외하면 이것은 소크라테스 이전의 혼에 관한 진술들 가운데 남아 있는 최초의 것이다. 혼에 대한 또 다른 개념, 불타는 에테르로 이루어진 것으로서의 혼 개념은 헤라클레이토스에서 등장한다. 아리스토텔레스는 『혼에 관하여』(I. 2. 405a21)에서 아낙시메네스의 이름을 거론하지는 않는다. 거기서 그는 혼이 공기라는 견해를 가진 사람으로서 디오게네스와 몇몇 사람들을 거명하고 있다. 플라톤이 『파이돈』 96b ("… 우리의 사고를 가능하게 해 주는 것은 피인가 공기인가 … ")에서 염두에 두었던 사람은 디오게네스였던 것 같다. 그는 혼은 '따뜻한 공기'라고 주장했다고 한다.

3. 올림피오도로스(DK13B3)

공기는 모든 있는 것의 유일한 근원으로서 운동하며 무한정하다고 아낙시메네스는 생각한다. 실제로 그는 다음과 같이 말한다. 공기는 비물체(asōma)에 가깝다. 그리고 이것의 유출(ekporia)에 의해서 우리가 생겨나기 때문에, 그것은 무한할 수밖에 없고, 결코 바닥나는 일이 없으므로 또한 풍부할 수밖에 없다.

(『그리스 연금술의 역사』 I. 2의 "현자의 돌에 의한 성스러운 기술에 관하여" 83쪽 7)

4. 플루타르코스(DK13B1)

또는 옛 사람 아낙시메네스가 생각했던 것처럼, 차가운 것도 뜨거운 것도 실체(ousia)에 속하는 것으로 놓아두지 말고, 변화(metabolai)에 수반되는 질료(hylē)의 공통된 성질(pathē koina)로 놓자. 왜냐하면 그것[질료] 중에서 압축되고 촘촘해진 것은 차갑지만, 희박하고(araion) 느슨한 것(chalaron)[8] (바로 이렇게 그는 이 단어를 가지고 표현했다)은 뜨겁다고 그는 말하기 때문이다. 그러므로 사람이 입으로 뜨거운 것 뿐 아니라, 차가운 것도 내보낸다고 말하는 것은 터무니없지 않다. 왜냐하면 숨(pnoiē)은

• • • • • • • • • • • • • • •

8) 의학·음악 용어. 소크라테스 이전 문헌에서는 여기서 유일하게 이 용어가 사용되었다.

입술에 의해서 압축되고 촘촘해져서 차가워지지만, 입이 열리면 〔숨이〕 빠져나가면서 희박해짐으로 인해 뜨거워지기 때문이다.(『원리로서의 차가운 것에 관하여』 7. 947)

5. 아리스토텔레스(DK13A4)

아낙시메네스와 디오게네스는 공기를 물보다[9] 우선적인 것으로, 그리고 단순한 물체들 가운데서 무엇보다도 〔공기를〕 근원으로 놓는다.(『형이상학』 A3. 984a5)

6. 심플리키오스(DK13A5)

아낙시메네스는 밀레토스 사람으로서 에우뤼스트라토스의 아들이며 아낙시만드로스의 동료였다. 저 사람〔아낙시만드로스〕처럼 그도 기체(基體)로 있는 본연의 것(hypokeimenē physis)은 하나며 무한하다고 말한다. 그러나 그는 그것을 공기라고 말하고 있으므로 저 사람〔이 주장한 것〕처럼 한정되지 않은 것이 아니라 한정된 것〔으로 본 셈이다〕. 공기는 희박함과 촘촘함에 따라 실체의 측면에서(kata tas ousias) 달라진다. 즉 공기가 희박해지면 불이 되지만, 촘촘해지면 바람이 되고, 그 다음에는 구름이 되며, 더욱더 〔촘촘해지면〕 물이 되고, 그 다음에는 흙이 되고, 그 다음에

---

9) 탈레스의 단편(본문 27) 참조.

는 돌이 된다. 그리고 그 밖의 것들은 이것들로부터 생겨난다. 한
편 그도 운동을 영원한 것으로 놓았으며, 이 운동으로 인해서 변
화(matabolē)가 또한 생겨난다[고 그는 말한다].

  (『아리스토텔레스의 「자연학」 주석』 24. 26)

7. 히폴뤼토스(DK13A7)

 (1) 자신도 밀레토스 사람이며 에우뤼스트라토스의 아들인 아
낙시메네스는 다음과 같이 말했다. 근원은 무한정한 공기(aēr)이
다.[10] 생겨나고 있는 것들, 생겨난 것들, 생겨날 것들, 그리고 신
들과 신적인 것들이 이것[공기]에서 생겨난다. 그리고 기타 다른
것들은 이것의 산물들(ta apogona)에서 생겨난다. (2) 공기의 모
습은 다음과 같다. 그것이 가장 고를(homalōtatos) 때는 시각으
로 보이지 않지만, 차가운 것, 뜨거운 것, 축축한 것, 그리고 움직

• • • • • • • • • • • • • • • •

10) 아에르(aēr)는 호메로스에서 그리고 때때로 호메로스 이후의 이오니
  아 산문에서 눈에 보이는 흐릿한 '안개'를 의미했다. 아낙시만드로스
  의 우주론에서는 아에르는 축축한 안개로서 그것의 일부가 응결되어
  서 진흙 같은 땅을 형성했다. 아낙시메네스가 "바람과 공기가 전 세
  계를 감싸고 있다"(DK13B2)라든가 혼이 공기와 관련이 있다고 말하
  는 것을 보면, 그가 말하는 아에르는 안개가 아니라, 히폴뤼토스의
  추측처럼, 보이지 않는 대기의 공기를 뜻하는 것 같다. 이것은 그가
  공기가 촘촘해진 것이 바람이라고 말하는 대목에서 확인된다. 헤라
  클레이토스는 대기로서의 공기를 세계의 구성요소로서 포함시키지
  는 않았다. (KRS 1982. 146쪽)

이는 것에서는 보인다. 그것은 언제나 운동한다. 왜냐하면 그것
이 운동하지 않는다면 변화하는 모든 것이 변화하지 않을 것이기
때문이다. (3) 그것은 촘촘해지거나 희박해짐에 따라 다르게 나
타난다. 즉 그것이 흩어져서 가장 희박하게 될 때는 불이 된다. 반
대로 공기가 촘촘해진 것이 바람이다. 구름은 압축(pilēsis)[11])에
의해 공기에서 만들어지며, 더 많이 촘촘해지면 물이 만들어지
고, 그보다 더 많이 촘촘해지면 땅이 만들어지며, 가장 많이 촘촘
해진 것이 돌이다. 따라서 생성의 가장 주도적인 것[요소]은 대립
자들인 뜨거운 것(thermon)과 차가운 것(psychron)이다.

(『모든 이교적 학설들에 대한 논박』 I. 7. 1-3)

8. 위 – 플루타르코스(DK13A6)

아낙시메네스는 다음과 같이 말했다고 한다. 공기는 모든 것의
근원(archē)이다. 이것은 크기가[12]) 무한정하지만, 그것이 지니는
성질들에 의해 한정되어 있다. 모든 것은 이것의 어떤 응축(pyk-
nōsis)에 의해서, 그리고 반대로 희박(araiōsis)에 의해서 생겨난

••••••••••••••
11) '필레시스'는 양털이나 그 밖의 짐승의 털에 습기, 열, 압력을 가하여
   맞물리고 엉키게 함으로써 짜지 않고 천을 만드는 작업(펠팅)을 뜻하
   는 말이다.
12) 첼러의 수정(men megethei)을 받아들였다. 다수 사본(men genei)
   대로 번역하면 '종류가'.

다. 실로 운동이야말로 영원부터 존속하고 있다.[13] (『학설집』 3)

(2) 공기는 신적인 것

9. 키케로(DK13A10)

그 다음에 아낙시메네스는 공기가 신이며, 그것은 생겨나고, 측량할 수 없으며, 무한하며, 언제나 운동 중에 있다고 주장했다. 마치 형태가 전혀 없는 공기가 신일 수 있기라도 하듯이—무엇보다도 신은 어떤 모습(species)뿐만 아니라, 가장 아름다운 모습을 가져야 함에도 불구하고—, 또는 생겨난 것 모두가 사멸에 이르지는 않기라도 하듯이 말이다.

(『신들의 본성에 관하여』 I. 10. 26)

10. 아에티오스(DK13A10)

아낙시메네스는 공기를 신이라고 말했다. 이 말에서 우리는 원소들이나 물체들 안에 침투해 있는 힘들에 주의를 기울여야 한다. (『학설 모음집』 I. 7. 13)

• • • • • • • • • • • • • • • •

13) 아낙사고라스와는 달리 여기서 말하는 영원한 운동은 무한정한 것에 덧붙여지는 제2의 원리가 아닌, 공기 자체의 자발적 운동이다.

11. 아우구스티누스(DK13A10)

그 사람[아낙시만드로스]은 아낙시메네스를 제자이자 후계자로 남겼다. 그[아낙시메네스]는 사물들의 모든 원인(causas)을 무한한 공기로 간주했으며, 신들을 부정하거나 신들에 대해서 침묵하지 않았다. 그러나 그는 그들[신들]에 의해서 공기가 만들어진 것이 아니라, 공기로부터 그들이 생겨났다고 믿었다.

(『신의 나라』 VIII. 2)

(3) 우주발생론과 우주론

12. 심플리키오스(DK13A11)

세계는 언제나 있지만, 언제나 같은 것이 아니고, 시간의 주기에 따라 다른 때에는 다른 것이 된다고 말하는 사람들은 모두 하나의 세계가 생겨나고 소멸하는 것으로 상정했다. 아낙시메네스, 헤라클레이토스, 디오게네스, 그리고 이후의 스토아학파 사람들이 그랬던 것처럼 말이다.

(『아리스토텔레스의 「자연학」 주석』 1121. 12)

13. 위-플루타르코스(DK13A6)

그[아낙시메네스]는 이 공기가 응축되면서 가장 먼저 아주 평평한 땅[지구]이 생겨났으며, 그 때문에 그것[땅]이 공기 위에 떠 있다는 것은 이치에 맞는 일이며, 해도 달도 나머지 [다른] 별들 [천체들]도 생성의 근원을 땅에서 얻는다고 말한다. 어쨌든 그가 주장하는 바는 해는 흙덩어리인데, 빠른 운동으로 인해 그처럼 뜨거운 타오름을 아주 충분히 얻었다[14]는 것이다. (『학설집』 3)

14. 히폴뤼토스(DK13A7)

(4) 땅은 평평하며 공기로 떠받쳐지고 있다. 마찬가지로 해도 달도 다른 별들도 모두 불로된 것들로서 평평함으로 인해 공기 위에 떠 있다(epocheisthai). (5) 별들은 땅에서 습기가 올라감으로 인해 땅에서 생겼다. 그 습기가 희박해져서 불이 생기고, 올라가는 불에서 별들이 형성된다. 별들의 장소에는 그것들과 함께 회전하는 흙으로 된 자연물들(physeis)도 있다. (6) 그는 별들이, 다른 사람들이 생각했던 것과 마찬가지로, 지구 아래로 움직이는 것이 아니라, 마치 **펠트 모자**(pilion)가 우리 머리 주위를 돌듯이 지구의 주위를 돈다고 말한다. 그는 또 해가 감추어지는 것은 그것이 지구 아래에 있게 됨으로써가 아니라, 지구의 더 높은 부분에 의해서 그리고 해와 우리 사이의 더 늘어난 거리로 인해 가려

．．．．．．．．．．．．．．．

14) 딜스의 수정(hikanōs thermēn tautēn kausin labein)을 받아들였다. 다수 사본대로(hikanōs thermotatēn kinēsin labein) 읽으면 "가장 뜨거운 운동을 충분히 얻었다"이고, 첼러의 수정(hikanōs thermotē ta labein)대로 읽으면 "뜨거움을 충분히 얻었다"가 된다.

지기 때문이라고 말한다.

(『모든 이교적 학설들에 대한 반박』 I. 7)

15. 아리스토텔레스(DK13A20)

아낙시메네스와 아낙사고라스, 그리고 데모크리토스는 지구가 머물러 있는 까닭은 그것이 평평하기 때문이라고 말한다. 왜냐하면 그것은 밑에 있는 공기를 자르는 것이 아니라, 뚜껑처럼 덮기 때문이라는 것이다. 평평한 물체들은 분명히 그런 작용을 한다. 왜냐하면 그것들은 바람에 대해서조차도 저항으로 인해서 움직이기가 어렵기 때문이다.[15] (『천체에 관하여』 B13. 294b13)

16. 아에티오스(DK13A14)

아낙시메네스는 별들의 본성은 불과 같은 것이며, 그것들은 자신들과 함께 회전하는 흙으로 된 보이지 않는 물체들[16]도 포함한다고 말한다. (『학설 모음집』 II. 13. 10)

••••••••••••••

15) 플라톤은 『파이돈』 99b에서 같은 주장을 한 사람을 익명으로 거론하고 있다. "어떤 이는 평평한 반죽통을 받침대로 받치듯 땅을 공기로 떠받치게 하네"

16) 히폴뤼토스는 '보이지 않는 물체들'을 아낙사고라스의 생각으로 돌리고 있다〔『모든 이교적 교설들에 대한 논박』 I. 8. 1(DK59A42)〕. 아에티오스의 이 증언은 정확성이 의심스럽다.

17. 아에티오스(DK13A15)

아낙시메네스는 별들이 방향을 바꾸는 것은 응축된 공기가 반발하여 바깥으로 내몰리기 때문이라고 말한다.

(『학설집』 II. 23. 1)

18. 아에티오스(DK13A14)

아낙시메네스는 〔붙박이〕별들은 수정 같은 것(krystaloedē)[17]에 못(hēlos)처럼 붙박혀 있다〔고 말한다〕. 어떤 사람들은 〔별들은〕 마치 그림과도 같은 불로된 잎사귀들(petala)이라고 〔말한

<hr>

17) 또는 '얼음 같은'. 같은 단어를 아에티오스는 엠페도클레스의 하늘 〔구형이었을 것이다〕을 표현하는데 세 번 사용했다. II 13.11에서 그는 엠페도클레스의 붙박이 별들이 '얼음 같은 것'에 묶여 있는 한편, 행성들은 자유롭다고 말한다. 그런 점에서 이 개념을 곧바로 아낙시메네스의 것으로 간주할 수 있을 것인지는 분명하지 않다.(KRS 1982. 155쪽) 한편 거드리는(HGP I. 136쪽) 이 비유가 생리적인 현상과 연관된 것일 수도 있다고 제안했다. 적어도 갈레노스 시대에 각 막이 때때로 '얼음 같은 얇은 막'으로 묘사되었으며, 따라서 '헬로스'가 눈동자에 자라는 반점이나 부스럼을 뜻하는 말로 사용될 수 있었을 것으로 추정한다. 이런 해석은 이 개념을 아낙시메네스의 것으로 돌리는 데 따르는 어려움을 제거해 주기는 하나, 아낙시메네스가 세계를 살아 있는 그리고 호흡하는 생명체로 간주했다는 가정을 전제로 한다. 어쨌든 이 말이 천구인 하늘의 투명함을 가리키는 것으로 본다면, 견고한 금속 사발에 비유되는 호메로스적인 천구 개념과는 다른 좀더 세련된 이미지를 보여준다는 점은 분명하다.

다].[18] (『학설집』 II. 14. 3)

19. 아에티오스(DK13A15, B2a)

아낙시메네스는 해는 잎사귀(petalon)처럼 넓적하다(platyn)[19] 〔고 말한다〕.(『학설집』 II. 22. 1)

20. 아리스토텔레스(DK13A14)

많은 옛 천문학자는 해가 지구 밑으로 움직이는 것이 아니라 지구 주위의 이 지역을 돌고 있으며, 지구의 북쪽편이 높기 때문에 해가 안 보이게 되고, 밤이 생긴다고 믿었다.[20]

(『기상학』 II. 1 354a28)

---

18) '어떤 사람들'이 누구를 가리키는지 분명치 않다. '불로된 잎사귀들'은 해와 달을 뜻하는 것일지도 모른다(만스펠트 1983. 97쪽).

19) 헤라클레이토스는 heuros라는 말을 사용한다. (DK22B3) 참조

20) 아리스토텔레스의 이 말에 따르면 히폴뤼토스가 말하는 해를 가리는 '지구의 더 높은 부분'은 북쪽의 산악지대를 가리키는 것으로 보인다. 해가 지구에 의해 가리는 현상을 두고 아낙사고라스, 레우키포스, 디오게네스 등은 '평평한 지구의 기울어짐'으로 설명하는데, 이것은 아낙시메네스의 영향을 받은 것으로 보인다.

(4) 기상현상

21. 아에티오스(DK13A17)

아낙시메네스는 [천둥과 그 밖의 것들에 관해서] 그 사람[아낙시만드로스]과 같은 말을 하면서[21] 노(櫓)에 의해 갈라질 때 반짝반짝 빛나는 바다의 예를 덧붙였다.(III. 3. 2)

아낙시메네스는 공기가 더 응축되면 구름이 생기고, 더 많이 밀집되면 짜져서 비가 나오며, 우박은 떨어지는 물이 얼어붙을 때 생기고, 눈은 바람 같은 것이 습기로 에워싸일 때 생긴다고 말한다.(『학설집』III. 4. 1)

22. 아리스토텔레스(DK13A21)

그리고 아낙시메네스는 다음과 같이 말한다. 땅은 적셔지고 말라붙음에 따라 갈라지며, 이렇게 갈라지면서 함몰하는 [흙]더미(kolōnē)들로 인해 흔들린다. 그렇기 때문에 지진들은 한발(旱魃) 기간에도 또 호우(豪雨) 기간에도 일어난다. 이미 말한 것처럼, [땅은] 한발 기간에 바싹 마르면서 갈라지기도 하고 물에 의해 흠뻑 젖으면서 부서지기도 하니까. (『기상학』II. 7. 365b6)

· · · · · · · · · · · · · ·

21) 아낙시만드로스의 단편(본문 28) 참조.

05 PYTHAGORAS
피타고라스

I. 생애와 저술

(1) 생애

1. 클레멘스(DK14A8)

피타고라스는 므네사르코스의 아들로서, 히포보토스의 말에 따르면, 사모스 사람이다.(『학설집』 I. 62, 슈텔린 편집 II. 39. 17)

2. 디오게네스 라에르티오스(DK14A8)

피타고라스는 보석 세공사인 므네사르코스의 아들이며, 헤르미포스의 말처럼 사모스 사람이거나,[1] 아리스톡세노스의 말처럼 아테네인들이 튀레니아 사람들을 몰아내고 차지한 섬들 중 하나

에서 태어난 튀레니아 사람이다.[2]

(『유명한 철학자들의 생애와 사상』 VIII. 1)

3. 이소크라테스(DK14A4)

사모스 사람인 피타고라스는…이집트로 가서 그곳 사람들의 제자가 되어 다른 철학을 처음으로 헬라스 사람들에게 가져왔으며, 다른 사람들에 비해 두드러지게 제의와 신전에서의 종교의식에 관련된 일들을 열성적으로 했다. 비록 그런 일들로 해서 신들 쪽에서 주어지는 아무런 이득도 그에게 생기지 않을지라도, 그런 일들로 말미암아 적어도 사람들 편에서는 최대한 좋은 평판을 얻을 수 있으리라고 생각했기 때문이다.(『부시리스』 28)

4. 뒤스코로스의 아폴로니오스(DK14A7)

이 사람들[에피메니데스, 아리스테아스, 헤르모티모스, 아바리스, 페레퀴데스]을 뒤따라서, 므네사르코스의 아들 피타고라스는 우선 수학적 학문들(ta mathēmata)과 수들에 관해서 열심히 연구했다. 그 후로는 페레퀴데스가 했다는 불가사의한 행위(teratopoiia)도 결코 그만두지 않았다.[3] (『신기한 이야기들』 6)

●●●●●●●●●●●●●●

1) 여기까지는 DK에는 인용되어 있지 않음.
2) 일반적으로 피타고라스는 사모스 섬 출신으로 간주된다.

5. 디오게네스 라에르티오스(DK14A8)

아리스톡세노스[4]는 『피타고라스와 그의 제자들에 관하여』라는 저술에서 〔페레퀴데스가〕 병들어 〔죽자〕 피타고라스에 의해 델로스 섬에 매장되었다고 말한다.[5] (『유명한 철학자들의 생애와 사상』I. 118; 아리스톡세노스의 단편 14)

6. 포르퓌리오스(DK14A8)

아리스톡세노스에 따르면, 〔피타고라스는〕 40세가 되었을 때, 폴뤼크라테스의 참주정치[6]가 너무 난폭해서 그의 통치와 압제를 참고 견디는 것은 자유인으로서는 잘 하는 일이 아니라고 보아서, 그는 이탈리아로 떠났다.[7]

(『피타고라스의 생애』 9; 아리스톡세노스의 단편 16)

•••••••••••••••

3) 페레퀴데스는 지진, 난파, 메세네의 점령 등을 예언했다고 전해지는데, 그런 예언을 피타고라스도 했다는 것이다.
4) 그는 타라스 사람으로서, 아리스토텔레스의 제자이며 음악이론의 전문가이다.
5) 피타고라스와 페레퀴데스의 관계에 대해서는 이견이 있으며, 동시대의 사람들이라는 견해까지 있다. 프리맨(K. Freeman, 1966) 37쪽 및 KRS 52쪽 이하 참조.
6) 폴뤼크라테스의 참주정치는 아마도 기원전 540년과 532년 사이의 어떤 시기부터 522년경까지 지속되었던 것으로 추정된다. KRS 224쪽 참고.
7) 피타고라스가 이탈리아의 크로톤으로 떠난 시기는 기원전 530년경으로 추정된다.

7. 유스티누스[8]

이 일[9]이 있고 나서 크로톤 사람들에게는 남자다움(virtus)을 익히는 일도, 군사력을 돌보는 일도 전혀 없었다. 그들은 자신들이 불운하게 떠맡았던 일들을 혐오했으며, 만일 철학자인 피타고라스가 없었다면, 그들은 자신들의 삶을 방탕함에 내맡겼을 것이다…이러한 모든 것[10]을 겸비하고 그는 크로톤에 와서는, 방탕한 상태에 빠져든 사람들을 자신의 권위로 다시 근검을 실천하도록 환기시켰다. 그는 날마다 남자다움을 찬양하고, 방탕의 해악들 및 이런 병에 의해 망해버린 도시들의 불운에 대해 이야기했다. 그는 근검에 대한 대중들의 대단한 열의를 불러일으켜서, 그들 가운데 어떤 이들이 방탕했었다고는 믿을 수가 없어 보였다. 그는 때때로 남편들과 별도로 부인들을, 그리고 부모들과 별도로 소년들을 가르쳤다.(『폼페이우스 트로구스의 「필립포스 史」선집』 XX. 4. 1-2. 5-8)

8. 포르퓌리오스(DK14A8a)

디카이아르코스[11]가 말하는 바로는, 그[피타고라스]가 이탈리

●●●●●●●●●●●●●●●
8) 유스티누스의 글은 KRS 269에 있는 원문을 번역한 것임.
9) 크로톤은 사그라스 강 전투에서 로크리스에게 패했다.
10) 동양의 지혜 및 크레테와 스파르타의 법률. KRS 226쪽 참고.
11) 아리스토텔레스의 제자.

아에 들어와 크로톤에 있었을 때, 그가 오랜 여행을 하고 〔그곳에〕 도착했을 뿐만 아니라 비범하고 운 좋게 자신의 성향을 잘 타고난 사람이라고 여겨서(왜냐하면 그는 풍모가 자유인답고 장대하며, 목소리와 성품 및 그 밖의 모든 면에서 특출하게 품위와 절도(kosmos)를 지녔기 때문이다), 크로톤 사람들의 나라는 그를 그렇게 대우했다. 그래서 그가 여러 훌륭한 것을 이야기함으로써 원로원의 마음을 끌었을 때, 그는 최고 행정관들의 요청을 받아 이번에는 젊은이들을 상대로 그들에 어울리는 조언을 해주고, 다음으로 그는 어린이들이 학교에서 떼를 지어 몰려오자 그들을 상대로 조언을 해주고, 그러고는 부인들을 상대로 조언을 해주고 부인들의 모임도 조직했다.

(『피타고라스의 생애』 18; 디카이아르코스의 단편 33)

9. 티마이오스[12]

어쨌든 티마이오스[13]는 그의 책 8권에서 다음과 같이 말했다. "그보다 더 젊은 사람들이 그에게 와서 함께 지내기를 바랐을 때, 그는 즉시 승낙하지 않고, 함께 하려는 사람들의 재산들도 공동의 것이어야 한다고 말했다." 그러고는 티마이오스는 여러 이야

....

12) KRS 271에 있는 원문을 번역한 것임.
13) 기원전 3세기 시켈리아(시칠리아)의 역사가.

기를 한 후 "그들〔피타고라스학파 사람들〕로 인해 처음으로 이탈리아에서 '친구들의 것들은 공동의 것이다'라는 말이 있게 되었다"고 말했다.

  (단편 13a; 플라톤『파이드로스』279c의 「외곽주석」)

10. 유스티누스[14]

그러나 형제애의 어떤 신성한 맹세로 결속된 삼백 명의 젊은이들이 마치 음모자들의 비밀스러운 집회를 갖기라도 하듯이 다른 시민들과는 따로 떨어져 삶을 영위했으며, 나라를 자신들의 지배 하에 두었다.

  (『폼페이우스 트로구스의 「필립포스 史」선집』XX. 4. 14)

11. 아일리아누스(DK14A7)

아리스토텔레스는 피타고라스가 크로톤 사람들에 의해 아폴론 휘페르보레이오스(Apollōn Hyperboreios)[15]로 불렸다고 말한다.[16] 또한 이런 말에 덧붙여 니코마코스의 아들〔아리스토텔레스〕은 다음과 같이 말한다. 피타고라스는 언젠가 같은 날 같은 시

. . . .

14) KRS 272에 있는 원문 번역임.
15) 최북단에 살았다고 전해지는 민족이 숭배하는 신으로서, 아폴론이 현시된 여러 모습 중 하나이다.
16) DK에는 여기까지만 인용되어 있고, 나머지 부분은 KRS 273에 인용된 원문을 번역한 것임.

간에 메타폰티온에서도 크로톤에서도 많은 사람들에 의해 목격
되었다. 그리고 또 피타고라스는 〈올림피아에서〉 경기 〈중에〉 관
중석에서 일어나서는 자신의 한 쪽 허벅지가 금으로 되어 있음을
보여주었다. 또한 같은 사람이 말하기를, 피타고라스가 코사 강
을 건너는 중 그 강이 인사말을 했고, 이같이 인사말하는 것을 많
은 사람이 들었다고 한다.

  (『여러 이야기』 II. 26; 아리스토텔레스의 단편 191)

12. 뒤스코로스의 아폴로니오스(DK14A7)

  아리스토텔레스에 따르면, 또한 그는 카울로니아에서 〈흰 암콤
〔의 출현〕에 대해 예언했다. 그리고 같은 아리스토텔레스는〉 그
에 대해 다른 많은 것들을 썼지만, "튀레니아에서 독사가 물 때
그 자신이 그것을 물어 죽였다"고 말하기도 한다.

  (『신기한 이야기들』 6; 아리스토텔레스의 단편 191)

13. 이암블리코스(DK14A16)

  크로톤 사람인 퀼론은 그 출신과 평판 및 부에 있어서 시민들
중 으뜸가는 인물이었다. 그러나 이와는 달리 그는 성품이 거칠
고 강압적이고 요란하며 전제적인 자였다. 그는 피타고라스적 삶
에 참여하는 일에 대단한 열의를 보이며, 이미 연로한 피타고라
스 자신에게 다가갔다. 그러나 그는 방금 언급한 이유로 해서 부

적격하다고 거부당했다. (249) 이런 일이 있은 후, 그와 그의 친구들은 피타고라스 자신 및 그의 추종자들과 맞서 격렬한 싸움을 시작했고, 퀼론 자신과 그와 더불어 대오를 형성한 사람들의 적개심이 몹시 지나쳐 주체할 수 없게 되어, 최후의 피타고라스주의자들의 시대까지 지속될 정도였다. 이런 까닭으로 피타고라스는 메타폰티온으로 떠나고 거기서 생애를 마쳤다고 전해진다.(「피타고라스적 삶에 관하여」 248-9; 아리스톡세노스의 단편 18)

14. 뒤스코로스의 아폴로니오스(DK14A7)

〔피타고라스는〕 다가오고 있는 〔정치적〕 다툼을 그의 학파 사람들에게 예언해 주었고, 그것 때문에 누구의 눈에도 띄지 않게 메타폰티온으로 떠났다.

(『신기한 이야기들』 6; 아리스토텔레스의 단편 191)

15. 이암브리코스(DK14A16)[17]

이른바 퀼론의 무리는 피타고라스주의자들과 줄기차게 반목하며 온갖 적의를 드러내 보였다. 하지만 한동안은 피타고라스주의자들이 지닌 지극히 훌륭한 성품과 이들에 의해 나랏일이 처리되기를 바라는 나라들 자체의 소망이 그 무리를 압도했다. 그러나

----

17) 앞의 13에 이어져 있는 것임.

마침내 퀼론의 추종자들은 그 사람들에 맞서 음모를 꾸몄는데, 피타고라스주의자들이 크로톤에 있는 밀론의 집에서 회의를 열고 나랏일들에 관해서 심의하고 있을 때, 집에 불을 질러 아르키포스와 뤼시스 둘을 빼고는 그들 모두를 태워 죽였을 정도였다.[18] 이 두 사람은 가장 젊고 가장 건장해서 어떻게든 바깥으로 빠져 나왔다. (250) 이런 일이 있었는데도 나라들이 일어난 재난에 대해서 무시해 버리자, 피타고라스주의자들은 나라들을 돌보기를 그만두었다. 이는 두 가지 이유 때문이었다. 즉 나라들의 무관심 때문에(그러한 큰 재난이 있었지만 아무런 주의도 기울이지 않았으니까), 그리고 가장 주도적인 인물들의 죽음 때문이었다. 죽음을 면한 두 사람은 모두 타라스인이었는데, 아르키포스는 타라스로 되돌아갔으나, 뤼시스는 나라들의 무관심을 유감스럽게 여겨 헬라스로 떠나 펠로폰네소스의 아카이아에서 잠시 지내다가 그 후에 뭔가 진지한 관심사가 생겨 테바이로 옮겨갔다. 거기서 에파메이논다스가 뤼시스의 제자가 되었고 그를 아버지라 불렀다. 그 곳에서 뤼시스는 생을 마쳤다. (251) 나머지 피타고라스주의자들은 레기온 쪽에 모여 거기서 서로 어울려 지냈다. 그러나 시간이 지나고 정치적 상황이 나빠지면서 타라스의 아르키포스[19]를 제외하고는 모두 이탈리아를 떠났다.(『피타고라스적 삶

---

18) 기원전 450년경.

에 관하여』 249-51 ; 아리스톡세노스 토막글 18)

(2) 저술

16. 요세푸스(DK14A18)

피타고라스의 저작이라고 합의되는 것은 없지만, 그 자신에 관한 것들을 여러 사람이 기록했고 이들 가운데는 헤르미포스가 가장 주목할 만하다.(『아피온에 대한 반박』 1. 163)

17. 플루타르코스(DK14A18)

피타고라스도, 소크라테스도, 아르케실라오스도, 카르네아데스도 전혀 저술을 하지 않았다.

(『알렉산드로스 대왕의 운과 덕에 관하여』 I. 4. 328쪽)

18. 포르퓌리오스(DK14A8a)

그러니까 그가 그의 추종자들에게 무슨 말을 했는지는 어느 누구도 확실하게 말할 수 없다. 왜냐하면 그들에게는 예사롭지 않은 묵언〔의 규칙〕이 있었기 때문이다.(『피타고라스의 생애』 19)

· · · · · · · · · · · · · · ·

19) KRS 268에서는 아르키포스(Archippos)를 아르퀴타스(Archytas)로 바꿔 읽고 있다.

19. 이암블리코스(DK14A17)

보안(phylakē)의 엄격함도 경탄할 만하다. 햇수로 그렇게 많은 세대 동안 필롤라오스 시대 이전에는 아무도 피타고라스의 어떤 저술도 접하지 못했음이 분명하기 때문이다. 그러나 이 사람[필롤라오스]이 처음으로 사람들이 늘 이야기하는 이 세 권의 책을 내놓았다. 그것들은 필롤라오스가 아주 극심한 궁핍 상태에 처해 있을 때, 플라톤이 그에게서 그 책들을 사라고 시켜서 시라쿠사의 디온(Diōn)이 백 므나에 샀던 것들이다. 왜냐하면 그 사람[20] 자신도 피타고라스주의자들 집단의 일원이었으므로 그 책들을 공유하고 있었기(metelabe)[21] 때문이다.

(『피타고라스적 삶에 관하여』 199)

20. 디오게네스 라에르티오스(DK44A1)

크로톤 사람인 필롤라오스는 피타고라스학파 사람이었다. 플라톤은 이 사람에게서 피타고라스학파의 책들을 구입하라고 디온에게 편지를 썼다…그[필롤라오스]는 한 권의 책을 썼다.(『유

---

20) 필롤라오스.
21) 이 구절은 마치 피타고라스가 저술한 책들을 필롤라오스가 피타고라스학파의 다른 성원들과 더불어 공유하고 있었던 것처럼 읽혀질 수도 있게 되어 있다. 하지만 피타고라스는 저술하지 않았고 필롤라오스가 피타고라스학파의 성원으로서, 처음으로 한 권의 책을 저술했다고 보는 게 일반적인 견해이다.

21. 디오게네스 라에르티오스(DK14A19)

(6) 어떤 이들은 피타고라스가 아무런 저작도 남기지 않았다고 주장한다.(실없이 하는 말이다. 어쨌든 자연에 관한 탐구자인 헤라클레이토스가 외쳐대다시피, "므네사르코스의 아들인 피타고라스는 어느 누구보다도 더 탐구를 했고, 이 저작들을 선별해 내어 자신의 지혜, 박식, 술책을 만들었다."[22]라고 말한다. 그가 그렇게 말한 까닭은, 피타고라스가『자연에 관하여』라는 저작의 서두에서 다음과 같이 말하고 있기 때문이다. "내가 호흡하는 공기를 걸고, 내가 마시는 물을 걸고 맹세하노니, 나는 이 책의 논변에 대한 이런 비난을 참고 견디지는 않을 것이다." 피타고라스는 세 권의 저작, 즉『교육에 관하여』,『정치에 관하여』,『자연에 관하여』를 집필했다.) (7) 그러나 피타고라스의 저작으로 전해지는 것은 테바이로 달아나 에파메이논다스를 가르친 타라스 출신의 피타고라스학파 사람인 뤼시스의 것이다. 사라피온의 아들인 헤라클레이데스는『소티온 선집』에서, 그[피타고라스]가 또한 운문으로 된『우주에 관하여』를 썼으며, 두번째로『성스러운 교의(Hieros logos)』를——이 책의 첫 구절은 "아! 젊은이들이여, 묵묵히 숭경

• • • • • • • • • • • • • •
22) DK22B129.

하라. 이 모든 나의 말을…"이라고 되어 있다.──, 세번째로『혼에 관하여』를, 네번째로『경건에 관하여』를, 다섯번째로『코스 사람인 에피카르모스의 아버지, 헬로탈레스』를, 여섯번째로『크로톤』을, 그리고 그 밖의 저작들을 썼다고 말한다. 하지만『비의 (秘意)』라는 글은 히파소스의 작품으로서, 피타고라스를 비방할 목적으로 저술된 것이며, 크로톤 사람인 아스톤에 의해 저술된 많은 작품들 또한 피타고라스의 것으로 돌려졌다고 그는 말한다.

(『유명한 철학자들의 생애와 사상』VIII. 6-7)

22. 클레멘스(DK36B2, DK15)

키오스 출신인 이온은『트리아그모이』에서 피타고라스도 자신의 몇몇 시들을 오르페우스의 것으로 돌렸다고 말한다.[23] 그러나 에피게네스는 오르페우스의 것으로 〈돌려지는〉 시와 관련한 자신의 저술에서『하데스로 내려감』과『성스러운 교의』를 피타고라스주의자인 케르콥스의 작품이라고 하고,『겉옷(Peplos)』과『자연학』을 브론티노스의 작품이라고 말한다.(『학설집』I. 131)

---

23) DK36B2에는 이 부분까지 인용되어 있고, 이 후의 부분은 DK15에 인용되어 있다.

II. 사상

(1) 혼의 불멸과 전이설

23. 헤로도토스(DK14A1)

그리고 이집트인들은 다음과 같은 이야기를 처음으로 한 사람들이다. 즉 사람의 혼은 불사적이며 몸이 소멸할 때면 그때마다 태어나는 다른 동물 속으로 들어가고, 육지나 바다에서 살거나 날아다니는 모든 짐승을 거쳐 윤회하고 나면, 태어나는 사람의 몸속으로 다시 들어간다는 것이다. 그리고 그들은 혼에 있어 그 윤회(perielysis)가 3,000년에 걸쳐 이루어진다고 한다.[24] 헬라스인들 가운데 어떤 이들은 앞서서, 어떤 이들은 나중에 이 이야기를 마치 자신들의 것인 양 이용했다. 나는 그들의 이름을 알지만 기록하지는 않는다.(『역사』 II. 123)

• • • • • • • • • • • • • •

24) 프리맨은 헤로도토스가 혼의 전이설을 이집트인들의 설로 여긴 것은 잘못이라고 본다. 이집트의 종말론에서 이 지상의 삶은 또 다른 세상에서의 이해하기 어려운 삶을 위한 짧은 준비 기간이며, 되돌아옴이 없기 때문이라는 것이다(1966, 78쪽). KRS도 혼의 옮겨감(metempsychōsis)이란 것은 이집트의 기록들이나 작품에서 확인되지 않음을 지적한다(KRS 220쪽)

24. 포르퓌리오스(DK14A8a)

그러니까 피타고라스가 자신의 제자들에게 무슨 말들을 했는지는 어느 누구도 확실하게 말할 수 없다. 왜냐하면 그들에게는 예사롭지 않은 묵언[의 규칙]이 있었기 때문이다. 그렇지만 특히 다음과 같은 것들은 모든 이에게 잘 알려져 있었다. 그는 말하기를, 우선 혼은 죽지 않는다고, 그 다음으로 그것은 다른 종류의 동물들로 옮겨간다고, 게다가 일어났던 일들은 어떤 주기에 따라 언젠가 다시 일어나며, 어떤 것도 절대적으로 새로운 것은 아니라고, 그리고 혼을 지니고 태어나는 모든 것을 동족으로 생각해야 한다고 했다. 실로 피타고라스가 이런 교의(dogma)들을 처음으로 헬라스에 전해준 것으로 보인다.

(『피타고라스의 생애』19)

25. 헤로도토스(DK14A2)

내가 헬레스폰토스와 폰토스[25]에 사는 헬라스인들에게서 들은 바로는, 이 살목시스(Salmoxis)[26]는 사람으로서 사모스에서 노

----

25) 흑해.

26) 잘목시스(Zalmoxis)라고도 한다. 헤로도토스에 따르면, 그는 트라케의 게타이 부족 신으로서 그에게 헌신하는 사람에게 불사성을 약속했다고 한다. 하지만 또 다른 설(設)에 따르면, 그는 피타고라스에게서 얻은 생각들을 끌어들였던 협잡꾼이었으며, 보이지 않는 지하방에 숨어 있다가 3년 후 다시 나타남으로써 부활한 것처럼 꾸몄다고

예살이를 했는데, 므네사르코스의 아들인 피타고라스에게 노예살이를 했다. 거기에서 그는 자유인이 되어 많은 돈을 벌었고, 돈을 번 뒤에 자신의 나라[27]로 되돌아갔다. 그런데 트라케 사람들은 못살았고 아주 무분별했지만, 이 살목시스는 헬라스인들 및 헬라스인들 중 아주 빼어난 현자인 피타고라스와 교제했으므로, 트라케적인 것보다는 더 깊이가 있는 이오니아적인 삶의 방식과 성격을 알고 있었다. 그래서 그는 연회장을 짓고 도시들의 지도자들을 그 곳으로 맞아 들여 융숭하게 대접하면서, 그 자신도 그의 술손님들도 그리고 끊임없이 이어지는 이들의 자손들도 죽지 않을 것이고, 영원히 살아남아 온갖 좋은 것을 소유할 곳으로 가게 될 것이라고 그들에게 가르쳐주었다.(『역사』 IV. 95)

26. 디오게네스 라에르티오스(DK21B7)

그[피타고라스]가 다른 때에는 다른 존재였다는 것에 대해 크세노파네스는 다음과 같이 시작되는 비가에서 증언하고 있다. "이제 다시 나는 다른 이야기로 나아가 길을 보여줄 것이다." 그[크세노파네스]가 그[피타고라스]에 대해 말한 것은 이와 같다. "언젠

• • • • • • • • • • • • • • • •

한다. 한편 플라톤은 치료의 주술들이 그의 탓으로 돌려지는 신격화된 왕으로 그를 묘사한다(『카르미데스』 156d-8b). OCD(3ed.), 1633쪽 참고.

27) 트라케(Thrachē).

가 그는, 개가 심하게 맞고 있을 때, 그 곁을 지나가다가 불쌍히 여겨 이런 말을 했다고 한다. '멈추어라. 매질하지 마라. 〔나의〕 친구인 사람의 혼이니까. 〔그 개가〕 짖는 소리를 들었을 때 나는 그 혼을 알아보았다'라고 말이다."(『유명한 철학자들의 생애와 사상』 VIII. 36)

27. 디오게네스 라에르티오스(DK14A8)

(4) 폰토스 사람인 헤라클레이데스에 의하면, 그〔피타고라스〕는 자신에 대해서 다음과 같이 말했다고 한다. 그는 언젠가 아이탈리데스로 태어났으며 헤르메스의 아들로 여겨졌다. 그런데 헤르메스는 그에게 불사(不死)를 제외하고 원하는 것은 무엇이든 선택하라고 말했다. 그래서 그는 〔자신에게〕 일어났던 일들에 대한 기억을 살아서도 죽어서도 간직하게 해 달라고 청했다. 그리하여 그는 생시에 모든 것을 기억했고, 죽었을 때 같은 기억을 유지했다. 나중에 그는 에우포르보스로 환생했고, 메넬라오스에 의해 부상을 당했다. 에우포르보스는 자신이 언젠가 아이탈리데스로 태어났으며 헤르메스에게서 선물을 받았다고 말했고, 〔자신의〕 혼의 옮겨다님과 관련해서도 어떻게 혼이 옮겨다니게 되었고 얼마나 많은 식물들과 동물들 속에 있게 되었는지, 그리고 하데스에서 자신의 혼이 얼마나 많은 일을 겪었으며 다른 혼들이 무슨 일을 견디어 내고 있는지를 말했다. (5) 에우포르보스가 죽었을 때 그의 혼은 헤르모티모스 속으로 옮겨갔는데, 이 사람 자신

도 증거를 제시하고 싶어서 브란키다이에 가서 아폴론 신전으로 들어서서는 메넬라오스가 바친 방패를 보여주었다(왜냐하면 헤르모티모스는, 메넬라오스가 트로이아에서 출항할 때 방패를 아폴론에게 바쳤다고 말했으니까). 그 방패는 이미 썩어서 상아로 된 장식만 남아 있었다. 헤르모티모스가 죽었을 때 그는 델로스의 어부인 퓌로스로 태어났으며, 또다시 모든 것을, 즉 어떻게 그가 예전에 아이탈리데스였다가, 에우포르보스로 되고, 그 다음 헤르모티모스로 되었다가 퓌로스로 되었는지를 기억했다. 그리고 퓌로스가 죽자, 그는 피타고라스로 태어났고 언급된 것 모두를 기억했다고 한다.(『유명한 철학자들의 생애와 사상』 VIII. 4-5)

(2) 금기 사항들

1) 제물과 음식에 대한 금기 사항들

28. 디오게네스 라에르티오스(DK14A9)

그[피타고라스]는 생명이 없는 것을 제물로 이용했다. 하지만 어떤 이들은, 그가 다만 수탉과 젖먹이 어린 염소 및 이른바 젖먹이 돼지를 이용했을 뿐이고, 새끼 양은 전혀 이용하지 않았다고 말한다. 그렇지만 아리스톡세노스는 피타고라스가 생명을 지닌 다른 모든 것을 먹는 것을 인정했으되, 다만 경작용 황소와 숫양을 삼가게 했을 뿐이라고 한다.

(『유명한 철학자들의 생애와 사상』 VIII. 20)

29. 디오게네스 라에르티오스(DK58C3)

아리스토텔레스가 『피타고라스주의자들에 관하여』에서 말한 바에 따르면, 피타고라스는 콩을 삼가라고 명했다. 이는 그것이 치부를 닮았기 때문이거나 하데스의 문을 *** 때문이다——유일하게 마디가 없으니까——, 또는 소멸하기 때문이거나 우주의 본성과 닮았기 때문이다. 또는 과두정적이기 때문이다. 어쨌든 〔통치자들은〕 콩을 이용해서 선출되니까. 다른 한편 〔피타고라스는〕 떨어진 것을 주워올리지 말라고 명했는데, 이는 무절제하게 식사하는 버릇을 들이지 않기 위해서이거나, 그것들이 누군가의 죽음과 관련이 있기 때문이다. 아리스토파네스도 『영웅들』에서 "식탁에 떨어진 것을 먹지 말라"고 말하면서, 떨어지는 것은 영웅들의 것이라고 했다. 그리고 〔피타고라스는〕 흰 수탉에 손을 대지 말라고 명했는데, 이는 그것이 달(Mēn)[28]의 신에게 바쳐지는 제물이며 탄원자인데, 탄원은 좋은 것들에 속하는 것이었기 때문이다. 그리고 그것이 달에 바쳐지는 까닭은 그것이 시간들을 알려주고, 흰 것은 좋은 본성에 속하고 검은 것은 나쁜 본성에 속하기 때문

....

28) Mēn은 영어로 moon이 아니라 month를 뜻한다.

이다. 그는 제물로 바쳐지는 물고기에 손을 대지 말라고 했다. 왜냐하면 신들과 인간들에게는, 자유인들과 노예들에게도 그렇게 해서는 안 되듯, 같은 것들이 할당되어서는 안 되기 때문이다. (35) 그는 한 덩어리의 빵을 부수지 말라고 했다. 이는 지금도 여전히 이방인들이 그렇게 하듯, 옛날에 친구들은 빵 한 덩어리 때문에 오고갔기 때문이다. 그는 친구들을 모이게 해주는 한 덩어리의 빵을 나누어서도 안 된다고 했는데, 어떤 이들은 그것이 하데스에서의 심판과 관련 있다고 하고, 어떤 이들은 그것이 전쟁에서 겁을 내게 만든다고 하며, 또 어떤 이들은 우주가 한 덩어리의 빵에서 시작되기 때문이라고 한다.(『유명한 철학자들의 생애와 사상』 VIII. 34-35; 아리스토텔레스의 단편 195)

2) 다른 금기 사항들

30. 포르퓌리오스(DK58C6)

또한 이와 같은 다른 종류의 상징(symbola)들[29]도 있었다. '저울을 넘어가지 말라', 이것은 탐욕을 부리지 말라는 것이다. '칼로 불을 쑤시지 말라', 이것은 화가 나서 터질 듯한 사람에게 화를

• • • • • • • • • • • • • •

29) 앞에서 언급된 것들, 즉 '제물과 음식에 대한 금기 사항들'과 다른 금기 사항들을 말하는 것이다.

돋우어대는 말들로 자극하지 말라는 것이다. '왕관을 벗겨내지 말라', 이는 법률을 어기지 말라는 것이다. 법률은 나라들의 왕관이기 때문이다. 게다가 이와 같은 다른 것들도 있다. '심장을 먹지 말라', 이는 이를테면 자신을 큰 슬픔으로 괴롭히지 말라는 것이다. '하루치 할당량의 곡물에 주저앉지 말라', 이는 말하자면 게으르게 살지 말라는 것이다. '집 떠나 있을 때에는 뒤돌아보지 말라', 이는 말하자면 죽을 때 이승의 삶에 집착하지 말라는 것이다.

(『피타고라스의 생애』 42; 아리스토텔레스의 단편 197)

31. 헤로도토스(DK14A1)

그렇지만 [이집트인들은] 양모로 된 것들을 신전들에 들여놓지 않았고, 그들과 함께 묻지도 않았다. 경건하지 못하기 때문이다. 이런 관행들은, 오르페우스적이고 박코스적이라고 일컬어지지만 실은 이집트적이고 피타고라스적인 것들과 일치한다. 왜냐하면 이들 의식에 관여하는 사람이 양모로 된 옷을 입은 채 매장되는 것은 경건하지 못하기 때문이다. 의식들에 관해 전해지는 성스러운 교의(hiros logos)가 있다.(『역사』 II. 81)

(3) 수와 관련된 견해들

32. 이암블리코스(DK58C4)

〈이른바〉 모든 가르침(akousmata)[30]은 이처럼 세 종류로 나뉜
다. 그것들 중 어떤 것들은 [사물에 대해서] 그것이 무엇인지를,
어떤 것들은 최고의 것이 무엇인지를, 어떤 것들은 무엇을 해야
하거나 해서는 안 되는지를 알려준다.[31] 그러니까 '그것이 무엇
인가' 하는 것은 이와 같다. 무엇이 축복받은 사람들의 섬인가?
태양과 달이다. 델포이의 신탁은 무엇인가? 테트락튀스(tetrak-
tys)이다. 즉 세이렌들(Seirēnes)이 이루어내는 조화(harmonia)
이다[32]. '최고의 것은 무엇인가' 하는 것은 이와 같다. 이를테면
가장 올바른 것은 무엇인가? 신께 제물을 바치는 것이다. 가장 이
지적인 것(sophōtaton)은 무엇인가? 수이다. 그러나 두번째로 이
지적인 것은 사물들에 이름들을 붙이는 사람이다. 우리 쪽에 있
는 것들 중 가장 이지적 것은 무엇인가? 의술이다. 가장 아름다운

• • • • • • • • • • • • • • • •

30) 피타고라스의 가르침은 akousmata(들은 것들)로 언급되고 있듯, 저
술이나 글이 아니라 구두로 제자들에게 전달되었던 것으로 보인다.
피타고라스주의자들은 그 가르침(akousmata)을 symbola(상징)라
고도 말한다. KRS 229쪽 참고.
31) 앞의 금기 사항들이 그러하다.
32) 이 구절은 천구의 화음설이나 수학적 우주론의 싹을 보여주는 것이
다. 피타고라스에 대한 해제 부분 참조.

것은 무엇인가? 조화이다. 가장 강한 것은 무엇인가? 앎(gnōmē)
이다. 가장 좋은 것은 무엇인가? 행복이다. 가장 참된 것은 무엇
이라고 이야기되는가? 인간들이 사악하다는 것이다.(『피타고라
스적 삶에 관하여』 82)

33. 섹스투스 엠피리쿠스

〔피타고라스주의자들이〕'텍트락튀스'로 뜻하는 것은 처음 네
수들로 구성되어 가장 완전한 것을 내보이는, 이를테면 10과 같
은 어떤 수이다. 1, 2, 3, 4의 합은 10이 되니까. 이 수는 첫번째
텍트락튀스이며, 언제나 흐르는 자연의 원천으로 불린다. 우주
전체가 그 자체로 조화에 따라 정렬되어 있고, 조화는 세 협화음,
즉 제4음과 제5음 및 옥타브의 체계이며, 이 세 협화음의 비율들
이 앞서 언급된 네 수, 즉 1, 2, 3, 4에서 발견되는 한에서는 말이
다.(『학자들에 대한 반박』 VII. 94-5)

34. 프로클로스(DK14A6a)

이 사람〔탈레스〕다음으로 시인(詩人) 스테시코로스의 형제인
마메르코스는 기하학에 대한 연구에 종사한 사람으로 언급된다…
이들에 뒤이어 피타고라스는 그것〔기하학〕의 원리들을 위에서부
터 검토하고 정리들을 비경험적(aulōs)이며 지성적으로(noerōs)
살펴봄으로써 그것〔기하학〕에 관한 애지적 활동(philosophia)을

자유인에게 어울리는 교육의 형태로 바꾸었으며, 비례들에 관한 이론뿐 아니라, 우주의 도형구조를 찾아낸 것도 바로 그였다.(『유클리드의 「원리들」 1권 주석』 65쪽. 11)

35. 플라톤(DK47B1)

"눈이 천문학에 맞추어졌듯, 귀는 화성적(和聲的) 운동(enarmonios phora)에 맞추어져 있으며, 이 학문들(epistēmai)은 서로 자매 관계에 있는 것들인 것 같으이. 여보게 글라우콘! 피타고라스학파가 〔그렇게〕 주장하고, 우리도 동의하듯 말일세" 하고 내가 말했네… "그들은 이들 들려오는 협화음들에 있는 수들을 찾되, 문제들로 올라가지는 않는다네. 즉 어떤 수들이 협화음들이고 어떤 것들이 아닌지를, 그리고 무엇 때문에 각각의 경우가 그러한지를 고찰하는 데까지 나아가지는 않는다네."[33]

(『국가』 7권 530d-531c)

36. 아에티오스(DK58B15)

므네사르코스의 아들이며 사모스 사람인 피타고라스는 처음으로 철학(philosophia)을 바로 이 용어로[34] 불렀으며, '수들' 과

• • • • • • • • • • • • • •

33) 박종현 역주, 『플라톤의 국가 · 政體』(서광사: 1991)의 번역을 따랐음.

34) 철학을 철학이라는 용어로.

'이들 사이의 비례관계(symmetria)들' ——이것들을 그는 화성(harmonia)들이라고도 부른다——그리고 그 둘로 이루어진 원소(stoicheion)들, 이른바 기하학적인 것〔도형〕들(geōmetrika)을 원리(archē)들이라고 했다. 게다가 하나(monas)와 한정되지 않은 둘(aorristos dyas)을 원리들 속에 포함시켰다.

(『학설 모음집』 I. 3, 8)

37. 이암블리코스(DK18A15).

옛날에 피타고라스와 그를 따라 학문을 하는 사람들의 시절에는 세 가지 중항(mesothēs)만이 있었다. 즉 산술적 중항과 기하학적 중항, 그리고 순서상 세번째 것이 있는데, 이것은 한때 소반대 중항(hypenantia)으로 불렸고, 다시 아르키타스와 히파소스의 동료들에 의해 조화 중항(harmonikē)으로 바뀌 불리게 되었다.(『니코마코스의 「산술 입문」 주석』 100쪽. 19)

(4) '듣고 따르는 사람들'(akousmatikoi)과 '학문하는 사람들'(mathēmatikoi)

38. 이암블리코스(DK18A2)

왜냐하면 이것〔피타고라스 철학〕에 종사하는 사람들에는 두 부류, 즉 듣고 따르는 사람들과 학문을 하는 사람들이 있었기 때문이다. 이들 가운데 학문하는 사람들은 다른 쪽 사람들에 의해서 피타고라스주의자들로 인정받았지만, 그들은 듣고 따르는 사람들을 피타고라스주의자들로 인정하지 않았고, 이들의 관심사를 피타고라스의 것이 아니라, 히파소스의 것이라고 여겼다. 어떤 사람들은 히파소스를 크로톤 사람이라고 말하고, 어떤 사람들은 메타폰티온 사람이라 말한다.(『피타고라스적 삶에 관하여』 81)

39. 이암블리코스[35]

피타고라스 철학으로 불리는 이탈리아 철학에는 두 종류가 있다. 왜냐하면 그것에 종사하는 사람들에도 두 부류, 즉 듣고 따르는 사람들과 학문을 하는 사람들이 있었기 때문이다. 이들 가운데 듣고 따르는 사람들은 다른 쪽 사람들에 의해서 피타고라스주의자들로 인정받았지만, 그들은 학문을 하는 사람들을 피타고라스주의자들로 인정하지 않았고, 이들의 관심사를 피타고라스의 것이 아니라 히파소스의 것이라고 여겼다.[36] 어떤 사람들은 히파소스를 크로톤 사람이라고 말하고, 어떤 사람들은 메타폰티온 사람이라 말한다. 다른 한편 피타고라스주의자들 중 학문에 종사하는 사람들은 그들[듣고 따르는 사람들]을 피타고라스주의자들로

· · · · · · · · · · · · · · ·

35) KRS 280에 있는 원문 번역.
36) 두 종류의 피타고라스 철학과 관련해서 이 언급(39)과 앞의 언급(38)과는 다르게 되어 있는데, 일반적으로 39가 받아들여진다.

인정하긴 하지만, 자신들이 훨씬 더 〔피타고라스적〕이며 자신들이 말한 것이 진리라고 주장한다.

(『공통된 수학적 지식에 관하여』 pp. 76. 16-77. 2)

40. 포르퓌리오스(DK18A2)

찾아오는 사람들과 말을 나눌 때, 그〔피타고라스〕는 자세하게 또는 상징적으로 충고해 주었다. 그의 가르침의 방식이 이중적이었기 때문이었다. 찾아오는 사람들 중 어떤 사람들은 학문하는 사람들이라 불렸고, 어떤 사람들은 듣고 따르는 사람들이라고 불렸다. 그리고 학문하는 사람들은 아주 비상한, 그리고 정확하게 다듬어진 지식의 원리(logos)를 공부하는 자들(ekmemathē kotes)이고, 듣고 따르는 사람들은 쓰여진 것들〔가르침들〕 가운데 주요 훈계들만을 더 정확한 설명 없이 따르는 자들이다.

(『피타고라스의 생애』 36-37)

(5) 기타

41. 디오게네스 라에르티오스(DK14A3)

아리스톡세노스는 피타고라스가 자신의 윤리적 교설들 대부분을 델포이의 〔여사제〕 테미스토클레이아로부터 받아들였다고 한다.(『유명한 철학자들의 생애와 사상』 VIII. 8; 아리스톡세노스의

단편 15)

42. 디오게네스 라에르티오스(DK14A20)

헤스페로스[37]와 포스포로스[38]가 같은 것임을 〔파르메니데스
가〕 최초로 발견한 것으로 여겨진다…그러나 어떤 이들은 피타
고라스를 최초의 발견자로 본다.

(『유명한 철학자들의 생애와 사상』 IX. 23)

43. 포르퓌리오스(DK58C2)

그〔피타고라스〕는 상징을 사용하여(symbolikōs) 비의적(祕意
的) 방식으로도 어떤 것들에 대해 말했는데, 아리스토텔레스는 그
것들을 상당 부분 기록했다. 이를테면 바다는 〈크로노스〉의 눈물
이고, 곰자리는 레아의 손이며, 플레이아데스[39]는 무사(Mousa)
들의 뤼라이고, 행성들은 페르세포네의 개들이며, 청동이 두들겨
질 때 거기서 나는 소리는 청동 속에 갇힌, 어느 영령(daimōn)의
소리라고 불렀다고 한다.

(『피타고라스의 생애』 41 ; 아리스토텔레스의 단편 196)

• • • • • • • • • • • • • • •

37) 개밥바라기(금성).
38) 샛별.
39) 아틀라스의 일곱 딸들. 제우스가 그들을 별자리들 중 하나로 놓았다.

44. 아일리아누스(DK58C2)

그[피타고라스]는 지진의 기원을 추적하여 그것을 죽은 자들의 모임일 따름이라고 했다. 또 무지개는 태양의 어스레한 빛이며, 되풀이하여 귓전을 때리는 메아리는 더 강한 자들의 소리라고 말했다.(『여러 이야기』 IV. 17; 아리스토텔레스의 단편 196)

45. 아리스토텔레스(DK58C1)

만일 [천둥이 친다면], 피타고라스 주의자들이 말하듯이, 그것은 타르타로스[40]에 있는 자들이 겁먹도록 그들을 위협하기 위한 것이다.(『분석론 후서』 94b32-4)

46. 아에티오스(DK14A21)

피타고라스는 모든 것을 포괄하는 것을, 그 속에 있는 질서 (taxis)에 근거해서 처음으로 코스모스(kosmos)라고 일컬었다.(『학설 모음집』 II. 1. 1)

47. 디오게네스 라에르티오스

인생은 축제와도 같다. 어떤 사람들은 시합을 하기 위해서 축제에 참석하나, 어떤 사람들은 장사를 하러 참석한다. 그러나 가

••••••••••••••
40) 하데스 아래 깊숙한 곳에 있는 어둠의 심연.

장 훌륭한 사람들은 구경하는 사람들(theatai)로서 참석한다. 이
와 마찬가지로 인생에 있어서도 노예와 같은 사람들은 명성과 이
득을 추구하는 사람들로 되지만, 지혜를 사랑하는 사람〔철학자〕
들은 진리를 추구하는 사람들로 된다.[41]

　(『유명한 철학자들의 생애와 사상』 VIII. 8)

　Ⅲ. 피타고라스에 대한 평가들

48. 디오게네스 라에르티오스(DK22B40)

　박식이 분별력을 갖게끔 가르치지는 못한다. 〔만약 가르쳤다면〕 그
　것은 헤시오도스와 피타고라스에게, 게다가 크세노파네스와 헤카
　타이오스에게도 가르쳤을 것이기 때문이다.

　(『유명한 철학자들의 생애와 사상』 IX. 1)

49. 필로데모스(DK22B81)

　(헤라클레이토스에 따르면), 그〔피타고라스〕는 허튼 소리를 하
　는 사람들의 원조이다.(『수사학에 관하여』 1c. 57. 62란. 351.
　354쪽)

· · · · · · · · · · · · · · ·

41) 박종현, 『헬라스 사상의 심층』(서광사: 2001) 152쪽 주 67에 있는 번
　　역임.

50. 포르퓌리오스(DK31B129)

이것들을 엠페도클레스도 그[피타고라스]에 대해서 [이와 같이] 말함으로써 증언한다.

그런데 그들 중에는 예사롭지 않은 일을 아는 어떤 남자가 있었으니,
그는 생각들로 가장 부유한 자이며,
특히 온갖 지혜로운 일에 정통한 자이네.
왜냐하면 그가 온 생각들을 다해 추구할 때마다,
모든 있는 것들 하나하나를 쉽게 간파했기 때문이네.
인간들의 열 세대, 심지어 스무 세대에 이르기까지.

(『피타고라스의 생애』 30)

51. 디오게네스 라에르티오스(DK36B4)

키오스의 이온이 그[페레퀴데스]에 대해서 말하기를,

이처럼 그는 남자다움과 공경심이 빼어났으니,
죽어서도 그의 혼에게 즐거운 삶을 영위하누나.
정녕 피타고라스가 현자로서 만인을 넘어서는
식견을 터득해 가진 사람이었다면.[42]

· · · · · · · · · · · · · ·

42) 피타고라스가 혼의 운명에 대해 예사롭지 않은 식견을 갖고 있었다면.

(『유명한 철학자들의 생애와 사상』 I. 120)

52. 플라톤(DK14A10)

그런데, 공적인 것으로 〔훌륭한 행적을 남긴 게〕 없다면, 호메로스가 살아 있을 동안, 개인적으로라도 그 자신이 어떤 사람들한테 교육의 지도자가 되어, 이들이 그에게 사사(師事)하게 됨으로써 그를 좋아하게 되고, 훗사람들[43]에게 호메로스적인 어떤 삶의 방식을 전했다는 이야기라도 있는가? 이를테면, 피타고라스 자신이 이 일로 특히 사랑을 받았을 뿐더러, 훗사람들[44]까지 지금도 여전히 자신들의 삶의 방식을 피타고라스적이라고 부르며 다른 사람들 사이에서도 어떻든 돋보이는 것으로 여겨지고 있는 것처럼 말일세.[45] (『국가』 10권 600a-b)

---

43) 그들의 후계자들.
44) 그의 후계자들.
45) 박종현 『국가·政體』의 번역을 따랐음.

06 XENOPHANES
크세노파네스

I. 생애와 저작

1. 디오게네스 라에르티오스(DK21A1)

콜로폰 사람인 크세노파네스는 덱시오스의 아들이거나, 또는 아폴로도로스에 따르면 오르토메네스의 아들이다. 티몬[1]은 그를 칭찬했다. 그러니까 그는 "크세노파네스는 거만하지 않은 사람으로 호메로스류의 기만을 비꼬는 풍자작가다"라고 말했다. 이 사람은 조국에서 추방되어 시켈리아의 장클레에서 〈살았고, 엘레아의 식민에 동참해서 거기서 가르쳤으며,〉 카타네에서도 살았다. … 그는 헤시오도스와 호메로스에 맞서서 신들에 대해 그들이 한

----

1) 필로스 출신의 회의주의 철학자. (기원전 320-230년)

말들을 풍자하면서, 서사시 운율과, 비가조 운율, 이암보스 운율로 시를 썼다. 그러나 그 스스로도 자신의 시들을 음송했다.[2] 그는 탈레스와 피타고라스에 반대하는 견해를 내세웠다고 하며, 에피메니데스도 공격했다고 한다. 그는 그 자신도 어디에선가[3] 말하고 있는 바처럼 매우 오래 살았다.

(『유명한 철학자들의 생애와 사상』IX. 18)

2. 디오게네스 라에르티오스(DK21B8)

   헬라스 땅 전역에 나의 생각을 펼치며 지내온 지
   어언 예순하고도 일곱 해가 지났다.
   태어난 때로부터 치면 여기에다가[4] 스물 다섯 해를 더해야 한다,
   만일 내가 이 점들에 관하여 진실하게 이야기할 수 있다면.

   (『유명한 철학자들의 생애와 사상』IX. 18. 19)

....

2) rhapsōdein(음송하다)이란 말은 본래 자신이 쓴 시를 뤼라의 반주에 얹어서 읊는 것을 이른다. 따라서 이 구절의 의미는 크세노파네스가 다른 음송시인인 헤시오도스와 호메로스에 반대하는 시를 썼지만 그 자신도 역시 음송시인이었다는 뜻이다. 『국가』600d 참고.

3) DK21B8을 이른다.

4) '여기에다가'가 이오니아에 있던 그의 고향 콜로폰이 페르시아인들에게 함락된 기원전 546/5년을 가리킨다고 보면 그는 이 시기에 헬라스로 이주해 67년 동안 헬라스 땅에서 지낸 듯하다. 따라서 그의 출생년도는 여기에 25년을 뺀 기원전 570년경으로 추정할 수 있다.

3. 알렉산드리아의 클레멘스

콜로폰 사람인 크세노파네스는 엘레아학파의 시조인데, 티마이오스에 따르면 시켈리아의 참주 히에론과 시인 에피카르모스 시대에 살았다. 반면에 아폴로도로스는 〔그가〕 마흔번째 올림피아기[5]에 태어나서 다레이오스와 퀴로스의 시대까지 살았다고 말한다.(『학설집』I. 64.2)

4. 디오게네스 라에르티오스(DK21B20)

콜로폰 사람 크세노파네스가 들었다고 말하듯이, 〔에피메니데스[6]는〕 154세를 〔살았다.〕

(『유명한 철학자들의 생애와 사상』I. 111)

5. 아테나이오스(DK21B22)

콜로폰 사람인 크세노파네스는 『풍자시들』에서 〔다음과 같이

• • • • • • • • • • • • • •
5) 기원전 620-616년. 이렇게 해서 크세노파네스의 출생년도에 관해서 크세노파네스 자신의 시에서 추정한 기원전 570년과 아폴로도로스의 증언이 상충한다.
6) 크레타 출신의 종교 지도자이자 이적을 행하던 사람. 그의 행적에 대해서는 이설이 많은데, 플라톤에 따르면 그는 기원전 500년경 아테네에 머물렀다고 하며(『법률』624d) 다른 이는 그가 기원전 600년경에 아테네에서 활동했다고도 한다(아리스토텔레스, 『아테네의 정치 체제』I).

말한다〕.

겨울철에 불 곁에서 〔우리는〕

푹신한 침상에 길게 누워, 배부른 상태에서

달콤한 포도주를 마시며, 곁들여 이집트 콩을 야금야금 먹으면서

이런 말을 해야 한다.

"누구고 누구의 자식인가? 몇 살이나 먹었는가,

그대 지극히 뛰어난 자여?

메데이아 인[7]이 왔을 때 그대 나이는 몇이었는가?"

(『현인들의 만찬』 II. 54E)

6. 폴룩스(DK21B39)

크세노파네스의 『자연에 관하여』에 나오는 그 나무가 벗나무(kerasos)라는 것을 알아내고서.(『어휘집』 VI. 46)

7. 「외곽주석」(DK21B21a)

크세노파네스의 『풍자시들』의 제5권에 나오는 에뤼코스[8] (『호메로스 파피누스 옥쉬린코스』 1087. 40)

●●●●●●●●●●●●●●●●
7) 페르시아의 왕자 퀴로스의 부하 장군인 하르파고스를 가리킨다. 그는 기원전 546/5년경에 퀴로스의 명령으로 소아시아 서부 지역의 리키아를 점령했다.
8) 시켈리아에 있는 도시 또는 산. 에뤽스(Eryx)라고도 불린다.

Ⅱ. 사상

(1) 윤리관

8. 아테나이오스(DK21B2)

허나, 올림피아에 있는 피사의 샘터에

제우스의 성역이 있는 거기에서,

누군가가 발이 빨라서, 또는 5종 경기를 해서

또는 레슬링을 하거나, 아주 힘든 권투 기술을 가져서,

〔5〕 또는 팡크라티온[9])이라고 부르는 무시무시한 경기에서, 승리를
획득하면

시민들이 보기에는 그는 아주 영예스러울 것이고,

경기장에서는 눈에 잘 띄는 앞자리를 차지할 것이고,

그에게 국가로부터 공적인 비용의 식사가 주어지고,

그의 보물이 될 선물도 주어질 것이다.

〔10〕 심지어 말(馬)들로 승리했을 때에도[10]) 이 모든 것을 차지할
것이다.

나만큼 차지할 만한 자격이 그에게는 없는데도. 왜냐하면

• • • • • • • • • • • • • •

9) 권투, 레슬링, 발차기, 조르기, 비틀기 등이 결합된 경기. 물거나 후벼
파는 것 외에 거의 모든 기술이 허용되었다.
10) 마차경기에서 승리했다는 뜻이다.

사람의 힘보다 또 말의 힘보다도 우리의 지혜가 더 낫기 때문이
  다.

그것은[11] 아주 제멋대로 된 관습이며,

훌륭한 지혜보다 그런 힘들을 선호한다는 것은 올바르지 못하다.

〔15〕왜냐하면 설령 시민들 가운데 뛰어난 권투 선수가 있거나

또는 5종 경기를 함에 있어 또는 레슬링에서,

또는 발의 빠르기에서 뛰어난 자가 있더라도,

이런 종목은 남자들의 모든 힘겨루기 경기에서 몹시 기리는 것이지
  만, 그것으로

인하여 국가가 더욱 더 훌륭한 법질서(eunomia)를 갖추는 것은
  아닐 것이기에.

〔20〕비록 누군가가 피사의 샘터에서 경기해 승리를 획득했을지라도

그 때문에 국가가 받는 즐거움은 아주 적을 것이다.

왜냐하면 그것이 국가의 보고를 살찌우지는 않을 테니까.

(『현인들의 만찬』X. 413 이하)

9. 아테나이오스(DK21B3)

혐오스런 전제정에서 벗어나 있는 동안

그들(콜로폰 사람들)은 뤼디아인들에게서 쓸데없는 사치를 배우고,

다 해서 천 명 남짓한 사람들이[12)]

치장용 향유로 향기를 풍기며,

〔5〕 으스대며, 보기 좋게 흘러내리는 머리칼로 우쭐대며

진한 자줏빛 상의(pharos)를 걸친 채, 광장(agora)을 나다녔다.

(『현인들의 만찬』 XII. 526a)

(2) 엘레아학파와 크세노파네스의 관계

10. 심플리키오스(DK21A31)

근원은 단 하나라고, 또는 있는 것 전체는 하나라고(그리고 한 정되어 있지도 무한정하지도, 운동하지도 정지하지도 않는 것이라고) 파르메니데스의 스승인 콜로폰 사람 크세노파네스가 가정했다고 테오프라스토스는 말한다. 하지만 그는 이 견해의 기록이 자연에 대한 탐구와는 다른 것이라는 점에 동의한다.

(『아리스토텔레스의 「자연학」 주석』 22. 26)

----

12) 콜로폰이 페르시아에 의해 멸망되기 직전 상황을 비판하고 있는 듯한 이 시에 등장하는 사치를 부리는 '천명 남짓한 사람들' 은 그들이 드나드는 아고라를 민회로 보느냐 시장으로 보느냐에 따라 정체가 달리 해석된다. 민회로 보면 그들은 지배계층이 될 것이고, 시장으로 보면 콜로폰의 상류계층 사람들이 될 것이다.

11. 플라톤(DK21A29)

우리 지역의 엘레아 부족은 크세노파네스에서 시작했거나, 아니면 그보다 훨씬 이전부터 시작했는데,[13] 모든 것이라 불리는 것은 하나라고 생각하고 그렇게 신화로써 설명하네.

(『소피스트』 242d)

12. 아리스토텔레스(DK21A30)

파르메니데스는 정의(logos)의 측면에서 하나인 것에 매달린 듯하고, 반면에 멜리소스는 질료의 측면에서 하나인 것에 매달린 듯하다. 그 때문에 파르메니데스는 그것이 한정되어 있다고, 멜리소스는 한정되어 있지 않다고 말한다. 그런데 크세노파네스가 이들[14] 중에서는 처음으로 하나인 것을 말했지만(왜냐하면 파르메니데스가 이 사람의 제자였다고들 말하기 때문이다) 아무 것도 분명히 한 것이 없었고, 이것들 가운데 어느 한 쪽의 본성도 파악하지 못한 듯하고, 다만 전체 하늘을 관찰하고서 하나(to hen)가 신[15]이라고 말한다.(『형이상학』 A5. 986b18)

••••••••••••••••
13) 버넷(Burnet, J.)은 '그보다 훨씬 이전'이란 구절에 주목해서 역사적으로 크세노파네스의 활동기에 엘레아가 건립되지 못했기 때문에 플라톤의 이 증언은 역사적 증언이라기보다는 장난스럽고 풍자조의 언급에 불과하다고 말한다. 버넷(1930), 126쪽
14) 전체를 하나라고 말한 사람들.
15) DK21B23과 동일.

(3) 신관

13. 아테나이오스(DK21B1)

자 이제 바닥과 모든 사람의 손과

잔은 깨끗하다. 누구는 짜놓은 화관을 씌우고

다른 누구는 그릇에 담긴 향기로운 향유를 내 놓는다.

술 섞는 그릇은 흥으로 가득 차 있고,

〔5〕 결코 저버리지 않겠노라 말하는 포도주가 또 있으니,

부드러운 맛과 꽃냄새를 내며 항아리에 마련되어 있다.

가운데서는 유향이 신성한 향기를 내고 있다.

그리고 차고 달고 깨끗한 물이 있다.

노릇한 빵이 옆에 놓여 있고 영예로운 상에는

〔10〕 풍성한 치즈와 꿀이 올려 있다.

한가운데에 있는 제단은 꽃으로 장식되어 있고,

노래와 흥이 집안을 두루 채운다.

흥겨운(euphrōn)[16] 사람들은 먼저 신을 찬양해야 마땅하나니,

상서로운 이야기들과 정결한 말들로.

〔15〕 헌주하고, 올바른 것을 행할 수 있도록 해달라는

기도를 하고 난 사람들이 – 이것이야말로 먼저 해야 할 일이기에 –

....

16) '지각 있는'이라는 뜻도 있다.

몹시 나이든 이가 아니라면 시종 없이 집까지

갈 수 있을 만큼 마시는 것은 오만(hybris)이 아니라네.

사람들 중에서 〔술을〕 마시고도 고상한 것들을 드러내는 이를 칭송

　　해야 하느니,

〔20〕 그에게는 탁월함(aretē)에 대한 기억과 노력이 있기에,

옛 사람들의 허구(plasma)인 티탄족의 전쟁[17]도,

기가스족[18]의 전쟁[19]도, 켄타우로스족의 전쟁[20]도,

∙∙∙∙∙∙∙∙∙∙∙∙∙∙∙

17) 티탄은 올림포스 신들이 있기 전에 있었던 신들이다. 이들 중에는 제
우스와 헤라의 어버이가 되는 크로노스와 레아가 있다. 크로노스와
레아의 막내인 제우스는 아버지 크로노스의 뱃속에서 형제들을 꺼내
주고 아버지 및 아버지의 형제인 티탄족과 전쟁을 벌여 티탄족을 몰
아내는데, 이 전쟁이 바로 티탄의 전쟁이다. 이 이야기는 헤시오도스
의 『신통기』 137-8, 154쪽 이하, 453쪽 이하에 전해진다.

18) 기가스족을 풀이하면 '거인족'이라는 뜻이다.

19) 헤시오도스에 따르면, 기가스족(거인족)은 게(대지)의 아들들로서
대지(게)에 떨어진 우라노스(하늘)의 피에서 나왔다고 한다(『신통
기』 185쪽). 이들이 올림포스의 신들에게 도전해 벌어진 기가스족의
전쟁은 헤라클레스의 도움을 받은 올림포스 신들의 승리로 끝난다.

20) 반인반마의 괴물인 켄타우로스족은 라피타이족의 결혼 잔치에 초대
되었는데, 거기에서 그 부족의 여자들을 납치하려는 만행을 저지른
다. 이를 저지하려는 라피타이족 사람들과 그들의 왕인 페이리투스,
그리고 그 자리에 참석한 영웅들이 켄타우로스족과 벌인 전쟁이 켄
타우로스족의 전쟁이다. 이 이야기뿐만 아니라 티탄족의 전쟁, 기가
스족의 전쟁이 모두 헤시오도스나 호메로스의 작품에 전해지고 있
다. 이를 보건대 다음 연에 나오는 '아무 쓸모없는 옛 사람들의 허
구'라는 구절과 맞물려 헤시오도스나 크세노파네스 전(前) 시대 음

또는 격렬한 내란도 다루지 않나니, 전혀 쓸데없기 때문이라.

〈하지만〉 언제나 신들을 염두에 두는 것은 훌륭하다.

(『현인들의 만찬』 II. 462 c)

14. 섹스투스 엠피리쿠스(DK21B11)

호메로스와 헤시오도스는 인간들 사이에서

비난받을 만하고 흠잡을 만한 것들 모두를,

즉 도둑질, 간통 그리고 서로 속이기를 신들에게 부여했다.

(『학자들에 대한 반박』 IX. 193)

15. 섹스투스 엠피리쿠스(DK21B12)

콜로폰 사람 크세노파네스에 따르면, 호메로스와 헤시오도스는

있을 수 있는 모든 법도에 맞지 않는 신들의 행동들을 최대한 이야

기했다.

도둑질, 간통, 서로 속이기.

(『학자들에 대한 반박』 I. 289)

16. 알렉산드리아의 클레멘스(DK21B14)

그러나 가사자들은 신들이 태어나고,

. . . .

유시인들의 신관에 대한 크세노파네스의 비판적인 시각을 엿볼 수
있다.

자신들처럼 옷과 목소리와 형체를 갖는다고 생각한다.

(『학설집』 V. 109)

17. 알렉산드리아의 클레멘스(DK21B16)

아이티오피아[21] 사람들은 〈자신들의 신들이〉 코가 낮고 〔피부가〕 검다고 말하고, 트라케인들은 〈자신들의 신들이〉 〔눈이〕 파랗고 머리카락이 붉다고 〈말한다〉.

(『학설집』 VII. 22. 1)

18. 알렉산드리아의 클레멘스(DK21B15)

소들, 〈말들〉, 그리고 사자들이 손을 갖는다면,

또한 손으로 그림을 그리고 사람이 만드는 것과 같은 작품을 만들어 낼 수 있다면,

말들은 말들과 소들은 소들과 유사한 신의 모습을 그릴 것이고,

〈각기〉 자신들이 가지고 있는 것과 같은 형체를 만들 것이다.

(『학설집』 V. 109. 3)

19. 알렉산드리아의 클레멘스(DK21B23)

신들과 인간들 가운데서 가장 위대한 하나인 신은

• • • • • • • • • • • • • • •

21) 지금의 이디오피아.

형체도 생각도 가사자들과 조금도 비슷하지 않다.

(『학설집』 V. 109. I)

20. 「외곽주석」(DK21B17)

박코스들 : 〔디오니소스교의〕입문자들이 가지고 다니는 나뭇가지. 크세노파네스는 『풍자시들』에서 〔이렇게〕언급하고 있다.

전나무의 〈박코스들(bakchoi)[22]〉이 견고한 집 주위에 서 있다.

(아리스토파네스의 『기사』 408)

21. 심플리키오스(DK21B26)

그런데 그는 언제나 같은 곳에 전혀 움직이지 않은 채 머물러 있다. 또한 이때는 여기, 저때는 저기로 옮겨다니는 것은 그에게 어울리지 않는다. (『아리스토텔레스의 「자연학」 주석』 23. 10)

22. 심플리키오스(DK21B25)

오히려 그는 애쓰지 않고도, 마음의 생각으로(noou phreni) 모든 것을 흔든다[23]. (『아리스토텔레스의 「자연학」 주석』 23. 19)

・・・・・・・・・・・・・・

22) 나뭇가지라는 뜻과 함께 디오뉘소스의 신자들이란 의미를 가지고 있다. 크세노파네스는 당시의 식물 신앙과 통속적인 신관념을 비판하고자 하는 의도로 이 말을 사용한 듯하다.

23) nous나 phrēn 모두 사고의 기관으로 쓰이기 때문에 번역이 까다롭

23. 섹스투스 엠피리코스(DK21B24)

〔신〕 전체로서 보고, 전체로서 생각하고, 또 전체로서 듣는다.[24]

(『학자들에 대한 반박』 IX. 144)

(4) 자연관

24. 디오게네스 라에르티오스(DK21B19)

에우데모스가 『천문학의 역사』에서 말하듯이, 어떤 사람들에 따르면 〔탈레스는〕 처음으로 천문학을 했고 일식과 지점(至點)[25]

. . . .

다. 그러나 프랭켈처럼(Fränkel, H. 1951, 331쪽) 신의 정신적 순수성을 강조하기 위한 중첩된 표현으로 보기보다는 양자를 나눠보려는 대부분 학자들의 경향을 따랐다. 또한 phrēn의 여격(dative)을 장소로 볼 수도 있지만, 크세노파네스가 신이 형체를 갖는다는 것을 거부하기 때문에 장소의 의미도 배제했다. 폰 프리츠von Fritz가 "통찰로부터 나오는 능동적 의지로 만물을 흔든다"(1945-6, 33쪽)고 옮기고 있는 생각을 존중했으나, 번역으로는 KRS의 "마음의 생각으로 만물을 흔든다"(1983, p.170)에 맞추어 번역했다. KRS도 폰 프리츠의 생각에 동조하고 있음은 물론이다.

24) 본문에 나오는 '전체(oulos)'를 주어로 볼 경우, "신은 전체가 보고 전체가 듣는다"란 뜻으로 번역될 수 있다. 하지만 말의 의미를 한결 정확히 살리기 위해서 이 번역에서는 부사적인 의미로 처리했다. 어떤 식으로 보든, 의미는 "신은 형체를 갖고 있지 않아서, 사고나 감각의 기관이 부분적으로 따로 있지 않다. 그래서 신이 볼 때나 생각할 때나 들을 때 신은 그 자체가 보는 기관이요 생각하는 기관이요 듣는 기관이다"란 뜻이다.

을 예언했다. 그렇기 때문에 크세노파네스도 헤로도토스도 그에게 경탄한다.(『유명한 철학자들의 생애와 사상』 I. 3)

25. 헤라클레이토스 호메리코스(DK21B31)

해는 땅 위로 넘어가고hyperiemenos 땅[의 표면]을 따뜻하게 한다.(『호메로스의 비유』 44)

26. 히폴뤼토스

해는 한곳에 모이는 작은 불꽃들로부터 날마다 생겨난다. 그리고 땅은 무한하며 공기에 의해서도 하늘에 의해서도 둘러싸이지 않는다. 해들도 달들도 무수한데, 모든 것은 땅에서 생긴다.
(『모든 이교적 학설들에 대한 반박』 I. 14. 3)

27. 위-플루타르코스(DK21A32)

그[크세노파네스]는 해와 별들이 구름에서 생겨난다고 말한다.
(『학설집』 4)

28. 아에티오스(DK21A40)

크세노파네스는 불타서 달구어진 구름에서 해가 나온다고 말

• • • • • • • • • • • • • •
25) 동지와 하지.

한다. 테오프라스토스는 『자연철학자들의 학설들』이라는 책에서 해는 작은 불꽃들에서 생기는데, 그 불꽃들은 습기가 증발해서 한곳에 모여 생기는 것이고, 바로 이것들이 한곳에 모여서 해를 만든다고 썼다.(『학설모음집』 II. 20. 3)

29. 「외곽주석」(DK21B32)

그들이 이리스[26]라 일컫는 것, 그 또한 본디 구름이라,

자줏빛과 심홍빛 그리고 녹황빛으로도 보이나니.

(에우스타티오스의 『호메로스 「일리아스」』 주석 11. 27에 대한 외곽주석)

30. 아에티오스(DK21A41a)

크세노파네스에 따르면, 땅의 기후대(klima)와 영역(apotomē) 과 지대(地帶)(zōnē)에 따라 여러 개의 해와 달이 있는데, 어느 시기에 그 [해 또는 달의] 원반이 우리가 거주하지 않는 땅의 어떤 영역으로 떨어져버리며, 그래서 마치 빈 곳으로 빠져들어 가 듯이 식(蝕)현상을 일으킨다고 한다.[27] 그런데 이 사람에 따르면,

••••••••••••••••
26) 무지개의 여신.
27) 여기에 대해서는 빅넬(Bicknell, P)의 설명이 가장 적절한 듯하다. 그 에 따르면 '우리가 거주하지 않는 땅의 어떤 영역'은 습기가 없는 지 역으로서 여기서는 태양이 불타는 데 필수적인 습기가 제공되지 않

해는 무한히 앞으로 나아가지만 멀리 떨어져 있기 때문에 둥글게 움직이는 것처럼 보인다.(『학설모음집』 II. 24. 9)

31. 아킬레우스 타티오스(DK21B28)

땅의 이 상단부는 공기와 맞닿아 있는 것으로서

〔우리〕 발치에서 보이는 것인 반면, 땅의 하단부는 무한히 뻗어 있다.

(『아라토스의 「천체 현상」 입문』 4. 34쪽, 11)

32. 심플리키오스(DK21B29)

생성되고 자라는 것은 모두 흙과 물이다.

(『아리스토텔레스의 「자연학」 주석』 188. 32)

33. 섹스투스 엠피리쿠스(DK21B33)

우리 모두는 흙과 물에서 생겨났으니까.

(『학자들에 대한 반박』 X. 34)

34. 아에티오스(DK21B27)

땅에서 모든 것이 생기고 땅으로 모든 것이 끝난다.

· · · · · · · · · · · · · ·

는다(단편 DK21A40 참고). 그래서 태양의 빛이 꺼져 식현상을 일으
킨다고 크세노파네스가 보고 있다는 것이 빅넬의 설명이다(Bicknell,
P., 1967, 73-77쪽 참조).

(『학설모음집』 IV. 5)

35. 아에티오스(DK21B30)

바다는 물의 원천이자 바람의 원천이다.

왜냐하면 대양이 없다면 구름 속에서

〈밖으로 내뿜어지는 바람의 힘도,〉

강의 흐름도, 에테르에서 내리는 빗물도 〈생기지〉 않을 것이며,

〔5〕 대양은 구름과 바람 및

강을 낳은 자이기 때문이다.

(『학설모음집』 XXI. 196)

36. 히폴뤼토스(DK21A33)

크세노파네스는 땅과 바다의 혼합이 일어난다고 생각했으며,
또 시간이 흐름에 따라 땅이 습기에 의해서 용해된다고 생각했
다. 그는 다음과 같은 증거를 가지고 있다고 말한다. 즉 조개껍질
들이 내륙과 여러 산들에서 발견되었으며, 쉬라쿠사의 채석장에
서는 물고기와 해초[28]의 자국이 발견되었다고 한다. 파로스에서
는 산호의 자국이 바위 깊은 곳에서, 또한 멜리테에서는 온갖 종
류의 해물들의 석판이 발견되었다고 한다. 이러한 것들은 오래

....
28) 사본에는 phōkōn(표범들의)으로 되어 있으나 곰페르츠(Gomperz,
   T.)의 수정안에 따라 phykōn(해초들의)으로 읽었다.

전에 모든 것이 진흙으로 뒤덮여 있을 때 생겨난 것이고, 그 자국이 진흙 속에서 마른 것이라고 그는 말한다. 인간들 모두는 땅이 바다로 들어가서 진흙이 될 때마다 멸망하며, 그런 다음 또 다른 생성의 시작이 있게 되며, 이러한 변화는 온 세계에 일어난다고 그는 말한다.(『모든 이교적 학설들에 대한 반박』I. 14. 5)

37. 헤로디아노스(DK21B37)

어떤 동굴에서는 물이 똑똑 떨어진다.

(『특이한 어법에 관하여』30. 30)

(5) 지식론

38. 헤로디아노스(DK21B36)

가사자들에게 드러나 있어서 [가사자들이] 보는 모든 것.

(『두 박자 음에 관하여』296. 9)

39. 섹스투스 엠피리쿠스((DK21B34)

어떤 사람도 신들에 대해서, 그리고 내가 말하는 모든 것에 대해
분명한 것을 알고 있지 못하며, 알지 못할 것이다.
왜냐하면 누군가가 우연히 지극히 완벽한 진실을 말한다 할지라도,
그 자신이 그것을 아는 것은 아니기 때문이다. 의견(dokos)은 모

든 것[29])에 형성되어 있다.[30]

(『학자들에 대한 반박』 VII. 49. 110)

40. 플루타르코스(DK21B35)

이것들이 진실인 것들에 유사한 것들이라 믿어지게끔 하라(de-
doxasthō).(『일곱 현인의 향연』 IX. 7. 746b)

41. 스토바이오스(DK21B18)

사실 신들이 가사자들에게 처음부터 모든 것을 밝혀 주지는 않았고,
가사자들은 시간을 두고 탐구하다가 시간이 지나면서 더 나은 것을
발견한다.(『선집』 I. 8. 2)

42. 헤로디아노스(DK21B38)

만일 신이 노란 꿀을 만들지 않았다면, 우리는 무화과가 훨씬
달다고 생각했을 것이다.(『특이한 어법에 관하여』 41. 5)

- - - - - - - - - - - - - - - -

29) 또는 '모든 사람'
30) 크세노파네스는 진실과 진실을 아는 것과 진실에 대한 믿음을 구별
하고 있는 것으로 보인다. 매키라한(McKirahan, R.D. Jr.) 1994, 67
쪽 참조.

III. 그 밖의 단편들

43. 폴룩스(DK21B4)

크세노파네스에 따르면, 뤼디아인들이 〔처음으로 금화를 주조했다〕.(『어휘집』 IX. 83)

44. 아테나이오스((DK21B5)

포도주를 섞을 경우에는 누구라도 먼저 잔에 포도주를 따르고서 섞
　　지는 않을 것이고,
먼저 물을 따르고 그 위에다 포도주를 따르고서 〔섞을 것이다〕.
(『현인들의 만찬』 XI. 18. 782a)

45. 아테나이오스(DK21B6)

당신은 새끼 염소의 넓적다리 고기를 보내고서,
헬라스의 노래가 있는 한 그 명성이 헬라스 전역에 퍼지고
그치지 않을 사람이 차지할 만한 명예로운 것인,
살찐 황소의 통통한 다리를 얻었기 때문이다.
(『현인들의 만찬』 IX. 368)

46. 작자미상(DK21B9)

연로한 사람보다 훨씬 허약한

(『어원사전』「노년의 어원」)

47. 헤로디아노스(DK21B10)

처음부터 모든 사람이 호메로스를 따라 배웠으니

(『두 박자 음에 관하여』 296쪽 6)

48. 겔리우스(DK21B13)

호메로스는 헤시오도스보다 더 늙었다.

(『아티카의 밤』 III. 11)

49. 「외곽주석」(DK21B21)

시모니데스는 돈을 밝힌다고 해서 비난을 받았었다. 〔…〕 그
〔아리스토파네스〕는 아주 부드러운 말로 〔그를〕 질책했으며,
그〔시모니데스〕가 인색했다고 언급한다. 그 때문에 크세노파네
스는 그를 구두쇠라고 부른다. (아리스토파네스 『평화』 697)

50. 작자미상(DK21B40)

바트라코스(batrachos : 개구리)를 브로타코스(brotachos)라고
이오니아 사람들은 〔그리고 아리스토파네스도〕 말한다〕. 그리고
크세노파네스에서도 〔그렇다〕.(『어원사전』)

51. 체체스((DK21B41)

'로스(ros)(시로스siros[31]라는 말에서)'에 관한 규칙들에 대해
어떤 풍자시 작가는 '시(si : 음가)'를 길게 쓰는데,

내가 보기에, 'ř'에 의해서 이것[시(si)]을 길게 늘인 것 같다.

현재 풍자시 작가로서는 크세노파네스와 티몬과 그 밖에 다른
사람이 있다.

『디오뉘시오스 페리에게테스에 대한 주석』V. 940 p. 1010)

••••••••••••••
31) '움푹 파인 웅덩이'를 뜻하는 말

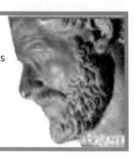

07 HERAKLEITOS
헤라클레이토스

Ⅰ. 생애와 저술

1. 디오게네스 라에르티오스(DK22A1)

에페소스 사람 헤라클레이토스는 블로손의 아들이거나, 또는 어떤 사람들이 말하듯이 헤라콘의 아들이다. 그는 69번째 올림피아기 중에 인생의 황금기를 누렸다.[1] 그의 책으로부터도 분명하

••••••••••••••
1) 69번째 올림피아기는 기원전 504-501년을 가리킨다. 헤라클레이토스의 전성기(akmē)가 기원전 6세기 말이라고 전해주는 이 보고는 몇 가지 점에서 볼 때 타당하다. 우선 헤라클레이토스가 13(DK22B40)에서 피타고라스, 헤카타이오스, 크세노파네스를 언급하고 있으며 이들은 모두 기원전 510년에서 480년 사이에 죽은 것으로 알려져 있다. 또한 영향사적인 측면에서 보았을 때, 그의 단편들에서 피타고라스와 크세노파네스의 영향은 찾아볼 수 있지만 파르메니데스나 그 밖의 기원전

듯이, 그는 어느 누구보다도 오만하고 방자했다. … 끝내 그는 사람들을 싫어하여 산 속에 은둔했고 풀과 나뭇잎을 먹으며 살았다. 하지만 이로 인해 수종에 걸리자 도시로 내려왔고, 의사들에게 폭우로부터 가뭄을 만들어낼 수 있냐고 수수께끼처럼 물었다. 그런데 의사들이 이를 이해하지 못했으므로 헤라클레이토스는 외양간으로 가서 자신을 쇠똥에 묻고 쇠똥의 열기로 몸이 마르기를 바랐다. 그러나 아무 효험도 얻을 수 없었으니 이렇게 해서 60의 나이로 생애를 마감했다.[2] (『유명한 철학자들의 생애와 사상』 IX. 1-3)

• • • • • • • • • • • • • •
5세기 사상가들의 영향은 전혀 찾아볼 수가 없다.
2) 그의 생애와 죽음에 관련된 일화들은 대부분 헬레니즘 시기의 전기작가들이 그가 한 말들로부터 지어낸 것으로 보인다. 가령 그가 인간을 혐오했다는 보고는 대중들에 대한 그의 비난들로부터 나왔을 것이며, 풀과 나뭇잎을 먹은 것은 피에 의한 정화의례를 비난한 것에 근거를 두고 있을 것이다(99, DK22B5). 또한 102(DK22B36)에서 언급된 혼의 죽음은 그를 죽음으로 이끈 수종과 관련이 있다. 의사들에 대한 풍자(63, DK22B58)와 수수께끼를 좋아하는 그의 문체(26; DK22B56, 46; DK22B93) 또한 위의 일화의 원천이 되었을 것이며, 시체와 똥의 비교(109, DK22B96)는 쇠똥에 묻혀 맞이한 그의 비참한 죽음을 지어내는 데 도움을 주었을 것이다. 이처럼 그에 대한 일화들이 만들어질 수 있었던 까닭은 우선 그의 생애에 대한 정확한 기록이 남아 있지 않기 때문이다. 그리고 후대 사람들이 그의 오만한 태도를 싫어했으며 더욱이 그를 사상적인 시조들 중 한 명으로 여긴 스토아학파를 비꼬고자 한 반대 학파들의 의도도 한몫했다고 여겨진다. 또한 헬레니즘 시기에 이런 식으로 유명인사들의 생애를 풍자한 문학들이 성행했던 일도 하나의 이유가 될 것이다.

2. 디오게네스 라에르티오스(DK22A1)

그가 도량이 크다는 증표를 안티스테네스는 『후계자들』이라는 책에서 말하고 있다. 즉 그는 왕위(basileia)[3]를 동생에게 내주었다. (『유명한 철학자들의 생애와 사상』 IX. 6)

3. 디오게네스 라에르티오스(DK22A1)

그의 것이라고 여겨지는 책은 내용으로 보아 『자연에 관하여』이고, 세 개의 논의로 나뉜다. 즉 우주에 관한 논의, 정치에 관한 논의, 신에 관한 논의가 그것이다. 그는 그 책을 아르테미스 신전에 봉헌해 두었는데, 어떤 이가 말하는 것처럼, 능력이 있는 자들만이 그것에 다가갈 수 있고, 군중으로부터 쉽사리 경멸받지 않도록 그는 애써 아주 난해하게 책을 썼다. … 이 책으로부터 헤라클레이토스주의자라 불리는 신봉자들까지 생겨날 정도로 이 책은 평판을 얻었다.(『유명한 철학자들의 생애와 사상』 IX. 5-6)

· · · · · · · · · · · · · · ·

3) 만일 이 보고가 사실이라면 헤라클레이토스는 에페소스에서 가장 귀족적인 가문, 즉 에페소스의 창건자인 안드로클로스 가문의 장남이었을 것이다. '왕위' 라고 번역된 바실레이아(basileia)는 이미 당시에 실질적인 군주권을 뜻하지 않았고, 단지 이 가문의 계승자에게 세습적으로 부여된 상징적인 칭호였을 것이다.

II. 사상

(1) 사람들의 무지에 대한 비판

4. 섹스투스 엠피리쿠스(DK22B1)

이 로고스(logos)는 언제나 그러한 것으로 있지만[4], 사람들은 듣기 전에도, 일단 듣고 나서도 언제나 이해하지 못한다.[5] 왜냐하면 모든 것이 이 로고스에 따라서 생기건만, 내가 각각의 것을 본성에 따라(kata physin) 구분하고 그것이 어떠한지를 보이면서 상술하는 그러한 말들과 일들을 그들이 경험하면서도(peirōmenoi), 그들은 경험 없는(apeiros) 사람들 같기 때문이다. 남들은 깨어서 하는 모든 것들을 알아채지 못하는데, 이는 마치 그들이 자면서 하는 모든 것을 잊어버리는 것과 같다.(『학자들에 대한 반박』 VII. 132)

. . . .

4) tou de logou toud' eontos. 이 구절은 be동사에 해당하는 희랍어 'eontos'의 의미에 따라서 '이 로고스는 언제나 있지만,' 또는 '이 로고스는 언제나 이러한(헤라클레이토스가 말하는 대로의) 것이지만' 으로도 번역될 수 있다.

5) 이 구절에 등장하는 '언제나(aei)'는 구문상 '그러한 것으로 있지만'과 '이해하지 못한다'를 모두 수식할 수 있다. 이는 아마도 헤라클레이토스가 의도적으로 모호한 구문을 사용한 것으로 추측되므로 위의 번역에서는 두 군데 모두 번역어를 삽입했다.

5. 섹스투스 엠피리쿠스(DK22B2)

이 때문에 〈공통의 것(xynōi)〉[6]을 따라야만 한다. 그런데 로고스는 공통의 것이거늘, 많은 사람들은 마치 자신만의 생각(phronēsis)을 지니고 있는 듯이 살아간다.

(『학자들에 대한 반박』 VII. 133)

6. 알렉산드리아의 클레멘스(DK22B17)

많은 이들은 그들이 어떠한 것과 마주치든 간에 그러한 것들을 생각하지(phronēousi) 못하고, 배우고서도 알지(ginōskousin) 못하지만, 자신들이 〔안다고〕 여긴다(dokeousin).

(『학설집』 II. 8)

7. 이암블리코스(DK22B70)

인간의 견해들(anthrōpina doxasmata)은 아이들의 장난거리이다.[7] (『혼에 관하여』, 스토바이오스의 『선집』 II. 1. 16에

••••••••••••••••
6) 원문에는 '공통의 것' 대신에 '공동의 것(koinōi)'이라는 말이 들어가 있고, 다음 구절에 '공동의 것은 공통의 것이므로'라는 구절이 삽입되어 있다. 이는 엠피리쿠스의 해설이 분명하므로 이 번역에서는 생략했다.
7) 거의 대부분의 학자들이 동의하듯이 이 단편은 다른 단편들, 즉 어른들의 어리석음을 아이와 비교하는 단편인 31, 104, 122를 모방한 후대의 개작으로 보인다. 그가 에페소스를 위한 법률제정을 거부하고 아이

인용됨)

8. 마르쿠스 아우렐리우스(DK22B71)

길이 어디로 이끄는지를 잊고 있는 사람을 또한 기억하라.

(『명상록』 IV. 46)

9. 마르쿠스 아우렐리우스(DK22B72)

그들은 가장 지속적으로 친밀한 관계를 갖는(homilousi) 것,
즉 전체를 다스리는 로고스와 갈라선다(diapherontai). 그리고
날마다 마주치는 것들이 그들에게는 낯선 것으로 보인다.[8]

(『명상록』 IV. 46)

10. 플루타르코스(DK22B87)

어리석은 사람은 어떤 말(logos)에도 흥분하기 십상이다.

(『이야기를 경청하는 것에 관하여』 41a)

들과의 놀이를 택했다는 일화 역시 아이들에 대한 그의 언급들을 근거
로 창작된 것으로 보인다.

8) 아우렐리우스가 인용하는 단편들은 다른 저자들이 인용하는 것들과
내용상 크게 다르지 않다는 점에서 위작으로 보이지는 않는다. 하지만
아마도 대부분 그의 기억에 남아 있는 구절을 옮겨놓은 것으로 생각되
며 어느 정도가 직접 인용인지를 결정하기가 힘들다.

11. 플루타르코스(DK22B97)

개들은 알아보지 못하는 것들을 향해서 짖는다.

(『노인이 국가 일을 맡아야 하는가?』 7쪽 787c)

12. 프로클로스(DK22B104)

어떤 지성(noos)이나 생각(phrēn)을 그들이 갖고 있는가? 그들은 대중의 시인들을 믿고 군중을 선생으로 삼는다. '다수의 사람들은 나쁘고, 소수의 사람들이 좋다'는 것은 알지도 못하면서.[9]

(『『알키비아데스 I』 주석』 525쪽 21)

(2) 현인이라 불리는 사람들에 대한 비판

13. 디오게네스 라에르티오스(DK22B40)

박식(polymathiē)이 지성(noos)을 갖도록 가르치지 않는다. 〔만일 가르쳤다면〕 그것은 헤시오도스와 피타고라스도, 또한 크세노파

---

9) 그가 시인들을 비판하고 있는 다른 전거도 전해진다. "알려지지 않은 것들에 관해서 시인들이나 신화작가들을 증인으로 삼는 것은 더 이상 적합하지 않을 것이다. 헤라클레이토스가 말했듯이, 마치 우리 이전의 사람들이 대부분의 것들에 대해 그것들이 논쟁거리가 될 때 믿음직하지 않은 권위자들을 내세우면서 그러했던 것처럼…"(폴뤼비우스 『역사』 IV. 40. 2, DK22A23)

네스와 헤카타이오스도 가르쳤을 것이므로.

(『유명한 철학자들의 생애와 사상』 IX. 1)

14. 히폴뤼토스(DK22B57)

대부분의 사람들을 가르친 자는 헤시오도스이다. 그들은 그가 가장 많이 안다고 알고 있다. 낮과 밤도 알지 못하는 그가. 그것들은 하나 인데도.[10] (『모든 이교적 학설들에 대한 논박』 IX. 10)

15. 플루타르코스(DK22B106)

헤시오도스는 모든 날들의 본성이 하나라는 사실은 모르고 있다.[11] (『칼리무스의 생애』 19. 1)

●●●●●●●●●●●●●

10) 이 단편에서 언급하고 있는 헤시오도스의 견해는 아마도 『신들의 탄생』, 123-4행의 구절, "혼돈(Chaos)으로부터 에레보스(Erebos)와 검은 밤(Nyx)이 나왔고, 차례로 밤으로부터 낮과 에테르(Aither)가 나왔다"를 언급하는 것인 듯 보인다.

11) 이 단편에서 언급하는 헤시오도스의 생각은 『일과 날』 765 이하의 구절을 말하는 것으로 보인다. 하지만 이 구절들에서 헤시오도스는 단지 길일(吉日)과 흉일(凶日)을 구분하고 그에 따라서 해야 할 일들과 하지 말아야 할 일들을 말하고 있을 뿐이며, 각각의 날들이 본질적으로 다르다고까지 주장하는 것은 아닌 듯하다.

16. 디오게네스 라에르티오스(DK22B129)

므네사르코스의 아들 피타고라스는 어느 누구보다도 더 탐구(historiē)에 힘썼고, 그 글들(syngraphai)을 발췌해서 자신의 지혜, 즉 박식(polymathiē), 술책(kakotechniē)을 만들었다.[12]

(『유명한 철학자들의 생애와 사상』 VIII. 6)

17. 필로데모스(DK22B81)

헤라클레이토스에 의하면 그(피타고라스)는 허튼 소리를 하는 사람들의 원조이다.(『수사학』 I. 57, 62란, 쉬드하우스 편집 351, 354쪽)

18. 디오게네스 라에르티오스(DK22B42)

호메로스는 경연(agōn)에서 쫓겨나고 두들겨 맞을(rhapizesthai) 만하다. 그리고 아르킬로코스도 마찬가지이다.[13] (『유명한 철학자들

- - - - - - - - - - - - - - -

12) 딜스는 피타고라스 이전에 문자로 기록된 책들(syngraphai)의 존재를 의심하면서 이 단편을 위작이라고 생각했으나 이후의 연구성과들에 힘입어 현재는 많은 학자들이 이 구절을 헤라클레이토스 자신의 언명으로 받아들인다. 피타고라스가 발췌해내서 자기 것인 양 삼았던 저작들이 무엇인지는 분명하지 않지만 당시의 이오니아 지방에는 현재 확인할 수 있는 아낙시만드로스, 아낙시메네스, 페레퀴데스의 단편들을 포함해서 상당수의 산문저작들이 유통되고 있었다는 점이 어느 정도 밝혀지고 있다.

13) 희랍의 경연(agōn)에서는 운동 경기와 함께 시가 경연대회도 열렸으며, 참가하는 모든 시인은 경연장에 들어갈 때 시인의 상징인 막대기

19. 알렉산드리아의 클레멘스(DK22B28)

가장 믿을 만하다고 여겨지는 자(dokimōtatos)가 알고 고수하는 것은 단지 그럴 듯하게 여겨지는 것들(dokeonta)에 지나지 않는다.[14] 그러나 디케[15]는 거짓들을 꾸미고 증언하는 자들을 따라가 붙잡을 것이다.(『학설집』 V. 9)

20. 스토바이오스(DK22B108)

내가 그들의 말을 들은 사람들 중에서 누구도, 모든 것으로부터 떨어진, 지혜로운 것이 있다는 사실[16]을 아는 데에 이르지 못했다.(『선

• • • • • • • • • • • • • •

(rhabdos)를 지칭했다. 이 단편에서 헤라클레이토스는 낭송시인의 선조격인 호메로스가 바로 자신의 막대기로 두들겨 맞고서 쫓겨날 만하며, 낭송시인의 대표격인 아르킬로코스 역시 마찬가지의 일을 당해야만 한다고 풍자하고 있다.

14) 이 단편은 '가장 믿을 만하다고 여겨지는 자(ho dokimōtatos)' 라는 단어가 '단지 그럴 듯하게 여겨지는 것들(dokeonta)' 이라는 단어와 같은 어근을 가지고 있다는 점을 이용한 언어유희를 보여준다. 파르메니데스에서 선명하게 구분되기 시작하는 의견(doxa)과 참된 앎(noein)의 대조는 이미 헤라클레이토스와 크세노파네스(DK21B34, DK21B35)에서도 드러나 있다.

15) 정의의 여신.

16) sophon esti pantōn kechōrismenon. 이 구절은 "지혜로운 것은 모든 것들로부터 떨어져 있다"로 번역될 수도 있다.

집』I. 174)

(3) 지혜의 탐구

21. 히폴뤼토스(DK22B55)

보고 듣고 배울 수 있는 그 모든 것들을 나는 더 중시한다.
(『모든 이교적 학설들에 대한 논박』IX. 9)

22. 아리스토텔레스(DK22B7)

있는 모든 것이 연기가 된다면, 코가 식별할 것이다.[17]
(『감각과 감각되는 것에 관하여』443a23)

23. 폴뤼비오스(DK22B101a)

눈은 귀보다 더 정확한 증인(martyres)이다.(『역사』XII. 27)

· · · · · · · · · · · · · ·

17) 아리스토텔레스는 이 단편을, 자신의 증발이론(anathymiasis)을 뒷
받침하기 위한 예증으로서 인용하고 있다. 또한 아리스토텔레스는
혼에 대한 이론을 언급하면서 "헤라클레이토스가 말하길 근원(archē)
은 혼이다. 만일 그것이 증발기(蒸發氣)이고, 그것으로부터 다른
것들이 형성된다면(아리스토텔레스, 『혼에 관하여』I. 2. 405a 24,
DK22A15)"이라고 전하고 있다. 69, 97에서도 보이듯이, 헤라클레이
토스에게서 증발이론의 근거를 찾고자 하는 시도가 많이 있었다.

24. 섹스투스 엠피리쿠스(DK22B107)

눈과 귀는 사람들에게 나쁜 증인이다. 말을 알아듣지 못하는 혼 (barbaros psychē)을 가진 한에서.[18]

(『학자들에 대한 반박』 VII. 126)

25. 알렉산드리아의 클레멘스(DK22B34)

듣고도 이해하지 못하므로 그들은 귀머거리 같다. "곁에 있음에도 떠나 있다(pareontas apeinai)"는 속담이 그들에 대해 증언한 다.(『학설집』 V. 116)

• • • • • • • • • • • • • •

18) 본래 '바르바로스(barbaros)'라는 단어는 희랍어로 의사소통을 할 줄 모르는 이방인들을 뜻한다. 이 구절을 인용한 섹스투스 엠피리쿠 스는 이 구절의 앞부분에서 헤라클레이토스를 감각들을 불신했던 사 람들 중 하나로 언급하고, 순수한 영혼들은 결코 감각지각을 믿어서 는 안 된다는 감각에 대한 회의주의의 근거를 이 단편에서 찾고 있 다. 또한 엠피리쿠스는 이구절에 이어서 "비이성적인 감각들을 신뢰 하는 것은 말을 알아듣지 못하는 혼(barbaros psychē)이 하는 일이 다"라는 해석을 덧붙이는데, 이에 따르면, '눈과 귀'는 감각 일반을, 그리고 'barbaros psychē'는 순수한 영혼과 대비되는 저속하거나 열 등한 영혼을 가리키게 된다. 하지만 이 해석은 파르메니데스 이후에 분명하게 전개되는 감각에 대한 회의주의를 지시하고 있으며, 헤라 클레이토스의 의도와는 거리가 있는 것으로 보인다. 오히려 21에서 눈과 귀에 대한 신뢰가 명백히 표현되고 있으며, 23(DK22B101a), 95(DK22B3) 역시 같은 맥락에서 해석하는 것이 자연스럽다.

26. 히폴뤼토스(DK22B56)

사람들은 분명한 것들(to phaneron)을 아는 것과 관련해서도 속는다. 이는 모든 헬라스인 중에서 가장 현명한 자였던 호메로스의 경우와 마찬가지이다. 왜냐하면 이(蝨)를 죽이고 있던 소년들이 다음과 같은 말을 하면서 그를 속였기 때문이다. "우리는 보고 잡은 것들은 남겨두고 가며, 보지 못했고 잡지 못한 것은 가지고 간다."[19]

(『모든 이교적 학설들에 대한 논박』 IX. 9)

27. 디오게네스 라에르티오스(DK22B46)

생각(oiēsis)은 신성한 병(hiera noson)[20]이고, 시각은 사람을 속인다.(『유명한 철학자들의 생애와 사상』 IX. 7)

28. 알렉산드리아의 클레멘스(DK22B19)

어떤 사람들이 쉽사리 믿지 않는 것을 질책하면서 헤라클레이

••••••••••••••

19) 호메로스에 얽힌 이 일화는 후대에 그의 죽음과 관련해서 널리 회자되었다. 이 일화는 호메로스가 장님이었다는 사실을 전제해야만 이해될 수 있다. 잡은 이는 내버리고 잡지 못한 이는 가지고 갈 수밖에 없다는 아이들의 말을, 그 광경을 눈으로 볼 수 없었던 호메로스는 이해하지 못했다. 따라서 그는 아이들이 읊조리는 이 말의 의미를 끝내 알아내지 못했고, 슬픔에 잠겨서 숨을 거두었다고 전해진다.

20) '신성한 병'은 간질병을 뜻한다. '생각'으로 번역된 oiēsis는 기원전 4세기 이전의 문헌에서는 발견되지 않으며, 따라서 헤라클레이토스 자신의 말은 아니라고 추측된다.

토스가 말하기를, 들을 줄도 말할 줄도 모르는 자들.

(『학설집』 II. 24)

29. 플루타르코스(DK22B86)

그러나 대부분의 신적인 것들이 불신(apistis) 때문에 알려지지 않고 지나가 버린다.(『코리올라누스의 생애』 22)

30. 오리게네스(DK22B78)

인간의 본성(ēthos)은 예지(叡智, gnōmē)들을 지니지 않지만, 신의 것은 그것들을 지니고 있다.(『켈소스에 대한 반박』 VII. 12)

31. 오리게네스(DK22B79)

아이가 어른에게서 어리석다는 말을 듣는 것처럼, 어른은 신에게서 어리석다는 말을 듣는다.(『켈소스에 대한 반박』 VII. 12)

32. 마르쿠스 아우렐리우스(DK22B73)

잠든 사람처럼 행하고 말해서는 안 된다.(『명상록』 IV. 46)

33. 플루타르코스(DK22B89)

깨어 있는 자들에게는 하나이고 공통의 세계(kosmos)가 있다. 반면에 잠들어 있는 자들 각각은 자기만의 세계로 돌아간다.

(『미신에 관하여』 166c)

34. 스토바이오스(DK22B114)

지성을 가지고(xyn noōi) 말하려는 사람들은 모든 것에 공통된 것 (xynōi)에 확고히 기반을 두어야만 한다.[21] 마치 도시가 법에 그래야 하는 것처럼. 그것도 훨씬 더 그래야 한다. 왜냐하면 모든 인간의 법 들은 하나인 신의 법에 의해서 양육되기 때문이다. 왜냐하면 그것은 하고자 하는 만큼 지배하고(kratei), 모든 것들을 충족시키고, 그러고 도 남음이 있기 때문이다.(『선집』 I. 179)

35. 섹스투스 엠피리쿠스(DK22A16)

헤라클레이토스에 따르면, 우리는 이 신적인 로고스를 호흡을 통해 빨아들임으로써 지적으로 된다. 그리고 잠잘 때는 잊어버리 지만, 깨어 있는 동안에는 다시 분별력을 갖게 된다. 왜냐하면 잠 잘 때는 감각의 통로가 닫혀서 우리의 사고가 주위를 둘러싸고 있는 것과의 자연적인 교류로부터 떨어지게 되는데, 마치 일종의 뿌리처럼, 오로지 호흡에 의해서 자연적인 연결이 유지되지만, 그런 연결에서 떨어지게 되면 우리의 사고는 앞서 가지고 있던

---

21) '지성을 가지고(xyn noōi)'와 '공통의 것(xynōi)'은 일종의 언어유 희이다. 즉 지성을 가지고 있다는 의미는 공통의 것에 뿌리박고 있다 는 점을 강조하는 것이다.

기억력을 놓쳐버리기 때문이다. 그러나 깨어 있을 때에는 마치 창문을 통해서 내다보는 것처럼 다시 감각의 통로를 통해 내다보고, 둘러싸고 있는 것과 만남으로써 헤아리는 능력을 얻는다.

(『학자들에 대한 반박』 VII. 129)

36. 스토바이오스(DK22B113)

생각하는 것(phroneein)은 모두에게 공통이다.

(『선집』 I. 179)

37. 스토바이오스(DK22B116)

자기를 아는 것(ginōskein heōutous)과 사려하는 것(sōphronein)이 모든 인간들에게 부여되어 있다.(『선집』 V. 6)

38. 스토바이오스(DK22B112)

사려하는 것(sōphronein)은 가장 큰 덕(aretē)이다. 참을 말하는 것과 본성에 귀기울여가며 그것에 따라 행동하는 것은 지혜(sophiē)이다.[22] (『선집』 I. 178)

. . . .

22) 이 구절은 "사려하는 것은 가장 큰 덕이자 지혜인데, 그것은 참을 말하고 본성에 귀기울여 그것에 따라 행동하는 것이다"로 번역될 수도 있다.

39. 디오게네스 라에르티오스(DK22B41)

지혜로운 것은 하나인데, 모든 것들을 통해서 모든 것들을 조종하는(ekybernēse),[23] 예지(gnōmēn)를 숙지하는 것이다.

(『유명한 철학자들의 생애와 사상』 IX. 1)

40. 디오게네스 라에르티오스(DK22B47)

가장 중요한 것들에 관해서 경솔하게 추측하지(symballōmetha) 말자.(『유명한 철학자들의 생애와 사상』 IX. 73)

41. 알렉산드리아의 클레멘스(DK22B35)

지혜를 사랑하는 사람들(philosophoi andres)[24]은 실로 많은 것들을 탐구하는(historas) 사람들이어야만 한다.(『학설집』 V. 114)

• • • • • • • • • • • • • • • •

23) hoteē ekybernēse panta dia pantōn. 이 구절은 사본이 손상되었으며, 사본독해에 따라서 다음과 같은 해석들이 가능하다. ① "만물이 만물을 통해서 어떻게 조종되는지(hokē kybernatai)"에 대한 예지. ② "예지에 의해서 만물이 만물을 통해 조종되는(hoteēi kybernatai)"이라고 할 때의 그 예지.

24) 만일 이 말이 헤라클레이토스의 말이라면, 이것은 희랍 문헌에서 philosophos가 등장하는 최초의 구절이 될 것이다. 물론 그렇다고 하더라도 이 단어가 플라톤 이후에 사용된 의미를 지니고 있는 것은 아니며, 탐구와 관련해서 등장한 것을 보았을 때 '현인이 되고자 하는 사람' 정도로 새기는 것이 적당해 보인다.

42. 알렉산드리아의 클레멘스(DK22B18)

기대하지 않는다면, 기대하지 않은 것은 찾아낼 수 없을 것인데, 그 것은 찾을 수 없는, 〔찾을 길이〕 막연한 것이기 때문에.

(『학설집』 II. 17)

43. 알렉산드리아의 클레멘스(DK22B22)

금을 찾는 사람들은 많은 땅을 파내고 적은 것을 발견한다.

(『학설집』 IV. 4)

44. 플루타르코스(DK22B101)

나는 나 자신을 탐구했다(edizēsamēn emeōuton).

(『콜로테스에 대한 반박』 1118c)

45. 테미스티오스(DK22B123)

본성(physis)은 스스로를 감추곤(kryptesthai) 한다.[25]

(『연설집』 15쪽, 69)

46. 플루타르코스(DK22B93)

델포이에 있는 신탁의 주재자(anax)[26]는 말하지도(legei) 감추지

• • • • • • • • • • • • • •

25) 이 구절을 "본성은 숨기를 좋아한다"로 해석할 수도 있다.

도(kryptei) 않고, 다만 징표를 보일(sēmainei) 뿐이다.

(『퓌티아의 신탁의 쇠퇴에 관하여』 404d)

47. 알렉산드리아의 클레멘스(DK22B32)

하나인 것, 유일하게 현명한 것[27]이 제우스의 이름으로 불리고자 하지 않으면서 또한 그렇게 불리고자 한다.(『학설집』 V. 116)

(4) 로고스

48. 히폴뤼토스(DK22B50)

나에게 귀를 기울이지 말고 로고스에 귀를 기울여, '만물은 하나이다(hen panta einai)'라는 데 동의하는 것이 지혜롭다.

(『모든 이교적 학설들에 대한 논박』 IX. 9)

49. 위-아리스토텔레스(DK22B10)

함께 잡혀진 것들(syllapsies)[28]—전체이며 또한 전체가 아닌 것,

• • • • • • • • • • • • • •

26) 아폴론.

27) hen to sophon mounon. 이 구절은 'mounon'이 무엇을 수식하는 지에 따라서 "오직 하나인 것-현명한 것" 또는 "현명한 것은 오직 하나이다"로도 읽힐 수 있다.

28) 쌍을 이루고 있는 나머지 구절들과 달리 가장 앞에 등장한 이 단어는 쌍을 이루지 않는다. 이 단어는 함께 잡는 행위를 의미할 수도 있고,

한곳에 모이며 또한 따로 떨어지는 것, 함께 부르며 또한 제각기 부르는 것, 그리고 모든 것으로부터의 하나, 그리고 하나로부터의 모든 것.(『우주에 관하여』 396b7)

50. 히폴뤼토스(DK22B51)

그것이 어떻게 자신과 불화하면서도(diapheromenon) 그 자신과 일치하는지를(homologeei) 사람들은 이해하지 못한다. 그것은 마치 활과 뤼라의 경우처럼, 반대로 당기는 조화(palintropos harmoniē)[29]이다.(『모든 이교적 학설들에 대한 논박』 IX. 9)

함께 잡혀진 대상을 의미할 수도 있다. 하지만 어느 쪽이든 간에 그 의미를 파악하기 쉽지 않다. 80(DK22B64)과 관련해서 보았을 때, 신 또는 로고스의 양면성, 즉 대립하는 것들 각각이면서도 또한 그것들 전체인 어떤 것을 보여주고 있음은 틀림없다. syllapsies를 synapsies로 읽은 사본들도 전해진다. 이 경우에는 접촉, 잇닿아 있는 것 등의 의미가 가능하다.

[29] palintropos는 활시위를 당겼다가 놓을 때 원래의 자리로 되돌아가는 모습을 나타낸다. 플루타르코스는 『모랄리아』 369a와 473f에서 이 낱말을 palintonos로도 전해주고 있는데, 이는 아마도 활(toxos)을 묘사하는 당시의 익숙한 표현에서 영향을 받은 듯하다. 이 경우에는 활대와 활줄이 서로 팽팽하게 당겨져서 활의 모양을 만들고 있는 상태를 연상하면 된다.

51. 히폴뤼토스(DK22B54)

보이지 않는 조화가 보이는 것보다 더 강하다.

(『모든 이교적 학설들에 대한 논박』IX. 9)

52. 아리스토텔레스(DK22B8)

대립하는 것(antixoun)은 한곳에 모이고(sympheron), 불화하는 것들(tōn diapherontōn)로부터 가장 아름다운 조화가 이루어진다. 그리고 모든 것은 투쟁에 의해 생겨난다.

(『니코마코스 윤리학』1155b4)

(5) 대립자들

a. 주기적으로 반복되는 대립자들

53. 체체스(DK22B126)

차가운 것들은 뜨거워지고, 뜨거운 것은 차가워진다. 젖은 것은 마르고, 마른 것은 젖게 된다.(『일리아스 강의』에 대한 외곽주석)

54. 플루타르코스(DK22B88)

동일한 것…[30] 살아 있는 것과 죽은 것, 깨어 있는 것과 잠든 것, 젊은 것과 늙은 것. 왜냐하면 이것들이 변화하면(metapesonta) 저

것들이고, 저것들이 다시 변화하면 이것들이기 때문에.

(『아폴로니오스에게 보내는 위로의 말』 106e)

b. 인간적 사고의 탈피

55. 히폴뤼토스(DK22B61)

바닷물은 가장 깨끗하고 또한 가장 더럽다. 물고기들에게는 마실 수 있고 〔삶을〕 보존해 주는 것이지만, 인간들에게는 마실 수 없고 〔삶을〕 앗아가는 것이다.

(『모든 이교적 학설들에 대한 논박』 IX. 10)

56. 알렉산드리아의 클레멘스(DK22B13)

돼지들은 깨끗한 물보다 진흙탕을 더 즐긴다.(『학설집』 I. 2)

57. 콜루멜라(DK22B37)

돼지들은 진흙으로 자신들을 씻고, 가금(家禽)들은 먼지와 재로 씻는다.(『농사에 관하여』 VIII. 4)

●●●●●●●●●●●●●●

30) tauto t' eni. 이 구절의 희랍어 표현은 어떤 방식으로 읽더라도 부자 연스럽다. 학자에 따라서는 이 구절을 '우리 안에 있는 동일한 것'으로도 해석하기도 한다.

58. 아리스토텔레스(DK22B9)

당나귀들은 금보다 차라리 여물을 택할 것이다. 왜냐하면 당나귀들에게는 금보다 먹을 것이 더 즐거울 테니까.

(『니코마코스 윤리학』 1176a7)

59. 알베르투스 마그누스(DK22B4)

만약 행복이 몸의 즐거움에 있다면, 먹기 위한 쓴 살갈퀴를 황소들이 발견했을 때, 그 황소들을 우리는 행복하다고 말해야만 한다.

(『식물에 관하여』 VI. 401)

60. 플라톤(DK22B82)

원숭이들 중 가장 아름다운 놈도 사람의 부류에 비하면 추하다.

(『대 히피아스』 289b)

61. 플라톤(DK22B83)

사람들 중 가장 현명한 자도 신에 비하면 원숭이로 보인다. 지혜에서도, 아름다움에서도, 다른 모든 것들에서도.

(『대 히피아스』 289b)

62. 테오프라스토스(DK22B124)

가장 아름다운 세계질서(kosmos)는 아무렇게나 쌓인 쓰레기 더

미이다.(『형이상학』 15)

c. 하나의 것이 다른 관점에서 대립적으로 드러나는 경우

63. 히폴뤼토스(DK22B58)

의사들은 절개하고 뜸을 뜨며 온갖 방식으로 아픈 사람들을 지독하게 괴롭히면서도, 아픈 사람들로부터 마땅한 보수를 받지 못한다고 불평한다.[31] (『모든 이교적 학설들에 대한 논박』 IX. 10)

64. 히폴뤼토스(DK22B59)

축융기(gnapheiōi)[32]의 길은 곧바르고 굽었다.

(『모든 이교적 학설들에 대한 논박』 IX. 10)

• • • • • • • • • • • • • •

31) 이 단편은 커크의 텍스트를 따랐다. 딜스의 텍스트에 따르면 다음과 같이 번역될 수 있다. "의사들은…괴롭히고, 아픈 사람들로부터 보수를 받을 만하지 못한 자들인데도 보수를 요구한다. 질병들이 하는 일과 같은 일을 하면서도."
32) 축융기는 원통모양의 기구로서 실을 감아 당겨서 곧게 펴는 데 사용된다. 대부분의 사본은 grapheōn으로 되어 있는데, 이것은 쓰여진 것, 또는 쓰는 사람을 뜻한다. 이 경우에 '곧바르다'는 글을 한쪽 방향으로 써나간다는 것이며, '굽었다'는 글자를 여러방향으로 구부리며 쓴다는 말이 된다.

65. 포르퓌리오스(DK22B103)

원의 둘레에서 시작과 끝은 공통이다.

(『『일리아스』에 관한 호메로스적 물음들』 200)

66. 히폴뤼토스(DK22B60)

올라가는 길과 내려가는 길은 하나이며 동일하다.[33]

(『모든 이교적 학설들에 대한 논박』 IX. 10)

67. 저자불명(DK22B48)

활(toxon)에게 그 이름은 삶(bios)이지만, 하는 일은 죽음이다.[34] (『어원사전』 「비오스」 항목)

. . . .

33) 이 단편의 표현은 극히 일반적이라서 정확한 의도를 파악하기가 힘
들다. 표면적으로 이 단편은 오르막길과 내리막길이 하나의 길이며,
같은 길이 관점에 따라서 다른 길로 보인다는 뜻이다. 하지만 고대의
여러 전거들은 이 단편을 76(DK22B31)이나 77(DK22B76)에서처럼
우주적 순환과정이 동일하면서도 반대의 경로를 밟는다는 것으로 인
용하고 있다.

34) 이 단편은 희랍어 비오스(bios)가 강세에 따라서 두 가지 다른 뜻을
갖는다는 점을 이용한 유희이다. 앞 음절에 강세를 지닌 bios는 '활'
이고, 뒤의 음절에 강세를 지닌 bios는 '삶', 또는 '생명'이다. 이 단
편은 '삶'과 '죽음'의 본질적인 연관을 말하고자 하는 것일 수도, 이
름과 그것이 하는 일의 불일치를 보여주는 것일 수도 있다.

68. 플라톤(DK22A6)

어디에선가 헤라클레이토스는 모든 것은 나아가고 아무 것도 제자리에 머무르지 않는다고 말하고, 있는 것들을 강의 흐름에 비유하면서 "너는 같은 강물에 두 번 들어갈 수 없을 것이다"라고 말한다.(『크라튈로스』402a)

69. 아레이오스 디뒤모스(DK22B12)

같은 강에 발을 담근 사람들에게 다른 강물이, 그리고 또 다른 강물이 계속해서 흘러간다. 그리고 혼들은 젖은 것들로부터 증발되어 나온다.(에우세비오스의 『복음의 준비』XV. 20에 인용됨)

70. 헤라클레이토스[35] 호메리코스(DK22B49a)

우리는 같은 강에 들어가면서 들어가지 않는다. 우리는 있으면서 있지 않다.(『호메로스의 비유들』24)

71. 플루타르코스(DK22B91)

같은 강에 두 번 발을 담글 수 없고 가사적인 것을 고정된 상태에서 두 번 접촉할 수도 없다. 그것은 변화의 급격함과 빠름에 의

....

35) 이 단편의 저자인 헤라클레이토스와 다른 인물. 고대에는 헤라클레이토스라는 이름을 가진 저자가 많아서, 이 저자는 '호메로스의(Homērikos)'란 이름을 붙여서 다른 이름들과 구별한다.

해서 흩어졌다 또다시 모이고(아니 '다시'도 '나중'도 아니며, 차라리 '동시에') 합쳐졌다 떨어지며, 다가왔다 멀어진다.

(『델포이의 E에 관하여』 392b)

d. 대립자들에 대한 인식

72. 스토바이오스(DK22B111)

병은 건강을 달콤하고 좋은 것으로 만든다. 굶주림은 포만을, 피로는 휴식을 그렇게 만든다.(『선집』 I. 177)

73. 알렉산드리아의 클레멘스(DK22B23)

만일 이것들이[36] 없었더라면, 사람들은 디케의 이름을 알지 못했을 것이다.(『학설집』 IV. 10)

• • • • • • • • • • • • • • •
36) '이것들이'가 가리키는 것은 클레멘스의 인용맥락을 추측해 보건대 법을 위반한 부정의한 행동들을 의미한다고 볼 수 있다. 디케는 판결, 또는 그에 따라 결정된 징벌이나 보상, 나아가 이 소송자체를 가리킨다. 이러한 구체적 의미들로부터 법적인 소송을 결정하는 원리로서의 '정의' 개념이 등장한다. 따라서 이 단편은 사람들이 부정의한 행동들을 하고 그에 대한 처벌과 보상이 주어지는 과정이 없었다면 디케라는 이름조차 알지 못했을 것임을 말해준다. 다시 말해 디케에 대한 인식은 부정의한 행동에 의존한다.

74. 포르퓌리오스(DK22B102)

　신에게는 모든 것이 아름답고 좋고 정의롭지만 인간들은 어떤 것들은 정의롭지 않다고 생각하고, 또 어떤 것들은 정의롭다고 생각한다. (『『일리아스』에 관한 호메로스적 물음들』 4)

(6) 우주에 관하여

75. 알렉산드리아의 클레멘스(DK22B30)

　이 세계(kosmos)[37]는, 모두에게 동일한데, 어떤 신이나 인간이 만든 것이 아니라 언제나 있어왔고 있고 있을 것이며, 영원히 살아 있는 불(pyr aeizōon)로서 적절한 만큼 타고 적절한 만큼 꺼진다.

　(『학설집』 V. 105)

76. 알렉산드리아의 클레멘스(DK22B31)

　불의 전환(tropai).[38] 우선 바다, 그리고 바다의 절반은 땅(gē), 나

．．．．．．．．．．．．．．．．

37) kosmos가 '세계'라는 의미로 사용되는 것은 엠페도클레스에게서 처음으로 분명히 드러난다. 그 이전에 kosmos는 장식, 군대의 진용, 조화로운 질서 등의 의미로 사용되었다. 지금의 번역에서도 이러한 의미가 더 지배적일 것이다.

38) tropai는 원래 태양이 동지와 하지에 그 경로를 바꾸는 천구상의 지점을 의미한다. 헤라클레이토스는 불을 태양과 유비적으로 표현하면서 불이 다른 원소들로 변환되는 과정을 나타내고자 한 것으로 보인다.

머지 절반은 뇌우(雷雨, prēstēr) … 〈땅이〉 바다로서 쏟아져나오고, 땅이 되기 전과 동일한 양(logos)으로 재어진다.[39]

(『학설집』 V. 105)

77. 플루타르코스(DK22B76)

불의 죽음이 공기에게는 생겨남이고, 공기의 죽음이 물에게는 생겨 남이다.[40] (『델포이의 E에 관하여』 392c)

78. 플루타르코스(DK22B90)

모든 것은 불의 교환물(antamoibē)이고 불은 모든 것의 교환물이 다. 마치 물건들이 금의 교환물이고, 금은 물건들의 교환물이듯이. (『델포이의 E에 관하여』 388e)

• • • • • • • • • • • • • • • •

39) 이 구절을 의역하면 "땅이 바다가 되어 쏟아져 나오는데, 이 때 생겨 난 바다의 양은 그것이 이전에 땅이 될 때의 양과 동일하다"이다. 다 시 말해서 지금의 변화는 바다→땅→바다의 순서로 이루어졌다.

40) 이 단편과 유사한 내용을 담고 있는 다른 전거들이 여러 군데에서 발 견된다. "불은 흙의 죽음을 살고, 공기는 불의 죽음을 살고, 물은 공 기의 죽음을 살고, 흙은 물의 죽음을 산다(튀로스의 막시무스『철학 강의』XII 4, DK22B76)", "흙의 죽음은 물이 생겨남이고, 물의 죽음 은 공기가 생겨남이며, 공기의 죽음은 불이 생겨남이고, 다시 반대의 방식이다(마르쿠스 아우렐리우스『명상록』IV. 46, DK22B76)."

79. 히폴뤼토스(DK22B67)

신은 낮이며 밤이고, 겨울이며 여름이고, 전쟁이며 평화이고, 포만이며 굶주림이다. 〈불이〉 향료들과 함께 섞일 때 각각의 향에 따라 이름 붙여지듯이, 신은 그렇게 변화한다.

(『모든 이교적 학설들에 대한 논박』 IX. 10)

80. 히폴뤼토스(DK22B64)

번개(keraunos)가 만물을 조종한다(oiakizei).[41]

(『모든 이교적 학설들에 대한 논박』 IX. 10)

81. 히폴뤼토스(DK22B65)

〔불은〕[42] 궁핍이며 포만이다.

. . . .

41) 번개는 제우스의 무기로서 그가 부정의한 자들을 심판할 때 사용한다. 또한 oiakizei라는 표현은 39에서도 사용되었는데, 이는 배가 항해하는 상황을 연상시키는 표현으로서 아낙시만드로스에서도 사용되었다(DK12A15). 그러나 헤라클레이토스는 이렇듯 널리 알려진 비유들에서 보이는 신화적인 세계운행의 힘을 이성적인 법칙으로 바꾸어서 표현한다.

42) 히폴뤼토스는 이 단편에 이어서 다음과 같은 설명을 덧붙이고 있다. "헤라클레이토스에 따르면 궁핍(chrēsmosynē)은 질서지움(diakosmēsis)이고 포만(koros)은 대화재(ekpyrōsis)이다." 이 설명은 스토아의 해석과 유사한 우주의 순환설, 즉 세계의 생성과 대화재로 인한 소멸을 헤라클레이토스의 것으로 돌리고 있으나 이를 확정하기는 어렵다.

(『모든 이교적 학설들에 대한 논박』 IX. 10)

82. 플로티노스(DK22B84a)

움직이면서도 쉰다.(『엔네아데스』 IV. 8. 1)

83. 플로티노스(DK22B84b)

같은 사람들(tois autois)을 위해 힘들게 일하고 지배받는 것 (archesthai)은 피곤한 일이다.[43] (『엔네아데스』 IV. 8. 1)

84. 테오프라스토스(DK22B125)

보리음료[44]도, 젓지 〈않으면〉, 분리된다.(『현기증에 관하여』 9)

85. 위-아리스토텔레스(DK22B11)

모든 길짐승은 매질에 의해 목초지로 이끌린다(nemetai).[45]

••••••••••••••••

43) tois autois는 '같은 일'로 해석될 수도 있으며, archesthai는 '시작하 다'로 해석될 수도 있다. 따라서 이 구절은 "같은 일을 위해 힘들게 일하고 계속 새로이 시작하는 것은 피곤하다"로 읽힐 수도 있다.

44) 보리 음료로 번역한 퀴케온은 보리, 치즈 가루, 포도주를 섞어서 만든 희랍의 전통적인 음료이다. 그 성분을 보면 알 수 있듯이 이 음료는 마실 때마다 섞어주어야 하고, 그렇지 않으면 각각 층층이 분리된다.

45) 84와 마찬가지로 이 단편에서의 매질은 세계질서를 유지시키는 데 필요한 동인(動因)으로 해석될 수 있다. 또한 nemetai는 법(nomos) 과 동일한 어근을 갖는 말이다.

(『우주에 관하여』 401a8)

86. 히폴뤼토스(DK22B52)

인생(aiōn)⁴⁶⁾은 장기를 두면서 노는 아이. 왕국(basilēiē)은 아이의 것이니.(『모든 이교적 학설들에 대한 논박』 IX. 9)

87. 히폴뤼토스(DK22B53)

전쟁은 모든 것의 아버지이고, 모든 것의 왕이다. 그것이 어떤 이들은 신으로 또 어떤 이들은 인간으로 드러내며, 어떤 이들은 노예로 또 어떤 이들은 자유인으로 만든다.

(『모든 이교적 학설들에 대한 논박』 IX. 9)

88. 오리게네스(DK22B80)

전쟁(polemos)은 공통된 것이고 투쟁(eris)이 정의이며, 모든 것은 투쟁과 필연(chreōn)⁴⁷⁾에 따라서 생겨난다는 것을 알아야만 한다.⁴⁸⁾(『켈소스에 대한 반박』 VI. 42)

• • • • • • • • • • • • • •

46) aiōn은 생명력, 인생, 삶의 시기 등을 뜻한다.

47) 원래의 사본은 chreōmena로 되어 있으나 그 의미를 파악하기 어렵다. 따라서 이 번역은 딜스의 수정을 따랐다.

48) "헤라클레이토스는 '투쟁이 신들과 인간들에게서 사라지기를' 이라고 말한 작자를 비난한다. 왜냐하면 높은 음과 낮은 음이 없다면 화음(harmoniē)은 없을 것이며, 대립자들 가운데 암컷과 수컷이 없다

89. 알렉산드리아의 클레멘스(DK22B16)

도대체 어떻게 어떤 이가 저물지 않는 것의 눈을 피할 수 있는 가?[49] (『교육자』 II. 99)

90. 히폴뤼토스(DK22B66)

불이 덮쳐와서 모든 것을 판결하고(krinei) 단죄할 것이다(katalē-psetai).[50] (『모든 이교적 학설들에 대한 논박』 IX. 10)

91. 플루타르코스(DK22B94)

태양은 적도(metra)를 뛰어넘지 않을 것이다. 만일 뛰어넘는다면

• • • • • • • • • • • • • • •

면 생물들도 없을 것이기 때문이다."(아리스토텔레스 『에우데모스 윤리학』 VII. 1235a25, DK22A22)

49) 태양의 신인 헬리오스는 희랍문화에서 종종 맹세의 증인으로서 알려져 있다. 호메로스는 헬리오스를 "모든 것을 가장 잘 듣고 보는 자(『일리아스』 III. 277)"로 묘사한다. 이 단편에서 '저물지 않는 것(to mē dynon)'은 아마도 우주와 그 운행, 심지어 헬리오스까지도 이끄는 신적인 에테르를 뜻한다고 보는 것이 자연스럽다. 우리는 헬리오스가 땅 밑으로 저물어버렸을 때에도 만물을 둘러싼 에테르의 시선을 피할 수가 없다. 이 아이테르를 47(DK22B32)의 '하나인 것, 유일하게 현명한 것'과 동일하다고 본다면 제우스와의 관련성을 찾을 수 있다. 제우스와 디케의 관련성은 헤시오도스의 『일과 날』 256을 참조하고, 디케와 헬리오스의 관련성은 91(DK22B94) 참조.

50) krinei는 '가려내다', '결정하다'의 의미로 사용되곤 하며, katalē-psetai는 '따라가 붙잡다'의 뜻으로 사용된다.

디케를 보좌하는 에리뉘에스(Erinyes)[51]가 그를 찾아낼 것이다.

(『망명에 관하여』 604a)

92. 스트라본(DK22B120)

새벽과 저녁의 경계(termata)는 큰곰 자리(arktos)이고, 그 맞은편에는 빛나는 제우스의 파수꾼이 있다.[52] (『지리지』 I. 6)

93. 플루타르코스(DK22B100)

순환들을 관장하는 자이며 보살피는 자인 태양이 변화들을 한계지우고, 판결하고 드러내고 보여주듯이, 만물을 낳는 계절들에 대해서도 그렇게 한다.(『플라톤의 물음들』 1007d-e)

• • • • • • • • • • • • •

51) 복수의 여신들.
52) 이 구절은 "…경계는 큰곰 자리와 그것의 맞은편에 있는 불타는 제우스의 파수꾼이다"로 번역할 수도 있다. 새벽(ēōs)과 저녁(hesperas)은 각각 동쪽과 서쪽을 의미하기도 한다. 큰곰 자리는 천구의 극점, 즉 북쪽을 가리킨다. '빛나는 제우스의 파수꾼'이라는 것은 대각성(大角星 : Arcturus)을 가리키는 것이 확실하며, 헤시오도스에 따르면 이 별이 뜨고 지는 시간은 계절의 변화를 알리는 신호가 되었다고 한다. 이 수수께끼 같은 구절의 정확한 의도는 파악하기는 힘들지만 아마도 91(DK22B94)에서 말하고 있는 태양의 적도와 관계가 있는 것으로 보인다.

94. 아리스토텔레스(DK22B6)

태양은 날마다 새롭다. 뿐만 아니라 언제나 계속해서 새롭다.[53] (『기상학』 355a13)

95. 아에티오스(DK22B3)

(태양의 크기에 대해서 말하기를) 사람 발의 너비만 하다.[54]

(『학설 모음집』 II. 21)

96. 플루타르코스(DK22B99)

만일 태양이 있지 않다면, 다른 별들이 있어도 밤일 것이다.

(『물과 불 중 어느 쪽이 더 쓸모 있나?』 957a ; 『운에 관하여』

----

53) 97(DK22A1)에서 라에르티오스가 설명하듯이 헤라클레이토스는 천체들이 사발모양으로 생겼으며 바다로부터의 밝은 증발물들이 그 안에 모여서 타오름으로써 빛을 내는 것으로 여겼다고 전해진다. 만일 이 보고가 사실이라면, 헤라클레이토스는 태양이 날마다 바다로부터 증발물을 받아들여 타오르고 그것이 다 타버리면 다시 꺼지는 일을 끊임없이 반복한다고 생각한 듯하다.

54) 이 말이 어떤 맥락에서 나온 말인지를 알 수 없기 때문에 그 의미에 대해서는 추측만이 가능하다. 우선 이 말을 글자그대로 받아들인다면, 그가 태양의 크기를 발의 크기라고 생각했을 가능성도 배제할 수는 없다. 또한 그가 단지 눈에 보이는 그대로의 현상을 묘사하기 위해서 그렇게 말했을 수도 있다. 이 경우 눈에 보이는 현상은 우리의 예상과는 다르지만 사물을 탐구할 때에는 눈에 보이는 것에서부터 출발해야만 한다는 의미를 갖는다.

98c)

97. 디오게네스 라에르티오스(DK22A1)

우주 속에는 우리를 향해 움푹 패인 쪽을 보이고 있는 사발들이 있다.[55] 그 사발들 속에 밝은 증발기(蒸發氣)가 모이면서 불꽃을 만들어내는데 이 불꽃이 천체들(astēra)이다. 태양의 불꽃이 가장 빛나고 뜨겁다… 사발이 위쪽으로 방향을 바꾸면 태양에도 달에도 식(蝕)이 일어난다. 매월 일어나는 달의 모양변화는 달의 사발들[의 움푹 패인 쪽]이 그 자리에서 약간씩 방향을 바꿈에 따라 일어난다.(『유명한 철학자들의 생애와 사상』 IX. 9-10)

(7) 종교에 대한 언급

98. 알렉산드리아의 클레멘스(DK22B14)

에페소스의 헤라클레이토스가 어떤 이들에게 예언했는가? 밤에 떠돌아다니는 자들인 마고스들, 박코스 신도들, 레나이, 비교(秘敎)에 입문한 자들에게.[56] 그는 죽음 이후의 일들로 그들을 위협했

• • • • • • • • • • • • • • •

55) 고체로 이루어진 천체의 사발은 아마도 해가 밤마다 서쪽에서 동쪽으로 황금의 사발을 타고, 오케아노스의 북쪽 강물을 따라 항해한다는 신화를 자연학적으로 설명한 것이라고 추측된다.

56) 마고스는 조로아스터교의 사제, 레나이는 디오뉘소스교의 여신도들

고, 그들에게 불을 예언했다. 왜냐하면 사람들에게서 관습적으로 행해지는 비교의식들이 불경하게 이루어지기 때문이다.

(『기독교를 권유함』 22)

99. 아리스토크리토스(DK22B5)

그들은 정화한답시고(kathairontai) 다른 피로[57] 자신을 더럽히는데(miainomenoi), 이는 마치 어떤 이가 진흙탕에 들어가서 진흙으로 씻으려는 것과 같다. 만일 그가 이러는 것을 누군가 알아차린다면, 그는 미쳤다고 여겨질 것이다. 또한 그들은 신들도 영웅들도 누구인지 전혀 알지 못하면서, 마치 어떤 이가 집과 떠들어대는 것처럼, 그러한 조각상들에게 기원한다.(『신지학』 68, 오리게네스의 『켈소스에 대한 논박』에 인용됨)

100. 알렉산드리아의 클레멘스(DK22B15)

만일 그들이 제의 행렬을 벌이고 남근(男根 : aidoisis)을 찬양한 것이 디오뉘소스를 위해서가 아니라면, 그것들은 가장 뻔뻔스러운 짓일 것이다. 그런데 디오뉘소스와 하데스는 동일하며,[58] 그를 위해 그들

• • • • • • • • • • • • • •

이다.

57) allōi haimati. 사본에는 allōs haimati로 되어 있으며, 이 경우에는 "〈피로〉 더럽혀지면서도 '헛되이 피로' 정화한다"로 해석된다.

58) 디오뉘소스는 생명과 부활, 광희(狂喜)의 신이고 하데스는 저승을 다

은 열광하며 제의를 벌인다.(『기독교를 권유함』II. 34)

101. 플루타르코스(DK22B92)

시빌라는 광기 어린 입으로 음울하고 꾸미지 않은 거친 것들을 말하면서도, 신 덕분에 그 목소리로 천 년 동안이나 전해온다.[59]

(『퓌티아의 신탁에 관하여』397a)

(8) 혼에 관하여

102. 알렉산드리아의 클레멘스(DK22B36)

혼들에게 죽음은 물이 되는 것이고, 물에게 죽음은 흙이 되는 것이다. 흙에서 물이 생겨나고, 물에서 혼이 생겨난다.(『학설집』VI. 16)

스리는 죽음의 신이다. 이 두 신을 어떤 의미에서 동일한 것으로 말했는지 정확히 알 수 없지만, 삶과 죽음이라는 대립자의 동일성은 제의에서 벌어지는 부끄러운 일들을 용인할 수 있는 근거가 되고 있다.

59) 시빌라는 아폴론의 무녀로서 광기에 사로잡힌 상태에서 그의 신탁을 전했다고 한다. 이 단편 중 어떤 부분을 실제 헤라클레이토스의 말로 받아들여야 하는지에 대해서는 논란의 여지가 있다. 또한 그가 시빌라를 비판하고 있는지, 아니면 실제로 신의 말을 전하는 자로서 인정하고 있는지의 여부도 확실하지 않다.

103. 누메니오스(DK22B77)

젖는다는 것은 혼들에게 죽음이 아니라[60] 즐거움(terpsis)이다. 그들에게는 즐거움이란 생성으로 떨어지는 것이다. 다른 곳에서 그는 말하기를 우리는 저들의 죽음을 살고, 저들은 우리의 죽음을 산다.

(단편 35, 포르퓌리오스의 『님프의 동굴』 10에 인용됨)

104. 스토바이오스(DK22B117)

사람은 취했을 때, 어디로 가는지 알지 못하면서 비틀거리며 철들지 않은 아이에게 이끌려다닌다. 젖은 혼을 지녔으므로.

(『선집』 V. 7)

105. 스토바이오스(DK22B118)

빛은 건조한 혼이다. 가장 현명하고 가장 뛰어난.[61]

(『선집』 V. 8)

• • • • • • • • • • • • • • •

60) 대부분의 사본은 '죽음이 아니라(mē thanaton)'로 되어 있지만 대다수의 학자들은 '죽음이거나(ē thanaton)'로 고쳐서 읽고 있다. 하지만 원래의 사본을 수정해야 할 특별한 이유가 없다. 지금의 번역처럼 원래의 사본대로 읽는다면 이 단편은 '젖게 되는 것'을 프쉬케의 죽음과는 다른 것으로 말하고 있다.

61) 이 구절은 "건조한 빛은 가장 현명하고 가장 뛰어난 혼이다"로 읽을 수도 있다. 또한 사본에 따라서는 "건조한 혼이 가장 현명하고 가장 뛰어나다(auē psychē sophōtatē kai aristē)"로 읽을 수도 있다.

106. 디오게네스 라에르티오스(DK22B45)

그대는 가면서 모든 길을 다 밟아보아도 혼의 한계(peirata)를 찾을 수 없을 것이다. 그렇게도 깊은 로고스[62]를 가지고 있다.

(『유명한 철학자들의 생애와 사상』 IX. 7)

107. 스토바이오스(DK22B115)

스스로를 자라게 하는 로고스[63]가 혼에 속한다.

(『선집』 I. 180a)

(9) 죽음과 인간의 운명

108. 알렉산드리아의 클레멘스(DK22B27)

사람들이 죽었을 때 기대하지도 생각지도 않은 것들이 그들을 기다린다.(『학설집』 IV. 146)

•••••••••••••••

62) 이 단편에서 로고스는 76(DK22B31)과 유사하게 어떤 비율이나 정도를 의미할 수 있다.
63) 스토바이오스는 이 단편을 소크라테스의 것으로 소개하지만 대다수의 학자들은 헤라클레이토스의 것으로 평가한다. 만일 이 단편이 헤라클레이토스의 것이라면, 바로 위의 106과 마찬가지로 혼의 물리적인 성격을 언급한 것일 수 있으며, 이때의 로고스 역시 위와 유사한 의미를 지닐 수 있다.

109. 플루타르코스(DK22B96)

송장들은 똥보다 더 내다버릴 만하다.

(『식탁 환담집』 IV. 4, 3. p. 669a)

110. 플루타르코스(DK22B98)

그 혼들은 하데스에서 후각(嗅覺)을 이용한다.

(『달의 표면에 보이는 얼굴에 관하여』 943e)

111. 알렉산드리아의 클레멘스(DK22B25)

더 큰 죽음(moros)은 더 큰 몫(moira)을 받는다.[64]

(『학설집』 IV. 50)

112. 알렉산드리아의 클레멘스(DK22B24)

아레스에 의해 살해된 자들(areiphatoi)[65]을 신들과 인간들은 존

----

64) meiromai동사에서 파생된 moros와 moira는 우리말에서 정확한 번역어를 찾기가 힘든 낱말이다. moros는 호메로스 시절부터 '액운', '갑작스런 죽음'을 뜻했다. 한편 이와 동일한 어근을 갖는 moira는 일차적으로 신들로부터 부여받은 개인적인 삶이나 재산, 행복 등의 '몫', '부분', '할당'을 뜻했고, 이러한 일차적인 뜻에서 개인의 '운명'이라는 뜻이 발전된 듯 하며, 개인의 운명, 특히 죽음에 의해서 한계를 지니는 개인의 삶의 몫을 의미한다.

65) 아레스는 전쟁의 신이며, '아레스에 의해 살해된 자들'은 전쟁에서 전사한 자들을 말한다.

경한다.(『학설집』 IV. 16)

113. 히폴뤼토스(DK22B63)

거기에 있는 자 앞에서[66] 일어나고, 깨어 있으면서 산 자들과 죽은
자들의 수호자가 된다.[67] (『모든 이교적 학설들에 대한 논박』 IX. 10)

114. 알렉산드리아의 클레멘스(DK22B29)

가장 뛰어난 자들은 모든 것들 대신에 하나를 선택한다. 사멸하는
자들로부터 얻은 영속하는 영예를.[68] 그러나 많은 사람들은 가축들처
럼 배불러 있다.(『학설집』 V. 60)

••••••••••••••

66) 이 부분에 해당되는 희랍어는 'entha d' eonti' 인데 사본이 훼손된 듯
하여 정확한 의미를 파악하기 어렵다. 히폴뤼토스는 이 단편을 최후
의 심판과 부활을 의미하는 것으로 해석했으며, 따라서 이 부분이 신
을 언급하는 것으로 여겼다.

67) '수호자' 라는 표현은 헤시오도스의 황금종족을 연상시킨다. 그에 따
르면 삼천 명의 황금종족은 죽었을 때 제우스에 의해서 다이몬이 되
었고 가사자들의 수호신으로 임명되었다(『일과 날』 121 이하, 252이
하).

68) 이 부분의 희랍어는 'kleos aenaon thnētōn' 이다. thnētōn은 thnē
tos의 복수 속격(genitive) 형태이다. 딜스는 이 구절을 '사멸하는 것
들 대신에' 로 해석했는데, 이것은 '모든 것들 대신에' 와 나란하게
'anti(-대신에)' 가 생략되었다고 본 것이다. 그러나 희랍어의 어감이
나 단편의 의미에서 볼 때 '사멸하는 자들로부터 얻은 영속하는 영
예' 로 읽는 것이 더 자연스럽다.

115. 알렉산드리아의 클레멘스(DK22B20)

태어나면(genomenoi) 그들은 살고자 하고 또한 죽을 운명(moros)을 갖고자 하며, 아니 오히려 쉬고자 하며, 죽을 운명이 생겨나도록 아이들을 뒤에 남겨두고 간다.[69] (『학설집』 III. 14)

116. 히폴뤼토스(DK22B62)

불사자들(athanatoi)은 가사자들(thnētoi)이고, 가사자들은 불사자들이다. 저들의 죽음을 살고, 저들의 삶을 죽으니까.

(『모든 이교적 학설들에 대한 반박』 IX. 10)

----

69) 클레멘스는 이 단편에서 헤라클레이토스가 출생(genesis)을 비난한다고 보고 이 단편을 제시하고 있다. 만일 그렇다고 한다면 112, 114와 대비해서 동물적인 욕구만을 충족시키고자 하는 대중들이 생각 없이 자손들을 퍼뜨리는 점을 비난하고 있는 것일 수 있다. 하지만 그가 주로 인간으로서의 한계상황을 기술하고 있다는 점을 염두에 둔다면, 이 단편을 일단 태어날 수밖에 없게 된 인간이 어쩔 수 없이 자신의 삶을 선택해 주어진 몫을 받아들이고, 그 몫을 이어나가도록 자손을 남길 수밖에 없는 상황을 기술한 것이라고도 볼 수 있다. 다른 인용구절에서 그는 "30년이 한 세대이다. 낳은 자가 자신에게서 태어난 자를 낳는 자로 만드는 것은 그 기간 동안이다(플루타르코스 『퓌티아의 신탁에 관하여』 415e, DK22A19)"라고 말하면서 인생의 의미를 전해준다.

117. 알렉산드리아의 클레멘스(DK22B26)

밤에 눈빛(眼光)이 꺼지면 사람은 스스로 불을 켠다(haptetai). 살아가면서, 잘 때에는 죽은 자들과 접촉하고(haptetai) 깨어나서는 자고 있는 자와 접촉한다.[70] (『학설집』 IV. 143)

118. 알렉산드리아의 클레멘스(DK22B21)

죽음은 우리가 깨어난 뒤에 보는 것들이고, 자고 있을 때 보는 것들은 잠(hypnos)이다.[71] (『학설집』 III. 21)

119. 마르쿠스 아우렐리우스(DK22B75)

잠자는 자들은 세계에서 벌어지는 일들을 하는 자들이거나 그것을 돕는 자들이다. (『명상록』 VI. 42)

....

70) 이 단편의 번역은 딜스가 복원한 형태를 따랐다. 여기에 세 번 등장하는 'haptetai'는 두 가지 의미, 즉 '(불을) 켜다'와 '접촉하다'라는 뜻으로 사용되었다.

71) 만일 이 단편이 '죽음'과 '삶'을 대비시키는 것으로 기대한다면 '잠'이라는 말은 적절하지 않다. 따라서 딜스는 이 단편 다음에 "우리가 죽었을 때 보는 것들이 삶이다"라고 보충하고 있다. 반면에 마르코비치(Marcovich)는 hypnos를 hypar(실제의 것)로 수정하자고 제안한다. 또 다른 가능성은 hypnos를 enhypnion(꿈)으로 읽는 방식이다. 하지만 이 모든 수정들은 텍스트에 근거하지 않는다는 난점이 있다.

(10) 정치와 윤리에 대한 언급

120. 갈레노스(DK22B49)

한 사람이더라도 나에게는 만인에 맞먹는다. 만일 그가 가장 뛰어나다면.(『맥박들의 구별에 관하여』VIII. 773 ; 쉼마코스 『편지들』9. 115 ; 테오도로스 프로드로모스 『잠언시』 20)

121. 알렉산드리아의 클레멘스(DK22B33)

한 사람의 뜻(boulē)에 따르는 것도 법(nomos)이다.[72]

(『학설집』V. 116)

122. 스트라본(DK22B121)

성년에 이른 모든 에페소스 인들은 도시를 아이들에게 남기고 목매달아 죽어 마땅하다. 그들은 다음과 같이 말하면서 그들 중에서 가장 쓸모 있는 사람인 헤르모도로스를 추방했다. "우리들 중 누구보다도

• • • • • • • • • • • • • •

72) '한 사람'은 '하나의 원리'를 의미할 수도 있으며, 이 경우에는 우주론적인 함축을 지닌 것으로 해석될 수 있다. 또한 '뜻'으로 번역된 boulē는 한 도시의 의회, 또는 그 의회에서 거치는 심의 과정을 의미하며, 나아가 그 과정을 통해서 결정된 계획이나 결정사항을 의미하기도 한다. 도시 전체가 따라야 할 원칙들은 의회를 통해서 나오는 것이지만 그 심의 과정에서 비록 한 사람에 의해 제안된 것이더라도 그것은 공통의 것을 표현한 것과 마찬가지이다.

쓸모 있는 사람은 결코 있지 않게 하라. 만일 그런 사람이 있다면, 다른 곳에서 다른 이들 중에서 그러도록 하라." (『지리지』 XIV. 25)

123. 체체스(DK22B125a)

부가 당신들을 떠나지 않기를, 에페소스인들이여. 만일 떠난다면 당신들은 형편없는 자라고 밝혀질 테니까.

(『아리스토파네스의 「플루토스」 88에 대한 외곽주석』)

124. 디오게네스 라에르티오스(DK22B44)

민중(dēmos)은 성벽을 지키기 위해서 싸우는 것처럼, 법(nomos)을 지키기 위해서도 싸워야 한다.

(『유명한 철학자들의 생애와 사상』 IX. 2)

125. 스토바이오스(DK22B119)

인간에게는 성품(ēthos)이 수호신(daimōn)[73]이다. (『선집』 IV.

----

73) 'daimōn'은 개인의 운명, 그의 번영이나 불운 등으로 이해할 수 있으며, 어원상 '한 개인에게 몫을 부여하는 자'를 의미한다. 호메로스나 다른 작가들에서 볼 수 있듯이 이 말은 종종 '신'과 동일하게 사용된다. 행운(eudaimōn)과 불운(kakodaimōn)이라는 말에서도 볼 수 있듯이 한 개인의 운명은 그에게 부여된 다이몬에 따라 결정되며, 이 것은 그가 태어날 때부터 부여받은 것이다. 이와는 달리 헤라클레이토스는 한 개인의 운명 또는 다이몬이 다름 아닌 그 자신의 성품, 즉

40, 23)

126. 스토바이오스(DK22B110)

사람들에게는 원하는 모든 것이 생긴다고 해서 더 좋을 것이 없다.

(『선집』 I. 176)

127. 디오게네스 라에르티오스(DK22B43)

타오르는 불보다 차라리 오만(hybris)을 꺼야 한다.

(『유명한 철학자들의 생애와 사상』 IX. 2)

128. 플루타르코스(DK22B85)

충동(thymōi)과 싸우기는 어렵다. 그것이 무엇을 하고자 하든 간에 그것은 혼을 대가로 치르기 때문에.

(『코리올라누스의 생애』 22)

129. 플루타르코스(DK22B95)

무식은 감추는 것이 더 좋다.(『식탁 환담집』 III. pr. 1 p. 644f)

. . . .

그가 오랫동안 택해온 습관과 성품에 의해서 결정된다고 말한다.

130. 마르쿠스 아우렐리우스(DK22B74)

부모들의 자식〈처럼 행해서는〉안 된다.[74] (『명상록』 IV. 46)

(11) 그 밖의 단편들

131. 「외곽주석」(DK22B105)

호메로스는 천문학자(astrologos)이다. (『일리아스』 XVII. 251에 대한 외곽주석)

132. 디오게네스 라에르티오스(DK22B38)

어떤 이들에 따르면 〔탈레스가〕 처음으로 천체를 연구한 것 같다 …그 점에 대해서는 헤라클레이토스와 데모크리토스가 증인이 다. (『유명한 철학자들의 생애와 사상』 I. 23)

133. 디오게네스 라에르티오스(DK22B39)

테우타메스의 아들인 비아스는 프리에네에서 태어났는데, 그 사람 이야기(logos)가 다른 누구보다 더 풍성하다.[75]

....

74) 단편에 이어지는 해설은 다음과 같다. "즉 단적으로 말해서 물려받은 대로" 행하거나 말해서는 안 된다.

75) 이 단편에서 '이야기(logos)'는 비아스에 대한 평판과 그가 남긴 말을 동시에 의미할 수 있다. 이는 한 사람에 대한 평판은 그가 남긴 말과 직접적으로 관련된다는 의미를 담고 있는 듯하다. 비아스는 122의 헤

(『유명한 철학자들의 생애와 사상』 I. 88)

●●●●●●●●●●●●●●
　르모도로스와 더불어 헤라클레이토스가 호의적으로 평가하는 유일한
인물이다. 그는 에페소스에서 멀리 떨어지지 않은 이오니아의 도시
프리에네의 존경받는 시민이었고, 고대의 전승은 그를 7현인 중 한 명
으로 꼽고 있다. 헤라클레이토스가 그를 호의적으로 평가하는 까닭은
12에 인용된 구절에서도 알 수 있듯이, 아마도 그가 남긴 말, 즉 "대부
분의 사람들은 나쁘다(DK I, p.65)"는 말 때문일 것이다.

08 PARMENIDES

파르메니데스

I. 생애

(1) 연대

1. 디오게네스 라에르티오스(DK28A1)

그는 69회 올림피아기[1]에 절정기였다.

(『유명한 철학자들의 생애와 사상』 IX. 23)

2. 플라톤[2](DK28A5)

그런데 안티폰의 말에 따르면 퓌토도로스가 다음과 같이 이야

. . . .
1) 기원전 504-501년을 가리킨다.

기했다. 언젠가 제논과 파르메니데스가 대 판아테나이아 축제에
왔었다. 파르메니데스는 대략 65세가량으로 이미 꽤 노령이었고
머리도 아주 희었지만 외모가 멋지고 훌륭했다. 제논은 그 당시
40세 가까이 되었는데, 키가 크고 외모가 매력적이었다. 그는 파
르메니데스의 소년애인(paidika)이었다고들 한다. 그들은 성 바
깥 케라메이코스에 있는 퓌토도로스의 집에 머물렀는데, 소크라
테스와 많은 사람들이 제논의 글[이 읽히는 것]을 듣고 싶어 거기
로 찾아왔다. 그 때 그 두 사람이 처음으로 그 글을 [아테네에] 가
져왔기 때문이다. 그런데 당시 소크라테스는 아주 젊었다.

(『파르메니데스』 127a-c)

3. 아테나이오스(DK28A5)

플라톤의 소크라테스가 파르메니데스와의 논의에 참가했다는
것은 그의 나이와 잘 맞아떨어지지 않는다. 그 나이에 그가 그런
논의를 했다거나 들었다는 것은 있을 수 없는 일이기 때문이다.
그런데 그래야만 할 아무런 절박한 필요도 없는 상태에서 이야기
된 가장 악의적이고 〈거짓인〉[3] 말은 파르메니데스의 소년애인이
그의 동향 사람 제논이었다는 것이다.

....
2) 원문의 정신대로라면 대화체로 옮겨야 하지만 편의상 그렇게 하지 않
   았다.
3) 딜스(H. Diels)가 보충한 말이다.

(『현인들의 만찬』 XI. 505f)

(2) 사제 관계와 출신지

4. 디오게네스 라에르티오스(DK28A1)

엘레아 사람이며 퓌레스의 아들인 파르메니데스는 크세노파네스의 제자였다(테오프라스토스는 『요약집』[4]에서 그가 아낙시만드로스의 제자였다고 말한다). 그러나 그가 크세노파네스의 제자였던 것은 사실이지만 이 사람을 추종하지는 않았다. 소티온이 말한 바에 따르면, 그는 디오카이타스의 아들이며 피타고라스학파 사람인 아메이니아스와도 교류했는데, 이 사람은 가난하긴 하나 멋있고 훌륭한 사람이었다. 그는 오히려 이 사람을 추종했다. 그래서 이 사람이 죽었을 때, 그는 빛나는 가문 출신인 데다가 부자이기도 했으므로, 이 사람을 위해 사당을 세워주었다. 또 그가 평온함으로 〔삶의〕 방향을 돌리게 된 것도 크세노파네스에 의해서가 아니라 아메이니아스에 의해서였다.

(『유명한 철학자들의 생애와 사상』 IX. 21)

----

4) 『자연철학자들의 견해들』

5. 아리스토텔레스(DK28A6)

파르메니데스는 이 사람[즉 크세노파네스]의 제자였다고들 한다. (『형이상학』 A5, 986b22)

6. 스트라본(DK28A12)

[이 곳을] 끼고 돌아가면 또 다른 만(灣)이 잇닿아 있고 거기에 한 도시가 있는데, 그리 이주하여 도시를 세운 포카이아인들은 '휘엘레'라고 불렀고, 다른 어떤 사람들은 어떤 샘의 이름을 따서 '엘레'라고 불렀으며, 요즘 사람들은 '엘레아'라고 부른다. 피타고라스학파 사람들인 파르메니데스와 제논이 이 도시에서 태어났다. 내가 보기에 저 사람들 때문에, 그리고 그보다 훨씬 이전에도, 이 도시는 좋은 법으로 다스려진 것 같다. (『지리지』 VI. 1. 1)

II. 직접 인용 단편[5]: 「자연에 관하여」

7. 단편 1 섹스투스 엠피리쿠스 / 심플리키오스(DK28B1)

충동(thymos)[6]이 미치는 데까지 나를 태워 나르는 암말들이[7]

---

5) 직접 인용 단편들은 원문의 정신대로라면 운문의 묘를 살려야 하지만 편의상 그렇게 하지 않았다.
6) '말들의' 충동으로 보는 사람도 없지는 않지만, 대다수 해석자들이

〔나를〕 호위해 가고

있었다, 그들이 나를 이끌어 이야기 풍성한(polyphēmos)[8], 여

신의(daimonos)[9] 길로 가게 한 후에.

아는 사람(知者)을 모든 †도시들†에 두루[10] 데려다주는 그 길

로[11].

거기서 나는 태워 날라지고 있었다. 즉 거기서 아주 명민한

(polyphrastoi) 암말들이 마차를 끌면서

• • • • • • • • • • • • • • •

'나의' 충동으로 이해한다.

7) '나를 태워 나르는 암말들이 충동이 미치는 데까지'로 옮길 수도 있
다.

8) '유명한'으로 볼 수도 있고, '많은 보고(報告)가 담긴'으로 볼 수도
있다.

9) 섹스투스의 사본을 따라 읽었다. 이 '여신'은 22행의 '여신(thea)'과
같은 대상을 가리킨다고 볼 수 있다. 한편 DK처럼 슈타인(H. Stein)과
빌라모비츠(U. von Wilamowitz)의 독해를 따라 '여신들이(dai-
mones)'로 읽으면, 이는 뒤에서 '태양의 딸들'이라고도 지칭되는 마
부들을 가리킨다고 볼 수 있다.

10) 텍스트가 손상되어 있다. kata pant' a⟨s⟩tē. '모든 도시들을 지나서'
로 옮길 수도 있다. 텍스트 손상의 문제를 제기한 콕슨(A.H. Coxon)
의 제안 a⟨n⟩tē⟨n⟩(똑바로)을 따르지 않고 DK의 독해를 그대로 두었
다. 콕슨의 제안대로 읽으면 "아는 사람을 모든 곳에서〔즉 매 단계마
다〕 똑바로 데려다주는 그 길로"로 옮길 수 있다.

11) hē가 2행의 길을 가리킨다고 보는 다수설을 따랐다. 바로 앞의 '여
신'을 가리킨다고 보는 견해〔무렐라토스(A.P.D. Mourelatos), 만스
펠트(J. Mansfeld) 등〕도 있는데, 이 견해를 따르면, '그 길로' 대신
'그 여신의'로 옮길 수 있다.

〔5〕 나를 태워 나르고 있었고, 처녀들(kourai)이 길을 인도하고
   있었다.

축은 바퀴통들 속에서 열을 내면서 피리 소리를 내고 있었다

(돌아가는 두 바퀴에 의해

양쪽으로부터 힘을 받고 있었기 때문에),

뉙스(밤)의 집을 떠나 빛을 향해 온 헬리오스(태양)의 딸들(Hēli-
   ades)인 처녀들[12])이

〔10〕 머리에서부터 너울을 손으로 밀어젖히고는 〔나를〕 서둘러 호
   위해 가고 있을 때.

거기에 뉙스와 에마르(낮)의 길들의 문이 있고,

그 문을, 아래 위 양쪽에서 상인방과 돌로 된 문턱(oudos)이 에워
   싸고 있다.[13])

그리고 에테르에 있는 그 문은 커다란 문짝들로 꽉 차 있는데,

많은 대가를 치르게 하는(polypoinos) 디케(정의)가 그 문의, 응
   보의(amoiboi)[14]) 열쇠를 가지고 있다.

〔15〕 처녀들이 부드러운 말(logoi)로 그녀를 달래면서

영리하게 설득했다, 어서 자기들을 위해 내리잠금목으로 꽉 죄어

• • • • • • • • • • • • • •

12) 5행에 언급된 처녀들.
13) 파틴(A. Patin)은 상인방은 하늘을, 문턱은 땅을 비유한 것으로 본다.
14) '밤낮을 바꾸는'으로 이해하는 사람들도 있다.

진(balanōtos)

빗장을 문으로부터 밀어내 달라고. 그러자 이 문이

마개못과 핀으로 짜 맞춰진, 청동으로 된 두 회전기둥을 〔축받이〕
구멍 속에서 번갈아 돌린 후에

활짝 나래 펴듯 열리면서 문짝들의 쩍 벌어진 틈(chasma)을 만
들어냈다.

〔20〕 그러자 그 문을 통해

곧장 처녀들이 마차와 암말들을 마찻길로 이끌었다.

그리고 여신(thea)이 나를 반갑게 맞아들였는데, 〔내〕 오른손을
〔자신의〕 손으로

맞잡고는 다음과 같은 이야기(epos)를 하면서 내게 말을 걸었
다.[15)]

불사(不死)의 마부들과 더불어,

〔25〕 그대를 태워 나르는 암말들과 함께 우리 집에 온 젊은이
(kouros)[16)]여!

....

15) 이제부터 단편 19까지 계속 화자는 여신이다. 여신이 만약 우리말로
이야기했다면 아마도 정중한 경어를 사용했거나 적어도 '하게' 체 정
도는 사용했을 것이다. 우리는 표현보다 말의 내용에 주목하고자 하
기에 편의상 낮춤말의 간명함을 이용하기로 한다.

잘 왔다. 그대를 이 길로 오도록 보내준 것은 나쁜 모이라(운명)가

아니라(실로 이 길은 인간들이 밟고 다니는 길에서 멀리 떨어져

있으니까 하는 말이다),

테미스(옳음)와 디케(정의)이니 말이다. 자, 그대는 모든 것들을

배워야(pythesthai)[17] 한다,

설득력 있는(eupeitheos)[18] 진리의 흔들리지 않는 심장과,

〔30〕 가사자(可死者)[19]들의 의견들(doxai)을. 그[20] 속에는 참된

확신(pistis)이 없다.

그렇지만 그대는 이것들도 배우게(mathēseai) 될 것이다. …라고

여겨지는 것들(ta dokounta)이 어떻게,

내내 전부 있는 것들로서(per onta)[21] 받아들여질 만하게

(dokimōs) 있어야 했던가를.

(1–30행: 섹스투스 엠피리쿠스 『학자들에 대한 반박』 VII. 111–

- - - - - - - - - - - - - -

16) 타란(L. Tarán)은 '신의 본성과 인간 본성 간의 차이'를 드러내는 표
현으로 보았다.

17) 혹은 '들어야'

18) 섹스투스 등의 사본을 따랐다. 한편 심플리키오스의 사본은 'eukyk-
leos(잘 둥글려진)'로 읽고 있다.

19) 이 번역에서 '가사(可死)'는 계속 '불사(不死)'의 반대말로 사용된
다. 즉 '죽을 수밖에 없는'이라는 의미이다.

20) 의견들.

21) A 사본의 perōnta(관통하면서) 대신 per onta(있는 것들로서)로 읽
는 다수 사본(D, E, F)을 따랐다.

114 / 28-32행: 심플리키오스『아리스토텔레스의「천체에 관하여」주석』557)

8. 단편 2 프로클로스(DK28B2)

자, 이제 내가 말할 터이니, 그대는 이야기(mythos)를 듣고 명심
하라[22],

탐구의 어떤 길들만이 사유를 위해(noēsai) 있는지.

그 중 하나는 있다(estin)[23] 라는, 그리고 있지 않을 수 없다 라는
길로서,

페이토(설득)의 길이며(왜냐하면 진리를 따르기 때문에[24]),

〔5〕 다른 하나는 있지 않다 라는, 그리고 있지 않을 수밖에 없다
라는 길로서,

그 길은 전혀 배움이 없는 길이라고 나는 그대에게 지적하는 바이
다.

• • • • • • • • • • • • •

22) 혹은 '잘 간직하라', '전달하라'

23) estin은 영어의 '(It) Is'에 해당하는 말. 희랍어 구문은 특정되지 않은
3인칭 주어 It의 생략을 허용한다. 생략된 주어가 과연 무엇인가(혹
은 도대체 생략된 주어라는 것이 있는가), Is의 의미는 무엇인가에 대
해 이제까지 수많은 해석들의 제안과 논쟁이 이루어져왔다. 여기서
는 순전히 번역상의 편의 때문에 '있다'로 번역하였으나, '…이다'라
는 의미를 함께 가질 수 있는 말이라는 점에 유의할 필요가 있다.

24) 원래 사본대로는 '진리가 따르기 때문에'

왜냐하면 바로 이 있지 않은 것을 그대는 알게 될(gnoiēs) 수도

없을 것이고(왜냐하면 실행 가능한 일이 아니니까)

지적할(phrasais) 수도 없을 것이기에.

(『플라톤의 「티마이오스」 주석』 I. 345)

9. 단편 3 클레멘스 / 플로티노스(DK28B3)

··· 왜냐하면 같은 것이 사유함[25]을 위해 또 있음을 위해 있기 때문
에.[26]

(클레멘스 『학설집』 VI.23 / 플로티노스 『엔네아데스』 V. 1. 8)

10. 단편 4 클레멘스(DK28B4)

그런데 멀리 떨어져 있음에도 불구하고 곁에 있는 것들을 누스(지
성)로 확고하게 바라보라.[27]

. . . .

25) '사유됨'의 의미.

26) 소수설로서 딜스, 하이취(E. Heitsch) 등은 동일성 문장으로 보고 있
는데, 이는 텍스트 전달자인 클레멘스와 플로티노스의 생각이기도
하다. 그들의 분석대로 옮기면 "사유함과 있음은 같은 것이기에."

27) 혹은 "확고하게 곁에 있는 것들을 누스로 바라보라"나 "확고하게 누
스 곁에 있는 것들을 바라보라"로 옮길 수도 있다. 아예 homōs라는
단어를 액센트만 바꾸어 ὁμῶς (그럼에도 불구하고) 대신 ὅμως
(똑같이)로 읽는 사람들도 있다. 예컨대 세들리(D. Sedley)는 이 행
을 "그런데 멀리 떨어져 있는 것들을 확고하게 곁에 있는 것으로 똑
같이 누스로 바라보라"로 옮기고 있다. '누스(noos)'는 문맥에 따라

왜냐하면 그것은[28] 있는 것을 있는 것에 붙어 있음으로부터 떼어
내지 않을 테니까,

그것이 전적으로 질서에 따라(kata kosmon) 모든 곳에 퍼져 있
는 상태에서도 그럴 수 없을 것이고

그러그러하게 함께 결합되어 있는 상태에서도 그럴 수 없을 것이
기에. (『학설집』 V. 15)

11. 단편 5 프로클로스(DK28B5)

… 그런데 어디서부터 내가 시작하든 내게는

마찬가지다. 왜냐하면 그리로 나는 다시 돌아갈 것이니까.

(『플라톤의 「파르메니데스」 주석』 708)

12. 단편 6 심플리키오스(DK28B6)

말해지고 사유되기 위한 것은 있어야만 한다.[29] 왜냐하면 그것은

사유의 능력, 주체, 기관, 활동, 내용 등을 가리킬 수 있는 폭넓은 말
이다. 우리말로 굳이 옮기자면 '지성', '사유', '생각' 등으로 옮길 수
있을 것인데, 이 번역에서는 같은 용어가 사용되고 있다는 점을 놓치
고 싶지 않아 원어를 그대로 두었다. 아울러 파르메니데스의 표현대
로라면 '노오스(noos)' 라고 해야 하지만, 이해의 편의를 위해 잘 알
려진 아티카 방언의 표현 '누스(nous)' 로 읽었다.

28) 누스. 동사를 달리 읽으면 주어를 '그대는' 으로 옮길 수도 있다.

29) 이와 다른 구문 파악은 대체로 다음과 같은 두 부류로 나뉜다. "말하
는 것과 사유하는 것은 실재적(real)이어야 한다" 로 이해하는 방식과

있을 수 있지만,[30]

아무 것도 아닌 것(mēden)은 그렇지 않으니까.[31] 이것들을 곰곰
이 생각해 보라고 나는 그대에게 명한다.[32]

왜냐하면 그대를 탐구의 이 길로부터 우선 〈내가 제지하는데〉
(eirgō)[33]

그러나 그 다음으로는 가사자들이 아무 것도 알지 못하면서

〔5〕 머리가 둘인 채로 헤매는 (왜냐하면 그들의

가슴 속에서 무기력함이 헤매는 누스를 지배하고 있기에) 그 길로
부터 〔그대를 제지하기에〕. 그들은

귀먹고 동시에 눈먼 채로, 어안이 벙벙한 채로, 판가름 못하는 무
리로서, 이끌려다니고 있는데,

· · · · · · · · · · · · · · · · ·

"있는 것이 있다고 말하고 사유해야 한다" 혹은 "있다고 말하고 사유
해야 한다"로 이해하는 방식이 그것이다.

30) 직역하면 "그것은 있음을 위한 것이지만" 혹은 "그것은 있음을 위해
있지만"

31) 있을 수 없으니까.

32) 스프레이그(R.K. Sprague)에 의하면 이 사이(즉 '명한다'와 '왜냐하
면' 사이)에 단편 7의 1행이 들어가야 한다. 이런 수정 제안은 3행의
누락 단어에 대한 설명의 어려움에서 나온 고육지책이다. 그러나 3행
에서 '우선 제지하는' 길을 단편 2의 첫째 길로 보지 않을 수 있다면
이 어려움은 생기지 않는다.

33) 이 eirgō라는 단어는 딜스가 보충한 것이다. 타란, 하이춰 등은 이 말
뒤에 공백(lacuna)을 상정하고 있다. 그들의 제안 또한 '우선 제지하
는' 길을 단편 2의 첫째 길로 보는 데서 파생된 것이다.

그들에게는 있음과 있지 않음이 같은 것으로, 또 같지 않은 것으로
통용되어 왔다.

그리고 〔그들에게는〕 모든 것들의(pantōn) 길이 되돌아가는 길이
다.[34] (『아리스토텔레스의 「자연학」 주석』 117)

13. 단편 7 플라톤 / 섹스투스 엠피리쿠스(DK28B7)

그 이유는 이렇다. 이것, 즉 있지 않은 것들이 있다는 것이 결코 강
제되지 않도록 하라.

오히려 그대는 탐구의 이 길로부터 사유를 차단하라.

그리고 습관(ethos)이 〔그대를〕 많은 경험을 담은(polypeiros)
이 길로 〔가도록〕,[35]

즉 주목하지 못하는 눈과 잡소리 가득한 귀와 혀를 사용하도록 강
제하지

〔5〕 못하게 하라. 다만 나로부터 말해진, 많은 싸움을 담은 테스트
(polydēris elenchos)를

논변으로(logōi) 판가름하라(krinai).

· · · · · · · · · · · · · · · ·

34) pantōn을 중성으로 보았다. 남성으로 보면 "그런데 〔그들〕 모두의 길
은 되돌아가는 길이다"로 옮길 수 있다. 어느 쪽으로 옮기든 이 부분
도 여신 자신의 언명이다.

35) '많은 경험에서 나온 습관이 〔그대를〕 이 길로 〔가도록〕'으로 옮길
수도 있다.

(1-2행: 플라톤『소피스트』237a, 258d / 2-6행: 섹스투스
엠피리쿠스『학자들에 대한 반박』VII. 111)

14. 단편 8 심플리키오스(DK28B8)

··· 길에 관한 이야기(mythos)가 아직 하나 더

남아 있다, 있다 라는. 이 길에 아주 많은 표지들(sēmata)이

있다. 있는 것은 생성되지 않고 소멸되지 않으며,

온전한 한 종류의 것(oulon mounogenes)[36]이고 흔들림 없으며

완결된 것(ēde teleston)[37]이라는.

〔5〕 그것은 언젠가 있었던 것도 아니고, 있게 될 것도 아니다. 왜냐
하면 지금 전부 함께

하나로 연속적인 것으로 있기에. 그것의 어떤 생겨남을 도대체 그
대가 찾아낼 것인가?

어떻게, 무엇으로부터 그것이 자라난 것인가? 나는 그대가 있지 않

••••••••••••••••

36) 심플리키오스를 따랐다. mounon mounogenes(유일한 한 종류)로
읽는 사람들도 있다. DK가 받아들인 플루타르코스의 독해 esti gar
oulomeles(왜냐하면 그것은 온전한 지체이고)는 전달자 플루타르코
스 자신의 것으로 보는 것이 중론이다.
37) 원래 사본에는 ēd' ateleston(끝이 없는 것)으로 되어 있다. DK는 사
본을 따라 읽었지만, 단편 8에 어울리지 않아 여러 수정 제안이 있었
다. 여기서는 타란의 제안을 받아들였다.

은 것으로부터 라고[38]

말하는 것도 사유하는 것도 허용하지 않을 것이다. 왜냐하면 있지
　　않다 라는 것은

말할 수도 없고 사유할 수도 없기 때문이다. 그리고 어떤 필요가

[10] 먼저보다는 오히려 나중에 그것이 아무 것도 아닌 것에서 시
　　작해서 자라나도록 강제했겠는가?

따라서 전적으로 있거나 아니면 전적으로 없거나 해야 한다.

또 확신의 힘은 있지 않은 것으로부터[39] 도대체 어떤 것이

그것[40] 곁에(para)[41] 생겨나도록 허용하지도 않을 것이다. 그것을
　　위해[42] 디케(정의)는

• • • • • • • • • • • • • • •

38) '…라고' 없이 그냥 '그대가 있지 않은 것으로부터' 로 읽을 수도 있
　　다.

39) 텍스트를 '있는 것으로부터' 로 바꾸자는 카르스텐(S. Karsten)의 수
　　정 제안을 라인하르트(K. Reinhardt), 타란을 위시한 상당수 학자들
　　이 받아들인 바 있다. '있지 않은 것으로부터' 의 생겨남은 앞에서 언
　　급했으니 여기서부터는 딜레마의 둘째 뿔인 '있는 것으로부터' 의 생
　　겨남을 논의하는 것으로 보아야 한다는 것이 주된 근거이다. 상당히
　　매력적인 제안이긴 하지만 받아들이기 어려운 이유들이 있으므로,
　　여기서는 DK처럼 원래 사본을 그대로 두었다.

40) 있는 것.

41) 혹은 '이외에' [첼러(E. Zeller), 딜스 등]

42) 루넨(J.H.M.M. Loenen) 등의 번역을 따른 것이다. 타란은 '그 때문
　　에' 로 번역했다.

족쇄를 풀어서 생겨나도록 또 소멸하도록 허용하지 않았고,

〔15〕 오히려 꽉 붙들고 있다. 이것들에 관한 판가름(krisis)은 다음의 것에 달려 있다.

있거나 아니면 있지 않거나이다. 그런데 필연[43]인 바 그대로,

한 길은 사유될 수 없는 이름 없는 길로 내버려두고 (왜냐하면 그것은 참된

길이 아니므로) 다른 한 길은 있고 진짜이도록 허용한다는 판가름이 내려져 있다.

그런데 어떻게 있는 것이 나중에 있을(epeita peloi)[44] 수 있겠는가? 또 어떻게 그것이 생겨날 수 있(었)겠는가?

〔20〕 왜냐하면 생겨났다면 그것은 있지 않고, 언젠가 있게 될 것이라면 역시 있지 않기에.

이런 식으로 생성은 꺼져 없어졌고 소멸은 들리지[45] 않는다.

〔그것은〕 나누어질 수 있는 것도 아니다. 왜냐하면 전체가 균일하기에.

또 여기에 조금도 더 많이 있지도 않고(그런 상태는 그것이 함께 이

---

43) 아낭케.

44) 헤쉬키오스의 사전과 딜스의 독해를 따른 것이다. DK처럼 카르스텐과 슈타인을 따라 epeit' apoloito로 읽으면 '소멸될' 로 옮길 수 있다.

45) 혹은 '배워지지'

어져 있지 못하도록 막게 될 것이다),

조금도 더 적게 있지도 않으며, 오히려 전체가 있는 것으로 꽉 차
    있다.

〔25〕 이런 방식으로[46) 전체가 연속적이다. 왜냐하면 있는 것이 있
    는 것에 다가가기 때문이다.

그러나 〔그것은〕 커다란 속박들의 한계들 안에서 부동(不動)이며

시작이 없으며 그침이 없는 것으로 있다. 왜냐하면 생성과 소멸이

아주 멀리 쫓겨나 떠돌아다니게 되었는데, 참된 확신이 그것들을
    밀쳐냈기 때문이다.[47)

같은 것 안에 같은 것으로 머물러 있음으로써, 그 자체만으로 놓여
    있고

〔30〕 또 그렇게 확고하게 그 자리에 머물러 있다. 왜냐하면 강한 아
    낭케(필연)가

그것을 빙 둘러 에워싸고 있는 한계의 속박들 안에 〔그것을〕 꽉 붙
    들고 있기 때문이다.

그러므로[48) 있는 것이 미완결이라는 것은 옳지(themis) 않다.

. . . .

46) 혹은 '그러므로'
47) 달리 표현하면 "참된 확신이 생성과 소멸을 밀쳐내어 그것들은 아주
    멀리 쫓겨나 떠돌아다니게 되었기 때문이다."

왜냐하면 결핍된 것이 아니며, 만일 결핍된 것이라면 그것은 모든
  것이 결핍된 것일 테니까.

같은 것이 사유되기 위해 있고 또 그것에 의해 사유가 있다.[49]

〔35〕 왜냐하면 있는 것 없이 (〔사유가〕 표현된 한에서는 그것에 의
  존하는데)[50]

그대는 사유함을[51] 찾지 못할 것이기에. 왜냐하면 있는 것 밖에 다
  른 아무 것도

있거나 있게 될 것이 아니기 때문에. 왜냐하면 모이라(운명)가 바
  로 이것을 온전하고

부동의 것이게끔 속박하였기에 그러하다. 이것[52]에 대해 모든 이름
  들이 붙여져왔다.[53]

가사자들이 참되다고 확신하고서 놓은 모든 이름들이,

• • • • • • • • • • • • • • • •

48) 타란은 "왜냐하면 … 때문이다"로 번역했다.

49) 혹은 "사유하는 것과 그것에 관해〔혹은 그것 때문에〕 사유가 있는 바
  의 그것〔즉 있는 것〕은 같은 것이다." 타란은 "사유하는 것과 (사유의
  대상이) 존재한다는 사유는 같은 것이다"라고 옮긴다.

50) 타란은 '있는 것 없이 언표된 것 속에서'로 읽는다.

51) 타란은 '사유를'로 옮긴다.

52) 있는 것.

53) 혹은 '붙여져 있다'. 심플리키오스의 또 다른 사본을 받아들이면 "그
  렇기 때문에 모든 것들이 〔단지〕 이름이 될 것이다"로 번역될 수도
  있다.

[40] 즉 생겨나고 있음과 소멸되어감, 있음과 있지 않음,

그리고 장소를 바꿈과 밝은 색깔을 맞바꿈 등이.

그러나 맨 바깥에 한계[54]가 있기에, 그것은 완결된 것,

모든 방면으로부터[55] 잘 둥글려진 공의 덩어리와 흡사하며,

중앙으로부터 모든 곳으로 똑같이 뻗어나와 있는(isopales) 것이

　　다. 왜냐하면 그것이

[45] 저기보다 여기에서[56] 조금이라도 더 크다든가 조금이라도

　　더 작다든가 해서는 안 되기 때문이다.

왜냐하면 그것[57]이 같은 것(homon)에로 도달하는 것을 막을 만

　　한 있지 않은 것이란

••••••••••••••

54) 혹은 '끝'. 이 '끝'은 다분히 공간적 함축을 가지고 있는 것으로 보인
　　다. 앞에서 '있는 것'을 기술했던 술어인 '끝이 없는 것(ateleston: 단
　　편 8.4)'의 경우, 만일 우리가 사본들의 독해를 수정 없이 그대로 받
　　아들여야 한다면, 시간적 의미로 이해하는 것이 한 방법일 수 있을
　　것이다. '그침이 없는 것(apauston: 단편 8.27)'과 유사한 의미로 말
　　이다.

55) '모든 방면으로부터'를 윗줄에 붙여보는 해석가들이 많았다〔크란츠
　　(W. Kranz), 프랭켈(H. Fränkel), 만스펠트, 타란, 거드리(W.K.C.
　　Guthrie) 등〕. 그렇게 보면 '그것은 모든 방면으로부터 완결된 것,
　　잘 둥글려진 공의 덩어리와 흡사하며'로 옮길 수 있을 것이다. 윗줄
　　에 붙이지 않는 이유에 관해서는 무렐라토스(1970) 123쪽 주 24를
　　참조.

56) '저기보다 여기에서' 대신 '여기 혹은 저기에서'로 옮길 수도 있다.

57) 있는 것.

있지 않고, 또한 있는 것은 있는 것 가운데 더 많은 것이 여기에, 그

리고 더 적은 것이

저기에 있게 될 길이 없기 때문에. 왜냐하면 그것은 전체가 불가침

이기에[58].

왜냐하면 모든 방면으로부터 자신과 동등한 것으로서, 한계들 안에

균일하게 있기에[59].

〔50〕 여기서 나는 그대를 위한 확신할 만한 논변(pistos logos)과

사유(noēma)를 멈춘다,

진리에 관해서. 그리고 이제부터는 가사적인 의견들을

배우라, 내 이야기들(epē)의 기만적인(apatēlos) 질서(kosmos)

를 들으면서.

왜냐하면 그들[60]은 이름 붙이기 위해 두 형태(morphai)[61]를 마음

에(gnōmais)[62] 놓았는데,

그것들 가운데 어느 하나도[63] 그래서는 안 된다. 바로 그 점에서 그

• • • • • • • • • • • • • • • •

58) 혹은 '그것이 불가침의 전체이기에'로 옮길 수도 있다. 여기서 '불가
   침(asylon)'은 있지 않은 것이 끼어들지 못한다는 의미이다.

59) 혹은 '한계들과 균일하게 만나기에'

60) 가사자들.

61) 혹은 '종류'

62) DK처럼 gnōmas를 택한 사본을 받아들이면 이 행은 "그들은 두 형태
   를 이름 붙이기로 마음먹었는데"로 번역될 것이다.

들은 헤맸던 것이다.

[55] 그리고 그들은 형체(demas)에 있어 정반대인 것들을 구분하였고 그것들 서로간에

구분되게 표지들을 놓았다. 즉 한편에는 에테르에 속하는 타오르는 불을,

부드럽고, 아주 가벼우며, 모든 방면에서 자신과 동일하되,

다른 하나와 동일한 것이 아닌 [불을 놓았다]. 그런가 하면 [그들은] 저것[64]도, 즉 그 자체만으로

정반대인 어두운(adaē)[65] 밤도, 조밀하고 무거운 형체인 [밤도 놓았다].

[60] 이 배열(diakosmos) 전체를 그럴듯한(eoikōs) 것으로서 나는 그대에게 설파한다.

• • • • • • • • • • • • • •

63) 타란은 '그것들[즉 두 형태]의 단일성이', 즉 '두 형태를 하나로 이름 붙임이'로 읽는다. 첼러는 '두 형태 중 하나는'으로 번역하는데, 이에 대해 타란은 "그렇게 해석되려면 mian 대신 heterēn이 와야 한다"고 반박한다. 여기서는 이 해석들을 받아들이지 않았다.

64) 다른 하나.

65) 혹은 '빛 잃은'으로 옮길 수도 있다. 이 단어의 어원을 daos(빛)로 보는 번역이다. 그런데 이 단어는 다른 곳에서는 통상 '모르는', '무지(無知)한' 등의 의미로 (즉 adaēmōn과 같은 뜻으로) 쓰이던 단어이다. 헤어베르덴(H. van Herwerden)은 이것을 alaēn으로 읽었는데, 그 어원은 laō(보다)이므로 그를 따른다면 이 단어는 '보지 못하는', '보이지 않는' 정도로 옮겨질 수 있겠다.

도대체 가사자들의 그 어떤 견해(gnōmē)도[66] 그대를 따라잡지
　　못할 정도로[67].

　(1-52행:『아리스토텔레스의 「자연학」 주석』145-146 /
　50-61행:『아리스토텔레스의 「자연학」 주석』38-39)

15. 단편 9 심플리키오스(DK28B9)

　그러나 모든 것들이 빛과 밤으로 이름 붙여져 있고

　그것들[68]이 그 힘들(dynameis)에 따라 이것들에 그리고 저것들
　　에 갖다 붙여져 있기 때문에,

　전체[69]가 빛과 보이지 않는 밤으로 함께 꽉 차 있다,

　둘이 동등한 채로. 왜냐하면 둘 중 어떤 것에도 아무 것도 아닌 것
　　이 관여해 있지 않기에.[70]

　(『아리스토텔레스의 「자연학」 주석』180)

• • • • • • • • • • • • • • •

66) gnōmē 대신 gnōmēi로 읽자는 슈타인의 수정 제안을 따른다면, '가
　　사자들의 그 어떤 견해도' 대신 '가사자들 가운데 아무도 견해에 있
　　어서'로 옮길 수도 있다.
67) 혹은 '못하도록'
68) 빛과 밤. 딜스는 '이름들'을 가리키는 것으로 이해했다.
69) 사물들 전체.
70) 혹은 "둘 중 어떤 것에도 관여해 있지 않은 것은 아무 것도 없기에.",
　　"둘 중 아무 것도 [서로에게] 관여해 있지 않기에."

16. 단편 10 클레멘스(DK28B10)

그리고 그대는 알게(eisēi) 될 것이다, 에테르의 본성(physis)[71]과
에테르에 있는 모든

표지들(sēmata)[72]과 빛나는 태양의 순수한

횃불의 파괴적인[73] 일들(erga)과 그것들이 어디서부터 생겨났는
지(exegenonto)를.

또 그대는 배우게(peusēi)[74] 될 것이다, 얼굴이 둥근 달의 왔다갔
다 헤매는 일들과

〔5〕 본성(physis)[75]을. 그리고 그대는 또한 알게(eidēseis) 될 것
이다, 에워싸고 있는 하늘에 대해서도

그것이 어디서부터 태어났는지(ephy)와 어떻게 아낭케(필연)가
그것을 이끌어서

별들의 한계들을 잡고 있도록 묶었는지를.

(『학설집』 V. 138)

---

71) 혹은 '기원'
72) 혹은 '별들'
73) 혹은 '보이지 않는'
74) 혹은 '듣게'
75) 혹은 '기원'

17. 단편 11 심플리키오스(DK28B11)

… 어떻게 땅과 태양과 달과

공통의 에테르와 하늘에 있는 은하수와 가장 바깥의

올림포스와 별들의 뜨거운 힘(menos)이 생겨나려고

애썼는지를. (『아리스토텔레스의 「천체에 관하여」 주석』 559)

18. 단편 12 심플리키오스(DK28B12)

왜냐하면 더 좁은 것들[76]은 섞이지 않은 불로 꽉 차 있고,

이것들 다음의 것들은 밤으로 꽉 차 있는데, 불꽃의 한 부분이 [밤
　　을 향해] 뿜어지고 있기 때문에.

이것들의 한가운데에 모든 것들을 조종하는 여신(daimōn)이 있
　　다.

왜냐하면 그녀가 모든 것들의[77] 끔찍스런 출산과 섞임을 다스리고
　　있기에,

[5] 남성과 섞이도록 여성을 보내고, 다시 반대로

남성을 여성과 섞이도록 보냄으로써.

(1-3행: 『아리스토텔레스의 「자연학」 주석』 39 /

2-6행: 『아리스토텔레스의 「자연학」 주석』 31)

● ● ● ● ● ● ● ● ● ● ● ● ● ● ●

76) 고리들.

77) '모든 곳에서'로 읽는 방식도 있다.

19. 단편 13 플라톤 / 아리스토텔레스(DK28B13)

그녀는 모든 신들 가운데 제일 먼저 에로스를 고안해냈다.

(플라톤 『향연』 178b / 아리스토텔레스 『형이상학』 A4.
984b26)

20. 단편 14 플루타르코스(DK28B14)

땅 둘레를 떠돌아다니는, 밤에 빛나는, 제 것 아닌 빛.

(『콜로테스에 대한 반박』 1116a)

21. 단편 15 플루타르코스(DK28B15)

늘 햇살 쪽을 응시하면서.

(『달의 표면에 보이는 얼굴에 관하여』 929b)

22. 단편 15a 「외곽주석」(DK28B15a)

물에 뿌리박은 〔땅〕.

(『성 바실리우스에 대한 외곽주석』 25)

23. 단편 16 아리스토텔레스 / 테오프라스토스(DK28B16)

왜냐하면 많이 헤매는 지체들의 혼합이 매번 어떤 상태에 처하느냐
에 따라[78]

그렇게 누스가 인간들에게 다가오기 때문에. 왜냐하면

사람들 모두에게 그리고 그들 각각에게 있어서 [누스가] 생각하는

(phroneei) 것은 동일한 것,

즉 지체들의 본성(physis)이기 때문에.[79] 왜냐하면 더 많은 것(to

pleon)[80]이 사유(noēma)니까.

(아리스토텔레스 『형이상학』 Γ5. 1009b22 / 테오프라스토스

『감각에 관하여』 3)

24. 단편 17 갈레노스(DK28B17)

[자궁의] 오른편에서는 사내애를, 왼편에서는 계집애를 [생겨나게

했다.] (『히포크라테스의 「유행병」 제6권 주석』 II. 46)

25. 단편 18 카일리우스 아우렐리아누스(DK28B18)[81]

여자와 남자가, 혈관에서 나오는 비너스(사랑)의 씨들(germina)

을 함께 섞을 때,

형태를 주는 힘(virtus)은 적당한 [혼합]비율을 유지할 경우

• • • • • • • • • • • • • •

78) 혹은 DK가 받아들인 사본대로 옮기면 '각 사람이 많이 헤매는 지체
들의 혼합을 어떤 방식으로 갖느냐에 따라'가 된다. 여기서는 DK와
달리 읽었다.

79) 혹은 "지체들의 본성이 생각하는 것은 사람들 모두에게 그리고 그들
각각에게 있어서 동일한 것이기 때문에."

80) 혹은 '꽉 찬 것'

81) 라틴어 번역만 남아 있는 단편.

여러 다른 피로부터 모양을 잘 갖춘 육체들을 만들어낸다.

왜냐하면 만일 씨가 섞여졌을 때 그 힘들이 싸우고

〔5〕그 섞여진 육체 속에서 하나를 만들어내지 못하면, 그것들[82]은

생겨나는 성(性)을 이중의 씨(semen)로 혹독하게 괴롭힐 것이기

때문이다. (『만성병에 관하여』 IV. 9. 134)

26. 단편 19 심플리키오스(DK28B19)

이렇게 의견에 따라 이것들이 생겨났고 지금 있으며

장차 이것으로부터 자라서 끝나게 될 것이다.

그런데 사람들은 이것들 각각에 대해 구별되는 이름을 정해 놓았

다. (『아리스토텔레스의 「천체에 관하여」 주석』 558)

27. 콘포드 단편 플라톤

그런 부동(不動)의 것은, 전체로서의 그것에 대한 이름이 '있음(to

einai)'이다. (『테아이테토스』 180e)

• • • • • • • • • • • • • •

82) 그 힘들.

III. 간접 전승

(1) 가르침 일반에 관하여

28. 1962년 이탈리아의 벨리아(옛 엘레아의 현재 지명)에서 발
    견된 새김글
    퓌레스의 아들이며 울리스의 후손(Ouliadēs)인 자연학자
    (physikos) 파르메네이데스(Parmeneidēs)

29. 에우세비오스(DK28A11)
    그 당시 압데라 출신의 데모크리토스도 자연철학자(physikos
    philosophos)로 알려져 있었고, 아크라가스 출신의 엠페도클레
    스, 철학자 제논과 파르메니데스, 코스 출신의 히포크라테스도
    그러했다. (『연대기』 기원전 436년 관련 대목)

30. 아리스토텔레스(DK28A25)
    그들 가운데 어떤 사람들은 생성과 소멸을 완전히 제거했다.
    있는 것들 가운데 어떤 것도 생겨나거나 소멸하지 않고, 다만 그
    렇다고 우리에게 여겨질 뿐이라는 것이다. 멜리소스와 파르메니
    데스 주변 사람들이 그러한데, 그들이 물론 다른 여러 훌륭한 말
    들을 하긴 했지만, 적어도 자연학에는 걸맞지 않은 방식으로(ou

physikōs) 말했다고 우리는 생각해야 한다. 왜냐하면 있는 것들 가운데 어떤 것들이 생겨나지 않는다는 것, 아니 더 정확히 말해 어떤 식으로도 움직이지 않는다는 것은 자연학적 탐구와는 다른, 더 앞선 탐구에 속하기 때문이다. 그런데 저 사람들은 감각되는 것들의 실체(ousia) 너머에 다른 어떤 것이 있다고 상정하지 않지만, 만일 어떤 인식 또는 사고가 있으려면 그런 부류의 것들(physeis)〔이 있어야 함〕을 최초로 통찰하였기 때문에, 그런 식으로 저 것들에 해당되는 말(logos)들을 이것들에다 옮겨놓았다.

(『천체에 관하여』 III. 1. 298b14)

31. 섹스투스 엠피리쿠스(DK28A26)

파르메니데스와 멜리소스 주변 사람들은 〔운동이〕 있지 않다고 〔말〕했다. 아리스토텔레스는 그들을 〔자연을〕 '멈추게 하는 자들(stasiōtai)', '자연 부정론자들(aphysikoi)'로 불렀다. '멈추게 하는 자들'은 멈춤(stasis)으로부터, 그리고 '자연 부정론자들'은 자연이 운동의 원천이기 때문에 그렇게 불렸는데, 아무 것도 움직이지 않는다고 말함으로써 그들은 이 자연을 제거한 것이다.

(『학자들에 대한 반박』 X. 46)

32. 심플리키오스(DK28A14)

아니면 멜리소스도 파르메니데스도 자신들의 책에 '자연에 관하여'라는 표제를 붙였기 때문인가? … 그리고 실로 바로 이 책들에서 그들은 자연을 넘어선 것들(ta hyper physin)에 관해서만이 아니라 자연에 속한 것들(ta physika)에 관해서도 논의하였으며, 아마도 이 때문에 그들은 '자연에 관하여'라는 표제를 붙이는 일을 주저하지 않았을 것이다.

(『아리스토텔레스의 「천체에 관하여」 주석』 556)

33. 플루타르코스(DK28A34)

그런데 파르메니데스는 두 부류(physis)[83] 가운데 어느 쪽도 제거하지 않는다. 오히려 각각에게 응분의 것을 부여하면서 하나이자 있는 것의 종류(idea)에는 사유되는 것(to noēton)을 놓고 (영원하고 불멸한 것이라는 이유에서 '있는 것'이라 불렀고, 자신과 동일하며 차이를 받아들이지 않는다는 점에서 '하나'라고 불렀는데), 질서 없이 움직이는 종류에는 감각되는 것(to aisthē-ton)을 놓는다. (『콜로테스에 대한 반박』 1114d)

34. 심플리키오스(DK28A34)

그는 이 논의를 '의견에 속한'(doxastos)며 '기만적'(apatē-los)이라고 부른다. 단순하게 거짓으로 생각한 것이 아니라, 감각

---

83) 아래에서 말하는 사유되는 것들의 부류와 감각되는 것들의 부류.

되는 것이 사유되는[84] 진상(alētheia)에서부터, 나타나는 것, …
로 보이는 것(dokoun) 속으로 떨어져버렸다는 이유에서.
(『아리스토텔레스의「자연학」주석』39)

(2) 진리편

1) 하나

35. 아리스토텔레스(DK28A24)

파르메니데스는 정의(定義: logos)에 따라 하나인 것에 매달리고 있는 것으로 보인다. (『형이상학』A5, 986b18)

36. 아에티오스(DK28A36)

파르메니데스와 멜리소스가 〔말하기를〕 우주(kosmos)는 하나이다. (『학설 모음집』II. 1. 2)

37. 심플리키오스(DK28A28)

알렉산드로스의 보고에 따르면, 테오프라스토스는 『자연학 탐구』[85] 제1권에서 파르메니데스의 논변을 다음과 같이 간추려

• • • • • • • • • • • • • •
84) 혹은 '가지적(可知的)인'

말하고 있다. "있는 것을 넘어선 것은 있지 않은 것이다. 있지 않은 것은 무(無)[86]이다. 따라서 있는 것은 하나이다." 반면, 에우데모스는 〔그 보고에 따르면〕 다음과 같이 〔간추려 말하고 있다〕. "있는 것을 넘어선 것은 있지 않은 것이다. 게다가 있는 것은 일의적으로(monachōs) 말해진다. 따라서 있는 것은 하나이다." 에우데모스가 다른 어떤 곳에서 이런 식으로 분명하게 이것을 기록했는지 나는 말할 수 없다. 다만 그의 『자연학』에서 그는 파르메니데스에 관해 다음과 같은 것들을 기록하고 있고, 아마도 그것들로부터 우리는 앞서 이야기한 것을 종합해 낼 수 있을 것이다. "그런데 파르메니데스는 있는 것이 하나임을 증명하고 있는 것으로 보이지 않는다. 이는 심지어 그에게서 있는 것이 일의적으로 말해지고 있다는 것을 인정해 준다고 해도 그렇다. 〔또〕 인간들에 대해 '인간'이 그러하듯, 각 사물에 대해 무엇(ti)으로 서술되는 것은 제외하고〔도〕 그렇다. 개별 사물들에 대해 정의(logos)가 주어지고 있을 때, 있는 것의 정의는 모든 것들 안에 하나의 동일한 것으로 내재하게 될 것이다. 마치 동물의 정의가 동물들 안에 내재하듯이. 그런데 마치 모든 있는 것들이 아름다워서 아름답지 않은 것은 아무 것도 포착할 수 없다면 모든 것들이 아름다우나 아름다운 것은 하나가 아니라 여

••••••••••••••••
85) 『자연철학자들의 견해들』
86) 혹은 '아무 것도 아닌 것'

럿이 되는 것처럼 (왜냐하면 색깔도 아름다운 것일 테고 실행 (epitēdeuma)도 그럴 것이며, 그 어느 것이든 그럴 것이니까) 모든 것들도 또한 그런 방식으로 실로 '있는 것들(onta)'이 될 것이다. 하나이거나 동일한 것이 아니라. 왜냐하면 〔예컨대〕 물과 불은 서로 다른 것이니까. 그렇다면 우리는 파르메니데스가 믿을 만한 가치가 없는 논변들을 따랐으며 또 그 당시로서는 명료하지 않았던 그런 류의 것들(양의적(兩義的)인 것을 처음 도입한 것이 플라톤이니까 그땐 아무도 다의적인 것에 대해 말하는 사람이 없었고, 또 '그 자체로(kath' hauto)'와 '부수적으로 (kata symbebēkos)'에 대해 말하는 사람도 없었다)에 의해 기만되었던 것에 대해 놀랄 필요가 없다. 그는 이것들에 완전히 속아넘어간 것으로 보인다. 그런데 이것들은 (그리고 삼단 추론도) 논변들과 반대 논변들로부터 얻어졌다. 왜냐하면 그것들은 필연적인 것으로 보이지 않는 한 인정되지 않았으므로. 그런데 〔파르메니데스보다〕 더 앞선 시대 사람들은 논증 없이 (anapodeiktōs) 의견을 개진했다."

(『아리스토텔레스의 「자연학」주석』 115)

2) 전체와 한계

38. 아리스토텔레스(DK28A27)

이런 식으로 우리는 전체(holon)를, 예컨대 사람 전체나 상자 전체처럼, 아무 것도 빠져 있지 않은 것으로 정의한다. 그런데 개별적인 전체가 그렇듯이 엄밀한 의미에서의 전체도, 밖에 아무 것도 없는 것이다. 밖에 무언가가 빠져 있는 것은, 빠진 것이 무엇이든 간에, 전부(pan)가 아니다. 전체와 완전한 것은 전적으로 동일하거나 아니면 본성이 아주 가깝다. 끝을 갖고 있지 않은 그 어떤 것도 완전하지 않다. 그런데 끝은 한계이다. 그러므로 우리는 파르메니데스가 멜리소스보다 더 잘 말했다고 생각해야 한다. 왜냐하면 후자는 무한한 것이 전체라고 말한 반면, 전자는 전체가 한계지워져 있다고, 즉 '중앙으로부터 모든 곳으로 똑같이 뻗어나와 있다'[단편 8.44]고 말했으니까. (『자연학』 III. 6. 207a9)

3) 공 비유

39. 심플리키오스(DK28A20)

하나의 있는 것이 '잘 둥글려진 공의 덩어리와 흡사하다'[단편 8.43]고 그가 말한다고 해서 놀랄 것 없다. 왜냐하면 시로 쓰고 있기 때문에, 그리고 일종의 신화적인 허구에 매달리고 있어서

그런 것이니까. 그렇다면 그가 이것을 이야기한 것이 오르페우스
가 '은백색 달걀'을 이야기한 것과 무슨 차이가 있는가?

(『아리스토텔레스의 「자연학」 주석』 146)

40. 디오게네스 라에르티오스(DK28A44)

게다가 그[즉 피타고라스]는 최초로 하늘을 우주(kosmos)라
부르고 땅이 구형이라고 말했다[고 한다]. 그런데 테오프라스토
스는 파르메니데스가 그랬다고 하고, 제논은 헤시오도스가 그랬
다고 한다. (『유명한 철학자들의 생애와 사상』 VIII. 48)

41. 아에티오스(DK28A44)

파르메니데스와 데모크리토스가 말하기를 [땅이] 모든 곳으로
부터 똑같이 떨어져 있기 때문에 이곳으로가 아니라 오히려 저곳
으로 기울어야 할 아무런 까닭도 없기에 균형 상태로 머물러 있
다. 바로 이 때문에 그것은 그저 흔들릴(kradainesthai) 뿐 움직이
지는 않는다. (『학설 모음집』 III. 15. 7)

(3) 의견편

1) 두 원리(불과 흙)

42. 아리스토텔레스(DK28A24)

 그런데 아마도 파르메니데스가 더 많은 통찰을 갖고 말하는 것 같다. 왜냐하면 있는 것 너머에, 있지 않은 것은 아무 것도 있지 않다고 여기면서 그는 필연적으로 있는 것 하나만 있지 다른 어떤 것도 있지 않다고 생각하니까. … 그런데 나타나는 것들(ta phainomena)을 따르지 않을 수 없게 되어서, 그리고 정의(定義)에 따라서는 하나이지만 감각에 따라서는 여럿인 것이 있다고 상정하면서, 그는 또 두 원인 내지 두 원리를, 즉 뜨거운 것과 차가운 것을 놓고 있다. 이를테면 불과 흙 같은 것을 염두에 두고서. 그리고 이것들 가운데 뜨거운 것은 있는 것 아래에, 다른 하나는 있지 않은 것 아래에 둔다. (『형이상학』 A5. 986b27)

43. 아리스토텔레스(DK28A35)

 파르메니데스처럼 곧바로 둘을, 즉 불과 흙을 〔원리로〕 상정하는 사람들은 공기나 물과 같이 이것들 사이에 있는 것들은 이것들의 혼합물이라고 여긴다.

 (『생성과 소멸에 관하여』 II. 3, 330b13)

44. 아리스토텔레스(DK28A35)

그들이 주장하듯 뜨거운 것은 분리시키는 본성을 갖고 있고 차가운 것은 모으는 본성을 갖고 있으며, 다른 것[즉 성질]들 각각도 하나는 작용하는 본성을, 다른 하나는 작용받는 본성을 갖고 있으므로, 이것들로부터, 그리고 이것들을 통해 다른 모든 것들이 생겨나고 소멸한다.

(『생성과 소멸에 관하여』 II. 9. 336a3)

45. 디오게네스 라에르티오스(DK28A1)

그는 두 원소, 즉 불과 흙이 있는데, 전자는 장인(dēmiourgos)의 지위를, 후자는 질료의 지위를 갖는 것으로 보았다. 인간의 생성은 맨 처음에 태양에서 비롯되었고, 뜨거운 것과 차가운 것이 원인(aitia)으로서, 만물이 그것들로부터 생겨났다고 생각했다.

(『유명한 철학자들의 생애와 사상』 IX. 21-22)

46. 플루타르코스(KRS 304)

바로 그가 실제로 배열(diakosmos)을 만들어 놓은 바 있는데, 그는 밝은 것과 어두운 것이라는 원소들(stoicheia)을 섞어 이것들로부터, 그리고 이것들을 통해, 모든 나타나는 것들(ta phainomena)을 완성해 내고 있다. 그는 땅에 관해서만이 아니라 하늘, 태양, 달, 별들에 관해서도 많은 이야기들을 했으며, 인간의 생성에 관해서도 자세히 설명했다. 그리고 그는 자연학(physiologia)에 몸담고 있으면서, 남의 저술을 난도질하는[87] 것이 아니라 자신의 저술을 지은 옛 사람으로서, 중요한 것들 가운데 아무 것도 말하지 않은 채 넘어간 것이 없었다.

(『콜로테스에 대한 반박』 1114b)

2) 영혼과 누스(지성)

47. 마크로비우스(DK28A45)

파르메니데스가 말하기를 그것[즉 영혼]은 흙과 불로 이루어져 있다. (『키케로의 「스키피오의 꿈」 주석』 I. 14. 20)

48. 아에티오스(DK28A45)

파르메니데스와 히파소스에 따르면 그것[즉 영혼]은 불의 성격을 띠고 있다. (『학설 모음집』 IV. 3. 4)

49. 아에티오스(DK28A45)

파르메니데스가 [말하기를] 지배하는 부분(hēgemonikon)[즉 누스]은 가슴 전체에 걸쳐 있다. (『학설 모음집』 IV. 5. 5)

••••••••••••••
87) 혹은 '헐뜯는'

50. 아에티오스(DK28A45)

파르메니데스, 엠페도클레스, 데모크리토스에 따르면 누스와 영혼은 같은 것이다. 그들에 따르면 이성이 없는(alogon) 그 어떤 것도, 엄밀하게 말하면, 살아 있는 것이 아니다.

(『학설 모음집』 IV. 5. 12)

3) 고리들 (cf. 단편 12)

51. 아에티오스(DK28A37)

파르메니데스가 [말하기를] 하나 다음에 다른 하나, … 이런 식으로 엮어진 고리들이 있는데, 하나는 성긴 것으로부터, 다른 하나는 조밀한 것으로부터 나왔고, 이것들 사이에는 빛과 어두움으로부터 혼합된 다른 것들이 있다. 또 이것들 모두를 벽처럼 에워싼 것은 딱딱한데, 그것 밑에 불의 성격을 띤 고리가 있으며, 모든 고리들의 한가운데에 있는 것도 딱딱한데, 그것 둘레에 또 불의 성격을 띤 [고리가] 있다. 혼합된 고리들의 한가운데에 모든 고리들의 운동과 생성의 〈시작〉이자 〈원인〉이 있는데, 바로 이것을 그는 '조종하는 여신', '열쇠 가진 자', '디케', '아낭케'로 부르고 있다. 그리고 공기는 흙의 더 강한 압착 때문에 증발된, 흙으로부터의 분리물이며, 태양과 은하수 원환은 불이 내뿜어진 것이다. 반면에 달은 양자, 즉 공기와 불로부터 혼합된 것이다. 에테르가

모든 것들 가운데 가장 위쪽에서 에워싸고 있고, 그 아래에 우리
가 하늘이라고 부른 바 있는 불의 성격을 띤 것이 포진해 있으며,
그 아래에는 땅 주변의 것들이 있다. (『학설 모음집』 II. 7. 1)

52. 키케로(DK28A37)

파르메니데스는 어떤 환상적인 것을 만들어 냈는데(efficit), 그
것은 화관과 같은 것(그가 부르기로는 스테파네stephanē)이고,
하늘을 둘러싼 불꽃들 〈즉〉 빛으로 연속된 고리(orbis)인데, 그는
이것을 신(deus)이라 부른다. 하지만 그 안에 어떤 신적인 형태
나 감각이 들어 있다고 추측하기란 불가능하다. 많은 기괴한 것
들이 바로 그[88]에게 속하는데, 그는 전쟁(Bellum), 불화
(Discordia), 욕망(Cupiditas) 및 같은 류의 다른 것들(즉 병에 의
해서 혹은 잠에 의해서 혹은 망각에 의해서 혹은 노령에 의해서
파괴되는 것들)을 신(deus)으로 취급하고 있는 것이다. 그는 별
들에 관해서도 같은 식인데, 그것에 관해서는 다른 데서 비판한
바 있으므로 지금은 그냥 생략하기로 하자.
　(『신들의 본성에 관하여』 I. 11. 28)

---

88) 즉 파르메니데스.

4) 감각 (cf. 단편 16)

53. 테오프라스토스(DK28A46)

　감각에 관한 여러 일반적인 견해들은 두 부류이다. 즉 어떤 사람들은 비슷한 것에 의해, 다른 어떤 사람들은 반대되는 것에 의해 〔감각이 일어난다고〕 여긴다. 파르메니데스, 엠페도클레스, 플라톤은 비슷한 것에 의해, 아낙사고라스와 헤라클레이토스 주변 사람들은 반대되는 것에 의해 〔일어난다고〕 여긴다. 파르메니데스는 도대체 아무 것도 분명히 규명하지 않고 다만 두 원소가 있는데 그 중 우세한 것에 의해 인식(gnōsis)이 일어난다고만 말했다. 뜨거운 것이 우세하거나 차가운 것이 우세하거나 함에 따라 사유(dianoia)가 달라지게 되는데, 뜨거운 것 때문에 생기는 사유가 더 좋고 순수하다. 그렇지만 이것조차도 어떤 비율을 필요로 한다. 〔단편 16 인용됨〕 왜냐하면 그는 감각하는 것과 사고하는 것(phronein)을 같은 것이라고 말하니까. 그 때문에 기억과 망각도 이것들로부터 혼합에 의해 생겨난다. 그런데 그것들이 혼합에 있어 동등할 때에는 사고가 있을 것인지 아닌지, 그리고 그 상태가 어떤 것일지에 대해서는 더 이상 아무 것도 세세히 규명하지 않았다. 그가 반대의 것 그 자체에도 감각이 있다고 여긴다는 것은 다음의 구절들에서 분명하다. 즉 시체가 불을 결여하고 있어서 빛, 뜨거움, 목소리는 감각하지 못하지만, 차가움, 조용함 등

반대의 것들은 감각한다고 말하는 구절들에서. 그리고 일반적으로 말해 모든 있는 것은 어떤 인식을 갖고 있다. 그렇다면 그는 그의 가정을 통해 따라 나오는 받아들이기 껄끄러운 것들을 그 자신이 이런 식의 주장을 함으로써 떼어내버리려는 것 같다.

(『감각에 관하여』1~4)

54. 아에티오스(DK28A49)

피타고라스, 엠페도클레스, 크세노파네스, 파르메니데스에 따르면 감각들은 거짓되다. (『학설 모음집』IV. 9. 1)

5) 인간 발생론 (cf. 단편 17, 단편 18)

55. 아에티오스(DK28A53)

아낙사고라스와 파르메니데스가 말하기를 〔고환의〕 오른쪽에서 나오는 것〔즉 정자〕들은 어미의 오른쪽 부분으로 뿜어지고, 왼쪽에서 나오는 것들은 왼쪽 부분으로 뿜어진다. 그런데 뿜어지는 방향이 바뀌면 여성이 태어난다. (『학설 모음집』V. 7. 4)

56. 아에티오스(DK28A54)

자식이 어미의 〔자궁〕 오른쪽 부분에서 떨어져 나올 때는 아비를 〔닮아 태어나고〕, 왼쪽 부분에서 떨어져 나올 때는 어미를 〔닮

아 태어난다]. (『학설 모음집』V. 11. 2)

57. 켄소리누스(DK28A54)

그러나 파르메니데스의 생각은 이러하다. 오른쪽 부분들이 씨를 냈으면 아들들이 그 아비를 닮고, 왼쪽 부분들이 그랬으면 그들이 그 어미를 닮는다. (『탄생일에 관하여』6. 8)

58. 켄소리누스(DK28A54)

그러나 여성들과 남성들이 서로 다투는데, 둘 가운데서 승리하는 쪽의 성격이 재생산된다고 쓴 사람은 파르메니데스이다.

(『탄생일에 관하여』6. 5)

09 ZENON
제논

I. 생애와 저작

1. 디오게네스 라에르티오스(DK29A1)

제논은 엘레아의 시민이었다. 아폴로도로스는 『연대기』에서 그가 태어나기는 텔레우타고로스의 자식으로 태어났지만 파르메니데스(퓌레스의 아들인 파르메니데스)와 양자의 연을 맺었다고 말한다. 그와 멜리소스에 대해 티몬은 이렇게 말한다.

모든 것의 비난자이자 혀가 둘 달린[1] 제논의

결코 소진되지 않는 대단한 기력, 그리고

. . . .
1) 제논이 사용하는 양도 논법의 특성을 빗대서 쓰는 표현이기도 하다.

수많은 〔철학적〕 공론(空論)에 강하고 누구에게도 뒤지지 않는
멜리소스…

제논은 파르메니데스의 제자이자 그의 소년애인(paidika)이
되었다. 플라톤이 『파르메니데스』[2]에서 말하듯이 그는 키까지 훤
칠했다. 같은 사람〔플라톤〕이 『소피스트』[3]와 〈『파이드로스』[4]에
서 그에 관하여 기록하였고〉 그를 엘레아의 팔라메데스[5]라고 부
르고 있다. 엠페도클레스가 수사술의 창시자이듯이 그〔제논〕는
변증술(dialektikē)의 창시자라고 아리스토텔레스는 말한다.[6]

(『유명한 철학자들의 생애와 사상』 IX. 25 이하)

2. 『수다』(DK29A2)

텔레우타고로스의 자식인 제논은 엘레아 철학자로 시기상으로
는 피타고라스와 데모크리토스에 가까운 세대에 속한다. 왜냐하
면 그는 78회 올림피아기[7] 당시에 크세노파네스나 파르메니데스

• • • • • • • • • • • • • •
2) 128B.
3) 215A.
4) 261D.
5) 헬라스의 장수로 트로이 전쟁에 참가했다가 오뒷세우스의 모함으로
   죽임을 당했다. 수를 발명했다고도 전해진다.
6) 『단편들』 1886.
7) 기원전 468-465년.

의 제자였기 때문이다. 그는 『논쟁들』, 『엠페도클레스의 견해에 대한 비판』, 『철학자들에 대한 반박』, 『자연에 관하여』를 저술했다.(「헤쉬키오스」 항목)

3. 『수다』(DK29A2)

사람들은 엠페도클레스가 수사술의 창시자이듯이 그〔제논〕는 변증술의 창시자라고 말한다. 그는 엘레아의 참주인 네아르코스(어떤 사람의 말로는 디오메돈)를 축출하고자 했으나 체포되었다. 그리고 그는 그〔네아르코스〕에게 심문을 받을 때 자신의 혀를 〔이로〕 물어 끊어 그에게 뱉었고, 그러고는 맷돌에 던져져 〔맷돌에〕 으깨어져 가루가 되었다.(「디오게네스」 항목)

4. 플라톤(DK29A12)

사실 이 글은 파르메니데스 선생님의 주장을 변호하는 글이라네. 만약 있는 것이 하나라고 한다면 그 주장은 많은 우스운 결과들 뿐 아니라, 자기모순들을 겪게 된다고 선생님을 비방하려는 사람들에 대항해서 말이네. 그러니까 이 글은 여럿을 주장하는 사람들을 논박하는 글인 셈이지. 누구든 논변을 충분히 검토해 보면 있는 것들은 여럿이라는 그들의 가정이, 있는 것은 하나라는 가정보다 훨씬 더 우스운 결과들을 초래할 것임을 밝히려는 글로서 되로 받은 것을 말로 되갚는 거라네. 이 글은 내가 젊었을 때 바로 이런 전투적인 취향에서 쓴 것이네.

(『파르메니데스』128c)

Ⅱ. 사상

(1) 여럿을 부정하는 제논의 논변들

5. 플라톤

다 듣고 난 소크라테스는 첫번째 논변의 첫번째 가정을 다시 읽어 달라고 요청하고서 그것이 읽혀지자 말하기를, "보세요 제 논님, 무슨 뜻으로 이 말을 하신 겁니까? 만약 있는 것들이 여럿 이라면 그것들은 닮은 것들(homoia)이면서 닮지 않은 것들일 수 밖에 없는데 그러나 그것은 불가능하다. 왜냐하면 닮지 않은 것 들은 닮은 것들일 수 없고, 닮은 것들은 닮지 않은 것들일 수 없기 때문이라는 뜻입니까? 그렇게 말씀하신 것 아닙니까?"

"그렇다네"라고 제논이 대답했네.

"따라서 만약 닮지 않은 것들이 닮은 것들일 수 없고, 닮은 것 들이 닮지 않은 것들일 수 없다면, 여럿도 있을 수 없다는 것이지 요? 왜냐하면 만약 있는 것들이 여럿이라면, 그런 불가능한 일을 겪을 테니까 말입니다. 당신의 논변들이 의도하는 이런 주장은 일반적인 모든 견해에 대한 반박으로서, 있는 것들은 여럿이 아니라는 강변이 아니고 무엇이겠습니까? 그리고 당신은 당신의 각 논변들이 바로 이런 주장에 대한 논거라고 생각하시니까, 있는 것들은 여럿이 아니라는 주장에 대해 당신이 논변들을 작성한 만큼, 그만큼의 논거들을 제시했다고 믿으셨던 것이고요. 그런 뜻으로 말씀하고 계시는 거지요? 아니면 제가 잘못 이해하고 있는 것인가요?"

"아닐세, 오히려 자네는 이 글 전체가 주장하려는 것을 잘 이해했네"라고 제논이 말했네.(『파르메니데스』127d-128a)

6. 심플리키오스(DK29B2, DK29B1일부)

여러 논증(epicheirēma)을 담고 있는[8] 자신의 책에서 그는 각 논증을 통해서 여럿이 있다고 말하는 자는 상반되는 것들(ta enantia)[9]을 말하게 된다는 점을 입증한다. 그는 그 중의 한 논증에서 "만약 여럿이 있다면 그것들은 크기도 하고 작기도 하다. 그것들은 그 크기가 무한할 만큼 크고, 전혀 크기가 없을 만큼 작다.[10]"는 것을 입증한다. 이 논증에서 그는 크기도 두께도 부피도 없는 것은 있

• • • • • • • • • • • • • •

8) 40개라고 전해진다.
9) 서로 상반되는 두 주장, 예를 들면 '크기도 하고 작기도 하다'란 주장을 가리킨다.
10) 이 인용문은 뒤에 나올 DK21B1의 내용과 일부 일치한다.

지도 못할 것임을 입증한다. 그는 말하기를, "왜냐하면 다른 있는 것에 그것이 보태지더라도, 그것은 다른 것을 전혀 더 크게 만들지 못할 것이기 때문이다. 그 까닭은, 어떤 크기도 없을 경우 그것이 보태진다고 하더라도 〔보태어 갖는 쪽이〕 크기에 있어 전혀 증가할 수 없기 때문이다. 그리고 그렇다면 보태지는 것은 이미 아무것도 아닌 것일 것이다. 그것이 떼어내어질 때 다른 것이 조금도 더 작아지지 않는 한편 보태져도 〔다른 것이〕 전혀 커지지 않는다면, 보태진 것도 떼어내어진 것도 아무것도 아닌 것이었음이 분명하다.[11]" 제논이 이런 말을 한 것은 하나를 부정하려고 해서가 아니라,[12] 무한한 나눔으로 인해서 〔잘라서〕 취해진 것[13] 앞에는 언제나 어떤 것이 있다는 점에서 무한히 많은 것들[14] 각각은 크기를 갖는다는 뜻에서

• • • • • • • • • • • • • • •

11) 이 인용문은 DK29B2에 해당한다.

12) 이런 구절에 입각해서 반즈(Barnes, J.)는 심플리키오스 당시에는 제논을 하나(to hen) 역시도 부정하는 견해를 가진 철학자(Nihilist)로 보는 견해도 있었음을 지적한다(1982. 238쪽).

13) '임의로 선택된 것'이라는 뜻이다.

14) 현재 번역에서 '무한히 많은 것들 각각은'은 원문을 'hekaston… apeirōn'으로 보았기 때문이다. 그러나 프랭켈(Fränkel H.)의 제안에 따라 'apeirōn' 대신에 'apeiron'으로 보면 번역은 "여럿의 각각은 크기를 갖고 무한함을 갖기 때문이다"로 바뀐다. 앞의 번역을 채택할 경우, 뒤따르는 문장은 여러 무수한 것이 크기를 갖는 이유를 설명하는 것이 된다. 반면에 뒤의 번역을 채택하면, 뒤따르는 문장은 여럿의 각각이 무한한 이유를 설명하는 것이 된다. 둘 다 의미 있는 번역이지만, 여기서는 본래 필사본의 원문을 택했다.

다. 그는 이 점을 밝히기에 앞서, 여럿의 각각이 자신과 같고 하나라는 근거에서 어떤 것도 전혀 크기를 갖지 않음을 입증했다.[15] (『아리스토텔레스의 「자연학」 주석』 139. 5-139. 19)

7. 심플리키오스(DK29B3, DK29B1)

제논의 책 자체에도 그것이 담겨 있는데 왜 여러 말을 해야 하는가? 왜냐하면 만약 여럿이 있다면 같은 것들이 한정되어 있으면서 무한하다는 것을 그가 다시 입증하면서 이것들을 조목조목 적고 있기 때문이다. "만약 여럿이 있다면 그것은 있는 그만큼 있고 그것들보다 더 많지도 더 적지도 않다는 것은 필연적이다. 그런데 그것이 있는 그만큼 있다면 그것은 한정되어 있을 것이다. 만약 여럿이 있다면 있는 것들은 무한하다. 왜냐하면 있는 것들 사이에는 다른 것들이 언제나 있으며, 또 그것들(다른 것들과 있는 것들) 사이에는 또 다른 것들이 있기 때문이다. 그리고 이렇게 해서 있는 것들은 무한하다."[16] 그리고 이렇게 해서 그는 둘로 나눔에 의해서 그것(있는

• • • • • • • • • • • • • • • • •

15) '여럿의 각각이 자신과 같고 하나' 라는 주장과 '어떤 것도 전혀 크기를 갖지 않는다' 가 어떤 관련이 있는지는 이 논증에 나와 있지 않다. KRS는 '크기를 갖기 위해서는 부분을 갖는 것이 필수적인데, 그 부분을 가질 수 없다' 는 것이 두 주장을 묶는 고리가 되리라고 추측한다(268쪽). 이와 관련한 해석에 관해서는 커드(Curd, P.) 1998, 173쪽 참고.

16) 이 인용문은 DK29B3에 해당한다.

것]들이 수적으로 무한함을 입증한 한편, 그 이전에는 같은 논증 방식으로 그것들이 크기에 있어 〔무한함을 입증했다〕. 우선 그는 "있는 것이 크기를 갖지 않는다면 그것은 있지도 못할 것임"을 입증 하고 나서 다음과 같은 추론을 제시하고 있기 때문이다. "그런데 〔여 럿이〕[17] 있다면 필연적으로 그 각각의 것은 어떤 크기와 두께를 지니 며, 그것의 한 부분은 다른 부분과 떨어져 있을 것이다. 그 앞에 있는 부분에 대해서도 같은 논증이 적용된다. 왜냐하면 그 부분 또한 크기 를 지니며 어떤 것이 그것 앞에 있을 것이기 때문이다. 이를 한 번 언 급하고 마는 것이나 계속해서 언급해 나가는 것이나 마찬가지이다. 왜냐하면 그것의 그러한 어떤 부분도 최종적인 부분이 아닐 것이고, 한 부분은 다른 부분과 관련해서만 있을 것이기 때문이다. 이처럼 여 럿이 있다면 그것들은 필연적으로 작기도 하고 크기도 할 것이다. 크 기를 갖지 않을 만큼 작은가 하면, 무한할 만큼 클 것이다."[18]

(『아리스토텔레스의 「자연학」주석』 140. 27-140. 34)

8. 심플리키오스(DK29A21)

여기서 그는 에우데모스가 말하고 있듯이 〔『파르메니데스』에

••••••••••••••
17) 이 논증은 이어지는 단편 2, 3과 같이 여럿에 대한 논증을 하고 있는 것으로 보아 이 문장의 주어를 바로 앞 문장의 주어와는 달리 '여럿' 으로 보았다.
18) 이 인용문은 DK29B1에 해당한다.

서와는 달리] 하나를 부정하는 동시에 (그가 점을 하나로 말하고 있기 때문에) 여럿이 있다는 것을 인정하고 있다. 그러나 알렉산드로스는 여기서도 제논이 여럿을 부정하고 있다고 에우데모스가 기록했다고 생각한다. 그에 따르면 "왜냐하면 에우데모스가 보고하고 있듯이 파르메니데스의 제자인 제논은 하나는 있는 것들에 속하지 않고, 여럿은 하나임(henas)들의 다수라는 점에서 있는 것들은 여럿일 수 없다는 점을 밝히려 했기 때문이다."

(『아리스토텔레스의 「자연학」 주석』 99. 10-16)

9. 심플리키오스(DK29A16)

사람들은 제논 역시 누가 그에게 하나가 도대체 무엇인가를 밝혀준다면 있는 것들을 설명할 수 있을 것이라고 말한다고 한다.(『아리스토텔레스의 「자연학」 주석』 97. 12)

(2) 운동을 부정하는 논변들

10. 아리스토텔레스(DK29A25)

운동에 관한 제논의 논변은 네 가지인데, 그것들을 해결하고자 하는 사람들에게 어려움을 안겨준다. 첫번째는, 움직이는 것은 그 목적지에 도달하기에 앞서 먼저 그 중간에 도달해야만 하기 때문에 운동하지 않는다고 하는 것에 관한 논변이다.

(『자연학』 VI. 9. 239b9-11)

1) 이분법의 역설

11. 아리스토텔레스(DK29A25)

우리는 통설들(doxai)에 반대되는, 해결하기 힘든 많은 논변을 가지고 있다. 가령 운동할 수도 없고 경주로를 다 달릴 수도 없다는 제논의 논변이 그렇다.(『변증론』 VIII. 160b7)

12. 아리스토텔레스(DK29A25)

그러므로 제논의 논변 역시 한정된 시간 안에 무한한 것들을 하나하나 통과하거나 무한한 것들과 하나하나 접촉하는 일이 불가능하다[고 주장하]는 점에서 잘못된 가정을 하고 있다. 길이와 시간, 그리고 일반적으로 연속적인 모든 것은 두 가지 의미에서 '무한하다'고 이야기된다. 즉 분할 [가능성]의 측면에서 또는 끝 [이 없다는]의 측면에서 그렇다. 그래서 한정된 시간 속에 있는 것은 양적으로 무한한 것들과 다 접촉할 수 없으나, 분할 [가능성]의 측면에서는 무한한 것들과 다 접촉할 수 있다. 왜냐하면 이러한 의미에서는 시간 자체도 무한하기 때문이다. 그러므로 한정된 시간 속에서가 아니라 무한한 시간 속에서 무한한 것[19]을 다 지나가게 되며, 한정된 시간들에 의해서가 아니라 무한한 시간들에 의해서 무한한 것들을 접촉하게 된다는 귀결이 나온다.

(『자연학』 VI. 2. 233a21 이하)

13. 아리스토텔레스

그러나 이 해결[20]은 질문하는 사람에 대해서는 충분하지만(왜냐하면 한정된 시간 안에 무한한 것들을 다 달릴 수 있는지, 셀 수 있는지가 질문이었기 때문이다), 사실(pragma)과 진리에 관련해서[볼 때]는 충분치 못하다.[21] … 따라서 시간에서든 거리에서든 무한한 것들을 통과해 갈 수 있는지를 묻는 사람에게는 어떤 방식으로는 그럴 수 있지만, (또 다른) 어떤 방식으로는 그럴 수 없

●●●●●●●●●●●●●●
19) 여기와 아랫줄의 '무한한 것'은 문맥상 수학의 점을 말한다. 점은 크기를 갖지 않기 때문에 한정된 크기 안에 무한히 있을 수 있다.

20) 앞의 단편 29A25에서 아리스토텔레스가 제시한 해결.

21) 위에 있는 DK29A25에 담긴 해결 방식과 이 대목에서 제시하는 해결 방식이 다른 이유는 문제가 제기되는 차원이 다르기 때문이다. 앞선 해결 방식은 구체적인 질문 내용을 갖고 있는 질문 대상자를 상대로 한 답변이다. 즉 상대방이 질문한 내용만 꼬투리로 해서 상대방을 논박하는 방식이다. 그래서 "한정된 시간에 무한한 것들을 통과할 수 있는가?"란 질문에 대해 "시간 역시 무한히 분할 가능하기 때문에, 무한한 것들을 통과할 수 있다"고 대답할 수 있었다. 그러나 이 대답은 질문자가 전제한 조건 하에서만 가능한 대답이다. 질문자가 이런 전제 조건들을 제외하고, 단순하게 "무한한 점들을 다 통과할 수 있는가?"라고 묻는 경우를 아리스토텔레스는 "사실과 진리와 관련해서" 묻는 경우라고 본 것이다.

다고 말해야 한다. 왜냐하면 그것들(무한한 것들)이 현실적으로 있는 경우에는 그럴 수 없지만, 가능적으로〔있는 경우에〕는 그럴 수 있기 때문이다. 연속적으로 운동하는 사람은 부수적으로(sym-bebēkōs) 무한한 것들을 통과해 간 것이지만, 무조건적으로(haplōs) 그렇게 한 것은 아니기 때문이다. 왜냐하면 무한히 많은 절반들이 있다는 것은 선에 부수적으로 따르는 것이지만, 그 본질(ousia) 내지 '～임(to einai)'은 〔이와〕 다르기 때문이다.

(『자연학』 VIII. 8. 263a15-18, b3-9)

2) 아킬레우스의 역설

14. 아리스토텔레스(DK29A26)

두번째는 이른바 아킬레우스의 〔역설〕이다. 그것은 이렇다. 즉 달리기 할 때에 가장 느린 자[22]는 가장 빠른 자에 의해서 결코 따라잡히지 않을 것이다. 왜냐하면 그(따라잡기) 전에 쫓는 자는 달아나는 자가 출발했던 곳에 도착해야 하고, 그래서 더 느린 자가 항상 약간이라도 앞서 있을 수밖에 없기 때문이다. 이 〔역설〕도

· · · · · · · · · · · · · ·
22) 테미스티오스를 필두로 하는 주석가들은 '가장 느린 자'를 거북이로 바꾸어 주석을 달고 있다. 그래서 이른바 '거북이와 아킬레우스의 경주'가 생겨난 것이다. 아래 그림 1에서는 편의상 거북이와 아킬레우스로 표기했다.

이분법 논변과 같은 논변이지만,[23] 덧붙는(proslambanomen)
크기[24]를 둘로 나누지 않는다는 점에서는 다르다.

(『자연학』 VII. 9. 239b14)

3) 날아가는 화살의 역설

15. 아리스토텔레스 『자연학』(DK29A27)[25]

a) 세번째는 방금 언급한 [역설]로, 움직이는 화살이 정지해 있

• • • • • • • • • • • • • • •

23) 목표로 했던 도착점에 이르거나 가장 느린 자를 따라잡는 것을 이루
지 못한다는 점에서 같은 논변이다.

24) '덧붙는 크기' 는 아래 그림처럼 처음 출발 당시의 크기에 이후, 매 순
간 덧붙는 크기를 의미한다.

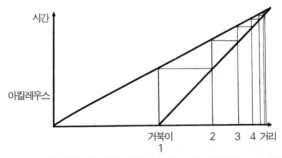

1은 거북이가 처음에 출발한 지점이고 1에 아킬레우스가 이를 때, 거
북이는 2에 도달한다. '덧붙는 크기' 는 바로 2에서 1을 뺀 크기고, 이
과정은 한 점으로 무한히 수렴하면서 계속된다.

다는 것이다. 이것은 시간이 '지금들(ta nyn)'로 이루어져 있다고 가정하는 데서 나온다. 왜냐하면 이것이 전제되지 않는다면 그 추론은 성립하지 않을 것이기 때문이다.

b)[26] 제논은 잘못 추론하고 있다. 왜냐하면 그는 다음과 같이 말하고 있기 때문이다. "만일 모든 것은, [자신과] 똑같은 공간을 차지하고 있을 때 언제나 정지해 있는 것이라면, 그리고 움직이는 것은 언제나 '지금 안에(en tōi nyn)' 있다면,[27] 움직이는 화살은 운동하지 않는다." 그런데 이것은 거짓이다. 왜냐하면 다른 어떤 크기도 나뉠 수 없는 것으로 이루어져 있지 않듯이, 시간도 나뉠 수 없는 '지금'들로 이루어진 것이 아니기 때문이다.

(『자연학』 VI. 9. 239b30-3, 5-9)

16. 디오게네스 라에르티오스(DK29B4)

제논은 다음과 같이 말하면서 운동을 부정한다. "운동하는 것은 자신이 있는 곳에서도 운동하지 않으며 자신이 있지 않은 곳에서도 운동하지 않는다."(『유명한 철학자들의 생애와 사상』 IX. 72)

• • • • • • • • • • • • • •
25) 이곳의 원문은 DK를 따르지 않고 Bekker 판을 따른다.
26) 이곳의 원문에 대해서는 학자들마다 의견이 다르다. 원문의 내용을 쉽게 전달한다는 점에서 KRS가 읽는 방식을 따랐다.
27) '지금의 시점에서 차지하고 있는 공간에 있다면'이라는 뜻이다.

4) 경주로의 역설

17. 아리스토텔레스(DK29A28)[28]

네번째는 경주로에서 크기가 같은 물체들의 곁을 서로 반대편에서 열지어 지나가는 크기가 같은 물체들에 관한 [역설]이다. 그것들 중 한 행렬은 경주로(stadion)[29]의 끝에서부터, 다른 한 행렬은 중간에서부터[30] 같은 빠르기로 움직이는데, 그 경우에 시간상으로 절반이 그것의 두 배와 같게 된다고 그[제논]는 생각한다. 오류는 같은 크기[31]를 가진 물체가 같은 빠르기[32]로, 움직이는 물체를 지나가거나 정지해 있는 물체를 지나가는 데에도 당연히 같은 시간이 걸린다고 생각한 점에 있다. 이것은 거짓이다. 예를 들어 크기가 같은 서 있는 물체들은 AA라 하고, A들의 중간에서

· · · · · · · · · · · · · ·

28) 이 단편도 Bekker 판을 따른다.

29) stadion은 거리의 단위이면서 경주로를 가리키기도 한다. 이는 올림픽 경기의 단일 경주로의 길이가 1스타디온인 것에서 유래한다.

30) 번역은 '중간'이지만 한 경주로를 왕복하는 희랍식 달리기 경주의 특성상 중간점이자 한 쪽의 끝점이기도 하다. 뒤에 나오는 그림에서는 도착점으로 되어 있는 E가 여기에 해당된다. Γ의 행렬들은 반환점인 중간점을 지나 출발점이자 도착점인 Δ로 가고 있다고 보면 되겠다.

31) 밑에 있는 알렉산드로스의 그림 2에서 보듯이 지나가게 되는 움직이는 물체 B, Γ들과 정지해 있는 물체 A들 각각은 서로 크기가 같다.

32) 지나가게 되는 움직이는 물체가 움직이는 빠르기와도, 지나가게 되는 움직이는 물체와 정지해 있는 물체를 지나가는 빠르기와도 같은 빠르기.

부터 시작하는 것들은 BB라고 하자. 그리고 이것들은 수와 크기가 전자와 동일하다고 하자. 그리고 끝[33]에서 시작하는 것은 ΓΓ라고 하자. 이것들은 수와 크기가 전자들과 같고 B들과 같은 빠르기라고 하자. 그러면 서로의 곁을 지나가면서 첫번째 B와 첫번째 Γ가 [서로의] 끝에 동시에 있는 경우가 생긴다. [그때] Γ는 모든 B를 지나간 상태고 B는 ⟨A들⟩의 절반을 지나간 상태가 된다. 그러므로 시간상 절반이다. 왜냐하면 각각이 각각의 곁을 지나는 시간은 같기 때문이다[34]. 그런데 그와 동시에 첫번째 B가 모든 Γ를 지나간 상태가 된다. 왜냐하면 동시에 첫번째 Γ와 첫번째 B는 정반대의 끝에 있을 것이고[35] 양자[B와 Γ]가 같은 시간에 A들을 지나기 때문이다. 이것이 그의 논변이고 이것은 앞서 언급된 오류에 의해서 도출된다.(『자연학』 VII 9. 239b33-240a18)

• • • • • • • • • • • • • • • •

33) BΓ들의 앞쪽 끝(아래 그림 참조).

34) B, Γ들 각각이 서로를 지나가는 시간은 빠르기가 같고, 크기가 같기 때문에 같다. 그런데 Γ는 모든 B를, B는 B와 같은 크기의 들의 절반을 지났기 때문에 시간상으로는 B가 A를 지나는 시간은 Γ가 B를 지나간 시간의 절반이 되어야 한다. 이것이 논증의 첫 결론이다.

35) 로스(Ross)는 이 위치에 있던 사본의 '그(제논)가 말하듯이 Γ가 A들 각각뿐만 아니라, B의 각각을 같은 시간에 지나게 된다'란 구절을 빼자고 제안했다. 이 구절을 삽입하면 앞뒤 논증이 말끔히 전개되지 않고, 군더더기로 작용하며, 논리 구성이 어렵기 때문이다. DK 역시 로스의 제안을 따르고 있다. 이 번역에서도 로스의 제안을 따라 이 구절을 빼고 번역했다.

18. 심플리키오스

A = 서 있는 물체들

B = D에서 E로 운동하는 물체

Γ = E에서 D로 운동하는 물체들

Δ = 경주로의 출발점

E = 경주로의 도착점

(『아리스토텔레스의 「자연학」 주석』 1016.14에 인용된 아프로디시아스의 알렉산드로스의 그림)

10 MELISSOS
멜리소스

I. 생애와 저술

1. 플루타르코스(DK30A3)

그[페리클레스]가 항해해 왔을 때, 이타게네스의 아들 멜리소스는 철학자이자 당시 사모스[군]을 지휘하는 자로서 [아테네인들의] 배의 수가 적은 것이나, 지휘관들의 경험이 미숙한 점을 약점으로 보고 시민들을 설득해 아테네인들을 공격했다. 그리고 전투가 벌어져 사모스인들이 승리했고 그들[아테네인] 중 많은 이를 포로로 잡고, 많은 배를 격침시키고, 해상권을 장악했으며, 전에는 없던 군수물자들을 확보했다. 아리스토텔레스는 페리클레스 자신이 전에도 해전에서 멜리소스에게 패한 적이 있다고 말하고 있다.(『페리클레스의 생애』 26)

2. 플루타르코스(DK30A3)

그런데도 스테심브로토스는 테미스토클레스가 아낙사고라스에게 배웠고, 자연철학자인 멜리소스 문하에서 공부했다고 말하고 있지만, 그는 연대를 잘못 파악하고 있다. 페리클레스는 테미스토클레스보다 훨씬 젊고, 그가 사모스를 공략했을 때, 멜리소스가 적장으로 그와 싸웠으며, 아낙사고라스가 그[페리클레스]와 교류했었기 때문이다.(『테미스토클레스의 생애』2)

3. 심플리키오스(DK30A4)

멜리소스도 이런 식으로 자신의 저술의 표제를 『자연에 관하여 또는 있는 것에 관하여』라고 붙였다.

(『아리스토텔레스의 「자연학」 주석』 70.16)

4. 심플리키오스(DK30A4)

멜리소스가 『자연에 관하여 또는 있는 것에 관하여』라고 표제를 붙였다면, 그는 자연(physis)[1]이 있는 것(to on)[2]이라고 생각했던 것이 분명하다.

(『아리스토텔레스의 「천체에 관하여」주석』 557.1)

• • • • • • • • • • • • • • •

1) 퓌시스(physis)는 본성이나 본질의 뜻을 갖고 있기도 하다.
2) '있는 것'은 참으로 있다는 뜻으로 실재라고도 번역한다.

II. 사상

(1) 있는 것에 관한 멜리소스의 논증

5. 위-아리스토텔레스(DK30A5)

어떤 것이 있다면 그것은 영원한데, 아무 것도 아닌 것에서는 아무 것도 생길 수 없기 때문이라고 그는 말한다 … 그러나 어떤 것이 있다고 하는 것에 대해서 그것이 있으며 지속한다는 것을 뜻한다[3]고 그[멜리소스]는 말하고 있기 때문이다.(『멜리소스, 크세노파네스, 고르기아스에 관하여』 974a2-3, 975a34-35)

(a) 생성 소멸하지 않음

6. 심플리키오스(DK30B1)

'있었던 것은 언제나 있었고 언제나 있을 것이다. 왜냐하면 만일 그것이 생성되었다면 그것이 생성되기 전에는 아무 것도 없었던 것이 틀림없으며, 게다가 만일 아무 것도 없었다면 결코 어떤 것도 아무 것

••••••••••••••
3) '그런데 그는 어떤 것이 있다는 것에 대하여 그것이 사실이며 전제되는 것이라는(사실로 전제된 것이라는) 뜻으로' 라는 번역도 가능하다. 여기서 전제된다는 말은 '~이 있다면' 이라는 멜리소스의 논증형태를 두고 하는 말인 듯하다.

도 아닌 것에서 생겨날 수는 없었을 것이기 때문이다.[4]

(『아리스토텔레스의 「자연학」 주석』 162. 24)

(b) 무한한 연장

7. 심플리키오스(DK30B2)

그러니까 그것이 생성되지 않은 한에서, 그것은 있으며 언제나 있었고 언제나 있을 것이며 시작도 끝도 갖고 있지 않고 무한하다. 왜냐하면 만일 그것이 생겨났다면 그것은 시작을 가졌을 것이며(그것은 언젠가 생기기 시작했을 것이니까), 끝도 가졌을 것이지만(언젠가 생기기를 그만두었을 테니까), 그것은 시작되지도 끝나지도 않았으니 언제나 있었고 언제나 있을 〈것이며〉 시작도 끝도 갖지 않기 때문이다. 전체로서 있지 않은 것[5]이 언제나 있는 것은 가능하지 않기 때문이다.(『아리스토텔레스의 「자연학」 주석』 109. 20)

• • • • • • • • • • • • • • •

4) 이 문장에 있는 einai(to be)를 술어적으로('~인 것') 보고 해석하는 방식도 가능하다.

5) '완전하게 있는 것이 아닌 것' 이란 해석도 가능하다. 그러나 이런 해석에 따른 주장은 앞의 구절에서 논거를 받을 수 없다. 반면 '전체로서 있지 않은 것' 은 '시작점도 끝점도 갖지 않고 무한하다' 는 주장을 근거로 무한하지 않으면 전체일 수 없다는 결론을 끌어낼 수 있어서 논거를 문맥에서 끌어낼 수 있다.

8. 심플리키오스(DK30B3)

그것이 언제나 있듯이 그 크기도 언제나 무한해야 한다.

(『아리스토텔레스의 「자연학」 주석』 109. 31)

9. 심플리키오스(DK30B4)

시작과 끝을 갖는 어떤 것도 영원하지도 무한하지도 않다.

(『아리스토텔레스의 「자연학」 주석』 110. 3)

10. 아리스토텔레스

그래서 멜리소스가 잘못 추론했음이 분명하다. 왜냐하면 생성
되는 모든 것이 시작을 갖는다면 생성되지 않는 것은 시작을 갖
지 않는다고도 추정할 수 있다고 그가 생각하기 때문이다. 다음
으로 변화가 한꺼번에 생기지 않기라도 하듯이 모든 것의 시작,
즉 시간의 시작이 아니라 사물의 시작이 있다는 것은 이상하다.
게다가 단적인 생성의 시작점 뿐만 아니라, 질적 변화의 시작점
까지도 있다는 것 역시 이상하다.(『자연학』 I. 3. 186a10)

11. 아리스토텔레스(DK30A8)

그래서 이 논변들로부터, 논리를 따라야 한다는 이유로 그들은
감각적 지각을 넘어서고 그것을 무시하고서 전체(to pan)가 하나
이며 운동하지 않는다고 말한다. 어떤 이들은 그것이 무한하다고

도 말한다. 왜냐하면 [만일 한계가 있다면] 그 한계는 허공과 관련해서 한계를 가질 것이기 때문이다.

(『생성과 소멸에 관하여』 I. 8. 325a13-17)

12. 심플리키오스(DK30B5)

"만일 그것이 하나가 아니라면, 다른 것과 관련해서 한계를 갖는다"라는 근거에서 그는 무한한 것에서부터 하나를 이끌어냈다. 에우데모스는 이것이 불분명한 말이라고 비난하면서 다음과 같이 쓰고 있다. "설령 어떤 이가 있는 것이 무한하다는 점에 동의한다고 해도, 왜 또 그것이 하나인가? 왜냐하면 여럿이라고 해서, 어디에선가는 서로와 관련해서 한계를 갖는 것은 아니기 때문이다. 과거는 현재에 대해 한계를 가지면서도 무한해 보이기 때문이다. 따라서 아마도 여럿이 모든 점에서 무한하지는 않을 테지만, 어떤 점에서는 무한할 수 있을 것 같다. 따라서 만약 여럿이라면 어떻게 무한하지 않을 수 있는지가 규정되어야 한다."

(『아리스토텔레스의 「자연학」 주석』 110. 5)

(c) 하나

13. 심플리키오스(DK30B6)

감각되는 것은 분명하게 있는 것으로 여겨지지만, 만일 있는 것이 하나라면 그것 이외에 다른 것은 있지 않을 것이다. 멜리소스는 다음과 같이 말한다. "만일 그것이 〈무한하다〉면, 하나일 것이다. 왜냐하면 만일 그것이 둘이라면, 무한할 수 없고, 서로에 대해 한계를 가질 것이기 때문에."

(『아리스토텔레스의 「천체에 관하여」 주석』 557. 14)

14. 위-아리스토텔레스(DK30A5)

그것은 하나이어서 모든 곳에서 같다(homoios). 왜냐하면 만일 같지 않다면 그것은 〔하나보다〕 더 많은 것이어서, 더 이상 하나가 아니라 여럿일 것이기 때문이다.

(『멜리소스, 크세노파네스, 고르기아스에 관하여』 974a12-14)

15. 아리스토텔레스(DK30B7)

① 그러므로 이처럼 그것은 영원하며 무한하고 하나이며 전체가 같다. ② 그리고 그것은 소멸하지도 더 크게 되지도 재배열되지도 고통스러워하지도 슬퍼하지도 않을 것이다. 왜냐하면 만일 그것이 이것들 가운데 어떤 것을 겪는다면, 그것은 더 이상 하나가 아닐 것이기 때문이다. 왜냐하면 만일 그것이 달라진다면, 있는 것은 같은 것이 아니라 오히려 앞서 있던 것은 소멸하되, 있지 않던 것은 생성할 수밖에 없기 때문이다. 그러니까 만일 그것이 만 년에 터럭만큼이라도 다른 것으로 된다면, 그것 전체는 전체 시간에서는 소멸할 것이다. ③ 그것이

재배열될 수도 없다. 왜냐하면 전에 있던 질서(kosmos)가 소멸하지도 않고 있지 않던 배열이 생기지도 않기 때문이다. 어떤 것도 늘어나지도 소멸하지도 달라지지도 않을진대, 어떻게 재배열된 것이 있는 것들에 속할 수 있겠는가? 왜냐하면 만일 그것이 어떤 면에서든 다른 것이 되었다면, 이미 그건 또한 재배열되었을 것이기 때문이다. ④ 그것은 고통스러워하지도 않는다. 왜냐하면 만약 그것이 고통스러워하더라도, 그것 전체가 그런 것은 아닐 것이기 때문이다. 왜냐하면 고통스러워하는 사물이 언제나 있을 수는 없으며, 건강한 것과 동등한 능력을 갖지도 않으며, 만일 그것이 고통스러워한다면, 그것은 같지도 않을 것이기 때문이다. 왜냐하면 어떤 것이 제거되거나 더해진다면 그것은 고통스러워할 것이고, [어떤 것이 제거되거나 더해지면] 더 이상 같지 않을 것이기 때문이다. ⑤ 건강한 것은 고통스러워 할 수도 없을 것이다. 왜냐하면 [만일 고통스러워한다면] 건강한 것과 있는 것은 소멸할 것이고, 있지 않은 것이 생길 것이기 때문이다. ⑥ 그리고 동일한 논변이 고통스러워하는 것에 대해서와 마찬가지로 슬퍼하는 것에 대해서도 적용된다. ⑦ 허공(to keneon)은 전혀 있지도 않다. 왜냐하면 허공은 아무것도 아닌 것(ouden)이기 때문이다. 그래서 아무것도 아닌 것은 있지 않을 것이다. 또한 그것은 운동하지도 않는다. 그것은 어떤 곳에서도 물러날 수 없고, 오히려 가득 차 있기 때문이다. 왜냐하면 만일 허공이 있다면, 그것은 허공으로 물러 날 수 있을 텐데, 허공이 있지 않으므로 그것은 물러날 어떤 곳도 가지고 있지 않기 때문이다. ⑧ 촘촘한 것도 희박한 것도 있지 않을 것이다. 왜냐하면 희박한 것은 촘촘한 것과 마찬가지로 똑같이 가득 차 있을 수는 없고, 성긴 것은 촘촘한 것보다 이미 더 비어 있는 것이기 때문이다. ⑨ 그런데 가득 차 있는 것과 가득 차 있지 않은 것에 대한 다음과 같은 구별을 해야 한다. 그러니까 한편 만일 어떤 것이 물러나거나 받아들인다면, 그것은 가득 차 있지 않다. 그러나 다른 한편 그것이 만일 물러나지도 받아들이지도 않는다면, 그것은 가득 차 있다. ⑩ 따라서 허공이 있지 않는다면, 그것은 가득 차 있을 수밖에 없다. 그리하여 그것이 가득 차 있다면, 그것은 운동하지 않는다.[6] (『자연학』 III. 18)

16. 심플리키오스(DK30B8)

있는 것에 대하여 그것은 하나이고 생성하지도 않고 운동하지도 않으며 어떠한 허공에 의해서 나뉘지 않고, 오히려 그 전체가

••••••••••••••••

6) KRS는 멜리소스가 희랍의 물리적 사고의 고전적인 개념 중 하나인 '허공은 운동의 전제 조건이다'를 창안한 사람이라는 설명을 하면서 이런 사고에서 다소 애매하기는 하지만 멜리소스를 앞선 선구자로 기원전 5세기 초엽에 활약한 것으로 알려진 크수토스(Xouthos)를 꼽고 있다. 그의 주장은 아리스토텔레스에 의해 소개되어 있다. "성긴 것과 빽빽한 것[이 있는 것]으로 미루어 허공이 있는 것이 분명하다고 생각한 사람들이 있다. 왜냐하면 성기거나 빽빽한 것이 있지 않다면 [사물들이] 수축하거나 압축될 수 없기 때문이다. 그러나 만일 이것[수축과 압축]이 있지 않다면 운동이 아예 없을 것이거나 크수토스가 말했듯이 우주가 팽창할 것이거나 …"(『자연학』 IV. 9. 216b22)

그 자신으로 가득 차 있다고 주장하면서 그[멜리소스]는 다음과 같이 추론하고 있다. ① 그렇다면 이 주장은 있는 것이 단지 하나라는 점에 관한 가장 큰 증거(sēmeion)이다. 그러나 다음의 것들도 증거이다.[7] ② 즉 만일 여럿이 있다면, 그것들은 내가 하나에 대하여 이러이러하다고 말하는 그런 성질이어야 한다. 왜냐하면 흙과 물과 공기와 불과 쇠와 금, 살아 있는 것과 죽은 것, 검은 것과 흰 것, 그 밖에 사람들이 참된 것이라고 말하는 다른 것들이 있다면, 즉 실로 그런 것들이 있고, 우리도 올바로 보고 들었다면, 각각의 것은 처음에 우리에게 여겨졌던 것과 같은 것이어야 하며, 변화하거나 다르게 되지 말아야 하고, 각각의 것은 있는 대로 언제나 있어야만 하기 때문이다. 그런데 우리는 올바로 보고 듣고 이해한다고 말한다. ③ 그러나 우리에

----

7) ①에 대해서는 문맥과 논리에 일관된 해석을 찾기 어렵다. 본문의 번역은 문맥상 자연스러운 번역이긴 하다. 그러나 이 주장(있는 것은 하나이고 생성하지도 않고 운동하지도 않고…)이 있는 것이 단지 하나라는 점에 대한 가장 큰 증거라고 말하고 있다. 그런데 증거가 되는 주장에 이미 증거를 대주어야 하는 주장(있는 것이 단지 하나다)이 포함되어 있어서 증거가 될 수 있을지 의심스럽다. 다른 대안으로는 '있는 것은 하나일 뿐이라는 이 주장이 가장 큰 증거이다. 그러나 다음의 것들도 증거이다.'를 제시할 수 있다. 이 번역은 앞의 번역이 안고 있는 문제를 갖지는 않는다. 그러나 이 경우에는 증거(sēmeion)를, '가장 큰 증거'에서는 뒤몽(Dumont, Jean-Paul)의 주석(1988, 313쪽 주석 2)처럼 '추론의 출발점으로 전제 없이 이루어지는 논증 원리'라는 뜻으로 새겨야 하고, '다음의 것들도 증거이다'에서는 '있는 것이 하나라는 것에 대한 증거'라고 각기 달리 해석해야 하는 문제점이 있다.

게는 뜨거운 것이 차갑게 되며 차가운 것이 뜨겁게 되고, 단단한 것이 무르게 되며 무른 것이 단단하게 되고, 살아 있는 것이 죽으며 살아 있지 않은 것에서부터 생겨나고, 이 모든 것이 다르게 되고, 있었던 것과 지금 있는 것이 결코 같지(homoion) 않고, 오히려 쇠는 단단하지만 손가락에 닿아서 문질러져 닳고, 금과 돌과 강해 보이는 다른 모든 것도 그렇고, 물로부터 흙과 돌이 생겨나는 것처럼 여겨진다. 따라서 [우리는] 결코 있는 것들을 보지도 알지도 못한다는 점이 따라 나온다. ④ 그래서 그것들은[8] 서로 일치하지도 않는다. 왜냐하면 우리는 형태들과 강도를 갖고 있는 많은 영원한(?) 것들을 말하지만, 그때그때마다의 보임에 의거해서 우리는 모든 것이 다르게 되며, 변화한다고 여기기 때문이다.[9] ⑤ 그래서 분명히 우리는 올바로 보아온 것도 아니고, 저것들이 여럿이라고 올바로 생각하는 것도 아니다. 왜냐하면 만일 그것들이 참된 것이라면, 변화하지 않을 것이고, 오히려 각각이 그렇게 여겨졌던 그대로 있을 것이기 때문이다. 참되게 있는 것보다 더 강한 것은 없으므로. ⑥ 만일 그것이 변화한다면, 있는 것은 소멸하고, 있지 않은 것은 생겨났을 것이다. 따라서 결론은 이렇다. 만일 여럿이 있다면, 그것들은 하나의 성질과 같은 것이어야 한다.(『아리스토텔레스의 「천체에 관하여」 주석』 558. 19)

• • • • • • • • • • • • • • •

8) ②와 ③의 주장.
9) '우리는 모든 것이 다르게 되며, 그때그때마다의 보임에서부터 [다르게] 변화한다고 여기기 때문이다'라는 번역도 가능하다.

17. 심플리키오스(DK30B9)

있는 것을 비물체적인 것으로 놓으려는 의도를 그[멜리소스]는 다음과 같이 말함으로써 분명히 했다. "그러니까 그것이 있다면 하나여야 한다. 그리고 그것이 하나라면 물체성을 가지지 말아야 한다. 그런데 그것이 두께를 가지고 있다면 부분들을 가지게 될 것이고 더 이상 하나가 아닐 것이다."

(『아리스토텔레스의 「자연학」 주석』 109. 34와 87. 6)

18. 심플리키오스(DK30B10)

그런데 그[멜리소스]는 크기는 갈라지지 않는 것이라고 말한다. 사실은 그 자신이 있는 것은 나뉘지 않는다는 것을 증명하고 있다. "만약 있는 것이 나뉜다면, 그것은 움직인다. 그런데 그것이 움직인다면 있지 않을 것이다."

(『아리스토텔레스의 「자연학」 주석』 109. 32)

11
EMPEDOKLES
엠페도클레스

I. 생애와 저술

1. 디오게네스 라에르티오스(DK31A1)

히포보토스가 말하기를, 엠페도클레스는 아크라가스 출신으로 엠페도클레스의 아들인 메톤의 아들이다. … 또한 에라토스테네스는 『올림피아 경기의 승리자들』에서 메톤의 아버지가 71번째 올림피아 경기에서 승리했다고 말하면서 그 증거로 아리스토텔레스를 인용한다. 문법가(grammatikos) 아폴로도로스는 『연대기』에서 말하기를,

그는 메톤의 아들이다. 투리오이가 완전히 건설되자 그는 곧장 그 곳으로 갔다고 글라우콘은 말한다.

나아가

그가 고향에서 추방되어 시라쿠사 인들에게 가서

그들과 더불어 아테네인들에 대항해 싸웠다고 전하는 사람들은

전혀 잘못 알고 있는 듯이 보인다.

왜냐하면 〔그 당시에〕 그는 살아 있지 않았거나 〔살아 있더라도〕

아주 늙어 있었을 텐데, 그렇게 보이지는 않기 때문이다.

왜냐하면 아리스토텔레스는 그가 (게다가 헤라클레이토스도)

예순 살에 죽었다고 말하기 때문이다.

(『유명한 철학자들의 생애와 사상』 VIII. 51)

2. 디오게네스 라에르티오스(DK31A1)

그는 84번째 올림피아기에 전성기였다.

(『유명한 철학자들의 생애와 사상』 VIII. 74)

3. 아리스토텔레스(DK31A6)

클라조메나이의 아낙사고라스는 그〔엠페도클레스〕보다 나이는

더 들었으나, 활동은 더 뒤에 했다고들 한다…

(『형이상학』 A3. 984a11)

4. 심플리키오스(DK31A7)

아크라가스의 엠페도클레스는 아낙사고라스에 비해서 약간 후대 사람으로, 파르메니데스의 추종자이자 제자였지만, 피타고라스학파를 한결 더 추종하는 제자였다.

(『아리스토텔레스의 「자연학」 주석』 25. 19)

5. 디오게네스 라에르티오스(DK31A1)

사튀로스는 『생애들』에서 엠페도클레스가 의사이면서 아주 탁월한 수사가(rhētōr)였다고 말한다. 여하튼, 수사술에 뛰어나고 이 기술을 후대에 전한 사람인 레온티노이의 고르기아스가 그의 제자가 되었다는 것이다.

(『유명한 철학자들의 생애와 사상』 VIII. 58)

6. 디오게네스 라에르티오스(DK31A1)

그의 『자연에 관하여』(Peri physeōs)와 『정화의례들』(Katharmoi)은 5000행에 달하고, 『의술론』은 600행에 달한다. 비극들에 관해서는 앞에서[1] 이야기했다.

(『유명한 철학자들의 생애와 사상』 VIII. 77)

• • • • • • • • • • • • •

1) 디오게네스 라에르티오스, 『유명한 철학자들의 생애와 사상』 VIII.58.

7. 『수다』(DK31A2)

　　그는 『자연에 관하여』를 운문으로 썼는데, 〔그 분량은〕두 권에
달한다(또 대략 2000행이다). 또 의술에 관한 것들과 그 밖에 많
은 것들을 산문으로 썼다. (「엠페도클레스」 항목)

8. 아리스토텔레스(DK31A22)

　　호메로스와 엠페도클레스 사이에는 운율을 제외하면 아무 공
통점이 없다. 그러니 앞사람은 시인이라 일컬어 마땅하지만, 뒷
사람은 시인이라기보다는 차라리 자연학자(physiologos)라고 일
컬어야 마땅하다. (『시학』I. 1447b17)

Ⅱ. 사상

(1) 자연에 관하여

1) 서시(序詩)

9. 디오게네스 라에르티오스(DK31B1)

　　여보게, 현명한 앙키테스의 아들 파우사니아스여, 내 말을 들어보
게나.[2] (『유명한 철학자들의 생애와 사상』VIII. 60)

10. 섹스투스 엠피리쿠스(DK31B2)

사지(四肢)에 퍼져 있는 포착능력들(palamai)은 좁도다.[3]

숱한 하찮은 것들이 부딪쳐와 사려(思慮)들(merimna)을 무디게

하는구나.

살아 있는 동안에는 인생의 사소한 부분만을 응시하고,

단명(短命)하는 것들로서(okymoroi) 연기처럼 올라가 날아가 버

리네.

[5] 이리저리 내몰리면서 각각이 마주쳤던 것만 믿을 뿐이면서

도,[4]

〈모두가〉[5] 전체를 발견했다고 호언장담하네.

이것들은 이런 식으로는 사람들에게 보이지도 들리지도 않고,

• • • • • • • • • • • • • • • •

2) 파우사니아스는 엠페도클레스를 가장 존경한 제자로서 시켈리아 섬
 케라 사람으로 의사였다고 전해지지만 아버지 앙키테스와 함께 자세
 한 것은 알려진 것이 없다. 크란츠에 따르면 파우사니아스는 자신의
 스승 사후에, 스승의 시를 세간에 전한 인물이다.

3) 1행의 '포착능력들(palamai)'은 손으로 재간 있게 사용하는 행동수단
 이나 파악수단으로서, 몸 전체에 퍼져 있는 감각기관 또는 감각능력을
 의미한다. 이 단편에서 포착능력들이 '좁다' 함은 감각능력에 대한 비
 판이거나 그에 대한 사실적 기술일 것이다.

4) 4-5행의 '단명하는 것들로서', '연기처럼', '내몰리면서'는 모두 가사
 적인 인간에 대해서 사용되는 호메로스적인 시구이다. 『일리아스』
 18.95행, 458행, 23. 100행, 『오뒷세이아』 1. 266행 참고.

5) 6행에서 베르크에 따라 〈모두가〉를 보충한다. 3-6행의 주어는 '포착능
 력들'일 수도 있고 7행의 '사람들'일 수도 있다.

지성으로 포착되지도(noō perilēpta) 않거늘. 허나 자네가 일단

　이 쪽으로 피해왔으니(hōd' eliastēs)

　배우게는 될 터이나, 가사적인 지혜(broteiē mētis)가 가져다 주

　는 것 이상은 아닐세.[6]

(『학자들에 대한 반박』 VII. 122-124)

11. 섹스투스 엠피리쿠스(DK31B3)

　오, 신들이여, 〔나의〕 혀로부터는 저들의 광기(mania)를 멀찌감치

돌리시고,

　신성한 입들에서는 깨끗한 샘물(pēgē)이 넘쳐흐르게 하소서.

　또 그대, 사람들에게 많이 기억되는(polymnēstē) 흰 팔의 처녀 무

사(Mousa)께[7]

　비나이다. 하루살이 같은 목숨을 지닌 것들이 들어 마땅한

• • • • • • • • • • • • • • •

6) 8-9행은 상반된 두 가지 해석이 가능하다. 호메로스적인 시구인 '이 쪽으로 피해 왔으니'는, 동사 liazomai에 주목할 때, ① 곧은길에서 벗어나 헤매는 구상적인 이미지를 지니며 지상에서 길을 잃고 헤매는 것일 수 있다. ② 반대로 진리를 배우기 위해 오류에서 벗어난다는 뜻도 함의하고 있어 일반 사람들 쪽에 있다가 엠페도클레스에게 배우기 위해 온 것일 수도 있다.

7) '사람들에게 많이 기억되는(polymnēstē)'과 '흰 팔'은 무사 여신에게 쓰이는 호메로스적인 표현(epithet)이다. 전자는 호메로스에서 '사람들 모두가 구애한다'는 뜻으로 쓰이며, '사람들 모두가 축복한다'는 해석도 가능하다.

(themis) 것들을

〔5〕 보내주소서, 에우세비에(Eusebiē)에서, 다루기 좋은 마차를
몰아서.[8]

또 자네, 적어도 가사적인 자들이 바치는 영광과 명예의 화관들에

혹(惑)해서, 불손하게도 신이 정한 바를 넘어선 말을 한 대가로

이것들을 받아들이고, 그렇게 하여 지혜의 높은 자리에 앉아서는
안 되노라.

자, 온갖 포착능력을 이용해서 사물 각각이 어떻게 분명하게 되는지

〔10〕 주목하라(athrei). 청각보다 시각을 더 믿거나

시끄러운 소리를 혀의 증거 이상으로 믿지 말고,

생각을 위한 통로(poros nēsai)가 있는 한, 그 밖의 다른 사지들에
대한 어떠한 믿음도 제지하지 말고, 사물 각각이 어떻게 분명하게 되
는지 생각하라(noei).

(『학자들에 대한 반박』 VII. 124)

12. 알렉산드리아의 클레멘스(DK31B4)

물론 권위 있는 것들을 믿지 않는 것이 열등한 자들(kakoi)의 관심

----

8) 이 단편에서는 5행을 전후하여 엠페도클레스가 이야기하는 대상이 무
사 여신에서 파우사니아스로 바뀐다. 1행의 '광기' 는 의견들이 무용하
다는 것뿐 아니라, 마땅함(themis)의 한계를 넘어서 불경하다는 것을
나타내기 위해 쓰였다. 5행의 '에우세비에' 는 성스러운 여신의 나라를
가리킨다.

사일 터이나,

　자네는 우리 무사 여신의 믿음직한 가르침(pistōmata)이 일러주
는 그대로

　이해하여라(gnōthi), 말(logos)이 장부(腸部)에서 걸러질 수 있도
록.[9] (『학설집』 V. 18)

13. 플루타르코스(DK31B5)

　〔자네의〕 말없는 가슴 속에 〔나의 말(logos)을〕 담아두라.

（『식탁 환담집』 VIII. 8. 1쪽, 728e)

2) 자연학의 근본 원리들

① 네 뿌리들

14. 플루타르코스(DK3B11)

　어리석은 자들! 이 자들에게는 멀리까지 가 닿는 사려들이 없으니,

- - - - - - - - - - - - - -

9) 1행의 '권위 있는 것들'은 '열등한 자들'과 대비해서 '뛰어난 사람들'
　로도 해석할 수 있다. 3행의 '말'은 엠페도클레스가 파우사니아스에게
　하는 말일 수 있다. '장부'는 가슴 또는 심장(phrēn)과 동의어이다.
　'걸러질 수 있도록'에 대한 사본은 diatmēthenton(클레멘스)인데, 딜스
　는 diassēthentos로, 빌라모비츠는 diatmisthentos로 읽고 있다. 여기
　서는 딜스를 따른다.

정녕 이들은 전에 있지 않았던 것이 생겨난다(gignesthai)고 여기고,

또는 무언가가 죽어 없어지고 완전히 파멸한다고 여기기 때문이네.

(『콜로테스에 대한 반박』 12쪽, 1113c)

15. 위-아리스토텔레스(DK31B12)

전혀 있지 않은 것으로부터 생겨난다는 것은 가당찮으며(amē chanon)

또 있는 것(eon)이 완전히 파멸한다는 것은 이루어질 수도 없는 일이요 들을 수도 없는 일이노라.

누군가가 끊임없이 어디에 놓더라도 그것은 늘 거기에 있을 터이니.

(『멜리소스, 크세노파네스, 고르기아스에 대하여』 2. 6쪽 975b1)

16. 심플리키오스(DK31B17)

또한 무언가가 이것들에는 더해지지 않고 [이것들에서] 떠나가지도 않거늘,

이것들이 계속하여 소멸해 버린다면, 더 이상 있지 않기 때문이네.

무엇이 이 전체(to pan)를 증대시킬 수 있을까? 하물며 어디에서 올 수 있을까?

이것들이 없이는 아무 것도 있지 않거늘, 하물며 어찌 이것이 소멸

할 수 있을까?

(『아리스토텔레스의 「자연학」 주석』 158. 1. 30-33행)

17. 아에티오스(DK31B13)

전체에는 빈 것(kenon)도 없고, 넘치는 것도 없다네.

(『학설 모음집』 I.18.2; 위-아리스토텔레스, 『멜리소스, 크세노파네스, 고르기아스에 대하여』 2. 28쪽 976b 26)

18. 위-아리스토텔레스(DK31B14)

전체에는 빈 것이 없거늘. 그러니 어디서부터 어떤 것이 그것에 들어갈 수 있을까?

(『멜리소스, 크세노파네스, 고르기아스에 대하여』 2. 28쪽 976b23)

19. 플루타르코스(DK31B15)

현자라면 마음으로 이런 추측을 하지는 않을 것이네.

그들이 인생(to bioton)이라 일컫는 것을 사는 동안에만

그들은 있으며, 그들 곁에는 궂은 일도 좋은 일도 있는 반면에,

가사적인 것들로서 형성되기(pagen) 전이나 해체된(lythen) 〈후에는〉 전혀 있지 않다는 〔추측을〕.

(『콜로테스에 대한 반박』 12쪽 1113d)

20. 아에티오스(DK31B6)

우선 만물의 네 뿌리들(tessara rhizomata)[10]에 대해 들어 보게.

빛나는 제우스(Zeus)와 생명을 가져다 주는 헤레(Herē)와 아이도네우스(Aidōneus),

또 그녀의 눈물로 가사적인 샘들을 적시는 네스티스(Nēstis) 말일세.[11] (『학설 모음집』 I. 3. 20)

• • • • • • • • • • • • • •

10) 만물의 '뿌리들(rhizomata)'과 단편 B23.10의 '샘(pēgē)'은 4원소를 가리킨다.

11) '헤레'는 희랍 여신 헤라의 다른 이름이다. 4원소에 신의 이름을 부여한 이 단편은 고대부터 논란이 되어 왔다. 제우스가 불을, 네스티스가 물을 가리키는 것은 의심할 여지가 없다. 그러나 한 전승은 헤라를 공기로 아이도네우스(즉 하데스)를 땅으로 보고, 다른 전승은 헤라를 땅으로 아이도네우스를 공기로 보고 있다. ① 헤라를 땅으로 아이도네우스를 공기로 보는 전승은 호메로스적인 풍자 작가들에 의해 제시되었고, 디오게네스와 히폴뤼토스에 의해 엠페도클레스에게 적용되었다. '생명을 가져다 주는'은 헤시오도스의 시와 호메로스적 찬가에서 땅의 별명으로 쓰였다. 히폴뤼토스는 엠페도클레스가 헤라의 별명으로 붙인 '생명을 가져다 주는'은 땅을 가리킨다고 본다. ② 테오프라스토스에 의한 다른 전승은 헤라를 공기로 아이도네우스를 땅으로 보며, '생명을 가져다 주는'은 엠페도클레스가 어의를 변화시켜 (생명에 필요한 숨과 관련된) 공기에 붙인 것으로 이해한다. 이 전승은 플라톤의 『크라튈로스』 404C에서도 발견되며 이후 스토아 학파에 의해 계승되었다.

21. 헤쉬키오스(DK31B7)

태어나지 않는 것들(agenēta), 엠페도클레스에 있어서는 원소들
(stoicheia). (『용어사전』 B. 16)

22. 심플리키오스(DK31B17.18)

불과 물과 땅과 한없이 높이 있는 공기.

(『아리스토텔레스의 「자연학」 주석』 157. 25)

23. 아리스토텔레스(DK31A37)

게다가 그는 이른바 질료 형태의 네 원소들을 말한 최초의 사
람이었다.(『형이상학』 A. 4. 985a31-3)

24. 심플리키오스(DK31B17.27-8)

이것들은 모두 동등하며(isa) 같은 때에 태어난 동기간이지만,

각기 서로 다른 권한(timē)의 주인이고, 각각에게는 자신만의 성향
(ēthos)이 있거늘,[12]

(『아리스토텔레스의 「자연학」 주석』 157. 25)

••••••••••••••
12) 4원소의 '권한(timē)'은 원소들이 차지하는 자연적 위치 또는 실체
    적 형태를 나타내고, '성향(ēthos)'은 원소들 각각의 고유한 성질을
    의미한다.

② 혼합과 물체 형성

25. 플루타르코스(DK31B8)

나는 그대에게 다른 이야기를 해주겠네. 가사적인 모든 것들 가운데 어느 것에도 출생(physis)[13]은 없으며, 파멸적인 죽음이라는 종말도 없네.

혼합(mixis)과 혼합된 것들의 분리(diallaxis)만이 있으며, 출생이란 이것들에 대해 사람들이 갖다 붙인 이름일세(onomazetai).

(『콜로테스에 대한 반박』 10쪽 1111 이하)

26. 플루타르코스(DK31B9)

이것〔네 뿌리〕들이 섞여서 사람 모습으로,

또는 야생 짐승들의 종족, 또는 나무들의 종족, 또는 새들의 종족의 모습으로

공기 가운데로 〈나아갈〉 때, 그 때를 생겨남(genesthai)이라 말하고,

이것들이 분리되면 이번에는 그것을 불운한 운명(dysdaimona potmon)이라 〈말하네〉.

. . . .

13) 2행의 'physis'는 보통 '본질' 또는 '본성'으로 옮겨지기도 하나 여기서는 죽음과 대비되는 생성(genesis), 즉 출생을 의미한다.

〔5〕 그들이 이렇게 일컫는 것은 온당하지(themis) 〈않으나〉[14] 나 역시 관습(nomos)에 따르겠네.

(『콜로테스에 대한 반박』 11쪽 1113ab)

27. 심플리키오스(DK31B71)

만약 이것들에[15] 대한 자네의 믿음이 조금이라도 부족하다면,

어떻게 물과 흙과 공기와 태양이 섞여서

아프로디테에 의해 짜 맞추어져(synarmosthenta) 지금 생겨나 있는 만큼의

가사적인 것들의 모양들(eidē)과 색깔들이 생겨났을 것인지

(『아리스토텔레스의 「천체에 관하여」 주석』 529. 28)

28. 심플리키오스(DK31B21.9-14)

실로 이것들로부터 있었던 것들과 있는 것들, 앞으로 있을 모든 것들이

〔10〕 움터 나왔거늘, 나무들과 남자들과 여자들,

짐승들과 새들과 물에서 뛰노는 고기들,

또 지고의 명예를 지닌 오래 사는 신들이 태어났노라.

• • • • • • • • • • • • • • •

14) 레이스키를 따라 〈말하네(legousi)〉를 보충하고, 비텐바흐를 따라 〈않으나(ou)〉를 보충한다.
15) '이것들'은 네 뿌리이거나 '어떻게' 이하의 내용을 가리킬 것이다.

왜냐하면 있는 것은 이것들 뿐, 다만 서로를 헤집고 달려가서(di'

allēlōn theonta)

이때는 이 모양, 저때는 저 모양이 되기 때문이네, 혼합(krēsis)이

뒤바꾸는 그만큼.[16)]

(『아리스토텔레스의 「자연학」 주석』159. 13)

29. 심플리키오스(DK31B23)

화가들,[17)] 이들이 기술(technē)을 갖추고 지혜를 익혀 재주가 많

은 자들이라면

봉헌 제물들(anathēmata)을 어여삐 치장할 때,

그들은 온갖 색깔의 염료들(pharmaka)을 손에 쥐고서,

어떤 색은 더 많이, 어떤 색은 더 조금 조화로이 섞어서(harmoniē

meiksante),

· · · · · · · · · · · · · ·

16) "서로를 헤집고 달려가서"는 단편 B17, B21, B26에 세 번 나온다. 그
  것은 원소들의 혼합을 나타내는 엠페도클레스의 용어이지만 정확한
  의미를 이해하기는 어렵다. 일반적으로 그것은 기계적 혼합에서
  원소들의 위치이동으로 이해되며, 단편 B17.6의 '자리바꿈(diallas-
  sonta)'과 동의어로 해석된다.

17) 희랍 화가들은 네 가지 기본 색깔들(하양, 검정, 노랑, 빨강)을 사용
  했는데, 이것이 4원소와 수적으로 일치한다는 점에서 화가의 비유가
  성립된다. 이 단편의 비유와 단편 B71의 아프로디테에 의한 제작의
  비유를 통해서 엠페도클레스가 희랍 사상사에서 처음으로 기술적 제
  작(technē)의 모델을 도입하고 있음을 볼 수 있다.

〔5〕 이것들로부터 온갖 것들과 닮은 모양들(eidē)을,

나무와 남자와 여자,

짐승과 새와 물에서 뛰노는 고기,

지고의 명예를 지닌 오래 사는 신을 만들어내듯이,

이렇듯, 기만(apatē)이 자네의 마음을 압도하여

〔10〕 눈에 보이는 숱한 가사적인 것들의 샘(pēgē)이 딴 곳에 있다고 믿게 놔두지 말고,

이 점을 분명히 알아 두라, 그대는 신에게서 나온 이야기(mythos)를[18] 들었으니.

(『아리스토텔레스의 「자연학」 주석』 159. 27)

30. 아리스토텔레스(DK31A43)

엠페도클레스를 따르는 이들에 의하면 도대체 변화(tropos)란 어떤 것인가? 변화란 벽돌들이나 돌들로 벽을 쌓는 것과 같은 결합(synthesis)일 수밖에 없다. 이와 같은 혼합(to meigma)은 〔항시〕 보존되는 원소들로부터 원소들의 작은 조각들이 서로 나란히

• • • • • • • • • • • • • • •

18) 11행의 '신'은 신으로서의 엠페도클레스 자신이거나, 아프로디테 또는 필로테스일 수 있으며, 무사 여신일 수도 있다. 이 시의 이야기가 무사 여신에게서 영감을 받아 나왔고, 무사 여신의 '믿음직한 가르침'이 엠페도클레스의 '말(logos)'을 믿음직하게 해준다는 점으로 미루어 볼 때(단편 B4) 여기서 신은 무사 여신일 것이다.

놓여서(synkeimenōn) 형성된다. 이런 식으로 살도 생겨나고 다른 각각의 것들도 생겨난다.[19]

(『생성과 소멸에 관하여』 II. 7. 334a26)

31. 갈레노스(DK31A43)

엠페도클레스도 말하길, 우리들과 지구상에 있는 다른 모든 물체들은 히포크라테스가 말한 것과 같은 원소들로부터 생겨나는데, 서로서로 〔잘〕 뒤섞여서가(kekramenōn) 아니라 작은 조각들이(kata mikra moria) 서로 나란히 놓이고(parakeimenōn) 서로 닿아서 생긴다고 한다.

(『히포크라테스의 「사람의 본성에 관하여」 주석』 XV. 49, 『희랍 의학 전집』 V. 9, 1쪽, 27. 24))

· · · · · · · · · · · · · · · · · ·

19) 원소들의 작은 부분들이 '나란히 놓이는(parakeimenōn)' 것은 낟알들의 병치나 물과 포도주의 혼합과 같은 기계적 혼합을 뜻하며 '〔잘〕 뒤섞여서(kekramenōn)'는 구성물들의 성질이 상실되는 화학적 혼합을 뜻한다. 갈레노스는 바로 아래 나오는 단편(DK31A43)에서 엠페도클레스의 혼합을 전자 쪽으로 보고 있는데, 이것이 옳다면 이때의 혼합은 양적 비례에 의한 기계적 혼합이다.

③ 사랑과 불화

32. 히폴뤼토스(DK31B16)

이것들은 전에 있었던(eske) 대로 있을 터이니, 생각건대

무한한 시간(aspetos aiōn)이 이 둘이 없이 있지는 않을 것이네.[20]

(『모든 이교적 학설들에 대한 반박』 VII. 29, 211쪽)

33. 심플리키오스(DK31B17)[21]

나는 이중적으로 말하려 하네. [네 뿌리들은][22] 어느 때는 자라나

. . . .

20) 1행에서 딜스를 따라 '있었던(eske)'을 채택한다. '이것들'이 4원소를 가리킨다는 해석도 있으나 히폴뤼토스는 사랑과 불화라고 말한다. 그는 '생성되는 모든 것들에는 그 생성의 제작자(dēmiourgos) 내지 만드는 자(poiētēs)'로서 사랑과 불화가 있고 '이 둘은 불사(athanata) 불생(agenēta)하며 생성의 시원(archē)'이라고 하면서 이 단편을 인용한다.

21) 단편 B17은 남아 있는 단편 중 가장 길고 중요한 것이다. 이 단편에는 엠페도클레스의 자연학의 기본 원리들인 실재의 본성과 4원소의 혼합, 사랑과 불화 그리고 세계주기 등이 요약적으로 제시되어 있다. 이 단편은 심플리키오스에 의해 엠페도클레스의 『자연에 관하여』 1권에서 그 전체가 인용되며, 플루타르코스, 클레멘스 등에 의해 부분적으로 인용된다.

22) 1행의 표현되지 않은 주어는 4행의 '모든 것,' 6행의 '이것들'인데, 18행에서 다시 4원소로 언급되는 것으로 보아 네 뿌리를 가리키는

여럿에서

　단지 하나로 되고, 다른 때는 다시 분리되어 하나에서 여럿으로 되기 때문이네.

　가사적인 것들에게는 생겨남(genesis)도 이중이요 떠나감(apoleipsis)도 이중이로되, 모든 것(pantōn)의 결합(synhodos)이 한 쪽을 낳고 없애지만,

　〔5〕 또다시 분리되면 다른 쪽이 길러지고 사라지기 때문이네.[23]

　또한 이것들은 끊임없이 자리바꿈(diallassonta)하기를 결코 멈추지 않거늘,

　어느 때에는 사랑(Philotēs)에 의해 그것들 전부가 하나로 합쳐지나,

　다른 때에는 다시 불화(Neikos)의 미움에 의해 제각각 따로 떨어지기 때문이네.[24]

· · · · · · · · · · · · · · ·

　것으로 볼 수 있다.

23) 생성과 소멸이 '이중(doiē)'이라는 말이 정확히 무엇인지는 이해하기 어렵다. 또 '이중'과 연관된 대구인 '한 쪽'과 '다른 쪽'이 무엇인지에 대해서도 다양한 해석들이 있다. 이에 대해서는 라이트, 1981년, 168쪽 ; 만스펠트(1972), 17-37쪽 참고.

24) 아리스토텔레스는 사랑과 불화를 원소들을 "지배하고 움직이는 것(to kratein kai kinein)"이라고 말한다(『자연학』 VIII. 252a7-8). 사랑과 불화를 '지배하는 것'이라고 한 것은 단편 B17의 29행과 B26의 1행의 동사 '힘을 떨친다(krateousi)'의 주어를 사랑과 불화로 보았기 때문이다.

〈이처럼 〔네 뿌리들이〕 여럿에서 하나로 자라는 법을 알고 있고〉

〔10〕 또다시 하나가 분리되어 여럿이 나오는 한,

그런 한에서는 생성이 이루어지며 그것들에는 고정된 생애가 없노라.

그러나 끊임없이 자리바꿈하기를 결코 멈추지 않는 한,

그런 한에서는 그것들은 순환 속에서[25] 부동의 것들로(akinētoi kata kyklon) 늘 있노라.

자, 이야기를 들어 보게. 배움은 자네의 마음을 자라게 하는 법.

〔15〕 앞에서도 이야기의 본뜻(peirata)[26]을 밝히면서 말하였다시피,

나는 이중적으로 말하려 하네. 〔네 뿌리들은〕 어느 때는 자라나 여럿에서

단지 하나로 되며, 다른 때는 다시 분리되어 하나에서 여럿이 되거늘,

불과 물과 땅과 한없이 높이 있는 공기,

저주받은 불화(Neikos)는 이것들과 떨어져 있고, 어느 면에서나

• • • • • • • • • • • • • •
25) 13행의 '순환 속에서'는 해석의 여지가 있으나, 아리스토텔레스는 순환 주기로 이해한다.

26) 15행의 peirata는 호메로스적인 낱말로(『일리아스』 23. 350행) 글자 그대로는 끝을 의미하나 여기서는 엠페도클레스가 이야기하고자 하는 취지나 목적을 의미한다.

맞먹으며,

〔20〕 사랑(Philotēs)은 이것들 안에 있고, 길이와 폭에서 동등하다네.[27]

자네는 그녀를 지성(nous)으로 보라, 눈뜬 채 망연히 앉아 있지 마라.

그녀는 가사적인 것들의 사지들에도 본디부터 있다고 여겨지거늘,

그녀로 인하여 그들은 우애로운(phila) 생각을 하고 우호적인 일을 하니,

그녀를 게토쉬네(Getosynē)[28]라 부르고 아프로디테(Aphroditē)라 일컫네.

〔25〕 가사적인 인간 어느 누구도 사지들 가운데서 돌고 있는 그녀를 알아채지 못하도다.

허나, 자네는 들어라. 속임이 없는(ouk apatēlon) 내 말의 진행

• • • • • • • • • • • • • •
27) 19–20행은 사랑과 불화가 공간 속에 배치된 모양을 보여주는 증거이다. 하나의 시기 동안 사랑은 원소들을 철저히 혼합해 두기 위해 원소들 구석구석까지 편만해 있고, 따라서 길이와 너비에서 그 자신과 똑같고 4원소와 동등하며 구의 형태로 뻗어 있다. 간접 전승들은 이 시기에 불화는 움푹 패이고 평평한 동심원적인 층으로 배열되어 사랑을 둘러싸고 있다고 해석한다(DK31A30). 이러한 모습으로 불화가 사랑을 둘러싸고 있기 때문에 불화도 모든 방향에서 똑같이 균형을 이룬다. 이 행들은 사랑과 불화의 형태에 대한 가장 일반적인 기술로 이해된다(이에 대해서는 오브라이언(1969), 144쪽 참고).
28) 환희를 뜻한다.

(logou stolos)을.[29]

　이것들은 모두 동등하며 같은 때에 태어난 동기간이지만,

　각기 서로 다른 권한의 주인이고, 각각에게는 자기만의 성향이 있
거늘,

　시간이 순환함에 따라 번갈아 힘을 떨치네(krateousi).[30]

　[30] 또한 무언가가 이것들에는 더해지지 않고 [이것들에서] 떠나
가지도 않거늘,

　이것들이 계속하여 소멸해 버린다면, 더 이상 있지 않기 때문이네.

　무엇이 이 전체(to pan)를 증대시킬 수 있을까? 하물며 어디에서
올 수 있을까?

　이것들이 없이는 아무 것도 있지 않거늘, 하물며 어찌 이것이 소멸
할 수 있을까?

　오히려 있는 것들은 이것들 뿐, 다만 서로를 헤집고 달려가서

. . . .

29) "속임이 없는(ouk apatēlon) 내 말의 진행"은 파르메니데스의 시, 독
　사(doxa) 편의 "나의 이야기의 기만적인 질서(apatēlon kosmon)"
　(단편 DK18B8.52)와 대조된다.

30) 27-8행은 4원소의 동등성을 설명한다. 29행은 단편 B26의 1행에서
　반복된다. 27-29행의 주어에 대해서는 상이한 해석들이 있다. 사랑
　과 불화로 보거나(아리스토텔레스, 『자연학』 VIII. 250b11), 4원소로
　볼 수도 있으며(심플리키오스, 『아리스토텔레스의 「자연학」 주석』
　160.14), 4원소와 사랑과 불화의 두 힘을 모두 가리킨다고도 볼 수
　있다. 또한 27-28행의 주어는 4원소로, 29행의 주어는 사랑과 불화로
　구분해서 볼 수도 있다.

〔35〕 이때는 이 모양, 저때는 저 모양이 되면서도, 늘 동일함(ho-moia)을 유지한다네.

(『아리스토텔레스의 「자연학」 주석』 157. 25 이하)

34. 심플리키오스(DK31B20)

이것은[31] 가사적인 몸체들의 덩어리에서 분명하게 드러나네.

어느 때는 사랑에 의해, 몸(sōma)이 얻은 모든 지체(肢體)들이,

삶의 꽃피는 절정에서 하나로 합쳐지지만,

다른 때는 다시 가증스런 에리스(Eris)들에 의해 나누어진 채 제각기 떨어져

〔5〕 삶의 파도가 부서지는 바닷가를 헤매고 다니네.

초목들과 물에 사는 고기들,

산속에 웅크리고 앉은 짐승들에서도, 또 날개로 내달음치는 새들에서도 그러하다네.

(『아리스토텔레스의 「자연학」 주석』 1124. 9)

35. 심플리키오스(DK31B21)

그러면 자, 앞의 이야기들에 대한 다음 증거들(epimartyra)을 보

• • • • • • • • • • • • • •

31) '이것'이 무엇을 가리키는지는 분명하지 않지만, 사랑과 불화의 작용
으로 이해해도 좋을 것이다. 이 단편은 사랑과 불화의 작용을 분명한
사례들을 통해 보여주는 것으로 이해된다.

게나,

앞의 이야기들 중에서 모양과 관련하여(morphē)[32] 무언가 미진한 것이 있다면.

처다보기에 눈부시고 어디에서나 뜨거운 태양,

강한 열과 순백(純白)의 빛에 물든 불사(不死)의 것들(ambrota),

[5] 도처에는 어둡고 냉랭한 비,

대지에서는 뿌리박혀 있는 것들(thelemna)과 딱딱한 것들이 쏟아지거늘.

증오(Kotos) 속에서는 저마다 다른 모양들이고 모두 뿔뿔이 흩어지지만,

사랑(Philotēs) 속에서는 함께 모여들고 서로를 간절히 바라네.

실로 이것들로부터 있었던 것들과 있는 것들, 앞으로 있을 모든 것이

[10] 움터 나왔거늘, 나무들과 남자들과 여자들,

짐승들과 새들과 물에서 뛰노는 고기들,

또 오래오래 사는, 지고의 명예를 지닌 신들이 태어났다네.

· · · · · · · · · · · · · · · ·

32) 이 단편은 4원소 각각이 그에 고유한 특징을 가지며 우리에게 친숙한 가시적인 형태들로 인식될 수 있음을 보여준다. 사랑과 불화의 두 원리는 감각적 대상이 아니라 지성으로 파악되어야 할 것이나 (DKB17), 4원소는 감각적으로도 파악될 수 있다. 2행의 '모양'은 4원소의 형태와 특성이거나 논의의 형태를 가리킬 것이다.

왜냐하면 있는 것은 이것들 뿐, 다만 서로를 헤집고 달려가서

이때는 이 모양, 저때는 저 모양이 되기 때문이네, 혼합이 뒤바꾸는

그만큼. (『아리스토텔레스의 「자연학」 주석』 159. 13)

36. 플루타르코스(DK31B24)

단지 요점(korymphas)에 요점을 연이어 덧붙임으로써

이야기의 외길을 뒤쫓지 않는 것,[33]

(『퓌티아의 신탁에 관하여』 15쪽 418c)

37. 「외곽주석」(DK31B25)

필요한 것은 두 번이라도 말하는 것이 좋으므로.

(플라톤의 『고르기아스』 498e에 대한 외곽주석(루킬로스에 따른))

38. 심플리키오스(DK31A52)

사랑은 모든 것을 하나로 결합시키며, 불화가 만들어낸 우주를

● ● ● ● ● ● ● ● ● ● ● ● ● ●

33) 1행의 '요점(korymphas)'은 원래 산의 정상(頂上)을 가리킨다. "이야기의 외길을 뒤쫓지 않는 것"은 이야기의 논점만을 말하지 않고 주요 논점들을 '연이어 덧붙이는 것'을 가리킨다. 논점들을 '연이어 덧붙이는 것'은 그것들을 차례로 옮겨가면서 반복적으로 세부적인 것을 부가하며 논하는 엠페도클레스 자신의 설명 방식을 가리킨다.

파괴시키고 그것을 구(球)로 만드는 반면에, 불화는 원소들을 다시 분리시켜 [지금의] 이 우주와 같은 우주를 만든다.

(『아리스토텔레스의 「천체에 관하여」 주석』 293. 18)

39. 아리스토텔레스(DK31A37)

아무튼 여러 군데에서 그가 말한 사랑은 [원소들을] 나누고 불화는 [원소들을] 합친다. 즉 불화에 의해 전체(to pan)가 원소들로 나누어질 때, 그 때 불은 하나로 합쳐지고 다른 원소들 각각도 [그렇게 합쳐지는가 하면], 다시 사랑에 의해 하나로 모일 때 [원소들의] 부분들은 각각으로부터 다시 분리되어야 한다.[34]

(『형이상학』 A. 4. 985a25)

④ 세계주기

40. 심플리키오스(DK31B26)[35]

이것들은 시간이 순환함에 따라 번갈아 힘을 떨치며(krateousi),

· · · · · · · · · · · · · ·

34) 일반적으로 사랑은 결합의 원리로, 불화는 분리의 원리로 이해된다. 그러나 이 구절과 바로 앞에서 인용된 DK31A52의 간접 전승은 사랑과 불화가 분리와 결합이라는 이중의 기능을 모두 갖는 것처럼 해석한다. 단편 B30을 인용하면서 아리스토텔레스는 사랑과 불화가 발생적이기도 하고 파괴적이기도 하다고 말한다.

35) 이 단편과 41, 42(이 책의 분류번호)의 두 간접 전승은 엠페도클레스

정해진 순서에 따라 차례대로 서로에게로 소멸하기도 하고 증대하기도 하거늘.[36]

있는 것은 이것들뿐, 다만 서로를 헤집고 달려가서

사람들로도 되고, 다른 짐승 종족들로도 되기 때문이네.

〔5〕 어느 때에는 사랑에 의해 하나의 질서(hen kosmos)로 합쳐지다,

다른 때에는 다시 불화의 미움에 의해 제각각 따로 분리되다 하

• • • • • • • • • • • • • •

의 순환 이론을 보여준다. 그의 순환 주기에는 하나에서 여럿으로 또 여럿에서 하나로 되는 큰 두 시기의 교체가 있다. '우주의 낮과 밤'에 비유되는 큰 두 국면의 교체는 대 교체(major alteration)로 일컬어진다. 또 여럿의 시기 안에는 불화가 증대하는 시기와 사랑이 증대하는 시기의 소 교체(minor alteration)가 있고, 이 소 교체 중간에는 불화의 힘이 최고조에 달하여 4원소가 완전히 분리되는 불화의 극점이 있다고 여겨진다. 그러나 그의 세계주기 구분에는 여러 해석이 있어 왔다. 해석 전통을 소개한 것으로는 오브라이언(1969), 156-64쪽 참고.
36) 아리스토텔레스는 단편 B17의 29행과 이 단편 1행의 주어를 모두 사랑과 불화로 해석하고 심플리키오스는 4원소로 해석한다. 또는 이것들 양자를 모두 포괄할 수도 있고, 1행의 '이것들'을 4원소 및 사랑과 불화의 두 힘으로 보고, 3행의 '이것들'을 4원소로 구분해서 볼 수도 있다. 1행의 주어를 사랑과 불화로 볼 경우 1행과 5-6행은 세계주기의 대 교체를 의미하며, 7행은 우주가 구로 회복됨을 보여준다. 2행의 '서로에게로 소멸'에 대해서는 두 가지 해석이 있다. 그것은 원소들의 철두철미한 혼합을 비유한 것이거나, 필로포노스(DK31A41)가 이해하듯 원소들의 성질이 상실되는 것을 뜻한다. '증대'는 구에서 네 원소가 분리되어 덩어리를 이루는 것을 가리킨다.

면서,

〔마침내〕 결합해서 하나인 전체로(hen to pān) 되어 납작 엎드리

게 될 때까지.[37]

〈이처럼 〔네 뿌리들이〕 여럿에서 하나로 자라는 법을 알고 있고〉

또다시 하나가 분리되어 여럿이 나오는 한,

〔10〕 그런 한에서는 생성이 이루어지며 그것들에는 고정된 생애가

없노라.

그러나 끊임없이 자리바꿈하기를 결코 멈추지 않는 한,

그런 한에서는 그것들은 순환 속에서 부동의 것들로 늘 있노라.[38]

(『아리스토텔레스의 「자연학」 주석』 33. 18)

41. 심플리키오스(DK31A52)

다른 이들은 동일한 우주가 번갈아 생겨났다가 사라지고 다시

생겨났다가 사라진다고 말하며, 이 일이 계속해서 이루어진다고

주장한다. 그런 까닭에 엠페도클레스는 사랑과 불화가 번갈아 힘

••••••••••••••••

37) 5-6행은 단편 B17의 7-8행, 단편 B21의 7-8행의 반복이다. 5행과 7
행은 사랑이 지배하는 시기 동안 원소들의 모습을 나타내며 '하나인
전체'는 구를 가리킨다. 원소들이 "납작 엎드리게 된다"(또는 "꼼짝
못하게 된다")는 것은 원소들에 대한 사랑의 완전한 지배를 비유한
것이다. '하나인 전체'는 구에 원소들과 동일한 실재성을 부여하는
것이거나 단지 원소들의 철두철미한 혼합을 비유한 것으로 보인다.
38) 8-12행은 단편 B17의 9-13행을 반복한 것이다.

을 떨친다고 한다. 즉 사랑은 모든 것을 하나로 결합시키며, 불화가 만들어낸 우주를 파괴시키고 그것을 구(球)로 만드는 반면, 불화는 원소들을 다시 분리시켜 〔지금의〕 이 우주와 같은 우주를 만든다고 말한다.

(『아리스토텔레스의 「천체에 관하여」 주석』 293. 18)

42. 아리스토텔레스(DK31A46)

〔엠페도클레스와 아낙사고라스는〕 혼합으로부터 다른 것들을 분리에 의해 만들어낸다. 그런데 엠페도클레스는 이것들을 순환 속에서 생기게 한 반면, 아낙사고라스는 단 한 번 생기게 했다는 점에서 그들은 서로 다르다.

(『자연학』 I. 187a23)

(가) 구의 시기 : 사랑의 구

43. 심플리키오스(DK31B27)

거기에는 태양의 재빠른 지체(肢體)들(ōkea gyia)도 분간되지 않으며[39]

• • • • • • • • • • • • • • •

39) 1행은 사본 파손 때문에 두 가지 해석이 가능하다. 플루타르코스는 'agalon eidos(빛나는 모습)' 로 보지만, 여기서는 심플리키오스에 따라 ōkea gyia로 읽었다.

대지의 무성한 힘도, 바다도 분간되지 않네.

그 정도로 꽉 하르모니아(Harmonia)[40]의 두터운 비호(pykinō
kryphō) 아래 숨겨져 있네,[41] 둥근 스파이로스(Sphairos)[42]는 주변
을 감싸는 고독(moniē)을 즐기고.

『아리스토텔레스의 「자연학」 주석』 1183. 28, 플루타르코스,
『달표면에 보이는 얼굴에 관하여』 12쪽 926d)

44. 플루타르코스(DK31B27a)

사지들 속에는 여하한 반목(stasis)도 없으며 꼴사나운 싸움도 없
다네.[43]

(『철학자는 특히 최고 권력자와 대화해야 한다는 것』 2. 777c)

• • • • • • • • • • • • • • •

40) 일상적으로는 '조화'라는 뜻인데 신격화되어 표현된 것이다.
41) 심플리키오스는 이 단편을 구가 지닌 '부동(akinēsia)'의 상태의 묘
    사로 이해한다. 3행의 '하르모니아의 두터운 비호'에 대해서는 두 가
    지 해석이 가능하다. ① 생략된 주어는 구(Sphairos)이고 우주의 원
    상태인 구가 상자에 담기듯 사랑으로 둘러싸여 있음을 나타내기 위
    해 이 비유가 쓰였을 수 있다(롱(1949), 151쪽). ② 생략된 주어는 4
    원소이고, '비호'가 반드시 공간적 이미지를 지닐 필요가 없기 때문
    에, 이 비유는 사랑이 원소들의 가시적 성질들을 단단히 제한하여 그
    것들이 '분간될 수 없을' 정도로 은폐되어 있음을 나타낼 수 있다.
42) 일상적으로는 '구(球)'라는 뜻인데 신격화되어 표현된 것이다.
43) 단편 B27a를 플루타르코스는 익명으로 전하고 있으나, 빌라모비츠
    가 엠페도클레스의 것으로 포함시켰다.

45. 스토바이오스(DK31B28)

오히려 모든 방면에서 〈자신과〉 동등하며(isos) 전적으로 무한한 (apeirōn) 자,[44]

둥근 스파이로스(Sphairos)는 주변을 감싸는 고독(moniē)을 즐기고. (『선집』 I. 15 2ab)

46. 히폴뤼토스(DK31B29)

두 개의 손이 등에서 튀어나오지도 않고,

발들도, 민첩한 무릎들도, 생식 기관들도 전혀 없으며,

구였으며, 〈모든 방면에서〉 자신과 동등하였노라.[45]

(『모든 이교적 학설들에 대한 반박』 VII. 29. 13)

⋅⋅⋅⋅⋅⋅⋅⋅⋅⋅⋅⋅⋅⋅

44) 단편 B28에서 구는 공간적 한계를 가진 파르메니데스적인 구와는 달리 '무한한' 것으로 묘사된다. 하지만 멜리소스에게서 존재가 무한인 까닭을 알 수 없는 것처럼, 엠페도클레스에게서도 왜 구가 무한한지는 알 수 없다. 그가 무한과 구의 형태가 양립불가능하지 않다고 본 것만은 분명하다.

45) 이 단편은 구가 인간이나 신인동형적인 신을 닮았음을 부인한다. 그러나 단편 B31에서 구는 '신'으로 일컬어지며, 아리스토텔레스는 이 구를 '가장 복된 신(『형이상학』 1000b3)'으로 묘사한다. 그가 신인동형적인 신을 비판한다는 것은 단편 B134에서도 알 수 있다.

47. 스토바이오스(DK31B36)

그것들〔네 뿌리〕이 합쳐짐에 따라 불화(Neikos)는 맨 끝자리로 물러나게 되네.[46]

(『선집』 I. 10. 11, 아리스토텔레스, 『형이상학』 B4. 1000b)

(나) 불화가 승하는 시기 : 현 세계의 형성

48. 아리스토텔레스(DK31B30)[47]

그러나 〔구의〕 사지들에서 불화가 자라나 커다랗게 되고,[48]

....

46) 구의 시기에 불화의 모습에 대해서는, 일반적으로 사랑과 불화의 대칭적 위치에 근거해 불화가 구의 가장자리에 평평한 둥근 층을 이루며 배열되어 있다고 이해된다.

47) 단편 B30-31은 우주 순환에 따라 사랑이 지배하는 시기가 막을 내리고 불화가 지배하는 '교체의 시간'이 불가피하게 도래함을 묘사한다. 이 시기의 특징은 다음과 같다. ① 구에 불화가 침입하여 운동과 4원소의 부분적 분리가 시작된다. ② 원소들의 분리에 따라 불, 공기, 물, 땅의 우주적 배치가 이루어지고 이에 따라 우리가 사는 물리적 세계가 창조되며, ③ 다음으로 갖가지 비율들로 혼합된 원소들로부터 최초의 생명체들이 형성된다.

48) 1행의 '불화가 자라났다'는 것은 그것이 크기나 힘에서 증대했음을 뜻한다. 이 단편의 '구의 사지들'과 단편 B31의 '신의 사지들'은 의인화된 신체 사지가 아니라 불화가 침입하기 전에 4원소가 완전히 조화를 이룬 구의 틀을 뜻한다. 2-3행은 군사적 비유로서 불화가 구의 가장자리에서부터 중심부로 침입하여 우세한 지위를 차지하기 시작함을 뜻한다. 불화가 차지한 '권좌(timē)'는 일종의 승리의 결과물이

강한 맹세에 따라[49] 그들에게 정해진 교체의 시간이 다 되어, 불화가 권좌(timē)에 뛰어올랐을 때…

(『형이상학』 B4. 1000b12)

49. 아리스토텔레스(DK31A38)

사물들에는, 사랑과 불화가 교대로 지배하고 움직이는 〔작용-〕(to kratein kai to kinein)이 필연적으로 성립한다는 말을 엠페도클레스가 한 듯하다. (『자연학』 VIII. 252a7-9)

∙∙∙∙∙∙∙∙∙∙∙∙∙∙

다. 이 단편에는 사랑의 우위가 그 대립물인 불화의 우위에 의해 보상된다는 아낙시만드로스의 정의(dikē) 사상이 담겨 있으며, 로고스가 지배하는 적도(metra)에 대한 헤라클레이토스의 사상이 반영되어 있다.

49) '정해진 교체의 시간'은 단편 B17.29과 단편 B26.1의 '시간이 순환함에 따라'와 연관된다. '강한 맹세'는 맹세가 '폭이 넓은 끈으로 봉인되었다'는 이미지를 담고 있다. 이 두 표현은 사랑과 불화의 힘의 시간적 교체가 누구도 거스를 수 없는 필연적인 것임을 함의한다. 『정화의례들』에 포함된 단편 B115.1-2에서도 같은 비유가 사용된다. 그런데 두 힘의 교체가 어떻게 발생하는지, 어떻게 정지된 구에 운동이 도입되는지는 자연학적 근거보다는 종교적 근거에 입각해서 제시된다. 이러한 사정 때문에 DK31A38의 아리스토텔레스의 설명에서 보듯 후대 전승들은 엠페도클레스가 사랑과 불화의 두 힘 외에 제3의 힘인 '아낭케'를 도입했다고 해석한다. 엠페도클레스에서 '아낭케'의 의미에 대해서는 거드리(1965), 163쪽 참조.

50. 심플리키오스(DK31B31)

불화가 다시 지배하기(epikratein) 시작하는 그 때 다시 스파이로스에서 운동(kinēsis)이 생긴다.

신의 모든 사지들이 차례차례 뒤흔들렸으니.[50]

(『아리스토텔레스의 「자연학」 주석』 1184. 2)

51. 심플리키오스

엠페도클레스는, 원소들은 이전에는 사랑에 의해 합쳐져 있다가 나중에는 불화로 말미암아 분리됨으로써 우리가 사는 이 세계가 만들어졌다고 한다.

(『아리스토텔레스의 「천체에 관하여」 주석』 590. 19)

52. 아리스토텔레스

불화와 사랑은 서로 여전히 맞서 싸우고 있다.

(『생성과 소멸에 관하여』 315a16)

. . . .

50) 심플리키오스는 단편 B27을 전한 후 이 단편을 '다시(palin)'를 반복해 사용하면서 인용하며, "스파이로스에서 운동이 생긴다"고 해설한다. 여기서 '운동'은 ① 불화가 구에 침입하여 구를 파괴하고 원소들을 분리시키는 운동을 뜻하며, ② 불화의 이러한 작용과 동종의 것과 결합하려는 원소들의 자연적 '성향(ēthos)' 때문에 원소들이 제각기 덩어리를 이루기 시작함을 뜻한다(B37). 또 이 단편은 구를 '신(神)'과 동일시하는 유일한 단편이다.

53. 심플리키오스(DK31B22)[51]

왜냐하면 태양과 땅과 하늘과 바다,

이것들 모두는, [그것들로부터] 떨어져 나와

가사적인 것들 안에 있게 된 자신의 부분들과 친한 까닭이네.

이처럼 혼합되기 수월한 부분들은

[5] 아프로디테에 의해서 닮게 되어 서로를 사랑하지만,[52]

태어날 때의 혼합에서나 그 생김새에서

서로로부터 가장 거리가 먼 것들은 가장 증오에 차 있고,

서로 어울리는 데 도무지 익숙하지 않으며, 불화의 부추김으로 말
미암아 그지없이 슬프다.[53] 불화가 저들을 낳았기 때문이다.

• • • • • • • • • • • • • •

51) 이 단편은 불화가 증대하는 시기에 사랑과 불화의 작용에 대해 언급
한 것일 수 있다. 1-3행에서는 불화의 힘이 증대할 때 4원소는 태양,
땅, 바다, 하늘처럼 각기 동종으로 결합되지만 아직 그 과정이 완성
되지 않아 여전히 가사적인 것들처럼 서로 뒤섞여 있고, 이 시기에는
4원소에 대해 사랑과 불화의 두 힘이 모두 작용한다는 것을 언급한
다. 4-5행은 불화가 증대하는 시기에 사랑의 결합 작용을, 6-9행은
불화의 분리 작용을 가리킨다.

52) 원소들이 "닮게 된다"는 것은 불화의 작용에 의해 같은 원소들끼리
동종으로 뭉치는 것과는 달리 서로 다른 원소들이 사랑의 작용에 의
해 조화롭게 결합되고, 복합체의 부분들 사이에 비례적인 혼합이 이
루어짐을 의미한다.

53) 8행의 불화의 부추김으로 말미암아 '슬프다'는 말은, 이 시기는 불화
가 증대하긴 하지만 아직 사랑의 힘이 강해 어떤 혼합물들은 여전히
결합되어 있고 서로 결합되기를 원하지만 다른 혼합물들은 불화가 활

(『아리스토텔레스의 「자연학」 주석』 160. 26, 테오프라스토스
『감각에 관하여』 16)

(다) 불화의 승리

54. 심플리키오스(DK31B35.3-4)

불화가 소용돌이(dinē)의 가장 낮은 밑바닥에 가 있었고,

사랑이 회전(strophalinks)의 한가운데에 있게 될 때,[54]

(『아리스토텔레스의 「천체에 관하여」 주석』 529.1. 3-4행,『아리
스토텔레스의「자연학」 주석』 32. 11. 5-7행)

(라) 사랑이 승하는 시기

55. 심플리키오스(DK31B35)

자, 그러면 나는 내가 전에 상술(詳述)하였던 찬가의 길(poros
hymnōn)로 다시 돌아갈 것이네. 〔저〕 이야기에서 이 이야기(logos)

· · · · · · · · · · · · · ·

동한 결과, 예전처럼 덩어리로 결합할 수도 없고 분리된 부분들이 자
신의 부분들과 아직 결합할 수도 없어서 비참한 존재가 됨을 뜻한다.
54) 단편 B35의 3-4행은 불화의 힘이 극에 달하는 시기가 어떤 모습인지
추측할 수 있는 유일한 단서이다. 이 시기는 불화가 증대하여 4원소
가 점차 분리되는 두번째 시기를 지나 불화의 힘이 극에 달하고 원소
들이 완전히 분리되는 때로 이해된다.

를 끌어내면서 말일세.

불화가 소용돌이[55]의 가장 낮은 밑바닥에 가 있었고,

사랑이 회전의 한가운데에 있게 될 때,[56]

〔5〕그 곳에서 이 모든 것들은 단 하나로 되기 위해서 합쳐지게 되네,[57]

• • • • • • • • • • • • • • •

55) 3행의 '소용돌이(dinē)'와 4행의 '회전'은 세계발생이 시작될 때 원소들의 최초의 분리 운동을 나타내지만 정확히 어떤 모습인지는 알기 힘들다. 아낙사고라스가 누스에 의해 세계발생을 설명할 때에나 원자론의 세계발생에서도 이 '소용돌이'가 적용된다.

56) 단편 B35는 엠페도클레스의 단편 중 가장 논란이 많다. 일반적으로 3-4행은 불화의 극점과 이 극점을 지나 사랑이 승하는 시기로의 전환기를 묘사한다고 이해된다. 이 전환기에 사랑과 불화가 놓인 위치에 대해서는 정반대 해석이 가능하다. ① 사랑이 지배할 때 불화가 밖으로 밀려나는 것처럼, 불화가 승할 때 사랑도 밖으로 밀려난다. 따라서 불화가 "가장 낮은 밑바닥에 가 있었다"는 말은 불화가 정중앙에서 소용돌이 전체의 통제권을 갖는다는 뜻이다. 이 극점이 지나면 사랑은 구의 가장자리에서 안으로 들어와 차츰 지휘권을 굳히면서 불화가 후퇴하도록 압박을 가한다(라이트(1981년), 206-7쪽). ② 사랑이 커질 때 불화가 구의 가장자리로 쫓겨난다면 불화는 그 곳으로 쫓겨나기 전에는 중심부에 있어야 한다. 따라서 불화가 위치한 '가장 낮은 밑바닥'은 ①과 마찬가지로 중앙이다. 그러나 불화가 커질 때 구의 가장자리에서 안으로 들어와 그 극점에서 구의 중앙에 이르렀다면, 사랑은 불화 앞에 밀려나 원소들의 '한가운데'에 갇힌다고 이해할 수 있다(오브라이언(1969), 104-6, 116-7쪽).

57) 5행의 '그 곳에서'는 '회전의 한가운데'를 뜻할 수도 있고, '그 때부터 이제'로 해석할 수도 있다. 5-7행은 불화의 극점을 지나 사랑이

갑자기가 아니라 서로 다른 것들이 서로 다른 곳에서 기꺼이 모여들어서 말일세.

그것들이 섞여서 수없이 많은 가사적인 족속들이 쏟아져나왔네.

허나 불화가 여전히 위에 머물면서

많은 것들은 섞이는 것들과 자리를 바꾸어가면서 섞이지 않은 채 남아 있었네.

〔10〕아직은 불화가 흠잡을 데 없이 완전하게 그것들을 떠나 원의 가장자리로 물러난 것이 아니라, 사지의 어떤 부분에서는 안에 머물러 있지만, 다른 어떤 부분에서는 밖으로 나가버렸기 때문이네. 흠잡을 데 없는 온화한 사랑의 불사적인 세찬 흐름이 불화가 계속 달아나는 그만큼 계속 뒤쫓았네.

그러자 곧 전에는 줄곧 불사적이었던 것들이 가사적으로 되었고,

〔15〕전에는 섞이지 않았던 것들이 섞였네(zōra),[58] 길들을 서로

· · · · · · · · · · · · · · · ·

증대하는 시기를 묘사한다. 8-11행은 이 시기에 사랑이 강해져 원소들의 혼합이 시작되기는 하나 사랑과 불화가 여전히 대결하고 있음을 묘사한다. 12-13행은 사랑과 불화가 대결하나 사랑이 점차 강해지기 때문에 불화를 뒤쫓아 구의 가장자리로 몰아냄을 묘사한다. 여기서는 불화의 극점에서 사랑의 극점으로 전화되는 과정이 점진적이고 규칙적임이 시사된다.

58) 이 행은 사본 전승에 혼란이 있으나 플루타르코스와 아테나이오스가 제시한 te ta prin akrēta를 따른다. 전승상 zōra는 두 의미로 해석된다. 일반적으로는 '순수한(섞인 것이 없는)'이라는 의미를 갖지만, 물과 '혼합된' 포도주에 대해 zōra라는 말을 사용하는 사례에 비추어

바꿈으로써.

　그리고 그것들이 뒤섞여서 수없이 많은 가사적인 족속들이 쏟아져
나왔네.

　온갖 종류의 형태들을 지닌 채, 보기에도 놀랍게.

　(『아리스토텔레스의 「천체에 관하여」 주석』 528. 30. 1-15행,
『아리스토텔레스의 「자연학」 주석』 32. 11. 3-17행)

　⑤ 세계발생

56. 알렉산드리아의 클레멘스(DK31B38)[59)]

　자, 그러면 자네에게 먼저 태양을[60)] 말할 것이네, 그런 다음

••••••••••••••••
　'섞였다'는 뜻으로 해석할 수도 있다. DK도 플루타르코스와 아테나
　이오스의 해석을 따르고 있다.
59) 단편 B38은 시 전체에서 새로운 부분으로 전환되는 지점으로 이해된
　다. 이 단편과 이하의 간접 전승들은 불화에 의해 분리되기 시작한
　원소 덩어리들이 세계발생 국면에서 회전 운동에 의해 지금과 같은
　형태와 위치를 갖게 되었음을 설명한다.
60) 딜스는 '태양(hēlion)'이 아니라 '같은 나이의 것(hēlika)'을 채택하
　지만 부적절하다는 지적도 있다. DK는 '태양'으로 읽지만 매우 의심
　스러워해서 잠정적인 대안을 제시하는 데 그친다. 현재의 사본 상태
　로는 '태양'이 4원소 중에서 첫번째 지위를 차지하고 있는 것으로 되
　어 있다. 어느 쪽이든 클레멘스가 인용을 잘못했다기보다는 그 부분
　이 떨어져나간 것이 아닌가 하는 의심도 있다.

지금 우리가 보는 모든 것이 나타난 원천인

이것들, 즉 땅, 파도가 넘실대는 바다, 습기어린 공기,

만물을 에워싸서 단단히 묶고 있는 티탄 에테르(aithēr)를[61] 말할

것이네. (『학설집』 V. 48)

57. 아리스토텔레스(DK31B37)

흙은 자신의 몸체를 늘리고, 에테르는 에테르를 늘리네.[62]

(『생성과 소멸에 관하여』 II. 6. 333a35)

· · · · · · · · · · · · · · · ·

61) 다른 단편들에서 '에테르'는 4원소 중에서 공기를 의미하는 데 사용
되지만 이 단편에서는 공기가 아니라 하층의 공기에 대비시켜 상층
의 마른 공기 즉 상층의 하늘 전체를 가리킨다. 또한 우주 전체를 '단
단히 묶고 있는' 거인 족 티탄의 호칭일 수 있다.

62) 단편 B37에서는 원소들이 분리되어 동종의 덩어리를 이루는 과정이
묘사된다. 이 과정을 지배하는 원리는 '비슷한 것이 비슷한 것에'라
는 친화성 원리이며, 이 원리는 원소들이 지닌 자연적 성향으로 간주
된다. DK31A49(이 책의 편집 번호로는 58), DK31A30(이 책의 편집
번호로는 59)의 두 간접 전승은 4원소의 분리와 그것의 자연적 배치
를 설명한다. 분리가 공기, 불, 물, 땅의 순서로 이루어진다는 데에는
큰 이견이 없다. 이 시기에 이미 분리된 원소들의 큰 덩어리는 네 개
의 동심원적인 층을 이루며 각기 자신의 자연적 위치에 배치된다. 그
러나 이 과정이 완료된 것은 아니며, 이 시기에 사랑과 불화는 서로
대결한다. 따라서 단편 B22에서처럼 원소들의 덩어리들은 여전히 다
른 원소들을 일정 비율 포함한다. 땅에서 물이 솟아나거나 단편 B52
에서처럼 불이 지표면 아래에서 타고 있는 것 등의 현상을 관찰할 수
있는 것은 이 때문이다.

58. 아에티오스(DK31A49)

엠페도클레스는 첫째로 에테르가, 둘째로 불이, 그 다음으로 흙이 분리되며, 〔흙은〕 회전의 힘에 의해(tē rhymē tēs periphoras) 아주 꽉 조임으로써 흙에서 물이 솟아나온다〔고 말한다〕. 그것〔물〕에서 공기가 증발되어 나오고(thymiathenai), 하늘은 에테르에서, 해는 불에서 생겨나며, 땅에 있는 것들은 그 밖의 다른 것들〔물과 흙〕에서 응축되어(pilethenai) 나온다〔고 말한다〕. (『학설 모음집』 II. 6. 3)

59. 위-플루타르코스(DK31A30)

아크라가스의 엠페도클레스〔가 말하기를〕 네 가지 원소들(stoicheia)은 불, 물, 에테르, 흙이며 그것들의 원인(aitia)은 사랑과 불화이다. 그는 원소들의 최초 혼합〔체〕로부터 공기가 분리되어 고리 모양으로(kyklō) 주위에 쏟아져나오고, 공기 다음에 〔혼합체〕 밖으로 뿜어나온 불이 다른 곳으로 갈 장소가 없어서 둘러싼 공기로 형성된 층 아래에서 위로 솟구쳐나온다고 말한다. 땅 주위를 회전하는 두 반구(半球)가 있는데, 하나는 순전히 불로 되어 있고, 다른 하나는 공기와 약간의 불이 섞여서 된 것으로, 이것을 그는 밤이라고 여긴다. 그 운동의 시초는 공기 덩어리가 어떤 장소에서 위에서 내리누르는 불과 맞부딪치는 데서 비롯되었다. 해는 본래 불이 아니며, 오히려 수면에서 생긴 반사와 비슷한 불의 반사이다. 달은 불에 의해 잘려 나온 공기에서 〔해와는〕 다르게 그 자체로 만들어졌다고 그는 말한다. 왜냐하면 이것〔잘려나온 공기〕은 우박과 마찬가지로 굳어지기 때문이다. 단 그것〔달〕은 해로부터 빛을 얻는다.

(『학설집』 에우세비우스의 『복음의 준비』 I. 8. 10에서 인용됨)

60. 아리스토텔레스

게다가 엠페도클레스에 대해서 누군가가 다음과 같이 말할 수도 있을 것이다. 실로 원소들이 불화에 의해 분리되었을 때, 무엇이 흙을 정지시키는 원인이었는가? 왜냐하면 확실히 그때도 소용돌이 탓이라고 말할 수는 없기 때문이다. 〔그가〕 다음과 같은 점을 이해하지 못하는 것은 이상하다. 예전에는 소용돌이 때문에 흙의 부분들이 중심으로 옮겨지는 데 반해, 지금은 무슨 까닭으로 무게를 가진 모든 것들이 땅으로 옮겨지는지 〔그는 설명해야만 한다〕. 왜냐하면 소용돌이가 〔그것들을〕 우리 쪽 가까이로 가져오지는 못하기 때문이다. (『천체에 관하여』 II. 13. 295a29)

61. 헤로디아노스(DK31B51)

〔불은〕 재빨리 위로 …[63]

. . . .

63) 이 구절을 불에 대한 언급으로 볼 경우, 이 단편은 불화의 지배 하에 원소들이 분리되어 나오기 시작할 때, 불의 최초 운동을 설명하는 것

(『호메로스의 비유들』, 슈투르츠 편집 『어원사전』 745쪽)

62. 프로클로스(DK31B52)

많은 불이 지표면 아래에서 타고 있네.

(『플라톤의 「티마이오스」 주석』 II. 8. 26)

63. 아리스토텔레스(DK31B53)

〔에테르는〕 그때는 〔보통〕 그렇게〔위쪽으로〕 달렸으나, 〔다른 원소들과 함께〕 다르게 달리는 적도 여러 번 있었기 때문이네.[64]

(『생성과 소멸에 관하여』 II. 6. 334a1, 『자연학』 II. 4. 196a19)

• • • • • • • • • • • • • •

으로 이해할 수 있다.

64) 아리스토텔레스(『생성과 소멸에 관하여』 II. 6. 334a1-5)는 엠페도클레스에 의해 우연(tychē)이 사용된 예를 비판적으로 설명하면서 단편 B53, 54를 전하고 있다. "불화가 〔원소들을〕 분리시키기는 하지만, 에테르는 불화에 의해서 위로 옮겨지는 것은 아니다. 오히려 그는 어떤 때는 〔에테르가〕 마치 우연에 의한 것처럼 그때는 〔보통〕 그렇게〔위쪽으로〕 달렸으나, 〔다른 원소들과 함께〕 다르게 달리는 적도 여러 번 있었기 때문이네라고 말하고, 다른 때는 불이 위로 올라가도록 되어 있지만, 에테르는 긴 뿌리들로 땅에 가라앉는다네라고 말하기도 한다." 또 아리스토텔레스는 불화가 최초의 분리를 일으키기는 하지만 그에 뒤이어 '우연'이 그 역할을 넘겨받는다고 보고, 엠페도클레스가 분리의 원인으로서 불화 이외에 제3의 원인을 도입했다고 해석한다.

64. 아리스토텔레스(DK31B54)

〈그러나 거꾸로〉 에테르는 긴 뿌리들로 땅에 가라앉는다네.

(『생성과 소멸에 관하여』 II. 6. 334a5)

65. 아리스토텔레스(DK31B39)

정녕 땅의 깊이가 무한하고 에테르가 광대하다면,

[이런 말이] 전체의 작은 부분만 본 많은 이들의 혀들을 통해 헛되이 나와

그들의 입들에서 퍼져나가듯.[65]

(『천체에 관하여』 II. 13. 294a21)

66. 플루타르코스(DK31B40)

날카로운 화살들을 지닌 헬리오스(Hēlios)와 부드럽게 빛나는 셀레네(Selēnē).

(『달의 표면에 보이는 얼굴에 관하여』 2쪽, 920 c)

. . . .

65) 아리스토텔레스는 이 단편을 크세노파네스에 대한 비판으로 본다. 엠페도클레스에서 4원소의 양은 제한되어 있다. 이 점에서 이 단편은 하늘과 땅이 위아래로 무한히 펼쳐 있다는 희랍의 전통적 세계관(『일리아스』 7. 446행, 『오뒷세이아』 1. 98행, 헤시오도스, 『신들의 탄생』 807)에 대한 비판일 수 있다.

67. 아폴로도로스(DK31B41)

허나 〔불들이〕 모여서 한 덩어리가 된 것〔해〕이 거대한 하늘을 선회 하나니.

(『신들에 관하여』, 마크로비우스의 『사투르날리아』 I. 17. 46 에 인용됨)

68. 플루타르코스(DK31B42)

〔달은〕 땅 위를 지나는 동안,

그것〔해〕의 광선을 흩뿌리고(apeskedasen), 땅의 일부를 어둡게 하네.[66]

어슴푸레 빛나는 눈을 가진 달의 넓이만큼.

(『달의 표면에 보이는 얼굴에 관하여』 16쪽, 929c)

---

66) 2행은 사본의 파손이 있어 해석의 여지가 많다. apeskedasen은 '풀 어놓는다,' '퍼뜨리다'를 뜻한다(Xylander의 견해). 이 동사를 따를 경우 그 의미는 '상층으로부터 빛을 흩뿌리다'가 된다. DK가 채택한 apestegasen은 운율에는 맞지만 '덮은 것을 벗기다'를 뜻하여 정반 대의 의미가 된다. apeskiasen은 '그늘을 만들다, 가리다'를 뜻한다 (Stein의 견해). 원본에 미비한 점이 있지만 눈에 띄는 수정안은 아직 없다. 여러 안이 제시되고 있지만 모두 태양 광선을 달 표면의 뒤편 에서 땅과 반대 방향으로 반사하는 것으로 여기고 있다. 또 "태양이 달 위를 가는 동안에 그 달은 태양빛을 흩뿌려"로 이해하여 일식을 설명하는 것으로 볼 수도 있다. "땅의 일부를 어둡게 한다"는 땅의 일 부에 그림자를 생기게 한다는 의미일 것이다.

69. 필론[67](DK31B43)

이렇듯 〔해의〕 광선은, 달의 넓고 둥근 표면에 부딪히네.

(『섭리에 관하여』 II. 70, 플루타르코스, 『달의 표면에 보이는 얼굴에 관하여』 929e)

70. 플루타르코스(DK31B44)

〔해는〕 두려움 없는 얼굴로 올림포스 쪽으로 빛을 반사하노라.[68]

(『퓌티아의 신탁에 관하여』 12쪽, 400b)

71. 아킬레우스 타티오스(DK31B45)

다른 것에 속하는 둥근 빛〔달빛〕이 땅 주위를 맴도네.[69]

(『「아라토스의 천체 현상」 입문』 16. 43쪽, 6)

• • • • • • • • • • • • • • • •

67) 필론은 A.D. 1세기경에 활동한 유대인 철학자이다.

68) '올림포스 쪽'은 우주의 가장 바깥을 뜻한다. 파르메니데스의 단편 DK18B11을 참고하라. 이 단편에서 태양은 볼록렌즈 형태이고 집광 작용을 통해 표면에서 빛을 천상에 비추어 돌려주는 동시에 아래쪽 면을 통해 지상에 빛을 던지는 것으로 상정되어 있다. 단편의 배열순서에 기초하여 이 단편을 달에 관한 것으로 해석할 수도 있으나, 주어가 태양이라는 것이 명시되어 있다. 우찌야마 등(1996-98) 2권, 261쪽.

69) "다른 것에 속하는 둥근 빛"은 해에서 빌려온 빛을 뜻한다. 이 단편은 달을 설명하는 것으로서 파르메니데스의 단편 DK18B14를 답습하고 있다.

72. 플루타르코스(DK31B46)

마차의 바퀴통(chnoiē)이 〔반환점의 끝 쪽 기둥에 바짝 붙어서〕 주위를 돌듯이,

정점 둘레를 그것〔/달〕은…(?)[70]

(『달의 표면에 보이는 얼굴에 관하여』 9쪽, 925b)

73. 작자미상(DK31B47)

〔달은〕 지배자인 밝은(agea)[71] 원을 정면으로 바라보네.

(『희랍 미간행 자료집』 I. 337. 13)

74. 플루타르코스(DK31B48)

땅은 〈태양〉 빛 아래로 들어가서 밤을 만드네.

(『플라톤의 물음들』 3쪽. 1006 이하)

75. 플루타르코스(DK31B49)

어두운 눈을 가진 적막한 밤 동안에.

· · · · · · · · · · · · · ·

70) 달의 움직임을 마치 마차경주에서 마차바퀴가 반환점의 기둥을 스치듯 도는 것에 비유한 것이다. 플루타르코스의 설명(B46)을 보면, 달의 이지러짐이나 월식에 관한 설명과 관련되어 있는 듯하다.

71) agea는 '신성한'과 '밝은'의 두 가지 의미가 있으나 여기서는 후자를 택한다.

(『식탁 환담집』 VIII. 3. 1쪽, 720e)

76. 체체스(DK31B50)

이리스(Iris)는 바다로부터 바람이나 큰비를 가져오네.

(『호메로스의 비유들』 83)

77. 아리스토텔레스(DK31B55)[72]

바다, 땅의 땀.

(『기상학』 II. 3. 356a24)

78. 헤파이스티온(DK31B56)

소금은 태양의 힘에 눌려서 굳어진다네.

(『요약집』 1쪽, 2. 13)

. . . .

72) 이 단편은 열의 압축 응고 작용을 나타낸다. 이에 대해서는 아리스토
텔레스, 『기상학』 II. 1. 353b11에는 이렇게 언급되어 있다. "그들 중
일부는 땅이 해에 의해서 덥혀졌을 때 [바다가] 땀처럼[몸에서 땀이
배출되는 것처럼] 생겨났다고 말한다. 그 때문에 [바다는] 또한 짜다
는 것이다. 땀 역시 짜기 때문이다."

⑥ 생물발생

79. 아에티오스(DK31A72)[73]

엠페도클레스가 [말하기를] (가) 동물들과 식물들 가운데 맨 처음 생겨난 것들은 전혀 온전한(holoklēros) 모습으로[74] 생겨나지 않았고, 함께 자라지 않는 부분들로 분리되어 있었다. (나) 두 번째로 생겨난 것들은 부분들이 붙어서 함께 자라지만 상상의 산물과 같은 것들이었다. (다) 세번째로 생겨난 것들은 통째로 하나인 것들(holophyōn)[75]이었다. (라) 네번째로 생겨난 것들은 더 이상 흙이나 물에서처럼 동질적인 것들에서 나온 것이 아니라,

• • • • • • • • • • • • • • •

73) 단편 A72는 생물발생을 설명하는 가장 자세한 간접 전승이다. 아에티오스는 생물발생 단계를 네 단계로 구분한다. 그러나 생물발생이 순환주기의 두 작은 국면인 불화가 증대하는 시기와 사랑이 증대하는 시기에 모두 해당되는지 또 이 단계가 연속적인지 여부는 알 수 없다. 이른바 '두 세계'와 관련하여 두 생물발생이 있는지에 대해서도 상반된 견해가 있다. 각 입장에 따라 단편 B57 이하를 두 시기에 모두 포함시키거나 사랑이 지배하는 시기에만 포함시킨다. 어느 해석을 따르든 세계발생이나 생물발생의 시기에는 사랑과 불화의 두 힘이 상대적 차이는 있지만, 나란히 공존하고 대결하며 혼합과 분리의 양상도 혼전을 거듭한다는 데에는 이견이 없다.

74) '온전한 모습'이란 사지의 모든 부분들이 완전히 갖추어진 모습을 의미한다.

75) '통째로 하나인 것들'이란 사지의 모든 부분들이 완전히 갖추어져 있지만 그 성질이 아직 분화되지 않은 생물체들을 가리킨다.

이미 서로 섞여서 나왔다. 즉 어떤 것들은 자양물이 응축됨으로써, 또 어떤 것들은 암컷들의 고운 자태가 정액의 운동을 자극함으로써 나왔다. 그리고 모든 동물의 종은 혼합의 성격이 어떤 것인가에 따라 구분되었다. (『학설 모음집』 V. 19. 5)

(가) 첫째 단계 : '하나로 고립된 지체' [76)]

80. 아리스토텔레스(DK31B57)

여기〔땅〕에서 목이 없는 많은 머리들이 나타났고,

어깨 없는 맨 팔들이 헤매었으며,

눈들이 이마 없이 외로이 방황하였네.

(『천체에 관하여』 III. 2. 300b25, 심플리키오스의 『아리스토텔레스「천체에 관하여」주석』 586. 29)

---

76) 80-82(이 책의 편집 번호)의 세 단편은 아리스토텔레스와 심플리키오스에 의해 사랑이 증대하는 시기에 생물발생의 첫 단계를 설명하는 것으로 해석된다. 심플리키오스는 단편 B20을 인용하며 이 시기에 사랑과 불화는 인간을 포함한 가사체들 사이에서 번갈아 힘을 떨친다고 말하며, 단편 B35의 5행 이하를 이 시기의 생물발생과 연관시키기도 한다. 그러나 이 단편들이 순환주기의 어느 시기에 해당되는지는 여전히 의견이 분분하다.

81. 심플리키오스(DK31B58)

사지들은 불화가 분리시킴으로써 하나로 고립된 지체 (mounomelē)인 채

서로 결합을 추구하면서 방황하였네.[77]

(『아리스토텔레스의 「천체에 관하여」 주석』 587. 18)

82. 심플리키오스(DK31B59)

그러나 차츰 신적인 것(daimōn)이 신적인 것과 더 많이 섞이게 되었을 때,[78]

• • • • • • • • • • • • • •

77) 생물발생의 이 단계에서는 4원소가 최초로 혼합한 결과 원소들이 '하나로 고립된 지체(mounomelē)'로 결합된다. '하나로 고립된 지체'란 머리, 손, 발처럼 성질이 같은 신체 부위들을 가리킨다. 이들 신체 부위가 무질서하게 땅에서 발생한다. 이 무질서한 상태가 빚어지는 이유는 불화의 힘이 열세에 있으면서도 여전히 힘을 가하고 있기 때문이다. 이 단편들은 사랑의 힘이 우세해짐에 따라 4원소가 이러한 사지들로 결합되지만 불화가 여전히 작용하기 때문에 유기체로서 아직 결합되지 못함을 나타낸다.

78) 심플리키오스는 단편 B59를 단편 B35의 16행 이하와 연관시키며, 사랑이 지배하는 시기의 생물발생의 첫째 단계에서 둘째 단계로의 전환을 나타낸다고 해석한다. 아리스토텔레스는 이 단계에서 '우연'이 혼합에서 일정한 역할을 한다고 해석한다(『자연학』, 198b27 참고, 거드리(1965), 204쪽 참고). '차츰'에 주목할 때 불화에 대해 사랑이 상대적 우위를 차지함에 따라 혼합은 점차 또 규칙적으로 진행될 것이다. 1행의 '신적인 것(daimōn)'은 4원소일 수도 있고 사랑과 불화의 두 힘일 수도 있다. 2행의 '이것들'은 팔, 다리 등 신체 부위

이것들 각각은 서로 우연히 만나는(sympipteskon) 대로 함께 엉겨 붙곤 했으며,

이것들 외에도 다른 많은 것들이 계속해서 생겨나오곤 했다네.

(『아리스토텔레스의 「천체에 관하여」 주석』 587. 20)

(나) 둘째 단계 : '사람의 얼굴을 가진 황소 자손'

83. 아일리아누스(DK31B61)[79]

많은 것들이 양편에 얼굴들과 양편에 가슴들을 갖고

사람의 얼굴을 가진 황소 자손(bougenē androprōira)으로 태어났고, 어떤 것들은 거꾸로 황소 머리를 가진 사람의 자손(androphyē boukrana)으로 태어났는데,

이것들은 부분적으로는 수컷이, 부분적으로는 암컷이 섞여 있으며

• • • • • • • • • • • • •

라고 이해된다. '섞이게 되었다(emisgeto)'의 동사는 호메로스에서 사용된 용례에 비추어 혼전을 벌인다는 뜻으로 읽을 수 있으나, 엠페도클레스는 이 말로 항상 '혼합'을 가리킨다.

79) 생물발생의 둘째 단계에 대해 심플리키오스는 사랑의 지배 하에 처음에는 머리, 손, 발과 같은 동물들의 지체들이 여기저기에서 불규칙하게 나타나며, 사랑의 힘이 점차 우세함에 따라 지체들이 결합되어 단편 B60, 61에서 묘사되는 것과 같은 모습들이 생긴다고 본다. 이 단편을 포함한 심플리키오스의 설명(371, 33 이하)은 생물발생의 이 단계를 가장 자세히 전해주는 간접 전승이다(거드리, 1965, 204쪽 참고).

그늘진 지체들을 가졌다네.[80]

(『동물들의 본성에 관하여』 XVI.29)

84. 플루타르코스(DK31B60)

뒤뚱거리는 걸음걸이와 수없이 많은 손들을 가진,[81]

(『콜로테스에 대한 반박』 28. 1123b)

(다) 셋째 단계 : '통째로 하나인 것들'

85. 심플리키오스(DK31B62)

자, 그러면 불이 나뉘어져서 어떻게 탄식이 많은

남자들과 여자들의 싹들을 한밤에 틔웠는지[82]

· · · · · · · · · · · · · ·

80) 4행은 암수동체인 생물체를 가리키며, '그늘진 지체들'은 생식기관을 뜻한다.

81) '뒤뚱거리는 걸음걸이'는 황소에 대해 쓰이는 형용어로서 안짱걸음을 가리킨다.

82) 이 단편의 생물발생 단계는 A72의 아에티오스의 설명에서는 생물발생의 '셋째' 단계로만 설명되어 있다. 그러나 불화가 증대하는 시기에 인간과 동식물의 발생이 시작되는 초기 단계로 이해되기도 한다(거드리(1965), 173쪽 참고). 1행의 '불이 나뉘어져서'는 최초 혼합체로부터 불의 분리를 뜻하며, 단편 B59에서 혼합을 가리키는 1행과 반대되는 뜻이다. 2행의 '한밤'은 지하 또는 저승을 가리키는 동시에 이 시기에는 아직 태양이 없고 지상도 어둡다는 것을 뜻할 것이다. 5행에서 최초의 인간은 식물처럼 '땅에서' 나온 것으로 묘사된다. 여기

다음 이야기를 들어 보게. 내 이야기는 빗나가지도 무지하지도 않으니.

물과 열[불] 두 몫을 다 갖고서,

[5] 처음으로 통째로 하나인 것들(oulophyēs typoi)이 땅에서 나왔거늘,

불은 자기와 닮은 것에 이르고자 하여 이것들을 위로 올려 보냈네.[83]

그때는 그것들은 아직 사지들의 사랑스러운 체형(demas)도,

목소리도, 인간들만 갖고 있는 지체도 드러내지 않았네.[84]

· · · · · · · · · · · · · · ·

에는 땅을 만물의 어머니로 보는 전통적인 헬라스의 관념이 반영되어 있다.

83) 4-6행은 불화가 불 속에서 행하는 분리 활동을 묘사한다. 불화가 증대하는 시기에는 원소들을 분리시키는 불화의 힘이 강해지나 아직은 원소들을 결합시키는 사랑의 힘이 강하다. 따라서 불이 분리되는 과정에서 물과 불과 흙으로 이루어져 있고 사지나 기관, 성의 구분이 없는 이상한 생물 형태가 출현한다. '통째로 하나인 것들(oulophyeis typoi)'은 이러한 생물 형태를 가리킨다. 최초의 인간은 아직 분절되지 않은 이러한 생물 형태에서 유래하는 것으로 이해된다(거드리 (1965), 207쪽 참고). 6행에서 불이 "자기와 닮은 것에 이르고자 한다"는 것은 이 시기에 불은 다른 원소들과 여전히 혼합되어 있으나 불화에 의해 분리되고 동종과 결합하려는 성향 때문에 우주의 가장자리에 있는 커다란 불덩이(태양)에 이르기 위해 '위로' 올라간다는 것을 뜻한다.

84) 8행은 사본이 다양하며 크게는 두 해석이 가능하다. 딜스처럼 'hoion t''를 택할 경우에는 "사람들에게 있는 것과 같은 발성기관도"로 해

(『아리스토텔레스의「자연학」주석』381. 31)

(라) 넷째 단계 : '아프로디테의 갈라진 풀밭'

86. 아리스토텔레스(DK31B63)

그러나 사지들의 본성(physis)이 나누어진다네.[85] 일부는 남자[의
몸]에 …[86] (『동물들의 발생에 관하여』 I. 18. 722b10)

87. 플루타르코스(DK31B64)

시각으로 인해 교합하고 싶어 하는 욕정(pothos)도 그것들에는 있
거늘(?)[87] (『자연에 관한 물음들』 21. 917c)

석된다. 이 책에서는 "out"를 택해 "목소리도, 인간들만 갖고 있는 지
체도"로 옮긴다.

85) 이하 단편들은 불화가 지배하는 후기 단계의 생물발생을 설명한다.
이 단계에서는 생물체의 구분과 분절이 더 진행되어 재생산 능력을
지닌 암수 생물체들이 등장하고 물고기와 새, 육지 동물들이 나타난
다. 86-93(이 책의 편집번호)의 단편 B63-70은 생물체의 생식에 대
한 설명이다.

86) 생략된 행들을 딜스는 "또 일부는 분할되어 각각 여자의 씨 안에 숨
어 있네"를 보충한다.

87) 이 단편의 원문 전반부는 심하게 훼손되어 있어 DK도 교정을 하되
의문부호를 붙이고 있다.

88. 아리스토텔레스(DK31B65)

정결한 곳들[자궁] 안에 그것들[정액]이 쏟아부어졌네. 어떤 것들은 차가운 것과 만나서 암컷들이 되나, 〈어떤 것들은 따뜻한 것과 만나 수컷들로 되네〉.[88] (『동물들의 발생에 관하여』 I. 17. 723a4)

89. 「외곽주석」(DK31B66)

아프로디테(Aphroditē)의 … 갈라진 풀밭.[89]

(에우리피테스의 『포이니케 여인들』 5. 18의 외곽주석)

90. 갈레노스(DK31B67)

더 따뜻한 곳에 있는 자궁(gastēr)[90]이 수컷을 낳네.

이런 까닭에 남자들은 [피부색이] 검고 팔다리와 몸통이 더 강건하며

털이 한결 더 많다네.

· · · · · · · · · · · · · ·

88) 딜스를 따라 단편의 후반부를 보충한다.

89) '아프로디테의 갈라진 풀밭'은 출산 기관인 여성의 '자궁'을 가리킨다. 이 단편은 자연학자인 엠페도클레스가 비유해서 말하길, "자식들의 출생이 있는 곳을 아프로디테의 갈라진 풀밭이라 한다"라고 언급하면서 인용하고 있다.

90) '땅(gaia)'으로 읽는 주석자도 있으나 여기서는 '자궁(gastēr)'으로 읽는다. 전자로 읽을 경우 불화가 지배하는 초기 단계 즉 인간이 대지에서 태어났던 시기에 대한 언급으로 볼 수 있다.

(『히포크라테스의 「유행병」 주석』 VI. 48)

91. 아리스토텔레스(DK31B68)

여덟 달하고도 열흘째 되는 날에[91] 그것[피]은 하얀 초유(初乳)가
되었네.(『동물들의 발생에 관하여』 IV. 8. 777a7)

92. 프로클로스(DK31B69)

두 방식으로 [낳는](digonoi)[92]

(『플라톤의 「국가」 주석』 II. 34. 25)

93. 에페소스 루푸스(DK31B70)

양막(amnion)[93]

(『인체 부위의 명칭에 관하여』, 229. 116쪽, 11)

• • • • • • • • • • • • • • • •

91) 수태 후의 날짜를 의미하지만, 이렇게 제시하는 근거나 이유는 분명
하지 않다.

92) '두 방식(diagonoi)'은 아이가 태어나는 두 방식, 즉 일곱 달과 아홉
달을 의미한다.

93) '양막(amnion)'은, 『오뒷세이아』에서 희생제물의 피를 받는 사발로
쓰였다. 엠페도클레스에서 이것은 태아 주위를 감싸고 있는 피막을
가리키며 현대 의학 용어에서도 그대로 사용된다.

94. 아에티오스(DK31A75)

엠페도클레스에 따르면, 인간들의 종이 대지에서 생겨났을 때는 태양의 느린 운행 때문에 시간의 길이에서 하루가 지금의 열 달만큼이 되었으며, 시간이 흐름에 따라 지금의 일곱 달만큼이 되었다. 이런 까닭에 열 달이든 일곱 달이든 우주의 본성이 그처럼 습관화되어 있어서 태아는 태어나는 그날 하루 동안에 자란다.(『학설 모음집』V. 18. 1)

95. 아테나이오스(DK31B72)

어떻게 큰 나무들과 바다 고기들이〔생겨났는지〕…(『현인들의 만찬』VIII. 334 b)

96. 플루타르코스(DK31B74)

〔아프로디테는〕다산하는 물고기들의 노래하지 못하는 종족을 이끌고.[94](『식탁 환담집』V. 10. 4쪽, 685 이하)

97. 플루타르코스(DK31B77, 78)

늘 푸르고 늘 결실을 맺는〈나무들은〉

• • • • • • • • • • • • • •

94) 물고기를 "노래하지 못하는 종족"이라 한 것은 물고기들이 분절음을 낼 수 있을 정도로 지능이 발달하지 못해서 노래를 할 만큼(mousos) 소리를 내지 못한다는 뜻이다.

공기 덕분에 한 해 내내 풍성한 열매로 번성하노니.

(『식탁 환담집』 III. 2. 2쪽, 649c)

98. 아리스토텔레스(DK31B79)[95]

이처럼 처음에는 큰 나무들이 올리브 모양의 알을 낳네.

(『동물들의 발생에 관하여』 I. 23. 731a4)

99. 플루타르코스(DK31B80)

그런 까닭에 석류는 늦게 익고 사과는 과즙이 풍부하네.

(『식탁 환담집』 V. 8. 2쪽, 683d)

100. 플루타르코스(DK31B81)

포도주는 [포도]껍질에서 생긴 물이 나무 속에서 발효된 것이네.

(『자연에 관한 물음들』 2쪽, 912c)

101. 아리스토텔레스(DK31B82)

같은 것들이 머리카락, 잎사귀, 새들의 촘촘한 깃털이 되고,

• • • • • • • • • • • • •

95) 아리스토텔레스는 이 단편에 다음과 같이 덧붙인다. "왜냐하면 알은
    태아이고 그것의 일부에서 동물이 태어나기 때문인데, 나머지는 영
    양분이다." DK를 따라 "이처럼 처음에는 큰 올리브 나무가 알을 낳
    는다"로도 읽을 수 있다.

억센 사지들 위에 있는 비늘도 되네.

(『기상학』 IV. 9. 387b4)

102. 플루타르코스(DK31B83)

〔어떤 것들은 뿔과 이빨과 침으로 무장하고 있지만〕 그러나
고슴도치의 등에는 날카로운 긴 털이 뻣뻣하게 나 있네.

(『운에 관하여』 3. 98d)

103. 아리스토텔레스(DK31B97)

왜냐하면 생성이 존재로 인한 것이지 존재가 생성으로 인한 것
이 아니기 때문이다. 따라서 예를 들면 등뼈가 그러한 형태를 갖
게 된 것은 〔태아의 신체가〕 구부리고 있어서 부러졌기 때문인 것
처럼, 생물들이 가진 많은 것들은 생겨날 때 그렇게 된 것이라고
엠페도클레스가 말했을 때, 그가 한 말은 옳지 않다.

(『동물들의 발생에 관하여』 I. 1. 640a18)

⑦ 생물의 구조

(가) 조화의 원리 : 혼합의 비율[96]

104. 플루타르코스(DK31B33)

무화과나무 즙이 흰 젖을 응고시켜(egomphōsen)[97] 묶었을 때처럼.

(『많은 친구를 갖는 것에 관하여』 5 p. 95a)

• • • • • • • • • • • • •

96) 단편 B71과 함께 아래에 묶은 여러 단편들은 사랑이 증대하는 시기에서 뿐만 아니라, 불화가 증대하는 시기에 사랑의 기능을 묘사한다. 후자의 시기에도 사랑은 점차 힘이 약화되면서도 결합 활동을 계속하며, 분리된 원소들을 일시적인 합성물로 결합시켜 가사적인 것들의 다종다양한 생성을 이루어낸다. 이러한 사랑의 결합 활동은 단편 B71에서는 선박이나 가구를 제작하는 것과 같은 '짜맞춤(synarmosthenta)'에 비유되며, 단편 B73에서는 도자기를 빚는 것에, 또 단편 B34에서는 빵을 굽는 것에 비유된다. 단편 B96에서는 '하르모니아의 아교'가 강조된다. 이를 바탕으로 후대 전승은 엠페도클레스가 유기적 조직을 설명하기 위해, 특히 비례적 혼합에 관한 피타고라스적인 견해를 사용했다고 해석한다. 이 비례를 아리스토텔레스는 혼합의 '로고스(logos)'로 설명하지만(『동물의 부분들에 관하여』 642a17) 엠페도클레스가 직접 이 말을 사용한 것은 아니다.

97) 동사 egomphōsen은 원래 배를 나사못으로 짜 맞추는 것을 뜻하며, 여기서는 비유적으로 사용되어 응고시킴을 뜻한다. 단편 B87의 사랑의 결합 작용에 대한 비유에서는 이 동사의 명사인 '고정 못(gomphos)'이 사용된다.

105. 아리스토텔레스(DK31B34)

보릿가루를 물과 섞어 반죽했을 때(kollēsas).[98]

(『기상학』 IV. 4. 381b)

106. 심플리키오스(DK31B87)

〔네 뿌리를〕 사랑의 고정 못(gomphos)으로 짜맞추는 아프로디테는.

(『아리스토텔레스 「천체에 관하여」 주석』 529. 24)

107. 아리스토텔레스(DK31B96)

또 흙은 품이 넓은 자신의 도가니 속에

여덟 개의 부분 가운데 두 개는 빛나는 네스티스(Nēstis)로부터,

네 개는 헤파이스토스(Hephaistos)로부터 흔쾌히 자기 몫으로 받

았네.

그래서 하르모니아의 아교들로(Harmoniēs kollēsin) 신성하게

(thespesiēthen)[99] 접합된 흰 뼈들이 되었네.

(『혼에 관하여』 410a1, 심플리키오스의 『아리스토텔레스의 「자

연학」 주석』 300. 19)

. . . .

98) 보리와 물은 신체의 구성에서 젖은 것과 마른 것의 결합을 뜻한다.
   이 단편은 원소들의 결합에 대해서 빵을 굽는 것에 비유하여 설명한
   다.
99) '신성하게'는 '정교하게'로도 읽을 수 있다.

108. 심플리키오스(DK31B98)

또 흙이 퀴프리스(Kypris)의 잘 갖춰진 항구들에 닻을 내려

이것들, 즉 헤파이스토스, 비, 빛나는 에테르와[100]

마침 거의 같은 양으로 함께 만났네.

흙이 조금 더 많기도 했고 다른 많은 것에 비해서 적기도 했네.

그것들로부터 피와 〔여러〕 다른 살의 모양들(eidea)이 생겨났네.

(『아리스토텔레스의 「자연학」 주석』 32. 3)

109. 심플리키오스(DK31B73)

그때 퀴프리스가 땅을 물에 적신 후에,

여러 모양들을 만든 다음 그것들을 굳히려고 서둘러 빠른 불에 넣

었듯이. (『아리스토텔레스의 「천체에 관하여」 주석』 530. 5)

110. 심플리키오스(DK31B75)

〔동물들 가운데서〕 속은 빽빽하나 겉은 성기게 생긴 것들이,[101]

퀴프리스의 손안에서 이렇듯 질퍽하고 물렁한 것과 만난(tychon-

ta) 후에 …[102]

. . . .

100) 퀴프리스는 퀴프로스 섬에서 나온 아프로디테의 이름으로 사랑을
　　뜻한다. 헤파이스토스는 불을 의미하며, 비는 물을, 에테르는 공기
　　를 의미한다.

101) 이 행은 식물을 묘사한다고 볼 수도 있고, 갑각류와 반대되는, 뼈와
　　살이 있는 척추동물을 가리킨다고 볼 수도 있다.

(『아리스토텔레스「천체에 관하여」주석』530. 8)

111. 플루타르코스(DK31B76)

이것(불)은 바다 생물, 특히 바다 달팽이와 바위 껍질을 가진 거북이의

무거운 등딱지 안에 있네.

그대는 거기서 흙이 살의 가장 높은 곳에 있는 것을 볼 수 있네.[103]

(『식탁 환담집』I. 2. 5쪽, 618b)
● ● ● ● ● ● ● ● ● ● ● ● ● ●

102) 사랑의 여신이 유기체의 부분들을 만드는 것이 도기 제작에 비유된다. 단편 B98의 '만났네(synekyrse)'와 단편 B75의 '만난(tychonta)'은 '우연'을 뜻하는 '튀케(tychē)'의 동사형으로 단편 B85, B104에서도 발견되며, 사랑의 결합 활동을 묘사하는 단편들에서 나란히 사용된다. 이와 관련해 혼합에서 '우연'이 맡는 기능이 무엇인지에 대해서 고대에 이미 상당한 논란이 있었다. 이 단편들을 전하는 아리스토텔레스와 심플리키오스는 엠페도클레스가 사랑과 불화를 세계발생과 생물발생에서 원인으로 놓으면서도 이 힘들의 작용에 일정한 제한을 가했고, 제3의 원인인 '우연'을 허용했다고 주장한다. 그러나 우리말 '우연'에 해당하는 희랍어 '튀케'는 단편 B103을 제외하면 다른 곳에서는 발견되지 않는다. 생물발생을 설명하는 단편들에서 그는 '튀케'라는 명사가 아니라 대부분 이와 관련된 동사나 분사를 쓰고 있어, 그가 제3의 원인으로 우연을 상정했는지는 판단하기 어렵다.

103) "살의 가장 높은 곳"은 피부의 겉면을 뜻한다. 이 단편은 엠페도클레스가 불이 언제나 위로만 가는 것도 아니고 땅이 아래로만 가는 것도 아니라, 적절하고 유용하게 배열된다고 생각함을 밝히기 위해서 인용되었다(맥키라한(1994), 248쪽).

(나) 호흡

112. 아리스토텔레스(DK31B100)[104]

모든 것은 다음과 같이 숨을 들이쉬고 내쉰다. 모든 것에는 피가 꽉
차 있지는

않은 살로 된 관들(liphaimoi)이 몸 표면까지 뻗어 있으며,

그것들의 입구에 있는 피부의 표피는 촘촘히 나 있는 구멍들로

쭉 뚫려 있네. 그래서 표피는 피를 막고 있지만,

〔5〕 공기가 쉽게 통할 수 있도록 터져 있네.

이리하여, 부드러운 피가 거기에서 격하게 물러갈 때마다,

돌진하는 공기가 거세게 몰아쳐 들어오고,

피가 다시 밀어닥치면 공기가 빠져나가네. 마치 여자애가

- - - - - - - - - - - - - -

104) 이 단편은 호흡이 피의 운동에 의존함을 설명한다. 설명에 따르면
피가 부분적으로 차 있는 '관들(liphaimoi)'을 통해 피는 들숨에서
는 몸 안으로 들어가고 날숨에서는 밖으로 나간다. 피가 후퇴할 때
공기가 들어오고 다시 피가 나갈 때 공기는 밀려나간다. 10행의 '클
렙쉬드라(Klepsydra)'는 일반적으로는 밑바닥에 작은 구멍(405쪽
그림에서 D 부분)이 여러 개 나 있는 통으로서, 15행처럼 좁은 주둥
이(A 부분이나 화살표 부분)를 열어서 물이나 포도주를 들어오게
한 다음, 10행처럼 다시 손으로 그 부분을 막아서 물이나 포도주를
옮기는 가사도구였을 것이다. 한편 3행의 '피부의 표피'로 번역된
'rhinōn eschata'는 '코의 〔안쪽〕 끝부분'으로도 번역될 수 있다.

빛나는 청동 클렙쉬드라(Klepsydra)를 갖고 놀듯이.

[10] 그 관의 좁은 목을 예쁜 손으로 막고서〔손에 갖다대어〕

반짝이는 은빛 물의 부드러운 몸체에 관을 담글 때,

어떤 물도 용기 안으로 들어오지 않고, 내부 공기 덩어리가 촘촘히

열려진 구멍들 위에 떨어져 물을 막고 있네,

여자애가 눌려 있는 공기의 흐름을 터줄 때까지. 그러나 그 다음에

[15]〔공기흐름을 터주면〕공기는 빠져나가고 빠져나간 그만큼 물
이 안으로 들어오네.

이처럼, 물이 청동 용기의 밑부분을 차지하고

좁은 입구의 통로가 사람의 살갗으로 막혀 있을 때,

밖에서 안으로 들어오려는 공기가,

조록조록 성가신 소리를 내는 여과기〔바닥의〕문에서 그 표면을
눌러

물을 못 나가게 막고 있네,

[20] 여자애가 손을 놓을 때까지.

그때는〔손을 놔버릴 때는〕다시 이전과는 역으로

공기가 안으로 밀고 들어오고 들어온 그만큼 물이 밖으로 빠져나
가네.

이처럼,〔신체를〕돌아다니는 부드러운 피가 거꾸로

신체 안쪽으로 세차게 흘러 물러가면, 즉시 공기의 흐름은 거세게
몰아쳐 들어오고

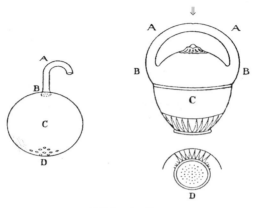

클렙쉬드라 모형

〔25〕 피가 다시 그 곳까지 밀어닥치면, 다시 같은 양만큼 역방향으로 숨을 내쉬네. (『숨에 관하여』 7쪽, 473a)

(다) 감각의 성립 : 통로와 방출물[105]

113. 플루타르코스(DK31B89)[106]

생겨난 모든 것들에는 방출물들(aporroai)이 있음을 알고

• • • • • • • • • • • • • • •

105) 이하 단편들은 간접 전승들과 더불어 방출물과 통로를 바탕으로 한 엠페도클레스의 감각론을 제시한다. 그러나 현존하는 그의 단편에서 '통로(poros)'라는 말은 발견되지 않는다.

106) 이 단편은 "왜 문어는 몸의 색깔이 변하는가?"라는 물음에 답하는 과정에서 인용되었다. 그 답은 문어가 겁을 먹기 때문이고 또 자기

(『자연에 관한 물음들』 19쪽, 916d)

114. 플라톤(DK31A92)

소크라테스 : 그러면 자네는 엠페도클레스처럼 있는 것들에는 어
　　　　　　떤 방출물들이 있다고 말하는 게 아닌가?

메　논 : 그렇고 말고요.

소크라테스 : 또 〔그것들로, 그리고 그것들을 통해서〕 방출물들
　　　　　　이 드나드는 통로(poros)들도 말인가?

메　논 : 분명 그렇지요.

소크라테스 : 또한 방출물들 중 어떤 것들은 어떤 통로들에 꼭 들
　　　　　　어맞지만(harmottein), 어떤 것들은 더 작기도 하고
　　　　　　더 크기도 하겠지?

메　논 : 그건 그렇지요.

소크라테스 : 게다가 자네는 무언가를 시각이라 부르지?

메　논 : 예.

소크라테스 : 그러면 이 점들에 비추어 핀다로스가 말했듯이 ‘내

· · · · · · · · · · · · · · ·

방어로 인한 것이라는 테오프라스토스의 설명에 덧붙여서, 플루타
르코스는 바위에서 나와 바다에 퍼진 미세한 입자들이 문어의 피부
에 난 통로로 들어간다고 주장한다. 또 문어가 놀랄 때 몸을 움츠려
그 결과 방출물들이 피부의 표면에 남아 있어 피부를 관통하지 못한
다고 설명한다. 이러한 후대 전승은 엠페도클레스의 이론을 특별한
분야에 적용한 것이다.

가 그대에게 한 말의 뜻을 이해하도록 하게.' 사실
색은 사물들에서 나온 방출물로서 시각에 들어맞고
(symmetros) 지각될 수 있는 것이네.

(『메논』 76c)

115. 테오프라스토스(DK31A86)

엠페도클레스는 모든 감각에 대해 같은 방식으로 이야기하는
데, [감각들] 각각의 통로에 [방출물들이] 꼭 들어맞기 때문에 감
각이 성립한다고 말한다. 이 때문에 감각은 다른 감각에 속하는
것을 서로 식별할 수 없다. 왜냐하면 감각되는 것과 대응해 있는
통로들은 그것이 만나는 감각물에 비해 더 넓기도 하고 더 좁기
도 해서, 어떤 것들은 접촉하지 못하고 통과하고, 어떤 것들은 들
어갈 수 없기 때문이다.

(『아리스토텔레스의 「감각과 감각되는 것에 관하여」 주석』 7. 9)

116. 「옥쉬린쿠스의 파피루스」(DK31B109a)

[거울의 경우] 엠페도클레스는 사물이 거울에 비칠 때 사물 각
각에서 방출물들이 나오며, 그것들은 상(eikōn) 같은 것들로서
눈에 꼭 들어맞는다(enharmozesthai)고 말한다.

(1609. XIII. 94)

117. 플루타르코스(DK31B90)[107]

이처럼 단 것이 단 것을 붙잡았고, 쓴 것이 쓴 것에 달려갔으며,

신 것이 신 것에 다가갔고, 매운 것이 매운 것에 올라탔네.

(『식탁 환담집』 IV. 1. 3쪽, 663a)

118. 테오프라스토스(DK31B91)

〔물은〕 포도주와 더 친하지만(enarthmion), 올리브 기름과는 친

하려 하지 않네.

(『아리스토텔레스의 「감각과 감각되는 것에 관하여」 주석』 12)

119. 아리스토텔레스(DK31B92)

엠페도클레스는 〔노새가 불임하는 이유가〕 둘〔암말과 숫나귀〕

의 생식기관(gonē)이 말랑말랑한데도 그것에서 나온 씨들의 혼

합물이 단단해지는 탓이라고 말한다. 우묵한 것이 단단한 것과

. . . .

107) 엠페도클레스의 감각과 인식의 기본 원리를 아리스토텔레스는 '닮
은 것이 닮은 것에'의 원리로 해석했다. 이하의 단편들은 4원소의
혼합 이론을 감각에 적용한 것이다. 엠페도클레스는 감각을, 통로들
의 대칭성 및 비슷한 것들의 친화성을 통해 설명한다. 즉 모든 물체
에는 표면에 조밀하게 들어선 통로들이 있으며, 원소들뿐만 아니라
원소들의 혼합체들로부터 방출물들이 나오는데, 이것들이 자신들과
크기가 같은(symmetrical) 통로들에 들어감으로써 감각과 인식이
성립한다는 것이다.

서로 꼭 들어맞으면, 그런 일에 의해 그와 같은 말랑말랑한 것들로부터 단단한 것이 나온다고 그는 말한다. 마치 주석과 섞인 청동처럼. (『동물들의 발생에 관하여』 B 8. 747a 34)

120. 플루타르코스(DK31B93)

떡갈나무에서 나온 푸른빛이 아마포와 섞인다네.[108]

(『퓌티아의 신탁에 관하여』 41쪽, 433b)

121. 테오프라스토스(DK31B102)

이런 식으로 모든 것은 호흡과 후각을 나눠 갖게 되었네.

(『아리스토텔레스의 「감각과 감각되는 것에 관하여」 주석』 31a86)

(라) 시각 형성

122. 심플리키오스(DK31B85)

부드럽게 빛나는 불꽃이 약간의 흙과 우연히 만났네(tyche).

(『아리스토텔레스의 「자연학」 주석』 331. 3)

• • • • • • • • • • • • • •

108) 색깔 혼합이라기보다는 염색에 관해 설명하는 단편이다. 감각과 영양 섭취에서 성분들의 친화성을 염색에 비유해서 설명하고 있다.

123. 심플리키오스(DK31B86)

그것들[불과 흙]로 여신 아프로디테는 지치지 않는 눈들을 형성했네.

(『아리스토텔레스의 「천체에 관하여」 주석』 529. 21)

124. 심플리키오스(DK31B87)

아프로디테는 사랑의 고정 못으로 [눈들을] 짜 맞추었네(askē sasa).[109]

(『아리스토텔레스의 「천체에 관하여」 주석』 529. 24)

125. 아리스토텔레스(DK31B88)

양쪽[눈]에서 하나의 시각이 생긴다네.

(『시학』 21. 1458a 4)

126. 심플리키오스(DK31B95)

퀴프리스의 손안에서 그것들[눈들]이 처음으로 결합했을 때.

(『아리스토텔레스의 「천체에 관하여」 주석』 529. 26)

· · · · · · · · · · · · · · · ·

109) 이 단편은 아프로디테가 4원소를 결합시키는 것으로 해석할 수도 있으나, 심플리키오스에 의해 시각 형성을 설명하는 문맥에서 인용된다. 후자를 따르면 여기서 생략된 목적어는 '눈들(ommata)' 일 수 있다. 단편 B86의 '형성했네(epēxen)' 와 여기서 사용된 '짜맞추었네(askēsasa)' 는 결합 원리인 사랑의 제작활동을 나타내는 엠페도클레스의 독특한 시어이다.

127. 아리스토텔레스(DK31B84)[110]

마치, 누군가가 폭풍이 부는 밤인데도 밖으로 나가려고 생각한다면,

등(燈)을 준비해서 타오르는 불을 붙이고,

온갖 바람을 막아주는 아마 천(amorgos)으로 등(燈)을 감싸는데,

그것은 쉴 새 없이 부는 바람들의 숨은 흩어놓고,

[5] 더 길게 내뻗는 빛은 밖으로 내보내면서

지칠 줄 모르는 빛을 문턱 너머로 발할 때처럼,

이처럼 그때[111]의 최초의 불은 얇은 피막과 미세한 천 속에 싸인 채

둥근 눈동자 안에 숨어 있다네(lochazeto).[112]

• • • • • • • • • • • • • • •

110) 단편 B84는 인간의 눈이 어떻게 형성되는지를 '등(燈)'에 비유해서
    설명한다. 이것은 아리스토텔레스에 의해 간단한 주해와 함께 인용
    되었는데, 그에 따르면 엠페도클레스는 어떤 때는 시각을 눈에서 빛
    이 나오는 것에 의해 설명하고 다른 때는 대상에서 나오는 방출물들
    을 바탕으로 설명한다는 것이다. 전체 행들은 사용된 비유에서 뿐만
    아니라, 용어와 운율에서 다분히 호메로스적이다(이에 대해서는
    『오뒷세이아』, 2. 20행, 『일리아스』, 12. 279행, 8. 563행, 2. 397행
    을 참고하라). 3행의 '아마천(amorgos)'은 투광성의 소재일 수 있
    으나 정확한 의미는 알 수 없다. 각판(소와 같은 짐승의 뿔을 얇게
    늘린 것)일 수도 있고, 아모르고스 특산인 아마포일 수도 있다.
111) '그때'는 아프로디테가 눈을 만들었을 때를 의미한다.
112) 8행의 동사는 버넷과 딜스-크란츠를 따라 '숨어 있다(lochazeto)'
    를 채택했다. 그러나 다른 사본을 따라 "꼭 그처럼 그때 아프로디테
    는 얇은 막과 섬세한 아마포 속에 감싸인 최초의 불, 저 둥근 눈동자

그것들은 이리저리 흘러다니는 깊은 물은 막고,

〔10〕 더 길게 뻗치는 불은 밖으로 내보내네.

(『감각과 감각되는 것에 관하여』 II. 437b23)

128. 플루타르코스(DK31B94)[113]

강 밑바닥의 검은색은 그림자에서 생기며,

같은 것이 움푹 파인 동굴들에서도 관찰되네.

(『자연에 관한 물음들』 39)

⑧ 인식과 사고

129. 심플리키오스(DK31B103)

거기에서는 튀케(Tychē, 우연)의 뜻으로 해서 만물은 생각하게 되었나니(pephronēken).[114]

(『아리스토텔레스의 「자연학」 주석』 331. 10)

. . . .

를 낳았네(locheusato)"(거드리, 커크-레이븐)로 해석할 수도 있다. DK가 삽입시킨 9행은 삭제했다.

113) 이 단편은 롱골리우스(Longolius)의 라틴어 번역(쾰른, 1542년)만이 전해지고 있다.

114) '거기서는'은 네 뿌리가 혼합하는 곳을 가리킨다. 단편 B107 및 B110의 9행과 함께 이 단편에는 엠페도클레스의 만물유심(萬物有心) 사상이 포함되어 있다.

130. 심플리키오스(DK31B104)

또한 가장 희박한 것들이 떨어져 우연히 서로 만나는 한[115]

(『아리스토텔레스의 「자연학」주석』 331. 13)

131. 포르퓌리오스(DK31B105)

〔심장은〕 자기 안으로 드나드는 피의 바다에서 자양분을 얻는데,

특히 심장(kardia)에는 인간들에 의해 사고(noēma)라 불리는 것
이 있네.

인간에게서 심장 주위의 피는 생각이기 때문이네.[116]

(포르퓌리오스의 「스틱스에 관하여」, 스토바이오스의 『선집』 I.
49. 53에서 인용)

· · · · · · · · · · · · · ·

115) '가장 희박한 것'은 불과 공기를 가리킨다. 이 단편은 본래 위쪽에
   있어야 할 것이 '떨어져' 우연히 결합되었음을 나타낸다. 심플리키
   오스는 단편 B103과 함께 이 단편을 아무런 주해 없이 엠페도클레
   스에서 '튀케'가 쓰인 예로 인용한다. 이 단편은, 단편 B71, 75, 96,
   98과 함께 엠페도클레스에서 '튀케'의 기능이 무엇인지 논란이 되
   는 단편이다. 유기체가 형성될 때 그 구성 성분들의 결합은 우연적
   이지만 그것들의 결합 비율이 적합할 때 사랑이 유기체나 유기체의
   부분을 만들어낸다고 이해할 수도 있다.

116) '생각'의 장소를 심장(kardia)과 연결시키는 것은 호메로스 이후 희
   랍의 한 전통으로서, 아리스토텔레스와 에피쿠로스, 스토아학파에
   서도 그 영향을 볼 수 있다. 심장이 아니라 '심장 주위의 피'를 생각
   이라고 본 것은 엠페도클레스의 새로운 사고방식이다.

132. 아리스토텔레스(DK31B106)

겉에 같이 있는 것과 관련해서 인간들에게 지혜(mētis)가

자라나거늘. (『혼에 관하여』 III. 3. 427a21)

133. 테오프라스토스(DK31B107)

모든 것은 이것들[네 뿌리들]로 짜 맞추어져(harmosthenta) 결합

되며,

이것들에 의해서 생각하고(phroneousi) 즐거워하며 괴로워하기 〈때

문이네.〉[117]

(『아리스토텔레스의 「감각과 감각되는 것에 관하여」 주석』 10-

11)

134. 아리스토텔레스(DK31B108)

그들의 본성이 변하여 달라지는 그만큼, 그들에게는 늘

다른 생각을 하는 일도 일어나거늘.

(『형이상학』 Γ5. 1009b18)

• • • • • • • • • • • • • • •

117) 단편 B110과 함께 단편 B107은 만물이 헤아리는 능력(phronēsis)
을 가지며, 이러한 분별력은 유기체가 가진 원소적 구성에 따라 다
양하게 나타난다는 것을 설명한다. 이 단편에서는 단편 B103, 108,
109에서 제시된 인식의 기본 원리 외에도 쾌락과 고통에 대한 설명
이 추가된다.

135. 테오프라스토스(DK31A86)

그는 생각과 무지에 대해서도 똑같이 이야기한다. 생각은 감각과 같거나 비슷하다고 여겨서, 생각함은 닮은 것들에서, 무지함은 닮지 않은 것들에서 성립한다고 말하기 때문이다. 왜냐하면 그는 우리가 어떻게 각각에 의해 각각을 아는지를 열거하고, 마지막으로 왜냐하면 모든 것은 이것들로 짜 맞추어져 모양 지어지며, 이것들에 의해서 생각하고 즐거워하며 괴로워하기 〈때문이다〉라고 덧붙였기 때문이다. 그런 까닭에 그들은 특히 피에 의해서 가장 잘 생각한다. 왜냐하면 〔다른 신체〕 부분보다 특히 피에서 원소들이 가장 잘 섞이기 때문이다.

(『아리스토텔레스의 「감각과 감각되는 것에 관하여」 주석』 10-11)

136. 아리스토텔레스(DK31B109)

왜냐하면 우리는 흙으로써 흙을 보며(apōpamen), 물로써 물을,

에테르로써 신적인 에테르를, 불로써 파괴적인 불을,

또한 사랑으로써 사랑을, 참담한 불화로써 불화를 보기 때문이네.[118]

• • • • • • • • • • • • • •

118) 이상 다섯 단편들(B105-9)은 엠페도클레스에서 감각과 인식의 기본 원리를 설명하는 것들이다. 아리스토텔레스에 의하면, 엠페도클레스에서 ① 감각과 인식은 구분되지 않으며, 둘 다 물체적(sōmatikon)이고, ② '닮은 것이 닮은 것에' 라는 원리에 기초한다. 따

(『혼에 관하여』 I. 2. 404b8, 『형이상학』 B4. 1000b6)

137. 히폴뤼토스(DK31B110)

만일 자네가 이것들을[119] 자네의 견고한 가슴 가운데에 새겨 넣고,

• • • • • • • • • • • • • •

라서 감각뿐만 아니라, 인식도 비슷한 것이 비슷한 것에 작용하는
일반 원리의 특수한 사례이다(거드리(1965), 228-9쪽 참고). 특히
단편 B109는 이 원리를 인식에 적용한 것으로 아리스토텔레스의
『혼에 관하여』와 『형이상학』에 인용되어 있다. 아리스토텔레스가
『형이상학』(B4. 1000b5)에서 이 단편을 인용하며 "닮은 것이 닮은
것에의 인식(hē de gnōsis tou homoiou tō homoiō)"으로 규정하
고 있어 엠페도클레스의 인식 원리를 이해하는 데 가장 널리 인용되
는 단편이다. 또한 아리스토텔레스는 『혼에 관하여』(404b16)에서
이 단편을 플라톤의 『티마이오스』(35a, 45b)와 연관지으며, 섹스투
스 엠피리쿠스는 이를 플라톤과 피타고라스주의에 연관짓는다. 알
크마이온에게도 이 이론에 대한 암시가 있으며, 엠페도클레스 이후
이 원리는 아낙사고라스와 데모크리토스의 우주론에서 중요한 역할
을 한다.

119) 단편 B110은 엠페도클레스가 자신의 우주론의 근본 원리들을 가지
고 자연 세계의 모든 세부적인 것들을 설명하려고 시도하는 예로 이
해된다. 여기서 '이것들'이 무엇을 가리키는지는 분명치 않다. 4원
소로 보는 견해도 있으나 3행의 '모든 것'과 들어맞지 않는 난점이
있다. 이 단편이 제자 파우사니아스에게 한 말이라는 점에 비추어
볼 때, '이것들'은 엠페도클레스 자신의 논변들일 수 있다. 이렇게
볼 때 이 단편은 엠페도클레스의 우주론의 원리를, 자신의 가르침과
제자 사이의 관계에 적용한 것이다. 즉 파우사니아스가 스승의 가르
침을 확고히 따를 경우에는 사랑의 원리에 따라 살게 되며(3-5행),
그렇지 않으면 불화의 원리에 기회를 내주어 스승의 가르침이 그를

선의를 갖고서 순수하게 마음을 다하여 살핀다면,

정녕 이 모든 것은 한 평생 그대 곁에 있게 될 터이고,

이것들에서 다른 많은 것들도 얻게 될 터이네. 바로 이것들이

〔5〕 각각의 것을 성장시켜 그것들의 본성에 맞는 성격을 갖게 할
것이기 때문이네. 허나 만일 그대가 다른 것들, 이를테면 사람들 가운
데 있는, 생각을 무디게 하는

숱한 하찮은 것들을 열망한다면, 정녕 이것들은 그들 자신의 친한
종족에게 가기를 바라게 되면서, 시간이 흐름에 따라 곧장 그대를 떠
나버릴 것이네.

실로 모든 것은 생각(phronēsis)을 갖고 사고의 몫을 가진다는 것
을 알아두게.

(『모든 이교적 학설들에 대한 반박』 VII. 29, 214쪽))

3) 종시(終詩)

138. 디오게네스 라에르티오스(DK31B111)

자네는 질병과 노령을 막을 수 있는 모든 치유책(pharmaka)을

알게 될 것이네. 자네만을 위해서 나는 이 모든 일을 이루어낼 터
이니,

....
떠나가게 된다(6-8행)는 것이 암시되어 있다(거드리(1965), 230쪽
참고).

자네는 대지에 휘몰아치며 돌풍으로 들판을 휩쓸어버리는

모진 바람의 기운을 잠재울 것이네.

〔5〕 게다가 이번에는, 자네가 원한다면 그 보상으로 미풍을 불러올 수도 있을 것이네.

어둑한 장대비를 변화시켜 인간을 위해 적절한 때에 가뭄이 들게 하고,

게다가 가뭄을 변화시켜, 하늘에서 떨어져 내리는, 수목을 기르는 물줄기를 만들 수도 있을 것이네.

그리고 자네는 하데스로부터 죽은 자의 기운(menos)을 불러낼 수 있을 것이네.

(『유명한 철학자들의 생애와 사상』 VIII. 59)

(2) 정화의례들

1) 서시(序詩) : 아크라가스 시민들에게

139. 디오게네스 라에르티오스(DK31B112)[120]

오 친구들이여, 도시의 가장 높은 곳, 황금색 아크라가스(Xanthos

· · · · · · · · · · · · · ·

[120] 『자연에 관하여』에 비해 『정화의례들』은 지금 남아 있는 단편이 많지 않다. 그러나 단편 B112가 이 시의 시작 부분이라는 데에는 큰 이견이 없다. 『자연에 관하여』의 시작 부분과 이 단편은 이야기 대

Akragas) 강[121])이 내려다보이는 큰 시내에 사는 그대들이여, 오직 선한 일들에 마음을 쏟고,

이방인들을 환영하는 항구이자, 악에 물들지 않는 사람들이여.

안녕하신가! 나는 그대들에게 불멸하는 신이요, 더 이상 죽을 운명의 인간이

〔5〕 아니로다. 마치 나에게 걸맞다고 그들이 생각하는 대로, 나는 머리에

장식 끈과 화려한 화관을 두른 채 만인에게 존경을 받으며 이곳저곳을 돌아다니네.

내가 그들의 풍요로운 시내 가운데로 가면

남자들과 여자들에게서 나는 신처럼 추앙받는다네. 숱한 사람들이

• • • • • • • • • • • • • •

상뿐만 아니라, 어조와 태도에서 현저하게 대비된다. 『자연에 관하여』는 엠페도클레스가 제자 파우사니아스에게 하는 말인 반면에 여기서는 이야기 대상이 아크라가스 시민들을 포함한 일반인으로 바뀐다. 또 전자에서 그는 '하루살이 같은 목숨을 지닌' 가사자의 한 사람으로서 이야기를 시작하나 여기서 그는 '불멸하는 신'으로 자처하며 가사적인 인간과 자신의 차이를 두드러지게 강조한다. 이 자신만만한 말투와 태도는 단편 B111에서도 찾을 수 있다.

121) 도시의 별명으로 쓰인 '황금색 아크라가스'는 아크라가스를 흐르는 강을 가리킬 수도 있고, '도시의 가장 높은 곳'에 위치한 바위산을 가리킬 수도 있다. 이 별명이 붙은 것은 이 곳에 황금색 사자와 말, 황금색 꿀(단편 B128)이 풍부했기 때문이라고 짐작된다. 황갈색 또는 황금색을 뜻하는 색깔이름인 '크산토스'는 트로이아 지역의 강 크산토스(Xanthos)에서 따온 것이라고도 한다.

나를 뒤따르며, 어디에 이득을 구할 지름길이 있는지 물어오네.

〔10〕 어떤 이들은 예언을 구하고, 어떤 이들은

오랫동안 심한 고초를 겪은지라,

온갖 질병을 치유할 확실한 말을 듣기를 청하네.

(『유명한 철학자들의 생애』 VIII. 62)

140. 히폴뤼토스(DK31B131)

하루살이 같은 목숨을 지닌 누군가를 위해, 불멸의 무사여,

우리의 마음씀이 〈그대〉 마음에 전해지는 것이 〈즐거우시다면〉,

이제 다시, 기도드리는 저에게 오소서, 칼리오페이아(Kaliopheia)여,

복된 신들에 관하여 훌륭한 말(agathos logos)을 보여 드리는 저

를 위해.[122]

(『모든 이교적 학설들에 대한 논박』 VII. 31, 216쪽)

• • • • • • • • • • • • • •

122) 무사 여신을 부르면서 시작하는 이 단편은 『자연에 관하여』에서 똑
  같이 무사 여신을 부르며 시작하는 단편 B3의 1-5행과 대비된다.
  『자연에 관하여』에서는 자연학자의 태도로서 무사에게 "하루살이
  같은 목숨을 지닌 것들이 들어 마땅한 것"을 간청하고 "무사 여신
  의 믿음직한 가르침"을 전하는 것처럼 보이는 반면에, 여기서는 치
  료자이자 예언가의 태도로서 자신이 '진리를 알고' 있으며 자신이
  하는 말이 "복된 신들에 관한 훌륭한 말(agathos logos)"이라고 자
  처한다. 말의 내용 또한 전자에서는 세계에 대한 자연학적인 설명인
  반면, 여기에서는 신비적인 것으로서 '치료를 위한 말'과 종교적인
  가르침이다.

141. 섹스투스 엠피리쿠스(DK31B113)

허나, 내가 거듭 사멸하는 가사적인 인간들보다 더 뛰어난데도,

왜 내가 이것을 마치 무슨 대단한 일이라도 되는 양 역설하는 것일

까? (『학자들에 대한 반박』 I. 302)

142. 알렉산드리아의 클레멘스(DK31B114)

오 친구들이여, 내가 하게 될 이야기에는 진리가 담겨 있음을

나는 잘 알고 있노라. 허나 인간에게 진리는 대단히 힘들게 생기며,

확신이 마음에 밀어닥쳐와도(pistios hormē) 인간은 달가워하지

않는다. (『학설집』 V. 9)

2) 사랑의 황금시대[123]

143. 포르퓌리오스(DK31B128)

저들에게는[124] 신으로서 아레스(Arēs)도 퀴도이모스(Kydoi-

••••••••••••••

123) 엠페도클레스가 '황금시대'라는 말을 직접 사용한 것은 아니지만,
    이하 두 단편은 고대 희랍에 널리 퍼져 있던 헤시오도스적인 '황금
    시대'에 대한 믿음이 그의 사상에 반영되어 있음을 보여준다. 물론
    세계발생 이전 우주의 원 상태가, 그가 말하는 황금시대는 아니다.
    사랑이 완전히 지배하는 시기에는 신적인 구(Sphairos)만 있고 인
    간이 존재하지 않기 때문이다. 만약 그가 황금시대를 설정했다면
    그것은 불화의 침입으로 구가 파괴되었으나, 여전히 사랑의 지배가

mos)도,

　왕 제우스(Zeus basileus)도 크로노스(Kronos)도 포세이돈
(Poseidōn)도 없었지만,

　여왕 퀴프리스(Kypris basileia)는 있었으니.[125]

　그들은 상(像)들과 동물 그림과

　[5] 향을 내는 향유(香油)로써,

　또 순수한 몰약(沒藥)과 향긋한 유향(乳香)의 제물로써,

　또 황금색(Xenthōn) 꿀로 만든 헌주를 땅에 뿌림으로써 그녀의
기분을 맞추었네.

　제단은 황소들의 순수한 피로 적셔지지 않았고,

　생명을 빼앗고 건장한 사지(四肢)를 먹는 이런 짓은,

　[10] [그때] 인간들 사이에서 가장 큰 오욕(mysos)이었네.[126]

· · · · · · · · · · · · · ·

　　강하게 유지되는 세계발생의 초기 단계일 것이다. 이에 대해서는 거
　　드리(1965), 248쪽을 참고하라.

124) '저들'이 누구인지는 분명하지 않으나 사랑의 여신인 여왕 퀴프리
　　스의 지배 하에 있었던 태고의 인간들일 것이다.

125) 전통적으로 단순 쾌활함과 지복의 시대가 크로노스의 시대로 여겨
　　졌고 오르페우스교를 포함한 일부 신 발생론에서는 제우스의 시대
　　뒤에 포세이돈의 시대가 이어진다고 보기 때문에, 여기서 크로노스,
　　제우스, 포세이돈이 언급된 것이다. 반면 엠페도클레스는, 이 단편
　　1-3행에서 볼 수 있듯이, 지복의 시대를 이 신들이 아니라 사랑의
　　여신인 아프로디테 또는 퀴프리스 여왕이 지배하는 시대로 상정한
　　다.

126) 이 단편의 8-10행과 단편 B130은 황금시대의 순수한 상태를 묘사한

(『금기에 관하여』 II. 21)

144. 「외곽주석」(DK31B130)

모든 것이 인간들에게 유순하고 온화하였네,

짐승들도 새들도. 그리고 우정의 불꽃이 타올랐네.

(니칸드로스의 『해독제』 452. 36쪽, 22쪽)

3) 필연의 신탁

145. 히폴뤼토스(DK31B115)

아낭케(Anankē, 필연)의 신탁이 있도다. 그것은 신들이 제정한 법령으로서 오래되고 영원한 것이며, 강한 맹세들에 의해 튼튼히 봉인되어 있네.[127]

・・・・・・・・・・・・・・・

것이다. 살육과 육식은 전통적으로 그리스에서 '미아스마(miasma)'라고 불리는 오염 또는 불결을 나타낸다. 10행의 '오욕(mysos)'은 미아스마를 가리키며 헬라스에서 이것은 정화의 대상이었다.

127) 이 단편에 표현된 '아낭케의 신탁', '신들의 법령', '만물의 법칙'은 엠페도클레스의 자연학에서는 순환 주기의 시간적 교체, 즉 사랑이 지배하는 시기가 불화가 지배하는 시기로 교체되는 것이 필연적임을 나타낸다. 동시에 이 표현들은 그의 종교관에서는 살육과 육식의 죄로 말미암아 순수한 상태가 종식되고 추락한 영(daimōn)들이 윤회의 수레바퀴 속에서 지상의 삶을 거듭하는 것이 필연적임을 뜻한다.

(『모든 이교적 학설들에 대한 반박』VII. 29. 14. 1-2행, 212쪽)

146. 플루타르코스(DK31B116)

[카리스(Charis)는] 견뎌내기 힘든 아낭케를 몹시 싫어하나니.

(『식탁 환담집』IX. 5쪽, 745c)

147. 아리스토텔레스(DK31B135)

그러나 만물의 법칙은 널리 통치하는 에테르와

광대무변한 태양빛을 통해 두루 뻗쳐 있노라 …

(『수사학』I. 13. 1373b6)

4) 피 흘림의 죄와 환생

148. 포르퓌리오스(DK31B139)[128]

슬프다, 입술(cheilos)로[129] 살코기를 먹는 끔찍한 일을 내가 꾀하

••••••••••••••

128) 이하 세 단편은 살육과 육식의 죄로 인해 거듭 심화되는 지상의 오
염과 삶의 불운을 묘사하며, 여기에는 고대 피타고라스주의의 윤회
와 환생 사상이 반영되어 있다. 단편 B136, 137은 일반 사람들, 단
편 B139는 엠페도클레스 자신의 운명을 탄식하는 것으로, 죄인이자
오염된 자로서, 그가 느끼는 부끄러움(aidōs)이 묘사된다. 자신의
운명에 대한 이와 같은 묘사는 단편 B115의 13-14행과 B117, 118
에서도 발견된다.

기 전에,

왜 일찍이 비정한 [죽음의] 날이 나를 파멸시키지 않았던가.

(『금기에 관하여』 II. 31)

149. 섹스투스 엠피리쿠스(DK31B136)

너희들은 소리도 불길한 살육을 멈추지 않을 텐가? 정신의 부주의로 말미암아

너희들 서로서로를 먹어치우고 있는데도 이를 보지 못한단 말인가? (『학자들에 대한 반박』 IX. 127)

150. 섹스투스 엠피리쿠스(DK31B137)

아버지는 모습을 바꾼 자신의 아들을 집어 올려서,[130]

몹시 어리석게도 기도를 올리며 죽이려 하네. 제물을 바치는 자들은

애원하는 그를 끌고 오네. 이제 아버지는 [자식이] 절규하는 소리에 귀 기울이지 않고서 그를 죽여 앞마당에 사악한 잔치 상을 마련한

• • • • • • • • • • • • • •

129) cheilos의 원뜻은 입술이다. '입술로 살코기를 먹는' 것의 정확한 의미는 알 수 없으나, 입으로 살코기를 먹는 것이나 입술 주위에 피를 묻혀가며 살코기를 먹음을 의미할 것이다.

130) '모습을 바꾼 자신의 아들'은 환생한 자식을 가리킨다. 여기서는 환생해서 짐승의 모습으로 나타난 아들을 희생 제물로 바치는 것이 묘사되어 있다.

다네.

〔5〕 마찬가지로, 이번에는 아들과 자식들이 아비와 어미를 끌고 와
서는

생명을 빼앗고 자기 부모의 살들을 한 점 한 점 먹어치우네.

(『학자들에 대한 반박』IX. 129)

151. 아리스토텔레스(DK31B138)

청동(Xalkō)[131]으로 목숨(psychē)을 빼내버리고.

(『시학』21. 1457b13)

5) 추락한 영들과 지상의 삶

152. 히폴뤼토스(DK31B115)[132]

아낭케(Anankē, 필연)의 신탁이 있도다. 그것은 신들이 제정한 법

••••••••••••

131) '청동'은 희생제물을 죽이는 데 쓰이는 청동 칼을 의미한다.

132) 3행 이하에서는 '아낭케의 신탁' 또는 '신들의 법령'의 내용이 제시
된다. 이 단편에서는 추락한 영혼들로서 지상에 유배되어 윤회를 거
듭하는 '다이몬들'의 운명이 묘사되며, 이하 여러 단편에서는 그들
이 겪는 지상의 불운한 삶이 묘사된다. 특히 이 단편은 엠페도클레
스의 자연학의 원리와 순환 사상이 종교적으로 각색된 것으로서 그
의 사상을 이해하는 데 중요한 단편으로 받아들여진다. 엠페도클레
스의 순환 사상과 정화 사상을 긴밀히 연관시킨 해석으로는 콘포드
(1994), 290쪽 이하를 참고하라.

령으로서

오래되고 영원한 것이며, 강한 맹세들에 의해 튼튼히 봉인되어 있네.

신탁이 이르기를, 누군가가 허물들이나 살생〔에 의해 흘린 피〕으로[133] 자신의 사지를

더럽히고, 〈또 불화에 의해〉 잘못을 저질러 자신의 맹세를 거짓으로 만든다면,

〔5〕 그가 기나긴 삶을 몫으로 받은 영들(daimōnes)에 속해 있긴 하지만,

지극히 복된 자들로부터 쫓겨나 3만 년 동안[134] 헤매야 한다.

시간이 흐름에 따라 가사적인 것들의 온갖 모습들로 〔번갈아〕 태어나

생의 힘겨운 길들을 계속 바꾸어가면서.

왜냐하면 에테르의 기운(menos)은 그들을 바다에까지 내몰고,

〔10〕 바다는 대지 표면으로 뱉어내고, 또 대지는 빛나는

---

133) 원래 사본은 phobō이며, '(누군가가 죄를 짓고) 두려움 때문에' 로 읽을 수 있다. 그러나 대부분의 주석자들은 phonō를 채택하여 '살생으로' 로 읽으며 여기서도 이렇게 옮긴다.

134) horas는 해 또는 계절을 의미하며 한 해는 보통 세 계절로 나누어진다. horas를 해로 이해하면 3만 년, 계절로 이해하면 번역하여 1만 년이 되는데, 헤로도토스(『역사』 II. 123)는 윤회의 기간을 3,000년으로 설명하기도 한다.

태양광선 속으로, 또 태양은 에테르의 소용돌이 속으로 그들을 던지거늘,

어느 하나가 다른 하나로부터 그들을 받아들이기는 하나, 모두가 몹시 싫어하기

때문이네. 헌데 나도 지금 이들 가운데 있다네, 신들로부터 추방된 자이자

떠돌이로서, 미쳐 날뛰는 불화에 의지한 탓으로.

(『모든 이교적 학설들에 대한 반박』 VII. 29. 14. 1-2행, 플루타르코스의 『망명에 관하여』 17. 607c 1, 3, 5, 6, 13행)

153. 스토바이오스(DK31B126)

살이라는 낯선(allognōti) 옷을 입히는 자.[135]

(『선집』 I. 49. 60)

154. 알렉산드리아의 클레멘스(DK31B118)

나는 비탄에 빠져 울부짖었다네, 낯선 장소를 보고서,

(『학설집』 III. 14. 2)

....
135) '낯선(allognōti)'은 '알아볼 수 없는'으로 읽을 수 있다.

155. 알렉산드리아의 클레멘스(DK31B119)

어떠한 종류의 명예로부터, 그리고 얼마나 큰 행복으로부터,[136]

(『학설집』 IV. 13. 1)

156. 포르퓌리오스(DK31B120)

우리는 여기, 지붕 덮인 동굴(antron)로 내려왔다네.[137]

(『님프의 동굴에 관하여』 8)

157. 히에로클레스(DK31B121)

즐거움이 없는 곳.

그 곳에서는 포노스(Phonos, 살육)와 코토스(Kotos, 원한), 그리고 다른 케로스(Kēros, 죽음)의 종족들이 암흑 속에서 아테(Atē)의 풀밭을 헤매고 다니노라.[138]

• • • • • • • • • • • • • • • •

136) 이 단편을 전하는 클레멘스의 글 중에는 "이와 같이 그는 떠나, 가사적인 것들과 더불어 섞여 보내고 있다"는 구절이 있다. 이를 바탕으로 딜스는 행의 이어지는 부분을 "이와 같이 신의 집을 떠나 가사적인 것들과 더불어 섞여 보내고 있다"라고 복원한다.

137) 이 단편의 '동굴'을 하데스로 보는 견해도 있으나 그것은 단편 B118의 '낯선 장소'와 단편 B121의 '아테의 들판'과 동일한 비유로서 하데스가 아니라 지상의 세계를 뜻한다. '지붕 덮인'은 어둠을 비유한 것으로 신의 세계와 대조해서 지상의 세계를 어두운 동굴로 보는 일은 오르페우스교의 전통이다.

138) '아테'는 호메로스에서 일시적으로 정신이 나간 심리 상태를 가리

(『피타고라스의 「황금 시편」에 대한 주석』 24, 스토바이오스의 『선집』 II. 143에 인용됨)

158. 플루타르코스(DK31B122)

거기에는 크토니에〔대지〕와 멀리까지 내다보는 헬리오페〔태양〕,

피로 물든 데리스〔투쟁〕와 장중한 하르모니아〔조화〕,

칼리스토〔아름다움〕와 아이스크레〔추함〕, 그리고 토오사〔신속함〕

와 데나이에〔지체함〕, 사랑스러운 네메르테스〔오류불가능함〕와 눈먼

아사페이아〔불명확함〕가 있었네.

(『혼의 평정에 관하여』 15. p. 474b)

159. 코르누토스(DK31B123)

퓌소〔탄생〕와 프티메네〔죽음〕, 네우나이에〔잠〕와 에게르시스〔깨어

남〕,

키노〔운동〕와 아스템페스〔정지〕, 많은 화관을 쓴 메기스토〔위대

• • • • • • • • • • • • • • • •

키나, 비극에서는 의미가 확장되어 객관적인 재앙(災殃)을 뜻하기
도 한다. 엠페도클레스에서 이 낱말의 정확한 의미는 알 수 없으나
그가 살았던 시대를 볼 때 후자의 뜻에 가까울 것이다. "암흑 속에
서 아테(Atē)의 풀밭을 헤맨다"는 단편 B115. 15의 "미쳐서 날뛰는
불화"와 연관되며 불화가 지배하는 세계의 어두움을 시사할 수 있
다. 또 '아테의 풀밭'을 헤매는 자들은 일반 사람들이 아니라 천상
에서 추락하여 가사자들로 태어난 다이몬들이다.

함),

포뤼에〔비참함〕, 소페〔침묵함〕와 옴파이에〔말함〕.[139]

(『희랍 신학에 관한 전승 요약집』 17)

160. 알렉산드리아의 클레멘스(DK31B124)

오 가련한 이여, 비참한 가사적인 족속이여, 지독히도 불운한 자여,

너희는 이런 투쟁들과 탄식 속에서 태어났구나.[140]

(『학설집』 III. 14. 2)

161. 「헬르쿨라눔의 파피루스」(DK31B142)[141]

가죽 방패를 가진 제우스의 지붕 덮인 집도 그를 받아주지 않고,

<hr />

139) 단편 B122, 123에서 보이는 여성형의 형용사들은 용례를 찾기 힘들
며 일부는 엠페도클레스의 조어로 짐작된다. 이것들은 불화가 지배
하는 시기에 현 세계가 지닌 자연적, 도덕적, 미적 대립물들을 나타
낸다.

140) 이 단편은 클레멘스에 의해 단편 B118, 125에 이어 인용되었으며,
테오그니스와 에우리피데스, 호메로스(『일리아스』 6. 146), 그리고
지상의 삶에 대해 염세적인 견해를 지닌 다른 시인들로부터 엠페도
클레스가 빌려온 것으로 짐작된다. 가사자들의 출생을 일으키는 것
은 불화의 힘인 만큼 여기에 '투쟁'은 불화의 활동을 가리킬 것이다.

141) 이 단편의 텍스트 보존 상태는 아주 좋지가 않다. DK는 식별하기
어려운 글자들을 메워 읽고 있는데, 여기서는 그런 독법을 좇았다.
그런데 파손된 부분은 희랍어상으로만 식별이 가능하기 때문에 어
쩔 수 없이 번역문에서는 ⟨ ⟩ 괄호를 사용하지 않았다. 이 부분에

절규로 가득 찬 하데스의 집[의 지붕]도 절대로 그를 받아주지 않네. (1012. 난(欄) 18)

162. 알렉산드리아의 클레멘스(DK31B145)

그러므로 너희가 무서운 악으로 말미암아 얼이 빠져 있는 한,

너희는 절대로 비참한 고통에서 마음(thymos)을 구해내지 못할 것이다. (『기독교를 권유함』 2. 27)

6) 윤회

163. 디오게네스 라에르티오스(DK31B117)[142]

나는 이미 한때 소년이었고 소녀였으며,

덤불이었고 새였고, 바다에서 뛰어오르는 말 못하는 물고기였으니. (『유명한 철학자들의 생애와 사상』 VIII. 77)

164. 아일리아노스(DK31B127)[143]

그들은 짐승들 가운데에서는 언덕에 은신하고 땅에서 자는 사자로

· · · · · · · · · · · · · · ·

대해서는 딜스와 크란츠를 참고하라.
142) 추락한 영혼인 '다이몬들'이 겪는 윤회의 환생에는 자연 세계의 식물과 동물, 인간이 포함되는데, 이 단편은 엠페도클레스가 식물과 동물에도 영혼이 있음을 주장한 근거로 제시된다.

태어나고, 잎사귀 아름다운 나무들 가운데서는 월계수로 태어나노라.

(『동물들의 본성에 관하여』 XII. 7)

165. 알렉산드리아의 클레멘스(DK31B146)

최후로 그들은 예언자들이 되고 찬가를 만드는 자들이 되고 의사들
이 되며,

지상의 인간들 중에서 우두머리가 되며,

거기서부터 최고의 명예를 지닌 신들로 태어나노라.

(『학설집』 IV. 150)

166. 알렉산드리아의 클레멘스(DK31B147)

그들은 다른 불사자들과 화덕을 같이 쓰고, 밥상을 같이 하며

인간이 겪는 고통의 몫을 받지 않고, 사멸하지 않는다네.[144] (『학

• • • • • • • • • • • • • •

143) 이하 세 단편은 삶의 위계를 보여주는데, 식물보다는 동물이, 동물
보다는 인간이 높은 위치에 있으며 인간 중에서도 예언자, 시인, 의
사, 통치자가 서열에서 높은 위치를 차지한다.

144) 단편 B147에서는 지상의 윤회를 벗어나 천상의 다이몬으로 되돌아
갔을 때의 모습이 묘사된다. 이와 관련해서 핀다로스의 시(단편
133, 플라톤의 『메논』 81b)를 참고할 수 있다.

　"페르세포네 여신이 오래 된 슬픔에 대한 보상을 받게 해준 사람들,
그들의 혼을 그 여신은 아홉째 해에 위에 있는 태양으로 다시 올려
보내는데,

　거기에서 온화한 왕들과, 힘쓰는 데 민첩하고 지혜로움에서는 대단

설집』 V. 122)

167. 포르퓌리오스(DK31B129)

그런데 그들 중에는 예사롭지 않은 일을 아는 어떤 남자[145]가 있었
으니,

그는 생각들로 가장 부유한 자이며,

특히 온갖 지혜로운 일에 정통한 자이네.

왜냐하면 그가 온 생각들을 다해 추구할 때마다,

5 모든 있는 것들 하나하나를 쉽게 간파했기 때문이네.

인간들의 열 세대, 심지어 스무 세대에 이르기까지.

(『피타고라스의 생애』 30)

....

한 사람들이 나오게 된다.

한편 남은 세월 동안 그들은 사람들로부터 성스러운 영웅들로 불리
게 된다."

145) '어떤 남자'는 피타고라스를 가리킬 수 있으며, 엠페도클레스가 윤
회를 설명하면서 그에게 특별한 관심을 보인 예로 풀이된다. 그러나
그 자신은 피타고라스를 지명하고 있지 않다. 따라서 '그들'과 연관
지어서 태고의 황금시대의 이상적인 인간들 중 한 사람으로 볼 수도
있다.

7) 구원의 길 : 정화

168. 스미르나의 테온(DK31B143)

다섯 개의 샘에서 마멸되지 않는 청동으로 퍼내고서[146]

(『플라톤을 읽기 위해 유용한 수학 실용서』 힐 편집, 15쪽, 7)

169. 플루타르코스(DK31B144)

악을 멀리 하라.

(『분노를 억제하는 것에 관하여』 16쪽, 464b)

....

146) 이 단편은 여러 해석이 있을 수 있다. ① 우선 이 단편을 전하는 티온은 문자 그대로 다섯 개의 샘에서 물을 퍼내는 뜻으로 본다. 이 경우 이것은 오염이나 피를 물로 씻는 희랍의 전통적인 정화 의식에 비추어 다섯 개의 샘에서 물을 퍼내는 알려지지 않은 정화 제의와 관련될 수 있다. 소포클레스의 『오이디푸스 왕』(99행 이하)에서 오이디푸스가 했던 최초의 정화 의식도 샘에서 물을 퍼내는 것이었다(이 단편을 정화와 연관짓는 것에 대해서는 거드리(1965), 244쪽을 보라). ② 이와는 반대로 이 단편은 다섯 개의 샘에서 물을 퍼내는 제의와는 상관이 없으며, 청동 칼로 인간이나 희생 짐승의 생명을 빼앗는 것을 은유적으로 말한 것으로 해석되기도 한다. 이 경우 '다섯 개의 샘'은 다섯 마리의 짐승이나, 사람에게서 나온 피의 흐름을 뜻한다. 그러나 '샘들'은 피의 흐름이라기보다 오히려 오감(五感)이나 감각의 원천이며, 희생 제물이 피를 흘릴 때 이 기능이 멈추는 것을 나타낼 수도 있다. 논란의 소지가 없는 것은 아니지만 여기서는 ①의 해석에 따라 배열했다.

170. 플루타르코스(DK31B140)

월계수 잎에서 아예 떨어져 있어라.

(『식탁 환담집』 III. 1. 2쪽, 646d)

171. 겔리우스(DK31B141)

가련한, 아주 가련한 자들이여, 콩에 손대지 마라.[147]

(『아티카의 밤』 IV. 11. 9)

8) 신과 신성한 정신

172. 알렉산드리아의 클레멘스(DK31B132)

행복하다, 신적인 생각들로 부유한 자는.

가련하다, 신들에 관해 어두운 의견(doxa)에 관심을 쏟는 자는.

(『학설집』 V. 140)

173. 알렉산드리아의 클레멘스(DK31B133)[148]

〔신적인 것은〕 우리의 눈으로 다가가거나

----

147) 이 단편은 오르페우스주의와 고대 피타고라스주의의 영향을 보여준
    다. 고대 피타고라스학파에는 콩이 여성의 생식기를 나타낸다고 하
    여 금하는 규율이 있다. 이에 대해서는 피타고라스 단편 DK14A9,
    오르페우스 단편 DK1A11을 참조.
148) 이하 두 단편은 신에 대한 엠페도클레스의 견해를 보여준다. 신에

손으로 잡을 수 없노라. 바로 이런 방식으로

인간들을 설득하기 위한 최대의 길이 마음에까지 파고들긴 하지만.

(『학설집』 V. 81. 2)

174. 암모니오스(DK31B134)

〔신은〕 사지에 인간의 머리를 갖추고 있지 않고

등에서 두 개의 팔이 나오지도 않고

발이나, 민첩한 무릎이나, 털이 많은 기관도 없으며,

전 우주를 재빠른 마음으로 돌진하는,

5 신성하고 이름붙일 수 없는 정신(phrēn)으로서만 있어 왔네.

(『아리스토텔레스의 「명제론」 주석』 249. 6)

• • • • • • • • • • • • • •

대한 묘사는 단편 B29에 있는 구에 대한 묘사와 많은 점에서 일치
한다. 또 신인동형설에 대한 이와 같은 비판은 크세노파네스를 환기
시킨다. 그는 신 또는 신적인 것이 감각에 의해 지각됨을 부인한다.
그런데 '닮은 것이 닮은 것에'의 원리에 따라 비슷한 것은 비슷한
것에 의해 인식되기 때문에 만약 인간이 신적인 본성을 인식할 수
있다면 인간 속에도 신적인 본성이 있는 것이 된다. 신에 대한 엠페
도클레스의 견해에 대해서는 거드리(1965), 256쪽 이하 참조.

12 필롤라오스와 기원전 5세기 피타고라스주의자들

A. 필롤라오스

I. 생애와 저작

1. 플라톤(DK44B15)

(61d) "어찌된 일인가, 케베스? 자네와 심미아스는 필롤라오스와 함께 어울렸으면서도, 그런 것들에 대해서 듣지를 못했는가?" "어쨌든 명확한 것은 아무 것도 듣지 못했습니다, 소크라테스 선생님!"…(e) "그러면 도대체 무슨 이유로 사람들은 스스로 자신을 죽이는 것이 온당한 짓이 아니라고 말하는 겁니까, 소크라테스 선생님? 실은 제가 방금 선생님께서 물으신 바에 대해서는, 필롤라오스께서 저희와 함께 지내셨을 때[1], 그분한테서도 들었습

. . . .

1) 여기서 저희란 심미아스와 케베스를 가리키는 것인데, 이들은 모두 테

니다만, 실은 또한 다른 몇몇 사람들한테서도 들었기 때문입니다. 아무도 그것을 저질러서는 아니 된다고 말입니다. 그러나 이와 관련해서 제가 누구에게서든 명확한 것을 들은 적은 없습니다."[2] (『파이돈』 61d-e)

2. 디오게네스 라에르티오스(DK44A4)

왜냐하면 아리스톡세노스가 보았던, 피타고라스주의자들 가운데 마지막 인물들은 트라케 출신의 칼키스 사람인 크세노필로스, 플레이우스 사람인 판톤, 그리고 역시 플레이우스 사람들인 에케크라테스[3]와 디오클레스 및 폴륌나스토스이었기 때문이다. 이들은 타라스 사람들인 필롤라오스와 에우뤼토스의 제자들이었다. (『유명한 철학자들의 생애와 사상』 VIII. 46)

베(Thēbai) 사람들이어서 필롤라오스가 그들과 함께 지냈다는 것은 곧 필롤라오스가 테베에서 산 적이 있다는 것을 뜻한다. 그리고 플라톤의 『파이돈』 편은 소크라테스가 죽기 직전에 이루어진 대화장면을 전해주고 있는 것이란 점을 고려할 때, 소크라테스가 죽은 해인 BC 399년 이전에 필롤라오스가 테베에서 지냈던 것으로 짐작할 수 있다.

2) 박종현 역주, 『플라톤의 네 대화편』(서광사: 2003)의 번역을 따랐음. 다만 이 책의 편집 원칙에 따라 '시미아스'를 '심미아스'로 바꾸었음.
3) 플라톤의 『파이돈』 편에 심미아스, 케베스와 함께 등장하는 인물이다.

3. 디오게네스 라에르티오스(DK44A2)

퀴지코스 사람인 아폴로도로스도 데모크리토스가 필롤라오스와 함께 어울렸다고 말한다.(『유명한 철학자들의 생애와 사상』 IX. 38)

4. 디오게네스 라에르티오스(DK14A1)

데메트리오스는 『이름이 같은 사람들』(Homōnymoi)에서 이 사람[필롤라오스]이 피타고라스학파 사람들 가운데 『자연에 관하여』[4]를 펴낸 첫번째 사람이라고 말한다.

(『유명한 철학자들의 생애와 사상』 VIII. 85)

5. 디오게네스 라에르티오스(DK44A1)

크로톤 사람인 필롤라오스는 피타고라스학파 사람이었다. 플라톤은 이 사람에게서 피타고라스학파의 책들을 구입하라고 디온에게 편지를 썼다 … 그[5]는 한 권의 책을 썼다.(헤르미포스에 따르면, 어떤 작가가 이렇게 말했다고 한다. 철학자인 플라톤이 시켈리아에 있는 디오뉘시오스의 궁정에 갔을 때 그 책을 필롤라

••••••••••••••

4) 필롤라오스의 저서로 44B1, 44B2, 44B11에서는 『자연에 관하여』가, 그리고 44B17, 44B18, 44B19에서는 『박코스교의 여신도들』(Bakchai)이 언급되어 있다. 그런데 이 둘은 분리된 두 권의 책이라기보다는 같은 책에 대한 두 이름인 것으로 보인다. 허프맨(C.A. Huffman, 1993) 417-8쪽 참고.

5) 필롤라오스.

오스의 친척에게서 알렉산드리아 돈 40므나(mna)로 구입해서 그 책을 개작하여 『티마이오스』편을 썼다고 한다.[6] 다른 이들은 플라톤이 디오뉘시오스에게 탄원하여 필롤라오스의 제자인 젊은 이를 감옥에서 석방시킴으로써 그 책들을 입수했다고 한다.)[7] (『유명한 철학자들의 생애와 사상』 VIII. 84)

II. 사상

(1) 진짜 단편들과 증언들[8]

1) 기본 원리들

6. 디오게네스 라에르티오스(DK44B1)

『자연에 관하여』의 첫 구절은 다음과 같다. 우주(kosmos)에

---

6) 플라톤이 필롤라오스의 영향을 받았다고 볼 수는 있지만, 그가 필롤라오스의 책을 개작하여 『티마이오스』를 썼다는 것은 무리한 견해이다.

7) DK 14A17에도 플라톤이 필롤라오스의 책을 구입한 경위에 대해 언급되어 있다.

8) 필롤라오스와 관련해서 역자는 허프맨(1993)을 따라 진짜 단편들 (Fragments) 및 증언들(Testimonia)을 가짜이거나 의심스러운 단편 및 증언들과 구분하고 그것들을 내용별로 분류했다.

있어서 본성(physis)은 한정되지 않은 것들(apeira)과 한정하는 것들(perainonta)로 짜맞추어졌다(harmochthē).[9] 우주 전체도 그 속에 있는 모든 것도. (『유명한 철학자들의 생애와 사상』 85)

7. 스토바이오스(DK44B2)

존재하는 것들(ta eonta)은 모두 한정하는 것들(perainonta)이거나, 아니면 한정되지 않은 것들(apeira)이거나, 아니면 한정하는 것들과 한정되지 않은 것들이라는 것이 필연적이다. 그러나 그것들은 단지 한정되지 않은 것들뿐〈이거나 단지 한정하는 것들 뿐〉일 수만은 없을 것이다.[10] 그러니 그것들은 한정하는 것들로

. . . .

9) 본문 9에서는 '한정하는 것들'과 '한정되지 않은 것들'이 '원리(근원; archē)들'로 불리고 있으며, 본문 7에서는 왜 그 두 요소가 원리들로 상정되어야 하는지를 밝히고 있다. 여기서 일단 주목해 둘 점은 '만물의 근원(archē)은 수이다'라는 것이 피타고라스학파의 기본 입장으로 알려져 있으나, 이는 적어도 필롤라오스에게는 적용되기 힘들다는 것이다. 그는 수가 아니라 한정되지 않은 것들과 한정하는 것들이 만물의 근원들 또는 원리들이라고 상정하고 있으니 말이다.

10) 이 문장은 사본 FP에 나오는 "apeira de monon ouk aei."를 "apeira de monon 〈hē perainonta monon〉 ou ka eiē."로 수정해 번역한 것이다. 괄호 〈 〉 부분은 딜스가 보충한 것이고, 'ou ka eiē'는 배드햄의 추측이고 일반적으로 받아들여진다. 그러나 허프맨은 딜스의 보충부분이 내용적으로 가능하다는 것을 인정하지만 굳이 보충해 넣을 필요까지는 없다고 볼 뿐 아니라, 배드햄의 수정도 거부하며 필사본 FP를 받아들이고 있다. 이와 관련해서는 허프맨(1993) 101, 104,

만 이루어지는 것도 한정되지 않은 것들로만 이루어지는 것도 아

니라는 것이 분명하므로, 우주와 그 속에 있는 것들은 한정하는

것들과 한정되지 않은 것들로 짜 맞추어졌다(synarmochthē)[11]

는 것이 명백하다. 실제로(en tois ergois) 존재하는 것들도 그 점

을 명백하게 해준다. 왜냐하면 그것들 중 한정하는 것들로 이루어

진 것들은 한정하고, 한정하는 것들과 한정되지 않은 것들로 이루

어진 것들은 한정하고 한정하지 않으며, 한정되지 않은 것들로 이

루어진 것들은 분명 한정되지 않은 것들일 것이기 때문이다.

(『선집』 I. 21. 7a)

8. 이암블리코스(DK44B3)

왜냐하면 모든 것이 한정되지 않은 것들이라면 애초에 앎을 가

질 것[12]이 없을 것이기 때문이다.

(『니코마코스의 「산술 입문」 주석』 7쪽. 24)

················
109–10쪽 참조.

11) 이 구절은 사실상 앞의 본문 6과 같은 언급이다.

12) '앎을 가질 것'이란 'to gnōsoumenon'를 번역한 것이다. 이 단어는
문법적으로는 미래 능동 형태로서 '앎을 가질 자'로 번역하는 게 옳
겠으나, 내용상 일반적으로 앎의 대상 쪽을 가리키는 말로 번역되곤
한다. 그래서 '앎을 가질 것'이라고 번역함으로써 그 표현의 양의성
을 열어놓았다.

9. 스토바이오스(DK44B6)

본성(physis) 및 조화(harmonia)와 관련해서는 이러하다. 사물(pragma)들의 '영원한 존재(ha estō[13] aidios essa)'와 본성 자체(auta ha physis)는 인간적이 아닌 신적인 앎을 허용한다.[14] 우주를 이루고 있는 사물들, 즉 한정하는 것들과 한정되지 않은 것들의 존재가 없었다면, 있는 것들이며 우리에 의해서 알려지는 것들 가운데 어떤 것도 생겨날 수 없었다는 것을 제외하면[15] 말이다. 그런데 원리(archē)들[16]이 [서로] 닮은 것들도 닮은 부류의 것들도 아닌 상태로 있었으니, 조화(harmonia)가 어떤 방식으로 생겨났든간에 그것들에 뒤따르지 않았다면, 그것들이 질서지어 질 수는 없었을 것이다. 닮은 것들이거나 닮은 부류들은 조화가 전혀 필요하지 않았지만, 닮지 않고 닮은 부류도 아니고 같은 질서를 갖는 것(isotagē)도 아닌 그런 것들은 조화에 의해서 묶이는

• • • • • • • • • • • • • • •

13) 'estō'는 'ousia'의 도리아 방언임.

14) 이 구절은 인간으로서는 알 수 없는 것이 있음을 지적한 것이다. 이처럼 인간의 앎과 관련한 회의주의적 또는 겸허한 태도는 크세노파네스(DK21B34)나 헤라클레이토스(DK22B78)를 떠올리게 한다. KRS, 327-8쪽 참조.

15) pleon 대신 plan으로 읽었다. 그러나 어느 쪽을 택하든 위의 구절은, 한정하는 것들과 한정되지 않은 것들의 존재가 사물들의 생성의 필요조건이 된다는 점만을 인간이 알 수 있다는 것을 뜻하는 것으로 보인다.

16) 한정하는 것들과 한정되지 않은 것들.

것이 필요했다. 만약 그것들이 우주에 붙들려 있으려면[17] 말이
다. (『선집』I. 21. 7d)

10. 니코마코스(DK44B6a)[18]

음계(harmonia)의 크기는 제4음과 제5음[으로 이루어진 것]이
다. 제5음은 제4음보다 온음(9:8)만큼 더 크다. 왜냐하면 최고음
에서 중간음까지 제4음이 있고, 중간음에서 최저음까지 제5음이
있으며, 최저음에서 제3음까지 제4음이 있고, 제3음에서 최고음
까지 제5음이 있기 때문이다. 중간음과 제3음 사이에는 온음이
있다. 제4음은 4:3의 비율을, 제5음은 3:2의 비율을, 옥타브는
2:1의 비율을 갖는다. 이처럼 음계는 다섯 온음들과 두 반음들로
이루어지며, 제5음은 세 온음과 한 반음으로 이루어지고, 제4음
은 두 온음과 한 반음으로 이루어진다. (『화성학』9. 252쪽. 17)

11. 아에티오스(DK44A9)

피타고라스주의자인 필롤라오스, 한정자(to peras)와 비한정자

---

17) FGVME 필사본들에는 'ē ei'로 되어 있으나, 딜스는 hoiai로, 마이네
케는 ai로 허프맨은 ei로 읽고 있다. 위의 번역은 허프맨을 따른 것이
다. 허프맨(1993), 123쪽.
18) 스토바이오스는 위의 10이 9에 직접적으로 연결되어 있는 것으로 보
는 반면, 니코마코스는 그 맥락에 대한 아무런 암시 없이 단지 10을
인용하고 있다. 허프맨(1993) 156쪽 참고.

(to apeiron).(『학설 모음집』I. 3. 10)

12. 프로클로스(DK44A9)

필롤라오스에 따르면 우주(kosmos)는 대립자들로 짜맞추어져, 즉 한정하는 것들(perainonta)과 한정되지 않은 것들(apeira)로 구성되어 하나의 것으로 완성되어 있다.

(『플라톤의 「티마이오스」 주석』I. 176. 27)

13. 니코마코스(DK44A24)

필롤라오스를 따라 어떤 이들은 중항이 모든 기하학적 조화에 동반되므로 조화로운 것이라 일컬어진다고 생각하고, 정육면체가 세제곱수로서 삼차원에서 조화를 이루므로 정육면체를 기하학적 조화라고 말한다. 모든 정육면체에는 이 중항이 반영되어 있기 때문이다. 모든 정육면체에는 변이 12개, 각이 8개, 면이 6개가 있으며, 따라서 조화 비례에 따르면, 8이 6과 12의 중항이니까.(『산술 입문』26. 2. 135쪽. 10)

14. 이암블리코스(44A24)

음악적 비례(mousikē analogia)는 바빌로니아인들이 발견한 것이고 피타고라스를 통해 처음으로 헬라스에 도입되었다고 한다. 어쨌든 피타고라스학파의 많은 이가 그것을 이용한 것으로 알려져 있다. 이를테면 크로톤 사람인 아리스타이오스, 로크리스 사람인 티마이오스, 타라스 사람들인 필롤라오스와 아르퀴타스가, 그리고 다른 많은 사람이 이용했고, 그 다음으로는 『티마이오스』에서 플라톤이 그랬다.

(『니코마코스의 「산술 입문」 주석』 118. 23)

2) 인식론

15. 스토바이오스(DK44B4)

그리고 알려지는 모든 것은 진정 수를 갖고 있다. 왜냐하면 이 것 없이는 아무 것도 사유될 수도 알려질 수도 없기 때문이다.(『선집』 I. 21. 7b)

16. 스토바이오스(DK44B5)

수는 진정 고유한 두 가지 부류로 홀수와 짝수를 가지며, 이 둘로 섞인 세번째 수로 짝-홀수를 갖는다. 그 두 부류 각각에는, 각각의 사물이 그 자체로 보여주는 여러 형태[19]가 속해 있다.

(『선집』 I. 21. 7c)

----

19) '여러 형태(morphē)'란 수의 두 부류인 홀수와 짝수 각각에 속하는 수들을 가리키는 것이다. 허프맨(1993) 191쪽 참조.

17. 플루타르코스(DK44A7a)

필롤라오스에 따르면, 기하학은 다른 수학적 학문들(mathēma-ta)[20]의 근원(archē)이며 모국이다.

(『식탁 환담집』 VIII 2. 1. 718쪽)

18. 섹스투스 엠피리쿠스(DK44A29)

피타고라스학파의 사람들에 따르면 이성(logos)이 〔기준〕이지만, 일반적 의미에서의 이성이 아니라, 필롤라오스도 말했듯이, 수학적 학문들에서 나타나는 이성이 〔기준〕이고,[21] 그것은 모든 것의 본성을 간파하는 것(theōrētikos)이므로 이 본성과 어떤 동류 관계를 갖는다. 이는 본디 닮은 것은 닮은 것에 의해서 파악되기 때문이라고 한다.(『학자들에 대한 반박』 VII. 92)

• • • • • • • • • • • • • • •

20) 'mathēmata'는 산술과 기하학뿐 아니라 천문학과 화성학도 포괄하는 것으로서, 수학이라고만 말하기 곤란해서 '수학적 학문'이라고 번역했다.

21) 위의 인용글 앞에는 "그러므로 아낙사고라스는 일반적인 의미에서의 이성이 기준이라고 말했다"라는 구절이 있다. 이에 따라 '기준'이란 말을 보충했다.

3) 우주론

19. 스토바이오스(DK44B17)

필롤라오스의 『박코스교의 여신도들』. 우주(kosmos)는 하나이며, 한가운데부터 생기기 시작했으며 한가운데에서 위쪽으로 아래쪽 것들과 같은 정도만큼씩 생기기 시작했다. 왜냐하면 한가운데에서 위쪽에 있는 것들은 아래쪽에 있는 것들과 역관계에 있기 때문이다. 한가운데 것들은 가장 아래쪽에 있는 것들에 대해서 가장 위쪽에 있는 것과 같으며, 그 밖의 것들도 마찬가지이니까. 왜냐하면 양편의 것들은 한가운데와 관련해서 거꾸로 향해 있다는 것을 제외하고는 같은 방식으로 있기 때문이다.

(『선집』 I. 15. 7)

20. 스토바이오스(DK44B7)

최초로 짜맞추어진 것, 즉 천구 한가운데에 있는 하나인 것(to hen)은 화덕(hestia)이라 불린다.(『선집』 I. 21. 8)

4) 천문학

21. 아에티오스(DK44A16)

필롤라오스에 따르면, 〔우주의〕 중심부 한가운데에는 불이 있다.―이것을 그는 우주(pan)의 화덕(hestia),[22] 제우스의 거처, 신들의 어머니, 제단(bōmos), 자연을 결속시키는 것(synochē), 그리고 자연의 척도라 부른다.[23]―그리고 다시 제일 상층에 〔우주를〕 둘러싼 또 다른 불이 있다. 그런데 한가운데 것은 본성상 첫째가는 것이며, 그 주위로 열 개의 신적인 물체들이 춤을 춘다. 〈항성들의 구 다음에〉 다섯 개의 행성들이 〔있고〕, 그 다음에 해가, 그 밑에는 달이, 그 밑에는 지구가, 그 밑에는 대지구(對地球; antichthōn)가 있고, 이 모든 것 다음에는 중심부에 자리를 차지하고 있는 화덕으로서의 불이 있다.(『학설 모음집』II. 7. 7)

22. 아에티오스(DK44A17)

피타고라스주의자인 필롤라오스에 따르면, 불은 〔우주〕의 한가운데에 있고―이것은 우주의 화덕이니까―두번째로는 대지구가 있으며, 세번째로는 〔동물들이〕 서식하는 것으로서 대지구의 반대편에 자리잡고 회전하는 지구가 있다. 바로 이런 까닭에 저쪽 〔대지구〕에 있는 것들은 이쪽〔지구〕에 있는 것들에 의해 보이지

<hr />

22) 'hestia'란 가정에서 쓰는 '화로'나 '화덕'과 같은 것인데, 필롤라오스는 우주의 중심에 있는 불을 가리키는 말로 쓰고 있다.

23) 위의 인용글은 필롤라오스의 저술에 근거한 것으로 볼 수 있으나, 다만 중심의 불에 대해 열거된 여섯 가지의 이름 가운데 처음 두 가지 것 이외의 네 가지 이름은 나중에 덧보태진 것으로 보인다. 허프맨 (1993) 396-8쪽 참조.

않는다.(『학설 모음집』III. 11. 3)

23. 아에티오스(DK44A21)

〔지구의 운동과 관련해서〕다른 이들은 지구가 멈춰 있다고
〔한다〕. 그러나 피타고라스주의자인 필롤라오스는 그것이 해나
달과 같은 방식으로 비스듬한 원[24]을 따라 불 주위를 회전한다고
말한다.(『학설 모음집』III. 13. 1과 2)

24. 아에티오스(DK44A18)

필롤라오스에 따르면, 우주의[25] 파멸은 두 가지 방식으로 있
다. 한편으로는 하늘에서 불이 쏟아져 내림으로써이고, 다른 한
편으로는 달의 물이 공기의 회전에 의해 쏟아 부어짐으로써이다.
그리고 〔땅에서의〕이것들[26]의 발산물들은 우주의 자양분이
다.(『학설 모음집』II. 5. 3)

25. 아에티오스(DK44A19)

피타고라스주의자인 필롤라오스에 따르면, 태양은 우주에 있
는 불의 반사광을 받아들이는 한편, 우리 쪽에다 빛과 열을 걸러

---

24) 황도를 가리키는 것으로 볼 수 있다.
25) 플루타르코스는 '우주의(tou kosmou)'를 넣지 않는다.
26) 불과 물.

주므로 유리와 같은 것이다. 따라서 어떤 의미에서는 두 개의 태양, 즉 하늘에 있는 불같은 것과 그것에서 비롯된 것으로서 거울에 비친 불같은 것이 있다. 누군가가 거울에서 반사에 의해서 우리 쪽으로 분산되는 광선을 셋째 것이라고 말하지 않는다면 말이다. 이것 또한 우리는 태양이라고 부르니까. 태양이 영상(eidōlon)의 영상이거나 한 듯이.(『학설 모음집』 II. 20. 12)

26. 스토바이오스(DK44B18)

필롤라오스의 『박코스교의 여신도들』에서[27)

(『선집』 I. 25. 8)

27. 아에티오스(DK44A20)

필롤라오스를 포함하여 피티고라스학파에 속하는 어떤 이들은, 달은 우리 쪽에 있는 지구에서처럼 동식물들이 서식하므로 달은 지구와 같은 것으로 보인다고 말한다. 그것도 더 크고 더 훌륭한 동식물들이 말이다. 왜냐하면 그 위에 있는 동물들은 전혀 배설물을 배출하지 않으며 힘이 [지구에 있는 동물들보다] 15배나 되고 하루도 그만큼이나 길기 때문이라고 한다.

(『학설 모음집』 II. 30. 1)

----

27) 스토바이오스의 책에는 출전만 소개되어 있고 그 내용은 빠져 있는데, 태양에 관한 필롤라오스의 견해가 인용되어 있었던 것으로 추정된다.

28. 켄소리누스(DK44A22)

또한 피타고라스 학파 사람인 필롤라오스의 대년(大年)은 59년으로 이루어지며, 그 속에는 21개의 윤달들이 있다. … 필롤라오스는 자연년[28]이 364와 2분의 1을 갖는다고 주장했다.

(『탄생일에 관하여』18. 8)

5) 의학적 견해

29. 메논(DK44A27)

크로톤 사람인 필롤라오스는 우리의 몸이 뜨거움(thermon)으로 이루어졌다고 말한다. 몸은 차거움(psychron)을 나누어 갖지 않기 때문이라는 것이다. 그는 다음과 같은 것들을 근거로 하여 언급하고 있다. 정액은 따뜻하며 생명체가 생겨나게 하는 것이다. 또한 그것이 뿌려지는 곳—즉 자궁—은 더 따뜻하며 정액과 닮은 상태로 있다. 그리고 어떤 것과 닮은 것은 그것이 닮게 되는 것과 같은 힘을 갖는다. 생겨나게 한 것도, 그것이 뿌려지는 곳도 차거움을 나누어 갖지 않으므로, 생겨나는 생명체 또한 그러한 것으로 된다는 것이 분명하다. 다른 한편으로 그는 이것의 생겨남과 관련해 다음과 같은 언급을 하고 있다. 생명체는 출생 후 곧

....
28) 태양년에 해당한다.

바로 바깥의 차가운 공기를 들이쉰다. 그러고 나서 마치 그렇게 해야만 하는 듯이 그것을 다시 내쉰다. 이로 인해 바깥 공기에 대한 욕구도 생기게 되는데, 이는 우리의 몸이 너무 뜨거워서 밖에서 공기를 끌어들임으로써 그것에 의해 차갑게 되도록 하기 위한 것이다.(『런던의 편집자 미상 의학 선집』 18. 8-28)

30. 메논(DK44A28)

거의 필롤라오스처럼 이 사람〔페트론〕도 우리에게는 담즙이 없거나 불필요하다고 생각한다. (『런던의 편집자 미상 의학 선집』 20. 21-23)

6) 혼과 혼의 기능들

31. 위-이암블리코스(DK44B13)

필롤라오스가 『자연에 관해서』라는 책에서 언급하듯이, 이성적 동물의 근원들은 네 가지 즉 두뇌, 심장, 배꼽, 생식기이다. 머리는 지성(nous)의 〔근원〕이고, 심장은 혼과 감각적 지각의, 배꼽은 배아의 뿌리내림과 성장의, 생식기는 씨 뿌림과 출산의 〔근원〕이다. 그리고 두뇌는 사람의 근원을, 심장은 동물의 근원을, 배꼽은 식물의 근원을, 생식기는 그 모든 것의 근원을 〈나타낸다〉. 왜냐하면 모든 것은 종자에서 생기고 자라기 때문이다.

(『산술에 관한 신학적 논의』 25쪽. 17)

32. 마크로비우스(DK44A23)

피타고라스와 필롤라오스는 〔혼을〕 일종의 조화(harmonia)라고 말했다.[29] (『키케로의 「스키피오의 꿈」 주석』 I. 14. 19)

33. 아리스토텔레스(DK44A23)

혼에 관하여 다른 견해도 전해져 왔다. … 그들은 그것을 일종의 조화라고 말한다. 왜냐하면 조화란 대립되는 것들의 섞임이고 결합이며, 몸은 대립되는 것들로 구성되기 때문이라는 것이다.(『혼에 관하여』 I. 4. 407b27)

7) 기 타

34. 아리스토텔레스(DK44B16)

그래서 어떤 생각(dianoia)들과 감정(pathos)들, 또는 그러한 생각들과 헤아림(logismos)들에 따른 행위들은 우리에게 달려 있지 않고, 필롤라오스가 어떤 동인들(logoi)[30]은 우리보다 더 강하다

••••••••••••••
29) 플라톤의 『파이돈』 편을 보면, 심미아스는 혼이 일종의 조화라는 견해를 펴고 있고(85e-86d), 소크라테스는 이를 논박하고 있다(91c-95a).

고 말했던 것과 같다.(『에우데모스 윤리학』 II. 8. 1225a30)

35. 뤼도스(DK44B20)

〔수 7은〕 어머니 없고 처녀신인 니케 여신〔과 같다〕 … 왜냐하면 그것은 모든 것의 선도자이며 지배자로서, 신이며 하나이고 언제나 있으며 확고한 것이며 움직이지 않으며, 그 자체가 자신과 닮은 것이며 다른 것들과는 다른 것이기 때문이다.

(『달들에 관하여』 II. 12)

36. 스뮈르나의 테온(DK44A10)

아르퀴타스와 필롤라오스는 구별없이 하나(to hen)를 단위(monas)라고도 부르고, 단위를 하나라고도 부른다.

(『플라톤 독해에 필요한 수학적인 것들』 20. 19)

---

30) 이 구절에서 'logoi'의 번역은 상당히 까다롭다. 허프맨이 지적하듯, 이 단어는 일반적인 의미로 번역하기보다는 아리스토텔레스의 『에우데모스 윤리학』의 논의 맥락에 의거해서 '동인들(motives)'로 번역하는 게 적절해 보인다. 곧 필롤라오스가 말하는 것은 어떤 '동인들'이 우리의 본성들에 대해서는 너무 강한 것들이어서, 그 동인들의 영향 아래서는 우리의 행위들이 우리에게 달려 있지 않은 것으로 된다는 것이다. 허프맨(1993) 333-34쪽.

(2) 가짜이거나 의심스러운 단편들과 증언들

1) 우주의 혼

37. 스토바이오스(DK44B21)

필롤라오스는 우주는 소멸되지 않는다고 〔말한다〕. 적어도 그는 『혼에 관하여』에서 다음과 같이 말하고 있다.

그러므로 〔우주는〕 소멸되지 않고 무진장한 것으로서 무한한 시간 동안 지속한다. 왜냐하면 그것 속에도 그 자신〔우주 혼〕보다 더 강력한 다른 어떤 원인이, 그것 바깥에도 그것〔우주〕을 소멸시킬 수 있는 어떤 원인이 발견되지 않을 것이기 때문이다. 이 우주는 영구한 세월에 걸쳐 있었고 영원토록 지속하며, 〔자신과〕 동종의 것으로서 가장 지배력 있고 비길 데 없는 하나인 것(heis)에 의해서 조종되는 하나의 것(heis)이다. 우주는 태초부터 하나이고 연속적이며 본디 숨을 쉬며 도는 것으로서, 운동과 변화의 원리도 갖고 있다. 그리고 그것의 일부는 불변하고 일부는 변한다. 불변하는 부분은 전체를 둘러싼 혼에서 달까지로 한정되어 있고, 변하는 부분은 달에서 땅까지로 한정되어 있다. 그런데 운동하게 하는 것은 영원 무궁토록 돌고, 운동하게 되는 것은 운동하게 하는 것이 이끄는 대로 배열되므로, 필연적으로 한쪽 것은 언제나 운동하게 하는 것인 반면, 다른 쪽 것은 언제나 운동을 겪는 것이다. 그리고 한쪽 것은 온통 정신과 혼의 거처인 반면, 다른 쪽 것은 생성과 변화의 거처이다. 또한 한쪽 것은 능력에 있어 으뜸가는 것이고 우월한 것인 반면, 다른 쪽 것은 다음가는 것이며 열등한 것이다. 그리고 이 둘로, 즉 언제나 달리는(운행하는) 신적인 것과 언제나 변화하는 생성되는 것으로 이루어진 것이 우주이다.

그러므로 그에 따르면, 우주가 변화하는 자연이 [신을] 따름에 의한, 신과 생성된 것의 영원한 활동태라는 것은 잘된 일이다. 하나인 것은 언제까지나 같은 곳에 같은 상태로 있으면서 지속하는 반면, 여럿인 것들은 생성되고 소멸된다. 그리고 그것들은 소멸되면서도 본성과 형태를 유지하며, 생성시에는 생성하게 하는 아버지이자 만드는 자(dēmiourgos)와 같은 형태를 다시 복원한다.[31] (『선집』 I. 20. 2. 172쪽. 9)

• • • • • • • • • • • • • • •

31) 이 단편은 플라톤의 『티마이오스』에서 전개된 우주의 혼과 데미우르고스의 사상과 아리스토텔레스의 전문 용어인 'energeia(활동태, 현실태)' 개념 등을 보여주고 있어 가장 널리 그리고 가장 오랜 기간에 걸쳐 필롤라오스 자신의 글이 아닌 것으로 간주되어 왔다. 이와 관련하여 허프맨은 더 상세하게 지적하고 있다. 허프맨(1993) 343-44쪽.

2) 수에 관하여

38. 이암블리코스(DK44B8)

필롤라오스에 의하면, 1(monas)이 말하자면 모든 것의 기원인 한에서(그는 하나(to hen)가 모든 것의 기원이다라고 말하지 않았던가?)… (『니코마코스의 「산술 입문」 주석』 77쪽, 9)

39. 스뮈르나의 테온(DK44B11)

10(dekas)과 관련해 아르퀴타스는 『10에 관하여』에서, 그리고 필롤라오스는 『자연에 관하여』에서 많은 설명을 한다.

(『플라톤 독해에 필요한 수학적인 것들』 106. 10)

40. 스토바이오스(DK44B11)

수의 기능들과 본질을 10이라는 수에 있는 힘에 기초해서 고찰해야 한다. 왜냐하면 그 힘은 크고 완전하며 무슨 일이든 이루어내는 것이며, 신적이고 천상적인 삶과 인간적인 삶의 원리이며 길잡이이기 때문이다. 10의 힘 또한 *** 관여한다. 이것 없이는 모든 것이 한정되지 않고 불명확하고 불분명하다.

난해하고 알려지지 않은 모든 것에 대해 수의 본성은 모든 이에게 앎을 주고 길잡이가 되며 가르침을 주는 것이다. 왜냐하면 수와 이것의 본질이 없다면 사물들 중 어떤 것도, 그 사물들 자체도 그것들의 상호관계도, 누구에게나 명확하지 않을 것이기 때문이다. 사실상 혼에서 그것[32]은 모든 것을 감각적 지각과 조화시켜서 그노몬(gnōmōn)의 본성에 따라 그것들을 알 수 있고 서로 일치하는 것들로 만든다. 그것들을 물체적인 것으로 만들고 사물들, 즉 한정되지 않은 것들과 한정하는 것들의 비율들 각각을 따로따로 나눔으로써 말이다.

당신은 수의 본성과 그것의 힘이 영적이고 신적인 것들에서뿐 아니라, 인간의 모든 행위와 말 전반에서 도처에, 즉 모든 기술적 제작의 분야와 시가의 분야에서 힘을 발휘한다는 것을 알 수도 있다.

수의 본성도 조화도 전혀 거짓을 허용하지 않는다. 왜냐하면 거짓은 그것들에 고유한 것이 아니기 때문이다. 거짓과 시기는 한정되지 않고 비지성적이며 비이성적인 것의 본성에 속한다.

거짓은 어떤 식으로든 수에 숨을 내뿜지 못한다[33]. 왜냐하면 그것은 수의 본성과 반목하며 적대적이고, 진리가 수의 부류에 고유한 것이고 본래적인 것이기 때문이다.

(『선집』 I. 서문. 3. 16쪽. 20)

---

32) 수(數).
33) 거짓은 수에 영향을 주지 못한다는 것.

41. 뤼도스(DK44B20a)

그러니 필롤라오스가 2(dyas)를 Kronos(크로노스)의 아내라고 말한 것은 옳은데, 누군가는 분명 그를 Chronos(크로노스; 시간)라고 말할 것이다.(『달들에 관하여』 IV. 12)

42. 이암블리코스(DK44B23)

수는 가장 지배력 있고 스스로 생겨난 것으로서, 우주에 있는 것들의 영원한 존속의 끈(synochē)이라고 필롤라오스는 말한다.(『니코마코스의 「산술 입문」 주석』 10쪽. 22)

43. 루키아노스(DK44A11)

자신들의 가장 큰 맹세의 담보(擔保; orkos)이며, 자신들에게 완전수인 10을 완성시켜주는 것으로 생각한 테트락튀스(tetraktys)를 건강의 원리라고 일컬은 사람들[34]이 있다. 그들 중에는 필롤라오스도 있다.(『잘못된 인사 예절에 관하여』 5)

44. 위-이암블리코스(DK44A12)

필롤라오스에 따르면, 자연이 수학적 삼차원의 크기를 4에 의해, 성질과 빛깔을 5에 의해, 살아 있음(psychōsis)을 6에 의해,

----

34) 피타고라스주의자들.

지성(nous)과 건강 및 그가 빛이라 부르는 것을 7에 의해 드러낸 후에, 이것들 다음으로 사랑과 우애와 슬기(mētis) 및 생각 (epinoia)이 8에 의해 생겨났다.

(『산술에 관한 신학적 논의』 74쪽. 10)

45. 위-이암블리코스(DK44A13)

[10이라는 수에는] 선들과 면들 및 입체들이 [포함되어 있다]. 왜냐하면 점은 1이고, 선은 2이며, 삼각형은 3이고, 피라미드형은 4이며, 이 모든 것은 일차적인 것들이고 같은 부류의 것들 각각의 근원(archē)들이기 때문이다.

(『산술에 관한 신학적 논의』 82쪽. 10)

3) 우주론

46. 스뮈르나의 테온(DK44B12)

천구(球)의 물체들(요소들)은 다섯 가지이다. 천구 속에 있는 불, 물, 흙, 공기, 그리고 다섯번째 것으로서 천구를 이끄는 (hokon) 것.[35] (『플라톤 독해에 필요한 수학적인 것들』 18쪽. 5)

••••••••••••••••

35) F사본에는 'holkon'이 아니라 'holkas(화물선, 상선)'로 되어 있으며, DK에도 'holkas'로 되어 있으나 변조되었을 여지가 있다고 보아 물음표를 달고 있다. 사실 이것은 아무래도 원문 속에 있던 단어

47. 아에티오스(DK44A16)[36]

그리고 그는 요소들의 순수성이 들어 있다고 [그가 말하는], 둘러싸고 있는 것의 최상층 부분을 올림포스라고 부르고, 해와 달과 더불어 다섯 행성이 자리잡고 있다고 [그가 말하는] 올림포스의 궤도 아래 있는 것들을 우주(kosmos)라 부른다. 그리고 이것들 아래 있는, 달 아래 지구 주위 부분—이 부분 속에는 변하기 쉬운 생성의 [성격을 갖는] 것들이 들어 있다—을 하늘이라고 부른다. 그리고 그는 공중 높이 있는 것들의 질서와 관련해서는 지혜(sophia)가 생기지만, 생성되는 것들의 무질서와 관련해서는 덕(aretē)이 생긴다고 말하고, 앞의 것은 완전하지만 뒤의 것은 불완전하다고 한다.(『학설 모음집』 II. 7. 7)

48. 스토바이오스(DK44A17)

주도하는 부분(to hēgemonikon)이 정중앙의 불 속에 있는데,

가 변조된 것으로 보인다. 피타고라스학파의 전통 속에서 우주를 배에 비유한 사례를 찾아볼 수 없다. 단 본문 48에서 중심화(中心火)를 배의 선골에 비유하는 예가 있으나 그 글도 진본으로 보기 힘들다. 필롤라오스가 상정했다고 보기 힘든 'dēmiourgos theos'를 끌어들이고 있기 때문이다. 따라서 'holkas' 대신 'holkon'을 선택했다. 허프맨(1993) 394-95쪽 참조.

36) 이 글은 본문 20(DK44A16)에 이어져 있는 것으로, DK44A16의 19행부터 번역한 것임.

그것은 만드는 자(dēmiourgos)인 신이 선골(船骨)처럼 우주의 구 아래에 기초로 놓은 것이다.(『선집』 I. 21. 6d)

4) 혼에 관하여

49. 클레멘스(DK44B14)

예전에 신에 대해 말한 이들과 예언자들도 증언하기를, 혼은 어떤 응보로 인해 몸에 묶이고 무덤 속에 묻혀 있듯이, 이것〔몸〕 속에 묻혀 있다고 한다.(『학설집』 III. 17)

50. 플라톤(DK44B15)[37]

(61d) "어찌된 일인가, 케베스? 자네와 심미아스는 필롤라오스와 함께 어울렸으면서도, 그런 것들에 대해서 듣지를 못했는가?" "어쨌든 명확한 것은 아무 것도 듣지 못했습니다, 소크라테스 선생님!"....(e) "그러면 도대체 무슨 이유로 사람들은 스스로 자신을 죽이는 것이 온당한 짓이 아니라고 말하는 겁니까, 소크라테스 선생님? 실은 제가 방금 선생님께서 물으신 바에 대해서는, 필롤라오스께서 저희와 함께 지내셨을 때, 그분한테서도 들었습니다만, 실은 또한 다른 몇몇 사람들한테서도 들었기 때문입니다.

• • • • • • • • • • • • • • • •
37) 박종현 역주, 『플라톤의 네 대화편』의 번역을 따랐음.

아무도 그것을 저질러서는 아니 된다고 말입니다. 그러나 이와 관련해서 제가 "누구에게서든 명확한 것을 들은 적은 없습니다."… (62b) 그러니까 이와 관련해서는 은밀히 전해 오는 설(說)이 있네. 우리 인간들이 일종의 감옥(phroura)에 갇혀 있으며, 아무도 이에서 자신을 풀려나게 해서도 아니 되며 몰래 도망가서도 아니 된다는 주장인데, 이 설은 대단한 것으로 내게는 보이며, 그 뜻을 간파하기가 쉽지 않아 보이네. 그렇다 하더라도, 케베스, 적어도 이 점은 잘 말한 것이라 내게는 생각되네. 신들은 우리의 보호자들이며 우리 인간들은 신들의 소유물들 가운데 하나라고 하는 것은 말일세.[38] (『파이돈』 61d-e, 62b)

51. 클라우디아누스(DK44B22)

혼은 수 및 불사적이면서 비물질적인 조화를 통해 몸 속에 넣

---

[38] 『파이돈』편의 논의 맥락을 얼핏 보면 플라톤이 '인간들이 감옥에 갇혀 있다'는 견해를 필롤라오스에게 돌리는 듯 싶기도 하다. 그래서 DK는 위의 글을 의심스러운 단편들 속에 분류해 놓지 않은 것으로 보인다. 그러나 플라톤이 그 견해를 필롤라오스에게 돌리고 있다고 단정하는 것은 무리이다. 오히려 플라톤은 그 견해를 오르페우스교도들에게 돌리고 있다고 보는 게 옳다. 실상 그는 『크라튈로스』편 400c에서 sōma란 단어의 유래를 오르페우스교도들이 잘 설명하고 있는 것으로 보면서, 이들이 몸을 감옥(desmōterion)과 같이 생각했던 것으로 말하고 있기 때문이다. 이 문제와 관련한 추가적 논의는 허프맨(1993) 406-410쪽을 참조.

어진다 … 몸은 혼에 의해 사랑을 받는데, 혼은 그것 없이는 감각을 사용할 수 없기 때문이다. 죽음에 의해 혼이 몸에서 끌어내어진 후에는, 그것은 우주에서 비물질적인 삶을 영위한다.

(『혼에 관하여』 II. 7. 120쪽. 12)

5) 기 타

52. 이암블리코스(DK44B9)

수를 줄지어 늘어놓음으로 해서 정사각형이 형성될 때, 어떻게 적잖이 설득력 있는 결과들이, 필롤라오스가 어디선가 말했듯이, **관습적으로가 아니라, 자연적으로 생기는지**에 대해 더 살펴보는 일은 다른 기회에 할 일이다.

(『니코마코스의 「산술 입문」 주석』 19쪽. 21)

53. 니코마코스(DK44B10)

조화는 모든 면에서 대립되는 것들에서 생긴다. 왜냐하면 조화는 여러 혼합된 것[39]의 통일(henōsis)이며 생각을 달리하는 것들[40]의 일치(symphronēsis)이기 때문이다.

. . . .

39) 혼합된 요소들.
40) 'dicha phroneonta'를 '생각을 달리하는 것들'로 옮겼으나, '불일치하는 것들'로 번역할 수도 있겠다.

(『산술 입문』 II. 19. 115쪽, 2)

54. 프로클로스(DK44B19)

이로 인해 플라톤은 신들에 관한 많은 놀라운 교설(dogma)을 수학적인 도형들을 통해 우리에게 가르쳐주고, 피라고타스학파 사람들의 철학은 이것들을 가리개로 삼아 신들에 관한 교설들의 비밀스런 교의(mystagōgia)를 숨긴다. 실로 『성스러운 말씀』 전체가, 『박코스교의 여신도들』에서의 필롤라오스가, 그리고 신들에 관한 피타고라스의 묘사 방식 전체가 그러하다.

(『유클리드의 「원리들」 1권 주석』 22쪽. 9)

B. 기원전 5세기의 피타고라스주의자들[41]

(1) 피타고라스주의에 대한 아리스토텔레스의 주요 설명

55. 아리스토텔레스(DK58B4)

　그들[42] 시대에 그리고 그들 시대 이전에 이른바 피타고라스주의자들[43]은 수학적 학문들(mathēmata)[44]에 종사하여 그것을 발전시킨 최초의 사람들이다. 그들은 그 학문들에 길들여져서 그 학문들의 원리들이 존재하는 것들 모두의 원리들이라고 생각했

．．．．．．．．．．．．．

41) 기원전 5세기의 피타고라스주의에 관해서는 KRS가 선별한 원문들을 우리말로 옮겼으며 인용문의 배열도 KRS를 따랐다.

42) 레우키포스와 데모크리토스.

43) 여기서 '이른바 피타고라스주의자들(hoi kaloumenoi Pythagoreioi)'이란 기원전 5세기의 피타고라스주의자들을 가리킨다.

44) 'mathēmata'에 대해서는 본문 17에 대한 주를 참고.

다. ① 이것들 가운데 수들이 본성상 으뜸가는 것으로, 그리고 ② 그들이 생각하기에 그 자신들이 불이나 흙이나 물에서보다는 오히려 수들에서 존재하고 생성하는 것들과 닮은 많은 점들을―수들의 이러이러한 속성은 올바름이고, 저러저러한 속성은 영혼과 지성이고, 또 다른 속성은 적기(適期)이며, 그 밖에 거의 〔모든〕 속성들 각각도 마찬가지라는 점들을― 통찰했고, 더 나아가 ③ 그들은 수들에서 화음(harmonia)들의 속성들과 비율들을 보았으므로, 그리고 ④ 자연 전체에서 여타의 〔모든〕 것이 수들과 닮은 상태로 있는 것 같고 수들은 자연 전체에서 으뜸가는 것으로 보이므로,[45] ⑤ 그들은 수들의 요소들(stoicheia)이 존재하는 모든 것의 요소들이며 하늘 전체가 조화와 수라고 생각했다. 그리고 그들은 하늘의 속성들과 부분들 및 전체 질서와 일치함을 보여줄 수 있었던, 수들과 화음들에 있는 모든 것을 모아서 짜맞추었다. 어딘가에 어떤 빈틈이 있을 경우에는, 그들의 이론 체계 전체가 일관되게 하기 위해서 〔무언가를〕 덧보태고자 했다. 예를 들자면, 10(dekas)은 완전하며 수들의 전체 본성을 포괄하고 있는 것으로 여겨지니까, 하늘에서 움직이는 것들도 열 개(deka)라고 그들은 말한다. 그러나 보이는 것들은 아홉 개뿐이니까, 이 때문에 그들은 열번째의 것으로 대지구(對地球)를 만들어 낸다. 우리는 이것들에 관해서는

----

45) ①-⑤는 역자가 편의상 넣은 것이다. 문장 구조는 ⑤에 대한 이유로 ①-④의 네 가지가 언급된 것으로 볼 수 있다.

다른 곳에서[46] 더 정확하게 논했다.(『형이상학』A5. 985b23)

56. 아리스토텔레스(DK58B5)

그렇다면 분명 이 사람들(피타고라스주의자들)도 수를 있는 것들에 대한 질료적 원리, 그리고 속성(pathos)들과 굳어진 상태(hexis)들을 형성하는 원리로 생각한다. 그리고 짝수와 홀수가 수의 요소들이고, 이것들 가운데 앞엣것은 한정되지 않은 것(to apeiron)인 반면, 뒤엣것은 한정된 것(to peperasmenon)이며, 이 둘에서 1이 생기고―그것은 짝수이며 홀수이니까―, 1에서 수가 생기며, 앞서 말했듯이 하늘 전체가 수들이라고 그들은 생각한다.(『형이상학』A5. 986a15)

(2) 피타고라스주의에 대한 아리스토텔레스의 주요 비판

57. 아리스토텔레스(DK58B9)

피타고라스주의자들도 한 종류의 수, 즉 수학적인 수[만] 있다고 말한다.[47] 다만 그들은 그것이 분리되어 있지 않고, 그것으로

. . . .

46) 『천체에 관하여』 II. 13.

47) 아리스토텔레스는 『형이상학』1080b11~23에서 수에 대한 세 가지 견해를 구분하고 있다. ① 두 종류의 수, 즉 형상으로서의 수와 수학적인 수가 있다고 보는 견해(플라톤), ② 수학적 수만 있다고 보거나

감각적 실체가 구성된다고 한다. 왜냐하면 그들은 하늘 전체를 수들로 구성하는데, 다만 그들은 수들이 추상적 단위들로 이루어진 것들(monadikoi)이 아니고, 수들의 단위들이 크기를 갖는다고 가정하기 때문이다. 그러나 그들은 크기를 가진 첫번째 것인 1이 어떻게 구성되었는지에 대해서는 난처한 처지에 있을 것 같다.(『형이상학』M6. 1080b16)

58. 아리스토텔레스(DK58B10)

피타고라스주의자들의 〔이해〕방식은 어느 면에서는 앞서 언급된 이해방식들[48]보다 난점들을 덜 갖지만, 어느 면에서는 그것만의 다른 난점들을 갖는다. 왜냐하면 수를 분리될 수 없는 것으로 여기는 것은 여러 불가능한 것을 제거하지만, 물체들이 수들로 구성되어 있고 이 수가 수학적이라는 것은 불가능하기 때문이다. 나눌 수 없는 크기가 있다고 말하는 것은 참이 아니고, 설령 그런 식으로 크기가 제 아무리 있다 해도 적어도 단위들은 크기를 갖지 않기 때문이다. 그리고 어떻게 크기가 나눌 수 없는 것들[49]로

. . . .

(스페우시포스), 수학적 수들만 있다고 보되, 수들을 연장성을 갖는 것으로 여겨서 수학적 단위들로 감각의 대상이 되는 실체들이 구성된다는 견해(피타고라스주의자들), ③ 형상적 수만 존재한다고 보거나, 형상적 수를 수학적 수와 동일시하는 견해(크세노크라테스).

48) 내용상 앞의 주에서 언급된 스페우시포스나 크세노크테스의 이해 방식을 가리킨다.

구성될 수 있겠는가? 적어도 산술적인 수는 추상적 단위들로 이루어진 것이다. 그러나 그들은 있는 것들〔사물들〕을 수라고 말한다. 어쨌든 그들은 마치 물체들이 그러한 수들로 이루어지기나 한 듯이 그것들에 자신들의 이론들(theōrēmata)을 적용한다.(『형이상학』M8. 1083b8)

59. 아리스토텔레스(DK45A3)

어떤 식으로 수들이 실체(ousia)들과 존재(to einai)의 원인들인지는 전혀 결정되지 않았다. 그것들은 가령 점들이 크기들의 한정(horos)들인 것처럼 한정들로서의 원인들인가? 즉 에우리토스가 무엇이 어떤 것의 수인지를, 가령 이것은 사람의 수인 한편, 저것은 말의 수라고 정했던 식으로인가?[50] —어떤 이들이 수들을 삼각과 사각의 형태들로 나타내듯이, 〈동물들과〉 식물들의 형태들을 조약돌들로 모방함으로써 그렇게 정했듯이 말이다.— 아니면, 그것은 협화음(symphōnia)이 수들의 비(比; logos)이며, 인간과 그 밖의 것들 각각이 그러하기 때문인가?[51]

(『형이상학』N5. 1092b8)

• • • • • • • • • • • • • • •

49) 수학적 단위들.
50) 에우리토스는 인간의 수는 250이고, 식물의 수는 360이라고 한다.
51) 마지막 문장은 DK판에 없는 것을 추가했음.

(3) 수학과 철학

60. 디오게네스 라에르티오스

산술가인 아폴로도로스에 따르면 그[피타고라스]는 직각 3각형의 빗변의 제곱이 [직각을] 둘러싼 변들의 제곱과 같다는 것을 발견하고서 100마리의 황소를 제물로 바쳤다[52]고 한다. 그리고 다음과 같은 짧은 시(epigramma)가 있다.

피타고라스가 널리 알려진 그 도식을 발견했을 때,[53]
그 일로 그는 그 유명한 황소 제사를 거행했노라.
(『유명한 철학자들의 생애와 사상』 VIII. 12)

61. 프로클로스(DK58B20)

에우데모스 주변 사람들이 말하는 바에 따르면 이것들, 즉 면적들의 활용(parabolē)과 그것들의 지나침(hyperbolē)과 부족함(elleipsis)[54]은 예전에 발견된 것으로서 피타고라스주의자들의

••••••••••••••••

52) 'hekatombē'란 문자 그대로는 100마리의 황소를 제물로 바치는 제사이나, 정확히 100마리를 바쳤다고 하기보다는 많은 황소를 바쳤다는 의미로 보는 게 적절할 것이다.
53) 이 문장의 첫 단어를 'enyke'로 보지 않고, KRS처럼 'hēnika'로 보고 번역했다.

무사(Mousa)〔적 기예〕의 산물이다.

(『유클리드의 「원리들」1권 주석』44. 419쪽. 15)

62. 프로클로스(58B21)

그런데 소요학파에 속하는 에우데모스는 모든 삼각형이 2직각과 같은 내각을 갖는다는 정리(定理: theōrēma)의 발견을 피타고라스주의자들에게 돌리고, 그들이 이 명제를 이와 같이 증명했다고 말한다. "삼각형 ABΓ가 있다고 하자. 그리고 A를 지나고 선분 BΓ와 평행한 선분 ΔE이 그어졌다고 하자. 그러면 선분 BΓ와 선분 ΔE이 평행하므로, 엇각들이 같다. 그러니까 각 ΔAB는 각 ABΓ와 같고, 각 EAΓ는 각 AΓB와 같다. 이것들에 공통된 각 BAΓ가 덧붙여진다고 하자. 그러면 각 ΔAB와 각 BAΓ 및 각 ΓAE〔의 합〕, 즉 각 ΔAB와 각 BAE〔의 합〕, 즉 2직각은 삼각형 ABΓ의 세 각〔의 합〕과 같다. 그러므로 삼각형의 세 각〔의 합〕은 2직각과 같다."

(『유클리드의 「원리들」 1권 주석』32. 379쪽. 2)

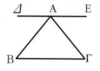

---

54) 여기서 parabolē와 hyperbolē 및 elleipsis는 수학에서 사용하는 용어이며, 이와 관련해서는 히스(1921) 1권. 150-3쪽 참조.

63. 아리스토텔레스(DK58B28)

어떤 이들[피타고라스주의자들]은 한정되지 않은 것을 짝수라고 말한다. 왜냐하면 이것[짝수]이 홀수에 의해 둘러싸이고 한정될 때, 있는 것들에 무한성(apeiria)을 제공하기 때문이라는 것이다. 수들에서 일어나는 일이 이 점을 보여준다. 그노몬(gnōmōn)들이 하나 둘레에 놓일 때와 그와 달리(chōris) 놓일 때, 한편에서는 모양이 계속해서 달라지는 반면, 다른 한편에서는 한결같기 때문이다.[55] (『자연학』 III. 4. 203a10)

• • • • • • • • • • • • • • •

55) 이 글은 피타고라스주의자들이 한정되지 않은 것과 짝수를, 그리고 한정된 것과 홀수를 동일시하는 이유를 설명하는 데 이용되곤 한다. 위의 글에 따르면 '그노몬들이 하나 둘레에 놓일 때는 모양이 한결같고', 반면에 '그와 달리 놓일 때는 모양이 계속해서 달라진다'고 하는데, 이는 아래 그림 들을 통해 쉽게 알 수 있다.

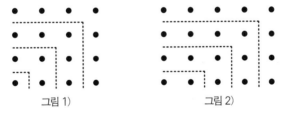

그림 1)   그림 2)

그림1)은 하나 둘레에 그노몬들을 계속해서 덧붙여놓은 모양인데, 이는 하나에 홀수들을 계속해서 더해간 것과 같으며, 이 경우는 계속해서 가로와 세로의 비가 1:1을 유지한다. 반면, 그림2)는 둘에 계속 짝수들을 더해간 것과 같은데, 이 경우는 계속해서 가로와 세로의 비가

(4) 대립자들의 목록

64. 아리스토텔레스(DK58B5)[56]

이러한 같은 학파 사람들 중에서 다른 어떤 이들은 짝지어 열거되는 10개의 원리가 있다고 말한다.

- 한정자와 비한정자
- 홀수와 짝수
- 하나와 여럿
- 오른쪽과 왼쪽
- 수컷과 암컷
- 정지와 운동
- 곧음과 굽음
- 빛과 어둠
- 좋음과 나쁨
- 정사각형과 직사각형

· · · · · · · · · · · · · · · · ·

변한다. 그러므로 짝수는 한정되지 않은 것과, 그리고 홀수는 한정된 것과 동일시할 수 있을 것으로 보인다. 하지만 이런 식의 이해에는 문제가 없지 않다. 무엇보다도 'kai chōris'라는 어구가 뜻하는 바가 무엇인가 하는 게 문제가 된다. 역자는 '…와 그와 달리 놓일 때'로 번역했으나, 이는 하나의 해석일 뿐이다. 그리고 DK58B28 전체의 문장이 뜻하는 바도 여러 가지 해석 여지가 있다. KRS. 336-7쪽 참고.
56) 앞의 56에 이어져 있는 것임.

바로 이런 방식으로 크로톤의 알크마이온[57]도 이해한 듯하다. 이 사람은 이런 이론을 그들에게서 받아들였거나 그 사람들이 이 사람에게서 받아들였다. 왜냐하면 알크마이온도 이들과 비슷하게 설명했기 때문이다. 즉 그는 이 세상의 대부분의 것들이 짝을 이루고 있다고 말한다. 다만 그는 그들처럼 대립적인 것들을 한정해서 말하지 않고, 이를테면 흰 것과 검은 것, 단 것과 쓴 것, 좋은 것과 나쁜 것, 큰 것과 작은 것과 같이 닥치는 대로 말한다. 그러니까 그는 한정하지 않은 채로 여타의 대립적 성질들에 대해 언급하는 반면, 피타고라스주의자들은 대립적 성질들이 몇이나 되고 어떤 것들인지를 단언했다. 그러므로 이들 양쪽 편 사람들에게서 대립자들이 존재하는 것들의 원리들이라는 점만큼은 알 수 있고, 한쪽 편의 사람들에게서는 이것들이 몇이나 되고 어떤 것들인지를 알 수 있다. 하지만 그 원리들이 앞서 말한 원인들과 어떻게 결부될 수 있는지는 그들에 의해 분명하게 설명되지 않았으나, 그들은 그 요소들을 질료의 부류에 속하는 것으로 자리

....

57) 알크마이온(Alkmaiōn)은 크로톤 사람이고, 기원전 500년경에 전성기를 보낸 의학자이며 철학자였다. 그는 피타고라스보다는 젊었던 것으로 보이는데, 피타고라스와 교분도 갖고 그의 영향도 받았던 것으로 여겨진다. 하지만 그는 피타고라스학파의 일원은 아니었던 것으로 보인다. 그의 글로 남겨진 것은 주로 의술과 관련된 것들이고, 건강을 대립적인 요소들 간의 균형잡힌 혼합으로 설명하고 있다. 이 견해는 희랍(헬라스) 의학뿐 아니라, 철학에도 큰 영향을 주었다.

매긴 듯하다. 왜냐하면 그들은 이것들을 내재하는 것으로 여기고 이것들로 실체(ousia)[58]가 구성되고 만들어진다고 말하기 때문이다.[59] (『형이상학』 A5. 986a22-986b8)

65. 아리스토텔레스(DK58B7)

왜냐하면 피타고라스학파 사람들이 추측했듯이 나쁜 것은 한정되지 않은 것(to apeiron)에 속하고 좋은 것은 한정된 것(to peperasmenon)에 속하기 때문이다.(『니코마코스 윤리학』 II. 5. 1106b29)

(5) 우주발생론

66. 아리스토텔레스(DK58B26)

영원한 존재들의 생성을 상정하는 것은 이상하며, 아니 오히려 불가능한 일들 중 하나이다.[60] 그런데 피타고라스주의자들이 〔그런 존재들의〕 생성을 상정하는지 않는지는 전혀 의심할 필요가

---

58) 개별적 사물.
59) 위의 목록은 한정과 비한정이 그 밖의 모든 것들의 기저에 있는 기본적인 대립자들로 여겨지도록 의도된 것인지도 모른다. 다음 65(DK58B7)도 어느 정도 이런 추정을 뒷받침해 준다. KRS. 339쪽 참조.
60) DK판에서는 이 구절은 인용하지 않고, 다음 구절부터 인용해 놓았다.

없다. 왜냐하면 그들은, 하나(to hen)$^{61)}$가 — 면으로든, 표피로든, 씨앗으로든, 아니면 말로 할 수 없는 것으로든 간에 — 구성된 후에 곧바로 한정되지 않은 것(to apeiron)의 가장 가까운 부분이 끌어들여져 한정자(to peras)에 의해 한정되기 시작했다고 분명히 말했기 때문이다.$^{62)}$ (『형이상학』 N3. 1091a12)

67. 아리스토텔레스(DK58B30)

피타고라스주의자들도 허공(kenon)이 존재하며, 하늘[우주]이 허공도 들이쉰다고 여겨 그것[허공]이 무한한 공기(숨; pneuma)$^{63)}$로부터 하늘로 들어간다고 주장했다. 허공은 연속적인 것들을 분리하고 구분하는 어떤 것이므로 사물의 본성들을 구분한다고 [그들은 보며], 그것은 우선 수들 속에 있다고 주장한다. 허공은 그것들의 본성을 구분하기 때문이라는 것이다.

(『자연학』 IV. 6. 213b22)

• • • • • • • • • • • • • • •

61) 아리스토텔레스는 본문 20(DK44B7)와 같은 필롤라오스의 언급에서 'to hen(하나인 것)'을 '하나(1)'로 잘못 이해하고 본문 66과 같은 비판을 한 것으로 볼 수 있다.
62) 이 글은 본문 29와 직접적으로 관련된 언급으로 간주된다. KRS. 340-41쪽; 허프맨(1989), 187쪽; 같은 이(1993), 204쪽.
63) DK판의 'pneuma te'를 'pneumatos'로 고쳐 읽었음.

68. 스토바이오스(DK58B30)

『피타고라스의 철학에 관하여』라는 저술 첫 권에서 그[아리스토텔레스]는 하늘[우주]이 하나이며, 무한한 것으로부터 그것 속으로 시간과 숨 및 허공—늘 각각의 것들의 자리를 구분하는 것—이 끌어들여진다고 쓰고 있다.[64] (『선집』 I. 18. 1c)

(6) 천문학

1) 행성들의 체계

69. 아리스토텔레스(DK58B37)

대부분의 사람은 지구가 중심(to meson)에 놓여 있다고 말한다… 그러나 피타고라스주의자들로 불리는 이탈리아 철학자들은 반대로 말한다. 즉 그들은 불이 중심에 있고, 지구는 별들 중의 하나로서 중심 주위를 원운동하면서 밤과 낮을 만든다고 말한다.

• • • • • • • • • • • • • • •

64) 여기서의 '끌어들여진다(epeisagesthai)' 는 것은 본문 66에서의 "끌어들여져"와 67에서의 '들이쉰다(epeisienai)' 는 것과 같은 의미를 지니는 것인데, 본문 66, 67, 68은 필롤라오스의 발생론적인 견해와 유사한 내용을 담고 있다. 곧 필롤라오스는 "…생명체는 출생 후 곧바로 바깥의 차가운 공기를 들이쉰다…"고 보고 있는데(본문 29), 위의 세 글을 보면 그처럼 우주도 숨을 들이쉬는 것으로 묘사되고 있다. KRS. 341쪽; 허프맨(1993), 43쪽 참조.

게다가 그들은 이곳〔우리의 지구〕 반대편에 그들이 대지구(對地球; antichtona)라 일컫는 또 하나의 지구를 만들어놓는다. 현상들에 걸맞게 이론(logos)들과 원인(aitia)들을 찾는 것이 아니라, 그들 자신의 특정한 이론들과 견해들 쪽에다 현상들을 끌어다가 꿰맞추려 들면서 말이다. 그런데 믿을 만한 것을 현상들에서가 아니라 오히려 이론들에서 찾으면서 지구에 중심의 자리를 내주어서는 안 된다는 데 동의할 이들도 많이 있을 것이다. 왜냐하면 가장 귀한 자리는 가장 귀한 것에 속하는 것이 적합한데, 불이 흙보다 더 귀하고 끝이 중간보다 더 귀하며, 가장자리(to eschaton)와 중심(to meson)이 바로 끝이라고 그들은 생각하고, 그리하여 이런 점들에서 유추해서 흙〔지구〕이 아니라, 오히려 불이 구의 중심에 있다고 생각하기 때문이다. (b1) 더 나아가 적어도 피타고라스주의자들에 따르면, 우주의 가장 주된 부분은 최대한도로 보호되는 것이 적합한데, 중심이 바로 그런 부분이기 때문이라고도 한다. 그들은 이 부분 〔또는〕 그 자리를 점하고 있는 불을 제우스의 요새(phylakē)라 부른다. 마치 중심이란 것이 일의적으로(haplōs) 언급되는 것이고, 크기의 중심이 사물의 중심이자 자연의 중심이기나 한 것처럼. 그러나 동물들의 경우에 동물의 중심과 몸체의 중심이 같지 않은 것처럼, 하늘 전체에 관해서도 더욱 그와 같이 생각해야 한다. (『천체에 관하여』 II. 13. 293a18)

2) 천체들의 조화

70. 아리스토텔레스(DK58B35)

이것들을 통해 볼 때 움직이는 것들[별들]의 소리들이 협화음을 내므로(symphōnōn) 그것들의 조화(화음; harmonia)가 생긴다는 견해[65]는 절묘하고 기발하게 펼쳐진 것이긴 하나, 사실은 그렇지 않다는 것이 분명하다. 그만한 크기의 물체들이 움직일 때는 필연적으로 소리가 생긴다고 어떤 이들은 생각한다. 왜냐하면 우리 쪽[지구]에 있는 것들 가운데 그만한 크기를 갖지 않는 것들의 경우에도 그만한 속도로 움직이지 않는 것들의 경우에도 소리가 생기기 때문이다. 태양, 달, 게다가 수나 크기에 있어 그만한 별들이 그만한 속도로 움직일 때 굉장히 큰 소리가 생기지 않는다는 것은 불가능하다. 이런 가정들을 하고, 또 그것들의 거리들에 따른 속도들이 협화음(sympōnia)들의 비율들을 갖는다고 가정하여 별들이 원운동을 할 때 조화를 이룬 소리가 생긴다고 주장한다. 하지만 그들은 우리가 이 소리를 못 듣는다는 것은 불합리하다고 여겨서, 그 까닭을 [설명하기를] 우리가 태어나는 즉시 우리에게 그 소리가 있어서 [그것과] 상반된 정적과 구분되지 않기 때문이라고 주장한다. 왜냐하면 소리와 정적은 상호대비에

••••••••••••••
65) 플라톤의 『국가』 617b에도 이런 이야기가 나온다.

의해 식별되며, 따라서 〔대장간의 소리에〕 익숙해 있기 때문에 〔소리와 정적 사이에〕 아무런 차이도 없는 것으로 대장장이에게 여겨지듯이, 사람들에게도 똑같은 일이 일어나기 때문이라고 한다.(『천체에 관하여』 II. 9. 290b12)

(7) 혼

1) 혼의 본성

71. 아리스토텔레스(DK58B40)

그런데 피타고라스주의자들 쪽의 견해도 〔원자론자들과〕 동일한 생각을 가지고 있는 것 같다. 왜냐하면 그들 중 어떤 사람들은 공기 중에 있는 티끌들이 혼이라고 말했고, 어떤 사람들은 그것들을 움직이는 것이 혼이라고 말했기 때문이다. 그들이 티끌들에 대해 말한 것은 그것들이 바람 한점 없을 때에도 분명 끊임없이 움직이기 때문이다.(『혼에 관하여』 I. 2. 404a16)

72. 플라톤

우리의 영혼은 일종의 조화(harmonia)라고 하는 이 주장은 지금도 그렇지만 언제나 놀랍도록 저를 붙잡아왔기 때문입니다. 또한 댁께서 말씀하시니까, 마치 〔그 주장이〕 제 자신도 그런 의견

을 전에 갖고 있었다는 것을 상기시키는 듯 했습니다.[66]

(『파이돈』88d)

2) 혼의 불사성

73. 아리스토텔레스(DK24A12)

그런데 이런 사람들[67]과 유사하게 알크마이온도 혼에 관해서 생각했던 것 같다. 왜냐하면 그는 혼이 불사적인 것들을 닮았으므로 불사적이며, 그것이 영원히 움직이므로 불사성이 그것에 속해 있다고 말하기 때문이다. 신적인 모든 것, 즉 달, 태양, 별들, 그리고 하늘 전체는 끊임없이 영원히 움직이니까.

(『혼에 관하여』 I. 2. 405a29)

74. 아에티오스(DK24A12)

알크마이온은 [혼이] 영원한 운동 속에서 스스로 움직이는 본성의 것이고, 그로 인해 그것은 불사적이며 신적인 것들과 닮은 것이라고 생각한다.(『학설 모음집』 4. 2. 2)

. . . .

66) 『플라톤의 네 대화편』(박종현 역주)에 있는 번역임. 단 〔 〕부분은 번역자가 보충한 것임.
67) 탈레스, 아폴로니아의 디오게네스, 그리고 헤라클레이토스와 같은 사람들.

75. 아리스토텔레스

알크마이온은 인간들이 죽는 것은 끝에다가 시작을 연결시킬 수 없기 때문이라고 말한다.

(『문제들』 17. 3. 916a33; 알크마이온 단편 2)

(8) 윤리학

76. 이암블리코스(DK58D2)

나는 피타고라스와 그의 제자들이 내놓은, 신들에 대한 제사의 식〔숭배〕(thrēskeia)의 원리들을 최상의 것부터 밝히고자 한다. 행해야 할 것과 행하지 말아야 할 것과 관련해서 그들이 규정해 놓은 모든 것은 신적인 것과의 교감(homilia)을 목표로 삼으며, 이런 교감이 그 원리이고, 〔그들의〕 삶 전체는 신을 따르는 일에 맞추어져 있다. 그리고 이 철학에 속하는 것으로 다음과 같은 이론이 있다. 즉 사람들이 신에게서가 아닌, 다른 어딘가에서 좋음을 찾는다면 그들은 우스운 짓을 하는 것이고, 이는 마치 누군가가 왕이 다스리는 곳에서 모든 시민을 다스리고 통치하는 자 자신에게는 마음을 쓰지 않고 시민들의 하급 관리를 섬기는 것과 같다는 것이다. 그들은 실로 사람들이 그런 〔우스운〕 짓을 하고 있다고 생각한다. 왜냐하면 신이 있으며 그가 모든 것의 주재자이므로 주재자에게 좋은 것을 간청해야 한다는 데 견해를 같이

하며, 모든 신은 자신들이 사랑하고 반기는 이들에게는 좋은 것을 주는 한편, 이와 반대되는 상태에 있는 자들에게는 반대되는 것들을 주므로, 신이 반기는 일들을 해야 한다는 것이 분명하기 때문이다.(『피타고라스적 삶에 관하여』137)

77. 이암블리코스(DK58D3)

그들은 우리가 신적인 것과 영적인 것 다음으로 부모와 법과 관련해서 대부분의 논의를 해야 하며, 스스로를 이들〔부모와 법〕에 복종하는 자가 되게 하되, 가식적으로가 아니라 진심으로 그러한 자가 되도록 해야 한다고 생각한다. 일반적으로 그들은 지배자가 없는 상태보다 더 나쁜 상태는 없다고 생각해야 한다고 여겼다. 왜냐하면 누군가가 감독하지 않으면 사람은 본디 살아남지 못하게 되어 있기 때문이라는 것이다. 그들은 다른 나라의 관습과 법보다는 좀 못하더라도 조상 전래의 것들에 머무는 쪽이 좋다고 여겼다. 쉽게 현행법을 외면하고 혁신에 몰두하는 것은 결코 유익하지도 안전하지도 않기 때문이라고 한다.

(『피타고라스적 삶에 관하여』175)

13 ANAXAGORAS
아낙사고라스

I. 생애와 저술

1. 디오게네스 라에르티오스(DK59A1)

그는 크세륵세스가 바다를 건너〔침공해〕왔을 당시[1]에 20세였으며 72세까지 살았다고 한다. 아폴로도로스는 그의 『연대기』에서 그가 일흔번째 올림피아기[2]에 태어나서 여든 여덟번째[3] 올림피아기의 첫 해[4]에 죽었다고 말한다. 팔레론 출신의 데메트리

• • • • • • • • • • • • • •

1) 기원전 480/479년.

2) 기원전 500/499~497/6년.

3) Scaliger의 수정을 받아들였다. 사본은 '일흔번째'(hebdomēkostēs)〔기원전 468/7년〕로 되어 있다.

4) 기원전 428/7년.

오스가 『최고행정관들의 인명록』에서 말하는 바에 따르면, 그는 칼리아스 시대[5]에 아테네에서 20세에 철학을 시작했다. 그리고 그들은 그가 거기서 30년을 보냈다고 말한다."

(『유명한 철학자들의 생애와 사상』 II. 7)

2. 아리스토텔레스(DK59A43)

클라조메나이 사람 아낙사고라스는 나이는 이 사람〔엠페도클레스〕[6]보다 앞서지만 활동은 더 늦은데 …

(『형이상학』 A. 3. 984a11)

3. 알렉산드리아의 클레멘스(DK59A7)

이 사람〔아낙시메네스〕다음은 헤게시불로스의 아들 아낙사고라스이다. 이 사람은 클라조메나이 출신이었다. 그는 철학 활동(diatribē)을 이오니아에서 아테네로 옮겼다. (『학설집』 I. 63. 2)

· · · · · · · · · · · · · · ·

5) 기원전 456/5. 그러나 다른 사본에서는 '칼리아데스' 라는 이름으로 나오는데, 그것을 따르면 연대는 기원전 480/479년이 된다. 아폴로도로스가 말하는 연대와 맞추려면 '칼리아데스' 로 읽어야 하지만, 칼리아데스에 관한 전승이 전혀 분명치 않다. 칼리아스는 히포니코스의 아들이며 그의 가문은 기원전 5세기 아테네에서 가장 부유한 가문들 가운데 하나였다.
6) 엠페도클레스의 단편(본문 3) 참조.

4. 필로스트라토스(DK59A6)

내가 아폴로니오스에게서 듣기로는, 아낙사고라스는 이오니아의 미마스[7]에서 하늘에 있는 것들〔천체 현상〕을 관찰했다고 한다.(『아폴로니오스의 생애』 II. 5)

5. 디오게네스 라에르티오스(DK59A1)

사람들의 말에 따르면, 그〔아낙사고라스〕는 아이고스 포타모이[8] 근처에서 있었던 돌〔운석〕의 추락을 예언했는데, 그는 그 돌이 태양으로부터 떨어질 것이라고 말했다.

(『유명한 철학자들의 생애와 사상』 II. 10)

6. 「파로스의 대리석 비문」(DK59A11)

아이고스 포타모이에 돌〔운석〕이 떨어졌다 … 테아게니데스가 아테네의 최고행정관으로 있을 때.[9]

(야코비 『희랍 역사가들의 단편들』 239 A57 II. 1000)

....

7) 이오니아에 있는 곶(串).
8) 트라키아의 동쪽 해안에 있는 마을과 강으로 기원전 405년 아테네 해군이 스파르타에게 패배한 것으로 잘 알려진 곳이다.
9) 기원전 468/7년.

7. 플루타르코스(DK59A12)

아낙사고라스는 다음과 같이 예언했다고 한다. 하늘에 묶여 있는 물체들에 미끄러짐이나 흔들림 같은 것이 일어나서 〔물체들 가운데〕 하나가 부서질 때, 그것이 〔땅으로〕 던져지며 추락하게 될 것이다. 그리고 각각의 별들도 본래의 자리에 있지 않을 것이다. 왜냐하면 그것들은 돌로 되어 있고 무거워서 에테르의 저항과 굴절[10]에 의해서 빛을 내는 한편, 〔우주생성의〕 시초에도 그랬듯이—차갑고 무거운 것들이 전체(to pan)로부터 떨어져 나올 때, 그것〔별〕들이 이쪽〔지상〕으로 떨어지지 않도록 〔회전운동의 소용돌이와 힘 때문에〕 저지당했던 것처럼— 회전운동의 소용돌이(dinē)와 힘에 꽉 묶이면서 강제로 끌려가기 때문이다. … 다이마코스도『경건에 대하여』에서 아낙사고라스에 대해 증언해 이르기를, 돌이 떨어지기 전 75일 내내 하늘에서 굉장히 큰 불타는 물체가 보였는데, 마치 불붙은 구름과도 같았다고 한다.

(『뤼산드로스의 생애』 12)

8. 플라톤(DK59A15)

소크라테스: 여보게 친구, 페리클레스가 수사술(rhētorikē)에

----

10) '부서짐(periklasis)'으로 번역할 수도 있는데, 돌로 된 별들에 에테르가 충돌하면서 저항으로 인해 〔빛이 사방으로 산란하듯이〕 별 주위로 둥글게 부서져 튀어나가는 상태를 가리키는 것으로 보인다.

서 누구보다 가장 뛰어났다는 것은 충분히 있을 수 있는 일이야.

파이드로스: 어떻게 그렇죠?

소크라테스: 중요한 기술은 모두 자연(physis)에 관해서 많은 대화(adoleschia)와 높은 사색(meteōrologia)을 필요로 하지. 이 고매함과 모든 방면에서의 유능함이 거기서 나온 것 같거든. 페리클레스는 타고난 자질 외에 바로 그런 능력을 가지고 있었어. 나는 그가 그런 인물이었던 아낙사고라스를 만났기 때문이라고 생각해. 그래서 그는 높은 사색으로 충만해졌고, 지성(nous)과 무지성(無知性)(anoia)의 본성(physis) —바로 이런 것들에 대해 아낙사고라스는 많은 말을 했지— 에 대한 이해에 이르게 됐는데, 거기서 그는 논변의 기술을 위해 그것에 적합한 것을 끌어왔던 것이지.(『파이드로스』 269e 이하)

9. 플라톤(DK59A47)

그렇지만 언젠가 나[소크라테스]는 누군가가 책 —그 사람 말로는 아낙사고라스의 책[11]— 에서 읽고서, 모든 것을 질서 짓고, 모든 것의 원인(aitia)이 되는 것은 지성(nous)이라고 말하는 것

• • • • • • • • • • • • • •

11) 아낙사고라스는 책을 한 권밖에 쓰지 않았던 것같다. "다른 사람들, 즉 멜리소스, 파르메니데스, 아낙사고라스는 한 권의 책을 썼다." (디오게네스 라에르티오스 『유명한 철학자들의 생애와 사상』 I, 16) (DK59A37)

을 들은 적이 있네. 나는 이 원인을 반가워했으며, 지성이 모든 것의 원인이라는 것이 어떤 점에서는 잘 되었다고 생각했네. 그리고 만약 이것이 그러하다면, 질서 짓는 지성은 모든 것들을 질서 짓고, 각각의 것을 그것이 최선의 상태에 있게 되는 방식으로 자리잡게 해준다고 나는 생각했네. 그러므로 만일 누군가가 각각의 것에 대해 그것이 어떻게 생겨나거나 소멸하는지, 또는 어떻게 있는지 그 원인을 찾아내고자 한다면, 그는 그 각각의 것에 대해서 그것이 어떻게 있는 것이 최선인지, 또는 그것이 어떻게 다른 어떤 것을 겪거나(paschein) 작용을 가하는 것(poiein)이 최선인지를 찾아내야 한다고 생각했네. … 여보게! 정말이지 이 굉장한 기대에서 나는 내쳐지듯 멀어졌네. 왜냐하면 내가 책을 읽어가다 보니 그 사람이 지성을 전혀 사용하지 않을 뿐 아니라, 그것을 사물들을 질서 짓는 일(diakosmein)에 관련된 원인들로 지목하지도 않고, 다만 공기, 에테르, 물 그리고 그 밖의 이상한 많은 것을 원인이라고 주장하는 것을 보았기 때문이지.

(『파이돈』 97b 이하)

10. 플라톤(DK59A35)

여보게 멜레토스, 그대는 자신이 아낙사고라스를 고소하고 있다고 생각하는 거요? 그러니까 그대는 여기 이 분들[배심원들]을 그렇게도 얕잡아본 나머지, 클라조메나이 사람 아낙사고라스의

책[12]이 이러한 말[해는 돌이고, 달은 흙이라는 것]들로 가득 차
있다는 것을 모를 정도로 이분들이 글을 모른다고 생각하오? 더
구나 기껏해야 1드라크메를 주면 가끔 오르케스트라[13]에서 그것
을 살 수가 있고, 그래서 소크라테스가 그것을 자신의 것인 양 주
장할 경우에, 특히나 그 내용이 그처럼 이상할 경우에 그를 비웃
어 줄 수 있는데도, 젊은이들이 그런 것을 내[소크라테스]게서 배
운단 말이오? (『소크라테스의 변론(변명)』 26d)

11. 디오게니스 라에르티오스(DK59A1)

그[아낙사고라스]의 재판에 관해서는 다른 보고들이 있다. 소
티온은 『철학자들의 계보』에서 다음과 같이 말한다. "그[아낙사
고라스]는 클레온에게 불경죄로 고발당했다. 그 까닭은 그가 해
를 붉게 달아오른 돌덩어리라고 주장했기 때문이다. 제자인 페리
클레스가 그를 변호했지만 그는 벌금 5탈란톤을 물고 추방되었

----

12) 원문은 복수형태 biblia(책들)로 되어 있다. 심플리키오스가 『아리스
토텔레스의 「자연학」 주석』155, 26(DK59B1)과 34, 29(DK59B4)에
서 아낙사고라스의 책을 '『자연에 관하여』의 첫번째 것[1권]'이라고
언급하는 것으로 볼 때, 아낙사고라스의 저술은 한 부분 이상으로 나
누어져 짧은 두루마리들로 되어 있었을 것으로 추측된다.

13) 오르케스트라(orchēstra)는 극장에서 합창가무단(choros)이 가무를
하는 반원형의 무대를 가리키는 말이지만, 여기서는 책의 상거래가
이루어지던 아고라의 한 부분을 의미하는 것으로 보인다. '오르케스
트라'가 이런 뜻으로 쓰인 예를 다른 문헌에서는 찾아 볼 수 없다.

다." 그런가 하면 사튀로스는 『전기(傳記)』에서 다음과 같이 말한다. "페리클레스의 정적(政敵)인 투키디데스가 〔아낙사고라스를〕고발했다. 불경하다는 것뿐만 아니라, 친(親)메디아적이라는 것이 죄목이었다. 그는 궐석상태에서 사형선고를 받았다."

(『유명한 철학자들의 생애와 사상』 II. 12)

12. 플루타르코스(DK59A17)

디오페이테스는 신적인 것들을 믿지 않는 사람들이나, 하늘에 있는 것들〔천체현상〕에 관한 이론을 가르치는 사람들을 고발하는 법안을 제안했는데, 〔법안의〕감추어진 뜻은 아낙사고라스를 빌미로 페리클레스를 노리는 것이었다. (『페리클레스의 생애』 32)

13. 플루타르코스(DK59A17)

그〔페리클레스〕는 아낙사고라스를 염려해서 그를 나라 밖으로 내 보냈다. (『페리클레스의 생애』 32)

14. 디오게네스 라에르티오스(DK59A1)

그는 마지막에 〔아테네에서〕 람사코스로 물러가 거기서 죽었다[14]. 도시의 관리들이 그가 원하는 것을 물었을 때, 그는 자신이 죽는

•••••••••••••••
14) 어림잡아 기원전 437/6년 즈음.

그 달에는 아이들이 노는 것을 매년 허락하라고 말했다. 그래서 이 관습은 지금도 지켜지고 있다. 실로 그가 죽었을 때 람사코스 사람들은 그에게 명예로운 장례식을 치러주고, 다음과 같이 비문을 썼다.

여기, 천상 세계의 진리 끝까지 최대한 도달한

아낙사고라스가 누워 있다.

(『유명한 철학자들의 생애와 사상』 II. 14)

15. 알키다마스(DK59A23)

… 람사코스 사람들은 아낙사고라스가 외국인이었지만 장례를 치러주었고 지금도 여전히 그를 존경한다.

(『아리스토텔레스의 「수사학」 주석』 II. 23. 1398b15)

16. 플루타르코스

아낙사고라스는 [자신에게] 주어진 명예들을 대수롭지 않게 여겼으며, 자신이 죽는 그 날에는 아이들이 공부에서 벗어나 노는 것을 허락하라고 요구했다. (『국가 일의 수행에 대한 지침』 820d)

17. 디오게네스 라에르티오스(DK59A5)

파보리노스는 그의 『박물지』에서 다음과 같이 말한다. "데모크리토스가 아낙사고라스에 대해서 말하는 바에 따르면, 해와 달에 관한 그의 견해들은 〔아낙사고라스〕 자신의 것이 아니라 오래 된 것인데, 그가 몰래 제 것으로 삼았다. 그〔데모크리토스〕는 질서지움(diakosmēsis)과 지성에 관한 그〔아낙사고라스〕의 말을 조롱했으며 그에게 적대적이었다. 왜냐하면 그가 자신을 〔제자로〕 받아들이지 않았기 때문이다. 그렇다면 어떻게 그〔데모크리토스〕가, 어떤 사람들의 주장처럼, 그의 제자였겠는가?"

(『유명한 철학자들의 생애와 사상』 IX. 34-35)

II. 사상

(1) 질료적 원리들 : 존재론

18. 아리스토텔레스(DK59A52)

다른 사람들[15]은, 아낙시만드로스가 주장하는 것과 마찬가지로, 대립자들(hai enantiotētes)이 하나 안에 들어 있으며, 그것으로부터 분리되어 나온다(ekkrinesthai)〔고 말한다〕. 엠페도클레스와 아낙사고라스처럼 있는 것들은 하나와 여럿이라고 말하는

· · · · · · · · · · · · · · ·

15) 두 부류의 자연철학자들 가운데 두번째 부류에 속하는 사람들. 첫번째 부류는 흙을 제외한 4원소(물, 불, 공기)들 중 어느 하나를 기체로 놓는 사람들이다.

모든 이들도 마찬가지로 〔그렇게 주장한다〕. 왜냐하면 이들도 섞인 것(migma)에서 다른 것들을 분리해 내기(ekkrinousi) 때문이다. 그러나 앞 사람〔엠페도클레스〕은 이것들〔분리되어 나오는 것들〕의 주기(periodos)를 상정하지만, 뒷 사람〔아낙사고라스〕은 〔대립자들의 분리를〕단 한 번만 상정한다는 점에서, 그리고 뒷 사람은 같은 부분으로 된 것들(homoiomerē) 및 대립적인 것들(tanantia)을 무한하게 〔상정하지만〕 앞 사람은 원소(stoicheia)라고 불리는 것들만 〔상정한다는〕 점에서[16] 그들은 서로 차이가 있다. 아낙사고라스가 〔분리되어 나오는 것들이〕 그처럼 무한하다고 생각한 이유는, 있지 않은 것(무)으로부터는 아무 것도 생기지 않는다는 자연철학자들의 공통된 견해를 참이라고 받아들였기 때문인 것 같다.[17] 왜냐하면 이로 인해서 그들은 "모든 것이 함께 있었다."[18]라는 주장을 하고, 이러이러한 것이 생겨난다는 것(ginesthai)은 〔이러이러한 것으로〕 변화된다는 것(alloiousthai)으로 설명했는가 하면, 다른 이들은 그것을 결합(synkrisis)과 분리(diakrisis)로 설명했기 때문이다. 게다가 대립적인 것들이 서로에게서 생긴다는 점에서 그것들은 〔서로〕 안에 이미 있었다. 왜냐하면 만약 생겨나는 모든 것이 있는 것들로부터 생겨나거나, 아

• • • • • • • • • • • • • •

16) A18 참조.
17) 본문 23, 48 참조.
18) 본문 21 참조.

니면 있지 않는 것들로부터 생겨날 수밖에 없고, 이것[두 가지 선택지]들 가운데 있지 않은 것에서 생겨나는 것이 불가능하다면 (실로 이 견해에 대해서는 모든 자연철학자들이 동의한다.), 나머지[선택지], 즉 있는 것들 —이미 안에 들어 있지만 크기가 작아서 우리에게 지각되지 않는 것들— 로부터 생겨난다는 귀결이 바로 필연적으로 나온다고 그들은 생각했기 때문이다. 이 때문에 그들은 모든 것이 모든 것 안에 섞여 있다고 말한다. 그들은 모든 것이 모든 것으로부터 생기는 것을 보아왔기 때문이다. 그러나 사물들은 분명히 [서로] 다르며 그래서 서로 다른 이름으로 불리는데, 무수히 많은 것들의 섞임에서 수적으로 가장 우세한 것에 따라 이름 붙여진다. 왜냐하면 섞이지 않고 전적으로 희거나 검거나 달거나 살이거나 뼈인 것은 없고, 각각의 것[사물]이 가장 많이 지니는 그것[성분]이 그 사물의 본성(physis)인 것처럼 보이기 때문이다. (『자연학』I. 4. 187a20 이하)

19. 아리스토텔레스(DK59A43)

아낙사고라스는 … 근원들(archai)이 무한하다고 말한다. 왜냐하면 그는 같은 부분으로 된 것들(homoiomerē) 거의 모두가 (물이나 불이 생겨나는 것처럼) 그런 식으로 결합과 분리에 의해서만 생기고 소멸하며, 다른 식으로는 생기지도 소멸하지도 않고 영구히 존속한다고 말하기 때문이라는 것이다.

(『형이상학』A3. 984a13)

20. 아리스토텔레스(DK59A61)

모든 것은 있는 것에서 생기지만, 가능적으로는 있고 현실적으
로는 있지 않은 것에서 생겨난다. 바로 이것이 아낙사고라스의
하나이고(실로 이 표현이 '모든 것은 함께' 보다 낫다), 엠페도클
레스와 아낙시만드로스의 섞인 것(meigma)이다.

(『형이상학』L2. 1069b19)

21. 심플리키오스(DK59B1)

아낙사고라스가 하나인 섞인 것에서 수적으로 무한한 같은 부
분으로 된 것들(homoiomerē)이 떨어져나오며(apokrinesthai),
모든 것이 모든 것 속에 들어 있고, 각 사물의 성격은 지배적인 것
[성분]에 따라서 정해진다고 말한다는 것을, 그는『자연학』의 첫
번째 권 서두에서 분명히 보여준다. 거기서 그는 다음과 같이 말
하고 있기 때문이다. "모든 사물은 함께 있었고, 수적으로도 작음에
서도 무한했다.[19] 작다는 것 역시 한정이 없었기 때문이다. 또한 모든
것이 함께 있으므로 그것들 중 어떤 것도 작음으로 인해 분명하게 식

• • • • • • • • • • • • • •

19) 파르메니데스의 단편 "그것은 언젠가 있었던 것도 아니고, 있게 될 것도
   아니다. 왜냐하면 지금 전부 함께 하나로 연속적인 것으로 있기에." 본문
   14(DK28B8)과 비교해 보라.

별되지 않았다. 왜냐하면 공기와 에테르 둘 다 무한하게 있어서 그것들이 모든 것을 장악하고 있었기 때문이다. 이것들이 〔모든 것을 장악하고 있었던 까닭은〕 모든 것들 속에 수적으로나 크기로나 최대한으로 들어 있기 때문이다."

(『아리스토텔레스의 「자연학」 주석』 155. 23 이하)

22. 심플리키오스(DK59B2)

그리고 조금 뒤에 가서, 공기와 에테르는 둘러싸고 있는 여럿에서 떨어져 나오며(apokrinontai), 둘러싸고 있는 것은 수적으로 무한하다.(『아리스토텔레스의 「자연학」 주석』 155. 30)

23. 심플리키오스(DK59B17)

아낙사고라스는 『자연학』 1권에서 생겨나고 소멸하는 것을 결합되고 분리되는 것이라고 분명하게 말한다. 거기서 그는 다음과 같이 쓰고 있기 때문이다. "헬라스 사람들은 생겨나고 소멸하는 것에 대해 옳게 생각하지 못한다. 왜냐하면 어떤 사물도 생겨나지도 않고 소멸하지도 않으며, 오히려 있는 사물들로부터 함께 섞이고(sym-misgetai) 분리되기 때문이다. 그렇다면 그들은 생겨나는 것을 함께 섞이는 것이라고, 소멸하는 것을 분리되는 것이라고 불러야 옳을 것이다."(『아리스토텔레스의 「자연학」 주석』 163. 18)

24. 심플리키오스

그리고 『파이돈』에서 소크라테스가 아낙사고라스를 비난하는 점은 개개의 것들(ta kata meros)에 대한 원인설명에서 지성을 사용하지 않고 질료를 근거로 삼는 논증을 사용하고 있다는 점인데, 이는 〔일찍부터〕 자연탐구에 속하는 것이었다. 그렇기 때문에 플라톤 자신도 『티마이오스』에서 모든 것들을 생기게 하는 원인을 일반적으로 제시하면서, 개개의 것들에서 크기와 형태의 차이를 뜨거움과 차가움의 원인으로 여기며 다른 것들에 대해서도 마찬가지로 그렇게 한다.

(『아리스토텔레스의「자연학」주석』177. 9)

(2) 무한정한 것에 관하여

25. 심플리키오스(DK59B4)

사정이 이러하므로 우리는 다음과 같이 생각해야 한다. 결합되는 모든 것의 속에는 온갖 종류의 많은 것이 들어 있는데, 그것들은 만물의 씨앗들로서 온갖 종류의 형태뿐 아니라, 색깔도 맛도 가지고 있다. 사람들도 혼을 가진 다른 모든 동물도 합성(sympagēnai)되었다. 그리고 그 사람들에게는 우리와 마찬가지로 주거 도시들도 있고 경작 농장들도 있으며, 우리와 마찬가지로 해도 달도 그 밖의 것들도 그들에게 있으며, 땅은 그들에게 온갖 종류의 많은 것을 길러내며, 그 중 가장 이로운 것들을 저들은 집에 모아다 놓고 사용한다. 그러니까 나는 분리(apokrisis)와 관련해서 이것들이 우리에게서만 아니라, 다른 곳에서도 분리될 수 있다는 것을 말한 것이다.

그러나 이것들이 분리되기 전 모든 것이 함께 있는 동안[20] 어떤 색깔도 전혀 분명히 식별되지 않았다. 왜냐하면 모든 사물의 함께 섞임 (symmixis)이, 즉 축축한 것(to dieron)과 건조한 것(to xēron)의, 뜨거운 것(to thermon)과 차가운 것(to psychron)의, 밝은 것과 어두운 것의 섞임이 방해했기 때문인데, 이는 [섞인 것 속에] 흙이 많이 들어 있기도 하거니와 수적으로 무한정한 씨앗들이 전혀 서로 닮지 않은 탓이다. 사정이 이렇기 때문에 전체 속에는 모든 사물들이 들어 있다고 봐야한다.

(『아리스토텔레스의 「자연학」 주석』 34. 20 이하)

26. 심플리키오스(DK59B9)

바로 조금 뒤에[21] 그 둘[섞인 세계와 분리된 세계]을 비교하면서 그가 무슨 말을 하는지 들어 보라. "…[22]그런 식으로 이것들은 회전하며 [회전의] 힘과 빠름에 의해 떨어져나온다(apokrinomenōn).

• • • • • • • • • • • • •
20) '함께 있었기 때문에' 로 번역할 수도 있다.
21) 본문 25의 단편(B4) 바로 뒤.
22) 아낙사고라스의 원 저작에서는 B4에 계속 이어졌던 것으로 보인다. 이것을 심플리키오스가 나누어 인용하고 있다.

그리고 빠름은 힘을 만들어낸다. 또 빠름으로 말하자면 그것들의 빠름은 사람들에게 있는 현재의 사물들 가운데 어떤 사물과도 닮지 않았고, 단연코 여러 곱절 빠르다."

(『아리스토텔레스의 「자연학」 주석』 35. 13)

27. 심플리키오스(DK59B7)

[23)]아마도 그는 우리로서는 파악할 수 없고 알 수 없는 것이라는 뜻으로 무한정한 것(to apeiron)을 말하는 것 같다. 왜냐하면 이 점은 "그래서 떨어져 나오는 것들(ta apokrinomena)의 수효는 추론에 의해서(logōi)도 실제[경험]로(ergōi)도 알 수 없다"라는 말에서 드러나기 때문이다.

(『아리스토텔레스의 「천체에 관하여」 주석』 608. 23)

28. 심플리키오스(DK59B3)

또한 그는 다음과 같이 말한다. 근원들 속에는 가장 작은 것도 가장 큰 것도 없다. "왜냐하면 작은 것의 가장 작은 것[부분]도 없으며, 오히려 언제나 더 작은 것이 있기 때문이다(왜냐하면 있는 것이 있지 않을 수는 없으니까). ―다른 한편 큰 것에도 더 큰 것이 언제나

• • • • • • • • • • • • •

23) "모든 사물은 함께 있었고 ~ 작음으로 인해 분명하게 식별되지 않았다."(B1)과 "사정이 이렇기 때문에 ~ 들어 있다고 봐야한다."(B4)다음에 이어짐.

있다. 그리고 그것[큰 것]은 작은 것과 수효가 같지만, 각각은 자신과 관련해서 크기도 하고 작기도 하다.[24]" 왜냐하면 만약 모든 것이 모든 것 안에 있고 모든 것이 모든 것으로부터 분리되어 나온다면, 가장 작아 보이는 것에서도 그보다 더 작은 어떤 것이 분리되어 나올 것이고, 가장 커 보이는 것 또한 자신보다 더 큰 어떤 것에서 분리되어 나올 것이기 때문이다.

(『아리스토텔레스의 「자연학」 주석』 164. 16)

29. 심플리키오스(DK59B6)

그리고 다른 곳에서 그는 다음과 같이 말한다. "큰 것과 작은 것에 속하는 몫[부분]들의 수효가 같기 때문에, 그래서 모든 것 속에 모든 것이 있을 수가 있다. 그것[모든 것]들은 따로 떨어져 있을 수 없고, 오히려 모든 것들은 모든 것의 몫을 공유한다. 가장 작은 것이 있을 수 없으므로 그것[모든 것]은 따로 떨어질 수 없을 것이고, 또한 스스로 생겨날 수도 없을 것이며, 오히려 처음과 마찬가지로 지금도 모든 것은 함께 있다. 또 모든 것 속에는 많은 것이 들어 있으며, 떨어져 나오는 것들(tōn apokrinomenōn)의 더 큰 것들과 더 작은 것들 속

---

24) 이 단편의 뜻은 B6을 통해서 분명해진다. 제논의 단편 "만약 여럿이 있다면 그것들은 크기도 하고 작기도 하다. 그것들은 그 크기가 무한할 만큼 크고, 전혀 크기가 없을 만큼 작다."(DK29B1)과 비교해 보라.

에는 같은 수효의 것들이 들어 있다[25]"

(『아리스토텔레스의 「자연학」 주석』 164. 25이하)

30. 심플리키오스(DK59B8)

하나의 세계(heis kosmos) 속에 있는 것들은 서로 나누어져 있지 않고, 도끼로 쪼개져 있지도 않다. 뜨거운 것이 찬 것으로부터도 그렇고, 찬 것이 뜨거운 것으로부터도 그렇다.

(『아리스토텔레스의 「자연학」 주석』 175. 11)

31. 심플리키오스(DK59B5)

같은 부분으로 된 것들(homoiomerē)의 어떤 것도 생겨나지도 소멸하지도 않고, 오히려 늘 같은 것들로 있다는 점을 그는 다음과 같이 말하면서 밝히고 있다. "이것들이 그렇게 분리되어 있을 때 (diakekrimenōn), 모든 것들은 더 적지도 더 많지도 않고(모든 것들보다 더 많다는 것은 불가능하니까), 오히려 모든 것은 늘 똑같다는 것을 알아야 한다."[26] 같은 부분으로 된 것들에 관해서와 섞임에

••••••••••••••

25) "같은 수효의 떨어져 나오는 것들이 더 큰 것들과 더 작은 것들 속에 들어 있다"라고 번역할 수도 있다.
26) 제논의 단편 "만약 여럿이 있다면 그것은 있는 그만큼 있고 그것들보다 더 많지도 더 적지도 않다는 것은 필연적이다."(DK29B3)과 비교해 보라.

관해서는 이 정도이다.

(『아리스토텔레스의 「자연학」 주석』 156. 9 이하)

(3) 두 가지 원리 : 사물과 지성

32. 아리스토텔레스(DK59A61)

만일 누군가가 아낙사고라스는 두 가지 원소를 말했다고 가정한다면, 그는 논의에 가장 적합한 가정을 하는 것일 텐데, 그 사람〔아낙사고라스〕 자신은 그것을 분명히 밝히지 않았다. 물론〔이 방향으로〕 그를 인도하는 논의들이 있었더라면 틀림없이 그는 그것을 따랐을 것이다.

처음에 모든 것이 섞여 있었다고 주장하는 것은 아무튼 불합리하다. 섞이지 않은 것들이 먼저 있어야 한다는 귀결이 나오기 때문에도 그렇고, 임의의 어떤 것은 임의의 어떤 것과 본래 섞이게 되어 있지 않다는 것 때문에도 그렇고, 게다가 양태(樣態)들(pathē)과 속성들(symbebēkota)은 실체들로부터 떨어질 수 있기 때문에도(섞인 것은 또한 분리될 수 있으니까) 그렇다. 그렇기는 하나 만일 우리가 그〔아낙사고라스〕가 말하려 하는 것을 명료화하면서 따라간다면, 그가 매우 참신하게 말한다는 것이 아마도 분명해질 것이다. 실로 아무 것도 분리되어 있지 않았을 때에는 저 실체에 관해서 말할 만한 참된 것이 전혀 없었다는 점은 분명하다. 내가 말하는 바는 이를테면 이런 것이다. 그것은 희지도 않았고 검지도 않았고, 회색이나 다른 어떤 색깔도 아니었으며 오히려 색깔이 없었음에 틀림없다는 것. 〔그렇지 않다면〕 그것은 이러한 색깔들 가운데 하나를 가졌을 테니까 말이다. 마찬가지로 같은 논변에 따라서 그것은 맛도 없으며, 그와 유사한 다른 어떤 것도 전혀 없었다. 그것은 어떤 성질의 것일 수도 어떤 분량의 것일 수도 무엇일 수도 없었기 때문이다. 〔그렇지 않다면〕 개별 형상으로 불리는 것들 중 어떤 것을 그것이 가졌을 게다. 그러나 모든 것이 섞여 있을 경우에 그런 일은 불가능하다. 왜냐하면 그것〔형상〕은 이미 분리되어 있었을 테니까. 그러나 그는 지성(nous)을 제외한 모든 것이 섞인 것들이며, 이것만이 섞이지 않는 순수한 것(katharon)이라고 말한다.

이로부터 그가 자신의 근원(archē)들을 하나(이것은 단순한 것(haploun)이자 섞이지 않은 것이기 때문)라고, 그리고 타자(thateron)—여기서 타자란 무엇으로 규정되기 전이거나, 또는 어떤 형상에 참여하기 전에 우리가 무규정적인 것(aoriston)으로 가정하는 그런 것이다—라고 말한다는 귀결이 나온다. 따라서 그는 올바로 말하지도 않고 명료하게 말하지도 않았다. 그렇기는 하나 그가 말하려고 하는 바는 이후의 이론들이나 더욱 주목받는 현재 이론들과 거의 비슷하다. (『형이상학』 A8. 989a30 이하)

(4) 지성 : 우주의 발생

33. 디오게네스 라에르티오스(DK59A1)

또한 [그는 다음과 같이 말한다.]지성(nous)이 운동(kinēsis)의 근원이다. 물체들 가운데 무거운 것들은 아래 영역을 차지하고, 불처럼 가벼운 것들은 위쪽 영역을 차지하며, 물과 공기는 가운데 영역을 차지한다. (『유명한 철학자들의 생애와 사상』 II. 8)

34. 히폴뤼토스(DK59A42)

모든 것은 지성(nous)에 의해 운동하게 됨으로써 운동(kinēsis)에 참여하며, 같은 것들이 한데 모인다. 그리고 하늘에 있는 것들은 원운동(enkyklios kinēsis)으로 말미암아 질서 잡혀 있다. 그래서 촘촘하고(pyknon) 축축한 것, 그리고 어둡고 차가운 것, 그리고 무거운 모든 것들은 가운데로 모이며, 그것들이 굳어짐으로써 땅이 형성되었다. 그런가 하면 이것들과 대립되는 것들인 뜨거운 것과 빛나는 것과 마른 것과 가벼운 것은 에테르의 아주 먼 곳까지 내달아갔다. (『모든 이교적 학설들에 대한 반박』 I. 8. 2)

35. 아리스토텔레스(DK59A58)

따라서 누군가 지성이 동물들(zōia) 속에 들어 있는 것과 꼭 마찬가지로 자연(physis) 속에도 들어 있으며, 질서(kosmos)와 모든 배열(hē taxis)의 원인이라고 말했을 때, 그는 아무렇게나 말한 그 이전 사람들에 비해서 지각 있는 사람으로 보였다. 아낙사고라스가 이러한 견해를 주장했다는 것을 우리는 분명히 알고 있다. 그러나 클라조메나이 사람 헤르모티모스[27]가 먼저 (그런 주장을 한) 사람이라고 말하는 것은 근거가 있다.

(『형이상학』 A3. 984b15)

36. 아리스토텔레스

왜냐하면 저 사람(아낙사고라스)은 "무한한 시간 동안 모든 것들이 함께 있었으며 움직이지 않고 가만히 있다가 지성이 운동을 만들어 넣어주자 분리되었다"고 말하기 때문이다.

(『자연학』 VIII. 1. 250b24)

37. 플라톤(DK59A55)

아낙사고라스는 "… 왜냐하면 그것(지성)은 스스로 다스리는 자(autokratōr)이며, 그것은 어떤 것과도 섞여 있지 않고 모든 것들을 관통함으로써 모든 사물들을 질서 짓기(kosmein) 때문이다"라고 말한다.(『크라튈로스』 413c)

----

27) 이름만 전해지는 연대 미상의 철학자.

38. 아리스토텔레스(DK59A56)

아낙사고라스가 "지성은 영향을 받지 않으며 섞이지 않는다"라고 말할 때 그는 옳게 말하는 것이다. 이는 그가 그것(지성)을 운동의 근원(archē)으로 삼았기 때문이다. 그것(지성)은 움직이지 않는 것이라는 조건에서만 (다른 것들을) 운동하게 하며 섞이지 않은 것이라는 조건에서만 (다른 것들을) 지배할 수 있으니까 말이다.(『자연학』 VIII. 5. 256b24)

39. 심플리키오스(DK59B11)

모든 것에는 모든 것의 몫이 들어 있으나 지성은 예외이다. 그런데 지성이 들어 있는 것들도 있다.

(『아리스토텔레스의 「자연학」 주석』 164. 22)

40. 심플리키오스(DK59B12)

그 밖에 다른 것들은 모든 것의 몫을 공유하는(metechei) 반면, 지성은 한정되어 있지 않고(apeiron) 스스로 다스리며(autokrates) 어떤 것과도 섞여 있지 않다.

(『아리스토텔레스의 「자연학」 주석』 164. 24)

41. 심플리키오스(DK59B12)

그는 지성에 관해서 다음과 같이 썼다.[28] "그러나 지성은 한정되어 있지 않고 스스로 다스리며 어떤 사물과도 섞여 있지 않고, 저만 혼자 있다. 왜냐하면 만약 그것이 혼자 있지 않고 다른 어떤 것과 섞여 있다면, 그것은 —만약 그것이 어떤 것과 섞여 있다면— 모든 사물을 공유하고 있을 것이기 때문에. 내가 앞[B11]에서 말했듯이, 모든 것 속에는 모든 것의 몫이 들어 있으니까. 그리고 [지성과] 섞인 것들이 그것[지성]을 방해해서 [지성으로 하여금] 저만 혼자 있을 때와 같은 방식으로는 어떤 사물도 다스리지 못하도록 할 텐데[사실은 그렇지 않다]. 왜냐하면 그것은 모든 사물들 가운데서 가장 미세하고 가장 순수하며, 모든 것에 대해서 모든 앎(gnōmē)을 가지고 있으며 가장 힘이 세기 때문이다. 그래서 혼(psychē)을 지닌 크고 작은 것들 모두를 지성이 다스린다. 또한 지성은 회전(perichōrēsis) 전체를 다스렸다. 그래서 회전이 처음 시작될 수 있었다. 처음에는 작은 것[범위]에서 회전이 시작되었으나 [지금은] 보다 크게[큰 범위에 걸쳐] 회전하고 있으며 [장차] 더욱 크게 회전하게 될 것이다. 또한 지성은 함께 섞이는 것들과 떨어져나오는 것들(apokrinomena), 그리고 분리되는 것들(diakrinomena)을 모두 알고 있었다. 있게끔 되어 있었던 것들도, 있었던 것들도,[29] 지금 있지 않은 것들, 그리고 지금 있는 것들과 있게 될 것들도[30] 모두 다 지성이 질서 지었다(diakosmēse). 별들

• • • • • • • • • • • • • •
28) B5(본문 31) 다음에 이어짐.
29) 본문 27 참조.

과 해와 달과 공기와 에테르가 떨어져 나오면서 지금 하고 있는 이 회전도 〔지성이 질서 지었다〕. 바로 이 회전이 〔그것들을〕 떨어져나오게 했다. 그래서 성긴 것에서 촘촘한 것이, 차가운 것에서 뜨거운 것이, 어두운 것에서 밝은 것이, 젖은 것에서 마른 것이 떨어져나온다. 그러나 많은 몫〔부분〕들이 많은 것들에 〔배당되어〕 있다. 지성 외에는 어떤 하나도 다른 하나로부터 결코 완전히 떨어져나오지도 않고 분리되지도 않는다. 지성은 더 크든 더 작든 모두 똑같다. 그러나 다른 어떤 것〔사물〕도 어떤 것과 같지 않고, 오히려 가장 많이 〔어떤 것 속에〕 들어 있는 그것들이 가장 분명하게 〔드러나는〕 각각 하나〔個物〕이며 〔각각 하나〕였다.″

(『아리스토텔레스의 「자연학」 주석』156. 13 이하)

42. 테오프라스토스(DK59A70)

아낙사고라스가 에테르를 공기와 구분하는 방식과 마찬가지로, 성기고 미세한 것은 뜨겁고, 촘촘하고 굵은 것은 차갑다.

(『감각에 관하여』 59)

• • • • • • • • • • • • • • • •

30) 심플리키오스의 같은 책 156.25에는 hassa nyn mē esti 가 빠져 있다. 그런가 하면 177.5에는 이 구절이 있으나 대신 kai hosa(hoposa 165.33) nyn esti 가 빠져 있는데, 곰페르츠(H. Gomperz)가 이 둘을 묶어놓았다. KRS는(364쪽) 156.25에 있는 그대로 읽으면서 다음과 같이 번역한다. ″있도록 되어 있었던 모든 것들, 즉 있었던 것들과 지금 있는 것들 그리고 있게 될 것들″

43. 심플리키오스(DK59B13)

그러나 그가 〔지성을〕 이용한다는 것은 분명하다. 그는 생성이 분리(ekkrisis) 외 다른 어떤 것도 아니며, 분리는 운동으로 인해 일어나고 운동의 원인은 지성이라고 말하니까. 실제로 아낙사고라스는 다음과 같이 말한다. "지성이 움직이게 하기 시작한 이후로 움직여지는(tou kinoumenou) 모든 것으로부터 〔지성이〕 떨어져 나왔으며(apokrineto), 지성이 움직이게 한 이 모든 것이 분리되었다(diekritē). 또 그것들이 움직여지고 분리되는 동안 〔그것들의〕 회전은 〔그것들을〕 훨씬 더 나누어지게 했다."

(『아리스토텔레스의 「자연학」 주석』 300. 29 이하)

44. 심플리키오스(DK59B14)

그가 이중적인 어떤 질서 지움(diakosmēsis), 즉 가지적인 〔질서 지움〕과 그것에서 〈생긴〉 감각적인 〔질서 지움〕을 상정한다는 것은 언급된 것들[31]로부터도 분명하고, 다음과 같은 말에서도 분명하다. "언제나 있는[32] 지성은 다른 모든 것들이 있는 바로 그 곳에,

....
31) B12를 가리킨다.
32) 사본은 hosa estin karta("정말로 있는 것들 모두")로 되어 있다. 이 것을 딜스는 hos a〈ei〉 esti, to karta로 고쳐 읽는다. 본문 번역은 딜스를 따랐다. 한편, 만스펠트(200쪽)는 hosōn estin egkratēs("지성이 다스리는 것들 모두는")로 읽는다.

즉 둘러싸고 있는 여럿[33] 속에 그리고 합쳐진 것들(prokrithentes)
속에 그리고 떨어져 나온 것들 속에, 정말로 지금도 있다."

(『아리스토텔레스의 「자연학」 주석』 157. 5)

(5) 생물학적 논증 : 모든 것 속에 모든 것이

45. 아리스토텔레스(DK59A45)

아낙사고라스와 데모크리토스처럼 원소들을 —전자의 원소들
은 같은 부분으로 된 것들로 이루어진 것이고, 후자의 원소들은
온갖 원자들의 혼합[34](panspermeia)으로 이루어진 것이다— 무
한정한 것들로 상정한 사람들은 그 무한정한 것이 접촉(haphē)
에 의해서 연속(syneches)되어 있다고 말한다. 그리고 전자[아낙
사고라스]는 어떤 것이든 아무 것에서나 생겨난다는 것을 관찰하
고 그것을 근거로 어떤 부분(moria)이든 전체와 마찬가지로 섞인

---

33) 본문 22 참조.
34) '온갖 원자들의 혼합'에 해당하는 원문은 'panspermia tōn schē-
matōn'이다. 판스페르미아(panspermia)는 '모든 씨앗의 혼합(또는
혼합체)'으로 번역되는데, 여기서 '씨앗'은 사물의 궁극적인 원소를
뜻한다. 그리고 '스케마(schēma)'는 '형태' '모양'을 뜻하는 말인
데, 데모크리토스에서는 원자(atomon)를 가리킨다. 따라서 원어의
의미를 최대한 살려서 번역하자면 '씨앗, 즉 원소로서 역할을 하는
모든 원자의 혼합' 정도가 될 것이다.

것이라고 말한다. 그렇기 때문에 또한 그는 모든 사물들이 일찍이 함께 있었다고 말하는 것 같다[35]. 이를테면 이 살(肉)과 이 뼈는 [이미 정액 속에 들어 있었으며], [36] 마찬가지로 어떤 것이든 그러하다. 따라서 모든 것들이 [일찍이 함께 있었다]. 그렇다면 또한 동시에 [있었다]. 왜냐하면 분리(diakrisis)의 근원(archē)은 각각의 것에만 있는 것이 아니라, 모든 것에도 있기 때문이다. 생겨나는 것이 그런 [모든 것이 섞인] 물체에서 생겨나며, 모든 것의 생성이 있으나 동시에 있는 것은 아니기 때문에, 생성의 어떤 근원도 있어야 한다. 이것[근원]은 하나이며, 저 사람이 지성이라고 부르는 그런 것이다. 지성은 궁리하고서 어떤 근원으로부터 일을 한다. 따라서 모든 것들은 일찍이 함께 있을 수밖에 없었고 일찍이 움직여지기 시작할 수밖에 없었다. … 마찬가지로 그[데모크리토스]의 경우에 모든 것에 공통된 물체가 근원(archē)이다. (『자연학』 III. 4. 203a20)

46. 아리스토텔레스

대체 무슨 이유로 모든 것들도 하나에서 생겨나서는 안 되는가? 실로 이 이론은 "같은 부분으로 된 것들(homoiomerē)의 어

35) 본문 21 참조.
36) 본문 48 참조.

떤 것도 생겨나지 않는다"는 아낙사고라스의 그것과 동일한 것 같다. 다만 저 사람은 이것을 모든 것에 적용하지만, 이 사람들은 동물의 생성에만 적용한다는 것을 제외하고는 말이다. 다음으로, [부모의 몸] 전체에서 나온 이것[부분]들은 어떤 식으로 성장하게 될까? 아낙사고라스는 양분에서 나온 살(肉)이 살들에 더해진다고 일리 있게 대답한다. 그러나 이런 주장을 하지 않고 [몸] 전체에서 나온다고 주장하는 사람들의 경우에, 다른 것이 더해질 때 그 더해진 것이 변하지 않는다면 어떻게 [태아가] 더 커질 수 있을까?(『동물들의 발생에 관하여』 I. 18. 723a6)

47. 갈레노스(DK59A104)

실로 이 물음이 제대로 제시된 것이라면, 피와 관련해서도 그것이 몸 안에서 생기는지 아니면 같은 부분으로 된 것들을 가정하는 사람들이 말하는 것처럼, 곡식 안에 이미 산포되어 있는지를 우리가 탐구하지 않을 까닭이 무엇인가?

(『자연적 능력들의 본성에 관하여』 II. 8)

48. 「외곽주석」(DK59B10)

아낙사고라스는 무(mēdamēi)에서는 아무것도 생겨나지 않는다는 옛 학설(dogma)을 발견하고서 생성을 제거하는 한편, 생성 대신에 분리(diakrisis)를 도입했다. 그는 모든 것들이 서로 섞여 있지만 성장하면서 분리된다는 어리석은 주장을 했던 것이다. 그러니까[그의 주장에 따르면] 같은 씨앗 안에 머리털도 손톱도 정맥도 동맥도 힘줄도 뼈도 있으며, 그것들은 작은 부분들로 되어 있어서 눈에 보이지는 않지만 성장하면서 조금씩 분리된다. "대체 어떻게 머리털이 아닌 것에서 머리털이 생기고 살이 아닌 것에서 살이 생길 수 있는가?"라고 그는 묻는다. 그는 신체들에 대해서뿐만 아니라, 색깔들에 대해서도 이런 주장을 했다. 즉 흰 것 안에 검은 것이, 그리고 검은 것 안에 흰 것이 있다는 것이다. 그는 무게에 대해서 같은 것[이론]을 적용했다. 즉 가벼운 것이 무거운 것과 섞여 있고 다시 이[무거운]것이 저[가벼운]것과 [섞여 있다]는 것이다.

(나지안조스의 그레고리오스 『설교집』 XXXVI. 911에 대한 외곽 주석)

49. 아리스토텔레스(DK59A46)

이 사람[아낙사고라스]은 같은 부분으로 된 것들(ta ho-moiomerē), 이를테면 뼈나 살이나 골수, 그리고 그 밖에 부분이 개체 전체와 같은 이름을 갖는 모든 것들을 원소들로 상정한다. (『생성과 소멸에 관하여』 I. 1. 314a18)

50. 아에티오스(DK59A46)

헤게시불로스의 아들이자 클라조메나이 사람인 아낙사고라스는 같은 부분으로 된 것들(homoiomereias)을 있는 것들의 근원들이라고 단언했다. 왜냐하면 어떤 것이 있지 않은 것에서 생겨나거나, 있지 않은 것으로 소멸되는 것이 어떻게 가능한지의 여부가 그에게는 가장 난처한 문제로 여겨졌기 때문이다. 아무튼 우리는 같은 성분으로 된(monoeidē) 단순한 음식물, 즉 빵이나 물을 섭취하며, 이로부터 머리카락이나 정맥, 동맥, 살, 힘줄, 뼈, 그리고 그 밖의 부분들이 자라난다. 사정이 이러하므로 우리가 섭취하는 음식물 안에는 있는 것들이 모두 있고, 있는 것들로부터 모든 것들이 자라난다는 데에 우리는 동의해야만 한다. 그래서 저 음식물 안에는 피와 힘줄과 뼈와 다른 모든 것들을 생기게 하는 부분들이 있다. 이 부분들은 추리(logos)에 의해 알 수 있다. 빵과 물이 모든 것들을 만들어 낸다는 사실 때문에 모든 것들을 감각(aisthēsis)으로 가져가서는 안 된다. 오히려 이것들[빵과 물] 안에는 추리에 의해 알 수 있는 부분들이 있다. 따라서 음식물 안에 있는 부분들이 [생물 안에]생겨난 부분들과 같다는 점에서 그는 그것들을 같은 부분으로 된 것들이라 불렀고, 있는 것들의 근원이라고 단언했다. 그리고 같은 부분으로 된 것들은 질료(hylē)라 하고, 모든 것들을 배열하는(diataxamenon) 지성은 작용인(to poioun aition)이라 했다. (『학설 모음집』 I. 3. 5)

(6) 우주론

51. 히폴뤼토스(DK59A42)

(3) 땅은 평평한 모양을 하고 있고, 그것의 크기 때문에, 그리고 빈 곳이 없기 때문에, 그리고 엄청난 힘의 공기가 떠 있는 땅을 지탱해주고 있기 때문에[37] 공중에 뜬 채 머물러 있다. (4) 땅에 있는 습기 가운데 바다는 땅 속의 물―습기가 증발하고 남아 있는 것들이 그렇게 된 것이다―과 아래로 흘러간 강들에서 생겨났다. (5) 다른 한편 강들은 그 원천을 빗물에서도 얻고 땅 속의 물에서도 얻는다. 그것[땅]에는 우묵한 곳이 있고 우묵한 곳에 물이 들어 있기 때문이다. 나일 강은 여름철에 범람한다. 왜냐하면 남극의 눈에서 나온 물이 그 쪽으로 흘러내려가기 때문이다. (6) 해와 달과 모든 별들은 에테르의 회전에 의해 함께 회전하는 불타는 돌덩어리이다. 별들 밑에는 해, 달과 함께 회전하는 우리 눈에 보이지 않는 물체들이 있다. (7) [우리가] 별들의 열을 지각하지 못하는 이유는 땅[지구]에서 떨어진 거리가 멀기 때문이다. 게다가 별들이 해만큼 뜨겁지 않은 이유는 그것들이 더 차가운 영역을 차지하고 있기 때문이다. 달은 해 밑에 우리와 더 가까이 있다. (8) 해는 그 크기가 펠로폰네소스를 능가한다. 달은 자신의 고유

----

37) 아낙시메네스의 단편(본문 13, 14, 15) 참조.

한 빛을 갖고 있지 않고 해로부터 받는다. 별들의 회전은 땅[지구] 아래쪽으로 일어난다.[38] (9) 달이 식(蝕)을 겪는 것은 지구가 [해를] 가로 막기 때문인데 때때로 달밑에 있는 것들이 [해를 가로막기도 한다]. 해[가 식을 겪는 것은] 월초에 달이 [해를] 가로 막기 때문이다. 해도 달도 공기에 의해 뒤로 밀릴 때 방향을 바꾼다. 달은 종종 차가움을 이길 수가 없어서 방향을 바꾼다. (10) 이 사람[아낙사고라스]은 처음으로 식(蝕)과 조명(照明)에 관한 것들을 명확히 규정했다. 달은 흙으로 된 것이며 거기에는 들판과 골짜기가 있다고 그는 말했다. 은하수는 해로부터 빛을 받지 못하는 별들의 빛이 반사된 것이다. 마치 불꽃이 튀어나가듯이 지나가버리는 별[流星]들은 천구(polos)의 운동 때문에 생겨난다. (11) 바람은 해로 인해 공기가 엷어져서 [공기의] 불붙은 부분들이 천구로 물러가며 떠나가기(apopheromenōn)[39] 때문에 생겨난다. 천둥과 번개는 구름 속으로 떨어지는 열(熱)에서 생겨난다. (12) 지진은 위에 있는 공기가 땅 아래쪽의 공기 속으로 떨어져 들어갈 때 생겨난다. 왜냐하면 이것[땅 아래쪽 공기]이 움직이게 되면 그것에 의해 지탱되는 땅도 흔들리기 때문이다.

(『모든 이교적 학설들에 대한 논박』 I. 8. 1)

・・・・・・・・・・・・・・・・

38) 회전 궤도가 지구 아래쪽으로 지나간다는 뜻.
39) 딜스는 '되돌아가기 때문에(antapopheromenōn)'로 읽음.

52. 심플리키오스(DK59B15)

그리고 조금 뒤에[40] 가서 그는 이렇게 말한다. **촘촘한 것과 축축한 것과 차가운 것과 어두운 것은 현재 〈땅이〉 있는 이 곳에 모였고, 성긴 것과 뜨거운 것과 건조한 것은 에테르 〔안〕의 먼 곳까지 물러났다.**[41] (『아리스토텔레스의 「자연학」 주석』 179. 3)

53. 심플리키오스(DK59B16)

그리고 그는 근원적이며(archoeidē) 가장 단순한 이것들이 떨어져 나온다고 말한다. 그러나 이것들보다 더 합성된 다른 것들은 때로는 합성물(syntheta?)[42]〔이 굳어지는 것〕처럼 굳어지고(sympegnytai)[43], 때로는 땅〔이 떨어져 나오는 것〕처럼 떨어져 나온다고 그는 말한다. 실로 그는 다음과 같이 말한다. "떨어져 나오는 이것들로부터 땅이 굳어진다. 왜냐하면 구름에서는 물이, 물에서는 땅이 되고, 땅에서는 돌들이 차가움에 의해 굳어지기 때문이다." 이런 식으로 아낙사고라스는 단순한 형태들로 되돌아가서 원소들과 관련된 것들을 엠페도클레스보다 더 근원적으로 탐구하는

• • • • • • • • • • • • • •

40) B12(본문 41) 뒤에.
41) 본문 34 참조.
42) 원문 훼손으로 불확실. 딜스는 '차가워지는 것들'(psychthenta)로 읽는다.
43) '합성되고'로 번역할 수도 있다.

것 같다. (『아리스토텔레스의 「자연학」 주석』 179. 6)

54. 심플리키오스(DK59B16)

아무튼 아낙사고라스는 그의 『자연학』 1권에서 다음과 같이 말한다. "왜냐하면 구름에서는 물이, 물에서는 땅이 분리되고, 땅에서 돌들이 차가움에 의해 굳어지는데, 이것[돌]들은 물보다 더 멀리 물러나기 때문이다." (『아리스토텔레스의 「자연학」 주석』 155. 21)

55. 아에티오스(DK59A71)

아낙사고라스[의 말에 따르면,] 둘러싸는 에테르는 본질적으로 불로 된 것이며, 회전(peridinēsis)의 힘으로 땅에서 돌들을 낚아채 올려 그것들을 태워서 별들을 만들었다.(『학설 모음집』 II. 13. 3)

56. 플루타르코스(DK59B18)

그 동료는 강의 중에 "해는 달에 밝은 것[빛]을 넣어준다"라는 아낙사고라스의 말을 증명해서 좋은 평판을 얻었다.

(『달의 표면에 보이는 얼굴에 관하여』 929b)

57. 프로클로스(DK59A75)

플라톤은 … 우주(kosmos)에서 그것들[해와 달]의 진행이 서로 연계되어 있다는 견해를 〔우리에게〕 전해주었다. 그러나 그가 이 가설을 처음 창안했던 것은 전혀 아니고, 에우데모스가 보고하는 바에 따르면, 아낙사고라스가 이 가설을 처음으로 내놓았다.(『플라톤의 「티마이오스」 주석』 III. 63. 26)

(7) 기상현상

58. 아리스토텔레스(DK59A81)

혜성(komētēs)들에 관해서 … 아낙사고라스와 데모크리토스[44]는 혜성들은 행성들의 합(合)(symphasis)〔현상〕[45]으로서 〔행성들이〕 가까이 접근함으로 인해 서로 접촉하는 것처럼 보일 때 〔일어나는 현상〕이라고 말한다.(『기상학』 I. 6. 342b25)

59. 아에티오스(DK59A85)

아낙사고라스는 구름과 눈을 〔아낙시메네스[46]와〕 비슷한 방식으로〔설명하는〕 한편, 우박은 얼어붙은 구름에서 어떤 것이 땅으로 밀쳐질 때 〔생기는데〕, 그것은 낙하로 말미암아 차가워지고 둥글게 된다〔고 말한다〕.(『학설 모음집』 III. 4. 2)

● ● ● ● ● ● ● ● ● ● ● ● ● ●
44) 데모크리토스의 단편(본문 76) 참조.
45) 행성이 태양과 같은 황경(黃經)에 있게 되는 것.
46) 아낙시메네스 (DK13A17) 참조.

60. 아리스토텔레스(DK59A85)

〔우박에 대해서〕 그〔아낙사고라스〕는 〔구름이〕 찬 공기로 올라갈 때 이 일〔응결〕을 겪는다고 말한다.(『기상학』 I. 12. 348b13)

61. 세네카

아낙사고라스는 … 우박은 떠도는 얼음일 뿐이고, 눈은 떠도는 서리일 뿐이라〔고 말한다〕.(『자연에 관한 연구』 IVb. 3. 6)

62. 아에티오스(DK59A86)

아낙사고라스는 〔무지개는〕 빽빽한 구름으로 인한 햇빛의 반사(anaklasis)로서, 그것〔햇빛〕을 반사하는 별의 맞은편에 언제나 생긴다〔고 말한다〕. 흑해(Pontos)에서 생기는 환일(幻日)(parē-lia)[47]이라 부르는 것〔현상〕을 그는 비슷한 방식으로 설명한다.(『학설 모음집』 5. 11)

63. 「외곽주석」(DK59B19)

우리는 구름에 해가 반사되는 것을 이리스〔무지개의 여신〕라고 부른다. 따라서 그것은 폭풍우의 표지이다. 왜냐하면 구름에 흩뿌려지는 물은 바람을 만들거나 아니면 비를 퍼붓기 때문이다.

• • • • • • • • • • • • • • • •

47) 태양의 양쪽에 태양과 비슷하게 나타나는 엷은 빛. 구름을 형성하는 얼음 결정에 햇빛이 반사되고 굴절됨으로써 생긴다.

(호메로스의 『일리아스』(BT) P 547)

⑻ 식물 동물의 발생과 태생

64. 히폴뤼토스(DK59A42)

동물들은 처음에 습기(hygros)에서 생겨났고 그 다음에는 서로에게서 생겨났다. 그리고 씨가 오른쪽 부분들에서 떨어져나와서 자궁(mētra)의 오른쪽 부분들에 달라붙을 때 수컷(arsēn)이 생기고, 암컷(thēlys)은 그 반대방식으로 생긴다.

(『모든 이교적 학설들에 대한 논박』 I. 8. 12)

65. 이레나이우스(DK59A113)

그러나 아낙사고라스는 무신론자라로도 불렸는데, 하늘에서 땅으로 떨어지는 씨들로부터 동물들이 생겨났다고 가르쳤다.

(『이교적 학설들에 대한 논박』 II. 14. 2)

66. 테오프라스토스(DK59A117)

아낙사고라스는 공기는 모든 것들의 씨들을 가지고 있으며 이것들이 물과 함께 아래로 떨어져서 식물들을 낳는다〔고 말한다〕.(『식물지』 III. 1. 4)

67. 플루타르코스(DK59A116)

플라톤이나 아낙사고라스나 데모크리토스를 따르는 사람들은 식물은 땅에 뿌리를 내린 동물이라고 생각했다.

(『자연에 관한 물음들』911d)

68. 위-아리스토텔레스(DK59A117)

아낙사고라스는 이것〔식물〕들은 동물이며 즐거워하고 슬퍼한 다고 말하면서 나뭇잎들의 쇠락을 증거로 제시했다.

(『식물들에 관하여』815a)

69. 아리스토텔레스(DK59A114)

까마귀들과 따오기는 입으로 교접하고 네 발 짐승들 중에서 족 제비는 입으로 〔새끼를〕낳는다고 말하는 어떤 사람들이 있다. 실 로 아낙사고라스뿐만 아니라, 다른 자연철학자들 가운데 일부 사 람들도 매우 단순하고 분별없는 주장을 하는 가운데 이런 말을 한다.(『동물들의 발생에 관하여』III. 6. 756b14)

70. 아테나이오스(DK59B22)

아낙사고라스는 『자연학』에서 사람들이 말하는 새의 젖은 〔실 은〕 알 속의 흰자라고 말한다.(『현인들의 만찬』II. 57d)

71. 켄소리누스(DK59A108)

아나사고라스는 (태아에서 처음 생기는 것은) 뇌수인데 여기서 모든 감각이 나온다(고 말했다).(『탄생일에 관하여』 6. 1)

72. 켄소리누스(DK59A109)

사지를 갖추게 하는 에테르의 열기가 (태아에) 들어 있다고 생각하는 사람들이 있다. 그런 점에서 그들은 아나사고라스를 따른다.(『탄생일에 관하여』 6. 2)

73. 켄소리누스(DK59A110)

아나사고라스와 다른 많은 사람들은 자양분이 탯줄을 통해 공급된다고 보았다.(『탄생일에 관하여』 6. 3)

74. 켄소리누스(DK59A111)

그러나 아나사고라스는, 아이들은 씨의 더 많은 부분을 공여한 쪽 부모의 모습을 재현한다고 믿었다.(『탄생일에 관하여』 6. 8)

(9) 인식과 지각

75. 섹스투스 엠피리쿠스(DK59B21a)

그(데모크리토스의 말[48])에 따르면, 디오티모스는 세 가지 기준(kritēria)이 있다고 말했다. 〔첫번째로〕 현상(ta phainomena)은 보이지 않는 것들(adēlōn)을 파악하는 〔기준이다〕. 왜냐하면 현상이란, 아낙사고라스가 말하듯이, 보이지 않는 것들의 외관(外觀: opsis)이기 때문이다. 이것에 대해 데모크리토스는 그를 칭찬한다. (『학자들에 대한 반박』 VII. 90)

76. 루크레티우스(DK59A44)

… 그래서 그〔아낙사고라스〕는 모든 것들이 모든 것들과 섞인 채 숨어 있으나 가장 많이 섞여 있고 더욱 두드러지며 가장 앞에 놓인 그것만이 드러나 보인다고 생각했다.

(『자연에 관하여』 I. 876)

77. 섹스투스 엠피리쿠스(DK59B21)

가장 뛰어난 자연철학자 아낙사고라스는 약하다는 이유로 감각들(aisthēseis)을 비난하면서 "그것들의 약함 때문에 우리는 참된 것을 분별할 수 없다"고 말한다. 그리고 그것들에 대한 불신의 증거로 색깔들의 미세한 변화를 내놓는다. 왜냐하면 만약 우리가 두 가지 색깔, 검은 색과 흰색을 취하고, 그런 다음 한쪽 색을 다른 쪽 색에다 한 방울씩 떨어뜨려〔섞는다〕면, 시각은 〔색깔의〕 미

....
48) 데모크리토스의 단편(본문 76) 참조.

세한 변화들이 본래 있음에도 불구하고 그것들을 분별할 수 없게 될 것이기 때문이다. (『학자들에 대한 반박』 VII. 90)

78. 아리스토텔레스(DK59A102)

아낙사고라스는 사람은 손을 가지고 있기 때문에 동물들 중에서 가장 지혜롭다고 말한다.(『동물들의 부분들에 관하여』 III. 10. 687a7)

79. 플루타르코스(DK59B21b)

그러나 우리는 이 모든 것[힘과 빠름]에서 짐승들보다 더 운이 없지만, 아낙사고라스에 따르면 우리는 우리들(?)[49] 자신의 경험(empeiria)과 기억(mnēmē)과 지혜(sophia)와 기술(technē)을 사용하기 때문에 꿀을 따고 젖을 짜며 [짐승들의 소유물을] 빼앗아서 모은다.(『운에 관하여』 98)

80. 테오프라스토스(DK59A92)

(27)아낙사고라스[의 생각에 따르면, 감각들은] 대립적인 것들에 의해서 생긴다. 왜냐하면 같은 것(to homoion)은 같은 것에 의해서 영향을 받지 않기 때문이다.[50] 그는 [감각들을] 따로따로

---

49) 원문 훼손으로 분명치 않음.

하나하나 열거하려고 애썼다. 〔우리는〕 눈동자에 맺히는 상(像, emphasis)에 의해서 보는데, 상은 색깔이 같은 것에 맺히는 것이 아니라 다른 것에 맺힌다. 그리고 〔눈을 가진 생물들의〕 다수는 낮에, 일부는 밤에 〔바깥 사물과 눈의〕 색깔 차이를 갖는다. 그 때문에 그때 날카롭게 볼 수가 있다. 그러나 대체로 밤은 오히려 눈과 같은 색이다. 낮에 〔눈에〕 상이 맺히는 것은 빛이 상의 보조원인(synaition)이기 때문이다. 좀더 지배적인 색이 다른 색에 언제나 반영된다. (28)〔우리는〕 촉각(haphē)과 미각(geusis)도 같은 방식으로 구별〔감지〕한다. 〔다른 것과〕 똑같이 뜨겁거나 차가운 것은 가까이 있어도 〔다른 것을〕뜨겁게 하지도 차갑게 하지도 못하며, 단 것(to glyky)과 신 것(to oxy)[51]도 그 자신에 의해서는 인지되지 않는다. 오히려 뜨거운 것에 의해서 차가운 것이, 짠 것(to halmyron)에 의해서 짜지 않는 것[52]이, 신 것에 의해서 단 것이 인지되는 것은 〔서로 대립되는〕 각각의 것〔뜨거운 것/차가운 것〕 중 한편의 결여로 인해서이다. 왜냐하면 그것들〔뜨거운 것/차가운 것 등등〕이 모두 우리 속에 들어 있다고 그는 말하기 때문

---

50) 파르메니데스나 엠페도클레스와는 상반되는 견해. 그러나 헤라클레이토스의 견해와는 일치.

51) '매운 것'으로도 번역이 가능하다.

52) 'potimos'는 '마실 수 있는' 내지는 '소금기 없는'을 뜻하는 말로 바닷물의 '짠' 맛을 뜻하는 'halmyros'와는 반대되는 뜻으로 쓰인다.

이다.[53] 마찬가지 방식으로 [우리는] 냄새를 맡기도 하고 소리를 듣기도 하는데, 앞의 경우[냄새맡기]는 숨을 쉼과 더불어, 뒤의 경우는[소리듣기] 소리가 뇌까지 뚫고 들어감으로써 인데, 둥글게 에워싸고 있는 뼈는 속이 비어 있어서 그 속으로 소리가 침투하기 때문이다. (29)그런데 모든 감각에는 고통이 따른다.[54]—이 것은 [아낙사고라스의] 가정에 뒤따르는 귀결로 간주할 수 있을 것이다. 같지 않은 것은 모두 [서로] 접촉할 때 고통을 가져오기 때문이다. 이 점은 시간이 길거나 감각이 지나친 경우에서 분명히 드러난다. 이를테면 번쩍이는 색깔들이나 지나치게 시끄러운 소리는 고통을 일으키며, [그래서] 같은 것들[시끄러운 소리, 번쩍이는 색깔]을 오랫동안 계속 견딜 수가 없다.

(『감각에 관하여』 27)

81. 섹스투스 엠피리쿠스(DK59A97)

[우리 회의론자들은] 사고에 의해 파악되는 것들(noumena)을 [감각에 주어지는]현상들(phainomena)과 [대비시킨다]. 이는 아낙사고라스가 "눈이 희다"[현상]에 "눈은 응결된 물이다. 물은 검다. 따라서 눈은 검다"를 대비시키는 것과 같다.

---

53) 본문 29, 30, 40, 41 참조.
54) 엠페도클레스의 단편(본문 135, 115) 참조.

(『퓌론주의 철학 개요』 I. 33)

82. 위-아리스토텔레스(DK59A74)

왜 〔우리는〕 낮 보다 밤에 더 잘 들을 수 있는가? 아낙사고라스가 말하는 것처럼, 낮에는 공기가 해로 인해 뜨거워지면서 쉭쉭거리며 시끄러운 소리를 내지만, 밤에는 열기가 떠나버려서 공기가 고요한 상태에 있기 때문인가? (『문제들』 XI. 33. 903a7)

(10) 기타

83. 아리스토텔레스(DK59A115)

아낙사고라스와 디오게네스는 모든 것〔동물〕들은 숨을 쉰다고 주장하면서 물고기와 조개에 관해서 그것들이 어떤 방식으로 숨 쉬는지를 말한다. 또한 아낙사고라스는 이렇게 말한다. "물고기들은 아가미로 물을 내뿜을 때 입 안에 생긴 공기를 빨아들이면서 숨 쉰다. 왜냐하면 빈 곳이 전혀 없기 때문이다."

(『호흡에 관하여』 II. 479b30)

84. 아에티오스(DK59A106)

아낙사고라스〔의 말에 따르면〕 목소리(phōnē)는 숨(pneuma)이 빽빽한 공기에 부딪혀서 그 충돌의 반작용에 따라 숨이 귀에

까지 도달할 때 생긴다. 메아리라고 일컬어지는 것도 이처럼 생긴다. (『학설 모음집』 IV. 19. 5)

85. 아에티오스(DK59A103)

아낙사고라스[의 말에 따르면] 잠은 육체적 활동의 피로 때문에 생긴다. 실로 그런 상태는 육체적인 것이지 혼과 관련된 것이 아니다. [육체와 혼의] 분리는 [육체의 죽음일 뿐만 아니라] 혼의 죽음이기도 하다.(『학설 모음집』 V. 25. 2)

86. 아리스토텔레스(DK59A105)

아낙사고라스를 따르는 사람들은 [담즙이] 지나치게 많으면 허파와 혈관과 옆구리로 뿌려지기 때문에 급성질병들의 원인이 된다고 잘못 생각하는 것 같다. 왜냐하면 이런 증상의 질병들[급성]을 겪는 것들 거의 모두가 담즙을 갖고 있지 않기 때문인데, 이는 해부를 해 보면 분명해질 것이다.

(『동물들의 부분들에 관하여』 IV. 2. 677a5)

14

LEUKIPPOS

레우키포스와
데모크리토스

DEMOKRITOS

Ⅰ. 생애

(1) 출생과 행적

1. 심플리키오스(DK67A8)

엘레아 사람 또는 밀레토스 사람(그에 관해 두 출생지가 언급된
다) 레우키포스는 파르메니데스와 철학적 교분을 나누었지만,[1]
있는 것들(ta onta)에 관해 파르메니데스나 크세노파네스와 같은
길을 가지 않고 반대의 길을 갔던 것으로 보인다.

(『아리스토텔레스의 「자연학」 주석』 28. 4)

• • • • • • • • • • • • • •
1) DK67A1, A4, A10에서는 제논의 제자로 기술되어 있다.

2. 디오게네스 라에르티오스(DK67A2)

아폴로도로스는 『연대기』에서 그[에피쿠로스]가 나우시파네스와 프락시파네스[2]로부터 배웠다고 말한다. 하지만 그[에피쿠로스]는 에우뤼로코스에게 보낸 편지에서 그것이 아니라 자기 스스로 배웠다고 주장한다. 그런가 하면 그[에피쿠로스]도 헤르마르코스[3]도 어떤 이들이 (그리고 에피쿠로스 학파인 아폴로도로스도) 데모크리토스의 스승이었다고 주장하는 레우키포스라는 어떤 철학자가 결코 생존하지 않았다고 말한다.

(『유명한 철학자들의 생애와 사상』 X. 13)

3. 디오게네스 라에르티오스(DK68A1)

데모크리토스는 헤게시스트라토스의 아들이다. 그러나 어떤 이들은 아테노크리토스의 아들이라고 하고, 어떤 이들은 다마시포스의 아들이라고 한다. 그는 압데라 사람이거나, 아니면 어떤 이들이 말하듯이 밀레토스 사람이다. … 나중에 그는 레우키포스와 만났으며, 어떤 이들에 따르면 아낙사고라스와 만났는데, 아

• • • • • • • • • • • • • •

2) 나우시파네스는 DK75를 참조. 프락시파네스에 대해서는 알려져 있는 것이 없다. 소요학파에 같은 이름을 가진 사람이 있으나 시대가 맞지 않는다.

3) 레스보스 섬 뮈틸레네 출신으로 에피쿠로스 학원의 후계자가 되었다 (기원전 270년경).

낙사고라스보다 40살 더 젊었을 때였다. … (41) 생존년대로 볼 때, 그 자신이 『소우주』에서 말하고 있듯이, 그는 아낙사고라스가 늙었을 당시에 젊었는데, 나이로는 그보다 40세 더 젊었다. 또 그는 『소우주』를 트로이 함락[4] 730년 후에 썼다고 말한다. 『연대기』에서 아폴로도로스가 말하는 바에 따르면 그는 여든번째 올림피아기에[5] 태어났을 것이다. 그러나 트라쉴로스가 『데모크리토스의 저작들을 읽기 전에』라는 제목의 책에서 말하는 바에 따르면, 일흔 일곱번째 올림피아기의 셋째 해에[6] 태어났을 것이며, 나이는 소크라테스보다 한 살 많았을 것이다.

(『유명한 철학자들의 생애와 사상』 IX. 34)

4. 디오게네스 라에르티오스(DK68B5)

그[데모크리토스]는, 『소우주』에서 자신이 말하고 있듯이, 아낙사고라스가 노년이었을 당시[64세][7]에 젊은이였다[25세]. 그는 아낙사고라스보다 40세 더 젊었으니까. 그[아폴로도로스]는 『소우주』가 일리오스[트로이]의 함락 730년 후에[8] 지어졌다고 말한다.

· · · · · · · · · · · · · ·

4) 기원전 1184년.

5) 기원전 460∼57년.

6) 기원전 470/69년.

7) 기원전 436/5년.

8) DK68A1, A41 참조. 딜스의 주석에 따르면, 트로이아 전쟁에 기초해서 산출한 이 연대는 의심스러우며 해석하기도 곤란하다. 만스펠트는

(『유명한 철학자들의 생애와 사상』 IX. 41)

5. 디오게네스 라에르티오스(DK68B5)

파보리노스는 『박물지』에서 다음과 같이 말한다. "데모크리토스가 아낙사고라스에 대해서 말하는 바에 따르면, 해와 달에 관한 그의 견해들은 〔아낙사고라스〕자신의 것이 아니라 오래 된 것인데, 그가 몰래 자신의 것으로 삼았다. 그〔데모크리토스〕는 질서 지움(diakosmēsis)과 지성에 관한 그〔아낙사고라스〕의 말을 조롱했으며, 그에게 적대적이었다. 왜냐하면 그가 자신을 〔제자로〕 받아들이지 않았기 때문이다.(『유명한 철학자들의 생애와 사상』 IX. 34-35)

6. 디오게네스 라에르티오스(DK68B116)

나는 아테네로 왔으며, 그 누구도 나를 알지 못했다.

(『유명한 철학자들의 생애와 사상』 IX. 36)

7. 키케로(DK68B116)

그러므로 대중적인 명성은 그것 자체를 위해서 추구되어서도 안 되고 명성을 얻지 못한다고 크게 안달이 나서도 안 된다는 것을 알아야 한다. 데모크리토스는 "내가 아테네에 왔는데, 거기서 아

⋯⋯⋯⋯⋯⋯

'triakonta'를 'tria kai hexēkonta'로 고쳐 읽는다.(1995. 580쪽) 어쨌든 이 구절에서 올림피아 역법을 사용하지 않는 점은 흥미롭다.

무도 나를 알지 못했다"고 말한다. 견실하며 진중한 사람, 그런 사람은 명성으로부터 벗어나 있는 것을 자랑스러워한다.(『투스쿨룸 논쟁집』 V. 36. 104)

8. 키케로(DK68B165)

나는 데모크리토스에 대해서 무어라고 말할 것인가? 우리는 재능의 크기에서 뿐만 아니라, 사고력의 크기에서 그를 누구와 비교할 수 있을까? 그는 대담하게도 "나는 우주(universum)에 대해서 이렇게 말한다"라는 말로 시작했던 자이다. 그는 자신이 취급하지 않는 것을 아무것도 아닌 것(nihil)으로 배제한다. 우주를 제외하고 무엇이 있을 수 있는가? (『아카데미카 I』 II. 23. 73)

9. 키케로(DK68A34)

그래서 내가 보기에 플라톤과 데모크리토스가 하는 말은 시행 [의 형식]은 결하고 있으나, [시보다도] 더 기운차고(incitatius) 더할 나위 없이 명료한(clarissimis) 어휘의 광채를 지니고 있어서, 어떤 사람들에게는 희극 시인들의 시보다도 오히려 더욱 [시다운] 시로 여겨지고 있다.(『연설가』 20. 67)

10. 디오게네스 라에르티오스(DK68A1)

데메트리오스가 『이름이 같은 사람들』에서, 그리고 안티스테

네스가 『후계자들』에서 말하기를, 그〔데모크리토스〕는 기하학
(geōmetria)을 배우려고 이집트로 가서 사제들을 만났고, 페르시
아로 가서 칼다이아 사람들을 만났으며 홍해에도 갔었다고 한다.
어떤 사람들은 그가 인도에서 벌거벗은 현자들(Gymnosophistai)
과 교류했으며 에티오피아에도 갔었다고 말한다.

(『유명한 철학자들의 생애와 사상』 9. 35)

11. 알렉산드리아의 디오뉘시오스(DK68B118)

그들의 말에 따르면, 〔데모크리토스 자신은〕 페르시아의 왕국을
갖기보다 오히려 하나의 원인설명(aitiologia)[9]을 찾아내기 원한다고
말했다.(『자연에 관하여』, 에우세비오스의 『복음의 준비』 XIV. 27.
4에서 인용됨)

12. 아리스토텔레스(DK68A35)

일반적으로 〔사물의 생성소멸과 운동변화에 관한 모든 문제들
에 관해서〕 데모크리토스 이외의 그 어떤 사람도 피상적인 것 이

----

9) DK68B11b~11i 까지 참조. 이 부분을 보면 제반 분야에 걸쳐 원인을
탐구한 데모크리토스 저술들이 소개되어 있는데, 제목이 모두 aitiai로
시작한다. 몇 가지 예를 들면, 『천계현상의 원인들(aitiai ouraniai)』,
『음에 관한 원인들(aitiai peri pōnōn)』, 『씨앗과 식물과 과실에 관한
원인들(aitiai peri spermatōn kai phytōn kai karpōn)』, 『동물에 관한
원인들(aitiai peri zōiōn)』 등이 있다.

상으로 깊이 고찰하지 않았다. 그는 모든 문제에 대해 고찰했으며, 그 당시에 이미 고찰 방식에서 아주 남달랐던 것 같다.

(『생성과 소멸에 관하여』 315a34)

(2) 저작들

13. 디오게네스 라에르티오스(DK68A33)

(45) 트라쉴로스는 그가 플라톤의 책들에 대해서 그렇게 했던 것처럼, 그〔데모크리토스〕의 책들에 대해서도 4개씩 묶어서 (tetralogian) 정리한 목록을 만들어놓았다.[10]

(46) 윤리학 저작은 다음과 같다.

I. 1.『피타고라스』 2.『현자의 기질에 관하여』 3. 『하데스에 있는 것들에 관하여』 4. 『트리토게네이아』[11](이 말은 그녀〔아테나〕에게서 인간적인 모든 것들을 유지해 주는 세 가지가 생겨났다는

••••••••••••••••

10) 트라쉴로스가 정리한 바에 따르면, 데모크리토스의 저작은 위에서 기술한 윤리학 저작 4부작 2개 부문 8권 및 자연학 저작 4부작 4개 부문 16권을 비롯하여, 이어서 기술되고 있는 일반 자연학 저작 9권 및 기타 분야 4부작 7부문 28권 등을 포함 모두 61권에 달한다.

11) '트리토게네이아'는 아테나 여신의 별칭이었다. 그 뜻은 여러 가지로 풀이할 수 있다. 이 제목이 붙은 데모크리토스의 책은 아마도 아테나 여신이 보호하는 실잣기, 베짜기, 도기제조, 올리브경작 등을 포함한 여러 가지 기술에 관한 내용을 담고 있었던 것 같다.

것을 뜻한다.)

II. 1.『남자다움〔용기〕에 관하여』 또는『탁월함에 관하여』 2.
『아말테이아[12]의 뿔』 3.『유쾌함에 관하여』 4.『윤리학 저술들[13]
에 대한 주석들』.『행복』은 남아 있지 않다.

이상이 윤리학 저작들이다.

자연학 저작은 다음과 같다.

III. 1.『대우주』(테오프라스토스의 추종자들은 이것이 레우키
포스의 책이라고 주장한다) 2.『소우주』 3.『우주에 관한 서술』 4.
『행성들에 관하여』

IV. 1.『자연에 관하여』 한 권 2.『인간의 본성에 관하여』(또는
『몸에 관하여』) 두 권 3.『지성에 관하여』 4.『감각에 관하여』(어
떤 사람들은 이 두 책을[14] 하나로 묶어 필사하여『혼에 관하여』라
는 제목을 붙였다.)

V. 1.『맛에 관하여』 2.『색깔에 관하여』(47) 3.『〔원자들의〕 다
양한 형태에 관하여』 4.『형태의 변화에 관하여』

VI. 1.『확증』(이것은 앞에 기술한 책들을 확정짓는 것을 뜻한

· · · · · · · · · · · · · ·

12) 제우스에게 젖을 준 염소, 이 염소를 소유한 자가 무엇이든 원하기만
하면 그것이 염소의 뿔에서 나왔다고 하는데서, '아말테이아의 뿔'은
풍요의 뿔로 여겨졌다.
13) 책들이 몇 권인지에 대한 표시는 없다.
14) 3.『지성에 관하여』 4.『감각에 관하여』

다) 2. 『상(像)에 관하여』 또는 『예견에 관하여 』 3. 『논리적인 것들 또는 규칙에 관하여』 제1권, 제2권, 제3권 4. 『난제 모음집』

… (『유명한 철학자들의 생애와 사상』 9. 45-47)

Ⅱ. 원자론의 기본 원리

(1) 원자와 허공

14. 아리스토텔레스(DK67A7)

레우키포스와 데모크리토스는 모든 것에 적용되는 가장 체계적인(325a1) 하나의 이론을 내놓았는데, 그들은 자연 본성(physis)에 맞는 근원(archē)을 상정한다. 왜냐하면 옛 사람들 중 어떤 이들은[15] 있는 것(to on)은 필연적으로 하나이며 움직이지 않는다고 생각했기 때문이다. 그러니까 허공(kenon)은 있지 않는 것이며, 허공이 별도로 분리되어 있지 않다면 움직이는 것은 불가능할 것이고, 게다가 떼어놓는 것(to dieirgon)이 없다면 여럿도 있을 수 없다는 것이다. 또 이것은, 누군가가 전체(to pan)가 연속되어(syneches) 있지 않고 나누어진 채 접촉하고 있다고 생

....
15) 엘레아학파 사람들.

각할 경우에 〔전체는〕여럿이고 하나가 아니며 허공이라고 말하는 것과 전혀 차이가 없다. 왜냐하면 만약 〔전체가〕 어디에서나 나누어질 수 있다면, 하나는 전혀 있지 않으며, 그래서 여럿도 있지 않고 전체(to holon)는 오히려 허공이기 때문이다. 그런가 하면 만약 그것〔전체〕이 어떤 데서는 나누어질 수 있지만 다른 어떤 데서는 그렇지 않다면, 그것은 일종의 허구적인 것과 같다. 대체 그것이 어느 정도까지 나뉘어 있으며, 또 무엇 때문에 전체의 어떤 부분은 그러하고 —가득 차 있고—, 다른 어떤 부분은 나누어져 있는 것이란 말인가? 나아가서 운동이 있지 않다는 것도 마찬가지로 필연적이다….

(325a23) 그러나 레우키포스는 감각(aisthēsis)에 일치하는 것들을 〔실재한다고〕 주장하면서, 생성도 소멸도 운동도, 또 있는 것들의 다수성(to plēthos)도 부정하지 않는 설명(logoi)을 자신이 가지고 있다고 생각했다. 그는 현상들(phainomena)에 대해서 이것들〔생성, 소멸, 운동, 다수성〕을 인정하는 한편, 하나를 주장하는 사람들에 대해서는 허공이 없다면 운동이 없다는 그들의 주장을 인정하고서, 허공은 있지 않은 것이며 있는 것의 어떤 것〔부분〕도 있지 않은 것이 아니라고 말한다. 왜냐하면 엄격한 의미에서 있는 것(to kyriōs on)은 완전히 꽉 차게 있는 것(pamplērēs on)이기 때문이라는 것이다. 그러나 이런 것〔꽉 찬 것〕은 하나가 아니라, 수적으로 무한하며 크기가 작기 때문에 보이지 않는다고

한다. 이것들은 허공 속에서 움직인다(허공이 있으므로). 그리고 이것들이 함께 모일 때는 생성을 일으키지만, 해체될 때는 소멸(phthora)을 일으킨다. 이것들은 〔서로〕 접촉하는 방식으로(그런 방식으로 그것들이 하나가 되지는 않는다.)[16] 영향을 주고(poiein) 영향을 받는다(paschein). 그리고 이것들이 결합되고(syntithemena) 얽힐 때(periplekomena)는 〔무엇인가를〕 산출해 낸다. 그러나 참으로 하나인 것으로부터는 여럿이 생겨날 수 없고, 참으로 여럿인 것들로부터 하나가 생겨날 수도 없으며, 그런 일은 불가능하다. 오히려 엠페도클레스와 다른 몇몇 사람이 주장하는 바, 〔사물들은〕 통로들(poroi)을 통해서 영향을 받는 것과 마찬가지로, 모든 변화(alloiōsis)와 모든 영향 받음은 다음과 같은 방식으로 일어난다. 즉 단단한 것들(sterea)이 슬며시 〔허공〕 안으로 들어갈 때, 허공을 통해서 해체와 소멸이 있게 되며, 마찬가지로 성장(auxēsis)도 있게 된다.

(『생성과 소멸에 관하여』 I. 8. 325a2 이하)

15. 아리스토텔레스(DK29A22)

그런데 어떤 사람들[17]은 다음 두 가지 논증을 받아들였다. 한

<hr />

16) "그것들이 접촉하는 곳에서(그 곳에서 그것들이 하나가 되지는 않는다)"라고 번역할 수도 있다.
17) 레우키포스와 데모크리토스 또는 원자론자들. 이 단편은 엘레아주의

가지는 있는 것(to on)이 하나(hen)를 뜻한다면 모든 것들은 하나라는 논증인데, 이에 대해 그들은 있지 않은 것(to mē on)이 있다[라는 주장으로 대응했고][18) 다른 하나는 둘로 나눔(dichotomia)에 의한 논증으로서 [이에 대해서 그들은] 나누어질 수 없는(atoma) 크기들을 상정했다.(『자연학』 I. 3. 187a1)

16. 아리스토텔레스(DK67A6)

레우키포스와 그의 동료 데모크리토스는 꽉 찬 것(plēres)과 허공(kenon)을 원소들(stoicheia)이라 말하며, 전자를 있는 것(to on), 후자를 있지 않은 것(to mē on)이라 말한다. 이것들 중에서 꽉 차고 단단한 것(stereon)을 있는 것이라 하고, 비어 있고 성긴 것(manon)을 있지 않은 것이라고 하여(허공도 물체(sōma) 못지 않게 있는 것이기 때문에, 그들은 있는 것(to on)은 있지 않은 것

• • • • • • • • • • • • • • • •
자들과 원자론자들의 주요 차이점을 간명하게 서술하고 있다. 원자론자들은 엘레아주의자들의 논증의 결과를 인정했기 때문에 '비존재'의 존재와 나눌 수 없는 입자(원자)를 가정했던 것이다. 다시 말해서 엘레아주의자들처럼 '있음'이 하나의 뜻만 갖는다고 하면 있는 것은 하나일 수밖에 없기 때문에 원자론자들은 비존재도 있는 것으로 가정해 그것을 허공과 동일시했고, 여럿의 각 구성원이 분할 가능할 경우에는 엘레아주의자들의 나눔에 기초한 논증에 따라 불합리한 결과에 이르기 때문에 분할 불가능한 원자를 가정했던 것이다.
18) DK67A6, DK68B156 참조.

(to mē on)보다 조금도 더 있는 것이 아니라고 말한다.), 이것들을 있는 것들의 질료적 원인(aitia)이라고 말한다. 그리고 기체(hypokeimenē ousia)를 하나로 상정하는 사람들이 그것[기체]이 겪는 성질들(pathē)에 따라 다른 모든 것들을 만들어낼 때 성김과 촘촘함을 그런 성질들(pathēmata)의 근원들(archai)로 놓는 것과 마찬가지 방식으로 이들도 [원소들의] 차이가 다른 모든 것들의 원인이라고 말한다. 그러나 그들은 이것[차이]들이 세 가지라고, 즉 형태(schēma)와 배열(taxis)과 위치(thesis)라고 말한다. 왜냐하면 있는 것은 오직 모양(rhysmos)과 상호접촉(diathigē)과 방향(tropē)에서만 차이가 날 뿐이라고 말하기 때문이다. 그것들 중 모양은 형태이고 상호접촉은 배열이며 방향은 위치이다. 왜냐하면 A는 N과 형태에서 다르고, AN은 NA와 배열에서 다르며, ㅗ는 H[19])와 위치에서 다르기 때문이다.

(『형이상학』A4. 985b5)

17. 심플리키오스(DK68A37)

그[데모크리토스]는 장소(ho topos)를 허공, 아무 것도 아닌 것(to ouden), 한정되지 않은 것(to apeiron)이라는 이름들로 부르는 한편, 실체(ousia)들 각각을 어떤 것(to den), 꽉 찬 것(to nas-

• • • • • • • • • • • • • •
19) H는 Z의 옛 글자체.

ton), 있는 것이라고 부른다. 그리고 그는 실체들은 아주 작아서 우리의 감각을 벗어난다고 생각한다. 그러나 그것〔실체〕들은 온갖 모양(morphai)과 온갖 형태(schēmata) 그리고 크기의 차이들을 갖는다〔고 그는 생각한다〕.

(『아리스토텔레스의「천체에 관하여」주석』 295. 1)

18. 심플리키오스(DK67A14)

이들〔레우키포스, 데모크리토스, 에피쿠로스〕은 근원들 (archai)은 그 수가 무한하다고 말했으며, 그것들은 꽉 차 있고 허공(kenon)을 갖지도 않기 때문에 자를 수도 없고(atomoi) 분할할 수도 없으며(adiairetoi) 영향을 받지도 않는다고(apatheis) 생각했다. 왜냐하면 분할은 물체들 속에 있는 허공 때문에 일어난다고 그들은 말했기 때문이다.

(『아리스토텔레스의「천체에 관하여」주석』 242. 18)

19. 심플리키오스(DK67A13)

레우키포스와 데모크리토스는 일차적 물체들(prōta sōmata)이 분할되지 않는 원인은 그것들이 영향을 받지 않기(apatheia) 때문만은 아니고, 그것들이 작고 부분을 갖지 않기(ameres) 때문이기도 하다고 생각한다. 그러나 이후 에피쿠로스는 그것들이 부분을 갖지 않는 것은 아니라고 생각하고, 그것들이 영향을 받지 않기 때문에 분할되지 않는 것이라고 말한다.

(『아리스토텔레스의 「자연학」 주석』 925. 10)

20. 플루타르코스(DK68B156)

그[데모크리토스]는 "어떤 것(den)[있는 것]이 아무 것도 아닌 것(mēden)[있지 않는 것] 보다 더 있지 않다"라고 규정하면서 '어떤 것'을 '물체'라고 부르고, '아무것도 아닌 것'을 '허공'이라고 불렀는데, 이것[허공]도 일종의 자연(physis)이며, 그 나름의 존립(hypostasis idia)을 가진다고 생각했기 때문이다.

(『콜로테스에 대한 반박』 4. 1108)

(2) 원자의 형태, 크기, 수, 무게

21. 아리스토텔레스

그들[데모크리토스와 레우키포스]은 원소들 각각의 형태가 어떤 것이고 무엇인지에 대해서 아무런 규정도 내리지 않고, 다만 불에게는 공 모양을 부여했을 뿐이다. 그는 공기와 물, 그리고 그 밖에 다른 것들을 [원자의] 크고 작음에 따라 구별했다. 그것들의 본성(physis)이 모든 씨앗의 혼합체(panspermia)[20] 같은 것이라

. . . .

20) 여기서 '씨앗'은 사물의 궁극적인 '원소'를 의미하며, 데모크리토스에서 원소는 원자이므로 '판스페르미아(panspermia)'의 뜻은 '모든

고 생각했기 때문이다.(『천체에 관하여』 III. 4. 303a12)

22. 아리스토텔레스

〔데모크리토스는〕구형이 형태들 중 가장 잘 움직이며, 지성
(nous)과 불이 이와 같은 것이라고 말한다.

(『혼에 관하여』 I. 2. 405a11)

23. 알렉산드리아의 디오뉘시오스(DK68A43)

그들〔에피쿠로스와 데모크리토스〕중 한 사람은 〔원자들〕모두
가 극히 작아서 감각할 수가 없다고 생각한 반면, 다른 사람 데모
크리토스는 어떤 원자들은 아주 크기도 하다고 생각한 점에서 만
큼은 서로 일치하지 않았다.

(에우세비오스의 『복음의 준비』 XIV. 23. 3에서 인용됨)

24. 심플리키오스(DK67A8)

이 사람〔레우키포스〕은 자를 수 없는 근원들〔원자들〕이 무한하
고 언제나 운동하는 원소들(stoicheia)이며, 어떤 것도 이런 것이
기 보다는 저런 것이어야 할 이유가 없기 때문에 그것들이 포함
하는 형태들의 수가 무한하다고 가정했다.

· · · · · · · · · · · · · ·
원자의 혼합체'가 된다.

·

(『아리스토텔레스의 「자연학」 주석』 28. 8)

25. 아리스토텔레스(DK68A60)

그러나 데모크리토스는 나눌 수 없는 것들(adiaireta) 각각은 〔크기가〕 더 크면 더 무겁다고 말한다.

(『생성과 소멸에 관하여』 I. 8. 326a9)

26. 테오프라스토스(DK68A135)

데모크리토스는 크기에 따라 〔원자들의〕 무거움과 가벼움을 구별한다. 왜냐하면 만약 〔원자들〕 각각이 하나하나 떨어져 있다면, 비록 그것들이 형태에 따라 구별되기는 하지만, 그것들의 본래 무게(stathmos tēn physin)는 크기에 따라 좌우될 것이다. 그렇기는 하나 섞인 것들의 경우는 허공을 더 많이 가진 것이 더 가볍고 덜 가진 것이 더 무겁다. 그는 어떤 데〔책〕에서는 그렇게 말했다. 그러나 다른 데에서는 가벼운 것은 미세한 것이라고만 말한다.(『감각에 관하여』 61)

27. 심플리키오스(DK68A61)

데모크리토스를 따르는 사람들의 생각에 따르면, 모든 것들은 무게를 가지지만, 불은 무게가 가볍기 때문에 무게가 더 무거운 것들(prolambanontōn)[21]에게 밀려나 위로 올라가며, 그 때문에 가벼워 보인다.

(『아리스토텔레스의 「천체에 관하여」 주석』 712. 27)

28. 아에티오스(DK68A47)[22]

데모크리토스의 말에 따르면, 일차적 물체들(prōta sōmata)(이 것들은 단단한[꽉 찬] 것들(ta nasta)이다)이 무게를 갖지 않지만, 무한한 것(to apeiron) 속에서 상호 충돌로 인해(kat' allēlotypi-an) 움직인다. 그리고 세계만한 크기의 원자가 있을 수 있다.

(『학설 모음집』 I. 3. 18)

● ● ● ● ● ● ● ● ● ● ● ● ● ● ● ●

21) '프롤람바논톤(prolambanontōn)'을 알기 쉽게 '무게를 더 많이 가진 것들'로 번역했지만, 프롤람바노(prolambanō)의 사전적인 뜻은 '무엇을 선점하다', '앞서다'라는 뜻으로, 이 구절에서는 무게가 더 무거운 것이 허공의 아래쪽을 먼저 차지하게 되면서 가벼운 것은 위로 떠밀려 올라간다는 뜻으로 이해된다.

22) A47에는 이 곳에서 소개하고 있는 2개의 단편을 포함해 아에티오스, 키케로, 심플리키오스가 전하는 6개의 단편이 나오는데 그것들 모두는 테오프라스토스의 책에는 수록되지 않은 것들이고 에피쿠로스에서 유래한 것들이다. 그러므로 원자의 무게와 관련해서는 A60, A61 정도가 믿을 만한 단편이다. 본문 25에서 테오프라스토스가 증언하고 있는 내용은 어쩌면 이들 단편 사이에 노정된 모순들을 설명해 줄 수도 있을 것이다(딜스). 그러나 본문 29에서 에피쿠로스가 원자의 성질에 무게를 크기, 형태 다음의 것으로 보냈다는 아에티오스의 언명은 주목할 만하다. 한편 아리스토텔레스와 심플리키오스는 데모크리토스의 원자들이 무게를 갖고 있다고 생각한다.

29. 아에티오스(DK68A47)

데모크리토스는 [원자들의 속성으로서] 크기와 형태 두 가지를 말했지만, 에피쿠로스는 여기에 무게(baros)를 세번째 것으로 보탰다. 왜냐하면 물체들은 무게로 인한 충돌(plēgē)에 의해 움직일 수밖에 없기 때문이라고 그는 말한다.(『학설 모음집』I. 12. 6)

Ⅲ. 원자의 운동과 세계의 형성

(1) 원자의 운동

30. 아리스토텔레스(DK67A16)

그러므로 레우키포스뿐 아니라 데모크리토스도, 일차적 물체들은 허공과 무한한 것 속에서 항상 움직인다고 말하고 있는 만큼, 그것이 어떤 운동인지, 즉 그것들의 본성에 맞는 운동이 무엇인지를 말해야 한다.(『천체에 관하여』Ⅲ. 2. 300b8)

31. 심플리키오스(DK68A37)

[데모크리토스의 생각에 따르면, 원자들은] 닮지 않음 (anomoiotēta)과 그 밖에 앞서 말한 다른 차이들 때문에 허공 속에서 [서로] 반발하고 움직이며, 그것들이 움직이는 동안 [서로]

부딪히며 뒤얽히는데 …

  (『아리스토텔레스의 「천체에 관하여」 주석』 295. 9)

32. 아프로디시아스의 알렉산드로스(DK67A6)

  이들[데모크리토스와 레우키포스]은 원자들이 서로 충돌하고 부딪힘으로써 움직인다고 말한다.

  (『아리스토텔레스의 「형이상학」 주석』 36. 21)

33. 아에티오스(DK68A47)

  데모크리토스는 진동(palmon)에 의한 한 가지 종류의 운동이 있다고 주장했다.(『학설 모음집』 I. 23. 3)

34. 아에티오스(DK68A66)

  (필연의 본성에 관해서) 데모크리토스는 [필연이란] 질료의 저항(antitypia)과 이동(移動)(phora)과 충돌(plēgē)[을 뜻한다고 말한다.][23] (『학설 모음집』 I. 26. 2)

35. 심플리키오스(DK68A58)

  그들[원자론자들]의 말에 따르면, 이것들[원자들]은, 자신들

....

23) DK68A83, DK28A32 참조.

속의 무게로 말미암아 움직일 때, 저항하지 않고 자리를 내주는 허공을 통해 장소 이동을 한다. 왜냐하면 그것들이 **사방으로 흩어**지기(peripalassesthai)[24] 때문이다.

(『아리스토텔레스의 「자연학」 주석』)

36. 갈레노스(DK68A49)

원자들은 어느 것이나 작은 물체들이며, 어떠한 성질(poiotēs)도 갖고 있지 않다. 또 허공은 모종의 장소와 같은 것으로, 그 안에서 이 모든 물체들은 영원한 시간을 통해 위 아래로 움직이면서 모종의 방식으로 서로 결합하거나 또는 충돌해 튕겨나간다(apopalletai). 그것들은 그러한 접촉(homilia)을 통해 분리되고 다시 서로 결합하며, 그렇게 해서 우리의 신체들, 그리고 신체가 겪는 것들(pathēmata) 및 감각들(aisthēseis)을 포함하는 다른 모든 결합체들(synkrimata)을 만들어낸다.

(『히포크라테스의 원소들에 관하여』 I. 2)

．．．．．．．．．．．．．．．．

24) 사본에는 periplaisestēsai로 되어 있는 것을 딜스가 peripllaissestēsai로 수정했다.

(2) 물체와 세계들의 생성

37. 아리스토텔레스(DK67A15)

왜냐하면, 그들[데모크리토스와 레우키포스]의 말에 따르면, 일차적 크기들(prota megethē)은 수효가 무한하고 크기를 분할할 수 없으며, 하나에서 여럿이 생겨날 수도 없고 여럿에서 하나가 생겨날 수 없으며, 오히려 이것들의 얽힘(symplokē)과 흩어짐(peripalaxis)에 따라 모든 것들이 생겨나기 때문이다.

(『천체에 관하여』 III. 4. 303a5)

38. 디오게네스 라에르티오스(DK68A1)

[데모크리토스의 견해에 따르면] 모든 것들은 필연(anankē)에 따라 생겨난다. 회오리가 모든 것들의 생성의 원인(aitia)이기 때문인데, 그는 그것을 필연이라고 부른다.

(『유명한 철학자들의 생애와 사상』 IX. 45)

39. 아에티오스(DK67B2)

어떤 것(chrēma)도 아무렇게나 생겨나지 않는다. 오히려 모든 것은 이치[25](logos)에 따라서, 그리고 필연(anankē)에 의해 생겨난다.

. . . .

25) 여기서 logos를 '근거' 또는 '비율'로 번역할 수도 있다.

(『학설 모음집』 I. 25. 4)[26]

40. 심플리키오스(DK67A14)

… [레우키포스와 데모크리토스의 말에 따르면] 이 원자들은 무한한 허공 안에 서로 떨어져 있고 형태(schēmasi), 크기(megethesi), 위치(thesei), 배열(taxei)에서 차이가 나기 때문에, 허공 속에서 움직이고 서로 따라가 붙잡으면서(epikatalambanousas) 충돌한다. 그래서 어떤 것들은 아무데로나 튀어나가고, 어떤 것들은 형태들과 크기들과 위치들과 배열들의 일치(symmetria)에 따라 서로 얽히고 하나로 뭉쳐(symmenein)[27] 그렇게 해서 결합체들(synthetōn)의 생성이 이루어진다.

(『아리스토텔레스의「천체에 관하여」주석』242. 21)

41. 디오게네스 라에르티오스(DK67A1)

앞서 [우리가] 말했듯이, 그[레우키포스]의 말에 따르면, 전체(to pan)는 무한하며 그것의 일부는 가득 찬 것이고 일부는 비어 있는 것인데, 이것들이 바로 원소들(stoicheia)이다. 이것[전체]

----

26) 딜스는 이 단편에 대해 "레우키포스의 이런 생각은 추측하건데 감각을 필연적으로 작용하는 원인으로 귀착시키지 않으면 안 된다는 생각에서 나온 것이다"라는 주를 달아놓았다.

27) symmenein은 본문 31, 40, 48을 근거로 딜스가 고친 것. 다른 사본에는 symbainein으로 되어 있다.

으로부터 무수한 세계들(kosmoi)이 이루어지고 다시 이것들[원소들]로 분해된다. 세계들은 다음과 같이 생겨난다. 온갖 형태의 많은 물체들이 무한한 것에서 잘라져서 조각난 채 거대한 허공으로 옮겨지며, 그것들이 한데 모여서 하나의 회오리(dinē)를 만드는데, 이 회오리 안에서 [서로] 부딪히고 온갖 방식으로 회전하면서 비슷한 것들이 비슷한 것들 쪽으로 따로 분리된다. 그것들이 많아서 더 이상 균형을 유지하며 회전할 수 없게 되면, 마치 체로 걸러지듯 미세한 것들이 바깥의 허공으로 물러나가고, 나머지 것들은 함께 뭉쳐(symmenein) 서로 얽혀 함께 움직이면서 공처럼 둥근 최초의 어떤 구조물(ti systema)[28]을 만든다. (32)이것은 자신 안에 온갖 종류의 물체들을 에워싸고서 피막(hymēn)처럼 [중심에서] 떨어져 있다. 그것들이[구조물 안의 물체들]이 중심의 반발로 인해 맴도는 동안 둘러싸는 피막은 얇아지고, 회오리와 접촉함에 따라 [물체들은] 합류하면서 계속 함께 [중심으로]흐른다. 그렇게 해서 [물체들이] 중심으로 옮겨진 후 함께 남아서 땅이 생겨난다. 그리고 피막처럼 둘러싸고 있는 것 자체는 바깥의 물체들이 유입됨[29]에 따라 다시 자라난다. 그리고 이것은 회오리에

....

28) 두터운 공 껍질 모양의 물체를 연상시킨다. 이 물체들이 회오리에 의해 내부가 깎여나가면서 얇아지고 그 안의 물체들과 함께 가운데로 흘러 모여서 대지가 생겨나는 것으로 이해된다.

29) 사본의 'epekkrisis(배출)' 대신 하이델(Heidel)의 'eperysis(유입)'를 택했다.

의해 움직이면서 뭐든 접촉하는 것들을 [자신에게] 덧붙여 갖는다. 그것들 가운데 일부는 서로 얽혀서 구조물을 만들어내는데, 처음에는 축축하고 진흙덩이이지만, 회오리 전체와 함께 돌면서 마르게 되고 결국은 불붙어서 별들의 본성(physis)을 형성한다.(『유명한 철학자들의 생애와 사상』 IX. 31, 32)

42. 아에티오스(DK67A23)

레우키포스와 데모크리토스는 세계(kosmos)를 갈고리 모양의 원자들로 얽혀져 있는 외투(chitōn) 내지는 피막(hymēn)으로 둥글게 감싼다. (『학설 모음집』 II. 7. 2)

43. 히폴리토스(DK68A40)

그[데모크리토스]는 원소들, 즉 꽉 찬 것(plēros)과 허공(kenon)에 관해서 레우키포스와 마찬가지로 꽉 찬 것은 있는 것이고 허공은 있지 않은 것이라고 말한다. 그는 있는 것들이 언제나 허공 안에서 어떻게 움직이는지를 말했다. 또 [그는 다음과 같이 말했다] 크기가 다른 무수한 세계들이 있다. 어떤 세계들에는 해도 달도 없고, 어떤 세계들에는 우리의 것들보다 더 크고, 어떤 세계들에는 더 많이 있다. 세계들 사이의 거리들은 똑같지 않다. 즉 어떤 곳에는 [세계들이] 더 많고 어떤 곳에는 더 적다. 그리고 어떤 세계들은 커지고 있고, 어떤 세계들은 전성기에 달했으며,

어떤 세계들은 쇠퇴하고 있다. 또 어떤 곳에서는 〔세계들이〕 생겨
나고 있고 어떤 곳에서는 사라지고 있다. 그것들은 서로 충돌함
으로써 소멸한다. 몇몇 세계에는 동물들도 식물들도 없고 물기도
전혀 없다.(『모든 이교적 학설들에 대한 반박』 I. 13. 2)

44. 아리스토텔레스(DK68A69)

여기 이 하늘뿐만 아니라, 모든 세계들이 저절로(to auto-
maton)생겼다고 생각하는 어떤 사람들이 있다. 왜냐하면 모든
것(to pan)을 분리하고 〔현재의〕 이 질서로 정착시키는 회오리와
운동(kinēsis)은 저절로 생겨나기 때문이다.

(『자연학』 II. 4. 196a24)

45. 심플리키오스(DK68B167)

데모크리토스가 온갖 형태〔원자〕로 이루어진 회오리가 전체로부
터 떨어져나왔다(apokrithēnai)고 말할 때(그러나 어떻게, 그리고
어떤 까닭으로 그러한지는 말하지 않는다), 그는 저절로(t'au-
tomaton)와 우연(偶然)(tychē)으로부터 그것을 산출해 내는 것
같다. (『아리스토텔레스의 「자연학」 주석』 327. 24-25)

46. 심플리키오스(DK68B168)

저들은 이것〔원자〕들을 자연(physis)이라 불렀다. …그것들이

사방으로 흩뿌려진다고 말했다.

(『아리스토텔레스의 「자연학」 주석』 1318. 34)

47. 섹스투스 엠피리쿠스(DK68B164)

그[데모크리토스]의 말에 따르면, 비둘기들이 비둘기들과 함께 두루미들이 두루미들과 함께 모이며, 그 밖에 이성을 갖지 않은 (alogōn) 모든 것들[짐승들]의 경우도 마찬가지로 그렇듯이, 생물들은 같은 종류의 생물들끼리 모인다. 그리고 체로 걸러지는 씨앗들뿐 아니라 바닷가의 조약돌에서도 볼 수 있는 것처럼, 생명이 없는 것들 (apsychōn)[무생물]의 경우에도 그러하다.

(『학자들에 대한 반박』 VII. 117)

48. 심플리키오스(DK68A37)

그것들[원자들]을 서로 접촉하게 하고 가까워지게[모여들게] 하는 방식의 뒤얽힘[periplokē]은 실제로는 저것[원자]들로부터 어떤 종류의 한 가지 자연물(mia physis)도 산출하지 않는다. 왜냐하면 도대체 둘 또는 그 이상의 것들이 하나가 될 수 있다[고 믿]는 것은 아주 단순한 생각이기 때문이다. 그[데모크리토스]는 실체들(ousiai)[원자들]이 한동안 서로 함께 머무는 까닭을 물체들(sōmata)의 서로 맞물림(epallagas)과 붙잡음(antilēpseis)에 돌린다. 왜냐하면 그것들 가운데 어떤 것들은 울퉁불퉁하고

(skalēna) 어떤 것들은 갈고리 모양(angkistrōdē)이며 어떤 것들은 움푹하고(koila) 어떤 것들은 볼록하고(kyrta), 그 밖의 다른 무수한 차이들을 가지고 있기 때문이다. 따라서 그는 그것들의 주변으로부터 더 강한 어떤 필연(anankē)이 다가와서 마구 흔들어서 따로따로 흩어놓을 때까지는 그것들이 서로 붙잡고 함께 뭉쳐 있다고 생각한다.

(『아리스토텔레스의 「천체에 관하여」 주석』 295. 9)

Ⅳ. 인식과 사유

(1) 인식의 성립과 기초

49. 아리스토텔레스(DK68A119)

데모크리토스뿐만 아니라, 감각에 대하여 논하는 대부분의 자연철학자는 뭔가 아주 터무니없는 것을 주장하고 있다. 왜냐하면 그들은 감각 가능한 것〔감각의 대상〕은 모두 접촉 가능한 것(hapta)이라고 주장하기 때문이다.[30] 그러나 만일 그것이 그렇다고 한다면 기타 모든 감각 능력 각각도 일종의 촉각(haphē)임이 분명

----

30) 테오프라스토스, 『감각에 관하여』 55(DK-68A135), DK28A48 참조.

하다. (『감각과 감각되는 것들에 관하여』 442a29)

50. 아에티오스(DK67A30)

레우키포스, 데모크리토스, 에피쿠로스는 밖으로부터 상(像)들 (eidōla)이 들어올 때 감각과 사유(noēsis)가 생긴다고 말한다. 왜냐하면 와서 부딪히는 상이 없이는 누구에게도 이 두 가지는 전혀 일어나지 않기 때문이다. (『학설 모음집』 IV. 8. 10)

51. 섹스투스 엠피리쿠스(DK68B9)

데모크리토스는 때때로 감각들(aisthēseis)에 나타나는 것들 (phainomena)을 부정한다. 그는 이것들이 결코 진리(alētheia) 에 맞게 나타나는 것이 아니라 다만 의견(doxa)에 맞게 나타날 뿐이며, 있는 것들 가운데 참된 것은 원자들과 허공(kenon)이 있 다는 점이라고 주장한다. 실로 그는 관습상(nomōi) 단 것, 관습상 쓴 것, 관습상 뜨거운 것, 관습상 차가운 것, 관습상 색깔[이 있지만], 실제로는 원자와 허공[만 있다]고 말한다.

(『학자들에 대한 반박』 VII. 135)

52. 아에티오스(DK67A32)

다른 사람들은 감각된 것을 본래 실재한다고 보지만, 레우키포 스, 데모크리토스 그리고 디오게네스[31]는 그것을 관습(nomos)

에 따른 것, 즉 우리의 의견(doxa) 내지는 경험(pathos)에 따른 것으로 본다. 〔그들에 따르면〕1 차적인 원소들인 원자들과 허공 이외에는 아무 것도 참일 수 없으며 파악할 수도 없다. 왜냐하면 본래 존재하는 것은 오직 그것들뿐이고, 그것들로 이루어진 것들은 〔원자들의〕위치(thesis), 배열(taxis), 형태(schēma)가 서로 다른 부차적인 것들이기 때문이다. (『학설 모음집』 IV. 9.8)

53. 심플리키오스(DK68A120)

테오프라스토스가 그의 『자연학』에서 이야기하고 있듯이, 데모크리토스는 뜨거움과 차가움 그리고 그러한 종류의 것들을 가지고 원인을 논하는 사람들(aitiologountoi)의 설명이 미숙하다고 생각했기 때문에 원자들로 나아갔던 것이다. 피타고라스학파 사람들이 면(面)(epipeda)으로 나아갔던 것과 마찬가지로 말이다. 왜냐하면 피타고라스학파 사람들은 형태나 크기가 뜨거움과 차가움의 원인이라고 생각했는데, 나눠지고 쪼개지는 것은 뜨거움의 감각을 가져다 주고 결합하고 응축하는 것은 차가움의 감각(synaisthēsis)을 가져다 준다고 보았기 때문이다.

(『아리스토텔레스의「천체에 관하여」주석』564. 24)

· · · · · · · · · · · · · ·
31) 이 디오게네스는 퀴니코스학파의 디오게네스(기원전 400-325)가 아니라 아폴로니아의 디오게네스이다.

54. 아리스토텔레스(DK67A9)

그들[데모크리토스와 레우키포스]은 나타남[현상] 속에 참된 것(talēthes)이 있지만, 나타나는 것들(ta phainomena)이 대립적이고 무한하다(apeira)고 생각했기 때문에, 그들은 형태들을 무한하게 상정하여, 결합되는 것의 변화(metabolē)들에 따라 같은 것이 이 사람과 저 사람에게 대립되는 것으로 보이고, 작은 것이 [덧붙여] 섞여도 바뀌게 되며, 하나[원소]가 바뀌어도 완전히 다른 것으로 보이게끔 했다. 이를테면 비극과 희극은 같은 문자들로 이루어진다. (『생성과 소멸에 관하여』 I. 1. 315b6)

55. 테오프라스토스(DK68A135)

그[데모크리토스]는 보는 것[시각작용]을 영상(映像)(emphasis)에 기초해 설명하며, 이것[영상]을 [다음과 같이] 독특하게 묘사한다. 영상은 곧바로 눈동자에 생기는 것이 아니라, 시각(opsis)과 보이는 것 사이의 공기가 보이는 것과 보는 자에 의해서 압축되면서 [그 공기에] 자국이 새겨진다. 왜냐하면 모든 것으로부터는 모종의 유출물(aporroē)이 언제나 나오기 때문이다. 그런 다음 딱딱하고 색깔이 달라진 이 공기는 축축한 눈에 [상으로] 나타난다. 촘촘한 것은 [상을] 받아들이지 않지만, 축축한 것은 [상을] 통과시킨다. (『감각에 관하여』 50)

56. 아프로디시아스의 알렉산드로스(DK67A29)

그들은 보는 것[시각작용]은 [보이는 대상과] 모양이 닮은 어떤 상들이 보이는 것[대상]으로부터 계속 흘러나와 시각에 부딪히는 데 기인한다고 여겼다. 레우키포스와 데모크리토스를 따르는 이들이 그런 [견해를 가진] 사람들이었다.

(『아리스토텔레스의 「감각과 감각되는 것들에 관하여」 주석』 56. 12)

57. 테오프라스토스(DK68A135)

쓴 맛(ho pikros)은 작고 매끄럽고 둥글며, 표면에 굴곡이 있는 것[원자]들로 이루어진다. 이 때문에 쓴 맛은 들러붙고 끈적끈적하다. 짠 맛(halmyros)은 크면서 둥글지 않은 것들로 이루어지는데, [그 원자들 중] 어떤 것들은 울퉁불퉁하지만, 〈대부분은 울퉁불퉁하지 않다.〉[32] 그 때문에 [짠맛을 구성하는 원자들은] 굴곡들이 많지 않다.(그는 '울퉁불퉁한'이라는 말로 서로 '겹쳐짐(peripalaxis)', '엮임(symplokē)'을 뜻하고자 한다.)

(『감각에 관하여』 66)

58. 아에티오스(DK68A128)

데모크리토스는 공기도 [소리조각과] 닮은 형태의(homoio-

32) 〈 〉는 딜스가 보충한 것.

schēmona) 물체들로 잘게 부서지며 소리의 조각들과 함께 이리 저리 굴러다닌다고 말한다. (『학설 모음집』 IV. 19. 3)

59. 『어원사전』(DK68B123)

'영상(映像)(deikelon)'이란 데모크리토스에서는 사물들과 모양이 닮은 유출물(aporroia)이다. ('deikelon' 항목)

(2) 감각의 위상

60. 아리스토텔레스(DK68A112)

게다가 그들 [프로타고라스주의자들]은 같은 것들과 관련해서 우리에게 나타나는(phainesthai) 것과 정반대되는 것[감각적 인상]이 건강한 상태에 있는 많은 동물들에게도 나타나고[33] 각자는 감각(aisthēsis)에 따르는 한 그 자신이 언제나 [같은 것에 대해서] 같은 판단을 내리지는 않는다. 그러므로 이것들 가운데 어떤 것들이 참인지 또는 거짓인지는 불분명하다. 왜냐하면 이것들이 저것들보다 조금도 더 참되지 않고 똑같이 [불분명하기] 때문이

• • • • • • • • • • • • • • •

33) 딜스와 크란츠의 hygiainousi를 취하지 않고 많은 사본에 나온 대로 pollois 뒤에 tōn allōn을 넣어 다음과 같이 읽는 것이 의미상 더 자연스럽다. "게다가 우리에게서도 다른 많은 동물에게서도 같은 것들과 관련해서 정반대의 것(감각현상)이 나타난다."

다. 이 때문에 데모크리토스는 그것들이 전혀 참이 아니거나, 그 것들이 우리에게 불분명한 것이라고 말한다. 일반적으로 말해 그 들은 사고(phronēsis)는 감각[과 같은 것]이고 감각은 [육체의] 변화라고 생각했기 때문에 감각에 나타나는 것은 필연적으로 참 (alētes)이라고 주장한다.(『형이상학』 Γ5. 1009b7)

61. 테오프라스토스(DK68A130)

우리는 작용하는 것(to poioun)뿐만 아니라, 작용 받는 것(to paschon)도 알아야 한다. 특히 그[데모크리토스]가 말한 것처럼, 같은 맛(chymos)일지라도 모든 사람에게 똑같이 나타나지 않는다 면 말이다.(『식물의 원인에 관하여』 VI. 2,1)

62. 섹스투스 엠피리쿠스(DK68A114)

누구든 "모든 표상(phantasia)은 참이다"라고 주장할 수는 없 을 것이다. 그런 주장은, 데모크리토스와 플라톤이 프로타고라스 를 반박하면서 가르쳐주었듯이,[34] 자승자박(peritropē)에 이르기 때문이다. 왜냐하면 만일 모든 표상이 참이라면, "모든 표상이 참 이 아니다"도 그것이 표상인 한에서는 참이 될 것이며, 이에 따라 "모든 표상은 참이다"는 거짓이 될 테니까.

••••••••••••••
34) A8 참조.

(『학자들에 대한 반박』 VII. 389)

63. 섹스투스 엠피리쿠스(DK68A134)

꿀이 어떤 사람들에게는 달게, 또 어떤 사람들에게는 쓰게 나타난다는 사실에 근거하여 데모크리토스는 그것자체는 달지도 않고 쓰지도 않다고 말했다(『퓌론주의 철학 개요』 II. 63)

64. 에피파니오스(DK67A33)

레우키포스는 밀레토스 사람, 또는 일부사람들에 따르면 엘레아 사람인데, 그도 논쟁가(eristikos)였다. 이 사람 역시 다음과 같이 말했다. "우주(to pan)는 무한하게 있고, 모든 것들은 외견(phantasia)상으로 내지는 의견(dokēsis)에 의해 존재하게 되며 진실로는 전혀 그렇지 않고, 단지 물 속의 노(櫓)(kōpē)처럼 그렇게 나타나보일 따름이다." (『이단들에 대한 반박』 III. 2. 9)

65. 섹스투스 엠피리쿠스(DK68A110)

어떤 사람들은 데모크리토스 쪽 사람들이 그런 것처럼, 모든 현상을 〔거짓이라고〕 부인한다. (『학자들에 대한 반박』 VII. 369)

66. 아리스토텔레스(DK68A101)

왜냐하면 그〔데모크리토스〕는 … 현상(phainomenon)이 참

(alēthes)이라고 생각했기 때문이다. (『혼에 관하여』404a27)

67. 섹스투스 엠피리쿠스(DK68B10)

또다시 그는 지금 우리가 각각의 사물이 실제로 어떤 것인지 〈또는〉[35] 어떤 것이 아닌지를 파악하지 못한다는 것은 여러 곳에서 밝혀졌다고 말한다.(『학자들에 대한 반박』VII. 136)

68. 섹스투스 엠피리쿠스(DK68B6)

그는 『형태들에 관하여』[36]에서 사람은 〔자신이〕 실재(eteē)에서 멀어져 있다는 것을 이 규칙(kanoōn)[37]에 근거해서 알아야 한다고 말한다.(『학자들에 대한 반박』VII. 137)

69. 섹스투스 엠피리쿠스(DK68B7)

그리고 다시 〔그는〕 이 말 또한 우리는 실제로 어떤 것에 대해서든 아무것도 알지 못하며, 오히려 의견(doxis)이란 각자에게 주어지는 〔원자 또는 지각 형성물의〕[38] 유입(流入)(epirysmiē)이라는 것을 밝

• • • • • • • • • • • • • • •

35) 〈 〉은 믿을 만한 사본에 덧붙여 있는 것.
36) 브란디스(Brandis)는 형태(ideai)란 말이 데모크리토스의 『다양한 형태들에 관하여』라는 저작이 다루고 있는 원자의 형태와 관계가 있다고 생각한다.
37) 여기서 규칙이란 B10b에 기술된 데모크리토스가 지은 『논리적인 것들 또는 규칙에 관하여』이란 책의 내용을 의미할 것이다.

혀준다〔고 말한다〕.(『학자들에 대한 반박』 VII. 137)

70. 섹스투스 엠피리쿠스(DK68B8)

더 나아가서 〔그는〕 게다가 각각의 사물이 실제로 어떤 것인지 알기가 곤란하다는 것도 분명해질 것이다〔라고 말한다〕.

(『학자들에 대한 반박』 VII. 137)

71. 디오게네스 라에르티오스(DK68B117)

데모크리토스가 "관습상 뜨거운 것, 관습상 차가운 것이 〔있지만〕, 실제로는 원자들과 허공〔만 있다〕"[39]고 말하고서 다시 또 "실은 아무것도 우리는 알지 못한다. 진리는 심연(bythos)에 있으니까"라고 말할 때, 그는 〔그 자체로서의〕 성질들(poiotētas)〔이 있다는 것〕을 부정하고 있는 것이다.

(『유명한 철학자들의 생애와 사상』 IX. 72)

72. 키케로(DK68B165)

게다가 우리는 어떤 것이 참으로 있다는 것을 부정하지는 않고 그것이 지각될 수 있다는 것을 부정하지만, 그는 우리처럼 그렇게 말하고 있지는 않다. 그는 저것〔어떤 것〕이 참으로 있다는 것

• • • • • • • • • • • • • •
38) 이 부분은 딜스와 크란츠가 보충 번역한 내용.
39) 본문 78 참조.

을 분명히 부정함과 동시에 감각을 불확실한(obscurus) 것이라고 말하지 않고 완전히 어두운(tenebricosos) 것[40]이라고 말한다.(『아카데미카 I』 II. 23. 73)

73. 섹스투스 엠피리쿠스(DK68B9)

그는 『확증들』에서 믿음(pistis)을 좌우하는 힘을 감각들에게 돌린다고 공언했지만, [우리는] 그가 이것들을 적잖게 비난한다는 것을 발견한다. 왜냐하면 우리들은 실로 어떤 정확한 것(atrekes)도 파악하지 못하며, 몸의 상태(diathēkē)와 [몸으로] 밀고 들어오거나 [몸에] 저항하는 것[원자]들의 상태에 따라서 변하는 것들(metapiptōn)을 [파악할 따름이다][41]라고 그는 말하기 때문이다.(『학자들에 대한 반박』 VII. 136)

(3) 감각과 사고

74. 섹스투스 엠피리쿠스(DK68B11)[42]

『원칙들』에서 그는 두 가지 인식(gnōsis), 즉 감각들(aisthēsis)

• • • • • • • • • • • • • •

40) tenebricosos란 skotias(어둠, 서출)를 의미. B11 참조.
41) 이것은 데모크리토스의 시각에 대한 이론의 두번째 상태와 잘 들어맞는다(본문 55 참조).
42) 이 단편은 본문 70(B8) 다음에 놓인다.

을 통한 것과 사고(dianoia)를 통한 것이 있다고 말하는데, 이것들 가운데 사고를 통한 인식을 적법한(gnōsiē) 〔인식〕[43]이라고 부르고 그것에게는 진리의 판결을 위한 신뢰성을 보증해 주는 반면, 감각들을 통한 인식을 서출적(庶出的)(skotiēn)[44] 〔인식〕이라 부르고, 참된 것(alethes)의 식별에 따른 틀림없음(aplanes)을 그것에서 배제한다. (139) 〔그의〕 말〔을〕 그대로 〔옮기자면〕 그는 이렇게 말한다. 앎의 능력(gnōmē)에는 두 종류가 있다. 하나는 적법한 것이고, 다른 하나는 서출적인 것이다. 서출적인 것에는 다음의 모든 것들, 즉 시각, 청각, 후각, 미각, 촉각이 속한다. 반면에 적법한 것은 이것〔서출적인 것〕과는 구별된다. 그런 다음 그는 서출적인 것보다 적법한 것을 우위에 두면서 다음과 같이 덧붙여 말한다. 서출적인 것은 더 작은 것에 대해서 더 이상 볼 수도[45] 들을 수도 냄새 맡을 수도 맛볼 수도 접촉에 의해 감각할 수도 없으며, 그러나 〔우리

---

43) 'gnōsiōn'은 일차적으로 '서출(庶出)'의 반대인 '적출(嫡出)'을 뜻한다.

44) 플라톤의 『티마이오스』 52b에도 '서출(庶出)적 추론(nothos logismos)'이란 말이 나온다.

45) 딜스는 이 부분 horēn epi' ellaton과 관련해 플라톤의 『파이드로스』 266b의 dynaton eis hen kai epi polla pephykota horan이라는 구절을 참조하라는 주석을 붙였다. 딜스는 이 부분을 "변증술을 몸에 익히려면 사태들을 그 본성에 따라 하나로 되는 쪽을 바라보는 것뿐만 아니라, 여럿으로 작게 나누어진 것까지도 볼 수 있을 만큼의 능력을 가지고 있어야 한다"는 플라톤의 생각과 연결하고 있는 것이다.

가) 더욱 미세한 것에 대해서 〈탐구해야 할〉 때는, 〈적법한 것이 뒤따라 나온다. 적법한 것은 더욱 미세한 것을 인식하기 위한 수단을 가지고 있기 때문이다.〉[46] (『학자들에 대한 반박』 VII. 137)

75. 필로포노스(DK68A113)

…우리는 사고(nous)와 혼이 동일하다는 그들[자연철학자들]의 주장을 어디에서도 분명하게 접하지는 못하나, 그[아리스토텔레스]는 추론(syllogismos)에 의해서 그것을 증명하고 있다. 그는 실로 데모크리토스가 주장하려고 했던 게 이것임이 명백하다고 말하고 있다. 즉 그[데모크리토스]는 노골적으로 다음과 같이 말한다. "참된 것(alēthēs)과 현상이 동일하며, 진리와 감각적 현상은 전혀 다르지 않으며, 프로타고라스도 주장했듯이 각 사람에게 나타나는 것[현상]과 그렇게 생각되는 것은 그대로 참이다." 그런데 바르게 말하자면 양자는 서로 다르다. 즉 현상과 관련된 것은 감각과 표상(phantasia)이고, 진리(alētheia)와 관련된 것은 사고이다.[47] 그런데 만약 사고가 진리와 관련이 있고 혼이 현상과 관련이 있다면, 또 데모크리토스의 생각처럼 진리와 현상이 동일하다면, 사유도 혼과 동일한 것이다. 즉 사고의 진리에 대한 관계는 혼의 현상에 대한 관계와 같으며, 따라서 [비례항의] 교차에 의

----

46) 〈 〉는 딜스의 보충.
47) 본문 74 참조.

해 현상의 진리에 대한 관계는 사고의 혼에 대한 관계와 같다. 이렇게 해서 현상과 참이 같다면, 결국 사고도 혼과 같은 것이 된다.

(『아리스토텔레스의 「혼에 관하여」 주석』 71. 19)

76. 섹스투스 엠피리쿠스(DK68A111)

디오티모스[48]는 다음과 같이 말했다. 그[데모크리토스]에 따르면, [판단의] 기준은 세 가지다. ① 불분명한 것들의 파악을 위한 기준으로서 현상(ta phainomena) … ② 탐구(zētēsis)의 기준으로서 개념(ta ennoia) … ③ 선택과 기피의 기준으로서 느낌(ta pathē), 즉 우리들에게 내 것처럼 가깝게 느껴지는 것은 선택되어야 하는 것이고 남의 것처럼 멀게 느껴지는 것은 기피되어야 하는 것이다.(『학자들에 대한 반박』 VII. 140)[49]

77. 테오프라스토스(DK68A135)

그[데모크리토스]는 사고 작용(pronein)에 대해 혼이 섞임에서 [50] 균형을 이룰 때에 생긴다는 정도로만 언급했다. 그러나 만일 혼

•••••••••••••••

48) 데모크리토스의 추종자.

49) 아낙사고라스의 단편(본문 75), 디오티모스의 단편(DK76A3) 참조.

50) 딜스의 수정 kata tēn krēsin('섞임에서')을 따랐다. '섞임'이란 혼을 구성하는 요소들의 섞임을 뜻한다. 사본은 meta tēn kinēsin('운동 후에')으로 되어 있다. '운동'은 감각자극에 의해 혼 내부에 생긴 운동으로 이해할 수 있다.

이 지나치게 뜨겁거나 지나치게 차가운 상태가 되면 사고 작용이 변한다고 그는 말한다. 이런 이유에서 옛 사람들 역시 〔우리가〕 다른 생각을 하는 것(allopronein)이 가능하다는 점을 제대로 이해했다는 것이다. 그러므로 그가 사고 작용을 물체(sōma)의 혼합(krasis)에 근거해서 설명하고 있다는 것은 분명하며, 이것은 혼을 물체로 여기는 그 자신의 입장에 비추어볼 때 아마도 이치에 맞는 설명일 것이다.(『감각에 관하여』 58)

78. 갈레노스(DK68B125)

증거(enargeia)를 떠나서는 시작도 할 수 없는 사람이 이것〔증거〕 —이것으로부터 그가 근원들(archai)을 취했음에도— 에 대해 거만하게 군다면 어떻게 신뢰받을 수 있을 것인가? 데모크리토스도 〔감각적〕현상들(phainomena)을 비판했을 때 이것을 알고 있었다. 그는 … 감각들(aisthēseis)로 하여금 사고(dianoia)에 맞서 이렇게 말하게 했다. 가련한 마음(phrēn)[51]이여, 그대는 우리에게서 믿음〔의 증거〕들(pisteis)을 얻으면서도 우리를 뒤엎는가? 〔우리의〕 전복(顚覆)은 그대에게는 몰락이다.

• • • • • • • • • • • • • •

51) 사고(nous)를 의미. phrēn은 그 자체로 마음(heart) 또는 정신 (mind, spirit)의 의미를 갖고 있지만 일차적인 의미는 사고 또는 정신이 자리잡고 있는 신체부위이다. 이 단편은 데모크리토스에게서 감각과 사고가 서로 배척할 수 없는 불가불의 상호의존성을 갖고 있음을 보여주는 대표적인 단편이다.

(『의술에서의 경험에 관하여』, 단편들 1259. 8)

79. 섹스투스 엠피리쿠스(DK68A59)

플라톤 쪽 사람들과 데모크리토스 쪽 사람들은 모두 사고의 대상(noēta)만을 참(alēthē)이라고 생각했다. 데모크리토스의 경우, 만물을 구성하는 원자들이 일체의 감각적 성질을 갖고 있지 않기 때문에 본성상 감각의 대상(aisthēton)이 될 수 없다는 이유에서 그렇게 생각했고, 플라톤의 경우엔 감각의 대상들은 끊임없이 생성하는 것이지 결코 존재하는 것이 아니라는 이유에서 그렇게 생각했다. (『학자들에 대한 반박』 VII. 6)

V. 윤리학[52]

(1) 혼과 생명, 삶의 목적

80. 프로클로스(DK68B1)

죽은 것처럼 보였다가 나중에 다시 살아나는 것들에 관한 이야

----

52) 윤리학 관련 단편들은 내용상 개인의 덕과 행복에 관한 것부터 교육론 및 사회윤리론에 이르기까지 광범위한 주제에 걸쳐 대부분 격언의 형태로 실려 있다. 그러나 분류기준을 정하는 데 어려움이 있는데

●●●●●●●●●●●●●●●●

다가 출처가 몇 권에 국한되어 있어 조회의 편의성을 고려하여 딜스와 크란츠가 편집한 순서에 준해 열거했다. 특히 스토바이오스에서 뽑은 구절들은(B169에서부터 B297까지) 그 책에서 나오는 순서대로 열거했으며, 데모크리토스의 인용구절 원문을 반복해서 싣지 않았다. 다만, 참고로 이 곳에 실린 윤리학적 B단편들을 카펠레의 기준을 참고하여 주제별로 일부 분류하면 다음과 같다(DK68B표기는 생략하고 번호만 붙였음).

* 행복 ; 170, 171, 169, 168, 216, 191, 174, 31, 72
* 윤리의 척도 ; 70, 102, 209, 210, 211, 223, 233, 234, 246, 283, 284, 224, 286, 171
* 혼과 육체 ; 37, 105, 159, 187, 77, 297
* 윤리와 쾌락 ; 188, 71, 74, 235, 176, 40, 146, 189, 194, 207, 112, 73
* 일과 노고 ; 240, 241, 243, 157, 179, 182
* 의무와 덕 ; 139, 79, 41, 62, 217, 225, 256, 42, 69, 190
* 덕 ; 208, 236, 291, 294, 46, 47, 213, 214, 50, 73, 215, 266, 244, 264, 43, 48
* 덕의 실천 ; 55, 82, 145, 177, 68, 57
* 사회윤리 ; 88, 245, 96, 103, 107a, 293, 255, 261, 270, 92, 193
* 여성 · 가족 · 결혼 ; 110, 273, 111, 274, 170, 275, 276, 277, 278
* 우정과 교우 ; 97, 99, 100, 101, 106, 107, 184, 186, 255
* 국가와 법 ; 252, 287, 253, 254, 248, 251, 249, 250, 257, 258, 259, 260, 262, 247
* 교육 ; 33, 59, 242, 183, 53, 56, 184, 61, 181, 182, 185, 268, 280
* 비관적 세계관 ; 108, 285, 149, 198
* 귀족주의 ; 49, 75, 98, 267, 292
* 윤리학적 주지주의 ; 83, 197, 229, 282, 289
* 미학 ; 17, 18, 21
* 문화철학 ; 154, 144, 142

기들을 다른 많은 옛 사람들이 수집했고, 특히 자연철학자인 데모크리토스도 『하데스에 관하여』라는 저술 속에 수집했다. 그리고 저 뛰어난 인물 코로테스, 그러니까 플라톤의 적대자이며 철저한 에피쿠로스파 사람이었던 그가 에피쿠로스 교설의 선구자[인 데모크리토스]의 것[학설]을 몰랐을 리가 없고 [그것을] 몰라서 죽은 사람들이 다시 살아나는 것이 어떻게 가능한지를 탐구했을 리도 없다. 왜냐하면 그 죽음은 몸의 생명 전체가 꺼져버린 것이 아니라, 아마도 일종의 타격이나 손상에 의해서 졸도했던 것 같은데, 혼을 묶는 끈들이 골수에 뿌리내린 채 여전히 머물러 있었고, 심장(kardia)도 [자신의] 깊은 곳에 들어 있는 생명의 불씨를 유지하고 있었던 것처럼 보이기 때문이다. 이것들이 남아 있음으로해서 몸은 소생(psychōsis)을 위한 준비가 되어 있었고 그래서 꺼졌던 생명을 다시 되살렸던 것이다.

(『플라톤의 「국가」 주석』 II. 113. 6)

81. 필로데모스(DK68B1a)

한편으로 데모크리토스에 따르면, 냄새를 풍기는 것과 이것들의 추악한 모습을 상상함으로써 혐오감을 느끼는 것도 부패(腐敗)(sēpedōn)와 관련이 있다. 왜냐하면 포동포동한 살과 아름다움을 갖춘 사람들이라도 죽으면 그들의 모습이 그런 상태로 전락해 버리기 때문이다. …[30. 1] 그리고 모든 사람이 밀론(Milōn)

처럼 포동포동한 살을 가지고 있었다 해도 얼마 안 가 해골이 되며, 결국에는 최초의 자연(physeis)으로 해체되기 때문에, 사람들은 [시체를] 묘지로 보낸다. [죽은 사람의] 나쁜 안색이나 일반적으로 추한 모습에 대해서도 이미 말한 바와 마찬가지라는 것을 분명히 알아야 한다. 그러므로 호사스러워서 보는 이들의 찬사를 받는 묘가 아니라, 간소하여 어디서나 볼 수 있는 묘를 [자신이 갖게 될 것을] 미리 알고 비탄해 하는 것은 지극히 허망한 일이다. [39. 9]다음으로, 그것[죽음]이 눈앞에 빤히 보일 때, 그들에게 역설적인 생각이 일어난다. 그렇기 때문에 그들은 유언을 써 놓을 엄두를 내지도 못한 채 [죽음에] 사로잡히게 되며, 데모크리토스에 따르면, 곱빼기 식사를 꾸역꾸역 집어넣을 수밖에 없게 된다.

(『죽음에 관하여』 29. 27)

82. 스토바이오스(DK68B3)

유쾌해지고자 하는 사람은 사적으로나 공적으로나 많은 일들로 분주해서는 안 되고, 무슨 일을 하든지 그것을 자신의 능력과 본성(physis) 이상으로 취해서도 안 되며, 행운(tychē)이 찾아와서 과도한 평판으로 [자신을] 이끌어갈 때도, 그것을 하찮게 여기며 능력 이상의 것에 손을 대지 않도록 조심해야 한다. 왜냐하면 적절한 크기[의 일]는 지나친 크기[의 일]보다 더 안전하기 때문이다.

(『선집』 IV 39. 25)

83. 알렉산드리아의 클레멘스(DK68B4)

압데라 사람들도 [삶의] 목적이 있다고 가르친다. 데모크리토
스는 목적에 관한 책[53]에서 그것[삶의 목적]을 유쾌함(euthy-
mia)[이라고 가르쳤는데], 그는 그것[유쾌함]을 잘 지냄(euestō)
이라고도 불렀다. 또한 그는 종종 다음과 같은 말을 부연한다.
"쾌(terpsis)와 불쾌(aterpiē)는 〈이로운 것들과 이롭지 않은 것들의〉
경계(houros)"[54] 〈로서, 어린 사람들과〉 성숙한 사람들[55]의 〈삶
에 목적으로 지목되는 그런 것이다.〉[56] 또 헤카타이오스는 [이 목
적을] 자족(autarkeia)이라고 말하며, 퀴지코스 사람 아폴로도토
스는 그것을 혼의 기쁨(psychagōgia)이라고 말한다. 또 나우시파
네스에 따르면, 그것은 [혼의] 침착함(a kataplēxia)[57]이다. 왜냐

••••••••••••••

53) 이 책은 데모크리토스가 지은 책의 정식 이름이 아니라, 에피쿠로스
학파가 자기 식으로 바꾸어 이름 붙인 것.

54) 〈 〉는 딜스가 본문 194번의 단편(B188)에 맞추어 보충한 것이다.

55) periēkmakotōn. 딜스는 parēkmakotōn(성년기를 넘어선 사람)으로
추정한다.

56) 〈 〉 역시 원문에는 누락되어 있으나 딜스가 추정해서 보충한 것이다.
이 누락된 부분에 대한 편집자들의 추정은 다양하다. 랑거벡
(Langerbeck H.)은 원문이 완전한 것으로 간주하고, 전체 문장을 다
음과 같이 번역한다. "즐거움과 괴로움은 원숙함에 도달한 사람들을
구별해 주는 지표이다."[즉 사람들은 원숙함에 이르렀을 때, 그들의
성격은, 아리스토텔레스의 이론에 따르면, 그들이 나타내는 호불호
에 의해서 구별된다는 것] (테일러, 1999, 148쪽, 주 137)

57) '공포로부터 자유로움' (테일러 1999, 148쪽).

하면 그〔나우시파네스〕는 이것〔침착함〕이 데모크리토스에 의해 〔혼의〕 평정(athambiē)[58]으로 불렸다고 말했기 때문이다.

(『학설집』 II. 130)

84. 알렉산드리아의 클레멘스(DK68B31)

데모크리토스에 따르면, 의술은 몸의 질병을 낫게 하지만, 지혜는 혼을 격정(pathos)에서 벗어나게 한다. (『교육자』 I. 6)

85. 알렉산드리아의 클레멘스(DK68B33)

본성(physis)과 가르침(didachē)은 유사한 것이다. 가르침은 사람을 개조하며, 개조함으로써 본성을 재형성[59]하기 때문이다.(『학설집』 IV. 151)

86. 다비드(DK68B34)

우리는 우주에서 오로지 다스리기만 하는 것들, 이를테면 신적인 것들을 보는가 하면, 다스리기도 하고 다스림을 받기도 하는

....
58) '놀람으로부터 자유로움' (테일러 1999, 148쪽).
59) 여기서 개조와 재형성은 공히 metarysmoō의 역어인데 이것은 metarythmos의 이오니아 형이다. 이 말은 혼의 원자적 재구성이 필연의 지배에서 벗어나 교육에 의해 가능한 것임을 보여준다. 교육의 중대성을 보여주는 대표적인 단편.

것들, 이를테면 인간적인 것들(이것들은 신적인 것들로부터 다스림을 받기도 하고 이성을 갖지 않은 짐승들을 다스리기도 하니까)을 보며, 또 이성을 갖지 않은 짐승들처럼 오로지 다스림을 받기만 하는 것들을 보듯이, 이와 마찬가지로 데모크리토스에 따르면, 작은 우주(mikros kosmos)인 사람 속에서도 이것들을 보게 된다. 이성(logos)처럼 어떤 부분은 오로지 다스리기만 하는가하면, 기개(氣槪)(thymos)가 그렇듯이 어떤 부분은 다스리기도하고 다스림을 받기도 하며, … 욕망(epithymia)의 경우처럼 어떤 부분은 오로지 다스림을 받기만 한다. (『철학서설』 38. 14)

87. 갈레노스(DK68B34)

자연에 관해서 충분한 〔지식을 가진〕 옛 사람들은 동물(to zō on)은 일종의 작은 우주[60]와 같은 것이라고 말한다.

(『인체의 부분들의 유용성에 관하여』 III. 10)

(2) 데모크라테스 교훈집의 격언들[61]

88. 데모크라테스 1. (DK68B35)

만약 누구든 지성(nous)을 가지고 다음과 같은 나의 판단(gnōmē)
....
60) 아리스토텔레스의 『자연학』 VIII 2. 252b26 참조.
61) 데모크라테스의 격언들(본문 88-174)은 12세기 필사본에서 뽑은 것

에 귀 기울인다면, 훌륭한 사람에게 걸맞은 많은 행동들을 하게 될 것이고, 많은 나쁜 행동들을 하지 않게 될 것이다.

89. 데모크라테스 3.(DK68B37)

혼의 좋은 것들을 선호하는 사람은 더욱 신적인 것들을 선호하지만, 몸의 좋은 것들을 선호하는 사람은 인간적인 것들을 선호한다.

90. 데모크라테스 4.(DK68B38)

나쁜 짓을 하는 자를 〔못하도록〕 막는 것은 훌륭하다. 그러나 만약 막지 못한다면, 같이 나쁜 짓을 하지는 말아라.

91. 데모크라테스 5.(DK68B39)

훌륭한 사람이 되거나, 아니면 훌륭한 사람을 모방하거나 해야 한다.[62] (스토바이오스 『선집』 III. 37. 25)

• • • • • • • • • • • • • • •

으로. 스토바이오스가 인용하는 것들과 종종 일치하며, 따라서 분명 데모크리토스의 것으로 돌려져야 한다. 여기서 각 인용구절에 붙은 번호는 데모크라테스의 교훈집에서 가져온 것이다. 그리고 필요한 경우에 인용구 끝에 스토바이오스 참조표시를 붙였다.
62) 본문 132번 참조.

92. 데모크라테스 6. (DK68B40)

사람들을 행복하게 해주는 것은 몸도 재물도 아니고, 올바름(orthosynē)과 폭넓은 분별력(polyphrosynē)이다.

93. 데모크라테스 7. (DK68B41)

두려움 때문이 아니라 마땅히 그러지 말아야하기 때문에 잘못에서 벗어나라. (스토바이오스 『선집』 III. 1. 95)

94. 데모크라테스 8. (DK68B42)

불행(symphora) 속에서 마땅히 해야 할 바를 분별하는 것은 중요한 일이다. (스토바이오스 『선집』 IV. 44. 68)

95. 데모크라테스 9. (DK68B43)

수치스러운 행위들에 대한 후회는 삶을 구제해 준다.

96. 데모크라테스 10. (DK68B44)

참된 것을 말해야 하며, 말이 많아서는 안 된다.[63]

(스토바이오스 『선집』 III. 12. 13)

---

63) 본문 231번 참조.

97. 데모크라테스 11.(DK68B45)

　나쁜 짓을 하는 자가 나쁜 짓을 당하는 자보다 더 불행하다.

98. 데모크라테스 12.(DK68B46)

　잘못(plēmmeleia)을 온화하게 참아주는 것이 관대함(mega-lopsychiē)이다.(스토바이오스 『선집』 IV. 44. 69)

99. 데모크라테스 13.(DK68B47)

　법(nomos)과 통치자(archōn)에게, 그리고 〔자신보다〕 더 지혜로운 사람에게 복종하는 것이 절도 있는 행동(kosmion)이다.

　(스토바이오스 『선집』 III. 1. 45)

100. 데모크라테스 14.(DK68B48)

　훌륭한 사람은 하찮은 사람들이 책잡더라도 개의치 않는다.

　(스토바이오스 『선집』 III. 38. 46)

101. 데모크라테스 15.(DK68B49)

　〔자신보다〕 더 열등한 사람의 다스림을 받는 것은 견디기 어렵다.

　(스토바이오스 『선집』 IV. 4. 27)

102. 데모크라테스 16.(DK68B50)

재물에 완전히 노예가 되는 것은 결코 옳은 일이 아닐 것이다.

103. 데모크라테스 17.(DK68B51)

설득하는 데는 말(logos)이 여러모로 황금보다 더 강하다.

(스토바이오스『선집』II. 4. 12)

104. 데모크라테스 18.(DK68B52)

분별(nous)을 지녔다고 자신하는 자에게 훈계하는 사람은 헛수고하는 것이다.(스토바이오스『선집』III. 10. 42)

105. 데모크라테스 19.(DK68B53)

많은 사람들이 이치(logos)를 배우지 못했으면서도 이치에 따라서 산다.

106. 데모크라테스 19.(DK68B53a)

많은 사람들이 가장 부끄러운 일들을 행하면서도 가장 훌륭한 말들을 해댄다.(스토바이오스『선집』II. 15. 33)

107. 데모크라테스 20.(DK68B54)

어리석은 사람들은 불행을 겪고서야 분별을 갖추게 된다

(sōphroeousi).

108. 데모크라테스 21.(DK68B55)

〔훌륭한〕 말이 아니라 훌륭한 일과 행위를 추구해야 한다.

(스토바이오스 『선집』 II. 15. 36)

109. 데모크라테스 22.(DK68B56)

아름다운 것에 걸맞은 성품을 타고난(euphyees) 사람들이 아름다운 것들을 알아보고 추구한다.

110. 데모크라테스 23.(DK68B57)

가축의 우수함(eugeneia)은 신체의 강건함에 있고, 사람의 우수함은 좋은 성향(eutropiē)의 품성(ēthos)에 있다.

(스토바이오스 『선집』 II. 31. 71)

111. 데모크라테스 23a.(DK68B58)[64]

바르게 분별하는 자들의 희망은 이루어질 수 있지만, 어리석은 자들의 희망은 그럴 수 없다.(스토바이오스 『선집』 IV. 46. 18)

----

64) 이 격언은 모든 사본에 다 나오진 않는다.

112. 데모크라테스 24.(DK68B59)

기술(technē)도 지혜(sophiē)도 누군가가 그것을 배우지 않는다면 얻을 수 없는 것이다.(스토바이오스 『선집』 II 31. 71)

113. 데모크라테스 25.(DK68B60)

남의 실수보다는 자신의 실수(hamartēma)를 따지는 것이 더 낫다.(스토바이오스 『선집』 III. 13. 46)

114. 데모크라테스 26.(DK68B61)

잘 정돈된 성품(tropos)을 가진 사람들이 삶도 짜임새 있게 꾸려간다.(스토바이오스 『선집』 III. 37. 25)

115. 데모크라테스 27.(DK68B62)

나쁜 짓을 하지 않는 것이 아니라 〔하기를〕 바라지 않는 것이 훌륭하다.(스토바이오스 『선집』 III. 9. 29)

116. 데모크라테스 28.(DK68B63)

아름다운 행위들(ergmata)에 대해 칭송하는 것은 아름답다. 나쁜 행위들에 대해 그렇게 하는 것은 정직하지 못한 자와 협잡꾼의 행위(ergon)이기 때문이다.(스토바이오스 『선집』 III. 14. 8)

117. 데모크라테스 29.(DK68B64)

박식한(polymatēs) 많은 사람들이 분별(nous)을 갖고 있지 않다. (스토바이오스『선집』III. 4. 81)

118. 데모크라테스 30.(DK68B65)

박식(polymathiē)이 아니라 높은 분별(polynoiē)에 힘써야 한 다.(스토바이오스『선집』III. 4. 81)

119. 데모크라테스 31.(DK68B66)

뉘우치기보다는 행하기에 앞서 미리 깊이 생각하는 것이 더 낫다.

120. 데모크라테스 32.(DK68B67)

모든 사람을 신뢰할 것이 아니라, 믿을 만한 사람들을 신뢰하라. 전 자는 어리석은(euēthes) 일이지만, 후자는 분별 있는 사람(sōphro-neōn)의 일이기 때문이다.

121. 데모크라테스 33.(DK68B68)

믿을 만한 사람과 믿을 만하지 않은 사람은 행하는 일들을 통해서 뿐만 아니라, 원하는 것들을 통해서도 〔판별될 수〕 있다.

122. 데모크라테스 34.(DK68B69)

좋은 것(agathon)과 참된 것(alēthes)은 모든 사람에게 동일하지만, 즐거운 것(hēdy)은 사람에 따라 제각기 다르다.

123. 데모크라테스 35.(DK68B70)

과도하게(ametrōs) 욕구하는 것은 아이들이나 하는 짓이지, 어른이 할 바가 아니다.

124. 데모크라테스 36.(DK68B71)

때에 맞지 않는(akairoi) 쾌락은 불쾌를 낳는다.

125. 데모크라테스 37.(DK68B72)

어떤 것에 대한 강렬한 의욕(orexis)은 혼을 눈멀게 하여 다른 것들을 못 보게 한다.

126. 데모크라테스 38.(DK68B73)

올바른 사랑(erōs)은 아름다운 것들을 방자하지 않게(anybristōs) 갈망하는 것이다.(스토바이오스 『선집』 III. 4. 23)

127. 데모크라테스 39.(DK68B74)

이롭지 않다면 어떤 쾌락도 받아들이지 말아라.

128. 데모크라테스 40.(DK68B75)

어리석은 자들에게는 다스리는 것보다 다스림을 받는 것이 더 낫다.[65] (스토바이오스 『선집』 IV. 2. 13)

129. 데모크라테스 41.(DK68B76)

앞을 내다보지 못하는[어리석은] 자들(nēpioi)에게는 말(logos)이 아니라 불행(symphorē)이 선생이다.[66]

130. 데모크라테스 42.(DK68B77)

평판과 부(富)는 사리분별(xynesis) 없이는 안전한 재산이 못된다. (스토바이오스 『선집』 III. 4. 82)

131. 데모크라테스 43.(DK68B78)

돈을 버는 일이 쓸모없지는 않지만, 부정하게 [돈을 버는 것은] 무엇보다도 더 나쁘다.(스토바이오스 『선집』 IV. 31. 121)

132. 데모크라테스 44.(DK68B79)

못된 자들을 모방하는 것은 곤란하지만, 훌륭한 자들을 모방하려

----

65) 플라톤의 『알키비아데스 I』 135b7과 복종에 관한 아리스토텔레스의 이론(『정치학』 I. 13) 참조.
66) 본문 107 참조.

하지 않는 것도 곤란하다.

133. 데모크라테스 45.(DK68B80)

남의 일로 분주하면서 자신의 일을 모르는 것은 부끄러운 일이다.

134. 데모크라테스 46.(DK68B81)

매번 하려고 마음만 먹는 것은 행위를 마무리 짓지 못한다.

(스토바이오스 『선집』 III. 29. 67)

135. 데모크라테스 47.(DK68B82)

말로는 모든 것을 다하면서도 실제로는 아무 것도 하지 않는 사람들은 정직하지 못하며(kibdēloi) 겉보기만 훌륭하다(agathopha-nees).

136. 데모크라테스 *48.[67](DK68B82)

재산과 분별을 〔모두〕 가진 사람이 복 있는 자다. 그는 〔재산을〕 마

....

67) 데모크라테스의 격언들로 전해지는 단편들은 스토바이오스가 데모크리토스의 이름으로 인용하고 있는 단편들과 일치하는 것이 많다는 점에서 일단 데모크리토스의 단편들로서 간주되고 있으나, 그것들 중에서 (*) 표시를 한 단편들(본문 135, 168, 172-174)은 최소한 데모크리토스의 단편이 아닌 것이 분명하다고 여겨지는 것들이다. 딜스는 이 부분에 다음과 같은 각주를 붙여놓았다. 'H. Laue는 자신의

땅히 써야 할 곳에 제대로 사용하기 때문이다.

137. 데모크라테스 49.(DK68B83)

더 좋은 것에 대한 무지가 잘못의 원인이다.

138. 데모크라테스 50.(DK68B84)

부끄러운 짓들을 하는 자는 먼저 자신을 부끄러워해야 한다.[68]

• • • • • • • • • • • • • • • •

학위논문(*de Democriti fragmentis ethicis*. Goett. Diss. 1921)에서 Arnim의 의견에 따라 이 데모크라테스의 격언들(Demokratous gnō-mai)은 데모크리토스의 이름으로 유포는 되고 있었지만 데모크리토스와는 상관이 없었던 『교훈집(*Hypothēkai*)』에 실려 있는 것이라고 주장한다. 즉 이 『교훈집』은 아테나이의 아피도나이 출신 데모크라테스가 기원전 350~330년경 아티카 방언으로 저술한 것으로, 뒤에 데모크리토스가 쓴 것으로 간주되면서 이오니아 방언으로 개작된 것이라는 것이다. 그러나 무명의 인물 데모크라테스가 쓴 것이 데모크리토스의 것으로 바뀌었다고 하는 Laue의 주장은 데모크리토스가 지은 『농사기(*Georgikon*)』의 경우 시리아-아라비아 전승과정에서 오히려 데모크라테스의 것으로 간주되었던 사실과 모순된다." 어쨌든 데모크라테스의 것으로 필사되어 전승되는 것들이 있는 한, 내용적으로 이 단편들이 과연 결정적으로 데모크리토스의 것인지에 대해서는 보다 정밀한 조사를 필요로 하는 것이나 일단 단편집의 문체로 보아선 데모크라테스의 출신지 아티카가 아니라 데모크리토스의 출신지 이오니아(압데라) 방언임은 분명하다.

68) 본문 250의 압축된 표현. 본문 270참조.

139. 데모크라테스 51.(DK68B85)

반대를 일삼고 말을 많이 늘어놓는 사람은 마땅히 배워야 할 것들을 배우는 데 걸맞은 성품을 타고난 자가 아니다.

140. 데모크라테스 52.(DK68B86)

모든 것을 말하면서 아무 것도 들으려 하지 않는 것은 거만(倨慢)(pleonexiē)이다.

141. 데모크라테스 53.(DK68B87)

못된 자가 호기(好期, kairos) 잡지 못하도록 막아야 한다.

142. 데모크라테스 54.(DK68B88)

질시하는 자는 적을 괴롭히듯 자신을 괴롭힌다.

(스토바이오스 『선집』 III. 38. 47)

143. 데모크라테스 55.(DK68B89)

나쁜 짓을 저지르는 자가 〔적이〕 아니라, 저지르려 마음먹는 자가 적이다.

144. 데모크라테스 56.(DK68B90)

친척들의 적의가 타인들의 적의보다 훨씬 견디기 힘들다.

145. 데모크라테스 57.(DK68B91)

　모든 사람에 대해서 의심을 품는 자가 되지 말고, 신중하며(eulabē s) 흔들림 없는 자(asphalēs)가 되라.

146. 데모크라테스 58.(DK68B92)

　그보다 더 나은 보답을 하기로 마음먹고 호의(charis)를 받아들여야 한다.

147. 데모크라테스 59.(DK68B93)

　호의를 베풀 때 그대는, 받는 자가 사기꾼이어서 좋은 것 대신 나쁜 것으로 갚지나 않을지, 받는 자를 미리 살펴보라.

148. 데모크라테스 60.(DK68B94)

　작은 호의도 때가 적절하면 받는 이들에게 지극히 큰 것이다.

149. 데모크라테스 61.(DK68B95)

　명예는 분별 잘 하는 사람들에게서 큰 힘을 발휘한다. 그들은 명예를 얻으면서 〔그 까닭을〕 이해하기 때문이다.

150. 데모크라테스 62.(DK68B96)

　보답에 눈독들이는 이가 아니라, 잘 해주려고 마음먹는 이가 후한 사람이다.

151. 데모크라테스 63.(DK68B97)

친구(philos)처럼 보이는 많은 사람들이 〔실제로는 친구가〕 아니며, 친구처럼 보이지 않는 〔많은 사람들이 실제로는 친구〕이다.

152. 데모크라테스 64.(DK68B98)

이해 깊은 한 사람의 우정(philia)이 어리석은 모든 사람들의 우정보다 더 낫다.[69]

153. 데모크라테스 65.(DK68B99)

쓸만한 친구가 하나도 없는 사람은 살 가치가 없는 사람이다.

154. 데모크라테스 66.(DK68B100)

믿을 만한(peiranthes) 친구들이 오랫동안 머물지 않는 사람들은 성미가 까탈스럽다.

155. 데모크라테스 67.(DK68B101)

많은 사람들은 친구들이 부유하다가 궁핍해지면 외면한다.

• • • • • • • • • • • • • •
69) 헤라클레이토스의 단편(본문 120) 참조.

156. 데모크라테스 68. (DK68B102)

균등(to ison)은 모든 것에서 아름답다. 그러나 내가 보기에 지나침(hyperbolē)과 모자람(elleipsis)은 그렇지 않은 것 같다.

157. 데모크라테스 69. (DK68B103)

내가 보기에 아무도 사랑하지 않는 사람은 누구에게도 사랑받지 못하는 것 같다.

158. 데모크라테스 70. (DK68B104)

매력 있는 노인은 [감미로운 말로] 마음을 사로잡으며 (haimylos) 진지하게 말할 수 있는 사람(spoudaiomythos)이다.

159. 데모크라테스 71. (DK68B105)

신체의 아름다움은, 지성(nous)이 받쳐주지 않는다면, 동물적인 것(zōōdēs)[70]이다.

160. 데모크라테스 72. (DK68B106)

운이 트일 때[일이 잘 될 때]는 친구를 찾기 쉽지만, 불운할 때는

· · · · · · · · · · · · · ·

70) '상(像, 그림)과 같은 것'이라고 번역할 수도 있다. 'zōōdes'은 zōon 에서 나온 말로서 동물이라는 뜻 외에 실물을 묘사한 그림 또는 상 (image)을 뜻하기도 한다.

무엇보다 힘들다.

161. 데모크라테스 73.(DK68B107)

친척들 모두가 친구는 아니고, 유익한 것에 관해 같은 견해를 갖는 사람들이 친구이다.

162. 데모크라테스 74.(DK68B107a)[71]

〔우리가〕 사람인 한에서는 사람들의 불행에 대해 비웃지 않고 함께 슬퍼하는 것이 온당하다.

163. 데모크라테스 75.(DK68B108)

좋은 것들은 〔그것을〕 찾는 사람들에게 힘들게 생기지만, 나쁜 것들은 〔그것을〕 찾지 않는 사람들에게도 생긴다.

(스토바이오스『선집』IV. 34. 58)

164. 데모크라테스 76.(DK68B109)

비난하기 좋아하는 사람들은 우정에 걸맞은 성품을 타고난 사람이 아니다.

• • • • • • • • • • • • • • • •
71) 이 격언은 모든 사본에 다 나오진 않는다. 그러나 필립슨은 데모크리토스의 것으로 보고 있다. 헤로도토스의『역사』VII. 46 참조.

165. 데모크라테스 77.(DK68B110)

여자가 말(logos)을 연습하지 않게 하라. 그것은 무서운 일이니까.

166. 데모크라테스 78.(DK68B111)

여자의 지배를 받는 것은 남자에게는 극도의 모욕(hybris)일 것이
다. (스토바이오스 『선집』 IV. 23. 39)

167. 데모크라테스 79.(DK68B112)

아름다운 어떤 것을 늘 생각하는 것은 신적 지성(nous)의 일이다.

168. 데모크라테스 *80.(DK68B112)

만일 누구든 신들이 모든 것을 살피고 있다고 믿는다면, 그는 숨어
서든 드러내 놓고든 잘못을 범하지 않을 것이다.

169. 데모크라테스 81.(DK68B113)

이해력이 없는 자들을 칭찬하는 사람은 그들에게 큰 해를 입힌다.

170. 데모크라테스 82.(DK68B114)

자신에게서 보다 다른 사람에게서 칭찬받는 것이 더 낫다.

171. 데모크라테스 83.(DK68B115)

칭찬〔받는 이유〕를 네가 알지 못한다면, 아첨받고 있다고 생각하라.[72]

172. 데모크라테스 *84.(DK68B115)

세계(kosmos)는 〔연극〕무대(skēnē), 삶은 한편의 연극(parodos),[73] 그대는 와서, 보고, 떠나네.

173. 데모크라테스 *85.(DK68B115)

세계는 변화(alloiōsis)〔에 불과하고〕, 삶은 상념(hypolēpsis)〔일 뿐이네〕[74]

· · · · · · · · · · · · · · · ·

72) 몇 개의 사본은 이 구절 뒤에 다음과 같은 내용의 말이 이어지고 있다. "지상 위로 나는 벌거벗고 올라왔다가 벌거벗고 지하로 사라진다. 그러하거늘 왜 나는 종내 벌거벗은 나를 보고 헛되이 탄식하는 것일까" 『팔라티나 학설집』 X. 58 참조.

73) 무대 용어로서의 '파로도스' (parodos)는 합창단이 처음 등장하는 장면, 더 정확하게 말하면, 등장과 함께 시작하는 최초의 합창을 뜻한다. 일반적으로는 '통로'의 의미로 쓰이며 배우가 연기를 하기 위해 무대에 올라서는 무대 옆 통로를 뜻하기도 한다.

74) 마르쿠스 아우렐리우스 『명상록』 IV vi 12 참조.

174. 데모크라테스 *86.(DK68B115)

작은 지혜(sophia)도 큰 어리석음(aphrosynē)으로 인한 평판보다는 가치가 있다.

(3) 스토바이오스 저작집의 격언들

175. 스토바이오스(DK68B169)

그대는 모든 것에 무지한 자가 되지 않으려면 모든 것을 알려고 애쓰지 마라.(『선집』 II. 1. 12)

176. 스토바이오스(DK68B170)

행복과 불행은 혼의 소관이다.(『선집』 II. 7. 3i)

177. 스토바이오스(DK68B171)

행복(eudainoniē)은 살찐 가축들에도 황금에도 거주하지 않는다. 혼은 [좋은 또는 나쁜]신령(daimōn)의 거처이다.[75]

(『선집』 II. 7. 3i)

· · · · · · · · · · · · · ·
75) 본문 176에 이어짐. 헤라클레이토스의 단편(본문 125) 참조. 여기서의 설명은 어원에 의지하고 있다. 에우다이모니아(행복)와 다이몬(신령)은 어원이 같다.

178. 스토바이오스(DK68B172)

우리가 좋은 것들을 얻게 되는 이 동일한 것들로부터 우리는 나쁜 것들을 얻을 수도 있겠지만, 나쁜 것들에서 벗어날 수도 있을 것이다. 이를테면, 깊은 물은 많은 것들에 유용한 반면에 해롭기도 하다. 익사할 위험이 있기 때문이다. 그래서 고안된 대책이 수영하는 법을 가르치는 것이었다.(『선집』II. 9. 1)

179. 스토바이오스(DK68B173)

만약 누군가가 좋은 것들을 관리하고 쉽게 유지하는 법을 알지 못한다면, 좋은 것들로부터 나쁜 것들이 사람들에게 생긴다. 그런 것들을 나쁜 것들에 속한다고 판단하는 것은 옳지 않다. 오히려 그런 것들은 좋을 것들에 속한다. 그리고 누구든 원한다면 좋을 것들을 나쁜 것들에 대항하는 힘[76]으로 사용할 수도 있다. (『선집』II. 9. 1)

180. 스토바이오스(DK68B174)

쾌활한 사람(euthymos)은 올바르고 적법한 행위를 하게끔 이끌리며 밤이나 낮이나 기뻐하고 강건하며 근심이 없다. 그러나 정의(dikē)를 무시하고 마땅히 해야 할 일을 하지 않는 사람은 그런 일들을 불쾌해하며 [그것들 가운데] 어떤 것을 기억할 때마다 두려움에 빠

---

76) 딜스는 alkēi로 읽고 있다. 사본은 alkēn.

지고 자신을 질책한다. (『선집』 II. 9. 3)

181. 스토바이오스(DK68B175)

신들은 예나 지금이나 온갖 좋은 것들을 사람들에게 준다. 그러나 나쁘고 해롭고 쓸모없는 것들, 그런 것들을 신들은 예나 지금이나 사람들에게 주지 않는다. 오히려 사람들이 분별의 눈이 멀고 지각이 없어서 그런 것들에 가까이 다가간다.[77] (『선집』 II. 9. 4)

182. 스토바이오스(DK68B176)

운(tychē)은 후하나 변덕스럽다. 반면에 자연은 자족적(autarkēs)이다. 그렇기 때문에 자연은 더 적지만[덜 후하지만] 한결같음으로 인해 〔운에 대한〕기대의 더 많음〔후함〕을 능가한다.

(『선집』 II. 9. 5)

183. 스토바이오스(DK68B177)

고귀한 말(logos)이 비천한 행위를 가려주지도 않고, 훌륭한 행위가 비방하는 말로 인해 해를 입지도 않는다. (『선집』 II. 153. 40)

---

77) 호메로스『오뒷세이아』 I. 33 참조.

184. 스토바이오스 (DK68B178)

젊은이를 가르치는 데 무엇보다도 가장 나쁜 것은 경솔함(eupe-teiē)이다. 왜냐하면 바로 그것이 악(kakotēs)의 원천이 되는 쾌락들을 낳기 때문이다. (『선집』 II. 31. 56)

185. 스토바이오스(DK68B179)

어린이들이 자유롭게 방치되어서 힘들여 노력하지 않는다면, 글도 시가(詩歌)도 운동경기도 배우지 못할 것이고, 특히 덕(aretē)을 유지해 주는 염치(廉恥)도 배우지 못할 것이다. 염치(aidōs)는 보통 이런 것들에서 생기기 때문이다.(『선집』 II. 31. 57)[78]

186. 스토바이오스(DK68B180)

교육은 운 좋은 사람들에게는 장식(kosmos)이지만, 운 나쁜 사람들에게는 피난처(kataphygion)이다. (『선집』 II. 31. 58)

187. 스토바이오스(DK68B181)

격려와 말의 설득을 사용하는 사람이 법과 강제를 사용하는 사람보다 덕으로 [이끌어가는] 더 훌륭한 [안내자]임이 드러날 것이다. 법에

---

78) ponos(힘들여 노력하는 것)에 대한 이러한 생각은 퀴니코스 학파를 연상시키지만 68B182의 단편까지 함께 고려하면 ponos에 대한 데모크리토스의 적극적인 견해를 반영하는 것이기도 하다.

의해서 나쁜 짓을 못하게 된 사람은 몰래 잘못을 저지를 수도 있지만 설득에 의해서 해야 할 일로 인도되는 사람은 몰래든 드러내놓고든 어떤 나쁜 짓을 행하지 않을 법하기 때문이다. 누구든 분별(synesis) 과 지식(epistēmē)을 가지고 바르게 행동하는 사람은 용감하며 동시에 올곧게 된다. (『선집』 II. 31. 59)

188. 스토바이오스(DK68B182)

배움은 수고를 통해서 아름다운 것들을 이루어내지만, 추한 것들은 수고 없이도 저절로 열매를 맺는다. 왜냐하면 실로 그것들은 종종 원하지 않는 사람도 …〔원문 훼손〕[79]… 그렇게 되도록 강제하기 때문이다.(『선집』 II. 31. 66)

189. 스토바이오스(DK68B183)

〔경우에 따라서는〕 젊은이들에게 분별력(xynesis)이 있고 노인들에게 분별력이 없는 것 같다. 왜냐하면 분별을 갖도록 가르치는 것은 시간이 아니라 시기적절한 양육과 본성(physis)이기 때문이다.

(『선집』 II. 31. 73)

---

79) 딜스는 본문 248의 단편에 기초해서 '설령 본성이 아주 열등한 사람일지라도'를 이 부분을 보충하는 말로 제안하고 있다. 이 단편 또한 교육의 중대성에 관한 데모크리토스의 견해를 보여준다.

190. 스토바이오스(DK68B184)

나쁜 사람들과 계속 사귀는 것은 나쁜 습성(hexis)을 조장한다.(『선집』 II. 31. 90)

191. 스토바이오스(DK68B185)

교육받은 사람들의 희망이 무지한 사람들의 부유함보다 더 좋다.(『선집』 II. 31. 94)

192. 스토바이오스(DK68B186)

같은 생각이 우애(philiē)를 만든다.(『선집』 II. 33. 9)

193. 스토바이오스(DK68B187)

육체(sōma)보다는 혼을 가치 있게 여기는 것이 사람들에게 적합하다. 왜냐하면 혼의 완전함은 육체(skēnos[80])의 결함을 바로잡지만, 육체의 강함은 헤아림(logismos)이 함께 하지 않으면 혼을 조금도 더 낫게 하지 못하기 때문이다.[81] (『선집』 III. 1. 27)

• • • • • • • • • • • • • •

80) skēnos는 '천막'이라는 뜻인데, 여기서는 혼이 머무르는 임시 거처로서의 육체를 가리킨다.
81) 나토르프는 이 단편과 관련하여 플라톤의 『국가』 III. 403d를 함께 참조하라고 제안한다.

194. 스토바이오스(DK68B188)

쾌(terpsis)와 불쾌(aterpiē)는 이로운 것들과 이롭지 못한 것들(을 구별하는) 경계이다.[82] (『선집』 III. 1. 46)

195. 스토바이오스(DK68B189)

사람에게 가장 좋은 것은 가능한 가장 유쾌하게, 그리고 가능한 가장 괴롭지 않게 삶을 이끌어가는 것이다. 만약 누구든 사멸하는 것들에서 쾌락을 얻지 않는다면, 그렇게 될 것이다.

(『선집』 III 1. 47)

196. 스토바이오스(DK68B190)

나쁜 행위에 대해서는 말하는 것조차 피해야 한다.(『선집』 III 1. 91)

197. 스토바이오스(DK68B191)

유쾌함은 적절한 즐거움과 균형있는 삶을 통해서 사람들에게 생긴다. 부족한 것들과 과도한 것들은 변화가 심해서 혼 안에 큰 변동들을 보통 생기게 한다. 큰 폭의 변동을 겪는 혼들은 안정되어 있지도 않고 유쾌하지도 않다. 따라서 부러움을 사는 자들과 칭찬받는 자들에 대해 거의 관심을 갖지 않고 신경 쓰지도 않으면서 (자신이) 할 수 있는 것들에 주의를 기울이고 주어진 것들에 만족해야 한다. 그리고 곤경을 겪는 자들의 삶을 바라보고 그들이 얼마나 험한 일을 겪고 있는지를 생각해야 한다. 이렇게 해야 너에게 주어진 것들과 속해 있는 것들이 대단하고 부러워할 만한 것으로 보일 것이며, 더 많은 것을 욕심냄으로써 혼이 나쁜 것을 겪게 되는 일이 더 이상 생기지 않을 것이다. 왜냐하면 가진 자들, 그리고 다른 사람들로부터 축하받는 자들을 경탄하면서 (그런 자들에게) 늘 주의를 기울이는 자들은 언제나 새로운 무언가를 도모할 수밖에 없고, 욕망으로 인해 법이 금하는 바의 돌이킬 수 없는 어떤 것을 행하는데 몰두할 수밖에 없기 때문이다. 그렇기 때문에 이러한 것들을 추구해서는 안 되고, 자신의 삶을 더 보잘 것 없이 지내는 자들의 삶과 비교하면서 (자신에게 주어진) 것들로 즐거워해야 한다. 또한 그들이 겪는 (어려운) 일을 염두에 두면서 (자신은) 그들보다 더 잘 살고 더 잘 지내는 만큼 자신을 행복한 자라고 여겨야 한다.

실로 이런 마음을 유지한다면 그대는 더 유쾌하게 지낼 것이고 삶에서 (만나는) 적지 않은 재앙들, 즉 부러움, 질투, 악의를 물리치게 될 것이다.(『선집』 III. 1. 210)

198. 스토바이오스(DK68B192)

칭찬하지 말아야 하는 것들을 칭찬하거나 비난하지 말아야 하는 것들을 비난하기는 쉽다. 그러나 둘 각각은 어떤 나쁜 성품(ēthos)에서 나온다. (『선집』 III. 2. 36)

199. 스토바이오스(DK68B193)

분별(phronēsis)의 역할은 앞으로 있게 될 불의(不義)에서 자신을 보호하는 것이고, 무지각(analgēsiē)이 하는 짓은 일어난 불의에 보복하지 않는 것이다. (『선집』 III. 3. 43)

200. 스토바이오스(DK68B194)

큰 즐거움은 훌륭한(kalon) 일(ergon)을 바라보는 데서 생긴다. (『선집』 III. 3. 46)

201. 스토바이오스(DK68B195)

옷과 장식으로 말미암아 보기에는 빼어나지만 마음(kardiē)이 없는 상들(eidōla)[83]… (『선집』 III. 4. 69)

• • • • • • • • • • • • • •

83) 이 상들은 본문 304의 단편(B119)에서처럼 신상(神像)들을 가리키는 것인지도 모른다. 네슬(W. Nestle)은 시모니데스 단편 7, 67d와 에우리피데스 『히폴뤼토스』 631을 기초로 여성을 가리키는 것으로 생각하고 있고 랑거벡은 부유한 자들(plousioi)로 생각하고 있다.

202. 스토바이오스(DK68B196)

자기 자신의 나쁜 것들을 망각하는 것은 뻔뻔함(thrasytēs)을 낳는다. (『선집』III. 4. 70)

203. 스토바이오스(DK68B197)

어리석은 사람들은 운(運)으로 얻은 이득에 의해서 형성되지만, 이런 사실을 아는 사람들은 지혜로 얻은 이득에 의해서 형성된다.

(『선집』III. 4. 71)

204. 스토바이오스(DK68B198)

결핍 상태에 있는 것〔동물〕은 얼마만큼 결핍상태에 있는지를 알지만, 결핍상태에 있는 사람은 그것을 알지 못한다.

(『선집』III. 4. 72)

205. 스토바이오스(DK68B199)

어리석은 사람들은 삶을 싫어하면서도 하데스(haidēs)에 대한 두려움 때문에 살기를 원한다. (『선집』III. 4. 73)

206. 스토바이오스(DK68B200)

어리석은 사람들은 삶의 즐거움을 누리지 못하며 살아간다.

(『선집』III. 4. 74)

207. 스토바이오스(DK68B201)

어리석은 사람들은 장수(長壽)의 즐거움을 누리지 못하면서 오래 살기를 원한다.(『선집』 III. 4. 75)

208. 스토바이오스(DK68B202)

어리석은 사람들은 곁에 없는 것들은 원하고, 곁에 있는 것들이 떠나간 것들보다 더 이로운데도 그것들은 소홀히 한다.

(『선집』 III. 4. 76)

209. 스토바이오스(DK68B203)

사람들은 죽음을 피하면서 죽음을 쫓아간다.

(『선집』 III. 4. 77)

210. 스토바이오스(DK68B204)

어리석은 사람들은 평생토록 아무도[84] 즐겁게 해주지 못한다.[85]

(『선집』 III. 4. 78)

---

84) 딜스는 houden으로 읽고 있다. 사본은 ouden.

85) andanousin. 이 부분은 학자들에 따라 ouden과 연결시켜 man-thanousi(아무것도 배우지 못한다), katanousi(아무 것도 이루어 내지 못한다), aldainousin(아무것도 키워내지 못한다) 등으로 다르게 읽는다.

211. 스토바이오스(DK68B205)

어리석은 사람들은 죽음이 두려워서 삶을 원한다.

(『선집』 III. 4. 79)

212. 스토바이오스(DK68B206)

어리석은 사람들은 죽음이 두려워서 늙도록 살고 싶어 한다.

(『선집』 III. 4. 80)

213. 스토바이오스(DK68B207)

모든 쾌락을 선택할 것이 아니라 아름다운 것(kalon)에 대한 쾌락
을 선택해야 한다. (『선집』 III. 5. 22)

214. 스토바이오스(DK68B208)

아버지의 절제(sōphrosynē)가 아이들에게는 가장 큰 가르침이다.

(『선집』 III. 5. 24)

215. 스토바이오스(DK68B209)

양식(trophē)이 충분하면 밤은 결코 짧지 않다.

(『선집』 III. 5. 25)

216. 스토바이오스(DK68B210)

행운은 호화로운 식탁을 마련해 주지만, 절제는 만족스러운 식탁을
마련해 준다. (『선집』 III. 5. 26)

217. 스토바이오스(DK68B211)

절제는 즐거운 일들을 늘려주고 쾌락을 한층 더 크게 만들어 준다.
(『선집』 III. 5. 27)

218. 스토바이오스(DK68B212)

낮잠은 몸에 탈이 났거나, 혼에 괴로움이 있거나, 혼이 게으르거나
배우지 못했음을 나타낸다. (『선집』 III. 6. 27)

219. 스토바이오스(DK68B213)

용기는 〔불운으로 인한〕 재앙(atē)을 줄여준다.
(『선집』 III. 7. 21)

220. 스토바이오스(DK68B214)

적(敵)을 이기는 사람만이 용감한 것은 아니고 쾌락을 이기는 자도
용감한 사람이다. 어떤 사람들은 나라에는 주인 노릇을 하지만, 여자
에게는 종 노릇을 한다.[86] (『선집』 III. 7. 25)

221. 스토바이오스(DK68B215)

정의(dikē)의 영광은 판단의 대담함과 침착함이고, 불의의 결말은 불행에 대한 두려움이다. (『선집』 III. 7. 31)

222. 스토바이오스(DK68B216)

침착한 지혜는 모든 것에 맞먹는 가치를 지닌다.

(『선집』 III. 7. 74)

223. 스토바이오스(DK68B217)

나쁜 짓을 하기 싫어하는 사람들만 신들의 사랑을 받는다.

(『선집』 III. 9. 30)

224. 스토바이오스(DK68B218)

나쁜 일에서 생기는 부(富)는 더 확실하게 비난을 산다.

(『선집』 III. 10. 36)

225. 스토바이오스(DK68B219)

재물에 대한 욕구(orexis)는 만족(koros)에 의해 한정되지 않는다면 극심한 빈곤보다 훨씬 견디기 어렵다. 왜냐하면 더 큰 욕구는 더

••••••••••••••••
86) 카펠레는 이 단편이 플라톤의 『라케스』를 상기시킨다고 말한다.

큰 결핍을 만들어내기 때문이다. (『선집』 III. 10. 43)

226. 스토바이오스(DK68B220)

나쁜 이득(kerdos)은 덕의 손실(zēmia)을 가져온다.[87]

(『선집』 III. 10. 44)

227. 스토바이오스(DK68B221)

나쁜 이득을 바라는 것은 손실의 시작이다.

(『선집』 III. 10. 58)

228. 스토바이오스(DK68B222)

자식들을 위해 재물을 지나치게 모으는 것은 물욕(philargyriē)에 대한 핑계로서 자신의 성품(tropos)을 드러내 보이는 일이다.

(『선집』 III. 10. 64)

229. 스토바이오스(DK68B223)

신체(skēnos)가 필요로 하는 것들은 고생과 노고 없이도 누구에게나 쉽게 주어진다. 그러나 고생과 노고를 필요로 하고 삶을 고달프게

....

87) 프리들랜더는 이 단편과 관련하여 헤시오도스 『일과 날』 352를 참조하라고 지시하고 있다.

하는 모든 것을 갈구하는 것은 신체가 아니라 판단의 맹목성 (kakothigiē)[88]이다.(『선집』 III. 10. 65)

230. 스토바이오스(DK68B224)

더 많은 것을 가지려는 욕구는, 아이소포스(이솝)의 개처럼, 가진 것을 잃게 한다. (『선집』 III. 10. 68)

231. 스토바이오스(DK68B225)

말을 많이 해서는 안 되고, 바른 말을 해야 한다.

(『선집』 III. 12. 13)

232. 스토바이오스(DK68B226)

숨김없이 말하는 것은 자유의 고유한 부분이지만, 알맞은 때를 결정하는 데에는 위험이 따른다. (『선집』 III. 13. 47)

233. 스토바이오스(DK68B227)

구두쇠들은 꿀벌의 운명을 가진다. 그들은 영원히 살기라도 할 것처럼 일을 하니까. (『선집』 III. 16. 17)

••••••••••••••••
88) 딜스의 수정을 받아들였다. 사본은 kathodigiē로 되어 있다.

234. 스토바이오스(DK68B228)

구두쇠의 자식들이 못 배우게 되면, 마치 단검들을 향해서 내닫는 춤꾼들이 발을 디뎌야 하는 단 한 지점에 착지하지 못할 경우에 죽게 되는 것처럼(그러나 한 지점에 착지하기는 어렵다. 〔안전하게〕 발을 디딜 자국만 남겨져 있으니까), 마찬가지로 이들도 주의 깊고 절약하는 아버지의 발자취를 제대로 딛고 가지 못하면 망하게 마련이다.

(『선집』 III. 16. 18)

235. 스토바이오스(DK68B229)

안 쓰고 안 먹는 것이 물론 유익하다. 그러나 때에 맞춰 돈을 쓰는 것도 유익하며, 이것을 분별하는 것은 훌륭한 사람이 할 수 있는 일이다. (『선집』 III. 16. 18)

236. 스토바이오스(DK68B230)

축제가 없는 삶이란 쉴 곳이 없는 긴 행로이다.

(『선집』 III. 16. 19)

237. 스토바이오스(DK68B231)

가지고 있지 않은 것들에 괴로워하지 않고 가지고 있는 것들로 즐거워하는 사람이 현명하다(eugnōmōn). (『선집』 III. 17. 25)

238. 스토바이오스(DK68B232)

즐거운 일들 중에서도 아주 드물게 생기는 것들이 가장 큰 기쁨을 준다. (『선집』 III. 17. 37)

239. 스토바이오스(DK68B233)

누구든 적정 한도(to metrion)를 벗어나면, 〔그에게〕 가장 즐거운 것들이 가장 즐겁지 않게 될 것이다. (『선집』 III. 17. 38)

240. 스토바이오스(DK68B234)

사람들은 기도를 통해 신들에게서 건강을 구하나, 그런 힘이 자기 안에 있다는 것을 알지 못한다. 그들 자신은 무절제(akrasiē)로 말미암아 정반대의 일을 행하며 그래서 자신들의 욕망(epithymiē) 때문에 건강을 배신하는 자들이 된다. (『선집』 III. 18. 30)

241. 스토바이오스(DK68B235)

음식이나 음료나 성교에서 정도 이상으로 배〔식욕〕에서 쾌락을 얻는 모든 사람에게 쾌락은 짧으며 먹고 마시는 동안만 잠시 계속되고, 고통은 많아진다. 왜냐하면 같은 것들에 대한 욕구가 언제나 그들 곁에 있어서 욕구하는 것들이 충족될 때마다 곧바로 쾌락이 지나가버리고, 짧은 즐거움 외에는 어떤 유익한 것도 그들에게 남아 있지 않아서, 또다시 같은 것들을 필요로 하기 때문이다. (『선집』 III. 18. 35)

242. 스토바이오스(DK68B236)

충동(thymos)과 맞서 싸우기는 어렵다. 그러나 그것을 이기는 것
은 사려 깊은 사람이 할 수 있는 일이다.[89] (『선집』 III. 20. 56)

243. 스토바이오스(DK68B237)

모든 승부욕(philonikiē)은 어리석은 것이다. 적에게 해가 되는 것
만 주시하다 보면 자신에게 이로운 것은 보지 못하는 법이니까.

(『선집』 III. 20. 62)

244. 스토바이오스(DK68B238)

더 뛰어난 자(kreissōn)와 겨루는 사람은 나쁜 평판으로 결말을 본
다. (『선집』 III. 22, 42)

245. 스토바이오스(DK68B239)

하찮은 사람들은 어려움에 처했을 때 했던 맹세를 어려움을 벗어나
면 지키지 않는다. (『선집』 III. 28. 13)

246. 스토바이오스(DK68B240)

자진해서 하는 수고는 마지못해 하는 수고를 더욱 견디기 쉽게 해

....

[89] 헤라클레이토스 (DK22B85) 참조.

준다.(『선집』III. 29. 63)

247. 스토바이오스(DK68B241)

  계속되는 수고도 그것에 익숙해지면 더 쉬워진다.

  (『선집』III. 29. 64)

248. 스토바이오스(DK68B242)

  더 많은 사람들이 본성으로부터 보다는 훈련(askēsis)을 통해 훌륭하게 된다. (『선집』III. 29. 66)

249. 스토바이오스(DK68B243)

  모든 수고는 그 수고의 목표가 성취되거나 성취되리라는 것을 알고 있을 때 휴식보다 더 달콤하다. 그러나 실패할 때의 수고는[90] 한결같이 괴롭고 고통스럽다. (『선집』III. 29. 88)

250. 스토바이오스(DK68B244)

  그대는 혼자 있을 때라도 나쁜 것을 말하지도 행하지도 말아라. 다른 사람들 앞에서보다 오히려 자신 앞에서 부끄러워할 줄 알아라.[91]

••••••••••••••••
90) ponein. 사본은 pan. 그래서 딜스는 ⟨ponein⟩ pan(수고하는 것 모두)으로 읽기도 한다.

(『선집』 III. 331. 7)

251. 스토바이오스(DK68B245)

각자가 다른 사람에게 해를 입히지 않는다면, 법이 각자 자신의 능력껏 사는 것을 방해하지는 않을 텐데, 〔실제로는 그렇지 못하다〕. 왜냐하면 〔각자의〕 시기심이 불화의 실마리를 만들어내기 때문이다.

(『선집』 III. 38. 53)

252. 스토바이오스(DK68B246)

타향살이는 삶의 자족을 가르친다. 보리빵과 짚으로 만든 침대도 굶주림과 피로함을 달래는 가장 달콤한 약이 되기 때문이다.

(『선집』 III. 40. 6)

253. 스토바이오스(DK68B247)

현자는 어느 땅이든 다 밟을 수 있다. 온 세계(kosmos)가 선한 혼의 조국이니까.[92] (『선집』 III. 40. 7)

• • • • • • • • • • • • • •

91) 본문 138의 단편은 이 단편의 축약판, 본문 270의 단편은 이 곳에서의 생각보다 완전한 형태라고 할 수 있다.

92) 어떤 사람(Freudenthal)은 이 단편이 데모크리토스의 단편이 아니라고 제외하기도 했다. 이 단편은 일종의 세계동포주의를 내포하고 있는데, 그러한 생각은 이미 에우리피데스에 의해 표명되고는 있으나,

254. 스토바이오스(DK68B248)

법은 사람들의 삶에 도움을 주고자 한다. 그러나 그것은 그들 자신
이 도움을 잘 받아들이고자 할 때 가능하다. 왜냐하면 법은 따르는 자
들에게 자신의 훌륭함(aretē)을 보여주기 때문이다.

(『선집』 IV. 1. 33)

255. 스토바이오스(DK68B249)

내전(內戰)은 양 편 모두에게 나쁘다. 승리한 자들도 패한 자들도
똑같이 망하니까.(『선집』 IV. 1. 34)

256. 스토바이오스(DK68B250)

국가의 중요한 일들과 전쟁들은 의견의 일치(homonoiē)[93]에 따
라 수행될 수 있으며, 그렇지 않으면 불가능하다.

(『선집』 IV. 1. 40)

· · · · · · · · · · · · · · ·
여기에 나타난 데모크리토스 견해는 평범한 수준의 언명 정도로 의
문의 여지가 있다. 그러나 결함을 지적함이 없이 전승을 부정할 수는
없다(딜스).
93) 소피스트 시대에 이 homonoiē(마음의 일치, 협동과 조화)라는 개념
이 의미하는 바에 대해서는 고르기아스의 단편(DK82A1, B8a), 트라
쉬마코스의 단편(DK85B1), 안티폰의 단편(DK87A2, B44) 등을 참
조. 그리고 이 곳 본문 180도 참조.

257. 스토바이오스(DK68B251)

자유가 예속보다 더 선호할 만한 것인 만큼, 민주정에서의 가난이 이른바 전제군주들 곁에서의 행복보다 더 선호할 만하다.

(『선집』IV. 1. 42)

258. 스토바이오스(DK68B252)

국가가 잘 운영 되도록 나랏일을 다른 어떤 일보다도 가장 중요하게 여겨야 하며, 정도 이상의 다툼을 일삼지도 말고, 공공의 이익에 거슬러 자신의 힘을 사용해서도 안 된다. 잘 운영되는 나라는 가장 크게 번영하는 나라이며 그 안에 모든 것이 들어 있어서,[94] 그 나라가 안전할 때 모든 것이 안전하고 그 나라가 망하면 모든 것이 망하기 때문이다.(『선집』IV. 1. 43)

259. 스토바이오스(DK68B253)

자신의 일을 소홀히 하고 다른 일을 하는 것은 쓸모 있는 사람들에게 이익이 없다. 그들 자신의 일을 그르치기 때문이다. 그러나 누구든 공적인 일을 소홀히한다면, 설사 그가 아무것도 훔치지도 않고 나쁜 짓을 하지 않더라도 나쁜 평판을 듣게 된다. 〔공적인 일을〕 소홀히 하지 않는 사람이나 나쁜 짓을 하지 않는 사람조차도 나쁜 평판을 듣고,

---

94) 소포클레스 『안티고네』189 이하 참조.

더욱이 피해를 입을 위험이 있으니까 말이다. 사람들이 잘못을 범하는 것은 불가피한 일이지만, 용서받기는 쉽지 않다.

(『선집』 IV. 1. 44)

260. 스토바이오스(DK68B254)

나쁜 자들이 관직에 오르면 형편없는 자일수록 그만큼 더 일을 소홀히 하게 되고, 어리석음과 무모함으로 가득 차게 된다.

(『선집』 IV. 1. 45)

261. 스토바이오스(DK68B255)

능력 있는 사람들이 그렇지 못한 사람들에게 필요한 것을 빌려주고 도와주며 호의를 베풀려고 한다면, 거기에는 이미 측은히 여김이 있고 외톨이가 되는 일이 없으며 친구가 되고 서로 도와주고 시민들이 한 마음이 되는 것 등, 이 외에도 일일이 다 열거할 수도 없는 좋은 일들이 있다. (『선집』 IV. 1. 46)

262. 스토바이오스(DK68B256)

정의(dikē)는 해야 할 일을 하는 것이고, 불의는 해야 할 일을 하지 않고 제쳐두는 것이다.[95] (『선집』 IV. 2. 14)

• • • • • • • • • • • • • •
95) 본문 180 참조.

263. 스토바이오스(DK68B257)[96]

동물들과 관련해서 그들을 죽이고 죽이지 않는 데는 다음과 같은 경우가 있다. 해를 끼치는 동물들과 해를 끼치려고 하는 동물들을 죽이는 자는 죄가 없으며, 이런 일을 하지 않는 것보다는 하는 것이 잘 사는데(euestō) 더 많은 기여를 한다.[97] (『선집』 IV. 2. 15)

264. 스토바이오스(DK68B258)

어떤 경우에나 부당하게 해를 끼치는 것들은 모두 죽여야 한다. 그런 일을 하는 사람은 어떤 〔국가〕질서에서나 더 큰 몫의 유쾌함[98]과 올바름과 대담함과 소유물[99]을 갖게 될 것이다.

(『선집』 IV. 2. 16)

265. 스토바이오스(DK68B259)

〔우리에게〕 적대적인 들짐승들과 기는 동물들〔파충류〕에 관해서 내가 써놓은 것처럼,[100] 사람들에 대해서도 그렇게 해야 한다고 나는 생

••••••••••••••
96) 본문 263-66의 단편과 관련해서는 플라톤의 『고르기아스』 525C의 내용을 참조.
97) 본문 353 참조.
98) euthymiēs. 사본은 epithymiēs(욕구).
99) ktēseōs. 사본은 ktasaōs. 학자들에 따라 tisios, trēseōs, ektaseos를 제안하고 있으나 모두 의심스럽다(딜스).
100) 본문 263 참조.

각한다. 즉 모든 질서 있는 나라에서는 법이 금하지 않는 경우에는 선조들의 법에 따라 〔국가〕의 적은 죽여야 한다. 그런데 각 나라의 신성한 법령이나 협정 그리고 서약들이 이를 금하고 있다.

(『선집』 IV. 2. 17)

266. 스토바이오스(DK68B260)

누군가 자기 손으로든 남을 시켜서든 표결을 통해서든 노상강도나 해적을 모두 죽이더라도 그는 죄가 없을 것이다.

(『선집』 IV. 4. 18)

267. 스토바이오스(DK68B261)

불의를 당하는 사람들을 힘껏 도와야하며 그냥 지나쳐서는 안 된다. 그렇게 하는 것은 올바르고 좋은 일이지만, 그렇게 하지 않는 것은 올바르지 않고 나쁜 일이니까. (『선집』 IV. 5. 43)

268. 스토바이오스(DK68B262)

추방이나 구속당할 만한 일을 하는 사람들, 또는 벌 받아 마땅한 사람들에게 유죄판결을 내려야하며 그들을 방면해서는 안 된다. 법을 거슬러 이득이나 기분에 따라 판단해 그런 자들을 방면하는 사람은 잘못을 저지르는 것이며, 그것은 반드시 그의 속앓이가 된다.

(『선집』 IV. 5. 44)

269. 스토바이오스(DK68B263)

가장 값어치가 큰 것들을 〈가장 받을 만한 사람들에게〉[101] 나누어
주는 사람은 정의(dikē)와 덕(aretē)의 가장 큰 몫을 얻는다.

(『선집』 IV. 5. 45)

270. 스토바이오스(DK68B264)

자신 앞에서보다 〔다른〕 사람들 앞에서 더 부끄러워하지 말고, 모
든 사람들이 〔알게 될 때〕 보다는 아무도 알지 못하게 될 때에 나쁜 일
을 더 저지르지 않도록 하라. 오히려 자신 앞에서 가장 부끄러워하고,
해로운 일을 결코 행하지 않도록 이것을 혼에게 법(nomos)으로 정
해주어라. (『선집』 IV. 5. 46)

271. 스토바이오스(DK68B265)

사람들은 잘 된 일보다 잘 못된 일을 더 많이 기억한다. 실로 이것
은 매우 옳은 일이다. 왜냐하면 맡은 돈을 돌려주는 사람은 칭찬받을
필요가 없지만, 돌려주지 않는 사람은 비난받고 벌 받아야 하는 것처
럼, 최고행정관(archōn)의 경우도 그와 마찬가지이기 때문이다. 그
는 〔맡은 일을〕 잘못할 거라는 이유에서가 아니라, 잘 할 거라는 이유
에서 선택받았으니까.[102] (『선집』 IV. 5. 47)

• • • • • • • • • • • • • •
101) 딜스의 보충.

272. 스토바이오스(DK68B266)

현행 체제(rhythmos)로서는 누군가가 최고행정관들에게 해를 끼치지 못하게 할 방도가 전혀 없다. 설사 그들이 매우 훌륭한 사람들이라고 하더라도. 왜냐하면 행정관이 자신 이외의 다른 사람에게 〈업무상의 책임을 전가하는 것도, 다른 사람들을 다스렸던 자가 1년 후에〉[103] 스스로 다른 사람들의 지배[보복]를 받게 되는 것도 적절하지 않기 때문이다. 그러나 어떻게든 이런 상황은 수습되어야 한다, 즉 나쁜 짓을 전혀 하지 않는 자가 나쁜 짓을 하는 자들을 심하게 문초하더라도 〔나중에〕 저들의 지배를 받게 되지 않고, 법(thesmos)이든 다른 뭐든 어떤 〔제도적 장치〕가 옳은 일을 행하는 자에게 도움을 주도록 수습되어야 한다. (『선집』 IV. 5. 48)

273. 스토바이오스(DK68B267)

다스리는 것은 본성상 더욱 뛰어난 자(kressōn)에게 적합한 일(oikeion)이다. (『선집』 IV. 6. 19)

• • • • • • • • • • • • • •

102) 본문 259 참조.
103) 이 〈 〉부분은 원문이 훼손되어 딜스가 추측해 보충한 내용(archonta einai hyupeuthynon oud' heterōn arksanta met' eniauton)을 번역한 것. 여기서 1년이란 매년 1년 임기로 선출되는 행정관의 임기를 말한다.

274. 스토바이오스(DK68B268)

두려움을 주는 것은 아첨을 만들어내지만, 호의를 얻지는 못한다.
(『선집』 IV. 7. 13)

275. 스토바이오스(DK68B269)

과감함(tolma)은 행위의 시작이다. 그러나 마무리의 주인은 운
(tychē)이다. (『선집』 IV. 10. 28)

276. 스토바이오스(DK68B270)

가복(家僕)들을 몸의 지체처럼 사용하라, 각자를 각자의 일에 맞도
록. (『선집』 IV. 19. 45)

277. 스토바이오스(DK68B271)

사랑은(agapōmenē(?))[104] 사랑으로 인한 비난(erōtikē memp-
sis)을 없앤다. (『선집』 IV. 20. 33)

• • • • • • • • • • • • • •

104) 훼손으로 불분명. 딜스는 agapō(또는 아프로디테를 의미하는
Agapō) monē로 읽을 것을 제안하고 있는데 이럴 경우 "사랑(또는
아프로디테)만이 사랑으로 인한 비난을 없앤다"가 된다. 그러나 이
단편은 원문이 분명하지 않아 이해하기가 어렵다고 딜스는 말한다.

278. 스토바이오스(DK68B272)

데모크리토스는 사위 운이 좋은 사람은 아들을 얻지만, 그렇지 못한 사람은 딸도 잃는다고 말했다. (『선집』 IV. 22. 108)

279. 스토바이오스(DK68B273)

여자는 남자보다 나쁜 생각(kakophradmosynē)에 훨씬 더 민첩하다. (『선집』 IV. 22. 199)

280. 스토바이오스(DK68B274)

말을 적게 하는 것이 여인에게는 장식(kosmos)이다. 그리고 장식의 소박함 또한 아름답다. (『선집』 IV. 23. 38)

281. 스토바이오스(DK68B275)[105]

어린이 양육은 위험한 일이다. 고투(苦鬪)와 염려를 온통 기울여야 행운(성공)을 얻고, 잘못되면 다른 어떤 고통과도 비교할 수 없는 고통이 따르기 때문이다. (『선집』 IV. 24. 29)

282. 스토바이오스(DK68B276)

내가 보기에 아이를 꼭 가질[106] 필요는 없는 것 같다. 아이를 갖는

105) 본문 281-82에 관해서는 에우리피데스 단편 908, 안티폰의 단편 (DK87B49), 에우에노스 단편 6d를 참조.

데는 많은 큰 위험들과 많은 고통이 따르는 한편, 소득은 적은데 그것도 보잘 것 없고 빈약하다는 것을 나는 알기 때문이다.

(『선집』 IV. 26. 31)

283. 스토바이오스(DK68B277)

누구든 아이를 가져야 할 필요가 있는 사람은 친구들 가운데 누군가로부터 〔양자를 들이는 것이〕 더 좋다고 나는 생각한다. 그렇게 하면 그는 원하는 아이를 얻게 될 것이다. 왜냐하면 자신이 원하는 아이를 선택할 수 있기 때문이다. 그래서 그가 적절하다고 여기는 아이는 본성에 따라 특히 〔그를〕 잘 따를 것이다. 그리고 이 경우는 여럿 중에서 그가 필요로 하는 아이를 마음대로 취할 수 있다는 점에서 특별하다. 그러나 누구든 스스로 아이를 낳을 경우, 거기에는 많은 위험이 있다. 왜냐하면 어떤 아이가 태어나든 그 아이로 만족해야 하기 때문이다. (『선집』 IV. 24. 32)

284. 스토바이오스(DK68B278)

아이들을 갖는 것은 필요불가결한 것들에 속하는 일로서 본성(physis)에서, 그리고 아주 오래 된 어떤 제도(katastasis)에서 비롯되었다고 사람들은 생각한다. 이것은 다른 동물들의 경우에도 분명하다.

---

106) ktasthai의 의미에 관해서는 본문 284 참조.

모든 동물은 본성에 따라 자식들을 가지며 결코 어떤 이득 때문에 갖는 것은 아니다. 오히려 아이가 태어날 때마다 각각의 아이를 힘껏 노력하여 키우고, 아이가 어릴 동안에는 매우 염려하고 아이가 어떤 일이라도 당하면 몹시 슬퍼한다. 혼을 지닌 모든 것의 본성은 이와 같다. 그러나 사람의 경우는 자식들에게서 득이 될 만한 뭔가를 얻을 수 있을 정도로 일반적인 관습(nomizon)이 이미 형성되어 있다.

(『선집』 IV. 24. 33)

285. 스토바이오스(DK68B279)[107]

가능하다면 무엇보다도 재물을 자식들에게 나누어주고, 그와 동시에 아이들이 그것을 가지고서 뭔가 해로운 짓을 하지나 않는지 그들을 지켜봐야 한다. 왜냐하면 〔재물을 갖게 되면〕 아이들은 재물에 대해서 훨씬 더 인색해지고 가지려는 욕심을 더 내게 되며, 그래서 서로 경쟁하게 되기 때문이다. 실로 〔사람들은〕 공적인 일에 지출할 때는 사적인 일에 지출할 때처럼 안달하지 않으며, 여분의 소득이 생겨도 〔사적인 소득만큼〕 달가워하지 않고, 〔달가워하더라도〕 오히려 훨씬 덜하다.(『선집』 IV. 26. 25)

· · · · · · · · · · · · · · · · ·
107) 모든 사본에 이 단편이 다 나오진 않는다.

286. 스토바이오스(DK68B280)

아이들을 교육해서 그들의 재물과 몸을 위한 방벽 및 보호책을 갖
도록 해주는 일은 자신의 돈을 많이 들이지 않고도 가능하다.[108]

(『선집』 IV. 29. 26)

287. 스토바이오스(DK68B281)

종양들 가운데서도 암이 가장 나쁜 질병인 것, 재물 가운데 … [맞
지 않는 것과 연속적인 것[109]] (『선집』 IV. 31. 49)

288. 스토바이오스(DK68B282)

분별 있게 돈을 사용하는 것은 자유인답게 처신하는 데, 그리고 공
익을 도모하는 데 유용하지만, 무분별하게 사용하는 것은 공익을 해
치는 지출이다. (『선집』 IV. 31. 120)

289. 스토바이오스(DK68B283)

가난과 부유함은 부족과 넘침의 [다른] 이름이다. 그러니까 부족함
이 있는 사람은 부유하지 않고 부족함이 없는 사람은 가난하지 않다.

(『선집』 IV. 33. 23)

----

108) 플라톤 『소크라테스의 변론(변명)』 30a 참조.
109) 원문 훼손으로 뜻이 분명하지 않음.

290. 스토바이오스(DK68B284)

　만약 그대가 많은 것들을 욕구하지 않는다면, 적은 것들이 그대에게는 많다고 여겨질 것이다. 왜냐하면 작은 욕구(orexis)는 가난에게 부유함과 대등한 힘을 갖게 해주기 때문이다.[110]

　(『선집』 IV. 33. 24)

291. 스토바이오스(DK68B285)

　누구든 알맞게 소유하는 데 신경을 쓰고 꼭 필요한 것들을 기준으로 노고를 헤아리도록 하기 위해서는, 인간의 삶이 허약하고 짧으며, 많은 재난과 난관 들로 뒤섞여 있다는 사실을 깨달아야 한다.

　(『선집』 IV. 33. 65)

292. 스토바이오스(DK68B286)

　적정한 재산에 만족하는 사람은 운이 따르지만, 많은 재산에 만족하지 못하는 사람은 운이 따르지 않는다. (『선집』 IV 39. 17)

293. 스토바이오스(DK68B287)

　공동의 난관이 개개인의 난관보다 더 어렵다. 도움의 희망이 남아 있지 않기 때문에. (『선집』 IV. 40. 20)

· · · · · · · · · · · · · · · ·

110) 사본 S에서는 '왜냐하면' 이하 뒷 문장의 내용이 빠져 있다.

294. 스토바이오스(DK68B288)

몸의 질병이 생기듯이, 가정과 삶의 질병이 생긴다.

(『선집』 IV. 40. 21)

295. 스토바이오스(DK68B289)

삶의 불가피한 것들(anangkais)에 순응하지 않는 것은 무분별한 짓이다.[111] (『선집』 IV. 44. 64)

296. 스토바이오스(DK68B290)

마비된 혼의 다스릴 수 없는 고통을 헤아림(logismos)에 의해서 몰아내라. (『선집』 IV. 44. 67)

297. 스토바이오스(DK68B291)

가난을 품위 있게 견디는 것은 절제 있는 사람이 할 수 있는 일이다. (『선집』 IV. 44. 70)

298. 스토바이오스(DK68B292)

지각없는 사람들의 희망은 터무니없다. (『선집』 IV. 46. 19)

. . . .
111) 사본 M에서 이 단편은 데메트리오스의 말로 나온다.

299. 스토바이오스(DK68B293)

이웃의 불행에서 쾌락을 얻는 사람들은 행·불행의 순환이 누구에게나 공통적이라는 것을 깨닫지 못하며, 자신만의 기쁨을 가지고 있지 않다. (『선집』 IV. 48. 10)

300. 스토바이오스(DK68B294)

젊음의 장점은 힘과 아름다운 모습이지만, 노년의 꽃은 절제이다. (『선집』 IV. 50. 20)

301. 스토바이오스(DK68B295)

늙은이는 〔한때〕 젊었었다. 그러나 젊은이가 노년에 이를 것인지는 불확실하다. 따라서 성취된 좋은 것은 장차 있게 될 불확실한 〔좋은〕 것보다 더 좋다. (『선집』 IV. 50. 22)

302. 스토바이오스(DK68B296)

노년은 몸 전체의 능력상실이다. 모든 것들을 지니고 있지만 모든 것에 부족함이 있다. (『선집』 IV. 50. 76)

303. 스토바이오스(DK68B297)

일부 사람들[112]은 가사적 본성(physis)이 해체됨을 알지 못하기 때문에, 사후의 시간에 관한 거짓된 이야기들을 지어내면서 사는 동안의 악행에 대한 의식으로 말미암아 혼란과 공포 속에서 일생 동안 괴로움을 겪는다. (『선집』 IV. 52. 40)

(4) 기타 격언들

304. 알렉산드리아의 디오뉘시오스(DK68B119)

그는 『교훈집』[113]의 서두에서 다음과 같이 말한다. "사람들은 자신의 어리석음(anoiē)에 대한 핑계로 운(tychē)의 상(像)(eidōlon)을 만들어 냈다." 왜냐하면 운은 본래 이해력(gnōmē)과 다투며, 분별(phronēsis)을 지배한다는 점에서 그것과 가장 적대적이라고 그들은 말했기 때문이다. 심지어 그 이상으로 그들은 이것〔분별〕을 완전히 폐기하고 부정하면서 그것을 저것〔운〕으로 대체한다. 그들은 분별이 행운(eutychē)을 〔가져온다고〕 노래하는 것이 아니라 운이 가장 분별력 있는 것이라고 노래하기 때문이다. (『자연에 관하여』, 에우세비우스의 『복음의 준비』 XIV. 27. 4에서 인용됨)

---

112) 카펠레는 오르페우스교 사람들로 추정한다.
113) '교훈집'으로 번역한 'Hypothēkai'가 책 제목이라면, 당시 이름 있는 철학자들과 시인들에 의해 유포되었던 대중적인 잠언 모음집을 가리키는 것으로 보인다.

305. 스토바이오스(DK68B119)

사람들은 자신의 우유부단(abouliē)에 대한 핑계로서 운(tychē)의 상(像)을 만들어 냈다. 왜냐하면 운은 분별과 약간의 경우에만 다툴 뿐이며, 이해력 있는 날카로운 통찰(oxyderkeiē)[114]이 삶의 일 대부분을 올바로 이끌어가기 때문이다. (『선집』 II. 8.16)

306. 필로데모스(DK68B143)

저 〔아킬레우스의〕 분노가 무수한 〔불행을〕 아카이아인들에게 가져왔는데, 그런 일은 옛날에만 있었던 것이 아니라 매일 일어난다. 그리고 데모크리토스에 따르면 "누구든 생각할 수 있는 온갖 나쁜 것들이" 지나친 분노로 말미암아 생긴다.

(『분노에 관하여』 28. 17)

307. 플루타르코스(DK68B145)

데모크리토스에 따르면, 말(logos)은 행위(ergon)의 그림자(skiē)이다. (『어린이들의 교육에 관하여』 14. 9)

---

114) 필사본에는 'oxyderkein('날카롭게 보는 것')'으로 되어 있다. 번역은 딜스의 수정을 따랐다.

308. 플루타르코스(DK68B146)

[…사람은 절제를 통해서] 이성(logos)[115]이 자신 속에 이미 길러지고 뿌리내리고 있다는 것을 드러내며, 데모크리토스에 따르면 그것이 자신에게서 즐거움을 얻는 데 익숙하다는 것을 드러낸다. (『어떻게 자신의 덕의 진보를 느낄 수 있을까?』 10. 81 A.)

309. 플루타르코스(DK68B147)

바람과 비를 예측하기 위해서 까마귀들의 까악 까악 소리와 암탉들의 꼬꼬댁 소리와, 데모크리토스가 말했듯이, 오물에 탐욕을 부리는 돼지들에게 주의를 기울이는 것은 터무니없는 짓이다. 몸의 움직임과 요동과 예감을 미리 예상하지 못하고 예방하지도 못하고 자신 속에서 일어나거나 생기게 될 곤란을 예측하지도 못하면서 말이다. (『건강에 관하여』 14. 129)

310. 플루타르코스(DK68B149)

따라서 우리는 우리의 내면에서 이렇게 말하도록 하자. "아, 인간이여, 그대의 몸도 본래 자신으로부터 많은 질병과 격정(pathē)을 내보내고, 마주치는 것들을 바깥으로부터 받아들인다네. 만약 그대 자신의 내면을 열어본다면, 데모크리토스의 말처럼, 그대는

....

115) 딜스는 이 logos라는 말을 데모크리토스의 용어로 보지 않는다.

다채롭고 많은 격정에 좌우되는, 나쁜 것들(kaka)의 보물창고와 보물[116]을 발견할 것이네. 그것〔나쁜 것〕들은 바깥에서 흘러 들어온 것이 아니네. 오히려 그것들은 제 땅에서 솟아나는 샘들을 가지고 있는 것과도 같다네. 격정들에 가득 퍼져 있는 악(kakia)이 내 보내는 샘들을 말이네."

(『마음이 받는 영향과 몸이 받는 영향 중 어느 것이 더 해로운가?』2. 500d)

311. 플루타르코스(DK68B150)

쟁론가들(eridantai)과 협잡꾼들의 말은 물리쳐야한다.

(『식탁 환담집』. I 1. 5. 614d-e)

312. 플루타르코스(DK68B151)

데모크리토스의 말에 따르면, 함께 〔나눠먹는〕 물고기에는 가시가 들어 있지 않다.(『식탁 환담집』II. 10. 2. 643)

313. 플루타르코스(DK68B153)

정치인은 기억해 주는 이들의 호의와 배려 안에 자리잡은 진실한 존경과 감사를 깔보지 말아야 하며, 데모크리토스가 주장하곤

----
116) 곰페르츠는 이 '보물창고와 보물' 부분을 데모크리토스가 한 말로 여기지 않는다.

했듯이, 이웃들에게 즐거움을 주는 것을 피하면서 평판을 하찮게 여기지도 말아야 한다.(『국가 일의 수행에 대한 지침』 28쪽 821a)

314. 필로데모스(DK68B153)

그와 같은 아첨을 하지 않고 얻은 것[평판]들이 보통사람들에게도 더 좋아 보인다. 아첨이 나쁘다는 이유에서 이웃들을 즐겁게 해주는 것을 비난하는 데모크리토스를 니카시크라테스[117]가 칭찬할 때, 그[니카시크라테스]는 에피쿠로스 학파와 같은 견해를 — 어떻게 같은지는 내가 모르지만— 가지고 있는 것이다.

(『추종에 관하여』, 파피루스 1457c. 10)

315. 플루타르코스(DK68B157)

데모크리토스는 가장 중요한 기술인 전쟁술[118]을 배울 것과 사람들에게 크고 굉장한 것들을 가져다 주는 일을 추구할 것을 권고한다. … 관직이나 정치활동, 그리고 우두머리들과 친분을 갖는 것, 그런 것들로부터 크고 굉장한 것들이 삶에 생긴다고 데모크리토스는 말했다. (『콜로테스에 대한 반박』 32쪽 1126a)

••••••••••••••

117) 이 사람에 대해서는 필로데모스가 몇 차례 언급하는 것 말고는 달리 알려진 바가 없다. 에피쿠로스학파 사람인 것으로 추측된다.
118) 딜스는 라이스케(Reiske)의 제안을 받아들여 '정치술(politikē)'로 읽는다.

316. 플루타르코스(DK68B158)

〔매일〕 떠오르는 해는 … 빛으로 모든 사람의 행동과 생각을 일깨운다. 데모크리토스가 말하고 있듯이, 사람들은 매일 새로운 것을 생각하면서[119] 서로에 대한 열망(hormē)으로 말미암아 마치 팽팽한 끈으로 〔당기듯이〕 제각기 다른 곳에서 〔서로를〕 당김으로써 행동하도록 고무된다.

(『"숨어 살아라"라는 말은 옳은 말인가?』 5쪽 1129e)

317. 플루타르코스(DK68B159)

육체가 일생 동안 고통받고 해악을 겪어온 모든 것에 대해 그것〔혼〕을 상대로 소송을 걸 때, 만약 나 자신이 그 고소의 재판관(dikastēs)이라면, 나는 기꺼이 혼에게 유죄를 선고할 것이다. 〔혼이〕육체를 돌보지 않아서 망쳐놓고 술 취해 늘어지게 했는가 하면, 쾌락을 탐함으로써 육체를 망가뜨리고 퍼지게 했기 때문이다. 이것은 어떤 도구나 그릇이 나쁜 상태에 있을 때 그것들을 함부로 사용한 사람에게 책임이 있는 것과도 같다.(『정념과 질병에 관하여』, 단편 2)

318. 포르퓌리오스(DK68B160)

분별도 절제도 경건함도 없이 못되게 사는 것을 데모크리토스는 못

<hr />

119) 『식탁환담집』 III 6,4 p.655d, VIII 3,5 p.722d, 헤라클레이토스의 단편(본문 94) 참조.

되게 사는 것이 아니라 오랜 시간 동안 죽어가는 것이라고 말했다.

(『금기에 관하여』 IV. 21)

319. 섹스투스 엠피리쿠스(DK68B165)

제우스의 음성(phōnē)에 비유되며, 모든 것들에 대해서 다음과 같이 말하는 데모크리토스는 〔인간에 대한〕 개념을 내놓으려는 시도를 했다. 그러나 그가 "사람이란 우리 모두가 알고 있는 그런 것〔존재〕이다"라고 말할 때 평범한 주장을 제시하는 데 불과했다.

(『학자들에 대한 반박』 VII. 265)

320. 아리스토텔레스(DK68B165)

만약 각각의 동물들과 〔동물의〕 각 부분들이 모양과 색깔에 따라 존재한다면, 데모크리토스의 말은 옳을 것이다. 그는 실제로 그렇게 생각했던 것 같다. 아무튼 그의 말에 따르면, 사람은 모양과 색깔에 의해서 인지되기 때문에, 사람이 형태상으로 어떤 것인지는 누구에게나 분명하다는 것이다. 그러나 죽은 자도 〔살아 있는 사람과〕 같은 형태를 갖지만, 그럼에도 불구하고 그는 사람이 아니다. (『동물의 부분들에 관하여』 I. 1. 610b)

321. 섹스투스 엠피리쿠스(DK68B165)

혼을 지닌 이런 형태가 사람이다.

나는 모든 것들에 대해서 다음과 같이 말한다. ―사람은 우리 모두
가 알고 있는 그런 것이다.

(『학자들에 대한 반박』 VII. 267; 에피쿠로스 단편 310)

322. 섹스투스 엠피리쿠스(DK68B166)

데모크리토스의 말에 따르면, 어떤 상들(eidōla)이 사람들에게
다가오며 이것들 가운데 일부는 좋은 영향을 미치는 것들이고 일
부는 나쁜 영향을 미치는 것들이다. 그래서 그는 상서로운 상들과
마주치기를 기원한다. 이것들은 크고 거대하며 파괴하기 어렵지
만 소멸하지 않는 것은 아니다. 이것들은 보이는 것과 음성을 방
출해서 사람들에게 앞으로 있을 일을 예언한다. 그래서 옛 사람
들은 바로 그것들의 나타남을 접하고서 신이 있다고 생각했다.
소멸하지 않는 본성을 가진 신은 이 상들 이외의 다른 어떤 것도
아니다. (『학자들에 대한 반박』 IX. 19)

VI. 언어와 어휘에 관하여

323. 프로클로스(DK68B26)

피타고라스와 에피쿠로스는 크라튈로스와 견해를 같이하는 한
편, 데모크리토스와 아리스토텔레스는 헤르모게네스와 견해를

같이한다[120].(16. 5. 25) … [피타고라스는] 이름들(onomata)을 짓는 자가 혼(psychē)임을 암시했는데, 이 혼은 지성(nous)[121]으로 말미암아 존재한다. 사물들 자체도 처음부터 지성[이 있는 것]과 마찬가지[방식으]로 있는 것은 아니다. 반면에 [혼은] 그것[사물]들에 대한 상(像)(eikones)과 본질적인 세부 규정들(logoi ousiōdeis diexodikoi) ─이것들은 있는 것들(ta onta)을 [본뜬] 일종의 조상(agalmata)과 같은 것들로서, 마치 이름들이 지성적 형상들(ta noēra eidē)을 모방하는 것과도 같다.[122]─ 을 가지는데, [이 상들과 규정들이] 수들이다. 그러니까 자신을 인식하는 지혜로운 지성에 의해서 모든 것이 있게 되고, [모든 것은] 지성을 모방하는 혼에 의해서 이름 붙여진다. 따라서 피타고라스의 말에 따르면, 이름짓는 것은 아무나 하는 일이 아니라, 지성과 있는 것들의 본성(physis)을 아는 사람의 일이다. 따라서 이름들은 본래(physei) [있는 것이다]. 반면에 데모크리토스는 이름들은 인위적으로(thesei) [있다고] 말하면서 네 가지 논변들로 이 주장을 뒷받침한다. (1) 동명이의(同名異意)(homōnymia)에 의한 논변: 다른 사물들이 같은 이름으로 호칭된다. 따라서 이름은 본래 있는 것이 아니다. (2) 이름의 다수성(polyōnymia)에 의한 논변:

••••••••••••••

120) B167 참조.
121) 피타고라스에서 nous는 'monas(일자)'를 가리킨다.
122) B142 참조.

만약 다른 이름들이 같은 한 가지 사물에 딱 들어맞는 것이라면, 이름들은 서로에 대해서도 한 가지로 딱 들어맞아야 하는데, 이것은 불가능하다. (3) 세번째로 이름들의 바뀜에 의한 논변: 만약 이름들이 본래 있는 것이라면, 왜 우리는 아리스토클레스를 플라톤으로, 튀르타모스를 테오프라스토스로 바꾸어 호칭했는가?[123]

(4) 비슷한 이름[파생어]들의 결여에 의한 논변: 왜 우리는 '지혜(phronēsis)'로부터 '지혜롭다(phronein)'[라는 파생어]를 말하는 반면에, '정의(dikaiosynē)'로부터는 아무런 파생어도 말하지 않았는가? 따라서 이름들은 우연히 있는 것이지 본래부터 있는 것이 아니다. 같은 사람[데모크리토스]이 첫번째 논변을 폴뤼세모스(polysēmos)[다의적]라고, 두번째 것을 이소로포스(isorropos)[균등한]라고, 〈세번째 것을 메토뉘모스(metōnymos)[이름의 바뀜]라고〉, 네번째 것을 노뉘모스(nōnymos)[파생어가 없는]라고 부른다.(『플라톤의 「크라튈로스」 주석』16. 6. 10)

324. 올륌피오도로스(DK68B142)

왜 소크라테스는 신들의 이름에 대해서 그렇게 큰 외경심을 가지고 있었는가?[124] 옛날부터 사람들이 고유한 것[신]들에 대해

••••••••••••••
123) 아리스토클레스와 튀르타모스는 플라톤과 테오프라스토스의 원래 이름으로 전해지고 있다. 이 예는, 특히 두번째 것은 분명 데모크리토스의 것이 아니다.

〔그에 걸맞은〕 고유한 것〔이름〕들을 바쳐왔고 움직여서는 안 되는 것(akinēta)을 움직이는 것은 이상한 일이기 때문이거나, 또는 『크라튈로스』에서 말하는 것처럼 그들〔신들〕이 본래부터 〔각자〕 자신의 〔이름을〕 가지고 있었기 때문이거나, 아니면 데모크리토스의 말처럼 이것〔신들의 이름〕들은 음성으로 표현된 신들의 상(像: agalma)이기 때문이다.

（『플라톤의 「필레보스」 주석』242）

325. 히에로클레스(DK68B142)

출중한 지혜로 사물들에게 최초로 이름을 부여한 자들이, 최고의 조각가들이 〔조각상을 통해서〕 그렇게 하는 것처럼, 〔사물들의〕 상(像)(eikōn)으로서의 이름들을 통해서 그것들〔사물들〕의 속성을 드러냈다는 점에서 〔볼 때〕, 제우스의 이름은 음성으로 표현된 창조하는 존재(dēmiourgikē ousia)의 상징이자 상(像)이다.（『피타고라스의 「황금시편」 주석』25）

326. 뒤스코로스의 아폴로니오스(DK68B13)

페레퀴데스도 『신학』(theologia)에서, 심지어 데모크리토스조차도 『천문학에 관하여』라는 책들과 그의 남겨져 있는 책들에서

----

124) 플라톤의 『필레보스』 12c 참조.

'에메우(emeu)'와 '에메오(emeo)' [125]를 매우 빈번히 사용한다. [126] (『대명사에 관하여』 65. 15)

327. 에우스타티오스(DK68B19)

이오니아인들, 특히 데모크리토스는 문자 '감마(gamma)'를 '겜마(gemma)'라고 말하며, 또한 그는 '뮈(mu)'를 '모(mō)' [127]라고 말한다〔포티우스의 주석에 따르면 '모(mō)'는 데모크리토스에서 문자 '뮈(mu)'로 간주된다〕.

(『호메로스의 「일리아스」 주석』 XV. 376)

328. 「외곽주석」(DK68B20)

문자들의 이름들은 격변화를 하지 않는다. …그러나 데모크리토스는 격변화를 시킨다. 실제로 그는 2격의 델타(deltatos)와 쎄타(thetatos)를 언급하고 있으니까.

(『트라케의 디오뉘시오스』 184. 3)

329. 포르퓌리오스(DK68B22)

어떤 사람들은, 오레스테스(Orestēs)가 그랬듯이, 그 시인〔호

• • • • • • • • • • • • • •

125) 'emou'의 이오니아 형태.
126) 본문 333 참조.
127) mō는 기원전 3세기 델로스 비문 BCH. 29, 483에서도 발견된다.

메로스]이 〔 '멜라노스 투' (melanos tou)가 아니라〕 한 단어로 '멜라노스투' (melanostou)(검은 뼈의)[128]' 라고 말한다고 해서 그를 비난했는데 이는 잘못이다. 데모크리토스도 독수리에 관해서 뼈가 검다(ta osta melana)고 전해주고 있는 것으로 볼 때, 그들은 사실을 잘못 말하고 있다.[129]

(『『일리아스』에 관한 호메로스적 물음들』 I. 274. 9)

330. 『오리온 어원사전』(DK68B2)

데모크리토스에 따르면, 아테나 여신 '트리토게네이아'[130]는 지혜(phronēsis)로 여겨진다. 지혜로운 생각(phronein)으로부터 이 세 가지, 즉 곰곰이 잘 생각하는 것, 실수 없이 말하는 것, 그리고 해야 할 일을 하는 것이 생겨난다. (『오리온 어원사전』 153. 5)

•••••••••••••••

128) 포르퓌리오스는 일리아스 21장 252행을 해설하고 있다. 여기서 아킬레우스는 검은 독수리에 비유된다.

129) 이 단편이 확실히 데모크리토스와 관련 있는 것인지는 분명하지 않다. 동일한 이야기가 같은 부분에 대한 어떤 외곽주석(BT)에선 아리스토텔레스와 연관 지어 전해지고 있기 때문이다. 그리고 여기서 논란이 되고 있는 부분은 호메로스의 『일리아스』에서 아킬레우스를 검은 독수리로 비유하고 있는 부분인데, 오늘날 교정본은 오히려 melanos tou를 채택하고 있다.

130) '트리토게네이아' 는 아테나 여신의 다른 이름이다.

331. 「외곽주석」(DK68B2)

데모크리토스는 이 이름[트리토게네이아]의 어원을 설명하면서 잘 헤아리는 것, 잘 말하는 것, 그리고 해야 할 일을 하는 것, 이 세 가지는 지혜(phronēsis)에서 나온다고 말한다. (『호메로스의 「일리아스」』 I. 5. 3집)

332. 키티온의 아폴로니오스(DK68B29)

골절된 뼈를 맞추어넣는 이 방법은 가장 심한 고통을 주는데, 바케이오스는 빗장 모양을 한 나무막대[131] 위의 암베(ambē)[돌출부]라고 부르는 부분을 『히포크라테스의 어휘들에 관하여』에서 다음과 같이 설명한다. 『히포크라테스의 어휘들에 관하여』에는 "로도스 사람들은 산들의 마루(lophos)를, 그리고 일반적으로는 사다리의 계단(prosanabasis)들을 암베라고 부른다"라고 기록되어 있다. 그리고 이 책에서 그는 재차 다음과 같이 말한다. "데모크리토스는 둥근 방패 가장자리의 움푹 파인 부분을 둘러싸는 돌출부를 암베라고 불렀다"라는 말도 기록되어 있다.(『히포크라테스에 관한 주석』 6쪽. 29)

---

131) 뼈가 골절 또는 탈골되었을 때 바로 잡기 위해 빗장 모양으로 만든 목판. 히포크라테스 『관절에 관하여』 7 참조.

333. 뒤스코로스의 아폴로니오스(DK68B29a)

헤메이스(hēmeis),[132] 휘메이스(hymeis),[133] 스페이스
(spheis)[134]는 이오니아인과 아티카인 들에게는 주격복수이고 일
상어들인데, 이오니아인들에게 이 주격형태가 없어지지 않았다
는 점도 데모크리토스, 페레퀴데스, 헤카타이오스의 글에서 확인
할 수 있다.(『대명사들에 관하여』 92. 20)

334. 에로티아노스(DK68B120)

그는 사람들이 흔히 〔혈맥이라고〕 말하는 것을 혈맥(phlebes)
이라 하지 않고 동맥(artēria)이라고 불렀다. 데모크리토스도 동
맥의 운동을 '맥박(phlebopaliē)'이라고 불렀다.

(『히포크라테스의 어휘 모음』 90. 18)

335. 에우스타티오스(DK68B121)

데모크리토스는 '가장 적절한(epitēdeiestaton)'이라는 표현을
쓴다.[135](『호메로스의 「오뒷세이아」 주석』 II. 5. 190. 1441쪽)

● ● ● ● ● ● ● ● ● ● ● ● ● ● ●

132) 우리들.
133) 당신들.
134) 그들.
135) 필록세노스의 『비교급들에 관하여』에 따르면, 데모크리토스는 여기
    서 최상급의 불규칙 형태를 사용하고 있다. 비교급과 최상급의 규
    칙적인 형태는 'epitēdeioteros' - 'epitēdeiotatos' 이다(뒤몽과 들라

336. 『어원사전』[136] (DK68B122)

알라팍사이(alapaxai)란 위를 깨끗이 비워내는 약초인 라파토스[137]에 의해서 소제해 버림을 뜻한다. 데모크리토스도 사냥꾼들이 만든 함정을 비어 있다고 해서 라파토스라고 부른다.('alapaxai' 항목)

트르 1988. 875쪽 주1 참조).

136) *Etymologicum genuinum*. 비잔틴의 사전편집은 지금은 소실되었으나 이후의 저작들에서 광범위하게 사용된 몇몇 편찬본들로(테베의 오리온, 메토디우스, 이른바 퀴릴 사전) 시작한다. 포티우스의 사전과 『수다』의 사전표제어들은 아직 보존되어 있다. 이후의 몇몇 중요한 사전이 익명으로 보존되어 있다. 12세기부터는 이름이 잘못 붙여진 *Etymologicum magnum*이 있는데(T.Gaisford 편집), 이것은 실제로 부분적으로 *Etymologikon mega*로 불리는 저작에 의존한다. 이 전거의 사본들 역시 현재 발견되었으며 *Etymologicum (magnum) genuinum*(9~10세기. 아직 완전히 편집되지 않았음)으로 알려져 있다. 이 *Etymologicum Gen.*(각 표제어의 출처를 목록으로 제시한다)은 메토디우스에 기초를 두고 있으며 사전, 문법서, 외곽주석에서 나온 추가 사항들을 포함한다. 부분적으로 *Et. Gen.*에서 나온 다른 저작들은 이른바 *Etymologicum Gudianum*(11세기)와 문법학자 쉬메온의 어원사전(12세기, 아직 완전히 편집되지 않았음)이다. 이 어원사전들의 가치는 고대 학문 분야에 대해서, 그리고 분실된 고대 저작들의 인용들에 대해서 그것들이 담고 있는 정보에 기인한다 (OCD 참조).

137) 'lapathos'는 대황(大黃)을 가리킨다. 그러나 이 말은 사냥꾼들이 파 놓은 함정을 뜻하기도 한다.

337.『희랍 미간행 자료집』(DK68B122)

물론 데모크리토스는 사냥꾼들이 구덩이를 파서 그 위에다 고운 재를 퍼 붓고 작은 관목들을 덮어 놓아 산토끼들이 거기에 빠지도록 해놓은 함정을 [사람들이] '라파토스'라 부른다고 말한다.(Ⅵ. 374. 14)

338.『어원사전』(DK68B122a)

'여자(gynē)'란 …또는 데모크리토스에 따르면, 씨앗(gonē)을 받아들일 수 있는 일종의 분만기관(gonē)[자궁]이다.

(「gynē」항목)

339. 헤로디아노스(DK68B128)

ōn이나, ēn이나, an이나, en이나, in이나, un과 관련해서 [모든 성에 두루 사용되는 대격 형태를 취하는] 한 가지 성만[갖는 낱말]을 발견하는 것은 불가능하다. 데모크리토스에서 중성단수 이튀트렌(ithytrēn)[138]은 이 규칙을 어기고 있다. (『일반적 운율론에 관하여』, 테오그노스토스의 『카논』 79에서 인용됨)

••••••••••••••

138) ithytrēn = ithustrētos[ithus(곧은) + trētos(구멍난)] = 곧게 구멍난 것, 또는 곧게 뚫린 구멍

340. 『어원사전』(DK68B129)

'네노타이'(nenōtai)[139]로 [축약된다] 그리고 다시 '크뤼소온
타이'(chrysoontai)[140]가 '크뤼순타이'(chrysountai)로 [축약되
는 것]처럼 '노온타이'(noontai)[141]도 '눈타이'(nountai)로 [축
약된다]. 데모크리토스: "신적인 것들은 마음으로(phreni) 이해된
다(nountai)"[142]. ('nenōtai' 항목)

341. 헤로디아노스(DK68B129a)

또한 데모크리토스의 '클리노'(klinō)[143]'에서는 'n' 없이 '케클
리타이'(keklitai)[144]가 [사용된다.][145]

(『호메로스 색인』 396. 11)

. . . .

139) '그는 이해하고 있다'(noein의 단수 3인칭 완료수동형).
140) '그것들은 금으로 도금된다'(복수 3인칭 현재수동형).
141) 복수 3인칭 현재수동형.
142) B18, B21, B112 참조. 이 구절은 동사축약(contraction)의 한 예로
제시되고 있다.
143) '나는 ~을 기울인다'(단수 1인칭 현재).
144) '그들은 몸(또는 머리)을 기울이고(또는 숙이고) 있다'(복수 3인칭
완료 중간태)
145) 헤로도토스의 말에 따르면, 데모크리토스에서 [keklintai(복수 3인
칭 완료수동형) 대신 n이 없는] kekilitai가 쓰였다. 명시되어 있지
않은 복수형의 주어가, 크란츠가 자신의 인덱스에서(238a) 그것을
착오로 생각했듯이, 땅일 수는 없다. 레우키포스(DK67A1의 33)와
의 대조는 기울어진 원 위에 놓인 황도 12궁을 떠오르게 한다.

342. 헤쉬키오스[146)](DK68B130)

암피데티오이(amphidētioi)[147)]: 데모크리토스에서는 '속이 빈 고리들' 〔의 뜻으〕로 〔사용된다〕. (『용어사전』)

343. 헤쉬키오스(DK68B131)

아파테톤(apatēton[148)]): 데모크리토스에서는 '불규칙적으로 결합된' (anōmalōs synkeimenon). (『용어사전』)

344. 헤쉬키오스(DK68B132)

아스칼레레스(askalēres)[149)]: 데모크리토스에서는 '같은 변의' (isopleuron). (『용어사전』)

345. 헤쉬키오스(DK68B133)

브로크모데스(brochmōdēs)[150)]: 데모크리토스에서는 '축축하고' (notera) '부드러운(hapalē) 것'. (『용어사전』)

••••••••••••••

146) 알렉산드리아의 헤쉬키오스. 시나 헬라스 방언에서 발견되는 희귀 용어들의 사전을 펴낸 사람.
147) '둥근 고리들'을 뜻하는 말, 팔찌나 발목에 거는 장식 또는 차꼬를 가리킨다.
148) '이례적인' 또는 '사람의 발이 닿지 않은'.
149) '부등변이 아닌'.
150) '축축한'.

346. 헤쉬키오스(DK68B134)

브로코스(brochos)[151] : 데모크리토스에서는 '올가미(agkylē)',
'교살(絞殺 : anchonē)', '묶는 끈(desmos)'. (『용어사전』)

347. 헤쉬키오스(DK68B135)

데카메나이(dexamenai)[152] : 데모크리토스에서는 '물그릇들'
(hydatōn docheia), 그리고 체내의 '혈관들' (phlebes).
(『용어사전』)

348. 헤쉬키오스(DK68B136)

뒤오코이(dyochoi) : 데모크리토스에서는 '덮는다'.
(『용어사전』)

349. 헤쉬키오스(DK68B137)

쉰고네(syngonē) : 데모크리토스에서는 '결합' (systasis)
(『용어사전』)

• • • • • • • • • • • • • •
151) '둥글게 지은 매듭'.
152) '용기(用器)들'.

350. 헤쉬키오스(DK68B138)

아메잎시코스미에(ameipsikosmiē) : 데모크리토스에서는 '배열의 바뀜'(metakosmēsis) (『용어사전』)

351. 헤쉬키오스(DK68B139)

아메잎시뤼스메인(ameipsirysmein): 데모크리토스에서는 '결합(tēn sygkrisis)〔의 구조〕를 바꾸거나 형태를 바꾸는 것(metamorphousthai)'[153] (『용어사전』)

352. 헤쉬키오스(DK68B139a)

아메잎시크로온(ameipsichro⟨o⟩n) : 데모크리토스에서는 '색깔을 바꾸는 것'(『용어사전』)

353. 헤쉬키오스(DK68B140)

에우에스토(euestō)[154]: 데모크리토스에서는 …가정을 잘 건사하는 데서 오는 행복(eudaimonia). (『용어사전』)

354. 헤쉬키오스(DK68B141)

이데아(idea) : 데모크리토스에서는 '닮음(hē homoiotēs)',

153) B8a 참조.
154) '잘 있음'.

'형태(morphē)', '종'(種 eidos), 그리고 '가장 작은 물체(to elachiston sōma)'〔원자〕(『용어사전』)

355. 포티오스(DK68B144a)

데모크리토스에서 '아나베소마이'(anabēsomai)는 '나는 처음의〈것들로〉되돌아 갈 것이다'를 뜻한다. (『용어사전』)

356. 「외곽주석」(DK68B162)

데모크리토스는 원통 모양을 올로오이트로코스(olooitro-chos)[155]라고 부른다. (『호메로스의 「일리아스」』 XIII. 5. 137에 대한 외곽주석)

357. 『수다』(DK68B298)

짧게 숨을 섞어서 발음하는 ha는, 히포크라테스에서는 임의의 어떤 것(hatina)을 가리킨다. 그러나 데모크리토스에서는 각각의 고유한 것들(idia)을, 호메로스에서는 자신의 것들을 가리킨다. (「a」 항목)

• • • • • • • • • • • • • • •

155) 호메로스적 어휘로서 전쟁에서 포위당한 사람들이 공격자들 위에 굴려 내리는 '둥글고 큰 돌'을 가리키거나, 운동선수의 팔뚝에 불거지는 '둥근 근육'을 가리키는 말이다.

VII. 기타

(1) 생리학

358. 알렉산드리아의 클레멘스(DK68B32)

성교(synousia)는 가벼운 졸중(卒中)(apoplēxiē)이다. 사람이 사람에게서 튀어나오며 모종의 타격(plēgē)에 의해 분리되면서 떨어져나오기 때문이다.[156) (『학설집』 III. 6. 28)

••••••••••••••••

156) 성교에 대한 데모크리토스의 해석은 어휘에 의지하고 있다. plēgē 는 apoplēxē의 어근으로서 타격 내지는 충격을 뜻한다. '졸중'으로 번역한 apoplēxē는 혼이 충격 내지는 타격을 받은 증상이다. 장차 내어날 태아의 혼은 물질적인 것으로 정액(혈액, 거품 또는 골수)에서 형성된다. 아버지의 혼에서 분리됨에 의한 그것의 방출은 타격을 준다. 다음은 이 단편의 내용과 관련하여 참고할 글들이다.
압데라의 데모크리토스는 성교를 불치의 병이라고 간주하여 '가벼운 간질발작'이라고 말했다. 왜냐하면 (성교로) 힘이 빠지는 것은 (정액의) 사정 양이 많아 생기는 것이 아닌가. 왜냐하면 인간은 인간에게서 억지로 찢기어 나오기 때문이다(클레멘스). 모노이무스 말에 따르면, 인간은 태어나기 위해 인간으로부터 튀어나오며 어떤 종류의 타격에 의해서 찢기어 떨어져나온다(히폴뤼토스의 『모든 이교적 학설에 대한 논박』 VIII. 14). 데모크리토스가 말하는 바에 따르면, 인간은 인간으로부터, 개는 개로부터, 소는 소로부터 태어난다(갈레노스의 『작품집』 XVII. A521). 데모크리토스는 한 인간이 다른 인간으로부터 이것(성교)에 의해 태어난다고 하는 이유 때문에 성교를 비난했다(플리니우스 N.H. XXVIII).

359. 위-갈레노스(DK68B124)

정액(sperma)은, 플라톤[157]과 디오클레스의 말에 따르면, 뇌수와 척수에서 분리되어 나온다. 그러나 프락사고라스와 데모크리토스, 나아가서 히포크라테스도 몸 전체에서 [정액이 생긴다고 말하는데], 데모크리토스는 "사람들은 하나가 되며, 사람은 모든 사람들이 될 것이다"[158]라고 말한다. (『의학용어사전』 439)

360. 갈레노스(DK68B126)

['굽이치는 파도 같은' 그리고 '벌레의 꿈틀거림 같은' 맥박에 관해서] 이 명칭['맥박']이 두 용어와 [함께 쓰이게 된 이유는] 공통점이 있기 때문이다. '굽이치는 파도 같은' 의 경우는 동맥에

⋯⋯⋯⋯⋯⋯⋯⋯

리터와 우제너는 에피쿠로스에 의해서 『향연』 단편 62a 중에서 인용된 "성교는 결코 인간에게 이익을 가져다 주지 않는다. 그것이 사람에게 해를 미치지 않았다면 그것으로 족하다"라는 단편을 데모크리토스가 한 말로 생각하고 있으나 딜스에 따르면, 그것은 의심스러운 것이다.

157) 『티마이오스』 91a 참조.

158) 이해하기 곤란한 구절. 딜스 역시 이해 불가능한 단편이라고 말하고 있다. 다만 딜스가 주석란에 소개한 이 단편에 대한 곰페르츠의 해석은 이러하다. 즉 아버지의 형태를 구축하고 있는 무수한 소인간들(Kleinmenschen) 일부가 생식에 따라 어떤 작은 무리로 분리되어 나와 그것이 자식을 형성한다. 아버지의 다른 사지들을 이어받은 이들 모든 소인간이 모여서 새로운 한 인간을 형성하는 것이리라.

서 〔맥박이〕 파도처럼 연이어 일어난다는 점에서 그렇고, '벌레의 꿈틀거림 같은'의 경우는, 데모크리토스도 어디에선가 "파도처럼 아래위로 굽이 짓는 걸음으로 이리저리 움직이는" 그런 것들 〔생물, 즉 애벌레〕에 관해서 논할 때 말하고 있듯이, 벌레가 파도 모양으로 움직일 때 〔맥박이〕 그 생물의 걸음걸이와 닮았다는 점에서 그렇다.(『맥박의 구별에 관하여』 I. 25)

361. 헤로디아노스(DK68B127)

··· 데모크리토스도 〔다음과 같이 말한다〕. "사람들은 긁을 때 쾌감을 느끼며, 성교하는 자들에게 〔생기는 것과〕 같은 것〔쾌감〕이 그들에게 생긴다."(『일반적 운율론에 관하여』, 에우스타티우스 『「오뒷세이아」 주석』 XIV. 19. 551b6 에서 인용)

362. 플루타르코스(DK68B148)

자궁이 달려드는 씨앗을 받아들이고 〔씨앗의〕 뿌리가 내린 후에 자궁이 그것을 감쌀 때 (데모크리토스의 말에 따르면, 배꼽이 자궁에서 맨 처음 생겨나는데, 그것은 흔들림과 떠돌아다님을 〔멈추게 하는〕 정박지로서, 생겨나서 태어나게 될 새끼에게는 닻줄이자 밧줄〔과도 같은 것〕이다), 자연(physis)은 매달 있는 정화〔생리〕 관을 막는다. (『어린이들에 대한 사랑에 관하여』 3. 495e)

(2) 시에 관하여

363. 말리우스 테오도루스(DK68B16)

크리티아스는 처음 고안된 육보격 닥튈로스 운율을 오르페우스의 것으로 돌린다. 데모크리토스는 무사이오스의 것으로 [돌린다].[159] (『운율에 관하여』 VI. 589. 20)

364. 키케로(DK68B17)

실로 나는 혼의 불붙음(inflammatio animorum) 없이는, 그리고 광기와도 같은 어떤 [영감의] 호흡(adflatus)없이는 아무도 훌륭한 시인이 될 수 없다(이 견해는 데모크리토스와 플라톤이 그들의 책에 남겨놓은 것이라고 한다.)는 말을 자주 들었다.

(『연설가에 관하여』 II. 46. 194)

365. 키케로(DK68B17)

실로 데모크리토스는 광기 없이 아무나 위대한 시인이 될 수 있다는 것을 부정한다. 그리고 같은 말을 플라톤이 한다.

(『점복에 관하여』 I. 38. 80)

....
159) 크리티아스와 데모크리토스는 모두 고대 오르페우스의 시를 호메로스의 시보다도 오래 된 것으로 보고 있다. 오르페우스의 단편 (DK1A5) 참조.

366. 호라티우스(DK68B17)

데모크리토스는 보잘 것 없는 기술보다 타고난 재능이 더 복된 것이라고 믿으며, 정신이 온전한 시인들을 헬리콘 산[160] 밖으로 쫓아낸다.(『시학』 295)

367. 알렉산드리아의 클레멘스(DK68B18)

데모크리토스도 〔플라톤[161]과〕 마찬가지로, "시인이 영감(enthousismos)과 신적인 기운(hieros pneumatos)의 도움을 받아 쓰는 것들은 모두 지극히 아름답다…"〔라고 말한다.〕[162]

(『학설집』 VI. 168)

368. 디온 크리소스토모스(DK68B21)

데모크리토스는 호메로스에 관해서 다음과 같이 말한다. 호메로스는 신적인 소질(physeōs theazousēs)을 부여받고 온갖 종류의 서사시의 세계(kosmos)[163]를 만들어냈다. 신적이며 영적인(daimonia) 소질 없이는 그렇게 아름답고 지혜로운 서사시들을 짓는 것이 불가능하기 때문이다. (『연설집』 36. 1)

· · · · · · · · · · · · · ·

160) 아폴론과 무사 여신들에게 제사를 지내는 산.
161) 『이온』 534b 참조.
162) 본문 167 참조.
163) 오르페우스의 단편(DK1B1) 참조.

369. 필로데모스(DK68B144)

데모크리토스는 옛 사람들 가운데 가장 뛰어난 자연철학자일 뿐만 아니라, 기록된 많은 사람들 중에서 누구 못지않게 이것저 것에 대해 관심이 많은 사람으로서, "시가(詩歌: mousikē)는 더 젊은 [기술]이다"라고 말하고, "필요가 그것을 분리해 낸 것이 아니 라 [필요] 이상의 잉여에서 마침내 생겼다"는 말로 그 까닭을 설명 한다.(『시가에 속하는 것들에 관하여』 IV. 31)

(3) 기타

370. 「외곽주석」(DK68B23)

"아! [파리스는] 진작 죽었어야 하는데"라는 사자(使者)의 말과 관 련해서, 그 사자가 다른 모든 트로이아인들 자신도 [파리스에게] 화를 내고 있으니까 그들을 용서해 주도록 하기 위해서 헬라스인들에게도 귀에 들리게끔 [그렇게] 말하는 것이든, 아니면 데모크리토스의 생각 처럼, 공공연하게 말하는 것이 적절하지 않다고 생각해서 혼자 조용하 게 말하는 것이든, 두 가지[에 대한 해석을] 우리는 다 내놓아야 한다.
(『일리아스』 VII. 5. 390에 대한 외곽주석)

371. 에우스타티오스(DK68B24)

이 마음씨 고운 노예 에우마이오스[164]는 선조들이 그의 어머니

[가 누구인지]를 찾게할 만큼 그들의 존중을 받았다는 것을 알아야 한다. 데모크리토스는 [그의 어머니가] 페니아라고, 에우포리온은 판테이아라고, 시돈 사람 필로크세노스는 다나에[165]라고 [생각했다]. (『호메로스의 「오뒷세이아」 주석』 XV. 5. 376, 1784쪽)

372. 켄소리누스(DK68B12)

필로라오스의 대년도 …데모크리토스의 대년도 82년으로 이루어지며, [칼리포스가 그랬듯이] 마찬가지로 28번의 윤달을 포함한다. (『탄생일에 관하여』 XVIII. 8)

373. 에우스타티오스(DK68B25)

다른 사람들은 해(helios)를 제우스라고 생각하는가 하면 … 데모크리토스도 그렇게 생각했듯이, 해의 자양분이 되는 증기를 신의 음식(ambrosia)이라고 생각한다.[166]

(『호메로스의 「오뒷세이아」주석』 XII. 5. 62, 1713쪽)

• • • • • • • • • • • • • •

164) 에우마이오스의 아버지 이름은 '부를 지키는 사람'이라는 뜻을 가진 크테시오스이다.

165) '페니아'는 가난의 여신으로서 플라톤의 『향연』에서(203b) 에로스의 어머니 이름이다. '판테이아'는 모든 신들에 공통됨을 뜻하며, '다나에[=다프네]'는 페르세우스의 어머니로서 월계수를 가리키는 말이기도 하다.

166) 이 단편이 데모크리토스의 것인지에 대해 이견이 있다.(딜스)

374. 알렉산드리아의 클레멘스(DK68B30)

학식 있는 사람들 가운데 소수가 우리 헬라스인이 오늘날 대기(a-ēr)라고 부르는 그 쪽으로 손을 들어 올리면서 "제우스는 모든 것을 스스로 생각한다(mytheestai)[167]. 이 분은 모든 것을 알고 있으며, [모든 것을] 주기도 하고 가져가버리기도 한다. 이 분은 모든 것들의 왕이다"라고 〈말했다〉.[168]

(『기독교를 권유함』 68; 『학설집』 V. 103)

375. 콜루멜라(DK68B27)

하늘의 위치, 즉 포도나무들이 향해야 하는 하늘의 방향에 관한 논란은 해묵은 것이다. … 데모크리토스와 마곤은 하늘의 북쪽을 권하는데, 포도나무들이 그쪽으로 향하면, 포도주의 질은 뒤떨어지지만, 가장 수확이 많다고 생각하기 때문이다.

(『농사에 관하여』 III. 12. 5)

376. 콜루멜라(DK68B27)

데모크리토스와 마곤은, 베르길리우스와 마찬가지로, 죽은 어린 암소에서 벌이 생겨날 수 있다고 알려주었다.

• • • • • • • • • • • • • • • •

167) 'mytheestai'의 뜻은 분명하지 않다.
168) A75, A76, A8 참조.

(『농사에 관하여』 IX. 14. 6)

377. 콜루멜라(DK68B28)

데모크리토스는 농사(農事)라는 제목을 붙여놓은 자신의 책에서 과수원에 방벽을 짓는 사람들이 그 일을 슬기롭게 하지 못한다고 평가한다. 왜냐하면 벽돌로 만들어진 방벽들은 비와 폭풍우의 공격을 받으면 오래 견딜 수가 없으며, 돌로 지은 방벽은 그 일의 가치 이상의 비용을 요구하기 때문이다. 누구든 실로 거대한 규모의 땅을 [방벽으로] 두르고자 한다면, 그에게 물려받은 유산이 있어야 한다.[169] (『농사에 관하여』 XI. 3. 2)

378. 플루타르코스(DK68B154)

배움에 관해서 우리가 동물들을 칭찬하는 것은 아마도 우스운 일일 것이다. 왜냐하면 데모크리토스는 우리가 중요한 일들에서 그들의 제자임을 보여주기 때문이다. 즉 우리는 짜는 기술과 수선하는 기술에서는 거미의 제자이고, 집짓는 기술에서는 제비의 제자이며, 그리고 흉내내어 노래 부르는 데서는 높은 소리를 내는 것[새]들인 백조와 나이팅게일의 제자이다.[170]

• • • • • • • • • • • • • •

169) A14 참조.
170) A151에서도 데모크리토스는 노새를 얻기 위한 강제 잡종 교배법 또한 암말을 강간하는 당나귀로부터 배운 것이라고 전하고 있다.

(『동물들의 영리함에 관하여』 20. 974a)

379. 플루타르코스(DK68B155)

만일 원뿔이 밑면과 나란한 평면으로 잘린다면, 잘린 것들의 면을 어떻게 생각해야 할까? 같은 면들이 된다고 생각해야 할까, 아니면 같지 않은 면들이 된다고 생각해야 할까? 그것들이 같지 않다면, 그 것들은 원뿔을 계단 모양의 많은 자른 자국들로 들쭉날쭉해진 매끄럽지 못한 것으로 만들 것이다. 반면에 그것들이 같다면, 잘린 면들은 같아질 것이고, 같지 않은 원들이 아니라 같은 원들로 구성됨으로써 원뿔은 틀림없이 원통이 될 것이다. 이것은 매우 부당하다.

(『스토아학파의 공통관념에 대한 반박』 39. 1079e)

380. 아리스토텔레스(DK68B155a)

데모크리토스에서는 구(球)도 일종의 각(角)이기 때문에 〔뭔가를〕 자른다. (『천체에 관하여』 III. 8. 307a17)

381. 심플리키오스(DK68B155a)

구(球)인 것(to sphairikon)은 전체가 각(角) …이다. 만약 구부러진 것이 각이고, 구는 그 전체가 구부러져 있다고 하면, 구 전체를 각이라고 말하는 것은 일리가 있다.

(『아리스토텔레스의 「천체에 관하여」 주석』 662. 10)

382. 섹스투스 엠피리쿠스(DK68B163)

코린토스 사람 크세니아데스, 그에 관해서 데모크리토스도 언급하고 있다. (『학자들에 대한 반박』 VII. 53)

383. 플루타르코스(DK68B152)

번개 불은 놀랄만큼 예리하고 날카롭다. 비록 온갖 축축한 것이나 흙 같은 것이 그것과 섞이더라도, 운동의 민첩함이 그런 것을 떨쳐내어 깨끗하게 만들기 때문에, 〔번개 불은〕 깨끗하고 순결한 실체에서 생겨난다. 데모크리토스의 말에 따르면, 제우스가 던진 어떤 것도 에테르의 〈밝은〔순수한〕〉 섬광을 지니지 〈않은 것은〉 없다. (『식탁 환담집』 IV. 2. 4 쪽 665f)

384. 「외곽주석」(DK68B161)

옛날에는 〔사람들이〕 마녀들이 달과 해를 끌어내린다고 생각했다. 그 때문에 데모크리토스 시대에 이르기까지 많은 사람은 식(蝕)을 끌어내림(kathairesis)이라고 불렀다.

(로도스의 아폴로니오스의 『아르고호의 전설』 III. 5. 533에 대한 외곽주석)

해제

서양 고대 철학 및 과학 사상을 서술하는 역사책 치고 눈에 익은
광고 문구처럼 굳어진 '뮈토스적 사고에서 로고스적 사고로(Vom
Mythos zum Logos)'라는 표어의 공식화된 설명으로부터 철학과 과
학의 시원(始原)에 대한 서술을 시작하지 않는 책이 없다. 이 낯익은
구호를 대중화시킨 사람은 독일의 고전 철학자인 빌헬름 네슬레
(Wilhelm Nestle)이다.

그는 『뮈토스에서 로고스로』에서 희랍에서의 합리화(이성화) 과정
을 그려내려고 하였다. 그는 서론에서 이렇게 말하고 있다. "뮈토스
와 로고스라는 두 말로 우리는 인간의 정신적 삶의 영역을 움직이는
두 축으로 삼는다. 신화적 표상과 논리적 사고는 상반된 것이다. 전
자는 상상적이고, 비자발적이며, 무의식의 토대 위에서 만들어지고
또 형성된다. 반면에 후자는 개념적이고 의도적인데, 의식에 의하여

분석, 종합된다."

그는 호메로스로부터 소크라테스에 이르기까지의 이성적 발전을 더듬어 찾아내고 있다. 모스트는 역설적으로 그의 논문의 제목을 '로고스에서 뮈토스로'라고 붙였다. 그는 언제의 인간의 사고를 '뮈토스'라고 말해야 하느냐 하는 원칙적인 문제를 제기한다. 철학사를 통해서 볼 때 늘 로고스적인 측면과 뮈토스적인 측면이 대립되어 오지 않았는가, 그렇다면 이제는 '뮈토스에서 로고스'를 바라볼 게 아니라, '로고스를 통해서 뮈토스'를 찾아보아야 할 것이 아닌가라는 의문을 던지고 있다.

아리스토텔레스는 원리와 까닭에 대한 탐구의 출발을 어느 정도는 신화의 전통 가운데에서 찾아볼 수 있다는 점을 수긍하고 있긴 하지만, 여전히 철학사의 출발을 이오니아의 밀레토스 출신인 탈레스에게 돌리고 있다. 물론 아리스토텔레스는 철학사의 시작을 탈레스에게 돌릴 수밖에 없는 적절한 근거를 주고 있다. 아리스토텔레스가 탈레스에게 돌리고 있는 그 설명들이 철학사의 출발 시점을 마련해 주고 있으며, 그래서 철학사가들은 이오니아에서 철학이 시작되었다는 주장을 대체적으로 받아들이고 있다. 이러한 규정은 초기 사상가들의 사유가 신화나 종교적인 방식이 아니라, 철학적이라고 부를 만하다는 평가에서 비롯된다. 철학적 기준에 부응하는 사고를 그들이 처음으로 시작했다는 뜻이다. 그 기준은 사고방식의 합리성에 있다. 철학적 사고, 사상에 대한 음미와 비판의 전제는 언제나 합리성에 그 토대를 두고 있다. 철학을 비롯한 학문(epistēmē)의 역사는 결국 합리성의 역사이며, 합리성(혹은 이성)의 의미 규정과 그 탐구 대상에 의해서 철학의 차별화가 일어난다고 말할 수 있다.

로이드는 그의 저서 『그리스 과학 사상사』에서 중동 지방의 의학, 수학, 천문학 분야에서의 업적에도 불구하고 희랍의 탈레스가 최초의 철학자, 과학자였다는 주장은 일리가 있어 보인다고 지적한다. 그는 밀레토스 철학자들의 사고를 이전 사상가들의 그것과 구별해 주는 두 가지 중요한 특징을 지적했는데, 하나는 '자연의 발견'이고 다른 하나는 '이성적인 비판과 논쟁의 실천'이라고 말하고 있다.

근자에 들어서 철학의 연원을 탈레스 이전의 종교적 · 신화적 삶의 표현 속에서 희랍철학의 맹아를 찾는 일이 시도되고 있다. 20세기에 들어 몇몇 고전 연구자들이 탈레스 이전의 문학적 · 종교적 사고로부터 철학적 사고의 시원을 발견하려 시도했고 특히 호메로스나 헤시오도스 같은 시인들에게서 철학적 탐구의 맹아를 찾고자 했다.

예컨대 헤시오도스를 철학의 출발로 보는 기곤은 '시로부터 철학이 생겨났다'는 것은 놀라운 것이 아님을 지적하면서, 우리가 철학자라고 부를 수 있는 최초의 사람들은 시인이라고 말하고 있다. 이에 덧붙여 헤시오도스가 호메로스에 비해 아주 새로운 것을 추구했는데, 그것은 신의 계보의 역사를 추적하고 있다는 점이다. 이를 통하여 헤시오도스가 아리스토텔레스와 테오프라스토스 이래로 철학의 시조로 받아들여지는 밀레토스의 탈레스의 기술보다도 희랍철학의 시원에 대한 비교할 수 없을 정도로 풍부하고 깊은 의미를 주고 있음을 지적하고 있다. 기곤이 이해하는 헤시오도스의 철학함의 계기는 ① 참과 가상적인 것 간의 구분과 ② 신들의 계보를 추적함으로써 세계의 '기원'의 근원을 탐구하려는 물음, 그리고 ③ 이 세계를 구성하는 인간을 포함한 모든 대상을 포괄하는 '전체'에 대한 생각으로 요약된다. 이로써 형식적이고 존재론적인 원리가 이루어지는 것으로 기곤은 이해한다. 스넬도 같은 맥락에서 헤시오도스가 이 세계의 기원을 아르케로 포착하려 했던 철학의 선구자임을 지적한다.

철학의 발생 이전, 이후의 사상 및 정신의 발전을 기술하는 훌륭한 고전적 철학 역사서들을 우리 주위에서 찾아보기란 그리 어렵지 않다. 그렇다고 해도 철학의 기원 그 자체에 대해서는 서로 일치된 견해를 보여주고 있지 못하다. 여기에는 많은 문제점이 개재되어 있는 것처럼 보인다. 철학적 사고의 기원을 설명하는 상호 대립되는 관점과 방법은 차치(且置)하고서라도, '뮈토스적 사고부터 로고스적 사고로'라는 상투적 수식 어구 자체가 문제점을 지니고 있기 때문이다. '뮈토스적 사고'라는 말이 정확히 무엇을 의미하는지, 과연 신화적 사고라는 것이 존재하는지 하는 문제가 그것이다. 아니, '신화'에 내포된 사고방식이란 것이 과연 우리에게 이해 가능한 것인가 하는 원론적인 문제도 대두될 수 있을 것이다. 이러한 문제들에 관한 대립되는 견해가 존재한다는 것은 '철학적 사고의 연원(아르케)'에 관한 문제 자체가 어떤 모호성을 지니는 것으로 간주해도 무방할 것이다. 나아가 그 문제 자체는 어떤 하나의 입장과 관점으로 해결될 성격이 아니라는 사실을 보여주는 것이기도 하다. 신화적 사고의 본질이 무엇인가 하는 문제는 신화 자체에 관련된 여러 개별 학문적인 논의를 전제해야만 한다. 이에 관련되는 학문의 분야는 종교학, 신화학, 역사학, 문화 인류학을 비롯하여 여러 분야를 포함할 수 있다. 그 밖에도 신화 자체의 성격 규정상 인문학은 물론이고 자연과학 전반에 걸쳐 있는 문제점을 노출시켜 매우 광범위한 토대 위에서 논의되어야 할 성격을 가진다.

기원전 6–5세기 철학자들

02 THALES
탈레스

탈레스는 6세기 초반에 활동하였으며, 기원전 585년의 일식을 예언한 것으로 알려져 있다. 그는 희랍의 철학과 과학적 전통의 창시자로 일컬어진다(본문 4). 탈레스가 자신의 견해를 글로 썼는지는 분명하지 않으며 고대에도 알려져 있지 않았다. 어떤 이들은 그가 아무것도 남기지 않았다고 말하기도 하고(본문 6), 다른 이들은 그가 항해용 천문 안내서를 썼다고 말하기도 한다(본문 4). 아리스토텔레스는 탈레스의 견해를 서술하면서 그의 저술에 대해서는 아무런 언질도 주지 않는다.

탈레스의 삶과 행적을 알려주는 정보원으로서 가장 오래 된 저자는 헤로도토스이다. 탈레스의 행적과 관련된 일화들은 액면 그대로 받아들이기는 곤란하지만 대체로 그가 다방면에서 능력이 뛰어났음을 말해준다. 실로 탈레스는 소크라테스 이전 철학자들 가운데 7현인에 속하는 유일한 사람이었다(본문 1). 헤로도토스는 탈레스가 할뤼스 강의 흐름을 바꾸었다는 이야기를 믿지는 않았지만, 탈레스가 그런 정도의 일을 했으리라는 것을 부정하지는 않았다(본문 10). 그리고 탈레스가 소아시아의 이오니아 도시들에게 정치적인 연합을 형성해서 페르시아의 팽창에 효과적으로 저항하도록 조언했다는 이야기는 정치 지도자로서의 식견을 엿보게 한다(본문 9). 그런가 하면 사실성은 희박하지만 전형적인 철학자로서 탈레스의 일면을 보여주는 일화들도 있는데, 우물에 빠진 사색가의 이야기와(본문 16) 쓸모없다는 비난으로부터 철학을 옹호하는 이야기(본문 17)는 이런 주제의 일화들 중 가장 오래된 형태이다.

이 허구적인 두 일화는(본문 16, 17) 탈레스를 천문학자로 묘사한다. 천문학에서 탈레스의 행적으로 꼽히는 가장 유명한 것은 일식의 예언이다. 탈레스의 일식 예언은 물론 오늘날과 같은 과학적 지식에 기초를 두고 있다고 볼 수는 없다. 오늘날의 일식 예측은 날짜뿐 아니라 일식의 경로도 명시하며, 경로를 따라 다른 장소에서의 부분 일식과 전체 일식 시간을 명시한다. 오늘날의 예측들은 매우 정확한 지식을 필요로 하며, 그런 지식은 탈레스 시대 한참 후에도 가능하지 않았다. 달과 지구의 타원 궤도는 17세기에 비로소 확정되었으며, 탈레스의 직계 후계자들(아낙시만드로스, 아낙시메네스)은 아직 지구를 구형으로도 인식하지 못하던 상황이었다. 그러나 탈레스가 일식을 예언했다는 헤로도토스의 전거가 사실이라면(본문 11), 그의 예언은 오랜 기간에 걸친 경험적 관찰에 의지한 것이었음에 틀림없다. 헤로도토스의 전거에서 보듯이 탈레스가 예언한 것은 일식이 일어나는 해였고, 날짜나 시간, 그리고 일식을 관찰할 수 있는 특정한 장소는 아니었다. 이런 대략적인 일식 예언은 바빌로니아의 방법과 일치한다는 점에서 탈레스는 바빌로니아의 기록들에 의존했을 것으로 추정된다. 바빌로니아인들은 점성학과 종교적인 목적 때문에 일식이나 지점의 주기와 같은 천체 현상들에 많은 관심을 기울였으며, 기원전 8세기 중반부터 자세한 기록을 누적해 왔다. 당시 밀레토스의 국제적인 교섭관계로 볼 때, 탈레스는 이 바빌로니아의 기초 자료들을 접했을 가능성이 높다. 따라서 천문학과 관련된 탈레스의 다른 행적들(작은 곰자리의 관찰, 지점과 그것의 변화를 측정하는 일) 역시 바빌로니아에 의존했을 것으로 추정된다.

전거들은 탈레스를 수학의 영역에서도 여러 발견들의 장본인으로 간주한다. 하지만 그의 발견들은 그의 천문학이 그렇듯이 그 기원이 탈레스 자신에게 있지 않다. 전승에 따르면 탈레스는 기하학을 이집트에서 배워왔다(본문 22, 24). 이집트의 기하학이 땅을 측정하고 건물을 배치하기 위한 실용적인 지식 수준에 머물러 있었다면, 희랍의 기하학은 유클리드의 『원리들』에서 보듯이 일반적인 정의와 정리를 취급하며 측정이나 계산에 몰두하지 않는다. 에우데모스 이래로 고대 수학 사가들은 희랍의 기하학이 출발부터 이런 특징적인 성격을 갖는다고 생각했다. 수학자들은 지속적으로 기존의 지식을 조직화하여 증명의 포괄적인 체계로 만들어갔는데, 그 과정에서 탈레스가 희랍 수학의 토대를 닦는 데 크게 기여한 것으로 생각하고 특정한 정리들을 그의 것으로 돌리려 했다. 그러나 최근의 수학 사가들은 이런 접근을 부정한다. 증명의 원리가 아테네 여신이 제우스의 머리에서 나온 것처럼 기하학자의 머리에서 완성된 형태로 불쑥 나왔을 가능성은 적으며, 그보다는 오랜 기간에 걸쳐, 아마도 철학에서 증명의 사용에 영향을 받아 발전했을 것으로 본다(증명의 사용은 파르메니데스에서 비로소 등장한다). 따라서 프로클로스가 에우데모스를 쫓아서 탈레스의 공로로 돌리는 세 가지 정리들은(본문 19-21) 그 방면에서 탈레스의 행적과 관련이 있는 실제 문제들을 이론적으로 깔끔하게 해결하는 방법이었을 것이다. 아마도 탈레스는 기하학자로서 그런 원리들을 언급하지 않고서도 초보적인 측정 기구를 사용해서 문제들을 해결하여 동시대인들의 명성을 얻었을 것으로 추측된다. 탈레스의 가까운 후계자들이 수학 이론에 거의 관심을 기울이지 않았던 것으로 보인다는 점도 이런 추측의 배경이 될 법하다.

탈레스의 우주론에 대한 정보는 전적으로 아리스토텔레스에게 의존한다. 아리스토텔레스가 탈레스의 견해로 돌리는 명제는 두 가지다(본문 27). 하나는 지구가 물 위에 떠 있다는 것이고, 다른 하나는 물은 만물의 근원(archē)이라는 명제이다. 지구가 물 위에 떠 있다는 생각은 근동의 신화적 우주론의 영향을 받았을 것이다. 이런 생각이 이집트에서 도입되었을 것이라는 심플리키오스의 언급도 있거니와,

당시 바빌로니아와 이집트의 여러 지역에 그런 관념이 폭넓게 퍼져 있었음을 알려주는 자료들은 풍부하다. 하지만 탈레스의 그것을 신화적 세계관의 단순한 연장으로만 보기는 어렵다. 다른 전거에 따르면, 탈레스는 지진의 원인을 지하에 있는 물의 운동으로 설명한다(본문 31). 땅이 물 위에 떠 있음을 전제할 때 이해 가능한 이러한 설명은 탈레스의 착상이 단순한 신화적 사고의 답습이 아니라, 자연현상을 설명하기 위한 발상으로 이해할 여지를 준다.

물이 만물의 근원이라는 생각과 관련해서 아리스토텔레스는 탈레스의 물을 자신의 4가지 원인설에 맞추어 질료인으로 해석한다. 아리스토텔레스가 선배 철학자들의 사상을 이처럼 자신의 고정된 분석틀로 재단한 것은 그들 사이의 유사성을 드러내는 데 유용한 측면이 있기는 하지만 혼란의 원천이기도 하다는 점을 염두에 두어야 한다. 아리스토텔레스의 해석에 따르면, 만물의 근원은 물이라는 명제는 모든 사물은 물로 이루어져 있다는 뜻이다. 단적으로 말하면 "모든 사물은 물이다"가 된다. 그래서 탈레스의 주요 문제는 "모든 사물들은 무엇으로 이루어졌는가?"이며, 우리가 아는 한 탈레스는 최초로 이런 물음을 제기한 사람으로 이해된다. 물질의 근본 형태와 다른 물체들이 그것들로 어떻게 구성되는가에 관심을 갖는 이런 물음은 탈레스 이후의 자연철학자들이 대답하고자 했고, 또 오늘날의 물리학자들이 해결하고자 하는 물음의 성격과 다르지 않다. 탈레스가 물을 이처럼 사물들의 구성요소로 생각했을 가능성을 배제해야 할 이유는 없지만, 우리에게 너무 분명해 보일 뿐 아니라 후계자들이 중요하게 여겼던 종류의 문제에 대한 탈레스의 침묵이 의심스럽다. "만약 세상의 모든 것이 물로 구성되어 있다면, 어떻게 해서 세상에는 다른 종류의 사물들이, 더구나 불과 물처럼 상극으로 보이는 그런 것들이 있을 수 있는가?"

질료인으로서의 물 개념은 영속하는 실체 개념에 맞춘 아리스토텔레스 나름의 해석일 뿐이고, 탈레스의 실제 생각은 세계가 생겨난 기원으로서의 물이었을 수 있다. 이런 생각은 땅이 물 위에 떠 있다는 착상과 잘 연결될 뿐 아니라, 탈레스가 영향을 받았을 근동의 신화들 가운데 함축되어 있으며, 오케아노스(강)를 모든 사물의 원천으로 지목하는 호메로스의 언급과도 통한다. 이 기원으로서의 물 관념은 세계의 원시 상태는 어떤 것이며 세계의 현재 상태가 어떻게 생겨났는가에 주목한다. 탈레스는 세계가 태초에 무한하게 펼쳐진 물에서 나왔으며, 세계는 여전히 그 물 위에 떠 있고, 그 물은 여전히 특정한 자연 현상(예컨대 지진)의 원인이 된다고 생각했을지 모른다(멀리 거슬러 올라가면 태초의 물과 연결 되겠지만, 사물들이 물로 이루어졌다는 믿음은 갖지 않았을 것이다). 그렇다면 탈레스의 우주론은 신화적 우주론과 밀접하게 맞닿아 있는 셈이다.

탈레스의 견해를 조명해 줄 확실한 증거 자료가 더 이상 없는 상황에서 어느 방향의 해석이든 추정의 한계를 넘어서지는 못한다. 어쩌면 탈레스에게는 기원으로서의 물 관념과 구성요소로서의 물 관념이 애매하게 섞여 있었을지도 모른다. 아리스토텔레스가 물을 사물의 구성요소로 보는 이유였을 것으로 추측하며 제시하는 생리학적 사례들은(모든 생물들이 취하는 자양분이 축축하다는 것, 정액이 물기를 포함한다는 것) 탈레스에게 충분히 떠올랐음직한 이유들이다(본문 27). 이들 사례는 신화적 우주론의 영향과 함께 탈레스에게 물이 우주의 원천일 뿐만 아니라 분화된 세계의 본질에도 포함된다는 생각을 동시에 갖게 했을 수도 있다. 그리고 이 노선은 가까운 후계자인 아낙시메네스로 이어져 확장되고 다듬어졌을 것으로 볼 수 있다. 아낙시메네스는 모든 사물이 공기에서 나왔고 공기로 이루어졌다고 믿었다. 뿐만 아니라 그는 그것이 어떤 방식으로 그럴 수 있는가에 대해서 생각했다.

아리스토텔레스는 혼(psychē)과 신, 그리고 살아 있는 세계에 대해서 탈레스의 생각을 엿보게 하는 간접적인 정보를 제공한다. 탈레스는 혼이 운동을 일으키는 원인이라고 생각했고, 그래서 자석이 쇠붙이를 움직이게 하기 때문에 혼을 가졌다고 믿었다(본문 32). 혼을 생명의 원천으로 여기는 것은 희랍적 사유의 일반적인 경향이었다. 혼의 있고 없음에 따라 살아 있음과 죽음이 나뉜다. 그래서 아리스토텔레스는 식물들과 동물들이 혼을 갖는다고 말했으며, 나아가 운동이 생명의 특성이라고 주장했다. 이 운동은 성장과 질적인 변화를 포함하며 그래서 식물도 소유하는 넓은 의미의 운동이다.

그러나 자석이나 호박은 동·식물처럼 살아 있는 것으로 보이지 않을 뿐 아니라 스스로 움직이거나 변화할 수도 없다. 그래서 자석과 호박이 혼을 지녔다는 탈레스의 생각이 철학 이전의 정령론(animism)에 따른 신화적 표상을 보충하는 진술인지, 아니면 확장된 혼 개념(운동과 변화의 힘)과 더불어 제한된 의미의 물활론(hylozoism)을 천명하는 진술인지는 불분명하다. 그리고 탈레스가 자석과 호박의 관찰사례를(본문 35) 일반화해서 모든 사물은 생명을 가졌다는 생각에까지 나아갔는지도 확실하지 않다. 그러나 추측에 따른 보고이기는 하지만 아리스토텔레스는 탈레스가 모든 것이 신으로 충만하다고 믿었다는 말을 하면서, 이 믿음을 우주에 혼이 스며 있다는 믿음과 결부시킨다(본문 32, 33). 직접적인 증거는 없더라도 혼과 신의 연결 가능성을 생각하기는 어렵지 않으며, 비록 탈레스에게 신화적 전례들의 영향이 직·간접적으로 강하게 작용했을지라도 그의 우주론에서 철학적 사고의 가능성들을 배제할 분명한 이유도 없다. 그렇다면 탈레스에게 전체로서의 세계는 어떤 의미에서 생명력으로 충만한 것이었으며, 그러한 생명력은 광범위함과 영속성으로 말미암아 신적이라고 불리는 것이 자연스러웠을 것 같다. 이 생명력과 (세계의 기원이자 아마도 본질적 구성요소로 보았을) 물의 관계에 대해서 어떤 연관성을 추측해 볼 수는 있겠으나, 탈레스가 그것을 물과 결부시켰는지에 대해서 말해주는 전거는 전혀 없다.

03 ANAXIMANDROS
아낙시만드로스

탈레스가 최초의 희랍 철학자라는 명칭을 얻게 된 것은 주로 신화적인 서술을 포기했기 때문인 반면, 아낙시만드로스는 세계를 포괄적이고도 자세하게 설명하려 시도했다는 구체적인 증거를 우리가 가지고 있는 최초의 인물이다. 연대기 작가 아폴로도로스에 따르면, 아낙시만드로스는 기원전 547/6에 64세였다. 그는 탈레스가 일식을 예언했던 해(기원전 585/4)에 25세였다. 그는 탈레스보다 젊었지만 아마도 많이는 아니었을 것이다.

아낙시만드로스에 대한 주요 자료 출처는 아리스토텔레스이다. 그리고 테오프라스토스를 몇 차례 직접 인용하는 학설지 저자들이 있다. 디오게네스 라에르티오스의 정보는 짧고 불완전하다. 따라서 우리가 접하게 되는 아낙시만드로스의 전반적인 사상은 소요학파의 언어로 보고된 것이다. 아낙시만드로스 자신의 것으로 인정받는 단편은 테오프라스토스의 짧은 인용을 통해 전해진(심플리키오스의 책에 보존되어 전해짐) 문구가 전부다(본문 6). 신뢰성이 없는 『수다』의 증언을 도외시하더라도(본문 2) 아낙시만드로스가 어떤 종류의 책을 분명히 썼다는 것은 테오프라스토스의 직접 인용에서, 그리고 디오게네스 라에르티오스의 보고에서 확인할 수 있다.

아낙시만드로스에게 아페이론은 우주 만물이 생겨나는 원천이다(본문 6, 7, 9). 아리스토텔레스의 용어로 표현하자면 아페이론은 탈레스의 물을 대신하는 원초적인 질료이다. 아페이론은 물이나 불, 그리고 다른 철학자들이 근원적인 것으로 생각했던 질료들과는 다르다(본문 6, 11). 그것은 영원하고 나이를 먹지 않으며, 운동중에 있고, 다수의 하늘과 세계들이 이것으로부터 생겨나며 이것에 의해 둘러싸인다고 묘사되는 그런 것이다. 아페이론에 대한 이런 묘사가 암시하는 '아페이론'의 의미는 첫째 공간적 한계가 없는 무한히 큰 것이고, 둘째 시간적 한계가 없는(시작도 끝도 없는) 것이며, 셋째 다른 것과 구별되는 특정한 어떤 것으로 정해져 있지 않다는 의미에서 무규정적인 것이다.

아페이론은 물도 불도 아니며, 뜨겁지도 차갑지도, 무겁지도 가볍지도 않으며, 축축하지도 건조하지도 밝지도 어둡지도 않다. 세계 내의 모든 사물들과 모든 성질의 궁극적인 원천인 아페이론은 사물들 가운데 어떤 것일 수 없으며, 사물들이 갖는 성질들 가운데 어떤 성질을 가질 수 없다. 그래서 아페이론은 더 이상 묘사하기 곤란하다.

아페이론은 신(神)적이고 사멸하지 않으며(본문 12) 운동중에 있으므로(본문 16), 탈레스의 물처럼 살아 있는 것이다. 그래서 아페이론은 세계를 생산할 수 있다. 아페이론을 신적이라고 말하고 있기도 하거니와 사멸하지 않음과 늙지 않음은 전통적으로 신화의 신들에게 주어지는 성질이다. 이것은 아낙시만드로스가 아페이론을 단순히 신적인 지위에 올려놓았다는 것만을 뜻하지 않는다. 오히려 신적인 것이 아페이론의 지위를 얻게 되었다는 것을 뜻한다. 신화의 신들은 시작(탄생)이 있으나 아페이론은 시작도 끝도 없다.

아낙시만드로스는 아페이론이 운동한다고만 말하고 있을 뿐 어떤 형태의 운동인지, 그리고 그 운동이 세계의 형성과 변화에 어떻게 작용하는지는 말해주지 않는다. 이 점은 아낙시메네스도 마찬가지인데, 그래서 아리스토텔레스는 운동의 문제를 제대로 다루지 않았다고 일원론자들을 자주 질책한다. 어쨌든 아낙시만드로스가 아페이론이 운동한다고 생각한 것은 그렇지 않을 경우 어떤 변화도 일어날 수 없을 것이고, 그래서 우주는 결코 시작될 수 없다고 생각했기 때문일 것이다.

우주의 형성은 아페이론에서 대립자들이 떨어져나오는 데서 시작된다(본문 16 : 이 대립자 개념은 아낙시만드로스에서 처음 등장하며, 이후 여러 철학자들, 즉 헤라클레이토스, 파르메니데스, 엠페도클레스, 아낙사고라스에 의해 사용된다). 우주발생에서 주요 대립자들은 온(뜨거운 것)과 냉(차가운 것)이었다. 아낙시만드로스는 이 대립자들의 상호작용과 균형을 가정했으며, 우주의 구성과 운행에 중요한 역할을 한다고 믿었다(본문 6). 이 대립자 개념은 이론적인 측면에서 탈레스의 문제점에 대응책이 된다. 탈레스에서 우리는 원초적 질료인 물에서 다른 사물들이 어떻게 나오는지에 대한 설명을 찾아볼 수 없다. 그래서 물을 일차적 실체로 놓을 경우 불의 존재를 어떻게 설명할 것인가가 의문이었다. 그렇다면 어떤 특정한 성질도 갖지 않는 아페이론에서 어떻게 뜨거운 것과 차가운 것이 산출될 수 있을까? 아낙시만드로스는 온과 냉이 아페이론에서 바로 나오는 것이 아니라, 그 전에 온과 냉을 산출하는 어떤 것이 먼저 아페이론에서 "분리되어 나온다"고 말한다. 온과 냉은 '산출자'에서 동등한 힘을 가지고 동시에 산출되기 때문에 한 쪽이 다른 쪽을 압도하지 못한다.

산출자에서 나온 온과 냉의 구체적인 모습은 '불꽃'과 '공기(짙은 안개)'이다(본문 16). 불꽃은 껍질이 나무를 둘러싸듯이 공기를 바짝 둘러싸는 구형의 껍질이다. 이 구형의 불꽃이 부서져 둥근 것들로 나뉘고, 그것들이 해와 달, 그리고 별이 된다. 짙은 안개는 우리가 숨쉬는 공기와 우리가 밟고 다니는 땅(지구)으로 분화된다. 축축한 땅은 태양에 의해서 말려지고, 남아 있는 습기들은 바다가 된다. 아페이론은 분화 과정의 시초에만 나타나고 그 후에는 사물들이 주어진 단계를 밟는다. 세계의 다양함은 올림포스 신들의 개입에 기인하는 것이 아니라, 하나에서 여럿으로의 분화와 한쪽에서 다른 쪽의 분리 과정에 기인한다.

아낙시만드로스의 우주는 단순한 대칭 구조를 보여준다(본문 22).

중앙에 높이가 폭(원의 지름)의 3분의1 되는 원통 모양의 지구가 있다. 우리는 평평한 한쪽 표면(원통의 원) 위에 산다. 지구 둘레를 불의 바퀴들이 에워싸고 있고, 이 불의 바퀴는 안개로 감싸여 있어서 우리 눈에 보이지 않는다. 바퀴마다 그것을 감싸고 있는 안개의 한 부분이 터져 있고 그 곳으로부터 풀무의 주둥이에서 공기가 분출되듯이 불이 빠져 나온다(본문 19). 그렇게 빠져나오는 불꽃이 우리가 보는 별들이다. 별들이 움직이는 것은 바퀴가 돌 때 풀무의 주둥이(분출구)도 함께 돌기 때문이다(본문 21). 별의 바퀴가 지구에서 가장 가깝고 해의 바퀴가 가장 멀며, 달의 바퀴는 중간에 있다. 해의 터진 부분(우리 눈에 보이는 해)은 지구와 크기가 같다(본문 20). 각 바퀴들의 크기는 천체들이 지구에서 떨어진 거리를 나타낸다. 달의 바퀴 지름은 지구 지름의 18배이고 해의 그것은 지구의 27배이다(본문 17). 별들의 거리(바퀴들의 크기)에 대한 언급은 없지만, 달과 해의 거리 설정방식에 따르면 별들의 거리는 지구 지름의 9배로 추정할 수 있다. 별들은 제각기 지름이 같은 자신의 바퀴를 가지며(본문 21), 평행하게 (해와 달의 바퀴보다) 기울어져 있어서 서로 충돌하거나 해와 달을 가리지 않는다. 천체현상에 대한 설명은 일식현상과 달의 위상 변화에 대한 설명으로 완성된다(본문 17) 이것들은 바퀴에 난 숨구멍(분출구)이 공기에 의해 임시적으로 또는 주기적으로 폐쇄됨에 따라 일어난다고 생각했다.

지구는 우주의 중심에서 움직이지 않는다는 아낙시만드로스의 생각은(본문 22, 23) 탈레스에 비해 혁신적이다. 탈레스는 땅이 물로 떠받쳐지고 있다고 생각했는데, 그렇다면 물은 무엇으로 떠받쳐지는지 의문이 생긴다. 또 다른 것이 그것을 떠받쳐야 한다면 같은 물음이 계속된다. 지구가 모든 방향에서 같은 거리에 놓여 있기 때문에 머물러 있다는 아낙시만드로스의 생각은 이 무한후퇴를 해소한다.

기상 현상에 대한 아낙시만드로스의 설명은 천체현상에 대한 설명 방식과 유사하다. 기상현상의 발생도 '떨어져 나옴'에서 비롯된다. 공기(짙은 안개)의 가장 미세한 증기들은 바람이 되고, 좀더 짙은 증기는 남아서 구름이 된다. 이 과정은 세계 형성의 시초에 바다와 바람이 생겨나는 과정과 유사하다. 천둥과 번개는 구름에 에워싸였다가 터져나오는 바람에서 생긴다. 이 설명도 천체들(짙은 안개로 둘러싸인 바퀴의 일부에서 터져 나오는 불)에 대한 설명을 상기시킨다. 아낙시만드로스는 바람이 해와 달의 운동을 포함해서(본문 6) 대부분의 기상 현상을 일으키는 것으로 설명하는데, 이처럼 공기의 산물인 바람을 강조하는 것은 아낙시메네스와의 관련성을 엿보게 한다.

인간을 포함해서 생물들의 기원에 대한 아낙시만드로스의 설명에서도 우주와 기상 현상에 대한 설명과의 유사성을 읽을 수 있다. 더 단순한 것에서 더 복잡한 것이 생기며, 생겨나는 것은 어떤 것 속에 둘러싸여 있다가 밖으로 터져나와서 존재하는 방식이다. 최초의 생물은 가시투성이 껍질로 싸여 있다가 나중에 껍질을 터뜨리고 나왔으며, 사람도 물고기 같은 생물 속에 갇혀 있다가 성장한 다음 몸을 터뜨리고 나온다고 말한다(본문 29, 31). 사람이 물고기 같은 생물 속에서 길러졌다는 발상은 최초의 생물이 축축한 것에서 생겨났다는 생각의 연장선상에 있는 것으로 보이며, 유아기의 무기력함에서 생기는 문제를 해결하는 착상의 기발함을 보여준다.

아낙시만드로스의 우주론은 소박하지만 기하학적 구조와 수학적 비례관계를 사용한다는 점에서 과학적인 사고의 진전을 보여준다. 그리고 기상현상과 생물의 발생 및 전개과정의 유사한 설명방식도 과학적 사고의 단초를 보여준다. 이런 경향은 아낙시만드로스의 말을 담은 직접 인용(본문 6)에서도 표현된다. 이 단편은 대립자들의 상호변화 과정을 언급하고 있다. 여기서 말하는 상호변화란 ① A가 소멸될 때 A는 다른 어떤 B(A가 생겨날 때, 소멸하는 것과 같은 종류의 것)로 바뀐다는 것과 ② A, B 각각은 정해진 길이의 시간을 갖는다는 것이다. 덧붙여서 생성과 소멸은 A가 B에 저지르는 불의의 행위이며 A는 그에 대해서 보상을 하도록 강요받는다. 이 A, B를 상호 대립하는 원소적 힘으로 이해하는 것은 함축하는 바가 크다. 대립하는 원소적 힘들의 변환은 계절의 순환과 연관 지어 이해할 수 있다. 여름에는 더위가 우세하고, 겨울에는 추위가 우세하며 봄, 가을에는 더위와 추위가 균형을 이룬다. 여름이 오면 더위가 추위를 몰아냄으로써 잘못을 저지르고 추위의 영역 일부를 차지한다. 그러다가 시간이 지나면 더위는 잘못의 대가를 지불하고 추위는 그에 따르는 보상을 받고 다시 균형을 유지한다. 겨울이 되면 추위가 더위에게 잘못을 저지른다. 그러면 다시 보상을 지불해야 한다. 그래서 처음에 하나가 지배하고 그 다음에 그와 대립하는 것이 지배하는 상태들 사이에 규칙적인 교대의 끝없는 순환이 일어난다. '습함-건조함, 밝음-어두움, 옅음-짙음, 단일-복합' 같은 다른 대립 쌍들을 가지고도 마찬가지로 세계의 여러 가지 특징을 설명할 수 있을 것이다. 대립하는 원소들의 상호작용을 이렇게 이해하는 것은 자연에서 변화의 연속성과 안정성을 설명하는 데 잘 들어맞으며, 그래서 '필연에 따라서' 불가피하게 그리고 균일하게 비인격적으로 작용하는 자연법칙에 대한 이해의 실마리를 보게 된다.

04 ANAXIMENES
아낙시메네스

아낙시메네스의 생애에 대해서 우리가 알고 있는 것은 그가 밀레토스 사람이고 아낙시만드로스의 제자이자 동료라고 전해진다는 정도에 불과하다. 그는 아낙시만드로스보다 어느 정도 젊었을 것으로 추정될 뿐, 정확한 생존 연대도 불확실하다. 아낙시메네스에 대한 자료들의 대부분은 학설지 저자들(심플리키오스, 아에티오스 그리고 히폴뤼토스)에 의존하고 있다. 상대적으로 아리스토텔레스의 언급은 몇 구절에 불과하고 길이도 짧다(『형이상학』에서 실체로서의 공기, 『기상학』에서 태양의 움직임과 지진의 원인에 대한 언급이 전부다). 아낙시메네스가 사용한 문체('단순하고 간결한 이오니아식 문체')에 대한 평은 그가 책을 썼음을 시사한다(본문 1).

아낙시메네스는 공기를 근원적인 실체로 보았다. 공기는 이른바 4원소(물·불·흙·공기) 가운데 하나다. 어떤 성질도 갖지 않는 중립적인 원리(아페이론)를 가정하여 대립자들을 설명하는 아낙시만드로스의 이론과 비교해 보면, 특정한 성질을 갖는 사물을 근원적인 실체로 놓는 아낙시메네스의 이론은 일견 후퇴처럼 보인다. 그러나 이론이란 이해 가능하며 실제로 존재할 뿐만 아니라, 경험을 통해서 확인할 수 있는 원리에 바탕을 두어야 한다는 조건에서 보자면 아낙시만드로스의 이론은 큰 약점이 있다. 아낙시만드로스의 아페이론은 우리의 경험에 낯설고, 묘사할 수도 이해할 수도 없으며, 따라서 실제로 존재한다는 증거를 우리가 제시할 수 없는 그런 것이다. 더구나 우주의 산출(발생)에 대한 설명에서 대립자들의 산출과정은 기원이 모호한 어떤 것('산출자')에 의지하고 있다. 이런 점에서는 아낙시메네스의 공기가 아페이론보다 우수한 원리이다. 변화의 원리를 포함하는 단일 실체로서의 공기는 우주 내 사물들의 폭넓은 다양성을 이해 가능한 방식으로 산출해 낸다. 공기는 다른 형태를 띨 수 있으며, 조건이 맞으면 다른 유형의 실체가 되기조차 한다. 공기는 적당히 희박해지면 불이 되고, 적당히 응축되면 바람이 되고 물, 땅, 등등이 된다(본문 6, 7). 이런 설명은 물의 결빙과 얼음의 해동, 물의 증발과 구름의 응결 등 우리에게 익숙한 현상들을 통해서 쉽게 이해할 수 있고, 실제로 아낙시메네스의 이론은 이런 현상들에 대한 반성이 뒷받침되었을 가능성이 크다. 동일한 사물이 다른 형태를 띠며 바뀌는 이러한 변화의 과정은 탈레스에서 의문시되는 문제("물이 만물의 근원이라면 왜 모든 것은 물의 성질을 갖지 않는가?")에 답을 준다. 모든 것은 공기의 성질을 갖는다. 공기는 조건에 따라서 불이 되고, 물이 되고 등등이 되므로 불, 물, 등등의 성질을 가진다. 그리고 공기가 이런 성질들을 취하는 과정을 규정하는 '희박'과 '응축'은 아낙시만드로스의 모호한 과정('분리' 또는 '떨어져 나옴')보다 우리에게 한층 친숙하다. 희박과 응축이 뜻하는 바는 알기 쉬우며(공기가 주어진 범위 내에 더 많이 또는 더 적게 있음) 표현은 둘이지만 하나의 원리('밀도 차이')로 연결된다.

아낙시만드로스의 이론에서 가장 중요한 대립 쌍은 '뜨거운 것과 차가운 것'이라면, 아낙시메네스의 이론에서는 '희박과 응축(또는 '느슨함과 촘촘함')'이다. 희박과 응축은 대립 쌍이지만, 아낙시만드로스의 대립 쌍과는 달리, 밀도 차이라는 양적인 개념에 의해 서로 연결되어 있다. 아낙시메네스는 자신의 이 대립 쌍을 사용해서 아낙시만드로스의 대립 쌍을 설명한다(본문 4). 희박해진(느슨해진) 숨은 따뜻하고, 응축된(촘촘해진) 숨은 차갑다. 온과 냉은 이처럼 희박과 응축으로, 즉 밀도의 차이에 의해서 연결되며 따라서 설명 가능한 것이 된다. 그런 만큼 아낙시메네스는 세계에 대한 우리의 이해를 높여준 것이다. 세계는 서로 연관된 현상들의 범위가 증가함에 따라 이해의 정도도 증가한다.

이 희박과 응축은 운동과 변화의 원인이 되는 원리는 아니다. 이것을 운동의 원리로 놓는다는 것은 운동의 대상이 되는 사물과는 별개의 것으로 간주한다는 뜻이 된다. 아리스토텔레스에 따르면, 그런 뜻의 운동 원리는 엠페도클레스에서 처음 나온다. 응축과 희박은 공기에서 일어나는 일, 즉 공기의 운동 양태를 묘사한 말이다. 공기는 언제나 움직인다(본문 9, 10). 공기의 움직임이 감지될 정도로 매우 활발할 때, 그것은 바람이며 이미 어느 정도 응축된 형태이다. 이와 같이 움직임의 정도에 따라 공기가 어떤 장소에서는 응축되고 어떤 장소에서는 희박해져서 다른 물체들이 생기게 된다고 아낙시메네스는 생각했던 것 같다. 다른 물체들이 생기는 과정에 대해서 전거들은 공기가 희박해지면 불이되고, 응축되는 정도에 따라 바람이 되고 구름이 되며 물, 흙, 돌이 된다고 일관성 있게 증언해 주고 있다.

그러나 아낙시메네스는 모든 종류의 자연물이 공기에서 직접 생긴다고 생각하지는 않았다. 기본적인 형태의 사물들(불, 공기, 바람, 구름, 물, 흙, 돌)이 있고 다른 종류들은 그것의 복합물이라고 생각했다(본문 6, 7). 여기서 공기는 불이나 물 등과 마찬가지로 다른 물체들의 구성 성분으로 동등하게 기여하는 것으로 여겨진다. 복합체들이 어떻게 형성되는지에 대한 아낙시메네스의 설명을 더 이상 들을 수 없어서 정확하게는 알 수 없지만, 그렇다고 이 기본적인 사물들이 엠페도클레스에서 처음 등장하는 원소들(물, 불, 흙, 공기)과 같은 것은 아니다. 원소(stoicheion)는 다른 것을 구성하지만 자신은 다른 것에서 생기지 않는다. 아낙시메네스에서 불이나 물 등은 공기에서 생긴다. 게다가 공기도 다른 것에서 생긴다는 언급이 있다(본문 9). 공기가 불이나 물을 구성하는 원소의 역할을 하는 것은 아니다. 공기가 응축되는 정도에 따라 바람이 되고 물이 되듯이, 거꾸로 물이나 바람이 희박해지는 정도에 따라 공기가 된다. 이처럼 아낙시메네스가 생각하는 밀도 차이에 따른 변화는 원소들의 결합과 분해에 따른 변화와는 다른 것이다.

공기도 다른 사물에서 생기는 것이라면, 그리고 자연의 다른 복합물들을 형성하는 데 물이나 불, 흙 등도 공기와 동등한 역할을 한다고 보았다면, 아낙시메네스는 왜 공기를 사물의 기본 형태로 여겼을까? 희랍 말로 '아에르(aēr)'로 불리는 '공기'는 보통 어두운 안개를 뜻하지만, 아낙시메네스의 아에르는 우리의 공기(대기) 개념에 한층 더 가까운 것으로 이해된다(본문 7, 14). 그리고 이 공기는 아낙시만드로스의 아페이론처럼 범위가 무한히 광대하다. 그것은 모든 것들을 에워싸며(본문 2) 그래서 무한정한 것(아페이론)으로 묘사되기도 한다(본문 6, 7, 14). 실로 공기는 분화된 세계의 가장 큰 영역을 차지한다는 장점이 있다. 더 나아가 공기는 숨(프네우마)에 비교된다(본문 2). 숨은 전통적으로 우리의 혼 또는 생명의 원리로 이해되었다. '공기-혼'을 '숨-세계'에 비교하는 대목에서(본문 7, 14) 아낙시메네스는 공기를 마치 세계의 숨으로 간주하는 것 같다. 그래서 숨(공기) 쉬는 인간이 살아 있듯이 공기(숨)가 감싸는 세계도 살아 있다(이런 식으로 아낙시메네스는 탈레스와 아낙시만드로스에서 보게 되는 가정, 즉 만물이 어떤 방식으로든 살아 있다는 가정을 공유한다). 그러니까 공기는 사람 속에서와 똑같은 역할을 우주에서도 한다. 그렇다면 공기는 우주를 둘러싸며 그것에 스며들어 모든 것을 제자리에 있도록 유지하는 작용을 한다고 생각할 수 있다. 이런 생각은 인간과 우주는 유사하게 구성되어 있으며 기능도 유사하다는 이른바, 대우주-소우주 관념의 시초라 할만하다. 이런 관념 아래서 아낙시메네스가 어느 정도까지 우주를 살아 있는 거대한 유기체로 취급하고자 했는지는 분명하지 않다. 어떤 의미에서 이것은 철학 이전의 통속적 세계관과 타협한 흔적일 수도 있다. 그러나 공기가 인간에게 생명을 주는 혼의 우주적 등가물이라는 이해는 통속적 세계관을 훨씬 넘어서는 것이며, 아낙시메네스가 공기를 근원적인 물체로 선택하게 된 중요한 동기였음에 틀림없다.

이처럼 만물을 살아 있게 하는 공기는 신적인 것 내지는 신이라고 생각되었을 법하다(본문 9-10). 아낙시만드로스의 근원적인 실체인 아페이론도 신적인 것으로 간주되기는 마찬가지였다(아리스토텔레스는 대부분의 자연철학자들이 자신들의 근원적인 질료를 신적인 것으로 여겼다고 말한다). 전거들은 아낙시메네스의 공기가 신적인 속성을 갖는 데 그치지 않고 신들이 생겨나는 근원이라고도 말한다(본문 7, 11). 이것은 올림포스 종교를 자연철학에 포함시키려는 아낙시메네스의 시도를 반영하는 것일 수 있다. 그렇다면 아낙시메네스가 신들의 존재를 실제로 부정하는 데까지 나아갔다는 증거는 없을지라도 전통적인 신관을 비판하는 일에 크세노파네스와 헤라클레이토스의 선구자일지 모른다.

아낙시메네스에서 우주의 생성은 공기의 응축에서 시작한다. 땅 (지구)이 천체들보다 먼저 생겨났다(본문 13). 땅의 형성은 무한하게 펼쳐진 최초의 공기 일부가 응축되어 이루어진다. 그리고 천체들은 공기에서 바로 생기는 것이 아니라 땅에서 생겨난다. 땅에서 내뿜어 지거나 증발한 습한 증기가 희박해져서 불이 되고 이 불에서 천체들 이 생긴다(본문 14). 땅(지구)의 모양은 테이블 윗면 또는 뚜껑처럼 평평하다. 아낙시메네스가 지구를 평평하다고 본 점에서는 아낙시만 드로스와 같은 생각이지만, 지구가 어떤 것의 지탱도 받지 않고 머물 러 있다는 가설은 따르지 않는다. 지구는 공기로 떠받쳐진다. 태양과 달, 별 등의 천체들 역시 공기로 떠받쳐지며 공기에 의해 운반된다. 황도를 따라 움직이는 태양의 운동, 위상변화를 보이는 달의 운동 그 리고 행성들의 운동을 끊임없이 움직이는 바람(가볍게 응축된 공기) 으로 설명하는 것은 수긍이 가지만(본문 17), 공기 위에 떠 있는 지구 의 머물러 있음은 이해하기 어려운 측면이 있다. 공기 위에 올라타고 있는(apocheisthai) 지구의 평평함이 공기를 자르지 않고 떠받치게 하는 저항을 제공한다고 말하지만(본문 15), 공기는 모든 측면에서 지구를 에워싸고 있어서 어떤 방향으로도 차단되지 않는다. 아낙시 메네스는 공기 중에 떠 있는 나뭇잎을 생각했을지 모른다(본문 19), 나뭇잎들은 바람의 저항 때문에 단단한 물체들보다 더 천천히 떨어 지지만, 나뭇잎 아래의 공기가 나뭇잎을 벗어나서 나뭇잎 주변으로 움직이기 때문에 결국에는 떨어진다.

천체들은 지구 아래로 지나가지 않고, 우리의 머리 주위를 도는 펠트 모자처럼 지구 주위를 돈다(본문 14). 이런 구조의 천체는 아낙시메네스에게서만 볼 수 있는데, 펠트 모자는 반구형의 천구를 비유한 것이다. 이 천구 모델은, 아낙시메네스가 염두에 두었는지는 알 수 없으나, 천체들, 특히 태양이 공기로 지탱되는 지구 아래를 지날 경우 지구의 균형을 깨뜨리는 문제를 해결한다. 펠트 형 천구는 북극에서 지구를 통과하는 축 위에서 회전한다. 태양은 지구 아래로 돌지 않고 지구 주위를 돌고, 항성들은 극점 주위를 모두 똑같은 속도로 서로 상대적으로 똑같은 위치를 유지하면서 둥글게 돈다. 지구의 북쪽은 천체의 극점 쪽으로 기울어져 있다. 이것이 태양과 달, 그리고 일부의 별들이 지평선 아래로 내려가는 이유이다. 그리고 이 기울어짐이 지구의 북쪽이 '더 높다'고 말하는 원인일 것이다(본문 20).

　아낙시메네스는 기상 현상에 대한 설명에서 공기의 역할을 강조하며(구름, 비, 우박 그리고 눈은 주로 공기의 응축에 기인한다), 번개와 천둥에 대해서는 아낙시만드로스와 같은 설명을 제시했다고 한다(본문 21). 아낙시메네스의 우주론이 중요한 내용에서 아낙시만드로스의 것과는 다르지만, 자연 현상에 대한 관심과 이 현상을 이해 가능한 자연사물의 작용에 입각해서 설명하려 한다는 점에서 두 사람의 공통점은 매우 크다. 그들의 이론체계가 보여주는 이런 특징들은 희랍 철학과 과학적 전통에 기여했으며, 이후 철학자들(아낙사고라스, 디오게네스, 레우키포스, 데모크리토스)에게 유산으로 계승된다.

05 PYTHAGORAS
피타고라스

피타고라스는 기원전 570년경에 태어나 490년경에 죽었다. 그의 생애 및 사상과 관련해 가장 많은 자료를 제공해 주고 그런 만큼 가장 영향력 있었던 것은 기원후 3세기의 디오게네스 라에르티오스(200-250) 및 신플라톤주의자들인 포르퓌리오스(234-305년)와 이암블리코스(245-325년)가 쓴 피타고라스 전기들이다. 이것들은 모두 기원전 1세기경에서 기원후 3세기까지 존속되었던 신피타고라스주의에 속하는 사람들의 저술들을 바탕으로 한 것들이다. 그런데 신피타고라스주의자들은 피타고라스를 신적인 존재로 묘사하는가 하면, 그를 플라톤과 아리스토텔레스를 비롯한 희랍(헬라스) 주요 사상들의 원천으로 부각시키는 등, 피타고라스의 사상을 과장하여 소개하는 경향이 강했다. 이런 경향을 신플라톤주의자들인 포르퓌리오스와 이암블리코스는 그대로 이어받았다. 따라서 신피타고라스주의자들과 신플라톤주의자들의 저술들은 역사적 피타고라스가 실제로 무엇을 생각하고 행했는지를 알아내는 데 혼란을 초래한다. 디오게네스 라에르티오스는 비교적 피타고라스에 관해 중립적인 입장을 견지하려 했던 것으로 보이나, 그가 참고한 자료가 신피타고라스주의자들의 것들이어서 그의 저술도 신뢰하기 힘들다. 그러나 이들의 글들 속에는 주요한 초기 자료들을 인용한 것들도 있어서, 적어도 이것들은 역사적 피타고라스의 생애와 사상을 재구성하는 데 많은 도움이 된다.

결국 역사적 피타고라스의 생애와 사상을 알아보기 위해서는 왜곡된 후기의 자료들이 나오기 이전의 초기 자료들에 의존할 필요가 있다. 이들 자료 중 중요한 것들로는 우선 기원전 4세기 무렵의 것들로서 지금은 소실된 아리스토텔레스(384-322년)의 두 저서의 단편들과 아리스토텔레스의 제자들인 디카이아르코스(360-250년)와 아리스톡세노스(370-290년)의 단편들, 그리고 시켈리아(시칠리아)의 역사가 티마이오스(350-260년)의 단편들이 있다. 그런데 이 자료들은 구전에 기초한 것들이었기에 중요한 문제들과 관련해 불일치를 보이는 한계도 있다. 피타고라스와 관련해 일차적인 주요 자료들은 피타고라스와 같은 시대 사람들의 증언들을 비롯한, 아리스토텔레스 이전 저자들의 증언들이다. 이것들은 아쉽게도 많지 않으며 또한 간략한 언급으로 되어 있다. 하지만 피타고라스의 경우에는 아리스토텔레스 이전 증언들이 다른 초기 철학자들의 경우보다는 폭넓게 있는 편이다. 이를테면 크세노파네스, 헤라클레이토스, 엠페도클레스, 이온, 헤로도토스, 이소크라테스, 그리고 플라톤의 증언들이 있다. 이렇듯 여러 증언들이 존재한다는 사실은 그가 상당히 널리 알려져 있던 인물이었음을 보여주는 것이다.

피타고라스의 생애와 관련해서 많은 이야기가 전해지지만 신빙성 있는 것은 아주 적다. 비교적 신빙성 있는 이야기를 간추리면 이러하다. 그는 기원전 570년경에 사모스 섬에서 태어나 거기서 살면서 이집트를 여행하기도 하지만, 기원전 530년경에 폴뤼크라테스의 폭정 때문에 이탈리아 남부에 있는 크로톤으로 이주한다. 거기서 많은 사람을 이른바 '피타고라스적 삶의 방식'으로 인도하여 공동체를 만들고 종교적·도덕적으로뿐 아니라 정치적으로도 큰 영향력을 갖는다(본문 7, 8, 9, 10). 하지만 기원전 510년경 아마도 피타고라스적 삶의 방식이 지닌 배타성으로 인해 그 자신과 그의 추종자들에게 압박이 가해지자, 그는 메타폰티온으로 이주하고 기원전 490년경에 죽음을 맞는다. 피타고라스 사후에도 피타고라스주의자들은 이탈리아 남부의 여러 나라의 국사를 돌보며 큰 영향력을 행사하는데, 기원전 450년경 크로톤에서 피타고라스주의자들이 회의를 하던 밀론의 집을 퀼론의 추종자들이 불살라 상당수의 피타고라스주의자들이 희생된다. 그 후로도 피타고라스학파에서 두 명의 주목할 만한 인물들이 나오는데, 그들은 크로톤 사람인 필롤라오스(기원전 470-385년)와 타라스 사람인 아르퀴타스(기원전 428-350년)이다.

일반적으로 피타고라스는 수학자이며 합리적인 우주론자로 이해되곤 한다. 그러나 이런 이해를 뒷받침할 만한 초기 자료는 거의 보이지 않는다. 초기 자료들을 통해 일단 알 수 있는 것은, 그가 혼의 전이설(metempsychōsis)의 전파자이며, 이른바 피타고라스적 삶의 방식의 창시자라는 것이다. 아울러 그는 합리적인 것과는 상당히 거리가 멀어보이는 불가사의한 능력의 소유자로도 보인다.

혼의 전이설과 관련된 주요 자료로는 헤로도토스의 글(본문 23, 25), 디카이아르코스의 글을 인용한 것으로 여겨지는 포르퓌리오스의 글(본문 24), 크세노파네스와 키오스 사람인 이온의 말을 인용한 디오게네스 라에르티오스의 글(본문 26, 51)을 들 수 있다. 이온의 증언(본문 51)을 보면, 그는 피타고라스가 죽음이 삶의 끝이 아니고 사후에 혼의 삶이 있다는 견해를 편 사람임을 전제하고 있다. 그런데 피타고라스는 단순히 사후에 혼의 삶이 있다는 데 그치지 않고 사람의 혼이 불사적이며(본문 23, 24, 25), 다른 종류의 동물들로 옮겨간다(본문 23, 24, 26, 27)고, 그래서 모든 동물은 동족관계에 있다(본문 24)고 믿었던 것으로 보인다. 적어도 여기까지는 피타고라스가 가졌던 생각이라고 보아도 무리가 없을 것이다. 그리고 혼의 전이는 주기적으로 일어난다는 것도 피타고라스의 믿음이었다고 봄직하다(본문 23, 24). 이렇게 보면 피타고라스의 혼의 전이설은 불교의 윤회설과 흡사해 보인다. 그러면 피타고라스는 언젠가는 이런 윤회의 굴레에서 벗어날 수 있다고 보았던 것일까? 적어도 헤로도토스의 살목시스 이야기(본문 25)에 나오듯, 인간이 "영원히 살아남아 온갖 좋은 것을 소유할 곳으로 가게 될 것"이라는 언급은 인간이 언젠가는 윤회의 굴레에서 벗어날 수 있음을 뜻하는 것으로 볼 여지를 남기고 있다. 하지만 피타고라스가 윤회의 주기를 헤로도토스가 말하듯 3000년이라고 믿었는지, 그리고 헤라클레이데스가 말하듯이 혼이 식물로도 옮겨간다고 생각했는지는 알 수 없는 일이다.

플라톤은 자신의 대화편들에서 피타고라스 자신에 대해서는 단지 한번 언급하는데(본문 52), 그를 삶의 방식의 창시자로 묘사하고 있다. 플라톤의 증언에 따르면, 피타고라스 사후 100년이 넘은 시점까지도 그 삶의 방식을 고수하는 사람들이 있을 정도였고 평판도 좋았던 것으로 보인다. 피타고라스적 삶의 방식은 피타고라스의 공동체에서 은밀하게 공유되었으며(본문 10), 아무나 그 공동체에 가담할 수는 없었다. 크로톤에서 막강한 영향력을 가졌던 귀족조차 성품이 안 좋다는 이유로 거부되었을 정도였다(본문 13). 공동체에 들어가기 위해서는 여타 까다로운 자격요건을 갖추어야 했으며 '친구들의 것들은 공동의 것이다'(koina ta tōn philōn)이라는 규칙을 받아들여야 했던 것으로 보인다(본문 9). 피타고라스적 삶의 방식에 특징적인 것은 종교의식이나 식생활을 비롯한 생활방식과 관련된 금기사항들의 준수이다. 금기사항들은 글이 아니라 구두로 제자들에게 전달되었던 금언 형태의 가르침(akousmata) 속에 담겨 있었다. 이 가르침은 피타고라스주의자들(Pythagoreioi)과 보통 사람들을 구분해 주는 징표나 상징이 되는 것으로서 symbola로도 불리었다. 금기사항들의 일부는 본문 28-31을 통해 알 수 있다. 피타고라스가 종교의식에 큰 관심을 기울였다는 것은 이소크라테스의 글(본문 3)을 통해서뿐 아니라, 또한 아리스토텔레스의 소실된 책에서 인용된 것으로 여겨지는 구절(32), 즉 "가장 올바른 것은 무엇인가? 신께 제물을 바치는 것이다"라는 구절을 통해서도 알 수 있다.

피타고라스적 삶의 방식에 특징적인 규칙으로는 종교의식이나 음식과 관련된 것 말고도 흥미로운 것들이 있다. 앞서 언급했듯이 '친구들의 것들은 공동의 것'이라는 규칙, 즉 재산 공유의 규칙이 있었고, 또한 자기 통제라는 도덕적 훈련을 위한 묵언의 규칙도 있었던 것으로 보인다. 이소크라테스는 대중 연설을 중시하던 기원전 4세기에조차도 사람들이 말로 대단한 평판을 가진 사람들보다도 묵언을 중시했던 피타고라스의 제자들에 대해 더 탄복했다고 말한다(이소크라테스, 『부리시스』 28). 개인적인 훈련을 위한 묵언의 규칙 말고도 피타고라스의 가르침(akousmata)을 외부에 발설해서는 안 된다는 '예사롭지 않은 묵언'의 규칙 또는 '보안(phylakē)'의 규칙도 있었던 것으로 보인다. 아리스토텔레스는 피타고라스주의자들이 "이성적 존재(to logistikon zōion)의 한 부류는 신이고, 다른 부류는 인간이며, 또 다른 부류는 피타고라스와 같은 존재이다"라는 것을 비밀로 했다고 한다 (DK14A7; 아리스토텔레스 단편 192). 피타고라스주의자들이 이처럼 피타고라스의 특정 가르침을 비밀로 했다면, 그의 모든 가르침이 보안의 대상이었다고 볼 필요는 없을 것이다. 그리고 이암블리코스에 따르면 히파소스(Hippasos)는 12개의 오각형으로 이루어진 구형에 대해 누설했기 때문에, 누군가(아마도 히파소스)는 12각형이나 무리수에 대해 누설을 했기 때문에 바다에 빠져 죽었다고 하는데 (『피타고라스적 삶에 관하여』 88, 47; 18DK4). 이런 것들은 지어낸 이야기들에 불과하다.

다음으로 피타고라스의 모습을 불가사의한 능력을 지닌 것처럼 그리고 있는 초기 자료들을 주목해 볼 필요가 있다. 본문 11과 12는 신피타고라스주의나 신플라톤주의와 같이 피타고라스를 과장하고 신격화하는 후기 전통에서 나온 것으로 보는 게 적절할 듯하다. 하지만 그 이야기들의 출처가 역사적 피타고라스에 관한 한 상당한 권위를 인정받는 아리스토텔레스의 단편들이므로, 그것들이 피타고라스와 무관한 것으로 보기 힘들다. 그러니까 피타고라스와 관련한 일화들이 실제로 있었던 일들이라고 말하긴 힘들더라도, 그가 자연철학의 시대에 불가사의한 능력을 지닌 자로 여겨졌다는 건 분명하다고 보아야 할 것 같다.

피타고라스라고 하면 그의 이름이 붙은 '정리'가 곧바로 연상될 만큼 수학자로서 널리 알려져 있지만, 안타깝게도 초기 자료에서 그런 모습을 찾아보기는 힘들다.—본문에 수와 관련된 여러 글을 실었지만, 아리스토텔레스의 보고로 여겨지는 본문 32 정도만 신빙성 있는 자료라 할 수 있다.—그렇다면 어떻게 그 정리가 피타고라스와 연관 지어진 것일까? 그 근거 자료들은 모두 다 산술가인 아폴로도로스의 시구와 같은 구절들에서 유래한다. 그 시구는 "피타고라스가 널리 알려진 그 도식(정리; gramma)을 발견했을 때, 그 일로 그는 그 유명한 황소 제사를 거행했다"는 짤막한 구절로 되어 있다('필롤라오스' 장 본문 60). 이 구절에서 '발견했다'는 표현은 '증명했다'는 것을 뜻하는 것으로 보이지 않고, 실제로 피타고라스가 그걸 증명했음을 보여주는 초기 자료도 없다. 더욱이 수학의 증명방법이 개발된 것은 기원전 5세기 말이나 4세기 초에 이루어진다. 그러면 그 시구에서 '발견했다'는 것이 증명 없이 '최초로 알아냈다'는 것을 뜻하는 것으로 볼 수는 없는가? 그렇게 보기도 힘들다. 피타고라스 이전에 바빌로니아인들에게 그 정리가 증명되지는 않은 상태로 이미 알려져 있었기 때문이다. 그것도 기원전 2000년부터 3 : 4 : 5와 같은 피타고라스 정리의 수 조합들이 설형문자의 문서에 나타난다는 것이다. 그러므로 피타고라스는 특정한 기하학적 관계에 대한 발견자라거나 엄격한 증명을 하는 기하학자라고 하기 힘들다. 그렇다면 남은 가능성은 단지 그는 그 정리가 참이라는 것을 알았을 뿐이라는 것이다. 하지만 피타고라스는 그 정리를 알고 황소 제사를 거행했다는 말이 전해질 만큼 기하학적인 관계를 몹시 중시했음이 분명하다.

또한 피타고라스는 중심적 세 협화음(symphōnia)과 네 정수(1, 2, 3, 4)의 비율 사이의 관계를 발견한 것으로도 유명하다. 즉 옥타브 =2 : 1, 제5음 = 3 : 2, 제4음 = 4 : 3이라는 사실을 발견했다는 것이다. 그러나 이를 뒷받침해 줄 신빙성 있는 초기 자료도 없고, 오히려 피타고라스 시대에 이미 그 관계가 알려져 있던 것으로 지적된다. 그러므로 피타고라스가 그 관계를 발견하거나 증명했다고 하기보다는, 그 관계에 대해 알고, 그것의 중요성을 인식했다고 하는 게 적절할 것이다. 그는 음악을 수적인 측면에서 볼 뿐 아니라, 지혜의 원천인 델포이의 신탁도 테트락튀스, 즉 네 정수(1, 2, 3, 4)와 연관시키고, 더 나아가 우주도 그 수들과 연관시키고 있을 만큼 그 관계를 대단히 중시했다(본문 32). 그러면 피타고라스가 우주를 수들과 어떻게 연관시켰는지를 다음 절에서 살펴보기로 한다.

본문 32는 이암블리코스가 아리스토텔레스의 보고를 인용한 것으로 여겨지며, 피타고라스의 우주론을 이해하는 데 더없이 중요한 자료이다. 피타고라스는 지혜의 원천인 델포이의 신탁을 테트락튀스, 즉 네 정수(1, 2, 3, 4)와 연관시키고, 이 테트락튀스를 다시 "세이렌들(Seirēnes)이 이루어내는 화음(조화; harmonia)"과 연관시키고 있다. 이 모호한 구절을 이해하기 위해서는, 우선 '세이렌들'이 함축하고 있는 의미를 살펴볼 필요가 있다. 세이렌들은, 『오뒷세이아』(12. 39-46)에서는 섬에 살면서 노래로 선원들을 홀려서 죽이는 요정들로 묘사된다. 하지만 알크만(Alkman)은 세이렌을 무사(Mousa)와 동일 시하기도 하고, 플라톤은 여덟 세이렌이 천구들의 화음을 만들어내 는 것으로 이야기하고 있다(『국가』 617b). 여기서 다시 피타고라스 의 문제의 구절로 돌아가 보자. '세이렌들이 이루어내는 화음(조화)' 이라는 그의 표현은 바로 플라톤이 말하는 '천구들의 화음'의 싹을 보여주는 것이다. 다만 초기 자료에 따르면 피타고라스에게는 '천구' 개념이 없다는 점에서 차이가 있다. 그러므로 피타고라스의 경우에 는 천구의 화음이란 표현보다는 우주의 화음이라는 표현이 무난할 것이다. 결국 피타고라스는 테트락튀스와 우주의 화음을 연관시킨 것이며, 이는 다음과 같이 해석될 수 있다. 곧 우주는, 음악적 협화음 들의 경우처럼 정수 1, 2, 3, 4로 이루어지는 비율들에 의해서 표현될 수 있는 화음을 갖고 있다는 것이다. 이런 점에서 피타고라스는 우주 를 수적인 구조를 지닌 것으로 보았다고 할 수 있다. 그런데 '가장 아 름다운 것은 조화(화음)이다'(본문 32)는 것이 피타고라스의 생각이 니, 피타고라스의 우주론은 이렇게 재구성해 볼 수 있을 것이다. 우 주는 수적인 비율로 표현할 수 있는 조화를 지닌 것으로서 아름다운 것이다. 달리 말해서, 우주는 아름다운 것이고, 이는 그것이 조화를 가졌기 때문이며, 이 조화는 수적인 비율에서 비롯된 것이라는 게 피 타고라스의 생각이라고 해도 좋을 것이다. 수적 비율에 기초한 피타고라스의 우주론은 합리적인 면모를 보여준다. 이런 점에서 피타고라스는 이오니아철학자들과 같이 신화적인 사고를 벗어나 자연 현상을 합리적으로 설명하려 했던 철학자인 듯이 보인다.

하지만 피타고라스의 우주론은 비합리적인 면도 갖고 있다. 아리스토텔레스에 따르면, 피타고라스는 '바다는 크로노스의 눈물이고, 곰자리는 레아의 손이며, 플레이데스는 무사(Mousa)들의 뤼라이다'(본문 43)라고 말한다. 그리고 '지진은 죽은 자들의 모임일 따름이고'(본문 44), '천둥은 타르타로스에 있는 자들이 겁먹도록 그들을 위협하기 위한 것이다'(본문 45)라고도 말하는 등 여전히 신화적인 사고의 틀을 벗어나지 못한 모습을 보여준다. 이는 혼의 불사설과 관련한 피타고라스의 믿음에서 비롯된 것으로 해석될 여지가 있다. 이를테면 그는 '태양과 달은 축복받은 사람들의 섬이다'(본문 32), '행성들은 페르세포네의 개들이다'(본문 43)고도 말하는데, 이런 말들은 선하게 살면 태양과 달로 가서 축복받은 삶을 살고, 악하게 살면 행성들로 가서 응징을 당한다는 것으로 해석될 수 있다. 다시 말해 그는 자연설명을 통해 사람들의 도덕적 의식을 고양시키고자 했던 것으로 보인다. 다른 한편 피타고라스가 우주의 아름다움을 조화와 수적 비율로 설명한 것도 우주 자체에 대한 자연철학적 설명에 그치지 않고, 인간의 삶의 방식이 어떠해야 하는지를 보여주려는 것으로 보인다. 피타고라스는 인간의 삶의 방식에 더없이 관심을 가진 철학자였기 때문이다.

피타고라스와 관련해서는 자연철학자들이 상반된 평가를 내리고 있어서 흥미롭다. 헤라클레이토스는 "피타고라스는 어느 누구보다도 더 탐구를 했고, 이 저작들을 선별해 내어 자신의 지혜, 박식, 술책(kakotechnē)을 만들었다."(본문 21)고 말함으로써 그의 지자로서의 지위를 의심한다. 그는 피타고라스가 박식하긴 하지만 "박식이 분별력을 갖게끔 가르치지는 못한다"(본문 48)고 말할 뿐 아니라, 또한 "피타고라스는 허튼 소리를 하는 사람들의 원조이다"(본문 49)라고까지 말하고 있다. 반면에 엠페도클레스는 피타고라스와 관련해 "예사롭지 않은 일을 아는 어떤 사람이 있었으니, 그는 생각들로 가장 부유한 자이며, 특히 온갖 지혜로운 일에 정통한 자이다"(본문 50)라고 증언한다. 좋은 평가를 담고 있든 아니든, 그에 대해서는 아리스토텔레스 이전 시기의 증언들이 비교적 폭넓게 있는 편이다. 이는 곧 그가 상당한 유명인사였음을 보여주는 것이다.

피타고라스에 대해서 상반된 평가가 존재하듯이, 그의 사상에는 상반된 두 면, 즉 합리적인 면과 비합리적인 면이 공존한다. 그는 수학에 기초한 합리적인 측면을 보이는가 하면, 신화적 사고의 틀을 벗어나지 못한 측면을 보이기도 한다. 불가사의한 능력을 지닌 자로서 그의 모습도 합리적으로 이해할 수 있는 범위를 훌쩍 넘어서 있다. 이런 두 측면이 피타고라스에게는 병존하고 있다. 이로 인해 피타고라스주의는 피타고라스 사후 기원전 5세기 중엽쯤에 두 부류로 나뉘어 서로 대립하는 상황이 벌어진다. 그 한 부류는 '듣고 따르는 사람들(akousmatikoi)'이고, 다른 한 부류는 '학문하는 사람들(mathēmatikoi)'이다. 이 두 부류의 입장 차이는, 지금은 존재하지 않는 아리스토텔레스의 『피타고라스주의자들에 관하여』에서 이암블리코스가 인용한 것으로 여겨지는 글(본문 39)에 잘 나타나 있다. 그리고 포르퓌리오스의 글(본문 40)에는 역사적 피타고라스가 이미 두 부류를 구분하여 가르친 것처럼 언급되어 있는데, 실제로 그랬는지는 알 수 없는 일이지만, 적어도 두 부류의 성격을 잘 구분해 주고 있다. 두 부류의 대립은 기원전 4세기에 사실상 사라졌을 것으로 추정된다.

피타고라스 사후 피타고라스주의의 전통에서 가장 뛰어난 철학자로는 기원전 5세기에 전성기를 보낸 필롤라오스를 들 수 있다. 그는 피타고라스의 두 부류 중 학문하는 사람 쪽이었을 것이다. 피타고라스와 필롤라오스 사후에도 피타고라스주의의 전통은 플라톤 아카데미 계승자들을 거쳐 신피타고라스주의, 그리고 신플라톤주의로까지 이어졌으니, 적어도 8세기 동안이나 피타고라스주의가 존속했던 셈이다. 그러나 플라톤의 아카데미 계승자들 이래로 피타고라스를 진리의 화신처럼 추어올려 역사적 피타고라스의 모습을 왜곡해 놓은 것은 안타까운 일이다.

철학자로서의 피타고라스의 공헌은 우선 수학적 우주론의 싹을 보여주었다는 걸 들 수 있다. 하지만 그것은 너무 불분명한 상태로 제시되었고, 더욱이 신화적인 요소가 덧붙어 있어서 그 의미가 크게 퇴색되고 말았다. 하긴 수학적 우주론보다는 오히려 피타고라스에게 일차적인 관심사는 종교적 · 도덕적인 문제였다. 혼의 불사설과 전이설을 바탕으로 한 그의 철학은 응당 삶의 방식에 관한 관심으로 이어졌을 것이다. 우주에 대한 관심도 결국은 그의 삶의 방식에 대한 관심에서 비롯된 것으로 보는 게 옳을 것이다. 그러므로 피타고라스는 다른 자연철학자들처럼 형이상학자라기보다는 '어떻게 살아야 하는가(pōs biōteon)' 하는 윤리적 문제에 답을 구하고 실천하는 도덕적 현자라고 평가하는 게 적절할 것이다.

* 일러두기: 끝으로 피타고라스의 경우 DK 인용표기에 특이한 점이 있어서 한 가지 사항을 언급해 두어야 하겠다. 대부분의 경우 DK에는 각 철학자들 별로 A 항목과 B 항목을 구분하는데, 직접 인용된 글들(단편들)은 B 항목에, 직접 또는 간접 증언들은 A 항목에 분류되어 있다. 그런데 피타고라스의 경우는 그가 남긴 저술이 없으니 A 항목과 B 항목의 구분도 없고, 아예 A, B라는 문자 표기조차 되어 있지 않다. 하지만 피타고라스의 경우 성격상 A 항목에 해당하는 글들로만 되어 있는 것이므로, 여기서는 다른 철학자들의 경우처럼 편의상 A를 넣어, 이를테면 14A1, 14A2 등으로 인용표기했다.

06 XENOPHANES
크세노파네스

크세노파네스는 이오니아의 도시국가 콜로폰 출신이다. 남겨진 그의 시에 담긴 내용으로 추정해 보면, 그는 이오니아가 페르시아의 왕 퀴로스에 의해 멸망한 기원전 546/5년쯤에 희랍 본토로 망명해 그 후 희랍 전역을 전전하며 일생을 보낸 듯하다. 역시 그의 시의 내용으로 미루어 망명할 당시 그의 나이는 25세쯤으로 보이고 그 후 70년 가까이를 더 산 듯하니 그는 90을 넘겨 산 듯하다. 그가 기원전 620-617년(마흔번째 올림피아기)경에 태어났다는 아폴로도로스의 전언도 있지만, 대략 기원전 570-560년경에 태어났으리라는 것이 오늘날에는 정설로 받아들여진다. 그의 사망년도는 확실하게 알려진 바가 없다.

디오게네스 라에르티오스에 따르면, 그는 이오니아의 포카이아가 페르시아에 공략당한 뒤 그 유민들이 남부 이탈리아에 엘레아라는 식민도시를 건설할 쯤에 그 곳에 가서 가르친 적도 있다고 한다. 이

것이 그가 엘레아 학파의 설립자라는 추정을 가능케 하는 한 가지 근거가 되고 있다. 또한 플라톤은 『소피스트』 242d에서 "우리 지역의 엘레아 부족은 크세노파네스나 그보다 훨씬 이전부터 시작되었는데, 모든 것이라 불리는 것은 하나라고 생각하고 그렇게 신화로써 설명하네"(DK21A29)라고 말해서 고대의 문헌 중에서는 최초로 엘레아 학파의 성립과 크세노파네스를 연결지었다. 이러한 견해는 아리스토텔레스에게 다시 나타나며 그 이후로 고대의 저술가들의 책에 반복해서 나타난다. 따라서 크세노파네스가 엘레아 학파의 창시자라는 견해는 고대에는 정설이었다. 그러나 버넷은 플라톤의 증언이 진지한 것이 아니라고 의심하면서 크세노파네스를 엘레아 학파의 설립자로 보는 데 반대 의견을 제시하였다(Burnet, J.; 1930, pp. 112–115). 비록 버넷이 소크라테스 이전 철학의 과학성을 강조하려는 입장에서 사고의 정합성이 떨어진다는 이유만으로 무리하게 크네노파네스를 철학자의 반열에서 빼고자 한 점은 있지만, 버넷 이후로 크세노파네스의 사상을 엘레아 학파의 전통에 당연히 연결하는 관행에는 제동이 걸렸다. 하지만 파르메니데스, 제논, 멜리소스가 대변하는 엘레아 학파의 생각에 직접적으로 연결지을 만한 내용이 부족하다고 할지라도, 간접적으로는 엘레아 학파의 생각의 전조를 미리 보이는 대목이 크세노파네스의 토막글에 많이 발견되는 것은 역시 부인하기 어렵다. 따라서 크세노파네스의 토막글이 파르메니데스의 생각에 간접적으로나마 영향을 미쳤으리라는 추측은 믿을 만한 구석이 많다. 특히 밀레토스 학파에서는 사용하지 않던 운율을 사용해서 자신의 철학적 사고를 펼친 파르메니데스에게는 역시 시를 사용해 자신의 사상을 펼친 크세노파네스의 영향력이 전해 있다는 주장은 설득력이 높다.

주지하다시피 크세노파네스는 희랍의 신인동형론적 신관을 비판하고 일신론적 신관을 주장한 인물로 유명하다. 그는 호메로스와 헤시오도스와 같은 시인들과 일반인들이 신들에게 인간들만이 갖고 있는 품성을 부여한다고 비판하고 신은 인간과 다름을 역설하였다. 신은 인간과 형체와 생각이 조금도 비슷하지 않은데, 인간들은 자신들의 생각만으로 신들을 자기식으로 꾸며 낸다고 크세노파네스는 지적한다. 신들이 태어난다거나 사람과 같은 형체를 갖는다거나 신들이 온갖 악행을 저지른다는 발상은 바로 이런 생각에서 비롯되었다고 크세노파네스는 본다. 이런 전통의 신관에 대한 비판과 아울러 크세노파네스는 적극적으로 신이 하나이며 움직이지 않고, 마음으로 만물을 움직인다는 주장을 펼친다. 이렇게 해서 그는 전통의 신관을 극복하고 신이 갖는 정신의 측면을 강조하여 신의 단일함을 적극적으로 주장한다. 이러한 그의 신관은 직접적으로는 아니더라도 파르메니데스의 '있는 것(to eon)'을 떠올리게 하는 측면이 분명히 있다. 신에 대한 그의 생각과 대비해서 바라볼 수 있는 생각은 자연에 대한 크세노파네스의 생각이다. 크세노파네스는 자연철학이 출발한 밀레토스에서 멀지 않은 콜로폰 출신으로서 이오니아 철학의 전통에 익숙해 있었으리라 짐작된다. 크세노파네스가 우리를 비롯한 생성하고

자라는 모든 것은 흙과 물에서 생겨났다고 보는 것은 만물의 기원 (archē)을 찾으려 했던 이오니아 자연철학의 전통의 연장선상에 서 있는 것이다. 그 밖에 그는 자연철학자들이 그랬듯이 땅의 모양과 위치에 대한 논쟁에 가담하며, 바다, 바람, 비, 구름, 태양, 무지개 등과 같은 자연 현상을 논의하면서 자연철학자의 풍모를 확연히 드러낸다. 이런 자연현상을 논의하는 과정에서 그는 사람들이 자연 현상을 신으로 잘못 알고 있는 경우가 있다는 점을 지적한다. 사람들이 이리스 여신이라고 잘못 알고 있는 무지개는 사실은 구름에 불과하다는 지적이 대표적인 경우다. 이렇게 그는 신화적 관점을 탈피해서 자연 현상을 바라보아야 한다고 강조하는 한편, 신을 자연과 형체에 얽매여 파악하는 전통의 신관을 넘어서 신을 정신으로 보고 있다.

신에 대한 크세노파네스의 생각의 한 편에는 신에 대한 경외감과 경건함이 자리잡고 있고 다른 한편에는 인간의 앎의 능력에 대한 회의가 자리잡고 있다. 인간은 한 번에 모든 것을 알 수도 없고 사람들이 안다고 믿는 것은 참이라기보다는 그것과 유사한 것인 의견 (dokos)이라고 보아야 한다고 그는 말한다. 그렇지만 크세노파네스는 인간의 앎이 어쩔 수 없이 의견에 머물 수밖에 없는 것은 아니고, 시간을 두고 탐구하다 보면 더 나은 것을 발견한다는 생각도 갖고 있었다.

신에 대한 크세노파네스의 생각은 실천적으로는 신에 대한 인간의 경건함으로 드러난다. 그는 술자리의 태도에 대하여 읊은 시에서 신에 대한 경건한 자세를 사람이 갖추어야 할 훌륭한 태도 중의 하나로 꼽는다. 또한 그는 사치스러운 삶을 경계하고 올림피아 경기에서 우승한 선수들을 영웅시하는 세태를 비판하고 육신의 힘보다는 지혜를 국가를 위한 덕목으로 받들 것을 주장하기도 한다. 이러한 그의 태도는 신들을 의인화하는 서사시인들을 비판하는 것으로, 『국가』에서 플라톤이 피력한 시인 비판론을 떠올리게 하는 것이기도 하다.

07

HERAKLEITOS

헤라클레이토스

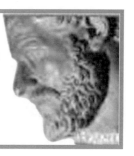

헤라클레이토스는 에페소스 출신이며 69번째 올림피아기인 기원전 504-501년에 전성기를 누렸다고 전해진다. 하지만 이것을 제외하고 헤라클레이토스의 생애에 대해 믿을 만한 자료들은 거의 남아 있지 않다. 플라톤과 아리스토텔레스, 그리고 스토아 학파인 클레안테스와 스파이로스 등은 주로 그의 이론적인 측면에만 관심을 기울였다. 그의 생애에 대해서 우리가 알고 있는 것들은 주로 기원 후 3세기에 활동했던 디오게네스 라에르티오스가 전해준다. 그는 여러 저명한 인물들에 관해 떠돌던 당시의 자료들을 자유로이 수집해서 본격적인 전기를 편찬한 인물이다. 하지만 그가 이용했을 것으로 추정되는 자료들은 주로 그 인물들에 대한 전설들이나 남아 있는 저작들을 모티브로 삼아 상상력을 가미해서 만들어낸 일화들이므로 신뢰하기가 힘들다. 이러한 까닭에 우리가 그에 대해서 확실하게 알 수 있는 것은 그가 남긴 말들, 즉 그의 사상에 국한되어 있다.

헤라클레이토스에 대해 최초의 철학적 평가를 내린 플라톤은 그의 사상을 '만물은 흐른다(panta rhei)'로 요약했고 우리는 이것을 만물 유전설이라 부르고 있다. 플라톤은 있는 것들의 불변성을 강조했던 파르메니데스와 대립적인 위치에 헤라클레이토스를 놓는다. 주지하다시피 이러한 대립구도는 플라톤으로 하여금 끊임없이 변화하는 세상과 불변하는 이데아의 세계라는 양극을 설정하도록 만드는 중요한 요인이 된다. 하지만 현재 전해지는 헤라클레이토스의 단편들 중에서 만물유전설의 직접적인 근거를 찾기는 어렵다. 한편 아리스토텔레스는 헤라클레이토스를 만물의 근원질료를 불에서 발견해 낸 인물로 평가하면서 밀레토스 자연학의 계승자로서 자리매김했다. 이 두 가지 평가는 다소 모순적인 측면을 지니는데, 전자가 만물의 끊임없는 변화를 강조한 반면, 후자는 만물의 단일한 근원을 강조하기 때문이다. 대부분의 고대 사상가들이 그러하듯이 사실 플라톤과 아리스토텔레스는 자신들의 이론을 전개하기 위해 특정한 맥락에서 이전 철학자들을 인용하고 있으며 그들의 사상을 그대로 전달하는 데에는 별다른 관심을 보이지 않았다. 헤라클레이토스 이론의 전체적인 모습은 그를 계승한 스토아 학파를 통해서 드러난다. 비록 자신들의 관점에서 헤라클레이토스를 오해한 측면이 상당 부분 있을 것이라고 추측되지만 그럼에도 불구하고 스토아 학파는 고대세계에서 그를 직접적으로 계승한 유일한 적자로서 평가될 수 있다. 하지만 헤라클레이토스의 저작과 마찬가지로 스토아 학파의 저작들도 지금 우리에게는 단편으로만 전해진다. 사실 우리에게 남아 있는 헤라클레이토스의 단편은 상당 부분 후대의 기독교 교부들인 클레멘스, 히폴뤼토스, 오리게네스 등의 저작에서 발췌된 것들이다. 이들은 기독교적인 사상을 지닌 최초의 이교도의 모습을 헤라클레이토스에게서 발견하고자 했으며, 따라서 로고스를 하느님의 말씀으로, 불을 최후의 심판과 연결하고자 했다.

이처럼 다양한 해석 경향들은 헤라클레이토스의 진면목을 바라보기 어렵게 만드는 요인이 되어왔던 것도 사실이지만, 그렇다고 이러한 해석들 전부를 단지 후대 사상가들의 편의에 따른 취사선택과 단편들의 체계적인 왜곡과정으로만 볼 수는 없다. 그 동안 근대 문헌학의 성과를 바탕으로 그의 단편들을 인용맥락으로부터 완전히 분리하여 그 자체로 복원하고자 하는 활발한 작업들이 큰 성과를 보이고 있으며 이는 올바른 단편해석을 위해서 반드시 필요한 절차라 여겨진다. 하지만 원래의 단편의 복원이라는 과제와 그것의 해석이라는 과제는 차이가 있다. 우리에게 주어진 문헌 자체가 인용맥락을 떠나서는 이해되기 힘든 것들이 상당수 있다. 또한 단편의 인용맥락들이 그의 사상을 반드시 왜곡한다는 강력한 전제를 바탕으로 하지 않는 한, 직접적인 자료를 접할 수 있었던 저자들에 비해 지금의 우리들이 헤라클레이토스의 원래 의도를 더 잘 파악할 수 있다고 보증할 수 없다. 따라서 결국 우리는 기존의 해석 경향들을 최대한 비판적으로 바라볼 필요가 있음에도 불구하고 그 해석들을 완전히 무시하지 않는 유연한 태도를 취할 필요가 있다.

헤라클레이토스의 사상에 대한 좀더 정확한 이해는 남아 있는 100여 개의 단편들에 대한 해석뿐만 아니라 그것들에 대한 적절한 배열을 필수적으로 요구한다. 그는 단 한편의 저작을 남겼다고 전해지는데, 이것이 원래 어떤 형태의 저작이었는지는 논쟁이 분분하다. 우선 그의 단편들은 희랍의 현인들이 남긴 경구를 닮아 있으며, 따라서 그의 원래 저작 역시 단편적인 경구들의 모음집이었다는 추측이 가능하다. 이 점은 후대의 해석자들이 각자의 관심사에 따라서 각 단편을 원래의 맥락에 관계없이 손쉽게 인용할 수 있었다는 사실을 통해서 지지받을 수 있다. 반면에 디오게네스 라에르티오스는 그의 저작이 세 부분으로 나뉘어 있었다고 전해주는데, 만일 우리가 이를 신뢰할 수 있다면 그 저작은 분명한 저술 의도를 지니고 체계적으로 쓰여진 것이었다고 추측할 수 있다. 또한 저작의 서문으로 평가되고 있는 본문 4(DK22B1)는 체계적인 이오니아 산문의 전형적인 형태를 보여주고 있으며, 다른 여러 구절도 여러 가지 다양한 산문체의 특성을 보여주므로, 그가 반드시 경구 형식만을 고집했다고 생각하기는 어렵다. 이를 고려해 보았을 때, 그의 단편들의 완전히 정확한 배열은 불가능하더라도 일단은 그것들이 나름의 체계를 지니고 서술되었을 가능성을 배제하지 않는 편이 전체적인 사상파악에 도움이 될 것이다. 이 책에 제시된 단편들의 순서는 단지 내용의 유사성에 따라서 묶여졌으며 원래의 저작형태가 어떠했을지에 대한 특정한 고려 없이 배열되었음을 밝혀둔다.

헤라클레이토스는 타인들의 무지에 대해 신랄하게 비판했던 사람으로 유명하다. 이러한 비판은 반대로 당시의 사람들에게 그의 사상이 이해되기 힘들었다는 점을 증명한다. 당시의 사람들뿐 아니라 이후의 사람들도 그가 하고자 하는 말을 분명하게 파악하기 힘들다고 생각했으며, 따라서 그에게는 '수수께끼를 내는 자', '어두운 자'라는 호칭이 붙여졌다. 이는 그가 당시의 사람들이 생각하고 있던 앎과는 전혀 다른 차원의 앎을 말하고 있기 때문이다. 그의 비판은 어리석은 대중들에 대한 한탄에 머물러 있는 것이 아니라, 앎을 둘러싼 당대의 사고체계와 한계에 대한 심각한 도전을 내포하고 있다. 헤라클레이토스의 비판이 대중들에게 국한되지 않고 지자로서 알려진 자들, 즉 호메로스나 헤시오도스와 같이 희랍인들의 정신적인 스승들뿐만 아니라 그와 동시대의 피타고라스, 크세노파네스, 아르킬로코스, 헤카타이오스 등 당대의 유명인사들에 대한 비판으로 이어진다는 점이 이를 증명한다. 헤라클레이토스가 이들의 어떠한 이론을 비판하고 있는지는 정확히 알 수 없지만 한 가지 분명한 점은 그가 이들을 해박한 지식을 자랑했던 인물들로서 거론하고 있다는 것이다 (13, 16). 그는 자신이 말하는 지혜가 이들이 말하는 박식과는 다르다는 점을 강조한다.

헤라클레이토스는 탐구의 정신으로 충만한 이오니아의 지적 분위기 속에서 성장했으며, 따라서 그것이 강조하는 자연에 대한 직접적인 탐구를 부인하지 않는다. 이 때문에 그는 파르메니데스 이후의 감각에 대한 회의주의와는 달리 감각의 증거를 신뢰한다(21, 23). 반면에 그는 단순한 경험자료들의 축적이 지혜를 가져다 주지는 않는다고 생각했다. 그는 지혜를 갈구하는 사람은 많은 것을 탐구해야 한다고 말하면서도(41), 한편으로 사물의 참된 모습을 드러내지 못하는 박식은 지혜를 가르치지 못한다고 말한다. 참된 지혜는 실용적인 지식들의 무분별한 집적을 통해서 얻어지는 것이 아니라 모든 것들을 통해서 자신을 드러내는 하나의 것을 파악하는 데 있다(14, 20, 39). 따라서 그의 탐구는 감각에 대한 그릇된 사용, 즉 감각이 전해주는 사물의 모습을 잘못 받아들이는 사람들의 습성을 비판하는 데서부터 시작된다(24).

헤라클레이토스 이전 시기에 지배적이었던 앎의 모델에 따르면, 앎은 감각(aisthēsis)이나 직관(nous)과 같은 인식기관이 그 대상과 직접 접촉함으로써 얻어진다. 다시 말해서 눈과 코, 귀나 입이 사물을 직접 보거나 냄새맡거나 듣거나 맛보는 등의 직접 접촉을 통해서 그 사물은 그 자체로 즉시 그 기관들에 알려지게 된다. 이러한 앎의 모델은 직관을 통한 앎의 획득에도 마찬가지로 적용되는데, 이 때 직관은 눈과 마찬가지로 하나의 인식기관으로 여겨진다. 이러한 앎의 모델에서는 대상과의 접촉이 곧 그것에 대한 앎의 획득을 의미하며, 그 사이에 어떠한 불일치도 생겨나지 않는다. 따라서 많이 안다는 것은 직접 경험한 것이건 신의 도움에 의한 것이건 간에, 많은 대상들과 접촉했다는 것 이상을 의미하지 않는다.

헤라클레이토스에서부터 앎은 이전과 전혀 다른 모습을 띠게 된다. 그가 말하는 참된 앎은 그 대상과의 직접적인 접촉 이상의 것을 요구한다. 우선 그가 말하고자 하는 앎의 대상은 이전과는 달리 인식기관의 접촉에 의해서 즉시 파악될 수 있는 성격의 것이 아니다. 사람들이 그것을 보고 들으면서도 그것을 파악할 수 없는 까닭은 바로 여기에 있다(4, 5, 25, 26). 그가 발견하고자 하는 탐구의 대상은 발견하기 어려운 성격, 즉 자신을 숨기면서(45) 단지 징표만을 보이는 어떠한 것이다(46). 그것을 찾기 위해서는 많은 탐구를 필요로 하지만 그러고도 아주 적은 것만을 발견할 수 있다(43). 다음으로 이러한 인식대상의 차이는 이에 상응하는 인식기관의 차이를 요구한다. 그가 인식의 기관으로 여겼던 혼(psychē)에게서 강조되는 기능은 개별적인 대상 각각을 파악하는 능력이 아니라 그것들을 비교하고 공통성을 파악하는 능력이다. 이러한 앎은 직관에 의한 앎보다는 추론에 의한 앎에 더 가까운 성격을 지니고 있다. 다시 말해 그가 강조하는 것은 지식의 양적인 증가가 아니라 여러 지식들을 하나의 지혜로 이끌 수 있는 혼의 능동적인 작용이다.

나아가 여러 단편에서 탐구의 중요성이 특히 강조되고 있다는 점은 그가 이미 성취된 앎의 사용뿐만 아니라, 앎에 이르는 과정 또한 중시한다는 것을 보여준다. 비록 참된 앎을 획득할 수 있는 어떤 체계적인 방법을 제시하지는 않지만 그는 탐구의 과정에서 겪을 수 있는 여러 가지 어려움에 대해서 강조하고 있다. 또한 그의 단편들은 탐구의 목적지인 동시에 그곳에 이르기 위해서 숙고하고 사색해야만 하는 어떤 것으로서 제시된다. 그가 말하는 탐구의 목적지는 만물을 통해서 만물을 조종하는 예지를 포착하는 것이다(39). 그것은 특정한 목적을 통해서만 성취될 수 있다. 다시 말해서 그 목적지를 알고 예상하고 있는 자만이 그것을 발견할 수 있다(42). 인간들은 본래 이러한 지혜를 받아들일 수 있는 능력을 지니고 있다(36, 37). 그들은 단지 자신들이 무지하다는 것을 모르고 있을 뿐이다.

헤라클레이토스가 발견해 낸 가장 중요한 사실은 만물이 하나의 원리에 따라서 생성, 소멸하며 그 원리는 만물을 통해서 자신을 드러내면서도 그 자신은 명시적으로 드러나지 않는 어떤 것이라는 점을 파악한 것이다(4). 이러한 원리를 그는 로고스라고 부른다. 이 로고스는 이후의 철학사에서 중요한 역할을 맡게 된다. 헤라클레이토스에서 로고스는 일차적으로 사람들이 공동으로 사용하는 '말'을 의미한다. 이 점에서 그는 탐구에서 언어의 중요성을 강조한 최초의 인물로 평가받을 수 있다. 하지만 사람들이 공동으로 말을 사용하고 의사소통을 하며 무언가를 이해한다고 해서 그들이 공동의 세계에서 살아가는 것은 아니다(5). 마치 26에서 호메로스가 이(虱)를 죽이고 있는 소년들에게 속았듯이, 말은 사물을 분명히 드러내는 역할을 하면서도 그것을 보지 못하는 자에게는 오히려 그것을 은폐하는 기능을 한다. 장님이었던 호메로스의 앞 못 보는 상태는 사람들이 자기만의 세계에서 살아가는 것에 대한 하나의 강력한 비유를 제공한다. 이처럼 그가 말하는 로고스는 우리가 사용하는 말이면서도 단지 일상적인 말이 아니라 사물의 참된 본성을 가리키는 말이다. 그가 만물에 공통적인 원리를 로고스라고 부른 까닭도 바로 그 원리가 언어의 올바른 사용과 이해를 통해서 분명하게 드러날 수 있다는 점을 파악했기 때문이다.

사물의 참된 본성을 가리키는 로고스는 말의 차원을 넘어서 사물의 본성 자체로도 여겨진다(35). 48의 언명에 비추어보았을 때 그가 로고스를 자신의 말과 분리해서 사물의 본성자체로 생각한다는 암시를 받는다. 우리는 또한 4에서 로고스를 그의 말과 별도의 어떤 것으로 여길 수 있게끔 하는 언어 유희를 발견하게 된다. 그가 말하고 있는 로고스는 동시에 '언제나 그러한' 바로 그 로고스이다. 사람들이 사용하는 말이라는 의미와 사물의 본성 자체라는 의미를 동시에 지니고 있는 로고스의 성격은 이후에 말과 실재, 나아가 노모스와 퓌시스의 대립이라 불릴 만한 어떤 문제를 야기할 수 있는 힘을 지니고 있지만 그가 이 점을 염두에 두지는 않은 듯하다.

로고스는 말 이외에도 '모음'과 '비율'이라는 두 기본적인 의미를 지니고 있는데, 이것들은 후대에 이성적 사고나 논리적 추론이라는 의미로 발전될 수 있는 중요한 단서를 제공한다. 앞서 말했듯이 그가 말하는 앎은 각각의 사물들을 비교하고 그것들의 공통성을 한데 모아서 파악하는 능력을 요구한다(48). 이 때 드러나는 사물의 참된 모습은 다름 아닌 대립적인 것들이 한데 묶여서 전체를 이루는 것이다 (49, 52). 대립적인 것들을 하나의 문장에 묶어서 표현하는 그의 문체가 보여주듯이 로고스는 대립하는 것들 각각이면서 동시에 그것들을 한데 묶는 어떤 것이다. 그것은 일견 불화하는 것으로 보이면서도 통일적인 세계를 이루어낸다(50). 또한 로고스는 사물들의 임의적인 모음이 아니라 반드시 어떤 일정한 비율을 표현하고 있는 것들의 모음이다. 만물이 어떤 원리에 따른다는 것은 그것들이 언제나 동일한 비례관계를 통해서 표현될 수 있으며 그 관계를 벗어나는 것은 존재하지 않는다는 것과 같은 의미이다. 가령 활의 비유는 하나의 이미지에 그치는 것이 아니라 다른 것들의 비례관계를 표현해 주는 공통의 틀로서 작용한다. 이러한 점에서 그가 사용하고 있는 풍부한 비유적인 표현들을 단지 하나의 구상적 이미지로만 생각해서는 안 되며 실재의 정확한 비율을 드러내주는 것으로 생각해야만 한다.

헤라클레이토스가 발견해낸 실재의 비율은 대립자들로 표현된다. 대립자들에 대한 생각은 그의 독창적인 생각이라기보다는 희랍적 사고의 기본적인 전제에 가까우며, 직접적으로는 아낙시만드로스에게서 영향을 받았을 것이라 추측된다. 하지만 대립자에 대한 생각을 우주론의 핵심에 끌어옴으로써 대립 자체의 의미가 충분한 깊이와 강도를 지니고 사유되기 시작한 것은 헤라클레이토스의 공적이다. 희랍에서 대립자들에 대한 사고는 계절이나 기상현상들의 주기적인 변화를 관찰한 것에서 기원했을 것이며, 헤라클레이토스에서도 대립자들의 주기적인 변화는 대립자들의 가장 기본적인 모델이다. 하지만 그에게서 대립관계는 한 가지의 고정된 모델을 따르지 않는데, 이것은 그의 탐구 방식에서 오는 자연스러운 결과로 보인다. 그의 단편들을 살펴보면 그가 다양한 자연현상들을 자신의 틀에 맞추어 재단하지 않는다는 점을 목격하게 된다. 많은 단편에서 그는 경험적인 사실들을 그대로 표현하고 있으며, 그 표현들은 특정 이론에 입각하지 않아도 그 자체로 참된 진술이다. 이는 밀레토스 자연학의 실증적 경향을 극단적으로 수용하면서 그 속에 내재한 사변적인 요소들을 제거해 나간 결과라고 볼 수 있다. 그는 특정한 대립관계를 더 중요하게 여긴 것 같지 않으며 만물이 어떤 방식으로든 대립의 관계로 이루어졌다는 사실을 보여주는 데에 더 집중한 것 같다.

그가 제시하는 대립자들의 구상적인 표현은 인간 경험의 한계를 보여주는 동시에 그 경험이 파악하지 못한 사물의 모습을 보여준다. 인간이 보기에 특정한 가치를 지니는 하나의 사물이 다른 동물들의 관점에서는 그와 대립하는 가치를 지니는 것으로 드러나는 경우가 있다. 가령 같은 바닷물도 물고기와 사람에게 각각 삶과 죽음을 가져다 준다(55). 또한 진흙탕(56, 57)이나 볏짚(58), 또는 살갈퀴(59)는 인간들에게 불필요하거나 심지어는 해로운 것이지만 돼지나 당나귀 또는 황소들에게는 맑은 물이나 금, 좋은 음식보다도 더 소중하다. 나아가 아름다움도 원숭이와 사람에게 다른 기준으로 받아들여질 것이므로(60, 61), 결국 가장 아름다운 세계는 보는 사람에 따라서 쓰레기 더미로 보일 수 있다(62).

이러한 가치의 상대성은 가치가 부여될 수 있는 조건에 대한 성찰을 요구한다. 인간이 부여하는 가치들은 서로를 통해서만 인식될 수 있고 따라서 대립적인 성격을 지닌다. 질병과 굶주림, 피로를 모르고 지낸다면 자신의 건강과 포만, 휴식도 달콤하고 좋은 것으로 생각되지 않을 것이다(72). 정의롭지 못한 행위나 상황이 없다면 사람들은 결코 정의를 생각하지 않을 것이며(73), 오직 신만이 모든 것을 정의롭다고 여길 것이다(74). 인간이 사물을 평가하고 가치를 부여하는 것은 이러한 대립을 통해서만 가능하다.

하지만 가치의 대립적인 성격은 비단 인간의 습관이나 관습, 또는 인간의 본성에 기인하는 것만은 아니다. 한 사물이 대립적인 것으로 나타나는 까닭은 사물 자체가 대립적인 가치를 부여받을 수 있는 성격을 지니고 있기 때문이다. 실을 곧게 만들기 위해서는 축융기가 그 실을 둥글게 감아야만 한다. 축융기는 실을 곧게 만드는 동시에 구부린다(64). 원 위의 점은 사물이 자신의 존재를 위해서 필연적으로 대립하는 성격을 지닌다는 점을 더 잘 보여준다. 원을 그릴 때는 어떠한 점에서 출발하더라도 그 점으로 되돌아와야만 원이 그려질 수 있으며, 출발점과 끝나는 점이 다른 것은 이미 원으로서의 자격을 상실한다(65). 또한 위로 향해 있는 길은 아래로도 향해 있다. 만일 그렇지 않다면 그 길은 위로도 향해 있을 수 없다(66). 이것은 단지 임의로 부여된 대립적인 성격이 아니며 대립자 중 한쪽이 있기 위해서는 반드시 다른 쪽이 있어야만 한다.

헤라클레이토스는 이러한 원리를 바탕으로 전체 우주에 대한 설명을 제시한다. 그의 우주론에서는 밀레토스 자연학이 제시하려고 했던 천체들이나 기상현상들에 대한 자연학적 설명은 거의 찾아볼 수 없다. 자연현상에 관한 직접적인 언급은 태양에 관한 것에 한정되어 있는데, 그나마도 태양에 대한 자연학적 설명이라고 볼 수 있는 것들은 극히 예외적이다(94, 95). 전해지는 몇몇 간접전승들에 따르면, (97) 천체들에 대한 그의 설명은 다음과 같다. 즉 천체들은 사발모양으로 생겼으며, 그 사발들은 불을 담고 있는데, 그 불들은 바다에서 만들어지는 증발기(蒸發氣)에 의해서 보충된다. 또한 이 사발모양의 천체들이 회전하면서 식(蝕)현상을 보여준다. 그러나 이러한 설명들은 전통적인 견해들에서 크게 벗어나지 않으며, 헤라클레이토스는 이에 만족했던 것으로 보인다.

우주론에서 헤라클레이토스의 관심사는 우주를 구성하고 있는 각각의 부분에 대한 개별적인 설명이 아니라, 우주 전체의 운행원리이다. 그의 우주론에서 가장 중요한 요소는 불인데, 이 세계는 영원히 살아 있는 불이며 그것은 적절히 타고 적절히 꺼진다(75). 또한 불은 동일한 비율에 의해 바다와 땅, 그리고 뇌우로 변화한다(76). 그가 불을 만물의 근원질료로서 생각하는지의 여부는 불확실하다. 그가 불을 아낙시메네스의 공기와 유사하게 어떤 질료적인 것으로 파악했다는 점을 뒷받침해 줄 근거는 많지 않으며, 설혹 그렇다고 하더라도 불에 대한 그의 언급에서 질료로서의 의미는 그리 중요하게 부각되지 않는다. 그가 불을 선택한 까닭은 그것이 변화하는 만물의 원동력을 표현하기에 가장 적절하기 때문이었을 것이다. 84와 85는 만물의 생성과 소멸에 어떤 원동력이 필요함을 비유적으로 표현한 것임이 거의 확실하다. 만물의 끊임없는 생성과 소멸을 헤라클레이토스는 또한 전쟁으로 표현한다(87, 88). 비록 불과의 관련성을 직접 지시하고 있지 않더라도 이러한 단편들은 만물의 생성과 변화의 동력을 표현하고 있다. 게다가 히폴뤼토스가 언급하고 있는 한 단편은 불이 세계의 생성과 소멸에 관련된 것으로 묘사한다(81).

불에 대해서 또 하나의 중요한 점은 그것이 만물의 변화를 규제하고 조종한다는 점이다. 불과 관련된 것으로 해석할 수 있는 80에서 만물을 조종하는 번개는 우주의 불을 연상시키는 동시에 세계 운행의 이성적인 원리를 상징한다. 그 인용맥락이 다소 의심스럽기는 하지만 90 역시 불을 부정의의 심판자로서 그리고 있다. 또한 불은 만물을 교환시키면서 그 가치들을 평가하는 역할을 맡는다(78). 우주적 불의 상징인 태양이 등장하는 단편들도 적도와 정의(dikē, 正義) 개념을 설명하는 맥락에서 등장한다(89, 91, 92, 93).

밀레토스 자연학이 우주론에 초점을 맞추고 있는 것에 비해서 헤라클레이토스의 관심은 놀라울 정도로 인간의 삶 전반에 걸쳐 있다. 그는 우주론과 인간의 삶을 분리된 것으로 여기지 않았으며, 따라서 그의 우주론에는 윤리적인 당위의 어조가 강하고 그의 인간에 대한 언명들은 만물의 공통원리에 근거를 두고 있다. 하지만 우주와 인간의 삶을 함께 사유하고자 하는 후대의 어떠한 사상가들에게서도 공통적으로 드러나듯이 그의 우주론을 인간에 관한 단편들과 완전히 결합하는 작업은 쉽지 않다. 그의 나머지 단편들을 살펴보기 위해서는 다음과 같은 두 가지 점을 염두에 두는 것이 도움이 될 것이다. 첫째로 그의 단편 전체의 핵심에는 언제나 앎이 자리잡고 있다. 다음으로 그에게서 삶과 죽음은 인간과 우주를 연결하는 사유의 틀이 된다.

우선 종교에 대한 그의 언급들을 살펴보자. 우리는 전통적인 신들에 대한 관념의 비판을 이미 크세노파네스로부터 들을 수 있다. 이에 반해 밀레토스 자연학이 전통적인 신들에 대해서 별 관심을 갖지 않았던 것과 마찬가지로 헤라클레이토스도 전통적인 신 관념을 직접 비판하는 것 같지는 않다. 분명히 알 수는 없지만 그가 호메로스나 헤시오도스를 비난하는 까닭이 올림포스 신들에 대한 그들의 관념 때문은 아닌 듯하다. 클레멘스가 인용한 두 단편(98, 100)은 당시의 의인적인 신관에 대한 비판이라기보다는 주로 종교적인 제의에 관한 것이며, 99 역시 정화제의에 관한 오래된 관행을 비판하고 있다. 이를 보았을 때 그의 비판은 그 의미를 망각하고 관례적으로 변질된 제의들을 생각없이 답습하고 있는 당시의 사람들을 겨냥한다고 보인다.

비록 그의 비판이 제의를 향해 있다고 하더라도 거기에는 전통적인 신들에 대한 대중의 관념에 대한 재해석이 포함되어 있다. 그가 올림포스 신들을 직접 언급하는 구절은 제우스에 관한 두 단편(47, 92)과 디오니소스와 하데스의 동일성에 대한 단편(100)이다. 그는 이들 단편에서 올림포스 신들에 대한 신화적인 모티브를 환기시키고 그것을 새로운 맥락에서 재해석하면서 신들에 대한 당시의 생각들이 포착하지 못하고 숨어 있는 의미를 끄집어낸다. 다시 말해서 신들과 인간들의 아버지인 제우스는 만물의 운행을 조종하고(39, 80) 그것의 정의를 보증하는(91, 92) 유일하게 현명한 것(47)으로 해석되며, 디오니소스와 하데스는 삶과 죽음의 동시성과 공존을 보여주는 맥락에서 재해석된다. 따라서 그는 올림포스 신들의 체계를 단지 거부한 것이 아니라, 그 신화들이 지닌 힘과 진실성을 십분 활용해서 자신의 사상을 풍부하게 만들고 있다. 이 점에서 볼 때, 그가 당대의 제의들을 비판한 것은, 결국 그 이면에 숨겨져 있는 신적인 것들의 의미를 사람들이 숙고하도록 촉구하는 것에 다름 아니다.

헤라클레이토스에서 종교와 관련된 또 다른 중요한 주제는 인간의 혼과 사후의 운명에 관한 것이다. 헤라클레이토스 이전에는 인간과 관련해서 혼의 적극적 의미가 강조되지 않았다. 호메로스에서의 혼은 살아 있는 인간을 살아 있도록 만드는 숨결에 불과하며 살아 있는 인간이 죽음에 직면했을 때 그를 떠나는 역할만을 한다. 혼의 역할이 본격적으로 강조되는 것은 인간의 죽음 이후인데, 이는 비록 적극적인 의미를 지니고 있지 않더라도 어떤 의미에서는 혼이 개개인들에게 사후에도 계속해서 생존할 수 있음을 보증해 준다. 그러나 호메로스에서의 혼이 인간을 살아있게 만드는 생기(生氣)의 역할과 사후의 동일성을 보장하는 역할을 한다고 추론할 수 있음에도 불구하고, 그것은 살아 있는 인간의 자아를 위해서 어떠한 적극적인 기능도 하지 못한다. 아낙시메네스가 혼을 공기와 유비적으로 표현하면서 인간의 삶을 유지해 주는 적극적인 기능을 부여했을 때조차, 이것은 생기로서의 혼의 역할을 강조한 것에 다름 아니다.

앞서 말했듯이 혼에 관한 헤라클레이토스의 중요한 기여 중 하나는 인간의 혼에 앎의 기능을 부여함으로써 이후에 독자적으로 자라나게 될 정신의 영역을 새로이 개척했다는 점이다. 그에게서 혼은 말을 알아들을 수 있는 능력을 갖는다(24). 앞에서 로고스의 중요성을 생각했을 때, 이것은 혼이 앎을 담당하는 역할을 맡게 되었음을 의미한다. 혼에 앎의 기능을 부여하면서 그의 탐구는 인간의 자아로 향하게 된다(44). 인간의 자아에 대한 탐구는 곧 혼에 대한 내적인 체험으로 연결된다. 이에 대한 중요한 두 단편은 혼에 대한 내적 체험의 과정을 보여주는 것으로 해석될 수 있다. 그가 106에서 '깊은'이라는 표현을 사용한 것으로 보아 혼이 어떤 외연, 특히 깊이를 지닌 것으로 경험되고 있음을 알 수 있다. 또한 107에서 혼이 지닌 그 외연은 확장될 수 있는 성질을 갖는 것으로 언급된다. 혼이 갖는 이러한 외연이 어떤 경험을 표현한 것인지, 다시 말해 그것이 심리적인 외연인지 물리적인 외연인지를 확정하기는 힘들지만, 그것은 심리적으로 체험되는 동시에 물리적으로 표상된 것으로 읽는 것이 자연스러울 것이다.

헤라클레이토스는 혼에 인식의 능력을 부여했지만 그것은 우리에게 익숙한 심리적인 어떤 것으로 표상되는 것이 아니라 물리적인 것으로 표상된다. 이 때문에 인식의 상이한 단계에 따라서 규정된 혼의 여러 가지 상태는 물리적인 것으로 표현된다. 혼이 건조한 상태가 되면 가장 뛰어나고 현명한 상태가 된다(105). 반면에 그것이 젖게 되면 즐거움을 얻을 수는 있지만(103) 자신의 목적지를 상실하게 되며(104), 결국 심한 경우에 죽음에 이르러 물로 변화된다(102). 이러한 의미에서 혼의 삶과 죽음은 앎의 상이한 단계와 관련되며 또한 다른 물리적인 원소들과 관련을 맺는다.

죽음과 인간의 운명에 관련된 헤라클레이토스의 단편은 비교적 많이 남아 있음에도 불구하고 그것이 정확히 어떠한 세계를 그리고 있는지를 해석하기는 매우 까다롭다. 분명 그는 당시에 성행하던 시신에 대한 공경을 강력히 비난하고 있으며(109), 일반적으로 믿어졌던 사후 세계와는 다른 것을 생각하고 있었던 것으로 보인다(108). 당시에 일반적으로 수용되던 사후세계에 대한 관념은 하데스에 대한 믿음과 직접적으로 관련된다. 그 믿음에 따르면, 인간은 죽은 이후에 지하의 하데스로 가서 기력없고 앞못보는 상태로 살아간다. 지금의 우리들과 마찬가지로 당시의 희랍인들 또한 죽음 이후에 인간의 존재가 완전히 소멸하여 무로 돌아간다고 생각하지 않았으며, 비록 그것이 하데스에서의 비참한 삶을 의미한다고 하더라도 사후의 생존을 보장받기를 바랐다. 이러한 하데스에 대한 믿음 이외에도 당시에 급속히 번져가던 윤회에 대한 믿음도 죽음에 대한 인간들의 두려움을 달래주는 믿음 체계로서 널리 받아들여지고 있었다.

헤라클레이토스 자신이 죽음에 대해서 당시에 일반적으로 받아들여지던 믿음 체계들을 얼마나 수용했는지는 남아 있는 단편들을 통해 결정하기 힘들다. 어떤 단편들은 하데스에 대한 직접적인 언급들을 담고 있거나 아니면 그것을 암시하는 전통적인 모티브들을 사용하고 있지만(110, 113), 그가 이것을 자신의 사상에 어떤 식으로 수용하고 있는지 여부는 불확실하다. 또한 그가 비록 만물의 순환을 말하고 있다 할지라도 오르페우스나 피타고라스의 윤회사상과는 큰 차이를 보이고 있다. 그에게서 윤회사상의 모티브를 발견할 수 있다고 하더라도 그 윤회는 불멸하는 영혼이 계속해서 새로운 육신을 바꾸어 갈아입는 방식이 아니라 영혼 자체가 소멸하고 새로운 것으로 생성되는 것을 말한다(102).

헤라클레이토스는 인간의 삶과 죽음을 사물의 생성과 소멸에 다름 아닌 것으로 생각했던 것으로 보이며 현실세계와 다른 어떤 내세를 상정한 것으로 보이지는 않는다. 대부분의 인간들의 혼은 죽음과 동시에 다른 원소, 가령 물로 변화되며, 또한 후손을 통해서 자신의 몫을 이어가고자 한다(115). 반면에 가장 현명하고 뛰어난 자에게는 더 큰 몫이 부여되며(111) 신들과 인간들의 존경을 받고(112) 가사자들로부터의 영속하는 영예를 얻게 된다(114). 하지만 그가 얻게 되는 몫이나 영예가 어떠한 것이며, 그것이 특히 그의 우주론과 어떻게 조화를 이룰 수 있는지는 여전히 해석의 문제로 남아 있다. 또한 그가 죽음과 삶을 동일한 것으로 생각하고 있으며(116), 잠든 상태와 깨어 있는 상태에 비유해서 말하는 듯 하지만(117, 118) 이것 역시 해석하기 까다로운 부분 중 하나이다. 분명히 말할 수 있는 것은 그 이전의 밀레토스 자연학이 다루지 않았으며 단지 서사시인들이 신화를 통해 표현했던 삶과 죽음의 문제를 헤라클레이토스가 본격적으로 다루고자 했으며, 나아가 자신의 사상 전체의 중심적인 과제 중 하나로 생각했다는 점이다.

앞서 말했듯이 헤라클레이토스의 생애에 관해서 우리가 알 수 있는 부분은 극히 제한되어 있다. 다소 신뢰성이 떨어지기는 하지만 그가 에페소스의 입법요청을 거부했다는 일화는 그가 현실의 정치에 적극적으로 참여하지는 않았다는 암시를 준다. 하지만 그렇다고 그가 정치에 대해서 전혀 관심을 보이지 않았던 것은 아니다. 단편의 여러 곳에서 볼 수 있듯이 그는 다수의 대중에 의해서 지배되는 민주주의 체제에 대해서 심한 혐오감을 가졌던 것으로 보이며(122), 이는 소수의 사람들을 선호한 것을 통해서도 분명하게 드러난다(120, 121). 하지만 123을 통해서 볼 수 있듯이 소수의 부유한 자들에 의한 통치를 정당화하려고 하지도 않는다. 비록 이상적인 정치 체제에 대해서 직접 언급하지는 않더라도 그는 모든 도시가 공통의 것에 기반을 두고 그것을 수호해야만 한다고 말하고 있으며, 그것이 민의에 의해서 형성되었건 뛰어난 한 사람에 의해서 제정되었건 간에 도시의 법률은 그러한 공통의 것에 기반을 두고 있어야만 한다고 말한다(34, 121, 124).

헤라클레이토스는 희랍의 윤리 사상에도 근본적인 혁신을 가져왔다. 그는 이전의 밀레토스 자연학이 거의 관심을 보이지 않았던 윤리적인 내용들을 그의 사상의 중심적인 주제로 부각시켰으며, 동시에 이전의 윤리학이 생각하지 못했던 철학적인 성찰을 담아내고 있다. 그 당시나 그 이전에 지배적이었던 윤리적인 흐름은 크게 호메로스적인 전통과 현인 전통으로 나누어볼 수 있다. 호메로스에게서 탁월한 인간이 지녀야 할 자질은 신체적인 뛰어남, 언변을 통해서 드러나는 실천적인 지혜, 그리고 좋은 가문이나 막대한 부의 소유 등이었다. 그리고 한 개인에게는 자신의 뛰어난 자질을 경쟁(agōn)에서 잘 발휘하여 공동체의 다른 구성원들로부터 영예를 획득하는 것이 윤리적인 미덕이었다. 육보격의 서사시는 바로 이러한 영웅적인 윤리를 그려내는 데 적합한 웅장함을 지니고 있다. 반면에 계급 간의 갈등이 격화되기 시작한 이후에 등장한 현인들의 가르침은 조화와 단결에 초점을 맞춘 공동체의 윤리이며, 이를 위해서 절제와 신중함이 중요한 덕목으로 떠오른다. 그들이 짧고 외우기 쉬운 경구를 통해 이러한 덕목을 전달한 것은 윤리가 이제 영웅들의 세계에서 내려와 대중들이 공동체 속에서 조화롭게 살아가기 위한 실천적인 언명들을 담아내기 시작하고 있음을 보여준다.

헤라클레이토스의 수많은 단편이 경구의 형식을 따른다는 사실로 미루어볼 때, 그가 당시의 현인 전통의 영향을 강하게 받았음을 짐작할 수 있다. 반면에 그의 윤리적인 언명들은 대중들의 삶을 위한 실용적인 지혜를 전해주는 차원을 넘어서고 있으며 이 점에서 그의 윤리가 마치 서사시의 영웅들처럼 뛰어난 자들을 위한 것으로서 제시되고 있는 것은 새삼스럽지 않다(114). 하지만 이제 그 영웅들은 더 이상 전쟁터에서 자신의 뛰어남을 증명한 자가 아닌, 만물이 도처에서 매순간 전쟁을 치르고 있음을 깨닫는 자이다. 다시 말해 그는 깨달음이라는 계기를 윤리학의 중심적인 요소로 도입하고 있으며, 그 깨달음은 우주와 인간에 관한 깊은 사색을 통해서 로고스를 파악하고 그것에 따라서 살아가는 것을 의미한다.

헤라클레이토스 이후에 윤리학은 더 이상 대중들을 위한 실천적인 구호에 머무를 수가 없게 되었으며 우주론이나 인식론과 불가분의 관련성을 맺게 된다. 그는 우주에 대한 앎과 인간의 삶을 하나의 것으로 파악한다. 그에게서 인간의 윤리적 행위와 유리된 앎은 존재하지 않으며 앎과 분리된 윤리적 행위는 불가능하다. 우주의 원리를 파악하고 그에 따라서 살아간다는 생각은 헤라클레이토스 이전에는 찾기 힘들다. 그에게서 자연의 영역과 인간의 영역은 분리되지 않으며, 앎이야말로 이 두 영역을 매개해 주는 동시에 인간의 가장 탁월한 덕이 된다.

08 PARMENIDES
파르메니데스

파르메니데스는 이오니아의 포카이아인들이 페르시아에 의해 정복된 후 남부 이탈리아에 새로 개척한 도시 엘레아에서 이주민 2세로 태어났다. 전통적인 연대기 서술(본문 1번)은 그의 출생 연대를 엘레아가 세워진 540년 전후로 상정하였지만, 이런 문제에 있어서 통상은 정확성이 떨어지는, 그래서 이 사안에서는 오히려 더 신빙성 있어 보이는 플라톤의 언급(본문 2번)을 따라 기원전 515년 전후로 추측하는 것이 무난하다고 할 수 있다. 부유한 귀족 출신이고(본문 4번), 엘레아의 입법에 관여했으며(본문 6번), 매년 취임하는 공직자들이 그가 만든 법을 준수하겠다는 서약을 했다는 기록(플루타르코스 『콜로테스에 대한 반박』 1126a: DK 28A12)이 있는 것으로 보아, 그는 단지 사변적 사상가로만 산 사람이 아니라 당대인들의 실제 삶에도 실질적인 영향을 미치면서 존경받은 인물이었던 것 같다.

흔히 크세노파네스의 제자였다고 이야기되지만 피타고라스 학파와의 관련을 더 중시하는 전승도 있다(본문 4번과 5번). 이오니아에서 시작된 철학이 그것과는 다른 방식으로 이탈리아 반도에서 펼쳐졌고 그 새로운 흐름이 바로 이 두 부류라는 점에서 두 가지 전승 다 나름대로 일리는 있다 할 수 있겠는데, 어떤 방식의 영향이 파르메니데스 저작에 들어 있는지는 여전히 논란거리로 남아 있다. 그에게 영향을 주었을 만한 또 한 사람이 바로 이오니아에서 활동한 헤라클레이토스인데, 파르메니데스가 먼저 활동했다고 생각하는 사람들도 물론 없지는 않았지만, 이제는 대체로 헤라클레이토스가 먼저이고 파르메니데스 철학은 그의 철학에 대한 대응의 측면을 포함하고 있다는 방향으로 논란이 정리되어 있다.

엘레아의 철학자 파르메니데스는, 단지 시간상으로만이 아니라 중요성의 정도에 있어서도, 그야말로 초기 희랍 철학사의 한가운데 우뚝 서 있는 철학자라고 해도 별 손색과 이견이 없다. 이오니아에서 시작한 초기 희랍 철학사는 파르메니데스에 와서 일대 도전과 전환을 맞게 되고, 그리하여 이후 희랍 철학사 및 서양 철학사는 길게 드리운 파르메니데스의 그늘 아래에서 펼쳐지게 된다. 서양 철학사가 플라톤 철학에 대한 일련의 주석이라고 한 어느 철학자의 말이 크게 무리 있는 평이 아니라 한다면, 비슷한 시각에서 바로 그 플라톤 철학이 파르메니데스 철학에 대한 일련의 주석이라고 해도 좋을 것이다.

철학자들이나 철학사가들이 파르메니데스에 대한 이런 평가에 대체로 공감하는 것은 희랍 철학사에서 파르메니데스 철학이 내용과 형식 두 측면에서 일대 진전을 이루어냈다고 말할 수 있기 때문이다. 우선 내용의 측면에서 파르메니데스 철학은 이전 철학자들의 자연 설명에 대한 비판적 평가를 토대로 자연/실재에 대한 진정한 접근 방식이 무엇인가를 물으면서, 자연/실재에 대한 설명의 기준과 원리를 제시하고 있다. 자연 세계의 아르케(archē : 근원), 즉 기원 내지 구성 원리에 대한 물음과 대답이 이전 철학자들의 주 관심사였다면, 파르메니데스의 철학적 기획은 그 물음과 대답 자체가 어떤 의의와 한계를 지니는지를 반성하는 데서 출발했다. 그런 반성의 산물이 바로 그의 형이상학과 자연학이다. 진짜로 있는 것(to eon)을 화두로 삼아 전개되는 진리(Alētheia)편의 존재론이 그의 형이상학적 사변의 산물이라면, 불(빛)과 밤이라는 두 원리를 기초로 삼고 전개되는 의견(Doxa)편의 우주론 내지 우주 생성론은 그의 자연학적 사변의 산물이라 할 수 있다.

내용상의 이런 혁신은 형식상의 진전과 병행하여 이루어지고 있다. 사실 앞선 철학자들의 담론에는 주장이 있고 가르침이 있지만, 그것에 대해 이유를 대고 정당화하는 논변(argument)이 완벽한 모습으로 들어 있다고 말하기는 어렵다. 그런 상황에서 논변을 철학의 방법으로 확립시킨 철학자가 바로 이 사람이고, 그의 현존 저작에는 서양 지성사에서 최초로 완전한 논변의 모습을 갖춘 논의가 들어 있다.

그러기에 우리는 철학다운 철학이 본격적으로 시작된 것은 바로 파르메니데스에서부터라고까지 말하게 되는 것이다.

그런데 여기서 우리가 주의할 점이 하나 있다. 우리가 파르메니데스에 대해 말할 때 무엇보다도 특이하다고 할 만한 것은, 이제까지 말한 바와 같은 파르메니데스 철학의 위상과 중요성에 대한 공감의 크기가 그의 실제 저작에 대한 이해나 공감의 크기와 비례하지 않는다는 점이다. 물론 보는 사람의 입장에 따라 얼마든지 서로 다른 시각에서 한 철학자를 이해, 평가할 수 있고, 그런 일은 철학사에서 흔한 일이다. 그러나 파르메니데스에게서 특이한 점은 그의 저작에 대한 이해가 천차만별임에도 불구하고 그의 철학의 중요성과 위대성에 대해서는 고대에만이 아니라 이후 오늘날에 이르기까지도 거의 모든 철학사가나 철학자들이 공감하고 있다는 점이다.

파르메니데스 연구가 다른 초기 희랍 철학자들의 경우와 구별되는 또 다른 점은 그의 저작이 비교적 잘 보존되어 있다는 점이다. 그의 저작은 호메로스적 운율로 만들어진 서사시의 모습을 띠고 있는데, 그 가운데 대략 150여 개의 시행이 우리에게 남아 있다(본문 7번부터 27번까지). 저작의 핵심 부분이라고 널리 동의되는 진리편은 소실된 부분이 미미할 것으로 추정되고 있으며, 서론 노릇을 한다고 할 수 있는 서시도 온전히 남아 있다. 많은 논란의 대상인 의견편만이 상당 부분 소실되어 학자들의 상상력을 자극할 뿐이다. (어쩔 수 없이 우리는 여러 간접 전승들에 의존하여 의견편의 원래 모습을 짐작할 수밖에 없다. 간접 전승들 가운데 일부가 본문에 소개되어 있는데, 본문 28-34번까지는 의견편에서 개진되는 그의 자연학적 성찰이 그의 철학 내에서 갖는 위상에 관련된 부분이고, 본문 42~58번까지는 의견편의 세부 내용에 관련된 부분이다.) 이렇게 다른 초기 희랍 철학자들의 경우에 비해 상대적으로 보존 상태가 좋음에도 불구하고 그의 텍스트는 아주 다양한 방식으로 읽혀왔고, 심지어 같은 구절들을 토대로 상반되기까지 한 그림들이 제시되는 것이 다반사였다. 200여 년 지속된 현대 파르메니데스 연구는 초기 희랍 철학 가운데서도 가장 논란이 많은 부분에 속한다고 할 수 있다.

그의 저작에는 다른 초기 희랍 철학자들에서와 마찬가지로 '자연에 관하여(peri physeōs)'라는 표제가 붙어 있다. 이 표제를 그 자신이 붙였다고 생각하는 사람들(예컨대 본문 32번의 심플리키오스 같은 사람)도 없지는 않지만, 그것에 반대할 뿐만 아니라 심지어 그 표제의 정당성까지도 의심하는 이들이 많다. '자연(physis)'이라는 용어가 불변의 본성이라는 측면과 더불어 생성, 성장, 운동, 변화 등의 측면을 함께 포함하고 있어 그의 저작 전체를 포괄하기 어렵다는 생각 때문이다. 파르메니데스를 '자연 부정론자(aphysikos)' 또는 '무우주론자(acosmist)'로 보는 아리스토텔레스 등의 전승(본문 30번과 31번)이 바로 이런 정신에서 나왔다. 그렇지만 적어도 그의 저작 제2부 즉 의견편에 대해서는 이런 표제가 부당하다고 말하기는 어렵고, 현대 다수 학자들의 견해와 달리 고대에는 의견편 교설이 파르메니데스 자신의 것이라는 생각이 널리 공유되어 있었던 것도 간과할 수 없는 대목이다. 그런 정신에서 파생된 것이 그를 '자연 탐구자(physikos, physiologos)'로 보는 플루타르코스나 심플리키오스 등의 전승(본문 28, 29, 32, 33, 46번 등)이다. 이렇듯 자연에 관한 그의 태도가 어떠했는가에 관해서는 이미 고대에서부터 격렬한 논란이 있어 왔고 오늘날에도 이 문제가 그의 철학을 이해하는 데 있어 핵심적인 사안이지만, 파르메니데스 이후 고대의 어느 시기부터 그의 저작이 '자연에 관하여'라는 표제로 불렸다는 것만큼은 의심할 수 없는 사실인 것 같다.

이미 언급한 것처럼 그의 저작은 크게 세 부분으로 나뉘는데, 각각 '서시', '진리편', '의견편'이라 불린다. 각 구절들 하나하나가 논란에 열려 있지만, 비교적 논란의 여지가 적은 방식으로 내용을 요약하면 다음과 같다.

서시(단편 1)는 파르메니데스가 익명의 여신을 만나러 가는 '길'(여행)을 서사시적 방식으로 묘사하고 있다. 너울을 걷어붙이고 밤의 집에서 빛으로 온 태양의 딸들이 길잡이 역할을 하고 암말들이 끄는 마차를 탄 상태에서, 시인은 자기 충동이 이끄는 대로 길을 간다. 마차 양쪽 바퀴의 축은 빛과 소리를 내면서 시인을 날라주고, 일행은 결국 밤과 낮의 길에 놓여 있는 에테르의 문에 이른다. 그 문을 지키는 디케(정의) 여신에게 문을 열어달라고 처녀들(즉 태양의 딸들)이 부드러운 말로 설득하고, 곧 디케는 빗장을 밀어내어 문을 열어주게 되며, 일행은 문짝의 쩍 벌어진 틈을 가로질러 큰 마찻길로 들어선다. 그리하여 시인은 이름 모르는 여신을 만나 환대를 받고, 여신에게서 가르침을 받게 된다. 여신은 시인이 지나온 '길'(여행)의 성격을 규정하면서 앞으로 배우게 될 내용이 무엇인지 이야기해 준다. 그녀는 시인이 배우게 될 내용을 '두 길'로서 제시한다.

여신이 설파하는 본격적인 내용 즉 '두 길'은 크게 진리편(단편 2부터 단편 8.49까지)과 의견편(단편 8.50부터 단편 19까지)으로 나뉜다. 진리편의 서두(단편 2)에서 여신은 앎을 향한 탐구의 길로서 '두 길'을 제시한다. '있다'(또는 '...이다' : esti)라는 길과 '있지 않다'(또는 '...이지 않다' : ouk esti)라는 길(여기서 우리는 이 탐구의 '두 길'이 여신이 서시에서 말한 배움의 '두 길'과 다르다는 점에 주의할 필요가 있다). 곧 그녀는 후자를 배울 수 없는 길로 기각하게 되고, 이후 단편 7까지의 내용은 확고한 앎을 가능하게 하는 길로서 '있다'라는 길만 성립한다는 논점을 확립하는 내용을 골자로 하고 있다. 그런데 단편 6과 단편 7에서 이 두 길을 혼동하는 '가사자(可死者)의 길'이 제시되고 기각된다. 핵심 단편으로 간주되는 단편 8은 유일하게 남은 '있다'는 길에 관한 논의이다. 확실한 앎의 대상인 있는 것은 불생불멸하며 온전한 한 덩어리이고 부동이며 완전하다는 것을 '표지'(즉 특징)로 갖고 있다는 것이 주장되고, 각 표지를 정당화하는 논변들이 이루어진다. 이 논변들의 끝자락에 이 논변들을 아우르면서, 있는 것을 완벽하게 둥근 공의 덩어리에 비유하는 것으로, 있는 것에 관한 논의가 마무리된다.

진리편 논의를 마감하면서 여신은 이제 자기 이야기의 '기만적인 질서'를 들면서 가사자들의 의견을 배우라고 명한다. 가사자들의 그 어떤 견해도 따라잡지 못할 만큼 '그럴듯한' 설명으로 제시되는 이 우주론은 두 형태, 즉 불(빛)과 밤을 원리로 놓는 자연 설명이라는 점이 단편 8의 후반부와 단편 9에서 얼개로 제시되고, 단편 10과 단편 11에서는 앞으로 개진될 우주론이 다룰 항목들이 열거된다. 이후 단편 18까지 각 분야별 설명(우주 그림과 다이몬의 역할, 에로스의 탄생, 달의 작용, 지구의 성격, 가사자의 사유에 관한 이론, 남녀의 발생과 결합 등)이 제시되고, 단편 19에서 이런 생멸이 끝없이 되풀이됨을 언급하는 것으로 마무리된다. 의견편의 자연 설명에서 특기할 만한 것은 '달리 됨'과 '나뉨'에 주로 의존했던 이오니아적 설명에는 빠져 있던 '섞임'이 논의선상에 올라와 있고, 이것이 이후 '다원론자'들에 의해 집중적으로 조명된다는 점이다. 우리에게 전해지지 않은 부분들까지 접했을 것이 분명한 플루타르코스의 전승(본문 46번)에 따르면, 파르메니데스의 의견편에는 자연학적 저술이 담게 마련인 주요 내용들이 모두 포괄되었던 것으로 전해진다.

그의 철학 단편을 이해하는 데 쟁점이 되는 주된 문제들을 중요성이 인정되는 정도에 따라 열거하면 대략 다음과 같다. 각각은 앞의 문제들에 의존한다.

1) 진리편의 '있다'(또는 '...이다')의 의미와 주어, '있는 것(to eon)'의 성격
2) 진리편에서 언급된 길의 수와 의미, 길들 간의 관계
3) 의견편의 내용과 위상, 결국 그것의 진리편과의 관계
4) 파르메니데스 철학과 이전, 이후 사상의 연관
5) 서시의 의미와 역할

각 문제들 하나하나에 구체적으로 살을 붙이는 것은 이 자리에서 할 만한 일이 아니며, 독자들의 몫으로 남긴다(파르메니데스 철학에 관해 좀더 자세히 살펴보고자 하는 독자들을 위해 국내와 서양의 대표적인 이차 문헌들을 권말 「참고 문헌」의 '파르메니데스' 항목에 제시하였다). 그저 다음과 같은 점만 덧붙이기로 한다. 그는 논변의 전통을 확립한 사람이면서 동시에 시로 철학한 사람이다. 다시 말해 그에게 와서 이루어지는, 논변이라는 철학 전통의 확립은 다른 한편으로 시 전통, 특히 서사시 전통과의 긴밀한 연결 고리를 갖고 이루어진다. 그는 앞선 철학 전통과 시 전통을 일면 계승하면서 동시에 철저한 혁신을 시도하고 있다. 이후 철학의 전개도 크게 두 방향으로

나뉜다. 그의 직계 제자들을 중심으로 한 이른바 '엘레아 학파'가 그의 논변적 정신과 '하나의 있는 것'을 옹호하는 데 주력했다면, 이들과 대척점에 서 있는 '다원론자들'과 '원자론자들'은 변화, 운동하는 여럿을 적절한 원리로 일관되게 설명하겠다는 이오니아적 정신을 살리는 방안을 강구했다. 달리 말하면, 전자 그룹은 그의 혁신적 측면을, 그리고 후자 그룹은 그의 전통적 측면을 각각 발전시켜 가게 되는 것이다.

09 ZENON
제논

　　제논은 엘레아 출신으로 파르메니데스의 수제자로 알려져 있다. 플라톤이 『파르메니데스』에서 하는 증언에 따르면, 대략 기원전 449년경에 아테네에서 소크라테스, 파르메니데스, 제논 세 사람이 만났다고 한다. 실질적으로 파르메니데스와 제논의 출생에 관한 한 고대 최초이자 유일한 증언일 이 플라톤의 증언을 신뢰한다면 대화편에 등장하는 인물들의 당시 나이를 미루어 제논의 출생년도를 대략 기원전 489년경으로 잡을 수 있다. 이 연도는 아폴로도로스가 보는 제논의 40세 시절의 연도인 기원전 464-460년과는 차이가 많이 난다. 그러나 아폴로도로스의 증언은 스승과 제자 사이는 무조건 40년, 전성기는 무조건 40세로 잡기 때문에 신빙성이 떨어진다. 따라서 플라톤의 대화편 장면이 실제로 일어난 일인가에 대해서는 논란이 있지만 플라톤이 굳이 없었던 사실까지 꾸며대지는 않았으리라는 추정하에 플라톤의 증언이 한결 신빙성이 있다고 받아들여진다.

제논의 출생에 대한 유일한 증언이다시피 한 것이 사실 여부의 확
인이 곤란한 플라톤의 대화편 속의 설정인 것에서 알 수 있듯이, 제
논의 일생에 대하여 알려진 바는 거의 없다. 그의 죽음에 관해서는
기원후 10세기 말엽 완성된 일종의 백과사전인 『수다』에 간략히 전
해진 것이 전부다. 『수다』에 따르면, 제논은 엘레아의 참주 네아르코
스(또는 디오메돈)의 축출을 모의하다 발각돼 심문받던 중 자신의 혀
를 스스로 끊어 그 참주에게 뱉어서 맷돌에 으깨어져 죽었다고 한다.

그가 쓴 저술의 제목으로 전하는 몇 가지가 있지만 그다지 믿을 만
하지는 못하다. 다만 직접 또는 간접적으로 오늘날 우리에게 전하는
제논의 역설들이 실렸으리라 추정되는 저술에 관해서는 몇 가지 추
측이 있다. 제논의 역설 중에는 '만일 여럿이 있다면'이라는 가설로
시작되는 역설들이 있는데, 이것들은 '있는 것이 여럿인 세계'가 성
립할 수 없음을 입증하려 한다. 이 역설들은 플라톤이 『파르메니데
스』에서 밝히고 있듯이 제논 자신의 논증 형태가 그대로 직접 인용된
것들로 보인다. 하지만 '운동의 역설'이라고 이름붙은 제논의 네 가
지 역설은 '운동'이 불가능함을 입증하려는 것으로, 아리스토텔레스
가 전하는 것이지만 제논 자신의 논증 형태를 그대로 살려서 인용한
것으로는 보이지 않는다. 이 두 종류의 역설은 모두 우리 상식에서
벗어나는 결론을 받아들이게 한다는 점에서 역설적이지만 그 형태나
직접적인 논박의 대상이 다르다. 따라서 이 두 가지 다른 형태의 역

설들은 각기 다른 책에 실렸으리라는 추측이 있다. 즉 제논이 적어도 두 종류 이상의 저술을 했으리라는 추측이다. 이런 추측은 '만약 여럿이 있다면'이라는 형태의 논증들이 담겨 있는 제논의 저술이 있다는 플라톤의 증언이 『파르메니데스』에 담겨 있기 때문에 성립한다. 그러나 플라톤의 증언을 의심하고, 제논의 한 권의 저술에 '여럿의 세계'뿐 아니라, '운동'을 부정하는 논증들도 같이 담겨 있었으리라는 추측도 가능하다. 거꾸로 플라톤이 아니라 아리스토텔레스가 간접적으로 전하는 제논의 역설들의 본래 형태가 플라톤이 전하는 '만약 여럿이 있다면'의 형태였으리라는 추측도 있다. 예컨대 유명한 아킬레우스의 역설은 본래 "만약 여럿이 있다면 하나는 다른 하나보다 더 느리면서 더 빠르다"란 형태였으리라는 추측이다(KRS, p.265).

역설의 형태와 관련해서 저술의 문제와는 별도로 제논의 역설의 목적에 관한 논란이 있다. 플라톤의 『파르메니데스』에 따르면, 제논은 파르메니데스의 주장을 변호하기 위해서 자신의 역설들을 만들었다. 파르메니데스의 주장에 반대해서 있는 것이 하나라면 많은 우스운 결과를 야기한다고 주장하는 사람들에 대항하기 위해서 이와 같은 역설들을 만들었다는 말이다. 제논은 이 목적을 수행하기 위해서 역으로 여럿을 주장하는 사람들을 논박하여, 있는 것들은 여럿이라는 그들의 가정이 있는 것은 하나라는 가정보다 훨씬 더 우스운 결과를 초래할 것임을 밝혀보이려 했다고 플라톤은 『파르메니데스』에서 전하고 있다. 이렇게 논증의 상대방을 설정하고, 귀류법을 사용해 상대방의 전제가 모순에 부딪혀서 더 이상 유지될 수 없음을 보이는 제논의 논증 방법을 보고 아리스토텔레스는 제논을 변증술의 창시자라 하였다.

그런데 플라톤이 전하는 제논의 목적에 대한 반대 의견이 고대에서부터 전한다. 에우데모스로부터 촉발된 듯한 이 논쟁을 반즈가 정리해서 다시 제기한다. 반즈에 따르면 남아 있는 제논의 논법은 전형적인 귀류법 형식이 아니다. 제대로 된 귀류법이 되려면 처음에 출발한 전제가 불합리한 결론을 도출함을 보이고 그 다음에 전제가 거짓임을 밝혀야 한다. 그러나 남아 있는 제논의 논증에는 이 마지막 끝내기 한 수가 보이지 않는다. 이런 이유로 반즈는 제논의 논증이 귀류법이 아니라 에우데모스의 증언처럼 양도논법으로 이루어진 것으로서, 다원론뿐만 아니라 파르메니데스의 일원론마저 공격의 목표로 삼고 있다고 말한다. 다시 말해 제논은 일원론자가 아니라 부정론자(nihilist)라는 것이 반즈의 생각이다(Barnes, 1982, vol.1, p.236).

하지만 논증의 목적이 무엇이냐와 무관하게 제논의 역설들은 플라톤의 증언대로라면 본의 아니게 대중에게 알려진 이래 현대에 이르기까지 무수한 찬반격론을 불러일으켰다. 그의 논변들을 그저 솜씨 좋은 자의 궤변에 불과하다고 치부하는 사람들에서부터 정교하면서도 심오한 논변이라는 평가에 이르기까지 다종다양하다. 이런 엇갈린 평가에도 불구하고 제논이 실제로 역사적으로 수행해 온 역할은 그를 주목할 만한 철학자로 보기에 손색이 없다. 그의 역설들로 인해 아리스토텔레스는 무한 및 그와 관련된 개념들에 대한 자신의 생각을 예리하게 다듬을 수 있었다. 또한 제논은 자신 이후의 자연철학자들로 하여금 물질의 최소 크기에 관한 주제에 민감할 수밖에 없도록 만들었다. 제논의 논증 방식은 두 가지의 유산을 남겼다. 한편으로는 "여럿이 있다면 그것들은 닮은 것이면서 닮지 않은 것들일 수밖에 없다"와 같이 한 가지 주제의 양 측면에서 논증을 구성하는 방식은 프로타고라스가 받아들여서 5세기의 소피스테스들의 가장 악명높은 무기가 되었다. 다른 한편으로 그의 추상적인 논증 방법들을 뒤따른 흔적이 5세기의 몇몇 문헌에 남아 있으며, 플라톤은 그 영향을 받아 『파르메니데스』의 지극히 추상적인 논의를 전개했다. 마지막으로 그의 역설들 중에서도 운동과 관련된 역설들은 시간, 공간, 운동에 대하여 생각하는 방식에 대하여 주목하도록 사람들을 재촉하였고, 제논의 결론을 받아들이거나 반박하도록 몰아붙였다. 특히 20세기 들어 이 같은 역설들은 수학자와 철학자 들 사이에서 공간·시간·무한에 관한 숱한 논쟁을 불러일으켰다.

10 MELISSOS
멜리소스

멜리소스는 제논과 달리 엘레아 출신이 아니면서도 제논과 더불어 파르메니데스 이후의 엘레아학파를 대변하는 인물이다. 그가 사모스와 아테네의 전쟁 당시 페리클레스를 상대로 한 해전에서 두 차례나 승리를 거둔 장군이었다는 증언(플루타르코스, DK30A3)으로 볼 때, 페리클레스를 상대로 거둔 두번째 해전 당시인 기원전 441년에 이른바 전성기였을 것으로 보인다. 이를 제논이 기원전 449년 전후에 40세의 나이로 아테네에 들렀다는 플라톤의 말과 비교해 볼 때, 제논과 멜리소스는 비슷한 연배였거나 멜리소스가 다소 어렸을 듯하다. 제논과 마찬가지로 그의 생애에 대한 기록은 거의 없으며, 그가 아낙사고라스와 교류했으며, 그의 저술이 『자연에 관하여 혹은 있는 것에 관하여』라는 제목이었다는 기록 정도가 남아 있다. 그 밖에 그의 사상에 관해서는 아리스토텔레스를 모방한 위서로 보이는 『멜리소스,

크세노파네스, 고르기아스에 관하여』에 비교적 소상히 해설되어 있다.

멜리소스는 스승 파르메니데스나 제논에 비해 상대적으로 철학사에서 폄하되어 왔는데, 이는 그의 생각이 '세련되지 못하다'거나 '정교함이 결여되어 있다'라고 아리스토텔레스가 평가한 데 대체로 기인하는 듯하다. 하지만 이런 생각은 최근의 학자들의 연구에 의해 반박되어 왔으며, 멜리소스는 엘레아학파의 철학을 답습한 아마추어 철학자가 아니라 나름의 철학을 정립한 철학자로 평가받기도 한다.

철학사를 통해 멜리소스를 평가할 때 가장 곤란한 점은 멜리소스와 원자론자들 사이의 관계다. 멜리소스의 저작의 저술 연도에 대한 확실한 전승이 없기 때문에 이 저술이 원자론자 이전에 나온 것인지, 이후에 나온 것인지를 파악하기 어렵다. 하지만 멜리소스의 저술이 원자론과 밀접한 연관을 맺고 있음은 분명하다. 이전에 나왔다면 원자론은 멜리소스의 다원론 논박에 대한 대응의 성격을 갖추고 있으리라 볼 수 있고, 이후에 나왔다면 멜리소스의 저술은 원자론에 대한 비판을 함의하고 있다고 보아야 할 것이다.

앞에서 밝힌 멜리소스에 대한 아리스토텔레스의 낮은 평가는 "파르메니데스는 정의(logos)의 측면에서 하나인 것에 매달린 듯하고, 반면에 멜리소스는 질료의 측면에서 하나인 것에 매달린 듯하다" (DK21A30)는 자신의 판단에 따른 결과인 듯하다. 하지만 이런 평가는 사실 다른 측면에서 이해되어야 한다. 파르메니데스는 정의의 측면에서 하나의 특성을 밝혀나간 것이 사실이지만 멜리소스는 질료의 측면을 긍정적으로 보아 하나를 규정한 것은 아니기 때문이다. 그보다는 제논과 같이 멜리소스는 파르메니데스의 하나를 질료의 측면에서 이해해서 세계를 설명하려는 다원론자들을 공격하고자 했기 때문에 질료의 측면에 중점을 둔 것으로 보아야 할 것이다.

11 EMPEDOKLES
엠페도클레스

엠페도클레스는 아크라가스 출신으로 그의 생존 연대를 확실하게는 결정할 수 없다. 그가 60세 가량 살았음은 아리스토텔레스를 통해서 알 수 있다. 아폴로도로스는 84번째 올림피아기인 기원전 444-1년을 그의 전성기로 보며 그가 기원전 444-5년에 투리오이를 방문했다고 전한다. 아낙사고라스가 기원전 500년에 태어났고 고르기아스가 기원전 485년에 태어났음을 받아들이고, 고르기아스가 엠페도클레스의 제자였고 엠페도클레스는 아낙사고라스보다 젊었지만 아주 젊은 것은 아니라는 전거를 받아들이면, 그의 생존 연대는 대략 기원전 495(2)-435(2)년이다.

엠페도클레스가 태어난 아크라가스가 위치한 섬은 대지(大地) 제의의 고향으로서 여신 데메테르를 숭배했으며, 이후 엘레우시스교뿐만 아니라 남부 이탈리아에서는 오르페우스교 및 피타고라스주의의 영향이 강했던 지역이다. 엠페도클레스의 어린 시절에 아크라가스는 참주 테론의 통치 아래 있었다. 테론이 죽은 후 민주주의는 쇠퇴했고 당시의 정치적 격동 속에서 엠페도클레스는 지도적 역할을 맡았다. 후에 그는 민주제의 옹호자가 되었으나 그의 민주적 이상과 방법들이 많은 적을 만들어내어 결국 펠로폰네소스로 추방되어 죽었다.

엠페도클레스의 사상 형성과 관련된 배경은 두 가지이다. 먼저 엠페도클레스의 사상과 관련하여 주목할 만한 사실은 투리오이가 고대 피타고라스주의와 오르페우스교의 영향의 중심지라는 점에서 투리오이로의 여행이 그의 사상에 중대한 영향을 미쳤으리라는 점이다. 나아가 엠페도클레스는 기원전 5세기의 희랍, 곧 니체가 비극의 시대라 불렀고 희랍에서 서정시와 낭만주의의 시대로 분류되는 시대를 경험한 인물이다. 그런 만큼 그는 핀다로스의 시를 듣고 소포클레스나 에우리피데스와 같은 시대를 살았다. 다른 한편 이 시대는 프로타고라스와 소크라테스가 활동한 합리주의의 시대, 즉 희랍에서 위대한 계몽과 회의의 시대이며, 이 시대에 희랍 사상은 몇몇 주목할 만한 사상가들에 의해 새로운 세계관의 문턱을 넘어섰다. 이러한 시대적 배경으로 볼 때 피타고라스주의와 오르페우스교가 그의 사상에 미친 영향을 접어둔다면, 그는 탁월한 변론가(rhētōr)였을 뿐 아니라, 파르메니데스의 추종자이자 제자였다고 전해진다.

소크라테스라는 인물이 있기 전에는 엠페도클레스야말로 한 개인의 전기적 상황이 그의 사상 내용과 뗄 수 없이 결부된 인물 중 한 명이다. 그가 죽은 지 한 세기도 지나지 않아서 에피메니데스나 피타고라스의 전설에 못지않은 그에 대한 전설이 세상에 회자되었다. 또 그의 죽음을 둘러싼 일화나 그가 쓴 두 편의 시를 보면 도무지 일관되지 않은 기질과 두 정신세계를 지닌 기이한 인물로 보이기조차 한다. 그런 만큼 고대에서나 오늘날에도 그의 사상의 본말은 차치하고 우선 그의 인물됨을 둘러싼 다양한 평가가 있었다.

고대의 저자들 중에 그에게 거의 처음 관심을 보인 사람은 아리스토텔레스이며, 그는 『시학』에서 호메로스와 비교해서 엠페도클레스는 "시인은 못되고 자연학자(physiologos)라 일컬어야 마땅하다"고 평한다. 오늘날 몇몇 평자들이 그에게 받은 인상은 이와는 사뭇 다르다. 그는 당시의 희랍보다 훨씬 앞선 시대, 아니 차라리 '전혀 다른 세계에 산 인물'처럼 보인다. 따라서 그는 당대의 새로운 유형이라기보다 다분히 오래 된 유형의 인물로서 도즈는 『그리스인과 비이성적인 것』에서 그를 "주술사이자 자연학자이고, 시인이자 철학자이며, 변론가, 의사, 대중의 조언자 등 여전히 미분화된 역할들을 한꺼번에 떠맡은 샤먼"이라고 평가하기도 한다.

고대와 현대를 막론하고 그의 인물됨에 대한 평가가 엇갈리는 까닭은 그의 두 시가 지닌 현저히 대조적인 특징 때문이다. 『자연에 관하여(Peri Physeos)』에서 엿보이는 명민한 관찰력과 확고한 사고력의 소유자가 또한 『정화의례들(Kathamoi)』을 썼고 자신을 신이나 주술사로 자처한 것에 대해 많은 학자가 놀라움을 금치 못했다. 두 시는 서두에서부터 뚜렷한 대조를 보인다. 『자연에 관하여』는 시종일관 이오니아적인 과학적 태도와 엘레아적인 문제의식을 바탕으로 하나와 여럿, 정지와 운동, 세계주기, 세계발생론과 동물발생론, 생리학, 인식론 등 광범위한 분야에 걸쳐 육보격의 운율로 자연 세계에 관해 노래한다. 또 시는 희랍의 서사시 전통을 바탕으로 은유와 직유, 반복, 긴밀히 짜인 논변들의 교차를 통해 시의 효과를 노리는 독특한 문체로 씌어 있다.

『자연에 관하여』에서는 자연학자의 태도로 '무사 여신의 믿음직한 가르침들(pistōmata)'을 전하는 반면, 『정화의례들』에서는 치료자이자 예언가의 태도로 자신이 '진리를 알고' 있으며 자신의 말이 '복된 신들에 관한 훌륭한 말(agathos logos)'이라고 자처한다(B114, 131). 그러나 그는 추락한 영혼(daimōn)으로서 지상에 유배되었고, 그리하여 그가 겪어야 할 잔혹한 윤회의 수레바퀴에 탄식하며 피 흘림으로 심화되는 죄의 오염과 지상의 삶의 불운에 고뇌한다(B115). 마침내 그는 스스로가 대지의 삶의 고통에서 벗어나 천상의 지복의 삶으로 회귀할 것이라고 예언한다.

엠페도클레스의 『자연에 관하여』는 파르메니데스 이후 희랍철학에서 합리적이고 형이상학적인 우주론을 제시하려는 한 시도이다. 그는 파르메니데스가 진리편에서 제시한 실재의 규준들을 수용하고, 이 규준들을 만족시키는 실재들을 우주론의 토대에 놓는다. 이를 기초로 그는 생성과 소멸에 대해 파르메니데스가 가한 비판을 위반하지 않으면서 감각세계를 설명할 길을 모색한다. 이러한 우주론의 전제로서 그는 우선 있지 않은 것의 실재성을 부정하고, 있지 않은 것으로부터의 생성과 있지 않은 것으로의 소멸을 부정한다. 파르메니데스처럼 엠페도클레스에게도 실재들이 지닌 특성은 생성 소멸하지 않고 불변부동하며(akinētoi) 동질적(homoia)이다(B11-17).

그러나 그는 파르메니데스가 실재에 부여한 원칙들을 모두 수용하는 반면에 수에서는 하나가 아니라 여럿을 상정한다. 이 여럿의 실재들은 희랍 초기의 사유에서 신격화된 형태로 알려져 있던 네 가지 원질인 불, 물, 공기, 흙이다. 그는 이 네 원질을 있는 것(to eon)으로 상정하고 그것들에 각기 독립된 성질과 실체적 형태를 부여한다. 그는 네 원질에 각기 존재론적 동등성과 독립성을 부여함으로써 네 원질이 각기 성질 또는 종류에서 하나인 네 실재임을 보장하고(B17. 27-29), 변화하는 실재에 대한 이오니아적인 사유와 단호하게 선을 긋는다.

네 실재를 가리키는 데 사용한 엠페도클레스의 용어는 만물의 네 뿌리(rhizōmata)(B6. 1)와 가사적인 것들의 샘(pēgē)이다(B23. 10). 피타고라스주의가 그에게 미친 영향을 고려할 때 그가 말한 용어들은 고대 피타고라스 학파의 텍트락튀스에서 나왔을 수 있다. 또 희랍에서 4원소에 대한 생각은 엠페도클레스의 갑작스러운 영감에 따라 등장한 것이라기보다 점차적으로 도달된 것이다. 이러한 사정을 감안할 때 이 시기에 네 가지 원소를 처음 인식했던 것이 엠페도클레스인지 확실히 결정하기는 어렵다. 그러나 4원소에 대한 그의 사상의 독창성은 대체로 의심없이 받아들여진다. 아리스토텔레스에 따르면 희랍 철학에서 세계의 시원 또는 자연학의 출발점으로서 네 원소의 지위를 처음으로 분명히 한 사람은 엠페도클레스이다.

나아가 엠페도클레스는 감각세계의 모든 변화의 현상을 네 뿌리의 혼합(mixis)과 분리(diallaxis)로 환원해 설명한다. 사람들이 생성과 소멸이라 부르는 현상은 뿌리들의 혼합과 분리이다(B8, 9). 사물들의 모양과 장소 변화는 혼합 또는 분리의 결과이다(B20, 21, 23). 혼합은 여럿에서 하나가 됨(ek pleonōn hen einai)을 뜻하며 분리는 하나에서 여럿이 됨을 뜻한다. 엠페도클레스는 이러한 혼합과 분리의 원인으로서 사랑(Philotēs)과 불화(Neikos)의 두 힘을 신격화된 형태로 제시한다(B17, 26). 실재들은 본성상 운동하거나 변화하는 것이 아니라 사랑에 의해서만 결합되고 불화에 의해서만 분리된다. 엠페도클레스의 우주론은 이 점에서 다른 이오니아 물활론과 근본에서 다르다. 그가 희랍의 물활론 사상을 어느 정도 의식적으로 탈피했는지는 알 수 없다. 그러나 적어도 운동의 원인과 대상을 구분한 점에서 파르메니데스의 의견편 이후 그에 의해 물활론의 탈피가 더 멀리까지 진전되었다는 것은 의심할 수 없다.

특히 엠페도클레스의 혼합 이론은 희랍 사상에서 주목할 만한 진보 곧 질적 사고에서 양적 사고로의 전환으로 평가된다. 그에게서 원소들이 사랑에 의해 하나로 되는 혼합은 개념적으로는 두 가지로 구분된다. 그것은 원소들이 구로 되는 혼합을 뜻하며, 또 우리가 사는 세계에서 개별적인 유기체로 되는 혼합을 뜻한다(B21, 71). 개념적 구분의 근거는 구가 오직 사랑에 의해서 지지되는 만큼 분리나 반목이 없는 반면에(B27a, 36), 현세계의 유기체의 형성에서는 사랑과 불화가 공존하며 대결하는 만큼 혼합과 분리가 번갈아 행해진다는 데 있다(B22, 35).

혼합은 대부분의 화학적 혼합처럼 구성물들의 성질이 상실되는 혼합이 아니라 원소들의 성질이 그대로 유지되는 기계적 혼합이다. 유기체의 구성에서 원소들은 질적으로 변화되는 것이 아니라 양적 비례에 따라 혼합된다. 그의 혼합 이론은 처음으로 우주론에 제작(technē) 모델을 도입했다고 평가되며 이는 후에 플라톤과 아리스토텔레스, 그리고 스토아 학파에 영향을 준다.

나아가 엠페도클레스는 원소들의 혼합과 분리를 유기체뿐만 아니라 대우주에도 적용한다. 우선 그는 원소들이 사랑에 의해 하나로 되는 혼합을 순환 주기에서 구로 묘사하고, 불화에 의해 여럿으로 되는 분리를 현 세계로 상정한다. 흔히 '사랑의 구'로 언급되는 시기에는 네 가지 원소가 하나의 구를 이룰 정도로 철두철미하게 혼합된다. 불화의 힘이 배제되고 사랑이 전면적으로 작용하기 때문이다(B36). 사랑의 완전한 지배에서는 원소들의 가시적인 성질과 형태가 분간될 수 없지만 그것들은 여전히 자신의 성질과 종류를 유지한다(B27). 이러한 사랑의 혼합체는 이후 아낙사고라스가 말하는 '어떤 것도 분별되지 않는 완전히 섞인 상태'의 모델이 된다.

또 그는 하나에서 여럿으로 또 여럿에서 하나로 되는 분리와 혼합의 두 시기가 순환 속에서 거듭 교체된다고 함으로써(B17, 26), 아낙시만드로스와 헤라클레이토스에 이어 순환 사상을 우주론에 새롭게 도입한다. 흔히 우주의 '낮과 밤'에 비유되는 큰 두 시기의 교체는 세계주기의 대 교체(major alteration)로 해석된다. 이는 사랑의 지배에서 불화의 지배로 바뀌는 교체를 가리킨다. 불화가 지배하는 두번째 시기에는 사랑과 불화의 두 힘이 공존하고 서로 대결하며, 불화가 증대하는 시기와 사랑이 증대하는 두 시기로 다시 구분된다. 이 작은 두 시기의 교체는 소 교체(minor alteration)로 일컬어지며, 이 소 교체의 중간에는 불화의 힘이 커져 최고조에 달하고 네 원소가 완전히 분리되는 불화의 극점이 있다고 여겨진다. 엠페도클레스의 세계주기의 구분에는 상이한 여러 해석들이 있으나 전통적으로 그의 세계주기는 세 단계 또는 네 단계로 구분된다.

우리가 사는 세계의 자연적 구조와 인간 및 동식물의 형성은 불화의 힘이 강하게 작용하는 두번째 시기에 이루어진다(B37, 38). 그러나 이 시기에는 사랑과 불화의 두 힘이 공존하여 대결하는 만큼 혼합과 분리가 거듭 이루어지며, 그에 따라 유기체의 생성과 소멸도 혼전을 빚으며 거듭 반복된다(B22, 35). 그러나 세계주기의 구분뿐 아니라, 이른바 두 세계 설 여부를 둘러싸고 19세기 이후 상이한 해석 전통이 있으며, 그의 세계발생론과 동물발생론은 세부적인 면에서 많은 이견이 있다.

엠페도클레스에서 감각과 인식의 기본 원리는 물체의 친화성 원리로서 이는 4원소의 혼합 이론을 감각 및 인식에 적용한 것이다. 그에 의하면 모든 물체들에는 표면에 조밀하게 들어선 통로(poros)들이 있으며 원소들뿐만 아니라 원소들의 혼합체들로부터 방출물들(aporrai)이 나오는데 이것들이 자신들과 크기가 같은 통로들에 들어감으로써 감각이나 인식이 성립한다는 것이다(B89, 90–3). "우리는 흙으로써 흙을 보며, 물로써 물을, 아이테르로써 신적인 아이테르를, 불로써 파괴적인 불을 본다"(B109). 그의 이러한 인식 원리를 특히 아리스토텔레스는 '비슷한 것에 의한 비슷한 것의 인식(hē de gnōsis tou homoiou tō homoiōi)'으로 해석한다.

나아가 생각(noēma)의 장소를 심장(kardia)과 연결하는 그의 견해는 호메로스 이래 희랍의 한 전통으로서 이후 아리스토텔레스와 에피쿠로스 그리고 스토아학파에서도 그 영향을 볼 수 있다. 특히 심장이 아니라 '심장 주위의 피'를 생각이라고 본 것은 그의 새로운 사고방식이다(B105). 또 그는 "모든 것이 사려(phronēsis)를 갖고 생각의 몫을 가진다"(B110)고 함으로써 파르메니데스(B16)에 이어 "만물은 생각한다(pephronēken hapanta)"(B103)는 만물유심(萬物有心) 사상을 제시하나 자세한 전거는 남아 있지 않다.

엠페도클레스의 두번째 시『정화의례들』은 그의 윤리학과 종교 사상을 담은 단편들이다. 그러나『자연에 관하여』에 비해 이 시는 남아 있는 단편이 많지 않다. 또 그것은 이야기 대상이나 태도, 시의 문체에서 뿐만 아니라 그것이 담고 있는 사상에서 첫번째 시와 현저하게 다르다. 이런 사정 때문에 이 시는 단편들의 배치와 구분은 물론이고 해석에서도 많은 어려움을 안고 있다. 또한 엠페도클레스의 우주론과 관련해서 일관성과 통합성을 찾기도 쉽지 않다. 그의 사상적 배경과 남아 있는 단편들로 볼 때 이 시에는 고대 피타고라스주의와 오르페우스교의 영향의 흔적이 들어 있다. 또 거기에는 죄, 정화, 환생과 윤회, 금욕, 구원의 사상 등 희랍 초기부터 있었던 윤리 사상이 반영되어 있다.

우선, 시의 제목인 '카타르모이(Katharmoi)'는 일반적으로 희랍에서 정화 제의를 가리킨다. 카타르모스는 미아스마(miasma)나 뮈소스(mysos)라 불리는 오염(汚染)을 정화하는 의식이다. 오염의 원인은 죄이며, 이는 전쟁과 불화에 의해 야기된 살생이나 육식과 동물 제의에서 빚어진 살육의 결과이다. 엠페도클레스의 여러 단편(B128, 136-39)은 이러한 정화 사상을 담고 있으며, 이것이 구원과 윤회의 모티브와 밀접하게 연관되어 있다. 이는 그의 우주론이 윤리학으로 발전된 것일뿐더러 특히 우주론에서의 순환 사상이 종교적으로 각색된 것이다.

엠페도클레스의 정화 사상은 헤시오도스적인 황금시대를 바탕으로 한다. 그가 이 말을 직접 사용한 것은 아니지만 두 단편(B128, 130)은 희랍에 널리 퍼져 있던 황금시대에 대한 믿음이 그의 사상에 반영되어 있음을 암시한다. 그가 상정했음직한 황금시대는 세계발생 이전에 있었던 우주의 원 상태가 아니다. 사랑이 완전히 지배하는 시대에는 신적인 구만 있고 인간이 존재하지 않기 때문이다. 오히려 그에게 황금시대는 불화의 침입으로 구가 파괴되었으나 아직은 사랑의 힘이 강하게 유지되는 세계발생의 초기 단계로 짐작된다. 이는 전통적으로 희랍에서 단순 쾌활함과 지복의 시대가 크로노스의 시대로 여겨졌고 그에 이어 제우스와 포세이돈의 시대가 이어진다고 본 사상과는 사뭇 다르다. 그가 상정한 황금시대는 동물들과 다른 "모든 것들이 인간들에게 유순하고 온화했으며(B130)" 인간들 사이에서도 살육과 육식으로 인한 오염이 아직 없었던 시대이다(B128, 4-10).

그러나 엠페도클레스는 태초의 인간들의 황금시대가 '아낭케의 신탁'에 따라 필연적으로 막을 내린다고 역설한다(B115). 이는 자연학적으로는 순환 주기의 시간적 교체 즉 사랑이 지배하는 시기가 불화가 지배하는 시기로 필연적으로 교체됨을 의미한다. 그가 태초의 인간들과 다이몬(daimōn)을 동일시했는지는 알 수 없다. 그러나 그는 인간들의 허물(hamartia)과 불화(neikos)가 초래한 죄로 인해 다이몬에 속한 인간이 지상으로 추방되었다고 역설한다(B115). 지상으로 추방된 다이몬은 육화된 가사적인 족속으로서 투쟁과 탄식 가운데 태어나며 "살육과 원한, 죽음의 종족들로서 미혹의 들판을 헤맨다"

(B118-121, 124, 142, 145).

엠페도클레스는 추방된 자이자 떠돌이로서 다이몬이 겪는 환생과 윤회의 고통을 묘사하면서 여기에 그 자신을 포함시킨다(B115). 그리고 이러한 윤회에는 엄격한 삶의 위계가 설정된다. 이 위계에서는 식물보다는 동물이, 동물보다는 인간이 높은 위치에 있으며, 인간들 중에서도 예언자, 시인, 의사, 통치자가 높은 위치를 차지한다(B117, 127). 마지막으로 윤회의 수레에서 벗어나 천상의 다이몬으로 회귀하는 기간을 엠페도클레스는 3만 년으로 설정한다. 추방된 다이몬의 윤회와 회귀는 자연학적으로는 우주 순환의 영속적이고 필연적인 자연 법칙이다. 하지만 엠페도클레스는 이를 윤리적 차원에서 구원과 정화로 승화시킨다. 그가 요청한 정화는 다섯 개의 샘에서 청동으로 물을 퍼내는 잘 알려지지 않은 정화 제의와 관련된다(B143). 또 구원은 악을 멀리하고 월계수 잎과 콩을 금하는 오르페우스교와 피타고라스주의의 계율과 관련된다(B140, 141, 144).

그러나 엠페도클레스는 이러한 전통적인 정화 제의나 계율과 나란히 신적인 정신과 지혜를 강조함으로써 종교적 차원과는 다른 구원의 가능성을 제시한다. 그는 전통적인 신인동형적 신을 비판하고 신을 정신(phrēn)과 동일시한다(B134). 또 그는 이상적인 인간형을 제시하면서 지혜로운 일들(sophon ergon)에 정통하고 생각을 다해 '모든 있는 것들(tōn ontōn panōn)' 각각을 간파할 것을 강조한다. 이와 같이 엠페도클레스의 윤리학은 최종 지점에서 자연학의 근본 원리와 그에 대한 논변적인 인식을 환기시킨다. 그리고 인간에게 근본적인 윤리적 대립 쌍인 행복과 불행을 신적인 생각과 어두운 의견(doxa)이라는 대립쌍과 일치시키며 전자에 최고의 가치를 부여한다(B132-33).

12 필롤라오스와 기원전 5세기 피타고라스주의자들

피타고라스학파 철학자들과 관련해서는 다른 자연철학자들의 경우와 비교될 수 없을 정도로 출전에 대한 세심한 주의가 필요하다. 피타고라스나 피타고라스주의자들과 관련한 자료는 풍부하지만 상당히 과장된 내용이 대부분이기 때문이다. 피타고라스에 대해 과장된 정보가 나오기 시작한 것은 기원전 4세기 후반 무렵, 플라톤의 계승자들에 의해서였다. 이들은 플라톤의 후기 형이상학을 피타고라스에게 귀속시키는 경향을 보인다. 아리스토텔레스의 제자인 테오프라스토스도 그런 경향을 보인다. 이런 경향은 나중에 더욱 강화되어, 피타고라스를 진리의 원천처럼 추어올리고, 피타고라스 이후에 나온 모든 철학적 진리를 그에게 귀속시키는 이들이 등장한다. 이들은 자신들의 견해를 뒷받침하기 위해 피타고라스나 피타고라스주의자들의 이름을 빌린 많은 위작들을 내놓기까지 하는데, 그 대부분은 대략 기원전 150년 – 기원후 100년 사이에 쓰인 것으로 추정된다. 이러한 사정으로 인해 피타고라스주의자의 고유한 사상을 가려내기 위해서는 신빙성 있는 자료와 그렇지 않은 자료를 구분할 수 있는 기준을 마련하는 일이 더없이 중요하다.

필롤라오스는 피타고라스학파에서 『자연에 관하여』란 책을 펴낸 첫번째 인물로 간주된다. 지금은 그 책의 일부로 여겨지는 단편들 및 그 밖의 증언들만 남아 있다. 단편들 중 어떤 것이 진짜 필롤라오스의 책에 있던 것인지, 그리고 어떤 증언이 신빙성 있는 것인지에 관해서는 부분적으로 이견이 있다. 그렇지만 그것을 판별하는 큰 틀의 기준에는 대체로 의견의 일치를 보고 있다. 곧 플라톤과 아리스토텔레스의 사상을 보여주는 것은 가짜이고, 기원전 5세기의 피타고라스주의에 대한 아리스토텔레스의 설명과 일치하는 내용은 진짜로 보는 것이다. 아리스토텔레스의 설명을 기준으로 삼는 이유는 다음과 같다. 우선 그는 플라톤의 계승자들이나 테오프라스토스처럼 무리하게 피타고라스를 진리의 원천으로 보지도 않고, 피타고라스와 플라톤을 구분해 보고 있다는 것이다. 그리고 그가 피타고라스주의의 체계에 대해 상당히 자세하게 논하고 있고, 피타고라스주의자의 책을 보고서 언급하고 있음을 단적으로 알 수 있는 구절(본문 66)도 있다는 것이다. 또한 아리스토텔레스의 제자인 메논의 언급(29)을 보면 그 메논 자신이 필롤라오스의 책을 보았음을 짐작할 수 있는데, 그렇다면 그의 선생인 아리스토텔레스도 그 책을 접하기 어렵지 않았으리라는 것이다.

필롤라오스는 피타고라스 및 아르퀴타스와 더불어 피타고라스학
파에서 중심적 위치를 갖는다. 그는 소크라테스와 동시대의 철학자
로서, 기원전 470년경에 태어나서 385년경에 죽은 것으로 추정된다.
그러니까 그는 피타고라스가 태어난 지 100년 후에 태어났고, 아르
퀴타스보다는 50년쯤 앞서 태어난 셈이다. 자연철학자들과 비교하면
그는 엠페도클레스와 아낙사고라스보다는 한 세대 정도 뒤에 태어나
고, 데모크리토스보다는 한 세대 정도 앞서 태어났다. 그의 출생지와
관련해서는 이견이 있다. 아리스톡세노스는 그가 타라스 사람이라고
하고(본문 2), 아리스토텔레스의 제자 메논과 디오게네스 라에르티
오스는 크로톤 사람이라 한다(3, 29). 이런 이견의 해소를 위해 필롤
라오스가 이탈리아 남부의 크로톤에서 태어났으나 나중에 타라스에
정착해서 산 것으로 추정하는 게 일반적이다.

필롤라오스는 피타고라스학파의 일원으로 분류되지만, 단순히 피
타고라스주의자라고 이해될 수 없는 면도 지니고 있다. 그는, 피타고
라스처럼 혼의 전이설이나 여러 금기 사항의 준수에 큰 관심을 기울
였던 것으로 보이지 않는다. 그리고 그는 피타고라스의 수학적 우주
론의 영향을 받은 것은 사실이지만, 피타고라스에게서는 볼 수 없던
한정하는 것들(perainonta)과 한정되지 않은 것들(apeira)이란 개념
으로 새로이 형이상학적 체계를 세운다. 이를 통해 그는 자연철학의

주된 흐름 속에 분명한 위치를 갖게 된다. 파르메니데스 이후 자연철학자들이 파르메니데스를 의식하지 않고 철학할 수 없었듯이 필롤라오스 역시 그랬고, 더 나아가 다른 자연철학자들의 연구 결과도 충분히 고려하며 철학적 탐구를 진행했던 것으로 보인다.

필롤라오스의 핵심 사상은 세 가지 원리, 즉 한정하는 것들과 한정되지 않은 것들 및 조화에 관해 언급된 단편들에 담겨 있다. 그러므로 우선 세 가지 원리를 살펴보고, 다음으로 그의 인식론, 우주발생론 등을 개괄적으로 살펴보기로 한다. 그리고 아리스토텔레스의 증언들 속에 담겨 있는 몇몇 문제점들도 검토해 보기로 한다.

필롤라오스는 우주와 그 속에 있는 모든 것이 한정되지 않은 것들과 한정하는 것들이라는 두 요소로 짜맞추어졌다(조화롭게 이루어졌다; harmochthē)고 보고 있다(본문 6). 곧 그 두 요소가 우주의 근원적인 요소 혹은 우주를 설명하는 '원리(근원; archē)'라는 것이다. 필롤라오스가 두 요소를 만물의 근원 혹은 원리로 삼은 이유는 본문 7을 통해 알 수 있다. 이 단편은 필롤라오스의 단편들 가운데 가장 난해한 것으로 여겨지기도 하는데, 여기서는 개략적인 언급에 그치기로 한다. 본문 7은 외형상 엘레아학파에 특징적인 선언논증 형식을 보여준다. 우선 가능한 선언지 셋이 제시된다. 즉 "존재하는 것들이 모두 한정하는 것들이거나, 아니면 한정되지 않은 것들이거나, 아니면 한정하는 것들과 한정되지 않은 것들이라는 것이 필연적이다." 다음으로 두 가지 선언지가 제거된다. 곧 존재하는 것들이 모두 한정되지 않은 것들로만 분류될 수도 없고, 한정된 것들로만 분류될 수도 없다는 것이다. 이에 근거해서 필롤라오스는 우주와 그 속에 있는 것들은 한정하는 것들과 한정되지 않은 것들로 짜맞추어졌다는 결론에 이른다.

필롤라오스가 한정하는 것과 한정되지 않은 것 중 어느 하나만을 원리로 보지 않고 그 둘 다를 원리로 채택한 것은 이전 자연철학자들의 한계를 넘어서려는 것으로 볼 수 있다. 필롤라오스 이전에도 자연철학자들은 한정되지 않은 것이나 한정이라는 개념을 사용해 왔다. 이를테면 아낙시만드로스, 아낙시메네스가 한정되지 않은 것 자체나 그런 성격을 갖는 것을 근원(원리; archē)이 되는 것으로 본 바 있고 (DK13A1, 6), 다른 한편 파르메니데스는 있는 것(to eon)을 한계(한정; peiras)란 개념을 사용하여 특징지운 바 있다(DK28B8, 26, 42, 49). 필롤라오스는 이와 같은 두 전통을 비판적으로 보고, 한정되지 않은 것과 한정하는 것, 이 둘 다를 원리로 받아들임으로써 그 두 전통을 비판적으로 종합하고자 한 것으로 볼 수 있다.

그런데 한정하는 것들과 한정된 것들이라는 두 "원리(archē)들은 서로 닮은 것들도 닮은 부류들도 아닌 상태로 있어서"(본문 9), 이 두 원리만으로는 우주와 그 속에 있는 사물들이 구성될 수는 없다고 필롤라오스는 보고 있다. 그리하여 그는 이 두 원리를 묶어주는 것으로 조화(harmonia)를 상정한다. 결국 필롤라오스는 우주와 만물의 생성이치를 설명하기 위해 세 가지 원리를 상정한 셈이다. 그는 한정하는 것들과 한정되지 않은 것들이 조화를 이룰 경우에만 우주와 만물이 생성된다고 보았다. 다시 말해서 한정되지 않은 것들이 한정하는 것들에 의해 한정되어 조화가 이루어질 때만 그것들이 생성된다는 것이 필롤라오스의 생각이다.

한정하는 것들이란 중심점, 구형과 같은 기하학적 요소와 수적 비율이나 수를 가리키는 것으로 볼 수 있다. 그리고 한정되지 않은 것들이란 불, 공기, 물, 흙 등의 질료적 요소와 시간, 숨, 허공을 가리키는 것으로 볼 수 있다. 그러면 조화(harmonia)란 어떤 것일까? 필롤라오스가 조화의 예로 들고 있는 것은 음계(harmonia)와 같은 것이다(본문 10). 그런데 음계란 무한한 연속체로서의 소리가 일정 비율들에 의해 한정됨으로써 생기는 것이다. 즉 필롤라오스가 생각한 음계는 옥타브와 제4음과 제5음을 2:1, 4:3, 3:2의 비율로 갖는 것이다. 그러니까 한정되지 않은 것들이 수적 비율로서의 한정하는 것들에 의해 한정되어 음계와 같은 조화로운 음악적 구조가 이루어질 때 우주와 만물이 생긴다는 것이 필롤라오스의 생각이다. 이런 생각은 플라톤의 우주론에 큰 영향을 주었다.

본문 7을 보면 그는 파르메니데스 이후에 다른 철학자들이 그렇게 했듯이 '영원한 존재' 혹은 불변하는 근원적인 요소를 상정한다. 하지만 그는 영원한 존재와 관련하여 아주 신중한 태도를 취한다. 곧 그는 신적인 앎과 인간적인 앎을 구분함으로써, 크세노파네스와 헤라클레이토스 및 알크마이온처럼 인간의 앎과 관련해 회의주의적인 혹은 겸허한 태도를 갖고 있다(DK21B34, 22B78, 24B1).

다른 한편 필롤라오스는 앎과 관련해서 수나 한정하는 것의 기능을 중시하고 있다. 다음 두 언급을 주목해 보자. "모든 것이 한정되지 않은 것들이라면, 애초에 앎을 가질 것이 없을 것이다"(본문 8). "알려지는 모든 것은 진정 수를 갖고 있다. 왜냐하면 이것 없이는 아무 것도 사유될 수도 알려질 수도 없기 때문이다"(본문 15). 이 두 구절을 보면 사물들이 한정되어 있지 않다면, 혹은 수를 갖고 있지 않다면 우리는 사물들에 대한 앎을 가질 수 없다고 보고 있다. 다시 말해 그는 한정을 가짐 혹은 수를 가짐을 우리가 앎을 갖는 데 필요조건으로 보고 있는 것이다. 더 단순화시키면, 한정하는 것 혹은 수가 앎의 필요조건이라는 것이 필롤라오스의 생각이다. 이처럼 그가 앎의 문제와 관련해서 한정하는 것과 수가 같은 기능을 갖고 있는 것으로 본다. 앎과 관련한 수의 역할에 필요조건 이상의 의미를 부여하려는 시도들도 있고 충분히 고려해 볼만 하지만, 일단 필롤라오스가 구사한 조건 진술은 그렇지 않다.

그는 "우주는 하나이며, 한가운데부터 생기기 시작했으며"(본문 19), "우주의 중심부 한가운데에는 우주의 화덕(hestia)이라 불리는 불이 있다"(21)고 말하고 있다. 태초에 우주가 생성될 때 우주의 중심화(中心火) 즉 우주의 화덕부터 생기기 시작했다는 것이다. 그리고 그는 "최초로 짜맞추어진(harmosthen) 것, 즉 천구 한가운데에 있는 하나인 것(to hen)은 화덕이라 불린다"(20)고도 말하는데, 여기서 이 짜맞춤의 요소들은 물론 한정하는 것들과 한정되지 않은 것들로 볼 수 있다.

더 나아가 다른 자연철학자들처럼 필롤라오스도 이른바 소우주-대우주 사상을 보여주고 있다. 그는 특히 우주의 탄생과 인간의 탄생 사이에 유비관계가 성립하는 것으로 보고 있다. 이는 본문 29와 본문 66-68을 통해서 알 수 있다. 우선 그는 우주의 화덕이 불로 되어 있다고 보듯이, 사람의 몸이 뜨거움(thermon)으로 이루어졌다고 여긴다. 그리고 그는 사람이 태어난 후 곧바로 바깥의 차가운 공기를 들이쉰다고 보듯이, 우주의 화덕인 하나인 것(to hen)도 구성된 후 곧바로 한정되지 않은 공기를 들이쉬는 것으로 본다. 여기서 공기 혹은 숨을 들이쉬고 내쉼을 통한 외부의 찬공기와 내부의 뜨거운 공기의 상호작용은 흙과 물과 같은 질료가 형성되게 하는 것으로 여겨졌던 것 같다. 그리고 우주의 화덕이 허공이나 시간도 들이쉬는 것으로 언급되는데, 허공은 공간적으로 개개의 사물들이 서로 구분되게 해주는 것이고, 시간은 우주가 형성되어 가고 행성들의 운행주기가 측정되게 해주는 요소로 이해할 수 있다.

필롤라오스는 우주의 형성은 우주의 중심화, 즉 우주의 화덕을 중심으로 회전하는 10개의 천체들이 구성됨으로써 완결되는 것으로 본다. 그 열개의 순서들은 다음과 같다. 즉 우주의 화덕-대지구(對地球; antichtōn)-지구-달-태양-다섯 개의 행성들-항성들의 구의 순서로 있다고 한다(본문 21). 여기서 흥미로운 것은 당시의 일반적인 견해들과 달리 지구가 우주의 중심에 있지 않다는 것이다. 그것은 둘째 자리에도 있지 못하고 셋째 자리를 차지한다.

혼에 관한 필롤라오스의 견해도 흥미롭다. 그는 혼의 네 가지 기능을 구분하고, 그 기능들을 몸의 부분들과 연결시키며, 머리에 지성(nous)을 위치시키는 흥미로운 견해를 펴고 있다(본문 31). 혼의 네 기능 구분은 아리스토텔레스의 구분과 유사하다. 그리고 혼의 기능들을 몸의 부분들과 연결시킨 것은 플라톤이 『티마이오스』편(69c-70e)에서 혼의 세 부분을 신체의 부분들에 위치시킨 것을 떠올리게한다. 그리고 심장을 중시한 엠페도클레스와 달리, 지성을 머리에 위치시킨 것은 알크마이온과 플라톤 및 갈레노스와 맥을 같이 하는 것이다. 필롤라오스의 의학론은 주로 『런던의 편집자 미상 의학 선집』에 담겨 있다. 그 선집에는 질병이 인체를 구성하는 요소들에서 생긴다고 주장하는 20명의 사상가들의 견해가 소개되어 있는데, 필롤라오스는 그 중 한 사람이며, 본문 29는 그 선집에서 필롤라오스에 대한 항목의 첫 부분이다. 그는 인체가 뜨거움 혹은 열이라는 하나의 요소로 이루어졌다고 본다. 그렇다면 그는 열을 가지고 질병을 설명해야할 것으로 보이는데, 질병을 담즙과 피 및 점액을 통해 설명한다

(DK44B27). 이는 그가 이 세 요소를 다 뜨거운 것으로 여겼기 때문인 것 같다.

아리스토텔레스는 피타고라스주의자들에 대한 많은 정보를 전해주고 있는데, 그는 구전되는 증언들에 더하여 필롤라오스의 책을 주요 전거로 삼았던 것으로 추정된다. 그런 만큼 아리스토텔레스의 증언들은 필롤라오스 연구에 중요한 자료가 아닐 수 없다. 그러나 그는 이전 철학을 그 자신의 용어로 변증적 목적을 위해 재구성하는 경향이 있어서, 피타고라스주의자들과 관련한 그의 증언들이 어느 정도나 신뢰할 만한 것인지는 주의를 기울여 검토할 필요가 있다. 아리스토텔레스는 『형이상학』 1권 5장(본문 55, 56)에서 데모크리토스와 동시대 혹은 그 이전 시대의 피타고라스주의자들, 즉 5세기의 피타고라스주의자들을 '이른바 피타고라스주의자들'이라 부르면서 이들의 견해를 전해주고 있다. 그 중 문제가 있는 세 가지를 간추려 보면 다음과 같다(본문 55-56). ① 수는 모든 사물의 원리(근원)이다. ② 수는 질료적 원리이다. 사물은 수로 구성된다. ③ 짝수는 한정되지 않은 것(apeiron)이고, 홀수는 한정된 것(peperasmenon)이다.

이런 견해들을 필롤라오스의 단편들과 비교해 볼 때, 우선 ①은 받아들이기 힘들다는 게 분명하다. 이미 앞서 살펴보았듯이, 필롤라오스는 사물의 원리를 한정하는 것들과 한정되지 않은 것들 및 조화로 보고 있기 때문이다. 비록 한정하는 것들이나 조화는 수들로 이해될 수 있더라도 적어도 한정되지 않은 것들은 그렇게 이해되기 힘들다. ②도 필롤라오스의 견해와 비교해 볼 때 받아들여지기 힘들다. 본문 57과 58을 보면, 아리스토텔레스는 피타고라스주의자들이 수를 추상적 단위들로 이루어진 것으로 보지 않고, 크기를 갖는 단위들로 이루어진 것으로 보아 감각적 실체들 즉 '사물이 수들로 구성된다', '사물은 수이다'라고 보았다고 증언하고 있다. 그런데 이 증언은 피타고라스주의의 입장을 잘 반영한 것 같지 않다. 왜냐하면 적어도 필롤라오스는 사물들이 수로 이루어졌다고 하지 않고, 한정하는 것들과 한정되지 않은 것들로 이루어졌다고 말하고 있기 때문이다. ③과 관련해서는 긴 논의가 필요하지만, 적어도 필롤라오스는 홀수든 짝수든, 혹은 홀·짝수든 수들은 한정하는 것들 중 일부라고 여겼던 것으로 보인다.

서양철학사를 기술한 책들을 보면 피타고라스학파는 소크라테스 이전 자연철학사의 주된 흐름에서 벗어나 있었다는 인상을 쉽게 받는다. 하긴 피타고라스의 경우는 그 주된 흐름 속에서 철학을 했다고 보기 힘든 점들이 있는 게 사실이다. 그러나 필롤라오스의 경우는 사정이 다르다. 그의 단편들을 보면, 자연철학의 주요개념들, 이를테면 본성(physis), 우주(kosmos), 한정하는 것들, 한정되지 않은 것들, 조화(harmonia), 원리(근원; archē), 근원적 존재(estō; ousia)와 같은 용어들이 쏟아져나온다. 이런 개념 사용만 놓고 보더라도 필롤라오스는 자연철학사의 주류 속에 편입될 수 있는 철학자임을 알 수 있다.

필롤라오스가 피타고라스에게서 받은 중요한 영향은 우주를 수학적인 관점에서 바라보는 것이라 할 수 있다. 피타고라스는 테트락튀스를 '세이렌들이 이루어내는 화음(조화)'과 연관시킴으로써 우주를 수적인 구조를 지닌 것으로 보았고, 이런 통찰을 필롤라오스는 한정하는 것들과 한정되지 않은 것들 및 조화라는 세 원리를 통해 체계적인 형이상학으로 발전시킨 것으로 볼 수 있다. 그리고 그는 피타고라스가 관심을 기울이지 않았던 인식론적인 문제에도 관심을 기울였다는 것도 주목된다. 그의 형이상학은 플라톤에게 큰 영향을 주었고, 『티마이오스』편이나 『필레보스』편은 그 흔적을 잘 보여주고 있다.

13 ANAXAGORAS
아낙사고라스

아낙사고라스는 기원전 500년에 태어나 428년에 죽었다. 그는 이오니아의 클라조메나이 사람이었다. 그의 철학은 엘레아 철학의 영향을 깊이 받기는 했으나, 그의 기상학 이론에서 보듯이 밀레토스 학파의 영향, 특히 아낙시메네스의 영향도 강하게 받았다. 전해지는 말로는 기원전 467년에 그는 아이고스포타모이에서 있었던 운석의 추락을 예견했으며, 아테네로 건너가서 30년 동안 활동했다. 거기서 그는 아테네의 저명한 정치가 페리클레스와 교분을 맺었다. 이 교분관계와 그의 과학적인 사고로 말미암아 기소를 당하게 되었고 불경죄로 유죄판결을 받는다. 태양이 신이 아니라 불타는 돌덩어리라고 믿었다는 이유에서였다. 아낙사고라스의 재판과 추방에 관한 이야기들은 조금씩 차이가 나는데, 어쨌든 그는 소크라테스보다 앞서서 자신의 철학적 신념 때문에 기소를 당한 최초의 지성인이었음이 분명하다. 그래서 그는 아테네를 떠나게 되었고 이오니아의 트로이 부근에 있는 람사코스로 가서 여생을 보냈다. 거기서 그는 학식으로 사람들로부터 존경받았으며, 임종시에 어린이를 위한 공휴일을 정하도록 유언으로 남겨 지키게 했다고 한다.

당시 그는 희랍 사람들의 일반적인 경향과는 달리 정치나 세속사에 관심이 없었고 오로지 지적인 탐구에만 몰두한 사람으로 유명했다. 그가 했다고 전해지는 예측들은 예언(점)과 대비되는 그의 과학적 능력을 보여주는 실례들이다. 그는 한 권의 책(『자연학』: '자연에 관한 연구')만 썼는데, 그 책은 값이 저렴하여 쉽게 구할 수 있을 정도로 대중적이었다(그의 다른 저작들에 대한 암시는 현존하는 단편들에서는 확인되지 않는다). 알기 쉽고 명료한 산문체로 된 이 책은 물질의 본성과 그것의 원초적 상태, 그리고 우주발생의 과정을 시작하게 하고 그것을 지배하는 존재(지성), 그리고 현재의 우주를 다루는 것이었다. 우리에게 전해지는 이 책의 잔존 단편들 대부분은 심플리키오스의 인용에 힘입고 있다. 이들 단편은 첫번째 권에서 나온 것이 분명하며, 거의 완전히 분실된 두번째 권의 기초를 이루는 내용들을 담고 있다.

아낙시만드로스와 아낙시메네스의 경우와 마찬가지로 아낙사고라스에서도 세계는 한정되지 않은 근원적인 덩어리로부터 전개되었으며, 이 근원적인 덩어리는 여전히 계속해서 현재의 세계를 포함한다. 그러나 아낙사고라스가 '한정되지 않은 것' 또는 '무한정한 것'을 언급할지라도 그는 이 근원적인 덩어리를 자신의 밀레토스 학파 선배들과는 다르게 규정한다. 그것은 분화된 세계에서 만나는 모든 물질이 고르게 섞인 것이다. 이것은 파르메니데스의 영향을 받은 결과다.

아낙사고라스는 파르메니데스(기원전 515년 출생)보다는 분명히 젊었고, 제논(기원전 489년 출생)과 엠페도클레스(기원전 495년 출생)보다는 약간 나이가 많았다. 아낙사고라스에 대한 파르메니데스의 영향은 강하지만, 다른 두 철학자와 그의 관계는 분명치 않다. 아낙사고라스도 자연학의 체계를 구성하는 과정에서 파르메니데스에서 유래된 문제들에 큰 관심을 가졌던 철학자 가운데 한 사람이다. 그는 파르메니데스의 존재와 비존재 사이의 절대적 구별과 그 논리적 결과인 생성과 소멸의 부정을 받아들인다. 그 역시 엠페도클레스처럼 생성과 소멸의 사례들로 보이는 것들이 실제로는 존재하는 것들의 섞임과 분리라고 주장한다. 그러나 두 사람 간에는 차이가 있다. 엠페도클레스의 경우, 섞임은 때에 따라서 복합물의 생성 원인이 되기도 하고 복합물의 소멸 원인이 되기도 한다. 그리고 분리도 마찬가지이다. 그러나 아낙사고라스의 경우, 생성은 섞임(정확히 말하자면 '떨어져 나옴'이다)일 뿐이고 소멸은 분리일 뿐이다. 엠페도클레스의 체계보다 아낙사고라스의 체계가 생성과 소멸의 부정을 더 철저하게 고수한다. 엠페도클레스의 경우에 피나 살 같은 실체들은 4원소(물·불·흙·공기)의 결합으로 형성되고, 해체되어 다시 그것들로 돌아간다. 아낙사고라스는 이런 종류의 생성과 소멸도 배제한다. 피나 살은 언제나 존재하는 것이다. 우리가 먹는 음식은 피나 살, 뼈 등으로 변한다. 그러나 이들 실체는 엠페도클레스적인 의미에서 형성되는 것이 아니다. 그것들은 양적으로 아주 적어서 눈에 보이지 않을 뿐 이미 음식 속에 들어 있다. 음식이 소화되면 그 속의 (보이지 않는) 피는 분리와 섞임의 과정에 의해서 우리 속에서 (보이는) 피가 된다. 뜨거운 음식이 차가워졌을 때, 그 속의 뜨거운 것이 소멸하고 이전에 존재하지 않았던 차가운 것이 생겨난 것이 아니다. 뜨거운 음식 속에는 차가운 것이 이미 들어 있었다. 양이 너무 작아서 감지될 수 없었을 뿐이다. '차갑게 됨'은 감지할 수 없는 차가운 것이 감지할 수 있는 차가운 것으로 되고, 감지할 수 있는 뜨거운 것이 감지할 수 없는 뜨거운 것으로 되는 과정이다. 이런 방식으로 아낙사고라스는 엘레아주의의 중심 논제를 깨뜨리지 않으면서 우리를 둘러싼 세계의 현상들과 우주의 기원을 설명하는 이론을 전개한다.

우주의 기원, 정신과 물질의 본성에 대한 아낙사고라스의 설명은 서로 밀접하게 연결되어 있다. 그것들은 다섯 가지 종류의 실재와 여섯 가지 기본 원리에 기초를 두고 있다. 다섯 가지 실재들은 ⓐ 일상의 거시적인 대상 ⓑ 기본 사물 ⓒ 부분(몫) ⓓ 씨앗, ⓔ 지성(정신)이고, 여섯 가지 원리들은 다음과 같다. ① 생성, 소멸은 없다. ② 수많은 종류의 기본 사물들이 있다. ③ 모든 것의 부분이 모든 것 속에 들어 있다. ④ 각 사물은 그 속에서 우위를 차지하는 사물들에 의해 성격이 정해진다. ⑤ 가장 작은 부분들은 없다. ⑥ 지성은 다른 어떤 사물과도 섞이지 않는다.

거시적 대상들이란 사람, 동물, 돌멩이, 금덩어리, 지구 같은 일상의 경험적 사물들을 가리킨다. 거시적 대상들은 기본 대상들이 '섞인 것(복합물)'이다(본문 25). 동물은 살, 피, 뼈 등으로 구성되는데 이것들이 기본 사물이다. 그리고 감각적 성질들(온과 냉, 건과 습, 색깔과 냄새… 등)도 기본 사물들에 속한다. 어떤 사물(Y) 속에 들어 있는 기본 사물(X)의 몫(부분)은 거칠게 말해서 Y 속에 들어 있는 X의 총합이다. 이 총합은 몫들의 개수 총합이 아니라 양의 총합이다. 아낙사고라스는 한 동물이 살과 피의 몫들을 포함한다고 주장할 뿐만 아니라, 어떤 것이든 모든 것의 몫을 포함하고 있다는 주장도 한다. 나무와 다이아몬드의 몫들이 사람 속에 들어 있으며 뜨거움과 축축함의 몫들이 얼음 속에도 들어 있다. 이 몫들이 너무 적어서 오관으로 감지되지 않을 뿐이다. 아낙사고라스 체계의 가장 두드러진 특징 가운데 하나는 각 몫이 모든 것의 하위 몫들을 갖는다는 점이다. 그래서 순수한 실체는 없으며 어떤 것이든 몫들로 끝없이 분석된다.

씨앗들은 기본 사물들(흙, 살, 피, 온, 냉 등)의 미시적인 입자들이다. 그것들은 모든 거시적 대상들 속에 들어 있다. 그리고 각각의 씨앗 역시 모든 것의 몫을 포함한다. 거시적인 대상에는 한 가지 이상의 기본 사물들(뼈, 살, 피 등)의 조각(몫)들로 구성되는 복합체인 동물(식물 등의 유기체) 뿐 아니라, 금덩어리, 핏방울, 뼈 같은 기본 사물의 거시적인 조각들도 속한다. 미시적 대상인 '씨앗들'은 너무 작아서 보이지 않는 기본 사물들의 조각들이다.

이를테면 원소 수은은 자연에서 주로 황화물로 불리는 적색 황화수은의 형태로 발견된다. 이것은 종종 화합되지 않은 약간의 수은을 동반한다. 광석 덩어리는 그런 식으로 황화수은 형태의 수은과 순수한 수은의 작은 방울 형태의 수은을 약간씩 포함한다. 아낙사고라스의 용어로 말하자면, 광석 덩어리 속에 있는 수은의 몫은 그 속에 들어 있는 수은의 총 양이다(방울 형태의 수은과 황화수은 형태의 수은을 합친 것). 수은 방울들은 아낙사고라스의 씨앗들에 해당한다(씨앗들이 너무 작아서 보이지는 않지만). 덩어리 속에는 황의 몫도 들어 있다(황화수은 속의 모든 황). 아낙사고라스의 그림은 여기에 그치지 않고 더 복잡하다. 광석 덩어리 속 황의 몫이 수은의 몫을(그리고 다른 모든 기본 사물들의 몫들도) 포함한다. 방울 형태의 수은 역시 마찬가지이다. 씨앗에 해당하는 미시적인 수은 방울도 순수한 수은이 아니고 모든 기본 사물의 몫들을 포함한다. 물론 순수한 수은 방울은 다른 어떤 것보다도 수은의 몫을 많이 포함한다. 나아가서 몫들의 몫들 각각 역시 모든 기본 사물의 몫들을 포함하며 그렇게 해서 끝없이 계속된다.

이 기본 사물을 아리스토텔레스는 '원소(stoicheion)' 또는 '근원(archē)'과 동일시한다. 그리고 이것을 두 가지 유형으로 나누어 '같은 부분으로 된 것들(homoiomeres)'과 '대립자들(tanantia)'로 표현한다(본문 19, 45, 49, 50). 같은 부분으로 된 것들이란 "부분이 전

체와 같은 이름을 갖는 것"이다(본문 49). 흙덩어리나 금덩어리, 뼈
는 어떤 부분을 떼어내더라도 마찬가지로 흙이고 금이고 뼈이다. 이
와는 달리 같은 부분으로 된 것이 아닌 것들, 이를테면 얼굴이나 나
무는 부분적으로 다른 이름으로(코, 뿌리) 불린다. '같은 부분으로
된 것들'이라는 표현은 아낙사고라스가 사용하지 않은 게 분명하다.
기본 사물들의 다른 유형으로서의 대립자들이란 온과 냉, 건과 습의
쌍들을 말한다. 성질들('대립자들')을 실체로 취급하는 것이 우리에
게는 이상하게 보이지만(우리의 상식적 생각은 실체와 성질을 명확
하게 구별한 아리스토텔레스에게 힘입고 있다), 아낙사고라스는 대립
자들을 원리들로 간주하는 밀레토스 학파의 전통을 존속시킨다. 그는
거시적인 대상인 뜨거운 금 덩어리를 금, 온(溫), 무거움, 황(색), 건
(乾) … 등 기본 사물들의 덩어리(복합체)로 간주한다. 이 덩어리가
나타나는 방식은 그 속에서 우위를 차지하는 기본 사물들에 의해서
정해진다. 우리가 금덩어리를 금덩어리로 확인하는 것은 그 속에 금
의 몫이 다른 어떤 사물들의 몫보다 많이 들어 있기 때문이다.

　'모든 것의 몫이 모든 것 속에'라는 사물 일반의 원리에서 벗어나
는 유일한 존재는 지성이다. 이 지성의 특별한 지위는 지성의 기능에
서 드러난다. 지성은 인식하고, 지배하며, 사물들에 질서를 부여하
며, 운동을 일으키는 주체다. 엠페도클레스의 네 가지 원소와는 달리
아낙사고라스의 사물들은 전적으로 물리적인 용어로 이해된다. 그리
고 엠페도클레스의 원동력인 사랑과 불화와는 달리, 아낙사고라스의

지성에는 도덕적인 측면이 결여되어 있다. 아낙사고라스에서 모든 변화는 섞임과 분리에 기인한다. 이 섞임과 분리는 운동에서 나오며 운동은 궁극적으로 지성에 의해 일어난다. 내가 나 자신을 움직일 때, 움직이게 하는 것은 내 속에서 나를 살아 있는 존재로 유지시켜 주는 나의 지성이고, 움직여지는 것은 물질적인 나의 육체이다. 운동의 주체인 나의 지성은 전체 지성의 작은 부분이다. 이렇게 사물들을 움직이게 하는 지성의 힘은 사물에 대한 지성의 지배력을 의미한다. 지성은 사물을 움직이게 하되 아무렇게나 움직이게 하는 것이 아니고 질서 있게 움직이게 한다. 즉 지성은 사물들이 코스모스를 형성하도록 운동하게 하며 그렇게 하는 것이 곧 사물을 지배하는 것이다.

지성은 우주 전체와 그 속의 모든 것(본문 40, 41)을 지배한다. 지성은 모든 것 속에 언제, 어디에나 있기 때문에 모든 것을 지배할 수 있다(본문 44). 지성은 시간적으로나 공간적으로 한정되어 있지 않다. 지성은 사물들의 무한정한 몫들과 몫들의 몫들 속에는 물론이고, 둘러싸는 무한한 여럿들 속에 들어 있다(본문 22). 지성은 모두 똑같기 때문에(본문 41), 그것은 내적인 한계를 갖지 않는다는 점에서도 한정이 없다. 지성의 어떤 부분도 다른 부분과 다르지 않다. 지성은 다른 사물들과 섞여 있지 않으므로 다른 사물의 섞여 있음에 영향을 받지 않는다.

지성의 지배력은 순수성과 미세함(본문 41)에 기인한다고 생각된다. 다른 어떤 사물도 일정한 크기를 가지며 다른 사물들의 무수한 몫을 포함한다. 지성은 그런 이질적인 섞임에서 자유롭기 때문에, 그리고 아주 미세하기 때문에, 모든 사물의 무수한 몫을 관통하여 스며들 수 있다. 지성의 무한한 공간적 범위, 지극히 미세함, 그리고 다른 사물들과 섞이지 않음은 비물질적 존재 개념으로 나아가려는 아낙사고라스의 노력을 시사한다. 그러나 지성의 '미세함'은 여전히 물리적 사물의 이미지를 완전히 벗어나지는 못한다. 그것은 엠페도클레스의 사랑과 불화와 마찬가지로 공간 속에 연장되어 있으며, 사물에 영향을 주기 위해서는 사물 속에 물리적으로 존재해야만 한다. 그러나 아낙사고라스가 지성을 사물들을 움직이게 하는 궁극적인 주체로 놓고, 그것이 사물들과 전혀 섞이지 않는다는 점을 강조했다는 점에서 그는 운동하는 것으로부터 운동의 원인을 명확히 구별한 최초의 철학자로 불릴 만하다. 예전의 철학자들은 사물들을 형성하고 우주를 조직화하는 과정에서 운동을 일으키는 원리를 물리적인 사물로부터 명확하게 구별하지 않았다. 아낙시메네스의 공기는 그 자체가 언제나 운동 중에 있으며 그래서 변화를 일으킨다. 그리고 헤라클레이토스의 불은 어떤 식으로든 혼이나 신, 그리고 로고스와 동일시된다. 엠페도클레스는 좀더 정교하다. 그러나 사랑과 불화의 작용은 부분적으로는 정신적이지만 어떤 의미에서는 물질화되어 섞인 것들의 일부가 된다.

아낙사고라스의 우주 발생론은 다음과 같다. "처음에 모든 사물이 함께 있었다"(본문 21, 25). 어떤 것도 분별되지 않는 완전히 섞인 상태였다(본문 25). 분화의 시작은 섞인 것에 퍼져 있는 지성이 회전을 시작하도록 했을 때 일어났다(본문 41). 회전은 작은 영역에서 시작했다. 시간이 지나면서 회전이 일어나는 영역이 점차 확대되어 갔고(본문 41), 회전에 의해서 원시 혼합체로부터 분별 가능한 사물들의 분리가 일어났다. 아낙사고라스도 엠페도클레스처럼 '같은 것들을 같은 것들과' 모이게 하는 우주발생적인 회오리를 가정한다. 회오리는 원시 혼합체 속의 기본 사물들의 몫들을 재배열하는 효과를 가져왔다. 그래서 어떤 씨앗들은 자라서 거시적인 크기를 갖게 되었다. 공기와 에테르의 몫들이 원시 혼합체에서 가장 규모가 컸기 때문에(본문 21), 그것들은 다른 기본 사물들에 비해서 덧붙여져서 씨앗들로 집중되는 데 더 유효했다. 그래서 공기와 에테르는 원시 혼합체에서 분리될 수 있는 최초의 구별 가능한 사물이었다. 다른 종류의 사물들은 원시 혼합체의 잔유물에서, 그리고 공기나 에테르에서 분리되었다.

회오리 작용에 의해서 좀더 가벼운 에테르는 주변으로 갔고, 좀더 무거운 공기는 가운데로 갔다. 코스모스의 다른 구성요소들의 분리도 우리가 예상할 수 있듯이, 축축한 것, 차가운 것, 그리고 어두운 것은 가운데('땅이 있는 이 곳')로 이동하고, 그 반대되는 것들은 주변으로('에테르 안의 먼 곳까지') 이동했다. 좀더 가벼운 것들로부터 좀더 무거운(촘촘한) 것들이 떨어져나오는 과정은 계속된다. 구름에서 물이 분리되고 물에서 땅이 분리되어 나온다(본문 53, 54). 땅에서 돌이 차가움으로 인해 굳어진다. 촘촘한 것들은 가운데로 이동한다는 규칙의 예외는 천체들이다. 회전운동이 계속되면서 돌들이 에테르 쪽으로 멀리 던져지기도 한다(본문 55). 그것들은 에테르와 함께 돌게 되며 태양, 달, 별이 된다(본문 34, 51). 아낙사고라스의 천체들은 순수하고 가벼운 불이 아니라 불붙은 돌덩어리이다. 우주적 회오리가 집어 올린 돌덩어리들은(본문 55) 때때로 미끌어져 땅으로 떨어지는데 이것이 운석이다(본문 7). 이처럼 코스모스의 전체적인 형성은 떼어내고 분리시키는 회오리의 작용에 따라 효과적으로 설명되는데, 아리스토텔레스와 플라톤은 이를 두고 아낙사고라스가 우주의 근원적인 운동을 출발시키기 위해서 지성을 끌어들였지만, 그것을 더 이상 우주의 지성적인 창조자 또는 조정자로 사용하지 않고 기계적인 방식으로 나머지를 설명했다고 비판한다.

아낙사고라스는, 태양은 펠로폰네소스보다 큰 붉게 달아오른 돌덩어리이고, 그것이 땅위에 있는 물을 증발시키고 남은 부분이 바다이며(본문 51), 달빛은 태양에서 유래한다고 주장했다(본문 56). 그는 무지개가 공기 속 습기에 비친 햇빛의 효과라는 것을 인식했다(본문 63). 땅은 평평하며 공기가 떠 받쳐줌으로써 공중에 떠 있다는 그의 주장은 아낙시메네스를 그대로 따른다. 그리고 번개와 다른 기상현상들에 대한 이론, 지진과 바닷물, 나일강의 홍수, 생명의 기원, 그리고 생물학과 관련된 여러 문제에 대한 그의 설명들도 이오니아의 전통에 서 있다. 그 중에서 뇌가 감각의 근원이라는 견해는 주목할 만하다(본문 71). 그리고 우리가 살고 있는 코스모스가 지성에 의해 형성된 유일한 세계가 아니라는 생각도 특이하다(본문 25).

테오프라스토스가 전하는 아낙사고라스의 감각이론에 따르면, 감각은 엠페도클레스에서와는 달리 '같은 것들' 사이의 만남을 통해서가 아니라, '다른 것들(대립되는 것들)' 간의 만남을 통해서 일어난다(본문 80). 이를테면 어떤 것이 뜨거운 느낌을 주는 것은 우리의 손(촉각)이 그것에 비해 상대적으로 차가울 때이다. 시각의 경우 눈동자에 맺히는 상은 동공의 색과 같을 때가 아니라 대립되는 색일 때 잘 보인다. 다른 감각들의 경우도 마찬가지이다. 이처럼 감각은 대립되는 것들이 작용한 결과로 주어지기 때문에 모든 감각에는 고통이 따른다고 아낙사고라스는 주장한다. 감각 시간이 길거나 강도가 강할 때 고통을 느끼게 되는 것은 분명하다. 그러나 순간적이거나 강도가 미세할 경우에는 느끼지 못하는데 이것은 감각의 약점이다. 그래서 감각은 사실에 대한 정확한 판단을 주지 못한다(본문 77). 그렇다고 해서 감각이 실재를 이해하는 데 전적으로 오해를 일으키며 쓸모없는 것은 아니다. 아낙사고라스는 감각이 우리에게 전달해 주는 것은 실재와 어떤 관계를 갖는다는 말을 하고 있다(본문 75). 그러나 우리는 아낙사고라스가 우리의 약한 감각들로부터 세계에 대한 지식을 얻는 것이 어떻게 가능하다고 생각했는지 더 이상 알지 못한다. 분명히 그는 우리의 정신(지성)이 중요한 역할을 한다고 주장했다. 우주적 지성은 모든 것을 알고 있고, 우리의 지성은 본래 그것과 같은 것이다(본문 41). 아낙사고라스는 감각들과 지성이 어떻게 협동하여 지식을 가능하게 하는지에 대한 분명한 이론을 내놓지는 않았다.

14

L E U K I P P O S

레우키포스와
데모크리토스

D E M O K R I T O S

레우키포스는 원자론의 창시자로, 데모크리토스는 그 완성자로 알려져 있다. 어떤 이들은 레우키포스가 데모크리토스의 스승 또는 친구라고 말하고 있으나 그가 실제 생존했던 인물이 아니라는 주장도 있다(본문 2). 그러나 두 사람을 구분하는 것은 최소한 원자론적 주장과 관련해서는 별 의미가 없다. 데모크리토스는 기원전 460년경 이오니아의 식민도시 압데라에서 태어났고 레우키포스는 그보다 앞선 기원전 470년경에 아마도 밀레토스에서 태어난 것으로 추정된다(본문 3, 10, 38).

데모크리토스는 당시 이집트, 페르시아를 비롯한 여러 지역을 다니면서 많은 철학자와 교분을 나누며 두루 견문을 쌓은 매우 박학다식한 사람으로 알려졌으나, 아테네에 머문 기간이 짧아서인지 그 곳에서의 명성은 그다지 높지 않았다(본문 6, 7). 기원 후 1세기경 트라쉴로스가 정리한 것에 따르면, 데모크리토스의 저작은 4부작 형식의 윤리학 저작 2부문 8권, 자연학 저작 4부문 16권과 그런 형식 이외의 자연학 저작 9권 등 모두 61권에 달할 정도로 방대했을 뿐만 아니라, 그 주제 또한 윤리학, 자연학, 수학, 음악, 기술 등 광범위한 분야에 두루 걸쳐 있었다(본문 13). 키케로는 그의 문체가 기운이 넘치고 더할 나위 없이 명료했다고 전하고 있다(본문 9). 그러나 안타깝게도 그의 수많은 글들 중 오늘날 남아 있는 것은 300여 개의 직접인용 단편들(B단편)뿐이다. 물론 이들 단편은 소크라테스 이전의 다른 철학자들이 남긴 것들에 비하면 많은 것이긴 해도 대부분 윤리적 내용을 담은 것들이고, 오늘날 데모크리토스를 원자론자로 알려지게 한 자연철학 관련 단편들의 수는 당혹스러울 정도로 극히 일부에 불과하다.

레우키포스와 데모크리토스의 기본적인 관심은 전통적 물활론에 대한 엘레아의 비판에 의해 운동도 변화도 없이 정지해 버린 세계를 끊임없이 운동하면서도 없어지지 않는 현실세계로 구제해 내는 것이었다(본문 14).

그래서 그들은 파르메니데스적 일자의 성격과 똑같은 완전히 꽉 찬 것(pamplēres on), 즉 자를 수도 없고(atomoi) 분할할 수도 없으며(adiairetoi) 꽉 차 있기 때문에 영향을 받지도 않으며(apatheis) 허공(kenon)을 갖지도 않는 원자들을 상정하였고(본문 18), 동시에 그

수가 무한하다고 생각했으므로 그것들을 떼어놓는 것이자 그것들이 움직일 수 있는 빈 곳을 상정하였다. 그리고 그 장소(ho topos)를 허공(to kenon), 아무 것도 아닌 것(to ouden)이라고 불렀다(본문 17). 이것이 자연세계의 기본원리들이자 참된 사실로서 아톰, 즉 원자(atoma)와 허공이다(본문 51). 그리하여 그들은 주저없이 있는 것은 있지 않은 것보다 조금도 더 있는 것이 아니라고 말하면서 '있는 것(to on)' 인 원자뿐 아니라, 엘레아 기준으로 이른바 '없는 것(to mē on)' 인 허공 또한 물체(sōma) 못지않게 모두 실제로 있는 것(ousia)이라고 선언한다(본문 16). 허공도 일종의 본성(physis) 내지 고유한 실재(hypostasis idia)를 가진다고 생각했기 때문이다(본문 20). 이른바 비존재도 존재 못지않게 있는 것임을 승인하는 이와 같은 원자론의 견해는 두말할 필요 없이 여럿의 실재와 운동의 가능성을 보증하는 것과 직결되어 있다. 허공이 별도로 분리되어 있지 않다면 움직이는 것은 불가능할 것이고, 게다가 떼어놓는 것(to dieirgon)이 없다면 여럿도 있을 수 없기 때문이다(본문 14). 원자들 각각은 파르메니데스의 존재와 같이 그것 자체로 하나의 한정된 실재로서 생성, 소멸하지도 잘라지지도 않으며 서로 섞일 수도 없다. 그러나 원자들은 무수하게 존재하며 허공 속에서 끝없이 운동하고 있다는 점에서 파르메니데스의 존재와 결정적으로 다르다. 이것이 레우키포스와 데모크리토스로 대변되는 원자론의 기본원칙이다.

그런데, 이와 같이 내세워진 실재로서의 원자는 비록 실제로 성질로서 관찰된다 할지라도 그 자체로는 감각적 성질을 일체 갖고 있지 않다. 왜냐하면 성질은 감각기관과 함께 작용하여 성립하는 것이기 때문이다. 무수한 원자들은 각각 형태(schēma : A와 N의 차이), 배열(taxis : AN과 NA), 위치(thesis : Z와 N)에 따라 구별되며, 그 구별은 원자들의 이합집산을 통해 나타나는 사물의 속성 내지 성질과 관련된다(본문 16, 26, 32, 54, 55, 57, 77). 또한 이들 원자는 무한한 허공 안에 서로 떨어져 있고 위에서 언급한 그러한 것들에서 차이가 나기 때문에 허공 속에서 움직이고 서로 따라가 붙잡으면서(epikata-lambanousas) 충돌한다. 그래서 어떤 것들은 아무 곳으로나 튀어나가고, 어떤 것들은 형태들과 크기들과 위치들과 배열들이 일치함에 따라(kata tēn symmetrian) 서로 얽혀서 함께 머물고 그렇게 해서 결합체들(synthetōn)의 생성 또한 이루어진다(본문 18, 40).

요컨대 운동과 질적 변화의 현실적 실재를 부정할 수 없었던 그들은 이미 엘레아 근본주의 앞에 치명적인 약점이 되어버린 성질의 실재성은 포기하되, 그 성질을 무성질의 실재인 원자들의 부대현상(epiphainomena)으로 대체하고자 하였고, 운동의 원인을 해명하기보다는 허공의 도입을 통해 운동을 설명이 필요없는 당연한 사실로 받아들임으로써 오래 전부터 이어온 운동의 문제에 대한 전통적 해답의 하나를 제시해 주고 있다. 마치 창문을 통해 쏟아지는 햇살 속에서 보이는 공기 중의 먼지처럼 일차적 물체, 즉 원자는 태곳적부터 필연(anankē) 즉 기계론적인 인과의 법칙에 따라 허공과 무한한 것 속에서 항상 움직이고 있다고 생각했던 것이다(본문 30).

한편 세계의 생성에 관한 데모크리토스의 주장은 그리 분명하지는 않지만 기본적으로는 이미 잘 알려진 세계 생성의 과정이 그에게도 반복해서 나타난다. 즉 그 자체로는 운동 능력을 갖지 않은 원자들은 허공 속에서 크기, 무게(baros) 등 차이에 따라 필연(anankē)에 의해 서로 밀쳐내고 움직이고 충돌하면서 회오리(dinē)를 일으키고 이 회오리 안에서 서로 부딪히고 온갖 방식으로 회전하면서 비슷한 것들이 비슷한 것들 쪽으로 따로 분리되면서 세계들(kosmoi)이 생성된다(본문 41, 16, 32, 34, 35, 38).

이를테면 레우키포스는 대지의 생성을 다음과 같이 기술하고 있다. 즉 온갖 형태의 많은 물체가 무한한 것에서 조각으로 잘라져 거대한 허공으로 한데 모여서 회오리(dinē)가 만들어지는데, 이 회오리 안에서 물체들이 많아져서 더 이상 균형을 유지하며 회전할 수 없게 되면, 마치 체로 걸러지듯이 미세한 것들은 바깥의 허공으로 물러나가고, 나머지 것들은 서로 얽혀 함께 보조를 맞추어 움직이면서 공처럼 둥근 피막 같이 생긴 구조물(systema)로 분리된다. 이후 이것은 그 안쪽에 접해 있는 물체들이 중심의 저항으로 일어난 회오리로 인해 움직이게 되면서 점차 깎여나가 얇아지고, 이 깎여나간 것들을 포함한 그 안쪽의 물체들은 가운데로 흘러 하나로 합쳐지면서 대지가 생겨난다. 그리고 피막처럼 둘러싸고 있는 것 자체는 바깥의 물체들이 유입됨에 따라 다시 커지고 회오리에 의해서 움직이면서 뭐든 접촉하는 것들을 덧붙여 그것들 가운데 일부는 서로 얽혀 모종의 덩어리들을 만들어내는데, 처음에 그것들은 축축한 진흙덩이이지만 회오리 전체와 함께 돌면서 마르게 되고 결국은 불붙어서 별(천체)들이 생겨난다(본문 41).

  인식과 사고에 관한 레우키포스와 데모크리토스의 견해는 기본적으로 감각과 사고 모두가 원자의 접촉(hapta)이라는 동일한 물리적 과정을 통해 얻어진다는 일관된 전제 위에 서 있다. 이를테면 시각작용의 경우 와서 부딪치는 상(像)이 없이는 누구에게도 위의 두 가지 즉 감각과 사고가 결코 일어나지 않는다(본문 50). 즉 시각작용은 보이는 것과 모양이 닮은 어떤 상들이 보이는 것으로부터 계속해서 흘러나와 시각에 부딪치는 데 기인하는 것이다(본문 56).

  그러나 다른 한편 그들은 그러한 인식과정의 동일성에 대한 주장과 더불어 거의 불타협적이라 할 수 있을 정도로 사고와 감각을 각각 적법한(gnōsiēn) 인식과 서출적(skotiēn) 인식으로 첨예하게 구분한다. 즉 전자는 진리의 판단을 위한 신뢰성을 보증해 주는 것이지만, 후자는 참된 것(alēthes)의 분별에 따르는 틀림없음(aplanes)을 갖고 있지 못하기 때문이라는 것이다(본문 74). 이점은 데모크리토스의 인식에 대한 여러 가지 해석, 즉 오늘날 우리가 부르는 회의론이니 독단론이니 현상론이니 하는 논쟁을 불러일으키는 빌미가 되기도 하였다.

하지만 그와 같은 첨예한 인식론적 구분에도 불구하고 우리가 확인할 수 있는 증거들에 따르면, 갈레노스가 전하는 의미심장한 단편이(본문 78) 강력하게 시사하는 것처럼 일단 데모크리토스에게서 감각과 이성, 감각과 사고는 진리인식을 위한 상호 보조물임을 보여준다. 비록 감각은 불분명하고 실재(eteē)에서 멀어져 있어도(본문 68), 그들에게 그 어느 곳에서도 현상과 실재간의 단절은 나타나지 않는다. 오히려 감각적 현상은 사고에 필수적인 것이다. 요컨대 감각은 우리를 데리고 갈 수 있는 곳까지 데리고 가고 우리가 지각의 문지방 너머를 지나갈 때 이성이 이어받는다. 위에서의 구별이 나타나고 있는 해당 단편 내에서조차 이미 서출적 인식이 더 작은 것에 대해서 더 이상 볼 수도 들을 수도, 냄새 맡을 수도, 맛볼 수도, 접촉에 의해 감각할 수도 없으며 그럼에도 우리가 더욱 미세한 것에 대해서 탐구해야 할 때, 적법한 인식이 뒤따라온다고 말하고 있다(본문 74). 이것은 근본적으로 감각과 사고가 다른 과정이 아니라 다만 동일한 과정이 새로운 수준으로 이어지는 것임을 암시한다. 참으로 그것은 유물론적 가정이 유지되고 있는 한 그럴 수밖에 없는 것이지만 동시에 그것은 관념론적 가정에서는 도저히 주어질 수 없는 것으로서, 오늘날의 생리심리학적 인식이론과 통찰력 있게 연결되는 것이다.

서두에서 언급한 대로 데모크리토스 단편들 중에는 예상과는 달리 자연철학에 관한 것보다 윤리학에 관한 것들이 대부분이다. 데모크리토스의 윤리학적 주장들이 과연 그의 유물론적 자연학에 기초해 있는가에 대해서는 논란의 여지가 있다. 왜냐하면 데모크리토스는 신체에 대한 혼의 우월성을 명백히 표명하고 있기 때문이다 (본문 89, 193, 317). 그러나 조금만 더 깊이 들여다보면 위와 같은 혼 개념의 윤리학적 성격은 다름 아닌 자연학적 성격에 기초해 있는 것임이 곧바로 드러난다. 왜냐하면 데모크리토스에게서 혼이란 자연학적으로는 혼을 구성하는 원자들의 덩어리이고, 혼의 원자가 안정된 상태에 있는 것이 혼의 평안이기 때문이다. 요컨대 실재로서의 원자의 형태와 배열과 위치의 좋음, 혼 원자의 좋은 상태는 혼 원자가 안정되어 큰 동요로부터 벗어나 있는 것을 의미한다 (본문 193). 결국 행복은 데모크리토스의 자연학설에 기초해 볼 때 혼의 존재 방식, 존재 상태를 의미한다. 데모크리토스는 이러한 유익하고 진정한 혼의 상태를 'eutymia(유쾌함)', 'atambiē(평정)', 'euestō(잘 지냄)', 'terpsis(즐거움)'로 표현하고 있다(본문 197, 83).

그런데 이러한 행복은 처음부터 주어지는 것이 아니라 혼에 대한 배움을 통해 주어진다. 그러므로 혼을 배우고 익히는 것으로서의 지혜(phronēsis)가 중요하다. 이로부터 그의 교육론이 제시된다.

"본성(physis)과 가르침(didachē)은 유사한 것이다. 가르침은 사람을 개조(metarhysmoi)하며, 개조함으로써 본성을 재형성(physio-poiei)하기 때문이다(본문 85)."

원자론자들에게 있어 사물의 감각적 성질의 차이가 원자의 형태(rhysmos), 배열, 위치의 차이에 따라 발생하는(본문 16, 26, 57) 것임을 유념하면 결국 데모크리토스의 입장은 인간의 혼이 원자적 구성에서 태어나기 전부터 고정되어 있다고 보는 전통적 사상과 정반대의 위치에 있다. 그만큼 데모크리토스에 있어서 교육의 가능성은 중시된다. 요컨대 혼을 구성하는 원자덩어리의 어떤 구조, 형태를 다시 다른 형태의 것이 되게 함으로써 혼의 존재방식을 더욱 좋은 것으로 변화시키는 것, 이것이 데모크리토스의 원자론적 자연학에 근거한 그의 교육론이다. 기술(technē)도 지혜(sophiē)도 모두 누군가가 그것을 배우지 않는다면 얻을 수 없는 것이다(본문 112). 물론 이러한 변형의 과정에는 여전히 대우주에 작용하는 필연의 원리가 작용한다. 인간을 포함한 우주 자연 일체가 '필연에 의해' 생성하며(본문 39), 그 곳에는 우연(tychē)이 비집고 들어갈 여지는 전혀 없다. 굳이 우연이라 함은 실재로서의 원자의 단순히 형태, 배열, 위치의 변화에 따라 나타나는 것을 실체로 여기는 것에 지나지 않는다. 불안정한 혼은 이러한 무분별(abouliē, anoiē)을 유발하며 교육은 이러한 그릇된 상태, 즉 우연을 필연으로 생각하는 혼의 불안정한 상태를 안정상태로 변화시키는 것이고 그것이 인간의 지혜(phronēsis)이다(본문 84). 아무리 신체가 아름답고 부와 평판이 있어도 지성과 분별력이 없으면 별 소용이 없다(본문 130, 159, 191).

그러나 혼의 원자론적 구조를 변화시키고 재형성한다는 것은, 좀더 엄밀하게 그러한 삶의 방식을 선택할 수 있는 힘의 상정은, 여전히 원자론적 자연 이론의 필연의 테두리를 위협하는 것이다. 이런 점에서 보면 데모크리토스 또한 인간의 의지, 인간의 주체성의 문제를 전혀 의식하지 않았다고 말할 수는 없다. 사실 격변기를 사는 지식인으로서 데모크리토스 역시 개인의 안심입명을 위한 스스로의 혼의 평정뿐 아니라, 통제 불능의 욕망들이 복잡하게 부딪치던 당시의 사회적 혼란상을 어떻게든 국가의 운영을 통해 잘 해결해 내는 일은 무엇보다도 중요했다(본문 258). 그리하여 그는 급기야 인간의 혼이 원자로부터 만들어졌듯이, 정치제도 역시 같은 방법으로 형성된다고 보고 혼에 대한 재형성이 지혜, 교육에 의해 가능했던 것처럼(본문 85), 정치적 제도의 재형성 역시 정치적 지식에 의해 가능하다고 보았던 것인지도 모른다. 종국적으로는 무지(amatiē)와 어리석음이 모든 잘못과 불행의 원인이기 때문이다(본문 128, 129, 137).

사실상 데모크리토스의 사상을 올바로 이해하기 위해서는 그가 상속받은 당대의 철학적 상황을 이해하는 것이 필요하다. 기원전 6세기 화폐경제가 발생한 이래 이미 사회·경제적으로 국제화된 발칸 반도의 사상적 정황에서는 소박한 전통적 물활론이 더 이상 들어설 자리가 없었다. 엘레아로부터 흘러 들어온 논리주의의 위세는 누구도 거부하기 힘들었고, 프로타고라스 등 소피스트들은 외계를 인식하는 어떤 기준도 없으며, 그것은 단지 주관의 집합으로서 상대적이고 어떤 특정 사회에서만 일시적으로 유효한 것임을 가르쳤다. 그리고 또다른 외래 사상인 피타고라스의 영혼론은 시대의 데카당한 분위기 속에서 영향력을 키워갔다. 데모크리토스는 그 사이에서 탈출구를 발견해야 했다. 이것은 이미 그의 목표가 근본적으로 회의론 내지 상대론 또는 순전한 논리적 사변이나 애매한 종교적 구원 그 어느 것에도 매달릴 수 없었음을 보여준다. 분명 그는 당대의 현실을 구제하려는 확고한 철학적 목표를 갖고 있었던 것이다.

하지만 그는 그러한 자신의 철학적 목표를 위해 자신을 위협하는 도전적인 사상들을 너무 비켜갔다. 추상적 사유와 사태에 대한 개념적 파악의 경향은 그의 단순하고도 소박한 유물론적 사고가 대처하기에는 이미 너무나도 광범위하고도 뿌리 깊게 당대의 사상계를 압도하고 있었다. 게다가 그의 체계는 전통적인 자연세계의 법칙과 의미를 지나치게 격하시키는 것이었고, 인식문제와 관련해서도 그는 진리를 분간할 줄 아는 이성의 참된 능력과 지식이 있다고 주장하면서도 이성에다 감각을 넘겨줌으로써 그 두 지식 간의 구별을 정당화하기가 힘들었다. 그에 따라 자신이 가정해야 했던 지식의 기초를 명시적으로 제공할 수도 없었다.

반면에 거의 바로 뒤를 이어 현상의 구제에 관심을 가졌던 플라톤은 데모크리토스보다 훨씬 용의주도하고도 치밀하게 주위의 사상을 오히려 자신의 이론에 용해시켜 나갔다. 하물며 플라톤은 자신의 목적론적 사고에 해가 된다는 이유로 데모크리토스의 기계론적 사고를 아카데미에 발도 못 붙이게 하고 그 가르침을 아리스토텔레스에게도 이어가도록 했지만, 정작 그 자신은 『티마이오스』편에서 누가 보기에도 분명하게 선배 데모크리토스의 원자론적 착상을 자신의 중요한 통찰의 일부로 삼았다. 그러면서도 플라톤은 데모크리토스의 이름을 자기 책 어느 곳에서도 거론하지 않고 있는데, 이는 당대 종합적인 현실구제이론을 꿈꾸었던 라이벌로서 그에 대한 플라톤의 애증을 시사하는 것이라 할 수 있다. 하지만 그들은 결코 화해할 수 없는 상대였다. 플라톤에게 존재와 가치는 본질적으로 목적론적 구도에 연결되어 있었고, 예지적 영혼 부재의 기계론적 원자론은 그가 꿈꾸던 미와 질서로 가득한 목적의 왕국을 여지없이 흔들어놓는 것이었기 때문이다. 그리하여 이후의 주류적 사상을 형성한 플라톤 후예들의 추상적 사유는 데모크리토스를 간과 또는 무시했고, 그의 유물론적 노선에 관한 문제 또한 충분히 개진되지 못했다.

그러나 데모크리토스는 자연에 관한 종합적인 사상가로서 많은 주류적 사상가들이 미처 알아채지 못했던, 그러나 결코 완전하다고는 말할 수 없지만 기존의 것과는 아주 다른 세계에 대한 새로운 지식의 가능성을 열어놓았다. 데모크리토스의 이러한 가르침과 한계를 동시에 의미 있게 간취하고 되짚어보고 넘어서는 일은 에피쿠로스(BC

342-270)에게로 이어졌다가, 루크레티우스(BC 99-55)를 거쳐 그로부터 훨씬 뒤인 근세의 기계론적 유물론에 와서야 주목받는 철학적 주제가 되었다. 모든 지적 활동을 물리적 접촉으로 환원시킨 이 진지한 최초의 시도가 전적으로 성공적이지 않았다고 해서 놀랄 건 없다. 여전히 우리는 그의 대담성과 일관성을 칭송해야 할 것이다. 이미 그는 2400년 전에 자연의 관찰에 대한 설명방식에 대해 다음과 같이 고백했던 것이다.

"나는 페르시아의 왕국을 얻기보다 오히려 하나의 원인 설명(mian aitiologian)을 찾아내길 원한다." (본문 11)

연대표

시기	철학자 및 사상가	기타 관련사항
B.C. 3000경		크레타의 미노아 문명 시작
2200경		미노아 문명 최초의 크레타 왕궁 건설
1370경		크레타의 크놋소스 왕궁 파괴됨.
1300–1200		뮈케네 문명의 전성기
1184		전승되고 있는 트로이아 멸망 시기
1150		뮈케네 왕궁의 최종적인 파괴
1100–1000		도리아인의 유입
1050–900		도기(陶器)의 원(原) 기하 문양기
875–750		도기(陶器)의 기하 문양기
776		제1회 올림피아 제전 경기
753		전승되고 있는 로마 건립 시기
750–700		페니키아 문자에 기초한 희랍어 알파벳 창안
750–700경	호메로스와 헤시오도스의 활동기	
735		최초의 시실리 식민지 건설

730-710		스파르타가 멧세니아 정복
621		아테네의 최초 성문법인 드라콘 입법
624-546	탈레스	
610-575	레스보스의 사포 활동기	
610-546	아낙시만드로스	
600-560	솔론의 활동기	
594		아테네에서 솔론의 개혁
585	탈레스의 일식 예측	
570경-550경	아낙시만드로스 활동기	
570-490	피타고라스	
582		델포이에서 제1회 퓌티아 제전 개최
570-475	크세노파네스	
560-556		아테네에서 페이시스트라토스의 참주 정
546경	아낙시메네스 전성기	
545		페르시아의 이오니아 정복
540경-520경	크로톤에 피타고라스 공동체 형성	
540경	테오그니스 활동기	
535-490	아나크레온 활동기	
534		아테네에서 최초의 비극 상연
528		아테네에서 히피아스가 페이시스트라 토스 참주 승계
520-468	시모니데스 활동기	
515경	파르메니데스 탄생	
508		아테네에서 클레이스테네스의 개혁
504-501경	헤라클레이토스의 전성기	
500	알크마이온의 전성기	
500-428	아낙사고라스	

500–323		고전기
499–479		페르시아 전쟁
495(2)–435(2)	엠페도클레스	
493	아테네에서 테미스토클레스 아르콘이 됨	
490		마라톤 전투
489	제논 탄생	
487–483		아테네에서 도편추방법 실시
487		아테네에서 최초의 희극 상연
485–415	프로타고라스	
485	고르기아스 탄생	
484–420	헤로도토스	
480		테르모퓔라이 전투 및 살라미스 해전
478		델로스 동맹 창설
476	핀다로스의 첫번째 『올림피아 송가』	
472	아이스퀼로스의 『페르시아인들』 상연	
470–385	필롤라오스	
469–399	소크라테스	
464	아낙사고라스, 아테네에 도착	
461–451		1차 펠로폰네소스 전쟁
460경	데모크리토스 탄생	
460–377	히포크라테스	
459–399	투퀴디데스	
454	남부 이탈리아의 피타고라스 공동체 파괴됨	
444–441경	엠페도클레스 전성기	
441경	멜리소스 전성기	

5C 전반-4C초	프로디코스 및 히피아스 활동기	
447		파르테논 신전 건립 시작
440-430경	레우키포스 원자론 제시	
431-404		2차 펠로폰네소스 전쟁
430경	데모크리토스 전성기	
429	페리클레스 전염병으로 사망	
428	에우리피데스의 『히폴뤼토스』 상연	
428-347	플라톤	
423	아리스토파네스의 『구름』 상연	
421		아테네와 스파르타의 니키아스 평화 협정
424	소크라테스 델리온 전투 참가	
411		아테네에서 과두정 혁명
409	소포클레스의 『필록테테스』 상연	
404		30인 참주의 공포정치
399	소크라테스의 죽음	
397-338	이소크라테스 활동기	
390-354	크세노폰 활동기	
387	플라톤 아카데미아 학원 창설	
384-322	아리스토텔레스	

공통의 (것) (to) xynon 222

과감함 tolmē 107, 629

관대함 megalopsychia 585

관습 nomos 81, 200, 352, 486, 562 → 법 nomizon 163 ; ethos 495

관습상 nomōi 466, 562, 570

관습적 nomizomenos 254

광기 mania 101, 255, 344, 662

광장 agora 97, 101

교설 dogma 114, 467 → 교의, 학설

교양 paidia / paideia 106 → 교육

교육 paideia 98, 174, 186, 194, 604, 606, 633 → 교양

교의 dogma 177 → 교설, 학설 ; logos 174, 175, 183 → 논리, 논변, 논
　증, 동인, 규정, 로고스, 말, 비(比), 설명, 양, 원리, 이론, 이성, 이야
　기, 이치, 정의, 주장, 추리

교접(하다) meignysthai 526

교합(交合)하여 michthentōn 39, 46, 88, 393

교환물 antamoibē 246

구름 nephos 42, 146, 153, 155, 162, 209, 210, 212, 490, 520-524

구조물 systēma 557, 558

국가 polis 199, 200, 622, 623 → 나라, 도시국가

권력 dynasteia 108, 368

귀 akoē 71, 186, 228, 229, 279, 532, 664

규정 logos 548, 645 → 교의, 논리, 논변, 논증, 동인, 로고스, 말, 비
　(比), 설명, 양, 원리, 이론, 이성, 이야기, 이치, 정의, 주장, 추리

균등(한) to ison 597 ; isorropos 646

균일한 homoios 282, 286

그노몬 gnōmōn 131, 133, 460, 475

나눌 수 없는 것 adihaireta 471, 550

나눔 tomē 315, 316

나라 polis 50, 59, 98, 167, 168, 170, 171, 178, 183, 486, 494, 613, 623, 626 → 국가

나일 강 Nielos 124, 125, 519

나타나는 것(들) phainomena 297, 302, 303, 562, 564, 567, 573 → 현상

날숨 ekpnoē 142

남극 antarktikoi 519

남자다움 ēnoreē 193; virtus 166; andragathia 451

낮 ēmar 69, 118, 119, 225, 247, 272, 480, 530, 532, 602

네 발 짐승 tetripodos 526

노(櫓) kōpē 162, 568

노인 gerōn 103, 597, 605

논리 logos 331 → 교의, 논변, 논증, 동인, 규정, 로고스, 말, 비(比), 설명, 양, 원리, 이론, 이성, 이야기, 이치, 정의, 주장, 추리

논변 logos 279, 286, 297, 299, 312-314, 318, 319, 325, 331, 334, 491, 507, 645, 646 → 교의, 논리, 논증, 동인, 규정, 로고스, 말, 비(比), 설명, 양, 원리, 이론, 이성, 이야기, 이치, 정의, 주장, 추리

논쟁가 eristikos 568

논증 logos 544, 545 → 교의, 논리, 논변, 동인, 규정, 로고스, 말, 비(比), 설명, 양, 원리, 이론, 이성, 이야기, 이치, 정의, 주장, 추리; epicheirēma 299, 314, 317, 329, 501, 514, 544, 545

논증 방식 epicheirēsis 317

높은 분별 polynoiē 589

높은 사색 meteōrologia 491

뇌 enkephalos 454, 531

뇌수(腦髓) cerebrum 527, 660

뇌우 prēstēr 246

누스 nous(noos) 276, 278, 291, 292, 304, 305 → 마음, 분별, 사고, 사유, 지성

눈(雪) chiōn 162, 519, 523, 524, 531

눈(眼) ophthalmos 186, 206, 228, 229, 250, 261, 279, 354, 359, 383, 385, 388, 407, 410, 436, 517, 519, 530, 564

눈동자 korē 411, 530, 564

느슨한 (것) (to) chalaron 152

능력 dynamis 43, 220, 233, 334, 458, 491, 579, 621, 624 → 힘

다른 생각을 하는 것 to allopronein 575

다수 ta polla 318 → 많은 것들, 여럿

다수성 plēthos 543 → 수효, 수(복수)

단 (것) (to) glyky 530

단단한 것 stereon 545

단단한 것들 ta nasta 551

단순한 (것) to haploun 507

단위 monas 456

달 selēnē 60, 83, 87, 142, 143, 145, 158, 184, 209, 210, 253, 290, 303, 305, 380, 383, 385, 450–452, 457, 463, 482, 484, 493, 495, 501, 512, 519, 520, 522, 537, 558, 669

닮은 (것) (to) homoion 313

닮지 않음 anhomoiotēs 313, 552

담즙 cholē 454, 533

대립자들 enantiotētes 81, 135, 136, 141, 155, 238, 244, 446, 476, 477, 496, 497

대립적인 것들 t'anantia 477, 497, 529 → 반대되는 것들

둘로 나눔 dichotomia 316, 545

뒤얽힘 periplokē 560

드라크메 drachmē 493

듣고 따르는 사람들 akousmatikoi 187-189

디케 dikē 227, 244, 251, 272, 274, 281, 305 → 배상, 재판, 정의, 올바름

따오기 ibis 526

땅 gē/gaia 43, 61, 68, 70, 76, 78, 91, 94, 106, 126, 128, 129, 132, 133, 141, 145, 146, 148, 155, 157, 158, 162, 196, 203, 209-213, 235, 245, 246, 290, 291, 301, 303, 306, 350, 358, 373, 378-380, 382-386, 388, 392, 401, 422, 432, 451, 457, 490, 501, 508, 519-523, 525, 526, 557, 621, 640, 667 → 지구, 흙

떨어져 나옴 to apokrinesthai 308, 373, 490, 500, 503, 504, 513, 514, 521

떼어놓는 것 to dieirgon 542

뜨거운 (것) (to) thermon 87, 141, 152, 154, 155, 302, 303, 307, 337, 502, 505, 508, 512, 521, 562, 570

뜻 boulē 262

로고스 logos 221-223, 232, 236, 257 → 교의, 논리, 논변, 논증, 동인, 규정, 말, 비(比), 설명, 양, 원리, 이론, 이성, 이야기, 이치, 정의, 주장, 추리

뤼라 lyra 190, 237

마고스들 magoi 74, 253

마그네시아 돌(자석) magnētis lithos 130

마음 nous 286 → 누스, 분별, 사고, 사유, 지성 ; thymos 432 ; phrēn 107, 207, 348, 354, 358, 421, 437, 575, 654 → 생각, 정신

만물 ta panta 47, 236, 247, 251, 303, 349, 378, 412, 424, 501, 576

많은 것들 ta polla → 다수, 여럿

많은 대화 adoleschia 491

말 logos 100, 101, 103, 104, 203, 223, 227, 272, 295, 341, 346, 359, 420, 585, 587, 591, 592, 594, 599, 603, 604, 616, 630, 638→ 교의, 논리, 논변, 논증, 동인, 규정, 로고스, 비(比), 설명, 양, 원리, 이론, 이성, 이야기, 이치, 정의, 주장, 추리 ; epos 221

말을 알아듣지 못하는 barbaros 229

맛 chymos 541, 567 ; hēdonē 501 →쾌락

머리털 trix 517

메아리 ēchō 191, 533

면(面) epipeda 563

명성 doxa 56, 192, 215, 537, 538 → 견해, 의견, 평판

명예 timē 81, 215, 345, 352, 354, 362, 429, 433, 495, 595

모든 것 to pan 39, 44, 45, 47, 48, 55, 57, 68, 126, 127, 129, 137, 139, 143, 144, 146, 151, 152, 155, 191, 202, 207, 209, 211, 213, 221, 228, 232, 234, 237, 238, 243, 245, 246, 249, 250, 259, 277, 284, 285, 288, 290, 298, 299, 303, 306, 308, 319, 323, 331, 337, 351, 352, 357, 362, 363, 367, 375, 378, 403, 405, 409, 414, 415, 417, 423, 434, 442, 443, 447, 448, 454, 459, 460, 469, 485, 491, 492, 497-502, 504-511, 513-518, 525, 528, 529, 542, 545, 546, 550, 554, 555, 559, 564, 568, 597, 599, 601, 614, 643, 645, 666 →전체, 우주, 전부

모든 씨앗의 혼합(체) panspermia 548

모방하다 memeisthai 472, 583, 591, 645

모습 eidos 154, 362, 547 → 종류, 형상, 형태 ; species 156 ; idea 206

모양 eidos 352, 354, 401 → 형상, 종류, 형태, 모습, 종(種) ; rhysmos 546

모욕 hybris 104, 599 → 오만

모자람 elleipsis 597

목소리 phōnē 532

목적 telos 576, 580

몫 moira 258, 392, 400, 417, 427, 433, 504, 510, 511, 512, 625, 627
→ 부분, 영역

몸 sōma 46, 48, 49, 58, 61, 148, 176, 219, 240, 361, 403, 453, 454,
455, 464~466, 516, 541, 571, 578, 581, 583, 584, 613, 629, 633, 635,
636, 639, 660 → 신체, 물체(들)

못 hēlos 160

무(無) mēdamē 298

무(無)지성 anoia 491

무게 barys 550, 554; stathmos 550; baros 517, 550~552

무규정적인 것 ahoriston 507 → 한정되지 않은 것

무대 skēnē 600

무덤 sēma 48, 49, 494 → 표지

무생물 apsychos 130, 560 → 혼이 없는 것

무신론자 atheus 525

무지개 iris 191, 524

무한정한 (것) apeiron 135~140, 149, 154, 502, 503, 514 → 한정되어
있지 않은 것

묵언 siōpē 172, 177

문턱 oudos 272, 411

물 hydōr 43, 45, 50, 51, 75, 78, 87, 126~129, 135, 138, 153, 155, 162,
174, 203, 211~213, 215, 239, 246, 255, 291, 299, 302, 336, 350, 352,
354, 358, 361, 362, 379, 387, 392, 397, 400, 518, 519, 521, 522,
524, 525, 531, 532, 548

물고기 ichthys 147, 148, 182, 212, 239, 396, 432, 532, 640

물기 ikmas 559

물체(들) sōma(ta) 138, 140, 153, 156, 159, 324, 338, 355, 450, 462, 471, 472, 482, 490, 508, 515, 519, 545, 547, 548, 551, 552, 554, 557, 560, 566, 575, 658 → 몸, 신체

물체(덩어리) onkos 285, 300, 361, 379, 383, 404 → 부피

물체성 sōma auto 338

미각(미감) geusis 530, 572

미세한 lepton 127, 146, 411, 512, 528, 550, 557, 573

미완결 ateleutēton 283

민중 dēmos 100, 263

믿음 pistis 140, 345, 352, 571, 575 → 확신

밀집되다 episynagein 162

바다(물) thalatta 69, 92, 94, 106, 123, 125, 132, 145, 146, 162, 176

바람 anemos 125, 146, 153, 155, 159, 162, 212, 386, 411, 418, 520, 524, 639; pneuma 75, 145, 151

바퀴 kyklos 272 → 원; trochos 142, 143

박식 polymathiē 100, 174, 192, 224, 226, 589

박코스교의 여신도들 bakchai 467

박코스 신도들 bakchoi 253

박코스적 Bakchikos 183

반대되는 (것) (to) enantion 307

반사(反射) anaklasis 379, 380, 384, 452, 524

반작용 hypostrophē 532

밝은 (것) (to) lampron 303, 502, 512, 522

밤 nyx 42, 69, 88, 118, 161, 225, 247, 252, 253, 261, 272, 287, 288, 290, 291, 379, 385, 411, 480, 530, 532, 602, 612

방자하지 않게 anhybristōs 590

방출(물) aporroē 405~407

방향 tropē 546 → 전환, 지점(至點)

배상 tisis 135

배열 diakosmos 287, 303 ; taxis 509, 546, 556, 563

배우지 못함 apaideusia 105

뱀 drakōn 44, 45, 65

번개 astrapē 146, 520 ; keraunos 62, 70, 146, 247, 669

벌거벗은 현자들 Gymnosophistai 539

법 nomos 47, 104, 109, 232, 262, 263, 270, 486, 585, 604, 608, 621,
  622, 626, 627 → 관습 ; thesmos 628

법도에 맞지 않는 athemistia 205

법률 nomoi 183

벚나무 kerasos 198

벼락 keraunos 52, 53, 146

변증술 dialektikē 311, 312

변화 metabolē 119, 136, 138, 152, 154, 212, 243, 251, 331, 457, 458,
  528, 564, 607 ; aloiōsis 544, 567, 600 ; tropos 354 → 질적 변화

별 astēr 52, 69, 142~144, 158~160, 209, 252, 289, 290, 303, 306, 480,
  482, 484, 490, 511, 519, 520, 522, 524, 558

보고(寶庫) mychos 200

보물 keimēlion 199 ; thēsaurisma 640

보상 tisis 418

보안 phylakē 173

보조원인 synaition 530

본성 ethos 231 → 습관 ; physis 44, 47, 86, 108, 126, 127, 159, 181,
  202, 221, 225, 233, 235, 289, 292, 300, 303, 393, 396, 414, 417,
  442, 444, 448, 450, 458~460, 469, 479, 484, 491, 498, 542, 548, 552,

553, 558, 576, 579, 581, 605, 620, 628, 631, 632, 636, 644, 645 →
본연의 것, 부류, 성향, 자연, 자연물, 출생

본질 ousia 321, 459, 645 → 실체, 존재

부(富) ploutos 591, 614

부끄러워하다 aischynesthai 593, 620, 627

부동(不動) akinēton/atremes 283, 284, 293, 358, 366

부류 genos 187, 188, 240, 307, 444, 447, 460, 462, 477, 643 ; physis
296 → 출신

부분 moria, 138, 308, 309, 343, 400, 415, 469, 479, 481, 517, 518,
520, 525, 527, 543, 582; moiron 388, 364, 380, 387, 514 ; pers
meros 78

부수적으로 symbebēkōs 299, 321

부패(腐敗) sēpedōn 578

부피 onkos 314 → 물체(덩어리)

북두칠성(큰곰자리) hamaxa 120

분노 mēnis 63, 92, 104, 105, 638

분리 apokrisis 502 ; diakrisis 351, 497, 515, 516

분리되어 나옴 ekkrinesthai 496, 497, 513

분별 nous 586, 589, 606 → 누스, 마음, 사고, 사유, 지성 ; phronēsis
87, 106, 107, 609, 637, 638 ; synesis 605

분점(分點) isēmeria 131, 133

분할 dihairesis 140, 319, 547, 548

불 pyr 75, 78, 87, 90, 138, 140, 142, 143, 153, 155, 158-160, 182,
245-247, 250, 254, 264, 287, 290, 299, 302-307, 336, 350, 358, 379-
381, 383, 391, 392, 401, 402, 410-412, 415, 450-452, 462, 463, 469,
481, 498, 508, 522, 548-550

불가사의한 행위 teratopoiia 164

산출(하다) gennan 138, 141, 544, 559, 560

산출자 gonimos 74, 141

살(肉) sarx 515, 516

삶 bios 73, 147, 148, 166, 168, 183, 242, 260, 361, 459, 466, 584, 588, 600, 607, 608, 610, 612, 615, 617, 621, 622, 634

삶의 방식 diaita 178 ; tropos tou biou 194

상(像) eidōlōn 562, 609, 637, 644 ; emphasis 530 → 영상

상념 hypolēpsis 600

상어 galeos 148

상징 symbolon 182, 190, 647

상태 diathēkē 571 ; diathesis 87 ; pathē 126

상호접촉 diathigē 546

상호 충돌 allēlotypia 551

새 ornis 351, 352, 354, 361, 362, 397, 423, 432, 526

색깔 chroia 285, 299, 352, 353, 501, 502, 507, 517, 528, 530, 531, 562, 564, 643, 657

샘 pēgē 51, 270, 349, 354, 435, 640

샘터 rhoē 199, 200

생각 phronēsis 222, 415, 417 ; phrontis 196 ; noēma 207 → 사고, 사유 ; oiēsis 230 ; phrēn 207, 224 → 마음, 정신 ; nous 69

생명이 없는 것(무생물)들 apsychoi 180, 560 ; apsycha dianoia 455 ; epinoia 462

생성 genesis 136, 137, 140, 155, 158, 213, 282, 283, 294, 303, 305, 331, 398, 458, 463, 478, 513, 515, 516, 543, 544, 555

생겨남 genesis 246, 280, 351, 357, 453

서로 맞물림 epallagē 560

서리(霜) pruina 524

소생(蘇生) psychōsis 578

소용돌이 dinē 70, 374, 375, 380, 428, 490

속박 desmos 283

속성 symbebēkos 469, 470, 506, 552, 647

손 cheir 190, 203, 206, 272, 273, 353, 369, 391, 403, 404, 436, 437, 529, 666; palamē 401, 410

손톱 onyx 517

쇠 sidēros 97, 336, 337 → 철

수 arithmos 140, 164, 184–186, 325, 447, 459–461, 465, 466, 469, 470–472, 475, 479, 645

수(복수) plēthos 482, 498–500, 502, 543, 549 → 다수성, 수효

수사술 rhētorikē 311, 312, 341, 490

수정(水晶) 같은 것 krystalloeidē 160

수치스럽다 aischynesthai 584

수컷 arsēn 390, 394, 476, 525

수학 mathēmata 122, 473

수학자 mathēmatikos 140

수호신 daimōn 263 → 신령, 영령

수효 plēthos 126, 503, 505, 555 → 다수성, 수(복수)

순수한 (것) katharon 289, 422, 507, 669

순환들 perihodoi 251

술책 kakotechniē 174, 226

숨 pneuma 411, 479, 480, 532; pnoiē 152, 403, 415, 457, 460, 531, 532

숨구멍 ekpnoē 143

스스로 다스리는 것 autokrates 510

스토아학파 hoi apo tēs Stoas 157

신령 daimōn 53, 601 → 수호신, 영령

신론(神論) theologia 42-44, 72, 82

신적인 (것)(to) theion 139, 154, 231, 232, 306, 436, 444, 450, 458-460, 484-486, 494, 581, 583, 599, 654, 663 ; daimon 389, 663

신전 hieron 63, 98, 99, 164, 180, 183, 220

신체 sōma 100, 404, 517, 554, 597, 616 ; skēnos 615 → 몸, 물체(들)

신탁 manteion 54, 56, 59, 184, 235, 423, 426, 427

신화(이야기) mythos 202

실수(失手) hamartēma 103, 107, 588, 649

실재 eteē 543, 562, 569

실체 ousia 44, 126, 152, 153, 295, 471, 472, 478, 506, 546, 547, 560, 669 → 본질, 존재

심연 bythos 570

심장 ētor 274 ; kardia 183, 413, 454, 578

쓰여진 것 grammata 189

쓴 (맛)(ho) pikros (chylos) 408, 477, 562, 565

씨앗 gonos 75, 127, 653, 661 → 정자 ; sperma 126, 479, 501, 502, 517, 548, 560

아가미 branchia 532

아나칼뤼프테리아(신부의 베일을 벗기는 의식) anakalyptēria 81

아무 것도 아닌 (것) ouden 546 ; mēden 278, 281, 288, 329, 548

아첨 areskeia 104, 600, 629, 641

아카이아인 Achaios 638

악(惡) kakia 59, 60, 100, 432, 435, 640 ; kakotēs 604

알(卵) ōion 42, 44, 45, 62, 397, 526

앎 gnōmē 107, 185, 443, 444, 511 → 앎의 능력, 판단

앎의 능력 gnōmē 572 → 앎, 판단

암컷 thēlys 388, 390, 394, 476, 525

암탉 alektoris 639

압축되다 piezein 146, 152, 153, 564

애지적 활동 philosophia 185

양(量) poson 319; logos 246 → 교의, 논리, 논변, 논증, 동인, 규정, 로고스, 말, 비(比), 설명, 원리, 이론, 이성, 이야기, 이치, 정의, 주장, 추리

양분 trophē 516 → 음식물, 자양분

양태(樣態) pathos 506 → 감정, 격정, 경험, 성질

양털 nakos 95

어두운 (것) zopheron 502, 512, 521; adaē 287; skoteinon 303, 436

어리석음 anoiē 101, 637; aphrosynē 601, 624

얼음 glacies 524

얽히다 periplekesthai 555, 556

에테르 aithēr 42, 44, 57, 69, 70, 78, 88, 89, 127, 212, 272, 287, 289, 290, 305, 378, 379, 381, 382, 401, 415, 424, 427, 428, 490, 492, 500, 508, 512, 519, 521, 522, 527, 669

여럿 polla 141, 298, 312–314, 316–318, 336, 337, 458, 500, 514, 542, 543, 555, 631 → 다수, 많은 것들; pleion 302, 332, 333, 357, 358, 366, 476, 496

여름철 thros 519

여신 thea 46, 47, 50, 52, 53, 57, 61, 64, 83, 271, 273, 290, 305, 346, 410, 456, 524, 649

여자 gynē 148, 292, 352, 354, 362, 391, 419, 599, 613, 630, 653

엮임 symplokē 565

연극 parhodos 600

연속(적인 것) synechēs 280, 283, 319, 457, 479, 514, 542, 633

연속적으로 synēchōs 42, 321

열망 hormē 417, 642

영령 daimōn 190 → 수호신, 신령

영상(映像) emphasis 564 → 상 ; deikelon 566

영역 apotomē 210 ; moira 83 → 몫, 부분

영예 kleos 259

영예스럽다 kydros 199 ; gegaros 203

영원 aiōn 49, 68, 136, 137, 156, 457, 554

영원한 (것) aidion 141, 154, 296, 329, 331, 333, 423, 427, 444, 458,
   461, 478, 484

영향을 받다 paschein 544

영향을 받지 않는 apathēs 510, 529, 547

영향을 주다 poiein 544

영혼 psychē 73, 305, 469, 483 → 혼

옆구리 pleura 44, 533

예지 gnōmē 231, 234

오류 pseudos 324

오르케스트라 orchēstra 493

오르페우스적 Orphikos 183

오만 hybris 204, 219, 220, 264 → 모욕

5종 경기하다 pentathleuein 199, 200

옥타브 hē dia pasōn sympōnia 185, 445

올림피아기 Olympias 113, 132, 150, 197, 218, 267, 311, 340, 487, 536

올바른(것)(to) dikaion 49, 184, 203, 590

올바름 dikē   625 → 디케, 배상, 재판, 정의 ; dikaiosynē 50, 469 ; or-
   thosynē 584

완결된 telestos 280 ; tetelesmenon 285

원소 stoicheia 86, 87, 126, 128, 130, 135-139, 156, 187, 303, 307,
    350, 354, 355, 364, 367, 372, 379, 381, 415, 477, 497, 506, 514,
    517, 521, 545, 546, 548, 549, 556-558, 563, 564

원운동 enkyklios kinēsis 480, 482, 508

원인 aitia 44, 125, 128, 137, 139, 302, 303, 305, 379, 380, 457, 472,
    477, 481, 491, 492, 501, 509, 513, 533; causa 157

원인설명 aitiologia 539

원자 atomon 514, 541, 542, 548-554, 556, 558-560, 562, 563, 565,
    569-571, 576, 658

원칙 kanon 571

원통형 kylindroeidē 145

위치 thesis 546, 556, 563

유사한 (것) (to) eoikōs 214

유언 diathēkē 579

유입(流入) epirysmiē 569

유출(물) ekporia 152 ; aporroē 564 ; aporroia 566

윤회 periēlysis 84, 176, 432

은하수 galaxia 290, 305, 520

음성 phōnē 56, 643, 644, 647

음식물 trophē 518 → 양분, 자양분

응결되다 piloun 524, 531

응축 pilēsis 155, 157, 160, 162, 379, 388, 563

의견 dokos 213; doxis 569; doxa 274, 296, 436, 562, 563 → 견해,
    명성, 평판

의술 iatrikē 184, 342, 581

의식 orgia 46, 50, 63, 164, 183, 254, 485

의욕 orexis 590

이동(移動) phora 553, 554 → 운동

이득 pleon 164; kerdos 103, 106, 108, 420, 610, 615, 626; ōphelē 107

이론 logos 114, 186, 469, 472, 477, 481, 485, 494, 507, 515, 517, 542 → 교의, 논리, 논변, 논증, 동인, 규정, 로고스, 말, 비(比), 설명, 양, 원리, 이성, 이야기, 이치, 정의, 주장, 추리

이름 onoma 45, 56, 76, 87, 91, 95, 135, 137, 176, 185, 236, 242, 244, 247, 282, 284, 286, 288, 293, 351, 498, 517, 546, 633, 645-648, 650

이분법 논변 dichotomein 322

이빨로 무는 모든 것들 panta ta daknonta 96

이성 logos 87, 305, 448, 454, 460, 560, 582, 639 → 교의, 논리, 논변, 논증, 동인, 규정, 로고스, 말, 비(比), 설명, 양, 원리, 이론, 이성, 이야기, 이치, 정의, 주장, 추리

이성을 갖지 않은 alogos 305, 560, 582

이암보스 Iambos 196

이야기 logos 265, 374 → 교의, 논리, 논변, 논증, 동인, 규정, 로고스, 말, 비(比), 설명, 양, 원리, 이론, 이성, 이치, 정의, 주장, 추리

이주 peripolēsis 270

이집트인들 Aigyptioi 82, 176, 183

이집트 콩 erebinthos 198

이치 logos 555, 586 → 교의, 논리, 논변, 논증, 동인, 규정, 로고스, 말, 비(比), 설명, 양, 원리, 이론, 이성, 이야기, 정의, 주장, 추리

이탈리아 철학 Italikē philosophia 188, 480

인간 anthrophos 38, 46, 63, 67, 69, 81, 93, 96, 148, 182, 185, 193, 205, 206, 213, 231-233, 239, 245, 249, 258, 263, 274, 291, 298, 303, 396, 413, 414, 418, 421-423, 433, 437, 460, 465, 472, 485, 541, 634, 639; anēr 359, 392, 421, 433, 434

인생 aion 249

인식 gnōsis 295, 307, 571, 572

일(1) monas 459

일 ergon 609 → 행동, 행위

일치 homologia 152, 153, 255, 382, 526, 532

~임, ~이다 einai 293, 321, 472

입 stoma 152, 153, 255, 382, 526, 532

입교 의식 teletai 46, 50

있는(~인) 것 to on/eon 135-137, 140, 144, 151, 152, 154, 184, 186, 193, 201, 243, 274, 277, 280, 282-284, 286, 294-296, 298-300, 302, 308, 312-319, 328, 330, 332-338, 347, 352, 353, 360, 362, 363, 365, 406, 434, 443, 444, 461, 470, 472, 475, 496-499, 503, 511, 515, 518, 534, 542, 543, 545-547, 558, 562, 645

있음 to einai 293 → 존재

있지(~이지) 않은 것 to mē on 276, 279, 281, 285, 298, 302, 330, 334, 337, 347, 497-499, 511, 518, 543, 545

잎사귀 petalon 160, 161, 397, 433

자궁 mētra 292, 308, 394, 453, 525, 653, 661

자기를 아는 것 to ginōskein heouton 233

자기 자신의 주인 autokratōr 509

자승자박 peritropē 567

자양분 trophē 126, 413, 451, 527, 665 → 음식물, 양분

자연 physis 328, 491, 508, 548, 559, 661 → 본성, 본연의 것, 부류, 성향, 자연물, 출생

자연철학자 physikos 139, 140, 294, 328, 497, 498, 526, 528, 561, 573, 578, 664

자유인 ho eleutheros 165, 167, 178, 182, 186, 249, 633

조종하다 kybernan 139, 234, 290, 305, 457; oiakizein 247

조화 harmonia/harmoniē 184, 185, 187, 237, 238, 353, 430, 444, 446, 455, 460, 465, 466, 469, 482, 483

조화 중항 harmonikē mesothēs 187

족쇄 pedē 282

족제비 galeē 526

존립 hypostasis 548

존재 to einai 472; ousia 398, 647 → 본질, 실체

종교의식 hagisteia 164

종류 eidos 126, 184, 188, 280, 572, 658 → 모습, 모양, 종, 종류, 형상, 형태; idea 296

좋은 성향 eutropiē 587

주기 perihodos 119, 157, 177, 238, 364, 497

주도적인 것 kyrios 155

주장 logos 59, 128, 312–314, 336, 483 → 교의, 논리, 논변, 논증, 동인, 규정, 로고스, 말, 비(比), 설명, 양, 원리, 이론, 이성, 이야기, 이치, 정의, 추리

주재자 anax 235, 485

죽음 thanatos 36, 242, 246, 253, 255, 256, 260, 261, 351, 533, 578, 611, 612; teleutē 181; apogenesis 85; apōleia 171; moros 258

죽음, 운명 moroi 258, 260

중항 mesothēs 187, 446

즐거움 charma 200; terpsis 256, 426, 607, 609, 611, 618, 639 → 쾌

증거 enareia 575; sēmeion 59, 336; tranōma 345; epimartyr 361

증기 atmis 70, 145, 146, 665

증발(물) anathymiasis 127, 145, 147, 210, 243, 253, 305, 379, 519

증인 martyr 228, 229, 265

촉각 psausis 572 ; haphē 530, 561 → 접촉

촘촘한 (것)(to) pyknon 141, 152, 153, 155, 335, 397, 403, 404, 508, 512, 521, 546, 564

촘촘해진(짐) pyknomenon 152, 153, 155

최고행정관 archōn 167 → 통치자

최선 ariston 100, 492 → 가장 좋은 것

추론 syllogismos 299, 317, 323, 331, 336, 503, 573

추리 logos 518 → 교의, 논리, 논변, 논증, 동인, 규정, 로고스, 말, 비 (比), 설명, 양, 원리, 이론, 이성, 이야기, 이치, 정의, 주장

추측하다 symballein 234, 306, 348, 478

축복받은 사람들의 섬 hai makarōn nēsoi 184

축축한 (것)(to) dieron 502, 521 ; noteros 154, 669 ; hygros 126, 127, 141, 147, 508, 564

출생 physis 351

출신 genos 169

충돌 plēgē 532, 551, 554, 556, 559

충동 thymos 264, 270, 619

측량할 수 없는 immensus 156

친구 philos 102, 104, 106, 109, 168, 182, 596-598, 624

친척 syngenēs 594, 598

침묵 sigē 101, 102, 107, 431

침상 klinē 49, 198

침착함 akataplēxia 580, 581, 614

침투하다 endiēkein 156, 531

쾌 terpsis 580, 607 → 즐거움

쾌락 hēdonē 100, 101, 108, 590, 604, 607, 612, 613, 618, 636, 642

쾌활한 euthymos 602

포도주 oinos 198, 203, 215, 397, 408, 666

폭넓은 분별력 polyphrosynē 584

폭풍우 cheimōn 524, 667

표상 phantasia 567, 573

표지 sēma 48, 280, 287, 289, 524 → 무덤

표현방식 lexis 86, 87

풀무의 취관 aulos plēstēr 143

품성 ēthos 587 → 성향, 성품

품위 charis 167, 635

풍모 idea 167

풍자시 작가 sillographos 217

풍자작가 epikoptēs 195

피라미드 pyramis 122

피로 kopos 244, 533, 621

피막 hymēn 411, 557, 558

피타고라스주의자들 Pythaoreioi 49, 170, 171, 173, 175, 185, 188, 439, 445, 450, 451, 468, 470, 471, 473, 475, 477-481, 483

필연 anankē 36, 44, 282, 283, 289, 423, 426, 553, 555, 561 ; chreōn 135, 249

하나 hen/mia 55, 88, 126, 135, 136, 138, 141, 153, 157, 201, 202, 206, 225, 231, 232, 234, 236, 237, 242, 259, 275, 280, 293, 296-300, 302, 305, 312, 315, 316, 318, 331-333, 335-338, 357, 358, 361, 363-367, 375, 446-459, 475, 476, 478-480, 496, 499, 505, 507, 515, 542-546, 555, 556, 560, 660

하나 monas 187 → 단위, 일(1)

하나인 것을 말하다 henizein 202

하나임 henas 298, 318

해체하다 dialyein 348, 544, 579, 636

햇빛 hēliakē 524

행동 ergon 205 → 일, 행위 ; praxis 108, 642

행복 eudaimoniē 185, 240, 429, 436, 584, 601, 608, 623, 657

행성(들) planē 190, 450, 463, 523 → 별들

행운 eutychē 108, 637 ; tychē 579, 613

행위 ergon 460, 588, 602, 607, 638 → 일, 행동 ; ergma 584, 588 ;
praxis 455, 587, 592, 603, 629

허공 to kenon 332, 334, 335, 479, 480, 542–548, 550, 552, 554, 556–
558, 562, 563, 570 → 빈 곳

허파 pleumōn 533

헬라스인들 Hēllēnes 56, 117, 176–178, 230, 664, 666

헬리오스의 딸들 Hēliades 272

현상 ta phainomena 528, 531, 543, 568, 574, 575 → 나타나는 것(들)

현실적 entelecheia 321, 499

현인 sophos 112, 224

　일곱 현인 hepta sophoi 98, 112

혈관 phleps 292, 533, 656 → 정맥

협화음 symphōnia 185, 186, 472, 482

형상 eidos 506, 507, 645 → 모습, 모양, 종, 종류, 형태

형체 demas 206, 207, 287

형태 forma 292 ; eidos 337, 350 → 모습, 종류, 형상 ; idea 377, 501 ;
morphē 286, 447, 458, 658 → 모양 ; schēma 472, 546–550, 552,
556, 557, 559, 563, 564, 569, 643

혜성 komētēs 523

호기(好期) kairos 594

호박(琥珀) ēlektros 130

호우(豪雨) hyperombria 162

호의 charis 595, 624, 629, 640

혼 psychē 127, 151, 229, 511, 580, 645 → 영혼

혼이 없는 것(무생물) apsychos 130

혼합(섞임) mixis 212, 351 → 섞임 ; krasis 291, 307, 353, 363, 367, 373, 379, 388, 575 ; meigma 354

화살 oistos 322, 323, 382

화성(和聲) harmonia 187

확신 pistis 274, 281, 283, 284, 286, 421 → 믿음

환일(幻日) parēlia 524

활 toxos 237, 242

황도 zōdiakos 119

회오리 dinē 39, 555, 557-559

회전 perichōrēsis 511 ; peridinēsis 522

회전(회전운동) periphora 379

후각 odmē 258, 409, 572

후계자 diadochos 132, 135, 157

훈계들 hypothēkai 189

훌륭한 (것) (to) kalon 167, 609

훌륭한 법질서 eunomia 200

흙 gē 153, 158, 159, 162, 211, 255, 302-305, 336, 337, 352, 378, 380, 387, 400-402, 409, 410, 415, 462, 469, 481, 493, 502, 520, 669 → 땅, 지구

흩어짐 peripalaxis 155, 244, 362, 554, 555

희망 elpis 587, 606, 634, 635

희박 araiōsis 155

희박한 (것)(to) araion 152, 153, 158, 335, 413

밀레토스 Milētos 77, 98, 104, 112, 116–118, 120–122, 124, 128, 131–138, 148, 149, 151, 153, 154, 534, 535, 568

브란키다이 Branchidai 180

사르데이스(사르디스) Sardeis(Sardis) 150

사모스 Samos 115, 132, 163, 164, 177, 186, 328

쉬라쿠사 Syrakousa 212

쉬로스 Syros 73–77, 79, 84, 85

스파르타 Sparta 103

시켈리아 Sikelia 195, 197, 441

아이고스 포타모스(아이고스 포타모이) Aigos potamos(Aigos potamoi) 58, 489

아카이아 Achaia 171

아크라가스 Akragas 294, 339, 341, 379, 418

아크로폴리스 Akropolis 95

아테네 Athēnai 55, 57, 87, 89, 98, 101, 112, 132, 268, 488, 489, 494, 537

아티카 Attika 93, 216, 436

알렉산드리아 Alexandria 49, 79, 93, 197, 205, 206, 222, 227, 229, 230, 234, 235, 236, 239, 244, 245, 250, 253, 254, 255, 257, 258, 259, 260, 261, 262, 345, 377, 421, 428, 429, 431, 432, 433, 436, 441, 488, 539, 549, 580, 581, 637, 659, 663, 666

압데라 Abdēra 294, 535, 580

에레보스 Erebos 39, 44, 69, 88

에우세비에 Eusebiē 345

에페소스 Ephesos 218, 253, 395

엘레아 Elea 195, 197, 201, 202, 269, 270, 294, 310, 311, 312, 534, 568

올림포스 Olympos 290, 384, 463

플루타르코스 Ploutarchos 63, 83, 114, 147, 152, 172, 214, 223-225, 231, 235, 238, 243, 246, 250-252, 255, 258, 264, 291, 296, 303, 327, 328, 346, 348, 351, 363, 368, 382-385, 391, 393, 396-399, 402, 405, 408, 409, 412, 424, 428, 430, 435, 436, 438, 490, 494, 495, 522, 526, 529, 548, 638-642, 661, 667-669

피타고라스 Pythagoras 73, 163-170, 172-175, 177, 178, 180, 181, 183, 185, 187-194, 196, 224, 226, 301, 308, 311, 430, 434, 446, 455, 467, 473, 480, 485, 540, 644, 645, 647

피타코스 Pittakos 73, 98, 99, 105

핀다로스 Pindaros 57, 97, 406

필롤라오스 Philolaos 49, 173, 438-441, 445-457, 459, 461, 464, 466, 467

하데스 Hadēs 36, 49-51, 57, 175, 179, 181, 182, 254, 258, 418, 432, 540, 578, 610

하르모니아 Harmonia 368, 400, 430

하르퓌이아 Harpyia 83, 89

헤게시스트라토스 Hegesistratos 535

헤라 Hēra 41, 61, 63, 87, 89, 92

헤라콘 Hērakōn 218

헤라클레스 Heraklēs 44, 45, 61, 90, 92

헤라클레이데스 Hērakleidēs 174, 179

헤라클레이토스 Hērakleitos 82, 119, 127, 157, 174, 192, 209, 218, 219, 226, 230, 232, 243, 253, 265, 307, 340

헤레 Hērē 349

헤르마르코스 Hērmarchos 535

헤르메스 Hermēs 87, 89, 179

헤르모도로스 Hermodoros 262

갈레노스 『의술에서의 경험에 관하여』 *Experientia medicalis*

—— 『맥박들의 구별에 관하여』 *De dignoscendis pulsibus*

—— 『인체의 부분들의 유용성에 관하여』 *De usu partium corporis humani*

—— 『자연적 능력들의 본성에 관하여』 *De substantia facultatum naturalium fragmentum*

—— 『히포크라테스의 「사람의 본성에 관하여」 주석』 *In Hippocratis de natura hominis librum commentarii* (퀸 편집, 『희랍 의학 전집』 중)

—— 『히포크라테스의 「유행병」 제6권 주석』 *In Hippocratis libruim VI epidemiarum commentarii*

—— 『히포크라테스의 원소들에 관하여』 *De elementis secundum Hippocratem*

. . . .

1) 기본적으로는 저자의 이름순이고, 저자가 알려져 있지 않거나 고대 작가의 단편들을 현대에 와서 묶어놓은 출전들은 뒤로 돌려 작품 이름순으로 배열했다.

위(僞)갈레노스『의학용어사전』 *Definitiones Medicae* (퀸 편집)

겔리우스『아티카의 밤』 *Noctes Atticae*

누메니오스『단편들』 *Fragmente*

니코마코스『산술 입문』 *Introductio arithmetica*

니코마코스『화성학 소책자』 *Harmonikon encheiridion* (얀 편집)

다마스키오스『원리들에 관하여』 *De principiis*(루엘레 편집)

다비드『철학서설』 *Prolegomena philosophiae.*

위(僞)데모스테네스『아리스토게이톤에 대한 반박』 *Contra Aristogeiton*

디오게네스 라에르티오스『유명한 철학자들의 생애와 사상』 *Vitae et sententiae eorum qui in philosophia probati fuerunt*

알렉산드리아의 디오뉘시오스『자연에 관하여』 Peri *physeōs*

디온 크뤼소스토모스『연설집』 *Orationes Corinthiaca*

디카이아르코스『단편들』 *Dicaearchos Fragmente* (베를리 편집)

루키아노스『잘못된 인사 예절에 관하여』 *De lapsu in salutatione*

루크레티우스『자연에 관하여』 1권 *De rerum natura I*

에페소스의 루푸스『인체 부위의 명칭에 관하여』 *Peri onomasias tōn tou anthropou moriōn*(다렘베르크 편집)

뤼도스『달들에 관하여』 *De mensibus* (뷘쉬 편집)

마르쿠스 아우렐리우스『자성록』 *Ta eis heauton*

마크로비우스『사투르날리아』 *Saturnalia*

——『키케로의 「스키피오의 꿈」 주석』 *Commentarius ex Cicerone in Somnium Scipionis*

튀로스의 막시무스『철학강론』 *Sermones*

말리우스 테오도루스『운율에 관하여』 *De metris*

바울『디도서』 *Ad Titum*

사튀로스『전기』 *Hoi bioi*

세네카『자연에 관한 연구』 *Naturales quaestiones*

섹스투스 엠피리쿠스『학자들에 대한 반박』 *Adversus mathematicos*

─『퓌론주의 철학개요』 *Pyrrhoniae hypotyposes*

『수다』 *Suda*

쉼마쿠스『편지들』 *Epistolae*

스토바이오스『선집 *Eklogai*』 3권, 4권, 5권 : 『명문선집』 *Florilegium*(헨세 편집)

─『선집 *Eklogai*』 2권 : 『윤리학 선집』 *Eclogae ethicae*(바흐무트 편집)

─『선집 *Eklogai*』 1권 : 『자연학 선집』 *Eclogae Physicae*(바흐무트 편집)

스트라본『지리지』 *Geographica*

심플리키오스『아리스토텔레스의 「자연학」 주석』 *In Aristotelis physicorum libros commentaria*

─『아리스토텔레스의 「천체에 관하여」 주석』 *In Aristotelis de caelo libros commentari*

아가테메로스『지리지 개요』 *Geographias hypotypōsis*(뮈엘러 편집)

아라토스『천체 현상』 *Phainomena*

아리스토크리토스『신지학 神智學』 *Theosophia*

아리스톡세노스『단편들』 *Aristoxenos Fragmente* (베를리 편집)

─『피타고라스와 그의 제자들에 관하여』 *Peri Pythagorou kai tōn gnōrimōn autou*

아리스토텔레스『감각과 감각되는 것들에 관하여』 *De sensu et sensibilibus*

─『기상학』 *Meteorologica*

─『니코마코스 윤리학』 *Ethica Nicomachea*

─『단편들』 *Aristotelis Fragmente*(로제 편집)

─『동물들의 생성에 관하여』 *De generatione animalium*

─『동물의 부분들에 관하여』 *De partibus animalium*

이트 편집)

키티온의 아폴로니오스 『히포크라테스에 관한 주석』 *In Hippocratis commentaria*(쇠네 편집)

아폴로도로스 『희랍 신화』 *Bibliotheka*

아프로디시아스의 알렉산드로스 『아리스토텔레스의 「감각과 감각되는 것들에 관하여」 주석』 *In Aristotelis De sensu et sensibilibus commentaria*

——『아리스토텔레스의 「기상학」 주석』 *In Aristotelis Meteorologicorum libros commentaria*

——『아리스토텔레스의 「형이상학」 주석』 *In Aristotelis Metaphysica commentaria*

알베르투스 마그누스 『식물에 관하여』 *De Vegetabilibus*(마이어 편집)

알키다마스 『아리스토텔레스의 「수사학」 주석』 *In Aristotelis Rhetorica commentaria*

암모니오스 『아리스토텔레스의 「명제론」 주석』 *In Aristotelis librum de intepretatione commentarius*

에로티아노스 『히포크라테스의 어휘 모음』 *Vocum Hippocraticarum collectio*(나흐만손 편집)

에우리피데스 『레소스』 *Rhēsos*

——『알케스티스』 *Alkestis*

——『히폴뤼토스』 *Hyppolytos*

에우세비오스 『복음의 준비』 *Praeparatio Evangelica*

——『연대기』 *Chronica*

에우스타티오스 『호메로스의 「오뒷세이아」 주석』

——『호메로스의 「일리아스」 주석』

에피파니오스 『이단들에 대한 반박』 *Adversus Haereses*

오리게네스 『켈소스에 대한 반박』 *Contra Celsum*

올륌피오도로스 『플라톤의 「필레보스」 주석』 *In Platonis Philebum commentaria* (스탈바움 편집)

──『현자의 돌에 의한 성스러운 기술에 관하여』 *De arte sacra lapidis philosophorum* (출전 : 베르텔로트 편집의 『희랍 연금술의 역사』)

요세푸스 『아피온에 대한 반박』 *Contra Apionem*

유스티누스 『폼페이우스 트로구스의 「필리포스사(史)」 선집』 *Pompeius Trogus Historiae Philippicae Epitome*

이레나이우스 『이교적(異敎的) 학설들에 대한 반박』 *Contra haeresium*

이소크라테스 『부시리스』 *Bousiris*

이암블리코스 『공통된 수학적 지식에 관하여』 *Peri tēs koinēs mathē matikēs epistē mēs* (페스타 편집)

──『니코마코스의 「산술 입문」 주석』 *In Nicomachi arithmeticam introductionem* (피스텔리 편집)

──『피타고라스적 삶에 관하여』 *De vita Pytagorica*

──『혼에 관하여』 *De anima*(출전: 스토바이오스의 『명문선집』)

위(僞)이암블리코스 『산술에 관한 신학적 논의』 *Theologumena arithmeticae*

체체스 『디오뉘시오스 페리에게테스에 대한 외곽주석』 (베른하디 편집)

──『아리스토파네스의 「플루토스*Ploutos*」 88행에 대한 외곽주석』

──『「일리아스 강의」에 대한 외곽주석』 (헤르만 편집)

──『호메로스의 비유들』 *Hypotheseis tou Homerou allēgorētheisa*

카일리우스 아우렐리아누스 『만성병에 관하여』 *De morbis chronicis*

칼리마코스 『이암보스 단편』 *Iambi*

켄소리누스 『탄생일에 관하여』 *De die natali*

코르뉘투스 『희랍신학에 관한 전승 요약집』 *Epidromē tōn kata tēn Hellēnikēn theologian paradedomenōn*

콜루멜라 『농사에 관하여』 *De re rustica*

클라우디아누스 『혼에 관하여』 *De anima*(엔젤프레히트 편집)

알렉산드리아의 클레멘스 『교육자』 *Paidagogos*

——『기독교를 권유함』 *Protreptikos pros Hellēnas*

——『학설집』 *Tōn kata tēn alēthē philos phian gnōstikōn hypomnematōn Strōmateis*

키케로 『연설가에 관하여』 *De oratore*

——『신들의 본성에 관하여』 *De natura deorum*

——『아카데미카 I』 *Academica priora*

——『점복에 관하여』 *De divinationes*

——『투스쿨룸 논쟁집』 *Tusculanae disputationes*

——『연설가』 *Orator*

테르툴리아누스 『병사의 화관에 관하여』 *De corona militis*

테미스티오스 『연설집』 *Orationes*

테오도로스 프로드로모스 『잠언시』 *Epigrammata*

테오프라스토스 『감각에 관하여』 *De sensu*

——『식물의 원인에 관하여』 *De causis Plantarum*

——『식물지』 *Historia plantarum*

——『현기증에 관하여』 *De Vertigine*

——『형이상학』 *Metaphysica*(로스-포베스 편집)

스뮈르나의 테온 『플라톤을 읽는 데 필요한 수학적인 사항들에 대한 설명』 *Theonis Philosophi Platonici expositio rerum mathematicarum ad legendum Platonem utilium*(힐러 편집)

티마이오스 『단편들』 *Timaeus Fragmente* (야코비 편집)

파로스 섬 대리석 비문 Marmor Parium (출전 : 『희랍 역사가들의 단편들』)

파우사니아스 『희랍 안내기』 *Periēgēsis tēs Hellados*

페텔리아에서 출토된 황금판의 비문

포르퓌리오스 『금기에 관하여』 *De abstinentia*

——『분노에 관하여』 *De ira* (곰페르츠 편집)

——『수사학에 관하여』 *De Rhetorica* (쉬드하우스)

——『시가에 속하는 것들에 관하여』 *De poëmatibus* (켐케 편집)

——『죽음에 관하여』 *De morte* (메클러 편집)

——『추종에 관하여』 *De adultatione*

필로스트라토스 『아폴로니오스의 생애』 *Vita Apollonii*

필로포노스 『아리스토텔레스의 「혼에 관하여」 주석』 *In Aristotelis libros de anima commentaria*

비블로스의 필론 『섭리에 관하여』 *De providentia*

헤라클레이토스 호메리코스 『호메로스의 비유』 *Allegoriae Homericae*

헤로도토스 『역사』 *Historia*

헤로디아노스 『두 박자 음에 관하여』 *Peri dichronōn*(크람머 편집)

——『일반적 운율론에 관하여』 *Peri katholikēs prosōidias* (출전: 에우스타티오스 『오뒷세이아』 주석)

——『특이한 어법에 관하여』 *Peri monērous lexeōs*(딘도르프 편집)

——『호메로스의 비유들』 *Schematisimi Homerici* (출전: Codex Darmstadini in Sturzii., 『어원사전』 Etymologicum Gudianum)

헤르메이아스 『이교도 철학자들에 대한 조소』 *Irrisus gentilum philosophorum*

헤쉬키오스 『용어사전』 *Lexikon*

헤시오도스 『신들의 탄생』 *Theogonia*

헤파이스티온 『요약집』 *Encheiridion*

호라티우스 『시학』 *De arte poetica*

히에로클레스 『피타고라스의 「황금시편 *chrysa epē*」에 대한 주석』

히폴뤼토스 『모든 이교적 학설들에 대한 논박』 *Refutatio omnium haeresium* (벤델반트 편집)

『런던의 편집자 미상 의학 선집』 *Anonymi Londinensis ex Aristotelis Iatricis Menoniis et aliis medicis eclogae*

『어원사전』 *Etymologicum Genuinum* (기원후 10세기)

『어원사전』 *Etymologicum Gudianum* (기원후 11세기)

『어원사전』 *Etymologicum Magnum* (기원후 12세기)

『오리온 어원사전』 *Etymologicum Orionis* (기원후 5세기)

〔외곽주석〕 Scholia 나지안조스의 그레고리오스『설교집 *Orationes*』에 대한 외곽주석(미느 편집)

〔외곽주석〕 Scholia 니칸드로스의『해독제 *Alexipharmaca*』 11에 대한 외곽주석

〔외곽주석〕 Scholia 로도스의 아폴로니오스『아르고호의 전설 *Argonautica*』에 대한 외곽주석

〔외곽주석〕 Scholia 성 바실리우스에 대한 외곽주석

〔외곽주석〕 Scholia 소포클레스의『콜로노스의 오이디푸스 *Oidipous kolōnōi*』 42에 대한 외곽주석

〔외곽주석〕 Scholia 아라토스의『천체 현상 *Phainomena*』에 대한 외곽주석

〔외곽주석〕 Scholia 에우리피데스의『레소스 *Rhēsos*』에 대한 외곽주석

〔외곽주석〕 Scholia 에우스타티오스의『호메로스의「오뒷세이아」주석』에 대한 외곽주석

〔외곽주석〕 Scholia 에우스타티오스의『호메로스「일리아스」주석』에 대한 외곽주석

〔외곽주석〕 Scholia 트라키아의 디오뉘시오스에 대한 외곽주석

〔외곽주석〕 Scholia 플라톤의『파이드로스 *Phaidros*』 279c에 대한 외곽주석

〔외곽주석〕 Scholia 핀다로스의『올림피아 송가 *Olympia*』에 대한 외곽주석

〔외곽주석〕 Scholia 호메로스의『오뒷세이아』에 대한 외곽주석

〔외곽주석〕 Scholia 호메로스의『일리아스』에 대한 외곽주석 (출전: 제네

바 외곽주석 Scholia Geneva (니콜레 편집) I. 111)

〔외곽주석〕 Scholia 호메로스에 대한 외곽주석 (출전: 옥쉬린쿠스 파피루스 1087, 40 VIII p.103.)

「투리오이에서 출토된 황금판의 비문」

『희랍 미간행 자료집』 *Anecdota Graeca*(베커 편집)

『희랍 역사가들의 단편들』 *Fragmente der Griechschen Historiker* (야코비 편집)

『희랍 파피루스 모음집』 *Greek Papyri Series* (그렌펠-훈트 편집)

■ 출전 및 저자 해제[2]

—갈레노스(Galēnos) 페르가몬 출신. 기원후 130-200년. 주로 로마에서 활동. 헬레니즘 시대에 있던 경험주의적 학파, 합리주의적(독단론적) 학파, 방법론 학파 사이에서 절충주의적 입장을 취한 의사. 다수의 의학서를 저술

—겔리우스(Aulus Gellius) 기원후 2세기경에 활동한 로마 출신의 라틴 작가. 희랍과 로마의 작가들에서 여러 글을 발췌하고 간간히 주석을 단 『아티카의 밤』을 저술.

—누메니오스(Noumenios) 시리아의 아파메니아 출신. 기원후 2세기 피타고라스학파의 플라톤주의자로서 희랍 철학과 오리엔트 사상의 융합을 시도.

—니칸드로스(Nikandros) 콜로폰 부근 클라로스 출신. 동명이인이 있어 생존 연대에 여러 이론이 있으나 기원전 2세기경 사람인 듯. 클라로스

• • • • • • • • • • • • • • •

2) 일차로 저자 이름순으로 배열했고, 저자가 알려지지 않은 저술들은 뒤에 따로 저술 이름순으로 배열했다.

의 아폴론 신전의 신관으로 시인, 문법학자, 의사.

—니코마코스(Nikomachos) 아라비아의 게라사 출신. 기원후 1세기경
활동. 현재는 전하지 않는 피타고라스의 생애에 관한 책을 썼다고 하
며, 수학과 음악에 대한 저술이 남아 있다.

—다마스키오스(Damaskios) 쉬리아의 다마스코스 출신. 기원후 480년
출생. 6세기 초엽에 신플라톤주의 철학을 가르쳤다.

—다비드(David) 아르메니아 출신. 기원후 5세기 말 6세기 초 아테네에
서 활동한 신플라톤주의 철학자. 플라톤, 아리스토텔레스의 주해를 다
수 저술.

—데르퀼리데스(Derkyllidēs) 기원후 1세기경 활동. 플라톤의 저작들에
대한 주석서를 썼다고 하나 전해지지는 않고, 플라톤의 저작들을 4부
작씩으로 묶는 작업에 일조했다고 함.

—데메트리오스(Dēmētrios) 기원전 1세기경 로마에서 활동한 저술가.

—디오게네스 라에르티오스(Diogenēs Laertios) 희랍 출신. 기원후 3세
기 전반의 저술가이자 철학사가. 그의 『유명한 철학자들의 생애와 사
상』은 과장된 일화와 전설이 많아 철학적 자료로서 그 가치를 폄하하
는 사람도 있으나 희랍 및 로마 철학자들의 작품 목록 및 생애에 관한
한 거의 독보적인 가치를 갖는 매우 귀중한 자료.

—디오뉘시오스(Dionysios) 기원후 3세기의 알렉산드리아의 사제. 대
디오뉘시오스라고도 함.

—디온 크뤼소스토모스(Dion Chrysostomos) 비튀니아 지방 출신. 기원
후 40-112년경의 변론가, 저술가.

—디카이아르코스(Dikaiarchos) 멧세네 출신. 기원전 4세기 후반에서 기
원전 3세기 초의 페리파토스학파 철학자.

—루키아노스(Loukianos) 쉬리아의 사모사타 출신. 기원후 2세기경 활
동. 희랍의 수사학자이자 사튀로스극(풍자극) 작가. 82권의 저술을 했
다고도 하나 일부는 위작이다.

─루크레티우스(Lucretius) 기원전 94-54(51?)년. 시인 철학자. 에피쿠로스학파의 원자론적 세계관을 기술한 『자연에 관하여』 외에는 알려진 것이 없음.

─루푸스(Rufus) 기원후 1-2세기경에 활동한 의사.

─뤼도스(Iōannēs Laurentios Lydos) 본래 이름은 라우렌티오스의 아들인 뤼디아 출신의 요안네스란 뜻이나 출신지를 따서 뤼도스로 많이 불린다. 기원후 5세기 말에서 6세기 전반경에 주로 콘스탄티노플에서 활동한 역사가.

─마르쿠스 아우렐리우스(Marcus Aurelius) 기원후 121-180년. 로마 황제. 스토아학파의 3대 철인 중 한 사람.

─마크로비우스(Macrobius) 아프리카 출신의 희랍인. 기원후 4-5세기. 라틴 문법가, 저술가.

─튀로스의 막시무스(Maximus Tyrius) 페니키아의 튀로스 출신. 기원후 125-185년. 플라톤 철학에 조예가 깊은 희랍 변론가. 소피스트로서 주로 로마에서 활동.

─말리우스 테오도루스(Mallius Theodorus) 밀라노 출신. 기원후 4세기 후반-5세기 전반. 라틴 저술가.

─바울(파울로스, Paulos) 소아시아 타르소스 출신. 기원후 60년경 순교. 최초의 기독교 전도자.

─사튀로스(Satyros) 폰토스 근교 칼라티스 출신. 기원전 3세기경 알렉산드리아에서 활동한 페리파토스학파의 역사가, 전기작가.

─세네카(Seneca) 스페인 코르도바 출신. 기원전 55-기원후 39년. 로마에서 활동한 스토아철학자, 작가, 정치가.

─섹스투스 엠피리쿠스(Sextus Empiricus) 출신지 미상. 기원후 2세기 후반. 경험주의적 의사로서 퓌론주의 철학자.

─소티온(Sōtiōn) 알렉산드리아 출신. 기원전 200년경 활동. 페리파토스학파의 철학자, 역사가.

―소포클레스(Sophoklēs) 아테네 출신. 기원전 496/5-406년. 3대 비극 시인 중 한 사람.

―쉼마쿠스(Symmachus Quintus Aurelius) 골(Gaul)에서 교육받고 이 탈리아와 아프리카에서 살았던 기원후 4세기 후반에 활약한 로마의 학자, 정치가, 수사학자.

―스토바이오스(Stobaios) 마케도니아 스토보이 출신. 기원후 4세기 후반-5세기 초 경. 자식들의 교육용으로 전체 4권의 『희랍저작 선집』 저술.

―스트라본(Strabōn) 폰토스의 아마시아 출신. 기원전 64/3-기원후 24년. 로마 및 알렉산드리아에서 활동한 역사가, 『지리지』 저술가.

―심플리키오스(Simplikios) 소아시아 킬리키아 출신. 기원후 6세기 전반, 고대 말의 신플라톤주의 철학자. 아리스토텔레스의 저작에 대한 방대한 주해서를 썼음.

―아가테메로스(Agatēmeros) 기원전 1세기 이후에 활동한 것으로 보이나 정확한 연대는 알려지지 않은 『지리지』 저술가

―아라토스(Aratos) 희랍의 소로이 출신. 기원전 315-240년경, 시인이자 의사로 활동. 그의 책 『천체 현상』은 이전 에우독소스 등의 천문학서를 1154행으로 운문화한 별자리 해설서로 현재 우리가 알고 있는 별자리의 상당수를 포함하고 있음.

―아레이오스 디뒤모스(Areios Didymos) 알렉산드리아 출신. 기원전 1세기 후반- 기원후 1세기 전반. 문헌학자.

―아리스토크리토스(Aristokritos) 기원후 5세기경의 마니교도.

―아리스톡세노스(Aristoxenos) 이탈리아의 타렌툼 출신. 기원전 4세기경의 음악가, 철학자, 전기 작가, 역사가.

―아리스토파네스(Aristophanēs) 아테네 출신. 기원전 450/445-385년경. 희랍 최대의 희극시인.

―아에티오스(Aetios) 기원후 100년경에 활동한 『학설 모음집』 저술가.

—아이스퀼로스(Aischylos) 아테네 출신. 기원전 524/523-456/455. 3대 비극시인의 한 사람.

—아일리아누스(Ailianus) 로마 출신, 기원후 170년경-235년경. 희랍어로 저술한 산문 작가.

—아킬레우스 타티오스(Achileus Tatios) 비잔티움 출신, 기원후 2세기 경 활동한 것으로 추정되는 저작가. 동명의 고대 소설가가 있음.

—아테나고라스(Athenagoras) 아테네 출신. 기원후 2세기경 활동한 철학자로서 기독교 호교가.

—아테나이오스(Athēnaios) 이집트의 나우크라티스 출신. 기원후 3세기 전반에 알렉산드리아와 로마에서 활동한 저작가.

—아폴로니오스(Appollōnios) 기원전 2세기경의 저술가. 『신기한 이야기들』의 저자라는 것 외에는 알려진 것이 없다.

—암모니오스(Ammōnios) 기원후 5-6세기경 활동. 아테네에서 프로클로스에게 배움. 플라톤, 아리스토텔레스, 프톨레마이오스에 대한 주석서를 썼다고 하나 전해지지 않음.

—뒤스콜로스의 아폴로니오스 (Apollōnios Dyskolos) 알렉산드리아 출신, 기원후 2세기경에 활동한 문법학자.

—로도스의 아폴로니오스(Apollōnios Rhodios) 시인이자 문법학자. 기원전 3세기경 알렉산드리아와 로도스에서 활동.

—키티온의 아폴로니오스(Apollōnios Kitios) 기원전 1세기경에 활동한 알렉산드리아의 의사.

—아폴로도로스(Apollōdoros) 아테네 출신. 기원전 2세기경 활동. 스토아학파의 학자로서 박학다식한 인물. 그의 『연대기』는 고대 철학자들의 생애를 추정하는 데 귀중한 자료로 평가받고 있음.

—아프로디시아스의 알렉산드로스(Alexandros Aphrodisias) 아리아 지방 아프로디시아스 출신. 기원후 2세기 말 3세기 초에 활동. 아테네에서 페리파토스학파를 재건. 다수의 아리스토텔레스 주석서 저술.

—안티스테네스(Antisthenēs) 희랍의 로도스 출신. 기원전 200년경에 활동. 로도스사를 저술.

—알베르투스 마그누스(Albertus Magnus) 기원후 1200–1280년경. 계른의 사제, 스콜라 철학자.

—알키다마스(Alkidamas) 소아시아 지방 아이올리스의 엘라이아 출신, 기원전 4세기에 활동한 변론가, 소피스트. 고르기아스의 제자.

—에로티아노스(Erōtianos) 기원후 1세기 중반에 활동한 문법학자, 의사.

—에우리피데스(Euripidēs) 아테네 출신, 기원전 480–406년경 활동. 3대 비극시인 중 한 사람.

—에피파니오스(Epiphanios) 퀴프로스에 있는 콘스탄티아의 주교. 기원후 4세기 전반에 활동.

—카이사레아의 에우세비오스(Eusebios Kaisareias) 팔레스타인 출신. 일반 역사와 교회사의 저술가. 카이사레아의 주교를 지냈고 기원후 3-4세기에 활동

—에우스타티오스(Eustathios) 콘스탄티노플 출신. 기원후 12세기 후반에 활동. 테살로니케의 대주교.

—이레나이우스(Irenaeus) 소아시아 출신. 기원후 2세기경 리용에서 사제로 활동.

—오리게네스(Ōrigenēs) 알렉산드리아 출신. 기원후 185/6– 254/5. 희랍 교부.

—올륌피오도로스(Olympiodoros Alexandrinos) 알렉산드리아 출신, 기원후 6세기경에 활동한 신플라톤주의 철학자. 플라톤과 아리스토텔레스에 관한 다수의 주석서를 저술.

—요세푸스(Iosephus Flavius) 예루살렘 출신. 기원후 37–98년경. 유대 역사가.

—유스티누스(Iustinus) 기원후 2–4세기 사이에 활동했던 것으로 추정

되는 역사가.

—이소크라테스(Isokratēs) 아테네 출신. 기원전 436년경-338년. 고대 희랍의 가장 저명한 변론가, 변론술 교사.

—이암블리코스(Iamblichos) 쉬리아 칼키스 출신. 기원후 250년경-325년경. 신플라톤학파 철학자. 포르퓌리오스의 제자.

—이온(Iōn) 기원전 481/0-421년. 키오스 출신의 시인이자 산문작가.

—체체스(Tzetzēs) 비잔티움 출신. 기원후 1110-1180년경에 활동한 변론술 교사, 고전문헌학자.

—카일리우스 아우렐리아누스(Caelius Aurelianus) 아프리카 누미디아 출신. 기원후 5세기경의 의사. 희랍 의학서를 라틴어로 번역하는 데 힘씀.

—켄소리누스(Censorinus) 로마 출신. 기원후 3세기경에 활동한 라틴 문법학자.

—코르뉘투스(Kornytous) 리비아 출신으로 1세기경 활동한 스토아학파 철학자.

—콜루멜라(Columella) 스페인의 가데스 출신. 기원후 1세기경 로마에서 활동한 대표적인 농업 관련 저술 작가.

—클라우디아누스(Claudianus Mamertus) 골에 있는 비엔나의 장로. 기원후 5세기경 활동.

—알렉산드리아의 클레멘스(Clemēns Alexandrinus) 아테네 출신. 기원후 150-215년경. 주로 알렉산드리아에서 활동.

—키케로(Cicero) 로마 출신. 기원전 106- 43. 로마의 문인, 정치가.

—테르툴리아누스(Tertulianus) 카르타고 출신. 기원후 160-220년경. 법률가였으나 기독교로 개종 후 호교가가 되어 다수의 관련 저작이 전해짐.

—테미스티오스(Themistios) 소아시아 파프라고니아 지방 출신. 기원후 317-388년. 비잔티움과 로마에서 활동한 변론가, 철학자. 아리스토텔

레스의 저작 전체에 대한 주석서 저술.

—테오도로스 프로드로모스(Theodōros Prodromos) 기원후 1100–1156
/58(1170?)경, 비잔티움에서 활동한 희랍인 수도승. 다방면에 걸친 저
술가.

—테오프라스토스(Theophrastos) 레스보스 섬 엘레소스 출신. 기원전
371–287년. 철학자. 아리스토텔레스의 제자로 뤼케이온 학원(페리파
토스학파)의 후계자.

—스뮈르나의 테온(Theōn) 기원후 2세기 초엽 활동. 플라톤학파의 철학
자, 천문학자, 수학자.

—트라쉴로스(Thrasyllos) 이집트 멘데스 또는 알렉산드리아 출신. 기원
후 36년경 사망. 티베리우스 황제의 신임을 받아 점성학자로 로마에서
활동. 플라톤과 아리스토텔레스의 저작을 편찬.

—타우로메니온의 티마이오스(Timaios Tauromenion) 시실리의 타우로
메니온 출신. 타우로메니온의 참주 안드로마코스의 아들. 시실리의 역
사에 대한 저술을 했으나 단편으로만 전해짐.

—파보리노스(Favorinus) 갈리아 지방 아렐라툼 출신. 기원후 2세기 전
반에 활동. 희랍어로 저술한 철학자, 소피스트.

—파우사니아스(Pausanias) 소아시아 뤼디아 출신. 기원후 2세기경의 희
랍 여행기 저술가.

—포르퓌리오스(Porphyrios) 쉬리아의 튀로스 출신. 기원후 234–304년.
신플라톤학파 철학자. 로마에서 플로티노스에게 사사하고 스승의 저
작을 편찬.

—포티오스(Phōtios) 콘스탄티노플 출신. 기원후 815–891년. 콘스탄티
노플 대주교, 고전문헌학자

—폴룩스(Pollux Iulius) 이집트의 나우크라티스 출신. 기원후 2세기. 희
랍어 문법학자, 변론술 교사

—폴뤼비우스(Polybius) 아르카디아 지방 메가라폴리스 출신. 기원전

200-118년. 로마에서 활동한 역사가.

—프로부스(Probus Valelius) 페니키아의 베뤼토스 출신. 기원후 1세기 경 활동. 라틴 문법가, 고전문헌학자.

—프로클로스(Proklos) 콘스탄티노플 출신. 기원후 410-485년. 아테네 아카데메이아 원장으로 있으면서 신플라톤학파의 철학을 정치하게 체계화함.

—플로티노스(Plotinos) 이집트 출신. 기원후 204/5-269/70년. 알렉산드리아에서 수학 후 로마에서 활동. 신플라톤학파의 창시자.

—플루타르코스(Ploutarchos) 보이오티아 지방 카이로네이아 출신. 기원후 45-120년. 아테네에서 플라톤 철학 등을 배우고 각지를 여행 후 주로 고향에서 저술 활동.

—플리니우스(C. Plinius Secundus) 대 플리니우스라고도 함. 로마 출신. 기원후 23-70년. 과학과 관련하여 자신의 주석을 포함해서 100명의 작가에서 뽑은 20,000 항목으로 된 『박물지』 저술.

—필로데모스(Philodēmos) 팔레스티나 가다라 출신. 기원전 110-40/35년. 에피쿠로스학파의 철학자, 시인, 저술가. 주로 로마에서 활동.

—필로스트라토스(Philostratos) 렘노스 섬 또는 아테네 출신. 기원후 2세기 후반-3세기 전반 아테네와 로마에서 소피스트로 활동. 그의 집안에는 여러 명의 학자와 문인이 있어, 저작의 일부는 다른 사람일 가능성도 있음.

—필로포노스(Iōhannes Philoponos) 알렉산드리아의 철학자이자 신학자. 기원후 7세기경에 활동. 아리스토텔레스의 저작에 대한 주석서들이 남아 있음.

—뷔블로스의 필론(Philōn Biblios) 페니키아 뷔블로스 출신. 기원후 1-2세기경에 활동한 종교사상가. 고대 페니키아의 산쿠니아톤의 저작을 희랍어로 번역 발행.

—헤라클레이데스(Hērakleidēs) 폰토스의 헤라클레이아 출신. 기원전 4

세기 철학자로 플라톤의 아카데미 출신. 천문학을 비롯한 다방면에 걸
쳐 저술.

—헤라클레이토스 호메리코스(Hērakleitos Homērikos) 기원후 1세기경
의 문법가.

—헤로도토스(Hērodotos) 할리카르낫소스 출신, 기원전 485-420년. 역
사가.

—헤로디아노스(Hērōdianos) 알렉산드리아 출신. 아폴로니오스 뒤스콜
로스의 아들. 기원후 2세기 후반에 문법가로서 로마에서 활동. 마르쿠
스 아우렐리우스의 스승.

—헤르메이아스(Hērmeias) 알렉산드리아 출신. 기원후 2세기 후반-3세
기 전반 경 활동. 기독교 사상가.

—헤쉬키오스(Hēsychios) 알렉산드리아 출신. 기원후 5세기경에 활동한
문법가.

—헤시오도스(Hēsiodos) 보이오티아 출신. 기원전 8세기경에 활동한 서
사시인.

—헤파이스티온(Hēphaistiōn) 기원후 2세기 중엽에 활약한 희랍 학자.
로마 황제 베루스의 희랍어 선생이었다고 함.

—호라티우스(Horatius) 이탈리아의 베누시아 출신. 기원전 65-8년. 대
표적인 로마시인.

—히에로클레스(Hieroklēs) 기원후 5세기 후반에 알렉산드리아에서 활
동한 피타고라스학파 계열의 신플라톤학파 철학자.

—히파소스(Hippasos) 스파르타 출신. 디오게네스 라에르티오스의 저술
에 언급된 것 이외에 알려진 것 없음.

—히폴뤼토스(Hippolytos) 동방 희랍 또는 로마 출신. 기원후 170-236
년. 기독교 교부. 로마에서 교회 요직을 역임.

—『런던의 작자 미상 선집』 *Anonymi Londinensis ex Aristotelis Iatricis*

Menoniis et aliis medicis eclogae 원 제목의 완전한 번역은 『아리스토 텔레스의 제자인 의사 메논과 그 밖의 의사들의 글에서 선별된 런던의 작자 미상 선집』. 단편 39편이 실려 있는 기원후 1, 2세기경의 문헌.

―『수다(*Suda*)』 기원후 10세기경에 비잔티움에서 작성한 희랍어 어휘사 전. 약 3만 항목을 알파벳순으로 기재한 문헌. 수다스라는 저자로 생각 되었지만 실은 『수다』라는 책이름으로 밝혀졌음.

―『어원사전(*Etymologicum Orionis*)』 기원후 5세기경 제작된 작자 미상 의 어원사전

―『옥쉬린쿠스 파피루스(*Oxyrhynchus Papyri*)』 19세기 말 이집트 옥쉬 린쿠스 마을에서 발견된 파피루스 뭉치. 이 파피루스 내용은 대부분 파손되어 그간 해독이 불가했으나 2005년 영국의 옥스포드 대학에서 미국 브리검영 대학 첨단 적외선 전문가의 도움을 받아 해독에 성공. 그 결과 소포클레스, 에우리피데스, 헤시오도스의 작품 등 현존하는 희랍·로마 작품의 20% 정도 분량의 새로운 고전작품들이 발견되어 서양고전문학사의 획기적인 전기를 예고하고 있는 문헌.

DK   본문 번호

| DK11B4 | 7 | DK12B2 | 7 |

KRS87	29	KRS97	1(주)
KRS69	23	KRS100	5(주)
KRS92	32(주)		

〈아낙시메네스〉

〈아낙시만드로스〉

		DK13A1	1
DK12A1	1, 10	DK13A4	5
DK12A2	2	DK13A5	6
DK12A6	4, 5	DK13A6	8, 13
DK12A7	3	DK13A7	7, 14
DK12A9	6. 15	DK13A10	9, 10, 11
DK12A10	8, 16, 24, 32	DK13A11	12
DK12A11	7, 17, 22, 27, 30	DK13A14	16, 18, 20
DK12A14	9	DK13A15	17, 19
DK12A15	12, 13	DK13A17	21
DK12A16	11, 14	DK13A20	15
DK12A18	18, 21	DK13A21	22
DK12A21	19, 20		
DK12A23	28	DK13B1	4
DK12A25	25	DK13B2	2
DK12A26	23	DK13B2a	19
DK12A27	26	DK13B3	3
DK12A30	29, 31, 33		

| DK12B1 | 6 | | |

DK21B1	13	DK21B27	34
DK21B2	8	DK21B28	31
DK21B3	9	DK21B29	32
DK21B4	43	DK21B30	35
DK21B5	44	DK21B31	25
DK21B6	45	DK21B32	29
DK21B7	〈피타고라스〉 26	DK21B33	33
DK21B8	2	DK21B34	39
DK21B9	46	DK21B35	40
DK21B10	47	DK21B36	38
DK21B11	14	DK21B37	37
DK21B12	15	DK21B38	42
DK21B13	48	DK21B39	6
DK21B14	16	DK21B40	50
DK21B15	18	DK21B41	51
DK21B16	17		
DK21B17	20	KRS162	3
DK21B18	41	KRS175	26
DK21B19	24		
DK21B20	4	〈헤라클레이토스〉	
DK21B21	49		
DK21B21a	7	DK22A1	3
DK21B22	5	DK22A1	2
DK21B23	19	DK22A1	1
DK21B24	23	DK22A1	97
DK21B25	22	DK22A6	68
DK21B26	21	DK22A16	35

DK22B50	48	DK22B79	31
DK22B51	50	DK22B80	88
DK22B52	86	DK22B81	17, 〈피타고라스〉 49
DK22B53	87	DK22B82	60
DK22B54	51	DK22B83	61
DK22B55	21	DK22B84a	82
DK22B56	26	DK22B84b	83
DK22B57	14	DK22B85	128
DK22B58	63	DK22B86	29
DK22B59	64	DK22B87	10
DK22B60	66	DK22B88	54
DK22B61	55	DK22B89	33
DK22B62	116	DK22B90	78
DK22B63	113	DK22B91	71
DK22B64	80	DK22B92	101
DK22B65	81	DK22B93	46
DK22B66	90	DK22B94	91
DK22B67	79	DK22B95	129
DK22B70	7	DK22B96	109
DK22B71	8	DK22B97	11
DK22B72	9	DK22B98	110
DK22B73	32	DK22B99	96
DK22B74	130	DK22B100	93
DK22B75	119	DK22B101	44
DK22B76	77	DK22B101a	23
DK22B77	103.	DK22B102	74
DK22B78	30	DK22B103	65

DK22B104	12	〈파르메니데스〉	
DK22B105	131		
DK22B106	15	DK28A1	1, 4, 45
DK22B107	24	DK28A5	2, 3
DK22B108	20	DK28A6	5
DK22B109	129(=B95)	DK28A11	29
DK22B110	126	DK28A12	6
DK22B111	72	DK28A14	32
DK22B112	38	DK28A20	39
DK22B113	36	DK28A24	35, 42
DK22B114	34	DK28A25	30
DK22B115	107	DK28A26	31
DK22B116	37	DK28A27	38
DK22B117	104	DK28A28	37
DK22B118	105	DK28A34	33, 34
DK22B119	125	DK28A35	43, 44
DK22B120	92	DK28A36	36
DK22B121	122	DK28A37	51, 52
DK22B123	45	DK28A44	40, 41
DK22B124	62	DK28A45	47, 48, 49, 50
DK22B125	84	DK28A46	53
DK22B125a	123	DK28A49	54
DK22B126	53	DK28A53	55
DK22B129	16, 〈피타고라스〉 21	DK28A54	56, 57
		DK28B1	7
		DK28B2	8

DK30B4	9	DK31A92	114
DK30B5	12		
DK30B6	13	DK31B1	9
DK30B7	15	DK31B2	10
DK30B8	16	DK31B3	11
DK30B9	17	DK31B4	12
DK30B10	18	DK31B5	13
		DK31B6	20
KRS529	10	DK31B7	21
		DK31B8	25
〈엠페도클레스〉		DK31B9	26
		DK31B11	14
DK31A1	1, 2, 5, 6	DK31B12	15
DK31A2	7	DK31B13	17
DK31A6	3	DK31B14	18
DK31A7	4	DK31B15	19
DK31A22	8	DK31B16	32
DK31A30	59	DK31B17	16, 22, 24, 33
DK31A37	23, 39	DK31B20	34
DK31A38	49	DK31B21	35
DK31A43	30, 31	DK31B21	28, 53
DK31A46	42	DK31B23	29
DK31A49	58	DK31B24	36
DK31A52	38, 41	DK31B25	37
DK31A72	79	DK31B26	40
DK31A75	94	DK31B27	43
DK31A86	135, 115	DK31B27a	44

DK31B83	102	DK31B113	141
DK31B84	127	DK31B114	142
DK31B85	122	DK31B115	145, 152
DK31B86	123	DK31B116	146
DK31B87	106, 124	DK31B117	163
DK31B88	125	DK31B118	154
DK31B89	113	DK31B119	155
DK31B90	117	DK31B120	156
DK31B91	118	DK31B121	157
DK31B92	119	DK31B122	158
DK31B93	120	DK31B123	159
DK31B94	128	DK31B124	160
DK31B95	126	DK31B126	153
DK31B96	107	DK31B127	164
DK31B98	108	DK31B128	143
DK31B100	112	DK31B129	167, 〈피타고라스〉50
DK31B102	121	DK31B130	144
DK31B103	129	DK31B131	140
DK31B104	130	DK31B132	172
DK31B105	131	DK31B133	173
DK31B106	132	DK31B134	174
DK31B107	133	DK31B135	147
DK31B108	134	DK31B136	149
DK31B109a	116	DK31B137	150
DK31B110	137	DK31B138	151
DK31B111	138	DK31B139	148
DK31B112	139	DK31B140	170

DK44B16	34	KRS434	60
DK44B17	19	KRS452	72
DK44B18	26		
DK44B19	54	〈아낙사고라스〉	
DK44B20	35		
DK44B20a	41	DK59A1	1, 5, 11, 14, 33
DK44B21	37	DK59A5	17
DK44B22	51	DK59A6	4
DK44B23	42	DK59A7	3
DK45A3	58	DK59A11	6
DK58B4	55	DK59A12	7
DK58B5	56	DK59A15	8
DK58B5	64	DK59A17	12, 13
DK58B7	65	DK59A23	15
DK58B9	57	DK59A35	10
DK58B10	58	DK59A42	34, 51, 64
DK58B20	61	DK59A43	2, 19
DK58B21	62	DK59A44	76
DK58B26	66	DK59A45	45
DK58B28	63	DK59A46	49, 50
DK58B30	67, 68	DK59A47	9
DK58B35	70	DK59A52	18
DK58B37	69	DK59A55	37
DK58B40	71	DK59A56	38
DK58D2	76	DK59A58	35
DK58D3	77	DK59A61	20, 32
		DK59A70	42

DK59A71	55	DK59B5	31
DK59A74	81	DK59B6	29
DK59A75	57	DK59B7	27
DK59A81	58	DK59B8	30
DK59A85	59, 60	DK59B9	26
DK59A86	62	DK59B10	48
DK59A92	80	DK59B11	39
DK59A97	81	DK59B12	40, 41
DK59A102	78	DK59B13	43
DK59A103	85	DK59B14	44
DK59A104	47	DK59B15	52
DK59A105	86	DK59B16	53, 54
DK59A106	84	DK59B17	23
DK59A108	71	DK59B18	56
DK59A109	72	DK59B19	63
DK59A110	73	DK59B21	77
DK59A111	74	DK59B21a	75
DK59A113	65	DK59B22	70
DK59A114	69		
DK59A115	83	DK 미수록	61, 24, 36, 46, 16
DK59A116	67		
DK59A117	66, 68	〈레우키포스와 데모크리토스〉	
DK59B1	21	DK67A1	41
DK59B2	22	DK67A2	2
DK59B3	28	DK67A6	16, 32
DK59B4	25	DK67A7	14

DK68B11	74	DK68B41	93
DK68B12	372	DK68B42	94
DK68B13	326	DK68B43	95
DK68B16	363	DK68B44	96
DK68B17	364, 365, 366	DK68B45	97
DK68B18	367	DK68B46	98
DK68B19	327	DK68B47	99
DK68B20	328	DK68B48	100
DK68B21	368	DK68B49	101
DK68B22	329	DK68B50	102
DK68B23	370	DK68B51	103
DK68B24	371	DK68B52	104
DK68B25	373	DK68B53	105
DK68B26	323	DK68B53a	106
DK68B27	375, 376	DK68B54	107
DK68B28	377	DK68B55	108
DK68B29	332, 333	DK68B56	109
DK68B30	374	DK68B57	110
DK68B31	84	DK68B58	111
DK68B32	358	DK68B59	112
DK68B33	85	DK68B60	113
DK68B34	86, 87	DK68B61	114
DK68B35	88	DK68B62	115
DK68B37	89	DK68B63	116
DK68B38	90	DK68B64	117
DK68B39	91	DK68B65	118
DK68B40	92	DK68B66	119

DK68B67	120	DK68B93	147
DK68B68	121	DK68B94	148
DK68B69	122	DK68B95	149
DK68B70	123	DK68B96	150
DK68B71	124	DK68B97	151
DK68B72	125	DK68B98	152
DK68B73	126	DK68B99	153
DK68B74	127	DK68B100	154
DK68B75	128	DK68B101	155
DK68B76	129	DK68B102	156
DK68B77	130	DK68B103	157
DK68B78	131	DK68B104	158
DK68B79	132	DK68B105	159
DK68B80	133	DK68B106	160
DK68B81	134	DK68B107	161
DK68B82	135	DK68B107a	162
DK68B82	136	DK68B108	163
DK68B83	137	DK68B109	164
DK68B84	138	DK68B110	165
DK68B85	139	DK68B111	166
DK68B86	140	DK68B112	167, 168
DK68B87	141	DK68B113	169
DK68B88	142	DK68B114	170
DK68B89	143	DK68B115	171, 172,173, 174
DK68B90	144	DK68B116	6, 7
DK68B91	145	DK68B117	71
DK68B92	146	DK68B118	11

DK68B119	304, 305	DK68B142	325
DK68B120	334	DK68B143	306
DK68B121	335	DK68B144	369
DK68B122	336, 337	DK68B144a	355
DK68B122a	338	DK68B145	307
DK68B123	59	DK68B146	308
DK68B124	359	DK68B147	309
DK68B125	78	DK68B148	362
DK68B126	360	DK68B149	310
DK68B127	361	DK68B150	311
DK68B128	339	DK68B151	312
DK68B129	340	DK68B152	383
DK68B129a	341	DK68B153	313
DK68B130	342	DK68B153	314
DK68B131	343	DK68B154	378
DK68B132	344	DK68B155	379
DK68B133	345	DK68B155a	380, 381
DK68B134	346	DK68B156	20
DK68B135	347	DK68B157	315
DK68B136	348	DK68B158	316
DK68B137	349	DK68B159	317
DK68B138	350	DK68B160	318
DK68B139	351	DK68B161	384
DK68B139a	352	DK68B162	356
DK68B140	353	DK68B163	382
DK68B141	354	DK68B164	47
DK68B142	324	DK68B165	8, 72, 319, 320,

DK68B219	225	DK68B246	252
DK68B220	226	DK68B247	253
DK68B221	227	DK68B248	254
DK68B222	228	DK68B249	255
DK68B223	229	DK68B250	256
DK68B224	230	DK68B251	257
DK68B225	231	DK68B252	258
DK68B226	232	DK68B253	259
DK68B227	233	DK68B254	260
DK68B228	234	DK68B255	261
DK68B229	235	DK68B256	262
DK68B230	236	DK68B257	263
DK68B231	237	DK68B258	264
DK68B232	238	DK68B259	265
DK68B233	239	DK68B260	266
DK68B234	240	DK68B261	267
DK68B235	241	DK68B262	268
DK68B236	242	DK68B263	269
DK68B237	243	DK68B264	270
DK68B238	244	DK68B265	271
DK68B239	245	DK68B266	272
DK68B240	246	DK68B267	273
DK68B241	247	DK68B268	274
DK68B242	248	DK68B269	275
DK68B243	249	DK68B270	276
DK68B244	250	DK68B271	277
DK68B245	251	DK68B272	278

■ 참고문헌

1. 초기 희랍철학 일반[1]

1) 원전과 번역

Diels, H. (1879), *Doxographi Graeci*, Berlin: G. Reimer.

Diels, H. & W. Kranz [=DK] (1952), *Die Fragmente der Vorsokratiker*, Vols. I, II, III, 6th ed., Berlin: Weidmann [1st ed.: 1903].

Kirk, G. S., J. E. Raven & M. Schofield [=KRS] (1983), *The Presocratic Philosophers: A Critical History with a Selection of Texts*, 2nd ed., Cambridge: Cambridge University Press [1st ed.: 1957].

Mansfeld, J. (1983), *Die Vorsokratiker: Auswahl der Fragmente*,

· · · · · · · · · · · · · · ·

1) 초기 희랍철학 전반에 관한 참고 문헌은 저·역서를 위주로 정리하였다. 따라서 개별 논문들은 따로 일일이 열거하지 않았고, 대신 주요 논문들이 수록된 논문집의 목록을 아래 4)에서 제시하였다.

Übersetzung und Erläuterungen, Vols. I, II, Stuttgart: Reclam.

Wright, M. R. (1985), *The Presocratics: The Main Fragments in Greek with Introduction, Commentary & Appendix Containing Text & Translation of Aristotle on the Presocratics*, Bristol Classical Press.

2) 번역과 해설

김내균(1996), 『소크라테스 이전의 그리스철학』, 교보문고

Barnes, J. (1987), *Early Greek Philosophy*, Harmondsworth: Penguin Books Ltd.

Burnet, J. (1930), *Early Greek Philosophy*, 4th ed., New York: Meridian Books, 1957 [1st ed.: 1892].

Capelle, W. (1935), *Die Vorsokratiker: Die Fragmente und Quellenberichte Übersetzt und Eingeleitet*, Stuttgart: Alfred Kröner Verlag.

Curd, P. (1996) (ed.) (tr. by R. D. McKirahan, Jr.), *A Presocratics Reader: Selected Fragments and Testimonia*, Indianapolis & Cambridge: Hackett.

Dumont J.- P., D. Delattre & J.- L. Poirier (1988), *Les Présocratiques*, Paris: Gallimard.

Freeman, K (1948), *Ancilla to the Pre-Socratic Philosophers: A Complete Translation of the Fragments in Diels, Fragmente der Vorsokratiker*, Cambridge, MA: Harvard University Press, 1996 [repr. ed.].

McKirahan, R. D., Jr. (1994), *Philosophy Before Socrates: An Introduction with Texts and Commentary*, Indianapolis & Cambridge: Hackett.

Uchiyama, Katsutoshi (内山勝利) et al. (1996-1998), 『ソクラテス以前哲學者斷片集』, 岩波書店.

Waterfield, R. (2000), *The First Philosophers: The Presocratics and Sophists*, Oxford: Oxford University Press.

Wilbur, J. B. & H. J. Allen (1979), *The Worlds of the Early Greek Philosophers*, Buffalo: Prometheus Books.

3) 초기 희랍철학사 일반에 관한 연구서

Barnes, J. (1982), *The Presocratic Philosophers*, rev. ed., London & New York: Routledge [1st ed.: 1979].

Fränkel, H. (1955) *Wege und Formen Frühgriechischen Denkens: Literarische und philosophiegeschichtliche Studien*, 2nd ed., München: C. H. Beck.

Fränkel, H. (1975), (tr. by M. Hadas & J. Willis), *Early Greek Poetry and Philosophy: A History of Greek Epic, Lyric, and Prose to the Middle of the Fifth Century*, Oxford: Basil Blackwell [원 독어본: *Dichtung und Philosophie des frühen Griechentums*, 3rd ed., München: C. H. Beck, 1969].

Freeman, K (1959), *The Pre-Socratic Philosophers: A Companion to Diels, Fragmente der Vorsokratiker*, 2nd ed., Cambridge, MA: Harvard University Press.

Furley, D. (1987), *The Greek Cosmologists*, Cambridge: Cambridge University Press.

Guthrie, W. K. C. (1962), *A History of Greek Philosophy*, vol. I: *The Earlier Presocratics and the Pythagoreans*, Cambridge: Cambridge University Press.

Guthrie W. K. C. (1986), *The Greek Philosophers*, Harper & Row Publishers[국역: 박종현 역, 『희랍철학 입문』, 서광사, 2000]

———(1965), *A History of Greek Philosophy*, vol. II: *Presocratic Tradition from Parmenides to Democritus*, Cambridge: Cambridge University Press.

Hölscher, U. (1968), *Anfängliches Fragen: Studien zur frühen griechischen Philosophie*, Göttingen: Vandenhoeck & Ruprecht.

Hussey, E. (1972), *The Presocratics*, London: Gerald Duchworth.

Irwin, T. (1989), *Classical Thought*, A History of Western Philosophy 1, Oxford: Oxford University Press.

Jaeger, W. (1953), *Die Theologie der Frühen Griechischen Denker*, Stuttgart: W. Kohlhammer Verlag.

Lloyd, G. E. R. (1966), *Polarity and Analogy: Two Types of Argumentation in Early Greek Thought*, Cambridge: Cambridge University Press.

Makin, S. (1993), *Indifference Arguments*, Oxford: Blackwell.

Morgan, K. A. (2000), *Myth and Philosophy from the Presocratics to Plato*, Cambridge: Cambridge University Press.

Navia, L. E. (1993), *The Presocratic Philosophers: An Annotated*

Bibliography, New York: Garland.

Osborne, C. (1987), *Rethinking Early Greek Philosophy: Hippolytus of Rome and the Presocratics*, London: Duckworth.

F. Ricken.(1988), *Philosophie der Antike* 〔국역: 김성진 역, 『고대 그리스철학』, 서광사, 2000〕

Ring, M. (2000), *Beginning with the Pre-Socratics*, 2nd ed., Mountain View: Mayfield Publishing Co. 〔1st ed.: 1987〕.

Robb, K. (1983) (ed.), *Language and Thought in Early Greek Philosophy*, La Salle: The Hegeler Institute.

Stokes, M. C. (1971), *One and Many in Presocratic Philosophy*, Washington, DC: Center for Hellenic Studies.

Waterfield, R. (1989), *Before Eureka: The Presocratics and Their Science*, Bedminster, Bristol: Bristol Press.

4) 초기 희랍철학 관련 논문집

한국철학사상연구회 (2002) (편), 『소크라테스 이전의 철학』, 한국철학사상연구회 제21회 학술발표회보.

Allen, R. E. & D. J. Furley (1970) (eds.), *Studies in Presocratic Philosophy*, Vol. I: *The Beginnings of Philosophy*, London: RKP.

———(1975) (eds.), *Studies in Presocratic Philosophy*, Vol. II: *The Eleatics and Pluralists*, London: RKP.

Anton, J. P. & G. L. Kustas (1971) (eds.), *Essays in Ancient Greek Philosophy*, Albany: SUNY Press.

————(1983) (eds.), *Essays in Ancient Greek Philosophy*, Vol. II, Albany: SUNY Press.

Caston, V. & D. W. Graham (2002) (eds.), *Presocratic Philosophy: Essays in Honour of Alexander Mourelatos*, Burlington: Ashgate.

Irwin, T. (1995) (ed.), *Classical Philosophy: Collected Papers*, Vol. I: *Philosophy before Socrates*, New York: Garland.

Long, A. A. (1999) (ed.), *The Cambridge Companion to Early Greek Philosophy*, Cambridge & New York: Cambridge University Press.

Mourelatos, A. P. D. (1993) (ed), *The Pre-Socratics: A Collection of Critical Essays*, rev. ed., Princeton: Princeton University Press [1st ed.: 1974].

Preus, A. (2001) (ed.), *Essays in Ancient Greek Philosophy*, Vol. VI: *Before Plato*, Albany: SUNY Press.

Vlastos, G. (1993) (ed. by D. W. Graham), *Studies in Greek Philosophy*, Vol. I: *The Presocratics*, Princeton: Princeton University Press.

2. 〈초기 희랍철학의 배경과 희랍철학 여명기 관련 연구서〉

Adkins, A. W. H. (1970), *From the Many to One*, Ithaca: Cornell University Press.

Bremmer, J. N. (1983), *The Early Greek Concept of the Soul*,

Princeton: Princeton University Press.

Buxton, R. (1999) (ed.), *From Myth to Reason?*, Oxford: Oxford University Press.

Claus, D. B. (1981), *Toward the Soul: An Inquiry into the Meaning of psychē before Plato*, New Haven & London: Yale University Press.

Cornford, F. M. (1912), *From Religion to Philosophy: A Study in the Origins of Western Speculation*, New York: Harper & Row, 1957 [repr. ed.] [국역: 남경희 역,『종교에서 철학으로』, 이화여자대학교 출판부, 1995].

──(1952) (ed. by W. K. C. Guthrie), *Principium Sapientiae: A Study of the Origins of Greek Philosophical Thought*, New York: Harper & Row, 1965 [repr. ed.].

Dicks, D. R. (1970), *Early Greek Astronomy to Aristotle*, Ithaca: Cornell University Press.

Dodds, E. R. (1966), *The Greeks and the Irrational*, Berkeley & Los Angeles: University of California Press [국역: 주은영, 양호영 역,『그리스인들과 비이성적인 것』, 까치, 2002].

Gagarin, M. (1986), *Early Greek Law*, Berkeley & Los Angeles: University of California Press.

Gigon, O. (1945), *Der Ursprung der griechischen Philosophie, von Hesiod bis Parmenides*, Basel: Schwabe.

Greene, W. C. (1944), *Moira: Fate, Good, and Evil in Greek Thought*, New York & Evanston: Harper & Row, 1963 [repr.

ed.].

Havelock, E. A. (1963), *Preface to Plato*, Cambridge, MA: Belknap Press of Harvard University Press.

Heath, T. (1921), *A History of Greek Mathematics*, Vol. I–II, Bristol: Thoemmes.

Heinimann, F. (1945), *Nomos und Physis: Herkunft und Bedeutung einer Antithese im griechischen Denken des 5. Jahrhunderts*, Darmstadt: Wissenschaftliche Buchgesellschaft, 1978 [repr. ed.].

Jaeger, W. (1954), *Paideia: Die Formung des Griechischen Menschen*, Vol. I, 3rd ed., Berlin: Walter de Gruyter & Co.

Kahn, C. H. (1973), *The Verb 'Be' in Ancient Greek*, The Verb 'Be' and Its Synonyms, Philosophical and Grammatical Studies Part 6, *Foundations of Language* Supplementary Series, Vol. 16, Dordrecht: Reidel.

Lloyd, G. E. R. (1970), *Early Greek Science: Thales to Aristotle*, New York: Norton[국역: 이광래 역, 『그리스 과학사상사』, 지성의 샘, 1996].

Murray, G. (1925), *Five Stages of Greek Religion*, New York: Doubleday, 1955 [repr. ed.].

Nestle, Wilhelm (1940), *Vom Mythos zum Logos ; Die Selbstentfaltung des griechischen Denkens von Homer bis auf die Sophistik und Sokrates*, Stuttgart(1966; Scientia Verlag Aalen).

Onians, R. B. (1951), *The Origns of European Thought about the body, the Mind, the Soul, the World, Time, and Fate*, Cambridge: Cambridge University Press.

Snell, B. (1975), *Die Entdeckung des Geistes*, 7th ed., Göttingen: Vandenhoeck & Ruprecht [국역: 김재홍 역, 『정신의 발견』, 까치, 1994].

Snell, B. (1978), *Der Weg zum Denken und zur Wahrheit: Studien zur frühgriechische Sprache*, Göttingen: Vandenhoeck & Ruprecht.

Vernant, J.- P. (1982), *The Origins of Greek Thought*, Ithaca & New York: Cornell University Press, 1994 [repr. ed.] [원 불어본: *Les Origines de la Pensée Grecque*, Paris: Presses Universitaires de France, 1962] [국역: 김재홍 역, 『그리스 사유의 기원』, 자유사상사, 1993].

Vernant, J.- P. & M. Detienne (1981) (ed. by R. L. Gordon), *Myth, Religion & Society: Structuralist essays* Cambridge: Cambridge University Press.

West, M. L. (1971) *Early Greek Philosophy and the Orient*, Oxford: Clarendon Press.

3. 〈밀레토스학파〉

김남두 (2002), 「아낙시만드로스와 서양적 자연관의 맹아」, 『철학사상』 15.

김인곤 (2002), 「아낙시만드로스의 아페이론」, 『시대와 철학』 13.

서정욱 (2002), 「아낙시만드로스의 존재문제」, 『대동철학』 13.

Alt, K. (1973), "Zum Statz des Anaximenes über der Seele" in *Hermes* 101, 129쪽 이하.

Asmis, E. (1981), "What is Anaximander's Apeiron?", *Journal of the history of philosophy* 19, 279–97

Babut, D. (1972), "Le divin et les dieux dans 1a pensée d'Anaximandre", *Revue des Etudes grecques* 88, 1–32.

Bodnár, I. M. (1988), "Anaximander's rings" *Classical Quarterly* 38, 49–51.

Classen, C. J. (1977), "Anaximander and Anaximenes: the earliest Greek theories of change", *Phronesis* 22, 89–102.

Couprie, D. L. (1995), "The visualization of Anaximander's astronomy," *Apeiron* 28, 159–82.

Dancy, R. M. (1989), "Thales, Anaximander and infinity", *Apeiron* 22, 149–90.

Dicks, D. R. (1966), "Solstices, equinoxes & the Presocratics," *Journal of Hellenic Studies* 86, 26–40.

———(1959), "Thales", *Classical Quarterly* 9, 294–309

Engmann, J. (1991), "Cosmic justice in Anaximander", *Phronesis* 36, 1–26.

Finkelberg, A. (1993), "Anaximander's conception of the apeiron", *Phronesis* 38, 229–56.

———(1994), "Plural worlds in Anaximander", *American Journal of Philosophy* 115, 485-506.

Freudenthal, G. (1986), "The theory of the opposites and an or-
    dered universe: physics and metaphysics in Anaximander",
    Phronesis 31, 197-228.

Furley, D. J. (1989), "The dynamics of the earth: Anaximander,
    Plato, and the centrifocal theory", in *Cosmic Problems. Essays
    on Greek and Roman Philosophy of Nature* (Furley, D. J.,
    Cambridge) 14-26.

Gottschalk, H. B. (1965), "Anaximander's Apeiron", *Phronesis*
    10, 37-53.

Hölscher, U. (1953), "Anaximander and the beginnings of Greek
    philosophy", in R. E. Allen & D. J. Furley (1970), 281-322.

Kahn, C. H. (1960), *Anaximander and the Origins of Greek
    Cosmology* (New York 1960. repr. Indianapolis, 1995).

Kirk, G. S. (1955), "Some problems in Anaximander", in R. E.
    Allen & D. J. Furley (1970), 323-49.

Mansfeld, J. (1985), "Aristotle and others on Thales, or the begin-
    nings of natural philosophy", *Mnemosyne* 38, 109-29.

Panchenko, D. (1994), "Thales prediction of a solar eclipse",
    Journal for the History of Astronomy 24, 275-88.

Rescher, N. (1958), "Cosmic evolution in Anaximander", *Studium
    Generale* II (1958) 718-31, repr. in his *Essays in Phlosophical
    Analysis* (Pittsburgh, 1969).

Seligman, P. (1962), *The 'Apeiron' of Anaximander*, London.

Snell, B. (1944), "Die Nachrichten über die Lehre des Thales und die Anfänge der griechischen Philosophie und Literaturgeschichte", *Philologus* 96, 170-82.

Solmsen, F. (1962), "Anaximander's infinite : traces and influences", *Archiv für Geschichte der Philosophie* 44, 109-131.

Stokes, M. C. (1963), "Hesiodic and Milesian cosmogonies", *Phronesis* 7, 1-35.

Vlastos, G. (1955), "Conford's *Principium Sapientiae*", in R. E. Allen & D. J. Furley (1970), 42-55.

──────(1947), "Equality and justice in early Greek cosmologies", in R. E. Allen & D. J. Furley (1970), 56-91.

Whörle, G. (1983), *Anaximenes aus Milet. Die Fragmente zu seiner Lehre*, Stuttgart.

4. 〈피타고라스〉

김성진 (1991), 「피타고라스학파의 수학과 자연철학」, 『서양고전학 연구』 5.

Aristotle (1984), *Fragments*, Jonathan Barnes and Gavin Lawrence (trs.), in *The Complete Works of Aristotle*, Vol. 2, Jonathan Barnes (ed.), Princeton: Princeton University Press, 2384-2462.

Burkert, W. (1960), "Platon oder Pythagoras? Zum Ursprung des Wortes 'Philosophia'", *Hermes* 88: 159-77.

————(1961), 'Hellenistische Pseudopythagorica', *Philologus*, 105: 16–43, 226–246.

————(1972a), *Lore and Science in Ancient Pythagoreanism*, E. Minar (tr.), Cambridge, Mass.: Harvard University Press [1st German edn., 1962.]

————(1972b), 'Zur geistesgeschichtlichen Einordnung einiger Pseudopythagorica', in *Pseudepigrapha* I, Fondation Hardt Entretiens XVIII, Vandoeuvres-Genève, 25–55.

————(1983), "Craft Versus Sect: The Problem of Orphics and Pythagoreans"(pp.1–22) in *Jewish and Christian Self-Definition*, Meyer. Ben. F. and Sanders. E. P.(ed.), Philadelphia: Fortress Press.

Delatte, A., 1915, *Études sur la littérature pythagoricienne*, Paris: Champion.

————(1922), *La vie de Pythagore de Diogène Laërce*, Brussels: M. Lamertin.

Festugière, A. J. (1945), 'Les Mémoires Pythagoriques cités par Alexandre Polyhistor", *Revue des études grecques* 58: 1–65.

Fritz, K. V. (1940), *Pythagorean Politics in Southern Italy*, New York: Columbia University Press.

Huffman, C. A. (1999a), "Limite et illimité chez les premiers philosophes grecs", in *La Fêlure du Plaisir : Études sur le Philèbe de Platon*, Vol. II: *Contextes*, M. Dixsaut (ed.), Paris: Vrin, 11–31.

———, (1999b), "The Pythagorean Tradition", in A. A. Long (1999), 66-87.

——— (2005), "Pythagoras" in *Stanford Encyclopedia of Philosophy*(웹사전), Standford University.

Iamblichus, (1991), *On the Pythagorean Way of Life*, John Dillon and Jackson Hershbell (trs.), Atlanta: Scholars Press.

Kahn, C. (2001), *Pythagoras and the Pythagoreans*, Indianapolis: Hackett.

Kingsley, Peter (1995), *Ancient Philosophy, Mystery and Magic*, Oxford: Clarendon Press.

Minar, Edwin L. (1942), *Early Pythagorean Politics in Practice and Theory*, Baltimore: Waverly Press.

Navia, L. E. (1990), *Pythagoras: An Annotated Bibliography*, New York: Garland.

O'Meara, D. J. (1989), *Pythagoras Revived. Mathematics and Philosophy in Late Antiquity*, Oxford: Clarendon Press.

Philip, J. A. (1966), *Pythagoras and Early Pythagoreanism*, Toronto: University of Toronto Press.

Porphyry (1965), *The Life of Pythagoras*, in *Heroes and Gods*, Moses Hadas and Morton Smith (eds.), New York: Harper and Row, 105-128.

——— (2003), *Vie de Pythagore, Lettre à Marcella*, E. des Places (ed.), Paris: Les Belles Lettres (Greek text with French Translation).

Proclus (1992), *A Commentary on the First Book of Euclid's Elements*, Glenn R. Morrow (tr.), Princeton: Princeton University Press.

Riedweg, Christoph (2002), *Pythagoras: Leben, Lehre, Nachwirkung*, Munich: C. H. Beck.

Thesleff, H. (1961), *An Introduction to the Pythagorean Writings of the Hellenistic Period*, Âbo: Âbo Akademi.

———(1965), *The Pythagorean Texts of the Hellenistic Period*, Âbo: Âbo Akademi.

Thom, J. C. (1995), *The Pythagorean 'Golden Verses'*, Leiden: Brill.

Zhmud, L. (1997), *Wissenschaft, Philosophie und Religion im frühen Pythagoreismus*, Berlin: Akademie Verlag.

5. 〈크세노파네스〉

김주일 (2002), 「엘레아학파의 성립과 전승」, 『시대와 철학』 13.

Bicknell, P. (1967), "A Note on Xenophanes' Astrophysics" *Acta Classica* 10(1967) 135–36.

Bowra, C. M. (1960), *Early Greek Elegists*, Cambridge, Mass.

Cassin, B. (1980), *Si Parmènide*, Lille.

Deichgräber, K. (1938), "Xenophanes peri physeōs" *Rheinisches Museum*, 87.

Von Fritz, Kurt (1945), "Nous, Noein, and their Derivatives in

Pre-socratcic Philosophy(Excluding Anaxagras)", *Classical Philology* 40, repr. in Alexander P.D. Mourelatos (1993), pp. 23-85.

Heitsch, E. (1983), *Xenophanes : Die Fragmente*, München/ Zürich.

Lesher, J. H. (1992), *Xenophanes of Colophon : fragments : a text and translation with a commentary*, Toronto: University of Toronto Press.

Schäfer, C. (1995), *Xenophanes von Kolophon : Ein Vorsokratiker zwischen Mythos und Philosophie*, Stuttgart/Leipzig.

West, M. L. (1972), *Iambi et Elegi Graeci*, II, Oxford.

6. 〈헤라클레이토스〉

김내균 (1994), 「헤라클레이토스 : 조화와 통일을 지향하는 철학」, 『철학과현실』 20.

─────(1987), 「헤라클레이토스 철학에 있어서 인간개념」, 『희랍철학연구』, 종로서적.

서정욱 (2002), 「헤라클레이토스에 있어서 자연법과 로고스의 문제」, 『대동철학』 19.

양호영 (2002), 「헤라클레이토스에서 삶과 죽음」, 『시대와 철학』 13.

이창대 (1994), 「헤라클레이토스의 로고스에 관한 연구」, 『인하대인문과학연구소논문집』 21.

─────(1995), 「헤라클레이토스 철학에 대한 새로운 이해」, 『철학』

43.

———(1995), 「헤라클레이토스가 에크퓌로시스를 주장했는가?」,
『서양고대철학의 세계』, 서광사.

———(1997), 「헤라클레이토스의 반대의 통일」, 『철학』 51.

임성철 (2003), 「헤라클레이토스의 비유에 나타난 수학적 비례의 의
미로서의 로고스 개념에 대한 소고」, 『범한철학』 28.

정해창 (1999), 「헤라클레이토스의 정치철학에 대한 변증법적 이해」,
『정신문화연구』 38.

최양부 (2000), 「하이데거의 로고스(Logos)를 통한 존재 진리의 해
석 : 헤라클레이토스와 파르메니데스의 토막글을 중심으로」,
『청주대 인문과학 논집』 21.

Brun, J. (1965), *Héraclite ou le philosophe de l' Eternel Retour*,
Imprimé en France.

Conche, M. (1986), *Héraclite*, Presses Universitaires de France.

Fränkel, H. F. (1938), "A thought pattern in Heraclitus",
American Journal of Philology 59, 309-37.

Heidegger, M & Fink, E. (1970), *Heraklit: Seminar Winterse-
mester 1966/1967*, Vittorio Klostermann.

Kahn, C. H. (1979), *The Art and Thought of Heraclitus*,
Cambridge.

Kirk, G. S. (1949), "Heraclitus and Death in Battle", *American
Journal of Philology* 70.

———(1962), *Heraclitus : The Cosmic Fragments*, 2nd ed.,
Cambridge, 1962.

Marcovich, M. (1967), *Heraclitus*, Merida.

Nussbaum, M. C. (1995), "Psyche in Heracleitus" in *Classical Philosophy* Vol. 1 : *Philosophy before Socrates, T. Irwin*(Ed), 201-234.

Reinhardt, K. (1942), "Heraklits Lehre vom Feuer," *Hermes* 77, 1-27.

Robb, K. (1986) " 'Psyche' and 'Logos' in the fragments of Heraclitus : The Origins Of The Concept of Soul", *Monist* 69.

Robinson, T. M. (1987), "Heraclitus: Fragments, A Text and Translation with a commentary," *Phoenix* Suppl. vol. 22, Toronto.

Vlastos, G. (1955), "On Heraclitus", *American Journal of Philology* 76.

Wiggins, D. (1982), "Heraclitus' conceptions of flux, fire and material persistence", in *Language and Logos*, ed. M. Schofield and M.C. Nussbaum, Cambridge, 1-32.

Wilcox, J. (1991), "Barbarian 'Psyche' in Heraclitus", *Monist* 74.

7. 파르메니데스

강철웅 (2001), 「파르메니데스 철학에서 퓌시스의 의미와 위상」, 『서양고전학연구』 제17집, 한국서양고전학회, pp. 27-51.

─── (2002), 「파르메니데스 철학에서 노에인 개념과 인식 전달 모티브: '감각 거부' 해석 및 초기 희랍 노에인 개념에 관한 '발전

론' 테제의 비판적 검토」, 『시대와 철학』 제13권 2호, 한국철학
사상연구회, pp. 35-70.

──── (2003), 「파르메니데스에서 진리와 독사(Doxa): 세 텍스트
부분의 상호 연관에 주목한 파르메니데스 단편 해석」, 서울대학
교 박사학위논문.

──── (2004), 「파르메니데스의 철학 단편에서 서시의 의미와 역
할」, 『서양고전학연구』 제21집, 한국서양고전학회, pp. 1-36.

──── (2004), 「메타담론의 측면을 통해 본, 사변과 비판으로서의
파르메니데스 철학」, 『철학』 제80집, 한국철학회, pp. 83-115.

김귀룡 (1998), 「파르메니데스의 동일성 논리와 소크라테스의 논박
법에 관한 연구」, 연세대학교 박사학위논문.

김남두 (2001), 「파르메니데스의 단편에서 탐구의 길과 존재의 규범
적 성격」, 『서양고전학연구』 제17집, 한국서양고전학회, pp. 1-
26.

──── (2001), 「파르메니데스와 앎의 실정성」, 『한계의 과학, 한계의
형이상학』 (『과학과 철학』 제12집), 과학사상연구회, pp. 105-
122.

──── (2002), 「파르메니데스의 자연이해와 로고스의 실정성」, 『철
학사상』 제15호, 서울대학교 철학사상연구소, pp. 447-469.

김주일 (2002), 「파르메니데스 철학에 대한 플라톤의 수용과 비판:
파르메니데스의 '있는(~인) 것'의 해석과 형상결합의 문제를 중
심으로」, 성균관대학교 박사학위논문.

박윤호 (1997), 「파르메니데스에게서의 의견과 자연학」, 『철학논집』
제9집, 경남대학교 철학과, pp. 79-133 〔박윤호, 『고대 그리스

자연학과 도덕』, 서광사, 2004, pp. 25-85에 재수록].

───(2000), 「파르메니데스의 우주론」, 『인문논총』 제13집, 경남
　　대학교 인문과학연구소, pp. 187-203 〔박윤호, 『고대 그리스 자
　　연학과 도덕』, 서광사, 2004, pp. 86-111에 재수록].

서정욱 (1996), 「파르메니데스에 있어서 진리의 문제」, 『동서철학연
　　구』 제13집, 한국동서철학회, pp. 25-38.

서정욱 (1997), 「파르메니데스에 있어서 가상의 문제」, 『철학논총』
　　제13집, 새한철학회, pp. 283-299.

송영진 (2000), 「파르메니데스의 시(詩) 단편들」, 『플라톤의 변증법』
　　제1장, 철학과 현실사, pp. 22-56.

윤구병 (1980), 「아닌게 아니라 없는것이 없다: 파르메니데스의 존재
　　개념의 분석」, 한국철학회 고전분과위원회 편, 『문제를 찾아서』,
　　고전철학회 연구논문집 I, 종로서적, pp. 29-43.

Aubenque, P. (1987) (ed.), *Études sur Parménide*, Vols. I, II,
　　Paris: J. Vrin.

Austin, S. (1986), *Parmenides: Being, Bounds and Logic*, New
　　Haven & London: Yale University Press.

Cordero, N.-L. (2004), *By Being, It Is: The Thesis of Parmenides*,
　　Las Vegas: Parmenides Publishing.

Cornford, F. M. (1939), *Plato and Parmenides: Parmenides' Way
　　of Truth and Plato's Parmenides Translated with and
　　Introduction and a Running Commentary*, London: RKP.

Coxon, A. H. (1986), *The Fragments of Parmenides: A Critical
　　Text with Introduction, Translation, the Ancient Testimonia*

and a Commentary, Assen: Van Gorcum.

Curd, P. (1998), *The Legacy of Parmenides: Eleatic Monism and Later Presocratic Thought*, Princeton: Princeton University Press.

Diels, H. (1897), *Parmenides Lehrgedicht: griechisch und deutsch, mit einem Anhang über griechische Thüren und Schlösser*, Berlin: Georg Reimer.

Finkelberg, A. (1997), "Xenophanes' Physics, Parmenides' Doxa and Empedocles' Theory of Cosmological Mixture", *Hermes: Zeitschrift für Klassische Philologie* 107, pp. 1-16.

Fränkel, H. (1930), "Studies in Parmenides"; repr. in R. E. Allen & D. J. Furley (1975), pp. 1-47.

Freeman, E. (1979) (ed.), *Parmenides Studies Today, The Monist* 62, No. 1.

Von Fritz, K. (1945-1946), "Nous, Noein, and their Derivatives in Pre-Socratic Philosophy (Excluding Anaxagoras)", *Classical Philology* 40 (1945), 41 (1946).

Furley, D. J. (1973), "Notes on Parmenides", in E. N. Lee, A. P. D. Mourelatos & R. M. Rorty (eds.), *Exegesis and Argument: Studies in Greek Philosophy Presented to Gregory Vlastos*, *Phronesis* Supplementary Vol. I (Assen: Van Gorcum), pp. 1-15.

Furth, M. (1968), "Elements of Eleatic Ontology", *Journal of the History of Philosophy* 6, pp. 111-32; repr. in A. P. D.

    Mourelatos (1993), pp. 241-270.

Gallop, D. (1984), *Parmenides of Elea, Fragments: A Text and Translation with an Introduction*, Toronto: University of Toronto Press.

Hermann, A. (2004), *To Think Like God: Pythagoras and Parmenides, The Origins of Philosophy*, Las Vegas: Parmenides Publishing.

Hölscher, U. (1969), *Parmenides, Vom Wesen des Seienden: Die Fragmente, griechisch und deutsch*, Frankfurt a. M.: Suhrkamp Verlag.

Kahn, C. H. (1969), "The Thesis of Parmenides", *Review of Metaphysics* 22, pp. 700-24.

Kingsley, P. (2003), *Reality*, Inverness: The Golden Sufi Center Publishing.

Long, A. A. (1963), "The Principles of Parmenides' Cosmogony", *Phronesis* 8, pp. 90-107; repr. in R. E. Allen & D. J. Furley (1975), pp. 82-101.

Mansfeld, J. (1964), *Die Offenbarung des Parmenides und die menschliche Welt*, Assen: Van Gorcum.

Meijer, P. A. (1997), *Parmenides Beyond the Gates: The Divine Revelation on Being, Thinking and the Doxa*, Amsterdam: J. C. Gieben.

Mourelatos, A. P. D. (1970), *The Route of Parmenides: A Study of Word, Image, and Argument in the Fragments*, New Haven

& London: Yale University Press.

Owen, G. E. L. (1960), "Eleatic Questions", *Classical Quarterly* ns 10, pp. 84–102; repr. in R. E. Allen & D. J. Furley (1975), pp. 48–81.

Palmer, J. A. (1999), *Plato's Reception of Parmenides*, Oxford: Clarendon Press.

Pellikaan–Engel, M. E. (1974), *Hesiod and Parmenides: A New View on Their Cosmologies and on Parmenides' Proem*, Amsterdam: Adolf M. Hakkert.

Popper, K. (1998) (ed. by A. F. Petersen & J. Mejer), *The World of Parmenides: Essays on the Presocratic Enlightenment*, London & New York: Routledge.

Reinhardt, K. (1916), *Parmenides und die Geschichte der griechischen Philosophie*, 3rd [repr.] ed., Frankfurt a. M.: Vittorio Klostermann, 1977.

De Rijk, L. M. (1983), "Did Parmenides Reject the Sensible World?", in L. P. Gerson (ed.), *Graceful Reason: Essays in Ancient and Medieval Philosophy Presented to Joseph Owens, CSSR*, Toronto: Pontifical Institute of Medieval Studies, pp. 29–53.

Sedley, D. (1999), "Parmenides and Melissus", in A. A. Long (1999), pp. 113–133

Von Steuben, H. (1981), *Parmenides: Über das Sein*, Stuttgart: Reclam.

Suzuki, Teruo (鈴木照雄) (1999), 『パルメニデス哲學硏究:「ある」,
　　その主語,「あるもの(こと)」を めぐって』, 東京: 東海大學出版
　　會.

Tarán, L. (1965), *Parmenides: A Text with Translation,
　　Commentary, and Critical Essays*, Princeton: Princeton
　　University Press.

Verdenius, W. J. (1942), *Parmenides: Some Comments on His
　　Poem*, Amsterdam: Adolf M. Hakkert-Publisher, 1964 〔repr.
　　ed.〕.

8. 〈제논과 멜리소스〉

박희영 (1981),「Zenon의 역리에 대한 고찰」,『유정동 박사 회갑논
　　총』.
윤구병 (1982),「제논의 여럿(多)에 관한 분석」,『충북대 논문집』24.
주광순 (1998),「Zenons Paradoxien」,『철학논총』14, 새한철학회.
Furley, D. J. (1967), *Two Studies in the Greek Atomists*, Princeton.
Grümbaum, A. (1968), *Modern Science and Zeno's Paradoxes*,
　　London.
Lee, H. D. P. (1936), *Zeno of Elea*, Cambridge.
Makin, S. (1982), "Zeno on Plurality." *Phronesis* 27, 223-38.
Owen, G. E. L. (1986), "Eleatic Questions." 1960; rev. ed. reprint-
　　ed in Owen, *Logic, Science, and Dialectic*, 3-26.
Reale, G. (1970), *Melisso : Testimonianze e Frammenti*, Firenze.

Salmon, W. C., ed. (1970), *Zeno's Paradoxes*, Indianapolis.

Sedley, D. (1999) "Parmenides and Melissus", in A. A. Long (1999), 113-133.

Sorabji, R. (1983), *Time, Creation and the Continuum*, London.

Untersteiner, M. (1963), *Zenone : Testimonianze e Frammenti*, Firenze.

Vlastos, G. (1971), "A Zenonian Argument against Plurality." In J. Anton and G. Kustas (1971), 119-44.

9. 〈엠페도클레스〉

주은영 (2002), 「엠페도클레스의 뿌리들, 파르메니데스 진리편과 독사편과의 비교」, 『시대와 철학』 13.

Battistini, Y. (1997), *Empédocle. légende et oeuvre*, Imprimerie Nationale.

van der Ben, N. (1975), *The Proem of Empedocles' Peri Physeos*, Amsterdam.

Finkelberg, A. (1997), "Xenophanes' Physics, Parmenides' Doxa and Empedocles' Theory of Cosmogonical Mixture", *Hermes*, 1-16.

Graham, D. W. (1999), "Empedocles and Anaxagoras: Responses to Parmenides", in A. A. Long (1999), 159-180.

Kahn, C. H. (1960), "Religion and Natural Philosophy in Empedocles' Doctrine of the Soul", *Archiv fur Geschichte der*

Philosophie, 3-35.

Inwood, B. (1992), *The poem of Empedocles*, Toronto.

Johnston, H. W. (1985), *Empedocles : Fragments*, Bryn Mawr.

Long, H. S. (1949), "Unity of Empedocles' thought", *AJP*, 142-58.

Mansfeld, J. (1972), "Ambiguity in Empedocles B17, 3-5: A Suggestion", *Phronesis 17*, 17-39.

O' Brien, D. (1969), *Empedocles' Cosmic Cycle*, Cambridge.

Solmsen (1965), "Love and Strife in Empedocles' Cosmology", *Phronesis 10*, 1965, 109-48.

Wright, M. R. (1981), *Empedocles : The extant Fragments*, New Haven & London.

10. 〈필롤라오스〉

이기백 (2002), "필롤라오스의 세 가지 근본 원리와 수", 『시대와 철학』 13.

Bywater, I. (1868), "On the Fragments Attributed to Philolaus the Pythagorean", *Journal of Philology* 1: 20-53.

Centrone, Bruno (1990), *Pseudopythagorica Ethica*, Naples: Bibliopolis.

Huffman, C. A. (1988), "The Role of Number in Philolaus' Philosophy", *Phronesis* 33: 1-30.

─────(1989), "Philolaus' Cosmogony" in *Ionian Philosophy*. ed. by K. J.Boudouris, Athen.

———(1993), *Philolaus of Croton: Pythagorean and Presocratic*, Cambridge: Cambridge University Press.

———(2001), "The Philolaic Method: The Pythagoreanism behind the *Philebus*", in A. Preus (2001), 67-85.

——— (2003), "Philolaus" in *Stanford Encyclopedia of Philosophy*(웹사전), Standford University.

Meinwald, Constance Chu, (2002), "Plato's Pythagoreanism," *Ancient Philosophy* 22.1: 87-101.

Nussbaum, Martha (1979), "Eleatic Conventionalism and Philolaus on the Conditions of Thought", *Harvard Studies in Classical Philology* 83: 63-108.

Schibli, H. S. (1996), "On 'The One' in Philolaus, Fragment 7", *The Classical Quarterly* n. s. 46.1: 114-130.

Thesleff, H. (1972), "On the Problem of the Doric Pseudo-Pythagorica. An Alternative Theory of Date and Purpose", *Pseudepigrapha I*, Fondation Hardt Entretiens XVIII, Vandoeuvres-Genève, 59-87.

Timpanaro Cardini, M., 1958-64, *Pitagorici, Testimonianze e frammenti*, 3 vols., Firenze: La Nuova Italia, Vol. 2, 262-385.

Zhmud, L. (1989), "All is number?", *Phronesis* 34: 270-92.

11. 〈아낙사고라스〉

이병담 (1995), 「아낙사고라스의 존재론에 나타난 누우스(nous) 연구」, 『범한철학』 11.

Babut, D. (1978), "Anaxagore jugé par Socrate et Platon" in *Revue des Études Grecques* 91, 44-76.

Cornford, E M. (1930), "Anaxagoras theory of matter", in R. E Allen & D. J. Furley (1970), 275-322.

Furley, D. J. (1976), "Anaxagoras in response to Parmenides", in *New Essays on Plato and the presocratics* (R. A. Shiner and J. King-Fralow eds. Guelph, 1976) 61-85

Furth, M. (1991), "A 'philosophical hero'? : Anaxagoras and the Eleatics", *Oxford Studies in Ancient Philosophy* 9, 95-129.

Graham, D. W. (1994), "The postulates of Anaxagoras", *Apeiron* 27, 77-121.

Heidel, W. A. (1906), "Qualitative change in pre-Socratic philosophy", in A. P. D. Mourelatos (1993), 86-98.

Hershbell, J. P. (1982), "Plutarch and Anaxagoras" in *Illinois Classical Studies* 7, 141쪽 이하.

Inwood, B. (1986), "Anaxagoras and infinite divisibility", *Illinois Classical Studies* II, 17-34.

Kerferd, G. B. (1969), "Anaxagoras and the concept of matter before Aristotle", in A. P. D. Mourelatos (1993), 489-503.

Laks, A. (1993), "Mind's crisis: on Anaxagoras nous", *Southern*

Journal of Philosophy 31 suppl., 19–38.

Lanza, D. 1966), *Anassagora: Testimonianze e Frammenti*, Firenze.

Mann, W. E. (1980), "Anaxagoras and the homoiomerē", in *Phronesis* 25, 228쪽 이하.

Mansfeld, J. (1979), "The chronology of Anaxagoras Athenian period and the date of his trial", in *Mnemosyne* 32 (1979) 39–69 and 33 (1980) 17–95.

———(1980), "Anaxagoras Other World" in *Phronesis* 25, 1쪽 이하.

Peck, A. L. (1932), "Anaxagoras: Predication as a Problem in Physics", in *Classical Quarterly* 26, 27쪽 이하.

Schofield, M. (1980), *An Essay on Anaxagoras*, Cambridge.

Schwabe, W. (1975), "Welches sind die materiellen Elemente bei Anaxagoras?", in *Phronesis* 20, 1쪽 이하.

Sider, D. (1981), *The Fragments of Anaxagoras*, Meisenheim am Glan.

Strang, C. (1963), "The physical theory of Anaxagoras", in R. E. Allen & D. J. Furley (1975), 361–80.

Vlastos, G. (1950), "The physical theory of Anaxagoras", in R. E. Allen & D. J. Furley (1975), 323–53.

von Fritz, K. (1964), "Der NOUS des Anaxagoras", *Archiv für Begriffsgeschichte* 9, 87–102.

12. 〈레우키포스와 데모크리토스〉

김내균 (1988), 「데모크리토스의 소우주로서 인간 개념」, 『희랍철학
　　연구』, 종로서적.

박희영 (1991), 「데모크리토스의 원자론에 관한 고찰」, 『서양고전학
　　연구』.

──(1995), 「고대 원자론의 형이상학적 사고」, 『형이상학 존재론
　　연구』, 철학과 현실사.

이병담 (1996), 「데모크리토스의 인식론에 나타난 신적 존재론」, 『범
　　한철학』 12.

이정호 (2002), 「데모크리토스 인식 관련 토막글 연구」, 『시대와 철
　　학』 13.

이태수 (1982), 「고대 원자론의 운동근거에 대한 논의」, 『철학논구』
　　10, 서울대 철학과.

Annas, J. (2002), "Democritus and Eudaimonism", in *Presocratic
　　Philosophy: Essays in Honour of Alexander Mourelatos* (V.
　　Caston and D. Graham eds., Lodon) 169-82

Bailey, C. (1928), *The Greek Atomists and Epicurus*, Oxford.

Baldes, R. W. (1975), "Democritus on Visual Perception: Two
　　Theories or One?", in *Phronesis* 20, 93-105.

Balme, D. (1941), "Greek Science and Mechanism II. The
　　Atomists", in *Classical Quarterly* 35, 23-8.

Barnes, J. (1984), "Reason and necessity in Leucippus", in
　　Benakis (1984). 141-58.

Benakis, L. ed. (1984), *Proceedings of the 1st International Conference on Democritus*. 2 vols., Xanthi.

Berryman, S. (2002), "Democritus and the explanatory power of the void", in V. Caston and D. Graham (2002), 183–191.

Bicknell P. (1969), "Democritus on precognition", *Revue des Études grecques* 82, 318–26.

———(1968), "The seat of the mind in Democritus," *Eranos* 66, 10–23.

Burkert, W. (1977), "Air–imprints or eidola?: Democritus aetiology of vision", *Illinois Classical Studies* 2, 97–109

Cartledge, P. (1997), *Democritus, The Great Philosophers*, London.

Cole, T. (1967), *Democritus and the Sources of Greek Anthropology*, Cleveland.

de Lacy, P. (1958), "Ou mallon and the Antecedents of Ancient Scepticism", *Phronesis* 3, 59–71.

Edmunds, L. (1972), "Necessity, Chance, and Freedom in the Early Atomists", *Phoenix* 26, 342–57.

Furley D. J. (1983), "Weight and motion in Democritus theory", *Oxford Studies in Ancient Philosophy* I, 193–209.

———(1976), "Aristotle and the Atomists on motion in avoid", in *Motion and Time. Space and Matter* (P. K. Machamer and J. Turnbull eds., Columbus, Ohio) 83–100.

———(1993), "Democritus and Epicurus on sensible qualities", in

Passions and Perceptions, Proceedings of the Fifth Symposium Hellenisticum (J. Brunschwig and M. C. Nussbaum eds. Cambridge) 72-94.

――― (1987), *The Greek Cosmologists, vol. I: The formation of the Atomic Theory and its Earliest Critics*, Cambridge

――― (1967), *Two Studies in the Greek Atomists*, Princeton. ch. 6 "The atomists reply to the Eleatics"

――― (1969), "Aristotle and the Atomists on infinity", in *Natur philosophie bei Aristoteles und Theophrast* (I. Düring ed., Heidelberg) 85-96

Ganson, T. (1999), "Democritus against Reducing Sensible Qualities", in *Ancient Philosophy* 19, 201-15.

Godfrey, R. (1990), "Democritus and the impossibility of collision", in *Philosophy* 65, 212-17

Hirsch, U. (1990), "War Demokrits Weltbild mechanistisch und antiteleologisch?" in *Phronesis* 35, 225-44.

Hussey, E. (1985), "Thucydidean history and Democritean theory", in *Crux. Essays in Greek History presented to G. E. M. de Ste. Croix* (R. Cartledge and F. Harvey, eds., London) 118-38.

Kahn, C. H. (1985), "Democritus and the origins of moral psychology", *American Journal of Philosophy* 106, 1-31.

Kline, A. D. and C. A. Matheson. (1987), "The logical impossibility of collision", *Philosophy* 62, 509-15

Luria, S. (1933), "Die Infinitesimallehre der antiken Atomisten" *Quellen und Studien zur Geschichte der Mathematik* B2, 106-85

————(1970), *Democritea*, original texts of fragments and testimonia with Russian translation and commentary, Leningrad.

Makin, S. (1989), "The indivisibility of the atoms," *Archiv für Geschichte der Philosophie* 71, 125-49.

Marx, K. (2001),『데모크리토스와 에피쿠로스 자연철학의 차이』(맑스의 박사학위 논문, 고병권 역), 그린비

McKim, R. (1984), "Democritus against scepticism: All sense-impressions are true", in Benakis (1984), 281-90.

Müller, R. (1980), "Naturphilosophie und Ethik im antiken Atomismus" *Philologus* 124, 1-17.

O' Keefe, T. (1996), "Does Epicurus Need the Swerve as an archê of Collisions?", in *Phronesis* 41, 305-17.

O' Brien, D. (1984), "Théories atomistes de la vision: Démocrite et le problème de la fourmi céleste", in Benakis (1984), 28-57.

————(1981), *Theories of Weight in the Ancient World, vol I Democritus, Weight and Size*, Paris/Leiden.

Procopé, F. (1989), "Democritus on Politics and the care of the soul", *Classical Quarterly* 39, 307-31 (1989) and 40 (1990) 21-45.

Sedley, D. N. (1992), "Sextus Empiricus and the atomist criteria of truth", *Elenchos* 13, 19-56.

―――(1982), "Two conceptions of vacuum", *Phronesis* 27, 175-93.

Taylor, C. C. W. (1967), "Pleasure, knowledge and sensation m Democritus", *Phronesis* 12, 6-27.

Taylor, C. C. W. (1999), *The Atomists: Leucippus and Democritus. Fragments, A Text and Translation with Commentary*, Toronto.

Vlastos, G. (1945), "Ethics and physics in Democritus", in R. E. Allen & D. J. Furley (1975), 381-408.

Warren, J. (2002), *Epicurus and Democritean Ethics: An Archaeology of Ataraxia*, Cambridge.

■ 역자약력

강철웅(cukang@gwnu.ac.kr)
서울대학교 박사 (서양고대철학 전공)
현재 강릉원주대학교 철학과 교수
역서:『플라톤 〈향연〉』(2010), 『플라톤 〈뤼시스〉』(2007), 『플라톤 〈편지
　　들〉』(2009, 공역) 등
논문:「플라톤 〈국가〉의 민주정 비판과 이상 국가 구상」(2011, 공저), 「기
　　원전 1세기 아카데미의 플라톤주의 수용」(2009), "Socratic Eros
　　and Self-Knowledge in Plato's *Alcibiades*" (2008), 「플라톤 〈뤼시
　　스〉에서 필리아와 에로스의 관계」(2007), 「플라톤 〈변명〉에 나오는
　　소크라테스의 무지 주장의 문제」(2006), 「파르메니데스에서 신화
　　와 철학」(2005), 「메타담론의 측면을 통해 본, 사변과 비판으로서
　　의 파르메니데스 철학」(2004) 등

김인곤(bonavia@paran.com)
서울대학교 박사 (서양고대철학 전공)
현재 정암학당 연구원
논문:「플라톤의 파르메니데스편 연구」(2004, 학위논문), 「플라톤의 『파
　　르메니데스』편에서 가설적 방법」(1996), 「아낙시만드로스의 아페
　　이론」(2002)

김재홍(aristota@snu.ac.kr)
숭실대학교 박사 (서양고대철학 전공)
현재 서울대학교 철학사상연구소 선임연구원
역서: 『정신의 발견』(1994, 까치), 『소피스트적 논박』(1999, 한길사), 『엥
케이리디온』(2003, 까치), 『그리스 사유의 기원』(2003, 살림출판
사),
논문: 「아리스토텔레스의 학문방법론에 관한 연구」(1994, 학위논문),
「초기 헬라스인의 미의식의 흐름」(2004) 등

김주일(xenos@paran.com)
성균관대학교 박사 (서양고대철학 전공)
현재 성균관대학교 철학과 강사
역서 : 『아빠와 함께 떠나는 철학여행』(2000 인북스, 공역)
논문 : 「파르메니데스 철학에 대한 플라톤의 수용과 비판」(2001, 학위논
문), 「엘레아학파의 성립과 전승」(2002), 「『파르메니데스』에 나오
는 제논의 역설의 의미」(2001)

양호영(haplos73@hotmail.com)
영국 엑세터 대학교 박사 (서양고대철학 전공)
현재 서울대학교 철학사상연구소 객원연구원
역서: 『그리스인들과 비이성적인 것』(2002 까치, 공역)
논문: 「아리스토텔레스에서 실체와 하나」(2000, 학위논문), 「헤라클레이
토스에서 삶과 죽음」(2002), "Cicero's Philosophical Position in
Academica and De Finibus"(2014, 학위논문)

이기백(eukrasia@paran.com)
성균관대학교 박사 (서양고대철학 전공)
현재 정암학당 학당장
저서: 『플라톤 철학과 그 영향』(2001 서광사, 공저)
논문: 「『필레보스』편을 통해 본 플라톤의 混和思想」(1995, 학위논문),
「필롤라오스의 세 가지 근본 원리와 수」(2002), 「고대 헬라스 의학과
연관해서 본 플라톤의 건강개념과 자연관」(2004), 「고대 헬라스에서
철학과 의학의 관계」(2005)

이정호(jungam@knou.ac.kr)
서울대학교 박사과정 수료 (서양고대철학 전공)
영국 옥스포드 대학 오리엘 칼리지 객원교수
현재 방송대 문화교양학과 교수, 정암학당 학당장
저서: 『희랍철학연구』(1988 종로서적, 공저), 『철학의 명저 20』(1993 새
길, 공저), 『철학의 이해』(2000 방송대, 공저), 『철학연구 50년』
(2003 혜원출판사, 공저) 외
논문: 「소크라테스는 악법도 법이라고 말한 적이 없다」(1995), 「플라톤
과 민주주의」(1989), 「노동, 정치형태, 욕망구조에 관한 형이상학
적 소고」(1995), 「데모크리토스 인식관련 토막글 연구」(2002) 등

주은영
서울대학교 박사과정 수료 (서양고대철학 전공)
영국 캠브리지 대학교 박사 (서양고대철학 전공)
현재 작고
역서: 『그리스인들과 비이성적인 것』(2002 까치, 공역)
논문: 「스피노자의 힘과 구성의 윤리학」(1997), 「엠페도클레스의 4뿌리」
(2002)

(가나다순)

소크라테스 이전
철학자들의 단편 선집

대우고전총서 012

1판 1쇄 펴냄 | 2005년 6월 20일
1판 21쇄 펴냄 | 2023년 12월 20일

지은이 | 탈레스 외
옮긴이 | 김인곤, 강철웅, 김재홍, 김주일,
양호영, 이기백, 이정호, 주은영
펴낸이 | 김정호
펴낸곳 | 아카넷

출판등록 | 2000년 1월 24일(제406-2000-000012호)
10881 경기도 파주시 회동길 445-3
전화 031-955-9511(편집) · 031-955-9514(주문) | 팩스 031-955-9519
www.acanet.co.kr

철학, 서양철학, 소크라테스 이전 희랍철학 KDC 160.21

Printed in Paju, Korea

ISBN 978-89-5733-063-0 94160
ISBN 978-89-89103-56-1 (세트)